HISTOIRE

DE LA

PROCÉDURE CRIMINELLE

EN FRANCE

HISTOIRE

DE LA

PROCÉDURE CRIMINELLE

EN FRANCE

ET SPÉCIALEMENT DE LA PROCÉDURE INQUISITOIRE

DEPUIS LE XIII° SIÈCLE JUSQU'A NOS JOURS

PAR

A. ESMEIN

PROFESSEUR AGRÉGÉ A LA FACULTÉ DE DROIT DE PARIS

OUVRAGE COURONNÉ
PAR L'ACADÉMIE DES SCIENCES MORALES ET POLITIQUES

PARIS

L. LAROSE ET FORCEL

Libraires-Éditeurs

22, RUE SOUFFLOT, 22

1882

PRÉFACE.

L'ouvrage que nous publions a été couronné par l'Académie des Sciences morales et politiques. Nous le donnons tel à peu près qu'il lui fut présenté ; nous l'avons simplement soumis à un travail de révision pour le rendre moins indigne de la distinction qu'il a obtenue : nous avons comblé quelques lacunes, complété plusieurs chapitres, retouché certains passages ; enfin, nous avons pris un nouveau titre. Lorsque nous présentâmes notre mémoire à l'Académie, au mois de septembre 1880, nous l'avions intitulé : *Histoire de l'Ordonnance de 1670 et de la procédure inquisitoire en France.* Le titre que nous lui donnons aujourd'hui nous paraît mieux indiquer la portée de notre travail, et tracer plus exactement ses véritables proportions. L'Académie avait mis au concours, pour le prix Bordin, le sujet suivant : « Exposer l'Histoire de l'Ordonnance criminelle de 1670 ; rechercher quelle a été son influence sur l'administration de la justice et sur la législation qui lui a succédé à la fin du xviiie siècle. » Mais la façon dont nous avons conçu le sujet (et nos juges nous ont donné raison) dépassait de beaucoup la lettre, sinon l'esprit de ce programme. Nous avions tâché d'exposer et de justifier notre idée dans la préface que voici :

Faire l'histoire d'une loi disparue, ce n'est pas dire seulement comment elle fut rédigée, appliquée, et plus tard abrogée : il faut encore rechercher l'origine du droit qu'elle contenait ; il faut se demander si elle n'a rien transmis aux législations plus jeunes qui lui ont succédé. Ici, comme dans le monde physique, s'impose la nécessité des filiations. Quand, en particulier, il s'agit d'un Code qui a longtemps vécu, on peut affirmer que le législateur a trouvé autour de lui, épars et incomplets peut-être, les éléments dont il a composé son corps de lois ; il a donné une forme nouvelle, il a réformé, mais la matière qu'il façonnait était déjà créée.

Cela s'applique exactement à l'Ordonnance de 1670, qui fut le Code d'instruction criminelle de l'ancienne France. Sous son empire, le pays vécut pendant cent vingt années, et, en réalité, elle n'introduisait point une procédure nouvelle. Le système qu'elle réglait s'était lentement formé en France, comme il s'était développé chez les nations voisines. Sous la pression continue de causes puissantes, la procédure accusatoire, orale et publique du Moyen-Age était peu à peu devenue inquisitoire, écrite et secrète. Cette évolution, commencée au xiii° siècle, était terminée au xvi°; l'Ordonnance de 1539 avait fixé tous les points importants et arrêté les grandes lignes. Les commissaires de Louis XIV ne feront guère que préciser le droit antérieur, et dans les conférences qui précédèrent la rédaction de l'Ordonnance de 1670, on a soin, quand un article « est nouveau, » de le faire observer. Cependant l'Ordonnance de 1670 ne fut point une simple copie d'un tableau un peu terni par l'âge; elle innova sur certains points, et quelques-unes de ses innovations furent des rigueurs nouvelles ajoutées aux anciennes sévérités. C'étaient les conséquences dernières d'un système logiquement déduit. Toute institution tend à accuser avec une netteté toujours plus grande les caractères, bons ou mauvais, qui font son originalité; c'est comme un esprit intime qui la pousse en avant : *Spiritus intus alit;* mais il est une tension extrême qu'elle ne saurait dépasser sans se briser. Cette dernière limite, la procédure inquisitoire l'atteignit dans l'Ordonnance de 1670; désormais pour elle la croissance est finie; l'avenir, c'est le déclin.

L'Ordonnance de 1670 fut, avons-nous dit, le Code d'instruction criminelle de l'ancien régime; cette idée doit nous arrêter un instant. Si avant elle la procédure inquisitoire, écrite et secrète, s'était complètement développée déjà, les Ordonnances n'en avaient fixé que les principes fondamentaux; elles n'en avaient point déterminé les détails. Le nouveau Code combla cette lacune; et pour la première fois la loi présenta une exposition systématique et complète de la procédure criminelle. Descendant jusqu'aux menus détails, l'Ordonnance régla de près la tâche du juge; c'est même dans ces dispositions pratiques, dont plusieurs ont passé textuellement dans nos Codes, qu'apparaît la sagesse des commissaires qui l'ont rédigée.

En fixant ainsi la procédure criminelle, l'Ordonnance de 1670 l'immobilisa et lui assura peut-être une plus longue durée. Nonseulement la jurisprudence avait moins de prise sur elle et il fallait la main du législateur pour la mettre en pièces, mais le Code, qui la contenait, en vieillissant devenait de plus en plus vénérable, et nous verrons qu'aux yeux des criminalistes du xviiie siècle il était entouré d'une inviolable majesté.

Comme tous les Codes, l'Ordonnance de 1670 fit naître une interprétation savante et précise; les commentaires s'élevèrent derrière elle; la jurisprudence criminelle, toute pratique avant elle, devint vraiment scientifique.

Cependant un grand travail se faisait dans les esprits. Les besoins avaient disparu, sous l'empire desquels les hommes des xive, xve et xvie siècles avaient élaboré cette forme de procès : les idées qui l'avaient rendue chère aux hommes du xviie siècle s'effaçaient aussi. Un nouvel idéal se levait au fond des âmes. Le xviiie siècle s'est appelé lui-même le siècle de la Raison, et en effet, c'est à la raison seule qu'il s'adressait pour juger les institutions. La procédure de l'Ordonnance lui parut absurde, inique et cruelle, dès lors elle était condamnée. Avant de jeter à bas le vieil édifice, on le répara cependant; les édits de 1780, de 1788, la loi de 1789 conservent l'ancienne ossature. Mais depuis bientôt cinquante ans les yeux étaient tournés vers l'Angleterre : c'est la procédure criminelle anglaise, surtout la procédure par jurés, que l'Assemblée constituante introduit en France; c'est elle qu'organisent successivement la loi de 1791 et le Code des délits et des peines. Cependant la lutte n'était pas finie entre l'ancien principe et le nouveau. Au bout de quelques années, sous l'influence de causes que nous aurons à étudier, la vieille tradition reprend son empire. L'Ordonnance de 1670 est bien près de rentrer dans nos lois, et si elle reste acquise au passé, elle introduira pourtant dans le Code d'instruction criminelle la portion la meilleure de ses dispositions et quelques-unes de ses rigueurs.

Tel est le chemin que nous nous proposons de parcourir. Notre travail se divise naturellement en trois parties : la procédure criminelle avant l'Ordonnance de 1670 ; — l'Ordonnance de 1670 ; — les lois de l'époque intermédiaire et le Code d'instruction criminelle.

Dans notre première partie, nous ne remontons point aux premières origines de la procédure criminelle en France ; nous partirons du XIIIe siècle : à cette époque on trouve encore, intacte dans ses grandes lignes, l'ancienne procédure accusatoire, et les premières formes de la procédure inquisitoire se développent déjà.

Après ces quelques mots d'introduction, on nous permettra de reproduire un passage du rapport présenté sur le concours à l'Académie, par M. Dareste, au nom de la section de Législation ; et nous exprimons ici à l'éminent rapporteur toute notre reconnaissance.

« ... Reste le mémoire n° 2, qui l'emporte de beaucoup sur les trois autres, et dans lequel le sujet proposé par l'Académie est traité avec une grande supériorité dans toutes ses parties. Ce mémoire forme un volume de 720 pages, in-4°, et porte deux devises dont la première est tirée de Virgile, et dont la seconde est empruntée au vieux criminaliste Ayrault.

« L'auteur prend la procédure inquisitoire à son origine au XIIIe siècle ; il montre la justice royale se substituant à la justice féodale, la poursuite par le ministère public à l'accusation privée ; enfin, la preuve par témoins au combat judiciaire, au serment, au jugement de Dieu. Il suit et apprécie avec autant de discernement que de savoir le développement historique des institutions criminelles, et arrive ainsi jusqu'à l'Ordonnance de 1670, qui devait en être le Code définitif. L'auteur du mémoire a fait de la préparation et de la discussion de cette Ordonnance un récit exact et intéressant. Il a analysé ensuite les dépositions de cette Ordonnance, en s'attachant à faire ressortir le caractère et l'idée fondamentale de chaque règle, sans entrer dans les détails et les controverses, qui conviennent à un commentaire pratique, nullement à un exposé général et philosophique. Le mémoire reproduit avec un jugement sûr et une remarquable impartialité les attaques successivement dirigées pendant le XVIIIe siècle contre le système de l'Ordonnance. Dans la dernière partie de son travail, qui traite des lois de la Révolution et de l'instruction criminelle, l'auteur a indiqué ce qu'a exercé d'influence dans la législation nouvelle l'esprit de la législation ancienne qui a survécu à l'Ordonnance abolie de 1670. En lisant ce mémoire, on remarque constamment la sagesse de l'auteur et la précision de sa pensée. C'est un ouvrage bien composé et bien écrit, exempt de toute déclamation. Le sujet y est traité à fond et conformément au désir de l'Académie. La section propose, sans hésitation, de lui décerner le prix; elle propose, en outre, d'accorder une première mention honorable au mémoire n° 1, et une seconde mention honorable au mémoire n° 3. L'Académie adoptant les conclusions de la section, décerne le prix au mémoire n° 2... le billet annexé au mémoire n° 2 est décacheté et fait connaître comme en étant l'auteur M. Esmein, agrégé à la Faculté de droit de Paris (1). »

En terminant cette préface, disons que, dans tout le cours de notre travail, nous avons consulté un certain nombre d'ouvrages généraux, que nous citons ici en note [(2)]; dorénavant nous ne rappelle-

---

(1) *Comptes-rendus de l'Académie des Sciences morales et politiques,* février-mars 1881, pp. 462, 463.

(2) Ce sont : d'abord l'exposition magistrale qui forme le premier volume du

rons ces ouvrages, que lorsque nous les utiliserons spécialement. On verra d'ailleurs, que nous avons tenu, autant que possible, à citer directement les sources; on trouvera même à la fin du volume quelques textes intéressants, que nous avions omis dans notre exposition.

Traité de l'instruction criminelle, par M. Faustin Hélie. — Les *Eléments de droit pénal*, par M. Ortolan. — Allard : *Histoire de la justice criminelle au* xvie *siècle* (Gand, 1868). — Du Boys : *Histoire du droit criminel de la France, depuis le* xvie *jusqu'au* xixe *siècle, comparé avec celui de l'Italie, de l'Allemagne et de l'Angleterre*, 1874. — Warnkönig et Stein : *Französische Staats-und-Rechtsgeschichte*, Bâle, 1846. — Schäffner : *Geschichte der Rechtsverfassungs Frankreichs*. 2e édition, 1859.

PREMIÈRE PARTIE.

LA PROCÉDURE CRIMINELLE EN FRANCE

DU XIIIe AU XVIIe SIÈCLE.

TITRE PREMIER.

LES JURIDICTIONS.

CHAPITRE PREMIER.

Les juridictions répressives au XIIIe siècle.

I. Juridictions seigneuriales; — Les gentilshommes et le jugement par les pairs; — Les hommes *de poeste* et les serfs. — II. Juridictions royales : les prévosts, les baillis, le parlement; — III. Juridictions municipales; villes de commune et d'échevinage; les villes du Midi. — IV. Juridictions ecclésiastiques.

Au XIIIe siècle les juridictions se divisent en deux classes : d'un côté les juridictions laïques, justices seigneuriales, justices du roi et des communes; — et d'autre part les juridictions ecclésiastiques, les cours de chrétienté, comme on disait alors. Tous ces tribunaux administrent à la fois la justice civile et criminelle.

I.

La justice était devenue patrimoniale en France : c'est là l'un des traits caractéristiques de la féodalité; ce sera encore l'une des maximes de Loysel (1). Les nombreuses justices seigneuriales se divisaient alors en justices *hautes* et *basses* (2); plus tard apparaîtra un échelon intermédiaire, les moyennes justices. Cette division avait surtout de l'importance au point de vue du droit pénal. Les cas graves étaient réservés à la haute justice; et celle-

---

(1) *Instit. Coutum.*, l. II, tit. II, max. 40.

(2) Beaumanoir : *Coutumes de Beauvoisis*, édition Beugnot, LVIII, 2; *Établissements de S. Louis*, I, 31; *Livre de Jostice et de Plet*, édition Rapetti, liv. II, tit. 5, § 1. « De cas de haute justice et de baronie. »

ci en principe n'appartenait qu'aux fiefs titrés, descendant ainsi généralement jusqu'aux baronies (1).

La juridiction du seigneur justicier s'exerçait sur ses *vassaux* d'abord, puis sur tous ceux qui « couchaient et levaient, » c'est-à-dire qui résidaient sur les terres de la seigneurie (2). Cela comprenait trois classes de personnes, les vassaux nobles, les hommes libres non nobles et les serfs; et les règles, d'après lesquelles la justice leur était administrée, n'étaient point les mêmes pour tous.

Les vassaux en devenant les « *hommes* » du seigneur justicier, en venant à son hommage, ne s'étaient point mis à sa discrétion. Ce n'était pas lui qu'ils avaient pour juge; chacun d'eux devait être jugé par ses pairs, c'est-à-dire par ceux qui tenaient des fiefs du même seigneur. Le justicier pouvait présider lui-même la cour féodale ou la faire présider par son prévôt (3); mais c'étaient les vassaux assemblés qui rendaient le jugement : « il convient que les seigneurs fassent juger par autres que par eux, c'est à savoir par leurs hommes féodaux, et à leur semonce et conjure (4). » C'est là le principe vrai du jugement par les pairs, et il est attesté par des textes nombreux (5); il s'appliquait même au cas où le seigneur intentait un procès à l'un de ses hommes :

---

(1) *Établ. S. Louis*, I, 24, 25, Beaumanoir, xxxiv, 41. Cf. *Ancien coutumier inédit de Picardie*, édit. Marnier, ch. xciii : *Ascavoir quele amende uns homs doit quant il s'avoue à avoir toute justiche en I lieu où il n'a fors viscomté.*

(2) Cf. M. Fustel de Coulanges : *De l'organisation de la justice dans l'antiquité et les temps modernes.* (*Revue des Deux-Mondes*, 1ᵉʳ août 1871, p. 540.) — Mably, *Considérations sur l'histoire de France*, liv. III, chap. iii. (Genève, 1765, tom. II, p. 36.)

(3) Beaumanoir, ch. i; *Livre de Jostice et de Plet*, i, 17, § 4.

(4) Beaumanoir.

(5) « Li homme qui sont homme de fief font les jugements. » Beaum., i, 13; — « Li homme doivent jugier l'un l'autre. » (*Id.*, i, 15.) — « Et puis vendra a droit le querele au jugement de ses pers. » (*Id.*, x, 2.) — « Li bers est appelés en la cort le Roy... et il die..., je ne vuel estre de ceste chose jugié, si par mes pers non. » *Etabliss. de S. Louis*, I, 71 ; — « Nous devons savoir que les barons doivent estre jugiés par leurs pers. » *Grand coutumier de Normandie*, ch. ix (édit. Bourdot de Richebourg). *Livre de Jostice*, xvii, 4. « Ducs, contes, barons, ne devent pas estre tret en plet devant prevost, dou fet de lor cors, ne de lor demeine : quar chascune tele persone ne doit estre jugiez que par le roi, qui li doit foi, ou par ses pers. »

« tex quereles, dit Beaumanoir, pot et doit li baillis bien metre en jugement des homes, car de teles quereles doit li quens user entre ses sougés, selonc le coustume que li homes usent entre lor sougés (1). » A de certains jours, fixés par l'usage, se tenaient les *assises* féodales; en cas d'urgence on pouvait aussi rassembler promptement les jugeurs (2).

Si les deux parties étaient les vassaux de seigneurs différents, le défendeur au moins était assuré d'être jugé par ses pairs au sens strict du mot (3). Cependant cette garantie pouvait parfois manquer au *miles* féodal. S'il était pris en flagrant délit sur les terres d'une justice étrangère, c'était là qu'il était jugé (4), et même si le noble habite non sur son fief, mais sur les domaines d'un justicier étranger dont il n'est point le vassal, en matière criminelle il devient le justiciable de ce seigneur, à la cour duquel il ne trouve point ses pairs (5).

Il s'agit maintenant d'un homme libre non noble, d'un de ceux que les textes appellent « *hommes de poeste, vilains, roturiers, coutumiers, ostes;* » « il couche et il lève » sur les terres d'un seigneur justicier; comment sera-t-il jugé?

L'homme dont il s'agit n'est point un *vassal;* ce n'est point par l'hommage volontaire qu'il est entré dans la hiérarchie féodale. Il est sous la puissance du seigneur, *homo potestatis*, et il *n'a pas de pairs*. Il sera donc jugé par les vassaux qui composent la cour féodale, ou même le seigneur peut le faire juger

---

(1) Beaum., i, 15.
(2) Beaum., i, 21, 35.
(3) Mably, *Observations*, l. III, ch. 3, tom. II, p. 38 : « C'était à ces assises que se portaient les affaires qu'avaient entre eux les vassaux d'une même seigneurie, quand ils préféraient la voie de la justice à celle de la guerre pour terminer leurs différends, et les procès que leur intentait quelque seigneur étranger, car c'était alors une règle invariable que tout défendeur fût jugé dans la cour de son propre seigneur. » Nous ne parlerons point dans ce rapide aperçu des guerres privées. Sur cette institution si curieuse on peut consulter dans Beaumanoir les chapitres des *guerres,* des *trèves* et des *asseurements.*
(4) Beaum., xxx, 85 : « Nus ne r'a se cort d'omme qui est pris en présent meffait, soit en mêlée, soit en damace faisant d'autrui, anchois appartient la connissance au seigneur en qui tere le prise estifete. »
(5) C'est le principe d'après lequel chacun doit être « justicié de son corps là où il couche et il lève. » Beaum., x, 4; lviii, 11; *Etabl. S. Louis*, II, 13, 32. — Voy. Brussel, *Usage des fiefs*, tom. I, p. 230.

directement par son bailli ou son prévôt. C'est là un principe qu'établissent de nombreux textes : « Li homme doivent jugier l'un l'autre et les quereles du commun peuple (1). » « Les barons doivent être jugiés par leurs pers et les autres par tous ceux qui ne peuvent estre ostés de jugement (2). » Aussi le vilain était-il à la discrétion du seigneur justicier lorsqu'un différend s'élevait entre eux : « par nostre usage n'a il, entre toi et ton vilain, juge fors Deu, tant qu'il est tes couchans et tes levans, s'il n'a autre lois vers toi que la commune (3). »

Cependant le roturier pouvait parfois conquérir le bénéfice du jugement par les pairs, lorsque le seigneur lui concédait ce droit par un titre formel, par une « loi privée » (4). Parfois aussi une coutume locale assurait cet avantage à tous les *hommes de poeste* d'un canton. L'*Ancien coutumier de Picardie*, publié par M. Marnier, en offre des exemples (5); Bouteiller atteste ce fait dans plusieurs passages (6). Cela devait toutefois être assez rare (7); dans ce cas les jugeurs étaient d'autres vilains, tenanciers du seigneur.

Le vilain pouvait aussi avoir des pairs d'une autre façon. A

---

(1) Beaum., I, 15.

(2) *Grand coutumier de Normandie*, ch. 9 (Bourdot de Richebourg). Le texte latin connu sous le nom de *Somma de legibus Normanniæ*, n'est pas moins net : « Barones autem per pares suos debent judicari; alii verò per eos qui non possunt a judiciis amoveri. » (*Somma* I, 10, 13, dans Ludewig : *Reliquiæ manuscriptorum omnis ævi*, tom. VII, page 175.)

(3) Pierre de Fontaines. *Conseil*, XIX, 8 (Edit. Marnier).

(4) De Fontaines, XXII, 3.

(5) Ch. I (p. 2); ch. LI. *Se jugemens fais par hommes de poeste est boins, ou non, et se il peut jugier de VII sols VI deniers* : « bien est prouvé par bons tesmoins que li homme de le dite court sont en saizine de conoistre et de jugier en cas de catel. » Le droit de juger se restreint ici, on le voit, aux causes civiles de peu d'importance.

(6) *Somme rurale*, L. I, tit. 32 (édit. Carondas) : « Cour laie... soient les hommes ou vassaux du seigneur temporel dudit territoire, eschevins, assesseurs, conseillers ou autres juges ordinaires appelés, ou par eux, ou aucun d'entre eux selon la coutume ou commune observance, ou de *juges hostes ou cottiers*. » — *Ibid.*, I, 13 : « Juges qui jugent à semonce de seigneur, comme d'hommes de fief, ou d'eschevins, ou d'*hommes censiers,* qui jugent à conjure du seigneur ou de son baillif. »

(7) Sur tous ces points, voyez, parfois en sens différent, M. Fustel de Coulanges : *L'organisation judiciaire.* (*Revue des Deux-Mondes*, 1ᵉʳ août 1871, p. 540, sqq.)

partir du moment où il put acheter des fiefs, s'il résidait sur son franc-fief, tout au moins pour les procès qui concernaient cette terre, il ne pouvait être jugé que par les autres vassaux, tenant des fiefs du même seigneur que lui-même (1). Il est probable qu'il pouvait revendiquer le même privilège dans les procès criminels intentés contre lui. Pierre de Fontaines déclare en effet en termes généraux que « la franquise des personnes n'affranquit pas les héritages vilains, mes li frans fiés franquise le personne qui est de poeste; en tant comme il est couquans et levans, il use de le franquise du fief (2). »

Le serf était traité plus mal encore que l'homme de poeste. Contre le seigneur il n'avait aucun recours; car il semble, qu'alors même que celui-ci n'était pas *justicier*, il ne pouvait pas le traduire en justice (3). Cependant il est probable que dans les cas très-graves on s'était départi quelque peu de cette rigueur : « L'en ne doit pas serf semondre (citer en justice) son segnor, se n'est por sa cruauté (4). » Lorsque les serfs étaient poursuivis par les tiers, et ils pouvaient l'être, leur condition était au point de vue judiciaire, semblable à celle des vilains, mais il n'est point certain qu'ils pussent citer en justice de franches personnes. Bouteiller s'exprime encore ainsi : « Si est à scavoir qu'en demandant en cor laie n'est à recevoir homme de serve condition contre homme de franche condition, s'il n'estoit par adventure autorisé du prince (5). » Dans Beaumanoir

---

(1) « Nus ne doit douter se li hons de poeste tient fief de son droit, et aucun plède a li de ce que au fief apartient, que il ne doie estre demenés *par ses pers*, aussi comme s'il estoit gentilhons. » Beaum., xlviii, 11.

(2) *Conseil*, iii, 4, 5, 6. Beaumanoir d'ailleurs paraît formel. Voy. chapitre *Des meffés*, xxx, 44 : « Se hons de poeste maint en franc fief, il est démenés comme gentilhons, comme des ajornemens et des commandemens et por uzer des franchises du fief. »

(3) Beaum., xiv, 31 : « Lor sires pot prendre quanque il ont à mort et à vie, et lor cor tenir en prison toutes les fois qu'il lor plet, soit à tort soit à droit, qu'il n'en est tenus à répondre fors à Dieu. »

(4) *Livre de Jostice et de Plet*, ii, 15, § 2.

(5) *Somme rur.*, I, tit. 9 (édit. Carondas, 1612, p. 42); — Cf. Privilège royal de 1138 en faveur des serfs de l'abbaye de Saint-Maur (Isambert : *Anciennes lois françaises*, tom. I, p. 134). Les textes du Moyen-Age parlent parfois de *servi judices* créés par le seigneur. Voy. *Cartulaire de Beaulieu*, l (p. 92) : « Sic per omnes curtes sive villas imponimus judices servos. » Il s'agit là de préposés, qui

nous trouvons seulement que le serf ne peut point provoquer au duel judiciaire une franche personne (1).

On le voit, le jugement par les pairs n'était point une règle générale de la justice du monde féodal. C'était simplement une conséquence du vasselage, et cela constituait un privilège pour les hommes de fief. La grande foule des roturiers et des serfs ne pouvait point invoquer ce principe tutélaire. Nous tenions à constater ce point; car plus tard, dans la suite de cette étude, nous verrons apparaître le jugement par jurés du monde moderne, et nous verrons aussi qu'on a voulu le rattacher à la procédure féodale, à l'ancien jugement par les pairs : il est difficile de concilier cette idée avec les faits que nous venons d'exposer.

Le *service de cour* étant très-dur pour les vassaux, le jugement par les pairs, dès le xiii° siècle, tendait à disparaître (2). En bien des lieux, les nobles, comme les roturiers, étaient déjà jugés par le bailli : « Il y a aucuns liex là u on fait les jugemens par le bailli et autre liu là u li homme qui sunt home de fief font les jugemens (3). » A la fin du xiv° siècle, Bouteiller connaît encore les jugements faits par les *hommes*, mais dans son livre ils sont indiqués plutôt comme une exception que comme constituant le droit commun ; le xv° siècle les fera complètement disparaître.

D'ailleurs le principe, d'après lequel le seigneur justicier, ou le juge à qui il déléguait son pouvoir, ne pouvait point statuer seul, ne disparut point. L'usage força le juge d'appeler « à son conseil » des praticiens exercés; c'était là quelque chose qui rappelait le *concilium* des magistrats romains; « ès liex, dit Beaumanoir, ù les baillis font les jugemens..... (li baillis) doit appeler à son conseil des plus sages et fere le jugement par lor conseil (4). »

---

généralement étaient des agents fiscaux; la pièce citée du Cartulaire de Beaulieu débute ainsi : « In istis vero curtibus servos vicarios debemus imponere ut fideliter exigant servitia dominis suis. »

(1) Beaum., LXIII, 1.
(2) Voyez Montesquieu, *Esprit des lois*, liv. XXVIII, ch. 72; — Cf. M. Fustel de Coulanges, *loc. cit.*, p. 545, ssq.
(3) Beaum., I, 13.
(4) Beaum., I, 13; cf. *Établ. S. Louis*, II, 15. Voyez en particulier ce que

II.

Le roi, à l'origine de la féodalité, n'avait juridiction que sur les terres composant le domaine royal; et là il rendait la justice au même titre et selon les mêmes formes qu'un seigneur justicier dans sa seigneurie. Mais cette juridiction grandissait toujours en même temps que le domaine de la couronne et la puissance royale; un organisme puissant se créait pour la servir.

Le roi dans ses domaines eut, dès le début, des prévôts, comme en avaient les seigneurs; ce sont les « *præpositi in potestatibus nostris* » dont parle le document de 1190 connu sous le nom de Testament de Philippe-Auguste. Selon la loi des États commençants, les prévôts réunissaient dans leurs mains l'administration et la justice. Comme juges ils statuaient sur les procès où les roturiers étaient parties, peut-être à l'origine tenaient-ils aussi des assises féodales (1). A mesure que la royauté étendait ses domaines, le nombre des prévôtés augmentait. D'après Brussel, avant 1202, il y avait 49 prévôtés royales; il montre aussi avec quelle rapidité s'accrut leur nombre.

Les baillis sont les officiers supérieurs de la royauté. Pour trouver l'origine de cette fonction on est parfois remonté très-haut. Pasquier, remarquant qu'ils surveillaient les prévôts et tenaient des assises ambulatoires, voit en eux les successeurs des *missi dominici* carlovingiens (2); mais une trop grande solution de continuité sépare les deux institutions pour qu'un raccord soit possible. Il est probable que ce fut seulement un besoin nouveau de régularité et de centralisation qui fit créer les baillis. Ils apparaissent pour la première fois d'une façon certaine dans l'ordonnance de Philippe-Auguste de 1190 (3), mais ils existaient

---

nous relèverons plus loin à cet égard dans le *Registre criminel du Châtelet de Paris* (A. 1389-1392).

(1) Voyez le chapitre du *Livre de Jostice et de Plet* intitulé : *De l'office au prévôt*.

(2) *Recherches de la France*, l. II, ch. xiv.

(3) Isambert, I, p. 179.

sans doute auparavant (1). Avant eux, la surveillance des prévôts appartenait peut-être au sénéchal de France (2), et ce fut seulement lorsque, le domaine s'agrandissant, il devint nécessaire de porter la surveillance sur les lieux, qu'on créa les baillis. De même, lorsque la royauté, après la guerre contre les Albigeois, acquit de grandes possessions dans le Midi, on créa sous le nom de *sénéchaux* des officiers pour remplir les mêmes fonctions (3). Dans la suite, dès que les possessions de la couronne devenaient importantes dans une région, il y était nommé un bailli; lorsqu'un grand fief était réuni, il était divisé en bailliages.

Les baillis avaient pour fonction principale de tenir des assises solennelles dans les principales villes de leur ressort. « Assise, dit Bouteiller, est une assemblée de sages juges et officiers du pays que fait tenir ou tient le souverain bailli de la province. Et y doivent être tous les juges, baillifs, lieutenants et autres officiers de justice et prévôté royal, sur peine de l'amende... Et doit estre l'assise publiée par toutes les villes ressortissant à ladite assise par sergent et commission du baillif, les lieux et les jours de présentation, et doit le dit baillif souverain, selon les ordonnances royaux tenir ses assises de trois mois en trois mois... En assise doibvent estre tous procez decidez si faire se peut bonnement, tout crime connu et pugny, tout bannissement accompli... Si doit estre chascun ouy en sa complainte soit sur nobles non nobles, soit sur officiers, sergents ou autres... et est entendue assise aussi comme purge de tous faiz advenuz au pays... aussi, ne doibt estre assise tenue en nulle terre fors en la terre où le souverain, de par qui l'assise est tenue, a justice sans moyen. Car en autre terre ne la peut ne doibt tenir le souverain baillif... Car en terre d'autre seigneur ne les peut ne doibt tenir (4). » Nous avons cité ce passage tout au long, car

---

(1) Voy. Pardessus : *Essai historique sur l'organisation judiciaire en France*, p. 242, ssq.

(2) Voy. Brussel, op. cit., tom. I, p. 507; *Lettres historiques sur les fonctions essentielles du Parlement, sur les droits des pairs et sur les loix fondamentales du royaume*. Amsterdam, 1754, tom. II, p. 28. N^{te} f.

(3) Pour la synonymie des deux termes *Bailli* et *Sénéchal*, Voy. Bouteiller *Somme rurale*, I, ch. III, p. 9.

(4) *Somme rurale*, I, ch. III, p. 9.

il nous paraît instructif : il montre qu'avant tout les baillis devaient recevoir les plaintes contre les officiers royaux et inférieurs, et au besoin réformer leurs jugements. On pouvait aussi porter devant eux toutes les causes qui étaient du ressort des prévôts royaux ; bientôt même les crimes les plus graves, ceux qu'on appela les cas royaux, leur furent réservés.

Mais les baillis jouaient aussi un autre rôle dans leurs assises. Quand il était réuni à la couronne un fief dont relevaient des arrière-vassaux, le roi, qui succédait à l'ancien suzerain, devait encore assembler ces gentilshommes en cour féodale pour qu'ils se jugeassent les uns les autres. Bien évidemment ce n'était pas le monarque qui les présidait alors ; c'était son bailli, cela se passait dans l'assise (1). Les deux sortes de justice étaient administrées côte à côte, dans la même solennité judiciaire ; une confusion devait à la longue s'opérer entre elles, et ce fut encore là une des causes qui hâtèrent la disparition des hommes jugeurs. De ce droit primitif il resta pourtant un vestige, que reproduira encore l'ordonnance de 1670 : en matière criminelle, les gentilshommes n'étaient pas justiciables des prévôts, mais seulement de ces baillis, qui avaient autrefois présidé les assises féodales. Plus tard, au moyen de la théorie de l'appel, les baillis royaux étendirent leur autorité sur les justices seigneuriales.

Le dernier étage des juridictions royales était le Parlement. C'est encore là une institution dont on a cherché bien loin l'origine. Pasquier l'aperçoit dans les champs de Mai de l'époque franque, lesquels pourtant n'avaient point d'attributions judiciaires ; d'autres l'ont trouvée dans le tribunal du palais, la *Curia regis*, des rois francs, et cette opinion, sans être absolument exacte, contient une grande part de vérité (2). Ce qui est vrai, c'est que, comme les baillis, le Parlement jouait un double rôle.

Le roi formait le dernier terme de la hiérarchie féodale, n'ayant

---

(1) Voyez ordonnance de 1277, ch. 30 (Ord., t. I, p. 355 ; Isambert, I, p. 665) : « Chascun baillif en qui court l'on juge par homme contreigne les hommes au plustôt qu'il pourra à juger les choses demenées par devant eux. » Cf. M. Fustel de Coulanges : *L'Organisation judiciaire*. (*Revue des Deux-Mondes*, 1er août 1871, p. 540, ssq.)

(2) Voy. M. Beugnot : *Olim*, introduction, *passim ;* Pardessus : *Organisation judiciaire*, p. 20, ssq ; cf. *Lettres historiques sur les Parlements*, tome I, *passim*.

lui-même d'autre suzerain que Dieu, comme diront les juristes (1). Il avait par suite des vassaux immédiats, en tant que roi de France, ceux qui tenaient immédiatement de lui un fief titré, les seuls d'ailleurs qui se reconnussent ses hommes (2). Ceux-là, en vertu du principe du jugement par les pairs, devaient former une cour féodale, pour se juger les uns les autres ; cette cour s'appela toujours la *Cour des pairs*.

Mais d'autre part le roi devait surveiller ses officiers ; il devait contrôler les baillis, comme ceux-ci contrôlaient les prévôts, et recevoir les plaintes que leurs actes soulevaient. Pour statuer sur ces points il s'entourait d'un conseil où figuraient les grands officiers de la couronne, les principaux prélats, les grands vassaux, etc. : c'était la *Curia regis* proprement dite.

En droit, il y avait là deux domaines séparés (3). En fait il ne pouvait y avoir là deux institutions distinctes : « Je ne connais, dit Pardessus, aucun document ni aucun témoignage historique sur l'existence simultanée de ces deux cours distinctes toutes deux présidées par le roi à deux titres différents.... La seule chose qu'ils nous apprennent, c'est que le vassal traduit devant la cour de son suzerain avait le droit d'exiger qu'on y appelât, s'il ne les y trouvait pas, un certain nombre de vassaux de même rang que le sien, ses pairs... mais les autres membres de la cour qui n'avaient pas ce rang ne cessaient pas d'en faire partie, ils conservaient le droit de juger ; en un mot, la cour était renforcée par les pairs du défendeur ; elle ne s'effaçait pas devant eux pour leur laisser le jugement d'une manière exclusive. C'est ce qui est très-bien expliqué dans les *Établissements de saint Louis*, en ces termes : « Se li bers est apelés en le cort

---

(1) *Etablissements de S. Louis*, I, 78. — *Livre de Jostice*, I, 16, § 1 : « Li rois ne doit tenir de nuil..... et tuit sont soz la main au roi. »

(2) Joinville, § 14 (édition de Wailly) : « Li rois manda ses barons à Paris, et leur fit fere serment que foy et loyauté porteroient à ses enfans, se aucune chose advenoit de li en la voie ; il me demanda, mais je ne voz point fere sairement, car je ne *estoie pas ses hom.* »

(3) *Livre de Jostice et de Plet*, II, 20, § 1 : « De l'ofice as mètres : Li mestre de l'ostel le roi ont plenier poïr par dessus toz autres. Et aucunes foiz avient qu'il deivent porter les granz causes pardevant le roi, comme de cels qui convient jugier par pers. »

le roy... et il die : « Je ne vuel mie estre jugiés fors par mes pers de cette chose, » adonc si doit on les barons semondre jusqu'à trois à tout le moins, et puis la justice doit fere droit o (avec) eux et o autres chevaliers (1). »

Le conseil du roi était encore à l'origine un conseil de gouvernement et une cour des comptes ; il était ambulant et se transportait à la suite du roi de ville en ville. Mais peu à peu tout se fixa et se détermina. Sous saint Louis commença la division des fonctions. Bientôt du conseil unique plusieurs corps furent formés : conseil d'État, cour des Comptes, et cour judiciaire, *Curia regis* proprement dite, laquelle prit le nom de Parlement (2).

Dès lors le Parlement se tint à des époques déterminées ; en 1277 on fixe la procédure qui y sera suivie, et en 1302, Philippe le Bel décide qu'il sera tenu à Paris deux parlements par an : à l'octave de Pâques et à la Toussaint (3).

Devenu un corps sédentaire, le Parlement devait voir sa composition changer. Les légistes allaient y entrer, et bientôt tout envahir ; car on était à cette époque où, comme dit Loysel, « le droict escrit tant civil que canonique ancien commençoit à prendre pied par la France, laquelle aussi conséquemment commença à se peupler d'advocats (4). » Pardessus a très-nettement ex-

---

(1) Pardessus : *Organisation judiciaire*, pp. 45 et 50 ; cf. *Olim*, tom. I, p. 454, et tom. I, préface, p. xxxvi. Voy. aussi Pardessus, p. 56 : « Le sire de Nesle avait cité la comtesse de Flandre, grand-vassal de la couronne devant la cour du roi pour défaut de droit ; les pairs assistant à la cour suivant la règle expliquée plus haut, prétendirent que le chancelier du roi, son bouteiller, son connétable n'avaient pas le droit de séance. Cette réclamation qui ne tendait pas cependant à réduire la cour aux seuls grands vassaux, mais seulement à en faire exclure les *ministeria*, les *hospitia regis*, fut rejetée, attendu la très-ancienne possession du droit de séance dans laquelle étaient ces officiers. Voyez Martene : *Collectio amplissima*, t. I, col. 1193. »

(2) Le mot *parlement* désigna d'abord toute assemblée solennelle où l'on débattait les affaires. — La division du conseil du roi en plusieurs corps, dont nous venons de parler, ne fut à l'origine qu'un règlement d'administration intérieure ; les membres de l'un des corps passaient à volonté dans un autre. Cf. Boutaric, *Actes du Parlement de Paris*, préface.

(3) Isambert, I, p. 190. Sur tous ces points. Voyez Pardessus, *Organisation judiciaire*, p. 99, ssq ; — Cf. *Lettres historiques sur les Parlements*, tom. II, *passim*.

(4) Loysel : *Pasquier ou Dialogue des Advocats*, Édit. Dupin, p. 35.

pliqué ce qui se passa alors : « La cour dut éprouver le besoin de s'adjoindre des auxiliaires qui, ayant fait les mêmes études que les avocats, pussent lui donner un résultat impartial de l'état de la question,.... un autre motif fit encore sentir ce besoin d'auxiliaires. La cour paraît avoir très-anciennement donné à la preuve par témoins ou par actes écrits, la préférence sur le combat judiciaire, et je n'hésite pas à croire que saint Louis, en prohibant ce combat dans ses domaines par l'ordonnance de 1260, n'ait généralisé une coutume que sa cour pratiquait depuis longtemps. Ces enquêtes étaient assujetties à des formalités. On comprit très-bien qu'il n'y avait ni possibilité ni convenance à charger les membres de la cour de procéder à ces enquêtes... et de même qu'on avait besoin d'auxiliaires auditeurs ou rapporteurs, de même il fallait des *enquesteurs* dont les fonctions sont encore nommées dans l'ordonnance de janvier 1277... Primitivement choisis par la cour, non institués par le roi, ces clercs ne furent d'abord que des employés qui n'avaient pas voix délibérative, ni même le droit d'ouvrir un avis s'ils n'y étaient invités (1). » Les clercs n'allaient tarder à prendre un meilleur rang : « Les rois chaque année et peut-être même à chaque session faisaient dresser et arrêtaient une liste de service.... les seigneurs non portés sur la liste de service cessaient d'être juges; ceux qui étaient compris n'étaient plus juges uniquement en vertu de leur droit, mais par le bon plaisir du roi; bientôt ce fut lui qui nomma les clercs rapporteurs et enquesteurs, et on en trouve la preuve, dans les quatre premiers articles de l'ordonnance du mois de novembre 1291 (Ord. I, 320); ces clercs, cessant d'être des employés au choix de la cour, en devinrent membres, quoiqu'en infériorité de rang (2). » Enfin, dès les premières années du xive siècle, le Parlement était divisé en trois Chambres, la grand Chambre, la Chambre des enquestes et la Chambre des requestes (3).

(1) *Essai sur l'organisation judiciaire*, pp. 107, 109.
(2) Pardessus, op. cit., p. 111.
(3) Ordonnance de décembre 1320 (Ord. I, 720); Pardessus, op. cit., p. 156. « Composé dans le principe des gens du roi, le Parlement représentait un conseil d'État présidé par le souverain, qui intervenait dans les délibérations, les mo-

Ainsi organisé, le Parlement va devenir une arme terrible aux mains de la royauté dans sa lutte contre le monde féodal; la théorie de l'*appel* lui donnera une puissance immense, et dans les contestations entre les prévôts ou baillis et les seigneurs justiciers, c'est lui qui dira le dernier mot.

Pendant longtemps la royauté n'eut qu'une seule cour souveraine, qu'un Parlement; les Parlements de province ne vinrent que plus tard. Le plus ancien est celui de Toulouse créé en 1302, mais qui ne fut définitivement établi dans cette ville qu'en 1443. Le Parlement de Dijon, en tant que juridiction royale, date de 1476; celui de Bordeaux est aussi du xve siècle. Ce n'est qu'en 1499, qu'au lieu des assises annuelles de l'échiquier de Normandie, on institua un échiquier perpétuel qui devint le Parlement de Normandie et s'installa à Rouen. Les Parlements de Bretagne, d'Aix et de Trévoux sont du xvie siècle; les autres n'appartiennent qu'aux xviie et xviiie siècles.

III.

Les dernières juridictions laïques dont il nous reste à parler, sont les juridictions municipales.

Il y avait d'abord les justices des *villes de commune ou d'échevinage*. Les communes étaient, on le sait, des associations jurées d'habitants des villes, qui avaient obtenu de leur seigneur suzerain le droit de s'administrer elles-mêmes. Cette concession formelle ou *charte* était un titre que la commune devait toujours produire en cas de contestation (1); de bonne heure l'idée s'introduisit aussi qu'il fallait faire confirmer les chartes par le roi. Les plus anciennes parmi les villes de commune sont le Mans, Cambrai, Noyon, Beauvais, Saint-Quentin, Laon, Amiens, Soissons,

---

difiait, les rejetait, ou pour mieux dire en faisait bon marché. Dès le commencement du xive siècle, ses membres étaient choisis par le roi pour chaque session. Leur nombre fut limité par l'ordonnance du 11 mars 1344, et ils devinrent inamovibles de fait autant dans leur intérêt que dans l'intérêt de la royauté. » Boutaric : *Actes du Parlement de Paris*, préface, p. iii.

(1) Voy. *Lettres de Louis VII à la ville de Beauvais*, 1151 (Ord. XI, p. 198); — Brussel, op. cit., tom. II, p. 927 (arrêt des grands jours de Troyes).

Reims; le nombre s'en accrut rapidement dans le Ponthieu, la Picardie, le Beauvoisis, l'île de France, le Vexin, le Valois, la Champagne; le mouvement gagna la Bourgogne et le Poitou.

Les communes ont toujours leurs juridictions propres, où siégent, suivant des combinaisons variées, les maires, les échevins, des jurés; parfois le seigneur a conservé pour son prévôt le droit d'assister aux plaids (1).

Dans le Nord de la France on trouve un certain nombre de villes qui jouissaient des mêmes privilèges, sans qu'on puisse faire remonter l'origine de ces droits à une charte de commune; on les appelle ordinairement villes d'*échevinage*. Il est probable que dans ces contrées, où la population de race germanique était fort dense, l'administration de la justice par les *scabini*, comme à l'époque carolingienne, s'était continuée sans interruption véritable. Tel était le cas de Lille, de Douai, d'Arras, de Saint-Omer, de Thérouane (2).

Les bourgeois des villes de commune ou d'échevinage, poursuivis en matière criminelle, devaient être jugés par leurs justices municipales, que l'accusateur fût un bourgeois ou un étranger; c'est un principe bien souvent exprimé (3), et qui établissait à leur profit le jugement par les pairs. Les tribunaux municipaux jugeaient même les délits commis par des étrangers dans l'intérieur de la banlieue « *infrà banleucam.* » Cela ne souffrait aucune difficulté si le coupable était pris sur le fait. S'il s'enfuit, on le cite; s'il ne comparaît pas, on lui interdit l'accès de la ville. On voit même apparaître dans les chartes des moyens de contrainte plus énergiques, qui sont de véritables faits de guerre (4). Bientôt au lieu d'aller en guerre on ira au Parlement.

---

(1) Voy. charte d'Amiens, art. 48 (Ord. XI, p. 264); charte de Bray, art. xi (Ord. XI, p. 296).

(2) Voy. *Olim.*, I, pp. 46, 239; II, 80, 115, 133, 312, 410, 626. — Pour Lille : Roisin, *Franchises, lois et coutumes de la ville de Lille* (édit Brun-Lavainne, 1842); les rois ne font que *confirmer* ces franchises (Ord. XI, pp. 297, 376, 424).

(3) Voy. Chartes : Laon, art. 19 (Ord. XI, 261), Saint-Quentin, art. 1 (Ord. XI, 270); Bray, art. 3 (Ord. XI, 296). — Corbie, art. 4, 5 (Ord. XI, 214); Soissons, art. 18 (Ord. XI, 219); Pontoise, art. 7 (Ord. XI, 254); Sens, art. 21 (Ord. XI, 262). — Roisin, ch. ii; Beaumanoir, L, 17.

(4) Si le malfaiteur s'est réfugié quelque part, on doit le réclamer, et, en cas de

Les villes de commune et d'échevinage étaient en réalité des corps souverains. D'autres villes avaient des juridictions municipales sans jouir de privilèges aussi étendus. Elles restaient justiciables des seigneurs ou du roi, et les bourgeois comparaissaient devant le *præpositus*, mais elles avaient obtenu des chartes, leur assurant que celui-ci s'adjoindrait un certain nombre de « preudhommes, *boni homines, probi homines,* » pris parmi les bourgeois et souvent élus par eux. Telle était la condition d'un grand nombre de villes du centre de la France, dont Bourges était en quelque sorte le type (1). Beaucoup de villes de la Franche-Comté avaient aussi obtenu ce régime. Paris avec son « Parlouer aux bourgeois » possédait une sorte de juridiction municipale, qui remontait très-loin.

Dans le Midi, de très-bonne heure, les cités ont des *consuls*, qui sont les juges ordinaires et les administrateurs des villes ; souvent aussi les seigneurs ont conservé à côté d'eux leurs propres officiers et représentants. Il se produisit là un mouvement analogue à celui qui fit grandir les puissantes cités italiennes. De part et d'autre, l'ancienne vie municipale ne s'était jamais éteinte, et sous l'influence de l'esprit de *particularisme*, qui distingue le monde féodal, elle reprit une activité nouvelle. Carcassonne a eu des consuls en 1107, Béziers en 1121 ou 1131, Montpellier en 1141, Nîmes en 1141, Narbonne en 1148, Castres en 1160, Arles en 1141, Avignon en 1146 (2). « Là même où les comtes ou les autres chefs féodaux s'étaient maintenus en autorité, le consulat exerçait une partie considérable des pouvoirs judiciaires... les consuls étaient assistés dans toutes leurs délibérations par divers

---

refus, le saisir comme on pourra : Soissons, art. 7 (Ord. XI, 215); Crespy, art. 4 (XI, 305); Sens, art. 9 (XI. 292); Compiègne, art. 8 (XI, 240). — Si le récalcitrant a une maison dans le voisinage, on ira l'assiéger et la démolir : Roye, art. 19 (XI, 228); Tournay, art. 5 (XI, 249); Amiens, art. 15 (XI, 265); Saint-Quentin, art. 10 (XI, 270); Crespy, art. 17 (XI, 305). Le Livre Roisin nous décrit en détail cette sorte d'expédition.

(1) Voy. Ord., tom. XI, page 193; cf. la charte de Châteauneuf-sur-Cher (Ord. XI, pp. 221 et 225).

(2) Voy. Raynouard : *Histoire du droit municipal*, tom. I, *passim;* Warnkönig et Stein : *Französische Staats-und-Rechtsgeschichte*, tom. I, n°s 134, sqq.

conseils composés d'individus pris dans toutes les classes de la population (1). »

IV.

En face des juridictions laïques s'élevaient les tribunaux ecclésiastiques : c'étaient les « cours de Chrétienté, » comme on disait jadis; elles avaient une haute autorité et une vaste compétence.

Le juge pour chaque diocèse était l'évêque « l'ordinaire; » mais bientôt il dut déléguer ses pouvoirs. Son suppléant fut d'abord *l'archidiacre*, dont le rôle fut très important jusqu'au xiie siècle; puis, à partir du xiiie siècle, un officier spécial, appelé *officialis*, l'*official*. Une savante hiérarchie permettait des appels multipliés; de l'évêque on appelait à l'archevêque, de celui-ci parfois au primat, toujours au pape (2).

En matière criminelle spécialement, les cours de Chrétienté avaient une compétence très-étendue; les clercs ne pouvaient être jugés que par elles; les juges laïques pouvaient les arrêter, mais c'était tout (3). Ce *privilège de clergie* s'était étendu d'une façon extraordinaire; il embrassait tous les degrés du clergé régulier et tous ceux du clergé séculier jusqu'aux chantres (4). Du temps de Beaumanoir, il suffit que le malfaiteur soit tonsuré, pour qu'on doive le rendre à l'Église (5).

---

(1) Fauriel : *Introduction à l'histoire de la croisade contre les hérétiques Albigeois*, p. LVI.

(2) Beaumanoir, LXI, 65. Voir, pour tout ce qui concerne les tribunaux ecclésiastiques à cette époque, le remarquable livre de notre collègue M. Paul Fournier : *Les officialités au Moyen-Age*, Paris, 1880.

(3) « On le doit rendre à sainte Église de quelque meffet que il face. » *Établ. S. Louis*, I, 84; cf. Beaum. XI, 30; — « Les clercs ne soient traitez que par l'évesque dessoz qui y sont demeurants et qui en a à cognoistre seul, soit pour cas civil, soit pour cas criminel. » Bouteiller, *Somme rurale*, II, ch. VIII.

(4) Tous ceux qui n'avaient pas reçu le *sous-diaconat* pouvaient se marier et vivre de la vie du siècle; les *clercs mariés* sont souvent visés dans nos vieux livres; on admit qu'ils ne pouvaient invoquer le privilège de clergie qu'autant qu'ils porteraient la *couronne* (tonsure) et l'habit ecclésiastique. *Établ. S. Louis*, I, 84; Bouteiller, II, 7; Jean Desmares, règles 25 et 392.

(5) Beaum., XL, 25. C'est un fait bien connu que souvent des malfaiteurs se

D'autre part, l'Église réclamait beaucoup d'accusés laïques ; elle revendiquait les accusations d'hérésie et d'apostasie (1), de sorcellerie (2), d'adultère et d'usure (3). Cependant si dans tous ces cas elle jugeait, elle ne prononçait pas toujours la condamnation. C'était un principe du droit canon que l'Église ne prononçait pas de peines capitales : « la justice espérituel ne doit nului mètre à mort (4). » Cependant, parmi les crimes dont elle revendiquait la connaissance, il y en avait beaucoup que, selon les idées alors reçues, la mort seule pouvait expier. Elle livrait alors le coupable au bras séculier qui prononçait la peine et la faisait exécuter (5).

faisaient tonsurer afin d'être jugés par l'Église. Au xiv° siècle, le *Registre criminel du Châtelet de Paris* offre de nombreux exemples de ces supercheries. Voici par exemple ce que dit un prisonnier (I, p. 90) : « Par le conseil dudit Jehannin du Boys, qui lui dit qu'il ne moroit nul prisonnier en la cour dudit official, et que toujours l'en en yssoit par détencion de longue prison, nouvel advenement d'arceveque, ou autre grand seigneur, qui faisoient délivrer yceulx prisonniers, il fist nouvellement et premierement fere sa couronne en la dite ville de Prouvins. » Pour déjouer ces ruses, le juge du Châtelet emploie divers moyens : des commissions de barbiers viennent examiner l'état de la tonsure (I, 204, 405 ; II, 491) ; surtout on demande au prétendu clerc s'il sait lire et comment il fut consacré (I, 48, 51, 69, 75, 85, 294 ; II, 102). Généralement l'accusé est obligé d'avouer « qu'il ne cognoist lettre aucune, » et les détails qu'il donne sur la cérémonie de son ordination sont d'une invraisemblance manifeste. Malgré cela, l'évêque réclame parfois avec énergie ces singuliers clercs (I, 85, 94, 296) ; mais le Parlement décide qu'on tiendra comme laïques les illettrés qui ne rapporteront point de lettres d'ordination : I, 78. « Monsieur le prevost avoit parlé à M. le chancellier et à autres du grand conseil du roy, lesquelx lui avoient dit et respondu, considéré que un homme naist pur lay, et qu'il doit estre tenuz et reputez toute sa vie pour tel s'il ne appert de lettre de tonsure, ou qu'il sache lire ou escripre. » La suite du *Registre* montre que cette jurisprudence devint constante.

(1) « Por ce que sainte Église est fontaine de foi et de créance. » Beaum., xi, 2; *Établ. S. Louis*, I, 84.

(2) Beaum., xi, 25. Au xiv° siècle, le *Registre du Châtelet* nous montre plusieurs procès de sorcellerie jugés par la juridiction laïque, mais non sans opposition de la part de l'Église, II, 312, ssq. Dans ces hypothèses, la sorcellerie avait, disait-on, causé la mort ou la maladie d'une ou de plusieurs personnes.

(3) Mais sur ce point les cours laïques étaient également compétentes. Beaumanoir, *loc. cit.*; *Établ. S. Louis*, I, 86.

(4) Beaum., xi, 12. Bouteiller : « Les règles des décrétales... ne servent riens de criminel à peine mortelle, fors à peine de douleur, c'est à scavoir chartre perpétuelle. »

(5) Beaum., xi, 2, 25; *Établ. S. Louis*, I, 85, 123.

L'Église intervenait encore dans le domaine de la justice criminelle par le *droit d'asile*. L'idée que les temples chrétiens offraient au coupable un refuge, devant lequel devait s'arrêter la justice humaine, apparut de bonne heure (1); elle était universellement admise au xiiie siècle : « Tout cil qui y queurent à garant, combien qu'il aient meffet, soient clerc, soient lai, il y doivent avoir garant, tant comme ils s'y tiennent (2). » Cela ne rendait pas l'Église compétente pour juger le criminel, mais cela entravait le cours de la justice laïque; c'était « à fin d'eschever la rigueur de justice, tant que satisfaction soit donnée à partie, et puis grâce du prince s'y peust estendre, si le cas le désire, et non autrement. » Il semble que le réfugié, s'il ne pouvait être arraché de l'asile par la force, pouvait du moins être sommé de se rendre à justice, ou de quitter le pays (3). Dès le xiiie siècle, il y avait d'ailleurs un certain nombre de criminels que l'asile ne protégeait plus (4).

Toutes les juridictions, que nous venons d'étudier, existent encore au xviie siècle, et la grande ordonnance de 1670 déterminera leur compétence. Mais à cette époque les justices seigneuriales, municipales et ecclésiastiques, au lieu de figurer au premier plan, ne jouent plus qu'un rôle secondaire. Les juridictions royales ont définitivement pris le dessus; elles ont envahi presque tout le domaine du droit criminel; en même temps elles se sont modifiées, perfectionnées, multipliées. Il nous faut indiquer rapidement comment ces transformations se produisirent.

---

(1) Cod. Just., I, 2; Nov. 17.
(2) Beaum., xi, 14; Bouteiller, *Somme rurale*, II, 9; Desmares, 99, 100.
(3) C'est au moins ce qu'indique le *Grand coutumier de Normandie*, ch. lxxii (Bourdot de Richebourg).
(4) Beaum., xi, 15, 17, 16, 20, 21 : « Les robières de chemins en guet apensé, car toz crétiens de droit commun doivent aler et sauf venir par les chemins; — les sacrilèges; — les « essilleurs de biens... Sainte Église ne porroit estre servie ni les peuples soustenus si les biens estoient essillés. »

CHAPITRE DEUXIÈME.

Progrès des juridictions royales; leur état aux XVIIᵉ et XVIIIᵉ siècles.

I. Comment les juridictions royales étendirent leur compétence ; — les cas royaux ; — la prévention ; — l'appel ; — le flagrant délit ; — les cas privilégiés. — II. Composition des siéges royaux : prévôts, baillis, lieutenants criminels, conseillers ; les parlements. Les tribunaux extraordinaires.

Comment les justices royales attirèrent à elles la plus grande partie des causes criminelles, qui allaient auparavant aux tribunaux des seigneurs ou de l'Église, cela a été dit d'une façon excellente (1); et nous ne songeons point à le redire ici. Nous voulons seulement rappeler les principaux moyens qui furent employés pour produire ce résultat. Il y eut une longue suite d'entreprises hardies et persévérantes, dans lesquelles les juristes qui servaient la royauté s'appuyaient plutôt sur le droit encore obscur de l'avenir, que sur le droit du présent parfois ouvertement méconnu. Ils invoquaient d'ailleurs souvent une loi plus précise que cette vision vague du progrès futur ; ils faisaient devant eux marcher la loi romaine, qui semblait alors une morte auguste nouvellement sortie du tombeau.

Les théories, souvent subtiles, qu'on inventa pour parvenir au but, se rattachaient toutes à cette grande idée que le roi représentait l'intérêt commun et qu'il devait à tous la sécurité et la justice : « Voirs est que li rois est sovrains par desor tous, et a de son droit le général garde de son roiaume ; » — « il est tenus à garder et à fere garder les coustumes de son roiaume ; » — « toute laie juridictions du roiaume est tenue du roi en fief ou en arrière-fief (2). » Ces théories, véritables armes de guerre, nous allons les passer rapidement en revue.

---

(1) Voy. M. Faustin Hélie. Tome I (2ᵉ édit.), p. 325, ssq.
(2) Beaum., xxxiv, 41 ; xxiv, 12 ; xi, 12 ; cf. De Fontaines, xxii, 33.

I.

Dès le xiiie siècle apparaît cette idée que certains faits très-graves seront exclusivement de la connaissance des baillis royaux, soit parce qu'ils portent directement atteinte aux droits de la royauté, soit parce qu'ils menacent des intérêts considérables dont le roi prend la garde en main. Pierre de Fontaines signale ces entreprises (1). La *Compilatio de Usibus Andegaviæ* indique très-nettement un cas royal (2); les *Olim* contiennent un certain nombre d'arrêts qui affirment la théorie (3). Une ordonnance de 1315 est fort explicite : « En lor teres où ils ont haute justice ne justicierons point fors ès cas ci-dessus dénommés et *autres qui à nous appartiennent par droit royal* (4); » une autre ordonnance de 1371 contient une énumération des cas royaux où nous trouvons le crime de lèse-majesté, l'infraction de la sauvegarde du roi, le port d'armes, la fausse monnaie, et « généralement tout cas touchant le droit royal (5). » Dans la *Somme rurale*, la théorie est complètement formée; le livre IIe est intitulé : « Des droits royaux et de la connoissance que le roi a sur plusieurs cas. » C'est là qu'on sent toute l'influence du droit romain; cette puissance que les juristes construisent au profit du roi de France, elle a pour type le droit impérial qu'ils trouvent dans le *Corpus juris civilis* : « le roi peut genéralement faire tout et autant que à droict impérial appartient (6). » Bou-

---

(1) « Contre droit vuelent tollir et tollent baillif et prevôt as nobles hommes de nostre païs le plet de desseisine et de dete et de force fete en possessions de lor frans homes, qui autres enpledent, encore soient il lor couchant et lor levant (xxxii, 1); » dans la suite du chapitre il est moins affirmatif. « Par nostre usage puet en pleidier pardevant le baillif du païs de force et de desseisine, de cuique fié que ce soit qui est en la baillie, car à eus appartient d'oster les forces et de tenir chascun en seisine. »

(2) « § 83 : Il est d'usage que de meffet de chemin de roy nus n'en portet cor. » Édition Beautemps-Beaupré, tom. I, p. 57.

(3) Tom. I, 544, 599, 864.

(4) Ord., I, p. 561.

(5) Ord., V, p. 428.

(6) Bouteiller, *Som. rur.*, II, 1. Il met en note : « Baldus in L. *Exemplo* C. *De probat.* dicit regem Franciæ esse imperatorem in suo regno. »

teiller donne une longue liste de cas royaux; nous y trouvons : les ports d'armes (p. 647); la « connoissance et punition des bannis du royaume (p. 648); » les crimes commis par des officiers et serviteurs royaux, les crimes de lèse-majesté; le roi se réserve aussi « tous faus monnoyers sur ses monnoyes et sur ses coings, » « les contre-facteurs du seel royal, les pescheries en toutes rivières royales qui sont chemin royal et portent gros navires, » les « boys et forests royaux (1). »

La liste s'allongeait toujours et elle n'était jamais close. En effet, les ordonnances, qui peu à peu venaient régler cette matière ajoutaient toujours à leur énumération « et autres cas touchant au droit royal . » C'était ouvrir la porte à toute nouvelle prétention des baillis. En 1536, l'édit de Crémieu (art. 10), suivait encore la tradition sur ce point : « Cognoistront nosdits baillifs, seneschaux, et autres juges présidiaux des crimes de lèze-majesté, fausse monnoie, assemblées illicites, émotions populaires, et ports d'armes, infractions de sauve garde *et autres cas royaux.* »

Les cas royaux étaient exclusivement réservés aux justices royales; pour d'autres délits on créa seulement à leur profit un droit de concurrence avec les justices seigneuriales, le bénéfice de la *prévention.* Cela voulait dire qu'en cas de négligence des juges naturels les juges royaux pouvaient intervenir. Le roi ne devait-il pas la justice à tous? ne devait-il pas faire avancer ses gens, si les seigneurs manquaient à leur tâche? Une ordonnance de 1319 exprime très-nettement cette règle. « Concedimus quod de criminibus commissis infrà juridictionem ipsorum nobilium officiales nostri se nullatenus intromittant, nisi in casibus ressorti aut *negligentiæ.* » On voit quel accès on ouvrait aux officiers royaux. Mieux renseignés et plus actifs que les juges seigneuriaux, car leur zèle pouvait les élever aux plus hauts emplois, ils devaient tendre à s'emparer de toutes les causes avant même que

---

(1) On a vu figurer parmi les cas royaux l'infraction à la sauvegarde du roi. On sait que le droit du Moyen-Age, pour mettre fin aux guerres privées, inventa une procédure par laquelle la partie menacée pouvait faire citer son adversaire en justice pour le forcer à lui donner « asseurement ou sauvegarde. » La *sauvegarde brisée* était un très-grand crime, et le coupable était puni par la justice devant laquelle l'asseurement avait été donné. On allait de préférence pour demander sauvegarde devant les justices royales, mieux respectées que les autres.

les juges des seigneurs n'eussent connaissance du délit. Sans doute c'était violer le principe même qu'on invoquait; il n'y avait dans ce cas aucune négligence coupable; mais peu importait, le Parlement reconnaîtrait bien les siens. C'est ainsi que Bouteiller entend la théorie : « A le roy et à lui appartient et à ses juges la cognoissance de tous cas de prévention... puisque premier on s'en traict à ses juges (1). » Cette matière fut du reste réglée beaucoup plus par l'usage et par la jurisprudence que par les ordonnances. Certaines coutumes admettaient la prévention de la part des gens du roi d'une façon absolue, par exemple celles de Compiègne, de Senlis, de Vermandois; d'autres, comme celles d'Anjou, du Maine, de Touraine, de Poitou, permettaient bien aux baillis de citer devant eux les justiciables des seigneurs, mais ceux-ci avant le jugement pouvaient revendiquer la cause; la prévention était alors conditionnelle et à charge de renvoi (2). La jurisprudence en vint à autoriser presque toujours la prévention absolue au profit des juges royaux : « Ils vont plus avant, dira Pussort dans les conférences pour la rédaction de l'ordonnance de 1670, et sont autorisés par les arrêts contre les juges des seigneurs. » C'était admettre une sorte de compétence générale, quoique subsidiaire en apparence, au profit des tribunaux du roi.

La théorie dont la royauté tira le plus grand profit, et au moyen de laquelle elle parvint à dominer complètement les justices seigneuriales fut celle de *l'appel* (3).

La féodalité n'avait point connu l'appel dans le sens que nous donnons à ce mot. Elle ne soumettait pas de nouveau à un juge supérieur le litige déjà tranché par un premier juge; à vrai dire, bien qu'elle eût une hiérarchie complète, elle ne connaissait point des juges supérieurs et des juges inférieurs; toutes les cours

---

(1) *Som. rur.*, II, 1 (p. 646, ssq.); il est vrai que Bouteiller étudie la prévention plutôt en matière civile qu'en matière criminelle.

(2) Voyez sur la prévention les coutumes suivantes : Montereau, art. 6, 7, 8; — Valois, 10; — Noyon, 39; — Ribemont, art. 1; — Amiens, 200, ssq.; — Anjou, 63, 73, 74, 78; — Maine, 75, 82, 84, 87, 89; — Blois, 11; — Clermont, 202-213; — Normandie, 23.

(3) Sur ce point, voir : Montesquieu: *Esprit des lois*, l. xxviii, ch. 28, ssq. Voy. aussi : *Essai sur l'histoire du droit d'appel* en droit romain et en droit français. Thèse pour le doctorat, par M. P.-J.-M. Fournier, 1881.

féodales, dans les limites de leur compétence, étaient des cours souveraines. Il n'y avait dans la vieille procédure, sur laquelle nous allons jeter par avance un coup d'œil, que deux sortes de voies de recours : *l'appel pour défaute de droit*, et *l'appel de faux jugement*.

Dans l'appel pour défaute de droit on se plaignait d'un déni de justice. Le plaignant était-il le vassal du justicier, après trois sommations solennelles restées sans résultat, il devait citer celui-ci devant le suzerain immédiatement supérieur, de qui la justice était tenue. Si le déni était prouvé, le lien féodal était désormais rompu entre ces deux hommes; l'ancien vassal ne devait plus rien à son ancien seigneur. La preuve n'était-elle pas fournie, le fief était confisqué par voie de *commise* (1). Ce recours était également ouvert à *l'homme de poeste*; et même la procédure était plus simple dans ce cas (2). L'étranger qui voulait devant le justicier plaider contre un de ses hommes ou de ses *hôtes*, pouvait également intenter l'appel de défaute de droit, et, dans ce cas, le résultat du recours était simplement de transférer au justicier supérieur la connaissance de l'affaire (3). Du reste, la preuve, quand il y en avait une à faire, ne consistait point dans la provocation au duel judiciaire : « li apel qui sunt fet por défaute de droit ne doivent être demené par gage de bataille, mes par monstrer resons par quoi la défaute de droit soit clère (4). »

Cette procédure faisait remonter, on le voit du seigneur inférieur au seigneur supérieur dans la hiérarchie féodale; c'était ce qu'on appelait le *ressort*. Si au second degré on trouvait encore un déni de justice, on pouvait monter à l'échelon supérieur, et ainsi de suite jusqu'au roi. Mais ce n'était point cette institution qui pouvait servir à la royauté pour restreindre la compétence des justices seigneuriales; on ne pouvait appeler *omisso medio* (5).

(1) Beaum., LXII, 3, 4; LXIII; *Etabl. S. Louis*, I, 49.
(2) Beaum., LXII, 5. L'homme de poeste, s'il tenait du seigneur justicier une censive ou tout autre héritage vilain, était probablement libéré de tout service au cas où il prouvait le déni.
(3) Beaum., LXII, 10.
(4) Beaum., LXI, 53.
(5) Beaum., LXI, 65.

L'appel de *faux jugement* s'attaquait à la sentence rendue; mais c'était une sorte de cassation barbare, dont l'origine se trouve certainement dans les coutumes germaniques. C'était une prise à partie brutale du plaideur contre les pairs qui le jugeaient. Au moment où les jugeurs émettaient leur avis le plaideur déclarait le jugement faux et mauvais, et pour prouver son dire il provoquait tous les jugeurs ou l'un d'eux au duel judiciaire en jetant son gage de bataille (1). Selon le résultat du duel, le jugement était maintenu ou cassé, et la partie qui succombait, appelant ou jugeurs, payait une amende ou souvent subissait une peine cruelle (2). C'était d'ailleurs une procédure formaliste, où il fallait veiller aux paroles qu'on prononçait et dont les détails sont fort intéressants (3).

L'appel de faux jugement n'était ouvert qu'à ceux qui étaient jugés par leurs pairs, aux gentilshommes; l'homme de poeste et encore moins le serf ne pouvaient y recourir (4). Devant quelle juridiction était-il porté? Des textes formels établissent que c'était devant la cour du suzerain immédiatement supérieur (5). Mais cela venait simplement de ce que la première cour eût été juge et partie; l'appel pouvait être débattu devant elle dans certains cas, lorsque, par exemple, le seigneur justicier avait encore des hommes en nombre suffisant qui n'avaient pas siégé dans la première instance (6). Mais on déclarait que la cour du roi était

---

(1) Beaum., LXI, 45, ssq.; *Etabl. S. Louis,* I, 81; de Fontaines, ch. XXII; *Livre de Justice et de Plet.,* l. xx, tit. 16.

(2) Beaum., LXVII, 7, 8, 9. — Cf. *Assises* (édit. Beugnot, I, 561).

(3) Voy. Brunner : *Wort und Form im altfranzösischen Process* (Sitzungs-Berichte der Akademie der Wissenschaften. Wien. 57º vol., p. 738, ssq.).

(4) De Fontaines, XXII, 3 : « Vileins ne puet fausser le jugement son seigneur ne de ses hommes, s'il n'est garniz de loi privée, par quoi il le puisse fere. » Cf. *Et. S. Louis,* I, 78.

(5) Beaum., LXI, 65 : « Cil qui apele soit por défaute de droit ou por faus jugement doit apeler devant le seigneur de qui en tient le cort où li faus jugement fu fes ; car s'il trespassoit ou apeloit par devant le comte ou par devant le roi, si aroit cil sa cort de qui on tenroit la justice nu à nu où li faus jugemens fu fes. Car il convient apeler de degré en degré, c'est-à-dire selonc qui li homages est du plus bas au plus prochain seigneur après. »

(6) Beaum., LXVII, 8 : « Li quens pot bien tenir le cort de ses homes qui sunt appelé de faus jugement, et fere droit par ses autres homes qui ne s'assentirent pas au jugement. » Cf. LXI, 49.

souveraine absolument et qu'on ne pouvait pas en appeler; Pierre de Fontaines parle des « jugeurs de la cort soveraine qu'on ne puist fausser (1). »

Cette voie de recours n'était point l'appel véritable; à peine en contenait-elle le germe. Mais ce qu'on ne trouvait pas dans les cours féodales, n'allait-on point le trouver dans les assises des baillis seigneuriaux ou royaux, là où on ne jugeait pas « par hommes? » Là, le principe de la pairie n'étant pas appliqué, l'appel de faux jugement, tel que nous l'avons décrit, devait disparaître, et c'est bien ce qui eut lieu : « S'on apèle des faus jugemens as baillix, en le cort où ils jugent, il ne font pas lor jugement bon par gages de bataille, ainçois sont porté li erremment du plet, sur quoi li jugemens fu fes, en la cor du seigneur sovrain au bailli qui fist le jugement; ilueques est tenus por bons o por malvès (2). » Cette forme de l'appel sur les « erremens de plet, » va grandir rapidement. C'est surtout dans les justices royales qu'elle gagna du terrain. Là on établit bientôt qu'on pourrait toujours appeler de l'inférieur au supérieur, « du prévôt au bailli, du bailli au roi, ès cors là ù prévôt et bailli jugent (3). » C'était donc parfois une triple instance : prévôt, bailli et Parlement. Mais il subsista certains traits des anciennes voies de recours; c'était toujours le juge lui-même que le plaideur prenait à partie (4).

Cette procédure fit un nouveau pas en avant lorsque l'ordonnance de 1260 eut introduit « l'enquête » à la place du duel judiciaire qu'elle prohibait sur les domaines de la couronne. Dès lors dans les domaines du roi, même s'il s'agissait d'un jugement rendu « par hommes, » il devenait impossible de le fausser selon l'ancienne méthode, car c'était un procès qui exigeait forcément la « bataille; » c'est bien ce que dit l'ordonnance de 1260, art. 8 :

(1) xxii, 21, 22.
(2) Beaum., i, 14; cf. livre de *J. et Pl.*, i, 4, § 4.
(3) Beaum., lxi, 65, 66.
(4) Beaum., lxi, 66. MM. Boutaric (*Saint Louis et Alphonse de Poitiers*) et Fournier (*Essai sur l'histoire de l'appel*, p. 190 sqq.), établissent qu'au plus fort du Moyen-Age l'appel véritable existait dans certaines villes municipales du midi de la France.

« Se aucun veut fausser jugement ou païs où il apartient que jugement soit faussé, il n'i aura point de bataille mes les clains et les respons et les autres destrains de plet seront apportez en nostre cour, et selon les errémens de plet l'en fera depecier ou tenir, et cil qui sera trouvé en son tort l'amendera selon la coustume de la tere (1). » Cet appel ainsi intenté contre les « hommes du roi, » est signalé par Pierre de Fontaines comme une nouveauté : « Je meismes menai la querele que tu me demandes par devant le roi, savoir mon se jugemens puet estre rappelé par usage de cors laie fors par bataille : et certes je vi que li home le roi à Saint-Quentin feirent jugement entre deux dames, dont l'une apela à la cort le roi... L'en jugea qu'il avoient fet à la dame lI faus jugemenz, por quoi la dame recovra quanque ele avoit perdu, et l'amendèrent au roi. Et ce fu li premiers dont je oïsse parler qui fu rappelez en Vermandois sans bataille (2). »

Les nouvelles formes de procédure favorisaient l'appel d'un autre côté. Il est bien difficile de recommencer un débat en seconde instance, s'il n'a pas été d'abord fixé par l'écriture; et nous dirons plus loin quel rôle l'écriture jouait dans l'enquête. L'appel se modelait ainsi peu à peu, d'après les principes du droit romain; les *Etablissements de Saint Louis* le désignent sous le nom « *d'amendement de jugement,* » et déclarent qu'il faut y suivre les règles des lois romaines (3). Il ne faisait point d'ailleurs les mêmes progrès dans les justices des seigneurs que dans les justices royales; même après l'ordonnance de 1260, on suivait ordinairement dans les cours féodales l'ancienne forme de procéder, et l'appel de faux jugement était seul possible; cependant là même la procédure selon « l'établissement le roi, » gagnait du terrain, et Beaumanoir indique par quels moyens on pouvait appeler « par errémens de plet et non par bataille devant le juge supérieur (4). »

Jusqu'ici nous avons bien vu comment l'appel était né, mais non comment il devint, pour la royauté, un puissant moyen de

---

(1) Isambert, I, 288; *Et. S. Louis, I,* 80.
(2) XXII, 23.
(3) I, 80.
(4) LXVII, 7, 8.

domination, ce qui, pour notre étude, est le point important; il faut le dire maintenant.

On admit d'abord que tout jugement rendu devant un seigneur justicier pouvait être déféré au roi par la partie grevée, s'il était contraire aux coutumes du pays. C'est ce qu'indique Pierre de Fontaines : « Quant aucuns dit que l'en li a fait jugement contre la coustume del païs commune, bien afiert au roi qui les costumes a à garder, qu'il oie le recort du jugement, bien afiert à lui qu'il les face rencérinier et amender ce qui est fez encontre; mès s'il ne trueve la costume brisiée, encore apèle le jugemenz mauveis par autre reison, ne s'en doit li rois meller, puisqu'il ne fut faussez là où il devoit en tens convenable (1). » Sans doute ce n'était que quant aux points de droit, que le jugement pouvait être ainsi soumis au roi : cette voie de recours n'était pas l'appel proprement dit, et les vieux juristes l'en distinguaient bien; ils l'appelaient *supplication*, d'un nom emprunté au droit romain. Le *livre de Jostice et de Plet* a un titre qui porte pour rubrique : « *d'apiaus, de supplication, et de faus jugemenz;* » il y est dit : « Segont la coustume de France l'en ne doit pas apeler; car ce n'a pas esté usé. Mez se aucuns est grevez de juigement il doit dire tex paroles : « Je me tiens agrevez de la sentence que vos avez donée contre moi, qui n'est pas bone, ne tele come ele doit estre selonc les us de la terre, ains est malvèse et ne me tiens pas apaieiz, car li juigemenz est faus; si en requier l'amendement dou soverain. » Et quant il est devant le soverain il doit dire tex paroles : « Sire, je soploi à vos comme à soverain que li quens de Blois a donée sentence contre moi... et à tel jour fu donée et de tex gens... laquele est fause et malvese et non droiturière selon les us do païs, por laquele chose, Sire, je vos requier amendement de jugement. » Lor si doit dire la cause resonable por quoi li juigement est mauvés (2). » Mais il semble qu'on employait surtout le mot « *supplication* » pour éviter les contestations sur la recevabilité du recours (3).

(1) xxii, 33.
(2) xx, 16, § 2.
(3) *Établ. S. Louis*, II, 15. « Souplication doit être faite en Cour le roi et non pas apel : car apel contient félonie et iniquité, selon droit escrit au Code : *de*

Cette institution ne pouvait manquer de se transformer en un véritable appel qui soumettrait au roi les sentences de toutes les juridictions du royaume. Bientôt, les jugeurs disparaissent peu à peu des cours féodales pour faire place aux juristes officiers de justice, et le droit romain exerçant une influence toujours plus grande, l'appel s'établit dans toute la hiérarchie des juridictions. Il suivit les règles du *ressort*, que nous avons retracées pour les voies de recours de la procédure féodale; on appela du seigneur inférieur au seigneur supérieur de degré en degré; du duc ou du comte on appelait au roi. Cet appel ne se porta plus directement au Parlement, mais d'abord devant le sénéchal ou le bailli : « L'en peut appeler de duc, de conte au bailli s'il fet tort, en petiz afères (1). » Probablement ce texte indique plutôt une maxime qu'on voudrait faire adopter que le droit alors suivi; mais le système s'établit (2).

Dorénavant il n'était plus permis de sauter un ou plusieurs degrés et de s'adresser directement au roi; c'est ce que nous trouvons énoncé dans le *Livre des Droiz et Commandemens de Justice* : « Si aucune des parties se sent agrévée du jugement, si en doit appeler présentement devant le juge souverain, et le doit nommer et doit dire que jugemenz soit faus et mauvaiz... et s'il avoit appelé au seneschal royal, et non mie au barron qui est entre II, le baron auroit l'obéissance s'il la

---

haut prince les prières, en la loi qui commence *Si quis adversus*, et la loi *Instrumentorum*, et en la loi unique qui commence *Litigantibus* el Code de *Sententiis Præfecti prætorio*, et en la Digeste *De minoribus* en la loy *Præfecti*, où il est escrit que l'en doit souployer au Roy que il jugement voye ou face voif, et se il n'est contre droit qu'il le face tenir et enteriner par la coustume du pays. »

(1) *Livre de J. et P.*, I, 19, § 2.

(2) Il est curieux de voir comment au XVIIe siècle dans une publication officielle, comme nous dirions aujourd'hui, on envisageait l'origine des appels : *Mémoires des intendants sur l'état des généralités dressés pour l'instruction du duc de Bourgogne*, tome I, publié par M. de Boislisle, p. 169 : « Hugues-Capet, à son avénement à la couronne, ayant distribué aux seigneurs du royaume des terres nobles, avec réserve de foi et hommage, à la charge de le servir et de le suivre à la guerre, il leur accorda aussi le droit de justice haute, moyenne et basse sur leurs hommes et sujets, et se réserva le droit de ressort, c'est-à-dire les appellations de leurs juges à ses officiers... Ces seigneurs s'étaient réservé de même ou à leurs officiers les appellations des justices inférieures... »

requéroit (1). » Mais bientôt s'établit cette règle, qu'en matière criminelle, s'il s'agissait d'une condamnation capitale, on pouvait aller directement devant le juge souverain : « Il est droit que si aucun homme est condamné à mort par aucune justice il peut appeler au souverain juge, ou autre de son lignage pour luy. » — « Si aucun étoit condamné à mort par ses meffets, il puet bien en appeler au souverain juge royal, *ou au baron qui est entre eux deux*, ou autre de son lignage pour luy (2). » Dans tous les cas graves, il pouvait donc se faire qu'il n'y eût pas d'autre juge d'appel que le juge royal; un peu plus tard ce sera la règle.

D'autres combinaisons juridiques permirent encore d'attirer devant les justices royales certains justiciables des seigneurs. Un principe nouveau y servit puissamment, principe d'ailleurs fort raisonnable et qui est resté, celui de la compétence territoriale en matière criminelle.

Selon les anciennes règles, que nous avons exposées, chacun répondait de ses délits devant le seigneur « sous qui il couchait et levait; » mais nous avons vu que cette compétence cédait devant celle d'un autre justicier lorsque le justiciable était pris en flagrant délit sur un autre territoire. On chercha à rendre compétent le juge du lieu du délit alors même que le coupable n'était pas pris sur le fait. D'abord on décida qu'il suffirait pour cela que la capture eût été opérée sur le lieu, alors même qu'il se serait écoulé un certain laps de temps depuis l'infraction accomplie (3); puis on finit par supprimer la nécessité de la capture. Le juge du lieu où le fait s'est accompli n'est-il pas toujours le mieux placé pour recueillir les preuves? C'est ce que décida l'ordonnance de Moulins (art. 35).

En sens inverse, la royauté avait invoqué contre les seigneurs

---

(1) § 241. (Edit. Beautemps-Beaupré) : Cf. *Ancienne coutume de Bourgogne* (1270-1360), art. 90 : « De *appellacionibus* : S'aucun appelle en délaissant le moyen auditoire, se li appelez requiert estre renvoyé par devant le juge délaissiez par l'appelant auquel la connoissance de l'appellation devra appartenir, il y sera renvoyez. » Ch. Giraud, *Essai sur l'histoire du droit français*, tom. II, p. 284.

(2) *Livre des Droiz*, § 644 et 585.

(3) Ordonnance de Roussillon (1564), art. 19.

le droit de *bourgeoisie personnelle*. Le roi accordait le droit de bourgeoisie individuellement à certaines personnes, et *ces bourgeois du roi*, à moins d'être pris en flagrant délit, ne pouvaient être poursuivis criminellement que devant les juges royaux (1).

Par tous les moyens, que nous venons d'indiquer, la royauté avait peu à peu restreint l'importance des juridictions seigneuriales; elle restreignit aussi la compétence des juridictions ecclésiastiques. Elle attira devant ses tribunaux certains crimes, qui auparavant relevaient des *cours de chrétienté, ratione materiæ*, en les faisant rentrer dans la classe des crimes de lèse-majesté, et par là dans celle des cas royaux; mais surtout elle affaiblit la portée du privilège de clergie. On décida que dans les cas trèsgraves et qui méritaient une peine supérieure aux peines canoniques, les clercs seraient jugés par les juges royaux, sans que ceux-ci fussent tenus de les rendre à l'Église : c'est ce qu'on appela les *cas privilégiés*; le privilège était ici non pour l'accusé mais pour le juge. La théorie s'établissait déjà au temps de Bouteiller : « Les clercs ne doibvent estre connus pour cause qu'ils aient fors devant leur juge et prélat, soit la cause civile ou criminelle..., sinon en sauvegarde enfreinte ou port d'armes, car de ces cas convient qu'ils répondent au juge lai (2). » La liste des cas privilégiés alla toujours en augmentant; elle comprit bientôt tous les cas royaux et un grand nombre d'autres crimes; Muyart de Vouglans, au XVIIIe siècle, en énumérera quinze établis par les ordonnances et vingt-huit déterminés par la jurisprudence (3).

A côté du cas privilégié on mit le délit commun, puni d'une façon suffisante à la fois par les lois ordinaires et par le droit canonique : pour les délits communs commis par les clercs, les

---

(1) *Étab. S. Louis*, II, 4, 31, 32; — Brussel, *op. cit.*, tom. II, p. 921, ssq. — Aux entreprises de la royauté en fait de justice, la noblesse n'opposa que peu de résistance : « C'est de connivence avec la vieille et véritable noblesse que l'envahissement du pouvoir royal dans la justice féodale fut possible. Les seigneurs désertaient leurs assises par ennui, par négligence, par fierté solitaire, et surtout par suite de leur insuffisance dont ils eurent conscience du moment où rendre la justice fut devenu une fonction délicate qui imposait la peine de dénouer ce qu'on s'était habitué à trancher. » Boutaric, *Actes du Parlement de Paris;* préface.

(2) *Somme rur.*, II, tit. 7.

(3) Inst. crim., IIIe partie, p. 54, ssq.

deux juridictions laïque et ecclésiastique étaient compétentes ; la première saisie restait saisie. Comme tout cas privilégié contenait en même temps un délit canonique, pour ne pas violer le droit de l'Église, on admettait qu'elle pourrait aussi, à côté du juge royal et pour le même fait, faire le procès à l'accusé. C'étaient deux instances successives, entre lesquelles l'ordre de préséance varia suivant les temps, jusqu'à ce qu'on les réunît en une seule, à laquelle prenaient part l'un et l'autre juge. Pour les infractions purement ecclésiastiques, l'Église, bien entendu, resta seule compétente.

Pour imposer ces diverses règles, la royauté trouva un instrument puissant dans *l'appel comme d'abus*. Enfin le *droit d'asile*, dont nous avons parlé plus haut, fut singulièrement restreint, puis définitivement supprimé. On commença par l'écarter lorsque le coupable avait sciemment accompli son méfait près d'une église, afin de s'y réfugier ensuite (1); l'ordonnance de 1539 l'abolit (art. 166); les quelques restrictions que contenait ce texte ne devaient pas subsister.

Dans tout ce grand mouvement, la souveraineté des villes de commune avait disparu, mais les juridictions municipales, au criminel du moins, furent généralement maintenues : elles étaient peu dangereuses, les communes n'étant plus que les « bonnes villes; » puis la royauté s'appliqua et réussit à s'arroger la nomination des officiers municipaux, au moins en fait, sinon toujours en droit.

II.

En étendant leur compétence, les juridictions royales devaient modifier leur organisation ; l'ancien organisme devait s'adapter aux besoins nouveaux. Les modifications s'opérèrent en deux sens : les anciens tribunaux virent augmenter leur personnel; des tribunaux d'exception furent créés à côté des juges de droit commun.

Les prévôts, qui étaient au bas de la hiérarchie, subsistèrent

---

(1) Jean Desmares, règles 4, 7.

dans leur ancienne condition : « les prévôts royaux, qui en de certaines provinces sont connus sous le nom de châtelains, viguiers, vicomtes, sont proprement ceux que nous appelons juges ordinaires, parce qu'ils jugent tous les cas ordinaires (1). » Ils ne statuaient jamais qu'en première instance ; ils ne connaissaient point des accusations portées contre les nobles ni des cas royaux. Le nombre « s'en multiplia considérablement ; » ce ne fut qu'en 1749 qu'on supprima les prévôtés, établies dans les villes où il y avait des siéges de bailliage, et qu'on les réunit à ces bailliages (2). Les prévôts n'avaient point d'assesseurs réguliers (3).

Les baillis et sénéchaux formaient toujours le second degré des juridictions royales. Ambulants dans l'origine, ils étaient devenus sédentaires : « Ils fixèrent leur résidence dans l'endroit le plus considérable de la province. On n'attendait plus dès lors qu'ils fissent leur tournée ordinaire pour réclamer leur justice et leur protection ; on leur demanda la permission de traduire devant eux les parties avec lesquelles on était en procès (4). » Bientôt les baillis ne purent plus suffire à leur tâche : « on toléra qu'ils eussent des lieutenants ; comme le nombre qu'ils en pouvaient avoir n'était pas déterminé, ils en avaient plusieurs (5). » D'abord ils ne leur donnaient qu'une délégation toujours révocable ; mais le fait se transforma en droit. Les lieutenants devinrent des officiers de judicature que les baillis ne pouvaient plus révoquer : « les lieutenants des baillis étaient amovibles, mais la faculté de destituer ceux-là fut ôtée à ceux-ci par l'article 47 d'un édit de 1496 (6). » Enfin, les suppléants dépossé-

---

(1) Muyart de Vouglans : *Institutes au droit criminel*, p. 143 (éd. 1757).

(2) Muyart, op. cit., p. 144.

(3) Bien entendu, il est une prévôté à laquelle ceci ne s'applique pas ; nous voulons parler du Châtelet de Paris. Ici il y avait un corps important de magistrats : « Cette juridiction est composée de : un lieutenant général civil, un lieutenant criminel, deux lieutenants particuliers, cinquante-sept conseillers, etc. » (*Mémoires des intendants des généralités, dressés pour l'instruction du duc de Bourgogne*, tom. I, publié par M. de Boislisle, p. 200).

(4) Guyot, *Répertoire*, V° *Bailli*.

(5) Guyot, *Répertoire*, V° *Bailli*.

(6) *Ibid.*

dèrent les titulaires; ils firent passer entre leurs mains tout ce qui concernait l'administration de la justice, et le bailli ne conserva plus à cet égard que des droits honorifiques. C'est là du reste un phénomène qui se produit toujours dans de semblables conditions; celui qui a la peine et la responsabilité véritable finit par avoir la fonction. « Les baillis, dit Muyart de Vouglans, ne pouvant suffire à leur fonction, ils se sont vus dans la nécessité de la partager et de faire exercer celle qui concerne la justice par des officiers particuliers que nous connaissons aujourd'hui sous le nom de lieutenants généraux, lieutenants criminels et lieutenants particuliers..., mais ils n'ont pas conservé le droit de nommer et de révoquer ces officiers qui tiennent leur provision immédiatement du roi; ils n'ont pas même conservé aucune autorité sur ceux-ci, qui ont une juridiction propre; en un mot, il ne leur reste plus de vestige de leur ancienne supériorité que le titre de grands baillis et sénéchaux avec le droit de faire intituler de leur nom les jugements que rendent leurs lieutenants (1). »

Au lieutenant criminel était échu le jugement des causes criminelles; dans notre ancien droit il était le juge en matière répressive pour toutes les affaires importantes, soustraites aux prévôts. Les lieutenants particuliers étaient des officiers « établis dans chaque bailliage pour présider en l'absence des lieutenants généraux et des lieutenants criminels et juger toutes les matières dont ceux-ci peuvent connaître. » On ne s'arrêta même pas là dans cette voie des suppléances; on créa encore des *assesseurs criminels;* « ils ont le droit d'assister aux jugements que rendent les lieutenants criminels et de les remplacer dans leurs fonctions (2). » Les lieutenants criminels furent érigés en titre d'office dans chaque bailliage par des édits de François Ier en 1522 et de Henri II en 1554 : « il y eut aussi en mai 1552 une nouvelle création de ces officiers pour tous les sièges présidiaux (3). »

Les baillis à l'origine, plus tard les lieutenants criminels, instruisaient les procès criminels, nous dirons plus loin d'après quelles règles; mais jugeaient-ils seuls? Le bailli, d'abord, jugeait

---

(1) Muyart, *Inst.*, p. 147.
(2) Muyart, *Inst.*, p. 149.
(3) *Ibid.*, p. 146.

seul, mais en s'entourant d'un conseil de proudhommes et de praticiens, comme nous l'avons observé : « Il s'établit autour d'eux des gens instruits dans la science du droit, des loix, des coutumes et des usages ; les uns servaient à défendre les parties, les autres aidaient le bailli de leurs lumières et de leur conseil : c'est ainsi que se sont formés ces premiers sièges de province sous le nom de bailliages et de sénéchaussées. Les avocats attachés à ces sièges étaient les conseillers nés du bailli et de ses lieutenants (1). » Ici encore ce qui n'était qu'un service passager devint une fonction : « Dans la suite les avocats, trop occupés des affaires de leurs clients, ne pouvant pas assister le bailli dans ses audiences, il fut créé dans ces mêmes sièges des conseillers en titre d'office avec défense à eux de s'occuper, comme conseils, des affaires d'autrui... Ces officiers ont le titre de magistrats ; lorsqu'ils sont à l'audience, ils ont voix délibérative avec les lieutenants du bailli ; et les avocats du siège les suppléent lorsqu'ils sont absents ou qu'il y a contre eux des motifs de récusation (2). »

(1) Guyot, *Répert.*, V° *Bailli*. — Cet état de choses est bien nettement constaté pour le xiv° siècle dans le *Registre criminel du Châtelet*. C'est le prévôt seul qui est juge ; mais dans chaque affaire on enregistre soigneusement les noms de ceux qui lui servent de conseillers. La composition de ce conseil varie d'une audience à l'autre, et l'on y trouve des personnages pris dans différentes classes de la société; des membres du Parlement (I, p. 98, 240, 333); des « élus sur le fait des aydes » (I, 240), des sergents d'armes et sergents à verge (I, 364), des chevaliers du guet (I, 267), des docteurs (I, 442), des « cirurgiens jurez du roy » (I, 126), de simples bourgeois de Paris (I, 277); mais il y figure surtout des avocats et des procureurs. Ceux qui se retrouvent à chaque audience sont des fonctionnaires, « les examinateurs au Châtelet. » Chose notable, le procureur du roy Andrieu le Preux figure fréquemment parmi les conseillers. Ils ont pour fonction « de lire, visiter, et surtout conseiller les procès. » Toutes les fois qu'il s'agit de prononcer une sentence, le prévôt recueille leurs avis ; mais il n'est lié en aucune façon par ces conseils; cela ressort de toutes les procédures et cela est dit expressément en certains passages. Voy. par. ex. I, p. 237 : « Ouyes icelles oppinions, ledit mons. le prevost dit que, quant de présent, l'en surseroit d'accomplir aucun desdis jugemens ; que, sur ce, chascun pensast et advisast la plus seure et meure oppinion, et il meismes en parleroit à aucuns conseillers et aussi y penseroit. Et ce fait, lui retourné oudit Chastellet, feroit ou surplus et accompliroit raison et justice dudit prisonnier. »

(2) Guyot, *Répert.*, V° *Bailli*. — On voit que la règle, qui subsiste encore, d'après laquelle, en cas d'absence d'un juge, on appelle un avocat à le suppléer est le dernier vestige d'un vieil usage des tribunaux du Moyen-Age.

Sous Henri II il fut créé des sièges d'une importance particulière; ce sont les *présidiaux*. « Par l'édit du mois de novembre 1551... ce prince ordonna que dans les principaux bailliages et sénéchaussées il y aurait un présidial composé de neuf magistrats pour le moins, y compris les lieutenants généraux et particuliers, civils et criminels. » Ces tribunaux au civil jugeaient en dernier ressort les causes de peu d'importance; au criminel ils ne se distinguaient des autres bailliages qu'en ce qu'ils pouvaient connaître des cas *prévôtaux*. Ce sont les lieutenants criminels des bailliages où il y avait un présidial que l'ordonnance de 1670 appellera « nos juges présidiaux. »

L'importance et le personnel du Parlement avaient toujours augmenté; une chambre spéciale s'était instituée pour juger les procès criminels, c'était *la Tournelle* (1). « Des lois rendues dans les derniers temps qu'embrasse la collection des ordonnances, parlent d'une chambre du Parlement nommée Tournelle. L'ordonnance du 28 octobre 1446 (Ord. XIII, p. 371), art. 10 et 11, est la première qui en fasse mention comme distincte des autres chambres, mais elle ne l'institue pas. Ces articles constatent la possession où elle était déjà de juger les procès criminels (2). »

D'autre part, les parlements de province naissaient les uns après les autres. Nous avons déjà indiqué ceux qui furent créés jusqu'à la fin du xvie siècle. Au xviie siècle il en paraît de nouveaux; ce sont ceux de Pau (1620), pour le Béarn et la Navarre; de Metz (1633), pour les Trois-Évêchés; de Besançon (1676); de

---

(1) On discute, on le sait, sur l'origine de ce nom; selon les uns, il vient du lieu où s'assemblait cette chambre. Voy. *Registre criminel du Châtelet*, II, 312 : « En laquele court de parlement pardevant honorable homme et sage maistre Simon Foison, président en parlement, et par autres nos seigneurs dudit parlement assemblez en la Tournelle de derrière ladite Court de parlement, ledit Mons. le prevost dit et desclaira, etc. » — Selon d'autres, cette dénomination vient du roulement au moyen duquel cette chambre était composée : Voy. *Mémoires des intendants dressés pour l'instruction du duc de Bourgogne*, I, 175 : « La Tournelle criminelle est composée de quatre présidents à mortier, de neuf conseillers laïques de la Grand'Chambre, et de deux conseillers de chacune Chambre des enquêtes, qui y servent tour à tour pendant trois mois. Les conseillers de la Grand'Chambre y servent six mois. »

(2) Pardessus, *Essai sur l'organisation judiciaire*, p. 163.

Douai (1686), pour les provinces conquises des Pays-Bas. Au xviiie siècle sera fondé le Parlement de Nancy, en 1775. Plusieurs de ces parlements ne faisaient que continuer les anciennes Cours souveraines des grands fiefs réunis à la couronne. Il y avait aussi le Conseil supérieur d'Alsace, qui, après bien des vicissitudes, fut définitivement installé à Colmar en 1698, et le Conseil supérieur de Roussillon, établi à Perpignan en 1660.

Le Parlement de Paris, dans ses transformations successives, conservait un des caractères qui distinguaient la Cour féodale qu'il avait été jadis. Il restait la *Cour des Pairs*; c'est-à-dire que les Pairs de France avaient toujours en principe le droit d'y prendre séance, et qu'ils ne pouvaient être jugés que par lui. Au xviiie siècle ce droit est affirmé avec énergie. Voici ce que nous lisons dans des articles arrêtés par le Parlement, toutes chambres assemblées le 25 janvier 1753, pour fixer les objets des remontrances ordonnées le 4 du même mois de janvier : « Les Pairs, attachés inséparablement par leur dignité à la personne sacrée de Votre Majesté, ne pouvaient manquer d'être, dès l'instant même de leur établissement, membres d'une Cour souveraine, première et capitale, suivant les expressions de nos rois... Les Pairs ont toujours été regardés comme membres nécessaires de cette Cour... de cette relation essentielle entre le corps et les membres, naît par conséquence un droit respectif et inviolable; droit indivisible dans ce double rapport, par lequel il autorise d'une part les princes et les Pairs, ainsi que tous les magistrats qui appartiennent à votre Parlement, à venir, en toute occasion, y prendre séance; et de l'autre la Cour des Pairs à réunir ses membres quand elle le juge à propos, en appelant à ses délibérations tous ceux qui, par leurs dignités, états et offices, ont l'honneur d'être de son corps..... Le Parlement fut toujours le vrai juge des Pairs, le Tribunal où les causes des Pairs doivent, de leur nature et droit, être conduites et traitées (1). »

Outre ses fonctions ordinaires et normales, le Parlement participait extraordinairement à l'administration de la justice par la tenue des *Grands-Jours*. C'étaient des assises solennelles

---

(1) P. 113, ssq. Cf. *Lettres historiques sur le Parlement,* tome II, passim.

tenues dans une province par des commissaires choisis par le roi ; par là on avait surtout pour but de réprimer les désordres et les exactions commises par les autorités locales. Les grands-jours étaient en quelque sorte pour les juridictions supérieures ce que les assises des baillis étaient jadis pour les juridictions inférieures. Voici le tableau qu'en trace un praticien de la fin du XVIe siècle : « Les grands jours ont accoustumé estre tenus par les présidens et conseillers de la cour de Parlement es lieux où on a accoustumé anciennement les tenir d'an en an par un président avec treize conseillers de ladite cour... et les jugemens donnez par eux..... (jusqu'à un certain taux en matière civile)..... sont authorisez par le roy tout ainsi que s'ils estoient donnez ledit Parlement séant. Et faut qu'ils vacquent préalablement à l'expédition des matières criminelles, le plus diligemment que faire se pourra. Il n'y a que les Parlements de Paris, Thoulouze, Rouen et Bourdeaux qui ayent permission de tenir grands jours par l'ordonnance du roy Louis XII de l'an 1498, art. 72 et 73... et peuvent lesdits grands jours cognoistre et décider de tous abus, fautes et malversations des officiers du ressort des grands jours... corriger toute mauvaise pratique... pareillement peuvent cognoistre de toutes les matières criminelles de quelque grandeur et qualité qu'elles soient (1). »

En même temps que la royauté développait ainsi ses juridictions ordinaires, elle créait, avons-nous dit, des tribunaux d'exception pour connaître de certaines causes criminelles.

Il y en avait de deux sortes. Les uns ne connaissaient des crimes « qu'incidemment aux matières qui faisaient l'objet particulier de leur établissement. » Muyart de Vouglans, qui donne cette définition, fournit aussi une longue liste de ces

---

(1) *Stile* de Boyer, p. 7, ssq. — Voici la liste des grands-jours tenus par le Parlement de Paris jusqu'en 1665. (Voy. Boutaric, *Actes du Parlement* ; — *Notice sur les archives du Parlement de Paris*, par A. Grün, ch. XXI, p. 93, ssq.) : Troyes 1367, 1374, 1376, 1381, 1391, 1395, 1398, 1402, 1409 ; — Poitiers 1454 ; — Thouars 1455 ; — Bordeaux 1456, 1459 ; — Clermont-Ferrand 1481 ; — Poitiers 1531 ; — Tours 1533 ; Moulins 1534 ; Troyes 1533 ; — Moulins 1534 ; — Troyes 1535 ; — Angers 1539 ; — Moulins ; 1540 ; — Poitiers 1541 ; — Riom 1546 ; — Tours 1547 ; — Riom 1550 ; — Poitiers 1567 et 1579 ; — Clermont 1582 ; — Troyes 1583 ; — Lyon 1596 ; — Poitiers 1634 ; — Clermont 1665.

tribunaux : « De ce nombre sont 1° les juges de l'élection et grenier à sel, juges des traites, maîtres des ports et leurs lieutenants pour les délits, faussetés et rébellions commises à l'occasion des droits du roi, dont l'appel ressortit à la cour des aides ; 2° le prévôt de l'hôtel des Monnoies, pour les délits commis au fait des monnoies, dont l'appel va à la Cour des Monnoies ; 3° les juges des maîtrises des eaux et forêts et tables de marbre pour les délits commis à l'occasion des eaux et forêts, dont l'appel ressortit au Parlement ; 4° les Présidiaux pour les délits commis par les officiers des eaux et forêts ; 5° les juges de l'Amirauté pour les crimes maritimes, dont l'appel ressortit au Parlement ; 6° le grand-prévôt de l'hôtel qui juge conjointement avec le Grand Conseil et des maîtres des requêtes à son choix les délits commis dans les maisons royales à la suite de la Cour ; 7° les lieutenants généraux de police... pour les contraventions aux ordonnances et règlements de police, dont l'appel ressortit au Parlement ; 8° les juges de la conservation de Lyon pour les délits concernant le négoce, dont l'appel se porte au Parlement ; 9° les juges conservateurs des privilèges de l'Université, dont l'appel va pareillement au Parlement ; 10° les juges de la connétablie pour les délits commis par les officiers de la maréchaussée, à charge d'appel au Parlement ; 11° les prévôts des marchands pour les délits commis par les marchands et leurs commis au fait de la marchandise et par les officiers de police en l'exercice de leurs charges... à la charge d'appel au Parlement (1). »

Les autres juridictions extraordinaires avaient une compétence non pas incidente, mais principale ; c'étaient « des juges singulièrement destinés à connoître des matières criminelles, tels que les prévôts des maréchaux, les juges militaires et les juges ecclésiastiques. » Disons quelques mots des prévôts des maréchaux, qui ont joué un rôle tragique et important dans l'ancienne France, et dont s'occupera longuement l'ordonnance de 1670.

---

(1) Muyart, *Inst. crim.*, p. 158, 159. — Sur l'origine de ces juridictions, voyez Pardessus : *Organisation judiciaire*, p. 260-279.

Leur origine est fort ancienne. En quelques mots le président de Lamoignon a retracé leurs destinées : « Leur premier establissement a esté fait pour estre à la suite des troupes et empescher les désordres des gens de guerre..., depuis on a augmenté leur pouvoir et ils ont été employez pour donner de la sûreté aux grands chemins, prêter main-forte à la justice et empêcher les violences publiques (1). »

Les maréchaux de France qui furent deux à l'origine, quatre depuis François Ier, commandaient les armées avec le connétable et ses lieutenants. « Une juridiction militaire était attachée à ce commandement et elle était exercée sous leur autorité par un prévôt, qui devait être gentilhomme et avoir commandé; il était à la suite des armées, et en temps de paix il n'avait point de fonction. » Sous Charles VI, ce prévôt fut fixé à la cour; « c'est même de cet officier qu'on a fait le prévôt de l'hôtel du roi ou grand-prévôt de France. » Dès lors, il eut besoin d'envoyer des lieutenants de côté et d'autre pour surveiller les troupes : « Louis XI permit en 1494, à ce prévôt des maréchaux, de commettre dans chaque province un gentilhomme pour le représenter, avec pouvoir d'assembler, selon les occasions, les autres nobles et gens du pays pour s'opposer aux gens de guerre aventuriers et vagabonds débandés des armées, courant les champs, volant et opprimant le peuple, les prendre et saisir au corps et les rendre aux baillis et seneschaux pour en faire justice (2). » Bientôt « ces commissions furent érigées en offices pour diverses provinces, tellement qu'à la fin du règne de Louis XI, il ne resta presque aucune province qui n'eût un prévôt des maréchaux. » Ceux-ci étaient donc devenus des officiers de police permanents; les délégués du prévôt unique étaient devenus prévôts eux-mêmes et sous leurs ordres était la troupe de la maréchaussée, officiers et archers; mais leur juridiction, comme celle de l'ancien prévôt des maréchaux, ne s'étendait qu'aux militaires et aux vagabonds qui suivaient les armées. C'est seulement François Ier qui, en 1526,

---

(1) *Procès-verbal des Conférences de l'ordonnance de 1670*, p. 29.
(2) Guyot, *Répert.*, V° *Prévôt des maréchaux*.

leur attribua d'une façon générale la connaissance des crimes commis par les vagabonds et les voleurs de grand chemin. Cela devint « le gibier des prévôts des maréchaux. » En 1549, le roi Henri II leur donna, en concurrence avec les lieutenants criminels des siéges présidiaux, le jugement *sans appel* des voleurs, guetteurs de chemins, sacrilèges et faux monnoyeurs. Enfin, en 1564, Charles IX publia un édit qui fixa définitivement leur juridiction. L'article 3 déterminait les *cas prévôtaux :* « Auront lesdits prévôts et leurs lieutenants cognoissance de tous les délits commis par les gens de guerre au camp et à la suite d'icelui; sacrilège avec fracture; agressions faites avec port d'armes tant à la ville qu'aux champs; comme aussi entre tous vagabonds, gens sans aveu, bannis et essorillez, crime de fausse monnoie, soit contre les domiciliez ou non. » Ils jugeaient toujours en dernier ressort; mais ils devaient, pour prononcer la sentence, s'adjoindre sept officiers du plus prochain siège présidial (art. 49). D'ailleurs, les sièges présidiaux pouvaient connaître des cas prévôtaux par concurrence et prévention (art. 14); alors ils jugeaient aussi en dernier ressort.

Les prévôts à l'origine avaient été les suppléants d'un officier unique; on leur donna à eux-mêmes des suppléants : ce furent les lieutenants criminels de robe courte créés par un édit de novembre 1554 « pour faire dans les bailliages les mêmes fonctions que les prévôts des maréchaux dans les provinces et gouvernements du royaume; » ce furent aussi les *vice-baillis* et *vice-sénéchaux* « attachés aux bailliages et sénéchaussées pour y exercer les mêmes fonctions que les prévôts des maréchaux, dont ils ne différaient qu'en ce que leur juridiction se trouvait bornée par le ressort même du bailliage ou de la sénéchaussée, au lieu que celle du prévôt s'étendait sur toute la province (1). »

Voilà quel était l'état des juridictions royales aux XVIᵉ et XVIIᵉ siècles; disons maintenant quelle marche avait suivie la procédure criminelle (2).

---

(1) Muyart de Vouglans. *Inst. Crim.*, p. 145.
(2) On remarquera qu'en parlant des officiers de justice nous n'avons rien dit

TITRE DEUXIÈME.

LA PROCÉDURE.

CHAPITRE PREMIER.

La procédure accusatoire des cours féodales.

I. L'accusation. — II. La théorie des preuves. — III. Le flagrant délit. — IV. La prise pour soupçon. — V. L'enquête du pays. — VI. La prison préventive et la mise en liberté provisoire. — VII. La procédure par contumace.

Devant les cours féodales les formes de la procédure étaient les mêmes en matière civile et en matière criminelle. C'est là un trait qui caractérise en général les législations primitives, et la coutume féodale l'avait emprunté au droit de l'époque franque. Sans doute depuis l'époque franque bien des changements s'étaient produits dans le droit pénal. Le système des compositions pécuniaires avait généralement disparu; les délits étaient, selon leur gravité, punis de peines afflictives cruelles, ou d'amendes dont profitaient les seigneurs justiciers; mais la procédure criminelle était restée accusatoire dans le sens le plus étroit.

I.

La poursuite n'appartient qu'à la partie lésée, ou, si elle était morte, à son lignage. C'est un principe que les textes répètent à l'envi : « Il ne loist pas apeler (c'est intenter l'accusation) que

---

des officiers du ministère public. L'institution du ministère public fut l'agent le plus actif de la poursuite d'office, dont nous allons raconter l'origine et les progrès; elle est intimement unie à la procédure criminelle. C'est en traitant de la procédure criminelle que nous parlerons *des procureurs d'office*.

por soi ou quo por son lignage, ou por son seigneur lige (1). » — « Nus n'est oïz s'il ne tient au mort de lignage ou s'ele n'est sa fame espoṣée (2). » — « De meurdre et homicide peut le plus prochain du lignage faire la suyte, et se le plus prochain est en non-aage, ou il a passé aage, le plus prochain après celuy la pourra faire, ou autre du lignage à qui tout le lignage se accordera. Et se paix en est faite, quand cil qui est en non aage sera venu en aage il pourra recommencer la suyte. Mais se la loy a été demenée et parfaite, aultre loy n'en pourra pas puis estre faicte ni commencée (3). » Jean d'Ibelin a grand soin d'énumérer d'une façon limitative les personnes qui peuvent intenter l'accusation à raison d'un meurtre (4). Et sans accusateur il n'y a pas de procès criminel possible.

Le procès criminel n'étant ainsi qu'un débat entre deux particuliers, on voit qu'il n'était pas besoin de créer pour lui une forme spéciale de procédure; certaines différences de détail, imposées par la nature même des choses, le séparaient seules d'un procès civil.

La procédure était publique, orale et formaliste. L'audience

---

(1) Beaum., LXIII, 1. *Très-ancienne coutume de Bretagne*, ch. 96 (Bourdot de Richebourg) : « Et aussi ne peut nul appeler par raison d'autruy fait, s'il n'est du lignage, et qu'il ne dust estre jugié que repons ne luy en siet... à femme siet respons des meffaits de son mary, comme qui l'auroit tué à mort. » — La suite du texte contient un correctif : « Et si seroit il à tout autre qui pourroit dire que, en l'ombre de luy, l'en auroit fait le meffet, tout fust la personne estrange, car le fait leur appartient comme le leur, pour ce qu'il ne fussent crimez ne leurs membres liés de celuy fait ne de autre. »

(2) *Livre de Justice et de Plet*, XIX, 3, § 1, 2.

(3) *Grand coutumier de Normandie*, ch. LXX; la suite du texte admet la poursuite de l'*homme* pour le *seigneur* : « S'aucun estrange fait clameur de homicide en ceste forme : Je me plains de R. qui a assailly T. mon seigneur en félonie avec qui j'estoye et l'occist : Et se comme je le defendoye il me fit ce sang et ceste playe. Lors dolbt-il monstrer le sang et la playe à la justice pardevant chevaliers qui le puissent recorder. Se l'autre offre à soy deffendre, la bataille en doibt estre gagée, si comme nous dismes devant. Ainsi peut estre faicte suyte de meurdre et de homicide par homme estrange. » — Partout domine, on le voit, l'idée de *vengeance privée*.

(4) Chap. 80, ssq. Si Jean d'Ibelin admet à côté des parents charnels les parents spirituels et même d'autres personnes (sur le sol étranger les liens un peu lâches se resserrent), il n'en maintient pas moins le principe d'après lequel l'action n'appartient qu'aux intéressés.

se tenait ordinairement en plein air, à la porte du château ou au carrefour de la ville. Les parties devaient comparaître au jour fixé dans la *semonce* ou citation, à moins qu'elles ne pussent invoquer quelqu'une des nombreuses excuses que connaissait la procédure féodale. Elles ne pouvaient se faire représenter ; l'impossibilité d'une représentation en justice, conforme aux anciens principes, s'était maintenue plus rigoureusement en matière criminelle qu'en matière civile.

L'accusateur formait sa demande de vive voix, sans omettre aucune des paroles nécessaires, sans faire aucune *faute* qui eût permis à son adversaire de le *prendre à point*, c'est-à-dire de faire déclarer nulle la demande (1). L'accusé devait répondre sur-le-champ ; le silence de sa part eût équivalu à un aveu, et l'aveu est la meilleure preuve pour les législations primitives (2). La défense ne peut consister que dans une négation exactement adéquate à la demande, la réfutant mot à mot, *de verbo ad verbum ;* et ici cette exigence se conserva plus longtemps qu'en matière civile où de bonne heure on permit de répondre « en gros (3). »

(1) Sur tout ce côté formaliste de la vieille procédure, voyez la remarquable étude de M. Brunner, déjà citée : *Wort und Form im altfranzösischen Process*. — Ce ne sont pas d'ailleurs seulement les modernes qui ont observé la chose et trouvé les termes pour l'exprimer : « Fabrefort......, plaidant une cause de duel, et ayant proposé pour Armand de Montaigu contre Émery de Durefort qu'il feroit preuve de son faict par son corps en champ de bataille, sans dire expressément que la preuve s'en feroit par le combat de sa partie, il fut en danger d'entrer lui-même en combat, et mocqué par la compagnie, tant on étoit alors *formaliste* en telles causes. » Loysel : *Pasquier ou dialogue des avocats*, édit. Dupin, Paris, 1844, p. 40.

(2) Beaumanoir parlant de l'aveu : « Ceste proeve si est le meillor et le plus clère, et le mains couteuse de toutes. » xxxix, 2 ; — Sur la nécessité d'une réponse immédiate, voyez Beaum., vii, 10 ; xxx, 94 ; *Livre de J. et de P.*, II, 14, § 6 ; — Jean d'Ibelin, chap. lxi.

(3) *Livre de Jostice et de Plet*, xix, 2, § 1 ; L. Delisle : *Échiquier de Normandie*, n° 113 ; — *Grand coutumier de Normandie*, ch. lviii, ssq. — Jean d'Ibelin, ch. xci, xcviii, c, civ ; — Brunner, *op. cit.*, p. 706, ssq. Cf. Britton, liv. I, ch. xxii *des Appels*, n° 7 : « Et quant à la défense, si se pora le défendaunt défendre en ceste manere : Pierres, qe ci est, défend totes felonies et totes treysouns, et totes purparlaunces et compassementz de mal envers la persone de tel ou de tel, selon ceo qe serra purposé encountre ly, de mot en mot. Et voloms bien en tels apels qe le apelour eyt plus de mester de asser les paroles ordineement sauntz omis-

II.

Les preuves étaient les mêmes qu'en matière civile, et elles dérivaient des usages de l'époque franque; la féodalité avait seulement donné la préférence à celles qui convenaient le mieux à sa nature propre, laissant peu à peu tomber les autres en désuétude. Ainsi le serment purgatoire de l'accusé assisté des *cojurantes*, si usité à l'époque franque, disparaît presque complètement; on n'en trouve plus que quelques traces (1). Il en est de même des ordalies unilatérales, épreuves par l'eau et par le feu. Les assises de Jérusalem connaissent cependant ce mode de preuves; dans la Cour des Bourgeois, le chapitre CCLXI traite « *dou juice porter* (2) : « Bien sachés que li baillis ni les jurés ne devent faire par force porter juice a nul home dou monde ne a nule fame aucy. Mais ce l'ome ou la fame est apeles d'aucun crim c'on li met sus qu'il aie fet, et il meysme par volonté s'euffre à porter le juice, la raison commande et juge qu'il ne s'en peut mais retraire qu'il nel porte, puisqu'il meysmes si est offert, ains est tenus de porter le maulgré sieu, se celuy veut qui l'appela de celuy crim... Et ce il porter n'en veut faire que la cort li die, la raison juge con deit

---

sion eynzces qe soen apel estoyse qe le defendour en sa defence, et grantoms al defendour de chescune félonie qe il defende les motz de la felonie en gros saunts estre noun defendu, issint qe pur defaute de mot ou de sillabe ne soit mie ajugé pur non defendu. » *The french text carefully revised* by Morgan Nichols. Oxford, 1865, tom. I, p. 102.

(1) Voy. Brunner, *op. cit.*, p. 719, ssq. L'emploi le plus remarquable du serment purgatoire est la *deresne* de la vieille coutume Normande: *Somma*, II, c. XVIII, § 2 : « Est enim disresina super injuria a querulo exposita coram justiciario purgatio per sacramentum querelati et coadjutorum suorum in curia facienda. » Elle n'était admise que dans les causes peu importantes, les *simplices querelæ*. — Cf. *Assises de Jérusalem* : Basse Cour, ch. CCXXII : « S'il avient que uns homes qui soit naffré de plaie mortal, viegne avant en la cort et ce plaint d'aucun home qui dit que li a ce mau fait, et celuy de cui il c'est clamés vient avant et dit « que non place Des » et celuy en demande l'assize, et celuy li fait l'assize en la présence dou vescomte et des jurés, ce est qu'il jure sur saintes Evangiles, qu'il ce ne li fist de sa main, ne par autre ne li fist faire ni ne concenti, ni ne sot qui ce fut, a tant en est quite, puisque celuy receit le sairement de luy en la cort si com il a demandé. » Edition Kausler, p. 330.

(2) *Juice=judicium* : le fer rouge qui sert au jugement de Dieu.

entendre de celuy, puisqu'il ne veut porter le juice, qu'il se prenne bien qu'il aie fet ce con li met sus; car cil ne l'eut fait il ne doutast mie du juice qu'est dreiturière chose à toutes gens qui dreit quièrent (1). » Nous trouvons aussi ces épreuves dans les vieux usages de Normandie (2), mais nous les voyons tomber rapidement en désuétude; le Grand Coutumier en parle comme d'une institution du passé : « Jadis quant femmes estoient accusées de crimes et elles n'avoient qui les défendist, elles se expurgeoient par ignise et les hommes par eaue ou par ignise quand la justice ou femmes les suyvoient de causes criminelles. Et pour ce que Sainte Eglise a osté ces choses, nous usons souvent de l'Enqueste (3). »

Le duel judiciaire, au contraire, l'appel au jugement de Dieu, soutenu par les serments des deux adversaires et décidé par la *bataille*, prend une extension considérable. C'est, en matière criminelle au moins, le mode de preuve ordinaire. Pour tous les crimes graves, dont la punition était la perte de la vie ou une mutilation, l'accusateur pouvait procéder par *appel*, c'est-à-dire provoquer directement et d'emblée l'accusé au duel judiciaire (4); mais dans les cas moins graves il est probable que cette provocation directe n'était pas possible et qu'il fallait prouver par témoins (5). L'appel était du reste une procédure fort périlleuse, non-seulement par son objet, mais encore en ce que la provocation devait être conçue en certains termes (*les mots par quoi bataille y soit*), et une méprise dans les expressions pouvait aggraver singulièrement les conditions du combat (6). Aussi est-il

---

(1) Edit. Kausler, p. 307.

(2) Léopold Delisle, *Echiquier*, n° 113; très-ancienne coutume de Normandie (dans Warnkönig et Stein, tom. II, *Urkundenbuch*, pp. 19, 20).

(3) Ch. LXXVII (Bourdot de Richebourg).

(4) Beaumanoir, LXI, 2.

(5) C'est seulement « pour tous crimes où aura péril de perdre vie ou membre, » que l'ordonnance de 1260 déclare que dorénavant la preuve par témoins remplacera la preuve par bataille. Cf. Beaum. XXXIX, 4; *Livre J. et P.*, II, 18, § 1.

(6) Jean d'Ibelin, ch. CXX; Beaum., LXI, 41; LXX, 5; — *Abrégé des assises de la cour des Bourgeois*, part. II, ch. XXXVI; — *Grand coutumier de Normandie*, ch. LXVIII; — *Livre de J. et P.*, XIX, 33; — *Etabl. de S. Louis*, II, 118; — Britton, l. I, ch. 22. « Appel est pleynte de homme fete sur autre ovec purpos de ly

vraisemblable que l'accusateur, au lieu de procéder par l'*appel*, qui lui était ouvert, pouvait offrir, de prouver par témoins, sauf à l'accusé à *fausser* plus tard ces témoins.

Cette preuve testimoniale était bien différente de celle que connut la législation postérieure; elle était toute formaliste. Les témoins venaient prononcer une formule qu'ils ne faisaient parfois que répéter après l'*avant-parlier* ou avocat; cette formule devait constater qu'ils étaient des témoins oculaires, et ils la confirmaient en jurant sur des reliques (1). Deux témoins, remplissant ces conditions, suffisaient pour entraîner la condamnation et ils l'entraînaient forcément (2); dans un pareil système, on ne peut que compter les témoignages non les apprécier. Ces témoins, produits au jour fixé par le jugement qui ordonnait la preuve, sans qu'aucun délai pût être accordé, déposaient à l'audience, en pleine cour et en face des parties (3). Cette publicité était nécessaire d'ailleurs pour permettre à l'accusé d'user d'un droit précieux, celui de *fausser* les témoins. Il pouvait en effet les accuser de parjure et les provoquer de ce chef au duel judiciaire; le procès dépendait alors du sort de cette *bataille*. Cette provocation devait avoir lieu, suivant les uns, avant la prestation du serment, selon les autres immédiatement après; mais il fallait bien que tous les acteurs du drame fussent en présence pour qu'on pût saisir le moment précis (4). Les *garants*, c'est le nom donné aux témoins, exposaient leur vie; ils ne pouvaient par suite être contraints de déposer. D'autre part, un grand nombre de personnes ne pouvaient pas porter témoignage : toutes celles qui ne pouvaient pas se battre, par exemple les femmes, les sous-âgés

---

atteyndre de felonie par motz à ceo ordeyneez. » (Edit. Nichols, t. I, p. 95); — *Stylus curiæ Parlamenti*, c. XVI, § 8.

(1) *Grand coutumier de Normandie* : « L'en appelle tesmoings en la cour laie ceux qui tesmoignent ce que le demandeur a proposé par ces parolles : Je le vy et ouy et suis prest d'en faire ce que la cour esgardera.... » Cf. Jean d'Ibelin, ch. 70, 77; Beaum., XXXIX, 57.

(2) Beaum., XXXIX, 5; LXI, 54; Jean d'Ibelin, ch. 68.

(3) Beaum., XXXIX, 78 : « En tel cas convient que li tesmoing viegnent en pleine cort por tesmoignier en audience et iluecques les pot on lever. »

(4) Jean d'Ibelin, ch. 74; — Clef des assises de la Haute-Cour, 101; — Philippe de Navarre, ch. 10; — Geoffroy le Tort, ch. 23; — Beaum., LXI, 55.

et les clercs ; toutes celles encore qu'une réprobation sociale faisait considérer comme indignes.

Telle était, esquissée dans ses grandes lignes, l'ancienne procédure accusatoire ; tout y était oral, et l'écriture n'y jouait aucun rôle. Qu'on procédât par l'*appel* ou par la preuve testimoniale, c'était une lutte égale et publique entre deux particuliers.

Mais ce système était singulièrement étroit et barbare ; il devait laisser impunis bien des crimes. Bientôt allait naître cette idée que le délit lèse non-seulement le particulier, mais encore la communauté et l'État ; même avant qu'un système nouveau se fît jour, elle avait fait sentir sur quelques points son influence (1).

III.

D'abord le flagrant délit était soumis à des règles spéciales ; il a en général une place à part dans les législations peu avancées. Si aux époques primitives la poursuite des crimes est assez difficilement admise, c'est qu'on sent qu'il est presque impossible de convaincre pleinement un accusé qui nie ; lorsqu'on prend le coupable sur le fait, l'évidence éclate et tout scrupule disparaît. Au Moyen-Age, en cas de flagrant délit, il n'est point nécessaire qu'il y ait un accusateur et la bataille n'intervient pas. Le justicier, entouré de ses hommes, à qui ses sergents amènent un individu pris sur le fait, le juge immédiatement aux yeux de la foule, d'après le témoignage de ceux qui l'ont saisi (2).

---

(1) Beaum., LIX, 7 : « Cil qui font les meffès ne meffont pas solement à lor adverses parties ne à lor lignages, mais as signeurs qui les ont à garder et à justicier. »

(2) « Ne convient pas que nus s'en face droite partie contre luy..... car tel fet qui sunt si apert doivent être vengié par l'*office du juge*, tant soit que nus s'en face partie droitement. » Beaum., VII, 12 ; LXI, 2 ; *Livre de J. et P.*, XIX, 44, § 14. Les Assises de la cour des Bourgeois ont un curieux chapitre à cet égard, ch. CCLIX : « S'il avient par aventure que uns hons assaut un autre homme et l'occist ou une feme, et II hommes liges passent par iqui et le virent faire celuy mau, et il le prennent, come céaus qui sont tenu dou prendre et d'arester tous les dreis de leur seignor et tos li tors c'on li fet, et il livrent celui à la cort et il dient léaument en la cort, devant le vesconte et les jurés, par la feauté et par l'omage qu'il ont fait au roi qu'il li virent fere celuy murtre, la raison juge et comande ensi à

On sait d'ailleurs, que suivant la tradition de l'époque franque la procédure féodale avait organisé une méthode formaliste et naïve pour conserver au fait le caractère de flagrant délit pendant un certain temps après son accomplissement : c'était la poursuite avec la clameur de *haro*, ou *harou*, ou *hareu* (1).

Mais cela ne donnait qu'un champ bien limité à la poursuite publique. On tâcha d'aller plus loin. N'ouvrir l'accusation qu'à la personne lésée ou à son lignage; cela n'avait pas de raison, lorsqu'il s'agissait du meurtre d'un homme qui ne laissait point de parents après lui. Selon certains coutumiers le pouvoir public devait ici intervenir : « S'il avient par aucune aventure que uns hom ou une feme soit ocize et l'on mete celuy murtre sur aucun home, et celuy qui est mors si n'en a nul parent ni parente ni amis ni amie qui sa mort demande celuy qui l'a ocis, la raison juge que le roi ou le seignor de la tere, ou la dame de la vile si est à celui son dreit heir, et est tenus de demander sa mort par droit et par l'assise et de metre champion ce mestier est, si celuy nee celuy maufait, car notre signor dist en l'Evangile que le sanc dou povre li aloit tout après en décriant juisse et disant : « Biau sire Dieu venge le sanc dou povre. » Et puis qu'il dit enci à Nostre Seignor au ciel, si deut estre entendu en terre par droit que au cors mort deit donner le seignour la veangeance de terre tele come est establie por tous commandemens. Et por ce est establi son heir à prendre ces choses et à venger sa mort (2). — « Li rois met sus à un homme que il a ocis un autre, si vuelt qu'il soit punis. A ce il respont : Come nus riens ne me demande fors vos qui estes justice, je ne vos en respondre se droiz n'est, come l'en ne doie pas respondre à tel fet, quant nus ne s'en plaint for vos. L'en demande qu'en dit droiz? Et l'en respont : Com tex hom com li morz ait enfanz ou

---

juger que celuy est ataint sans bataille et ne li det valer à dire « non place Dex qu'il nel feyst » aius det estre tantost pendus. Car autant deit valer la garantie des II homes liges com de II jurés en tel fet. » Édit. Kausler, p. 314.

(1) *Grand coutumier de Normandie*, ch. 54; Beaum., LII, 16; XXXIX, 43. — Aujourd'hui les livres de droit anglais décrivent encore cette procédure; c'est l' « *arrest by hue and cry.* » Voy. Stephen : *Commentaries on the laws of England*, tom. IV, p. 351 (Édit. 1873).

(2) *Assises de la Baisse Cour*, ch. CCLXVII, p. 324 (édit. Kausler).

nevoz ou parens prucheins et aient poer de vengier leur ami, la demande est leur, non pas au seigneur. Mes se li hons ou la fame qui ocise sera n'a paranz ne ami qui l'en puisse vengier, li rois puet demander et metre en poine ; c'est segont, ce qu'il *aprandra*, son dampnement dou corps (1). »

IV.

C'était encore là peu de chose. Si la victime ou son lignage existaient encore et ne se plaignaient point, le justicier n'avait aucun droit : on finit cependant par lui en trouver un. On admit que si la puissance publique ne pouvait pas, en son propre nom, poursuivre l'application de la peine, elle pouvait au moins saisir le malfaiteur et provoquer la poursuite des intéressés. Les textes sont fort nombreux qui établissent cette théorie (2). Mais ce n'était pas là une solution définitive; de cet état provisoire on pouvait sortir de deux façons.

La logique de ces vieilles institutions disait que ce n'était là qu'un moyen de susciter les accusations, aussi trouvons-nous dans les textes d'origine la plus diverse une même procédure. Le seigneur doit faire publier à son de trompe qu'il tient tel individu soupçonné de tel crime, et inviter la victime ou ses parents à se porter accusateurs. Au bout d'un certain délai et après plusieurs publications, généralement faites à trois assises, si

---

(1) *Livre de J. et P.*, xix, 45, § 1; cf. *Ibid.*, § 2 : « L'en demande se l'en li respondra quand cil (la partie lésée) ne se plaint. L'en dit que non, puisque cil est en vie que l'en dit que li forfez fut fez. »

(2) Jean d'Ibelin, ch. 85 : « Le segnor doit faire querre celui à qui l'on met sus le meurtre, s'il est son home, et prendre le, et metre le en sa prison. » — *Compilatio de Usibus Andegaviæ*, § 7 : « Il est usage et droit que nul home ne doit estre pris sans plaintif (accusateur), se il n'est pris ou présent ou juges ne le prent par sospeçon. Le murtrier puit bien estre pris sans plaintif quand il a l'ome tué, *quar le sanc se plaint*. Et ce nous fu senefié par Caïn qui tua Abel son frère, et Diex li dit : Caïn le sanc d'Abel ton frère que tu as tué crie à moy de la terre jusques au Ciel. » — *Livre des Droiz*, § 334 : « Justices ne doit pas prendre aucuns gens sans plaintif ou sans présent meffait, ou par souspeçon. Et si puet bien faire prendre le meurtrier quand il a home tué, car le *sang* se plaint. » — *Livre J. et P.*, xix, 26, § 5, 12; *Étab. S. Louis*, II, 16; Beaum., xl, 14; xxx, 90.

nul ne s'est présenté, le prisonnier est mis en liberté sous caution, ou, selon d'autres, il est gardé en prison jusqu'au bout de l'an et jour; alors si aucune accusation n'a été intentée, il est définitivement libéré et quitte : « Le seignor le deit leissier aller et il est quitte de cel murtre, si que il n'est plus tenus de respondre à nul qui l'en appelle (1). » Voici un résumé très-net de cette procédure: « Nus ne doit estre pris de cinq fez dont li corps est dampnables por cause de sopeçon se la cause de sopeçon n'est aperte ou resonable. Et se aucuns est pris por cause de sopeçon, l'on le puet tenir quarante jorz. Et se dedanz quarante jorz nus ne vient avant por lui accusier l'en le doit recroire à plège (mettre en liberté sous caution) cors por cors. Et cette récréance durra trois quarantaines ; se nus ne vient por lui accusier si plège seront délivré, ja soit ce que se aucuns vient avant por lui accusier dedanz l'an et dedans le jor, il sera oïz, et après l'an non (2). » C'était là un stimulant de l'accusation privée; ce n'était pas la poursuite au nom de l'État (3).

V.

Il y avait une autre issue. Le détenu pouvait accepter d'être jugé sans accusateur, d'après une certaine procédure que les textes appellent « *l'enqueste du païs.* » — « Quant aucuns est pris par soupeçon de vilain cas..... on doit demander à celui qui est pris s'il veut atendre l'enqueste du fait (4), » mais le con-

---

(1) Beaumanoir, xxx, 90; Jean d'Ibelin, ch. 85. *Livre de Jostice et de Plet*, xix, 26; *Compilatio de usibus Andegaviæ,* § 24; *Livre des Droiz,* §§ 252, 387.

(2) *Livre J. et P.,* xix, 26, § 12. Selon certains auteurs, une fois les délais des publications expirés, la délivrance définitive intervenait. Beaum., xxx, 91.

(3) Dans certaines contrées, cette procédure pouvait être provoquée par le particulier soupçonné; on disait alors qu'il se mettait « à loy. » Voy. *Ancien coutumier de Picardie* (édit. Marnier), LV (p. 47) : « E en droit Andrieu le chevalier, Jehan et Henri frères, liquel se mirent a loy en le court de Pontieu à Abbeville et furent rechupt pour le souspechon de le mort Colart Hurlaut, et on a par plusieurs fois appelé est plais de baillie, se il estoit aucuns qui riens leur vausist demander pour le dicte souspechon, venist avant en li feroit droit et loy; et nus ne s'est comparus contre aus ne offers... delivré et absolz de le dict souspechon. »

(4) Beaum., xl, 14.

sentement du prisonnier était absolument nécessaire. « Enten que nus n'est dampnez par enqueste s'il ne s'y met (1). » Pour obtenir cet assentiment, on usait, il est vrai, de moyens de persuasion fort énergiques : « Il doit estre arresté par la justice et mis en prison jusqu'à un an et jour à peu de manger et boyre, s'il n'offre dedans ce à soustenir l'enqueste du pays (2). »

Qu'était-ce que cette enquête? Une sorte de preuve par témoins, mais bien différente de la preuve par témoins du droit commun que nous avons décrite. Ce n'était point d'ailleurs une nouveauté, elle avait existé à l'époque carlovingienne sous le nom d'*Inquisitio* (3). S'il en est assez difficile d'en déterminer exactement les caractères d'après les textes du XIII° siècle, c'est qu'elle se confondit bientôt chez nous avec la preuve testimoniale introduite par l'ordonnance de 1260. Cependant le *Grand coutumier de Normandie* en donne une description détaillée (4).

(1) *Livre de J. et P.*, XIX, 45, § 1. *Ancien coutumier de Picardie*, p. 52.

(2) Cf. Beaum., XXXIV, 21 : « Il avient aucune fois qu'aucuns est pris por souspechon de cas de crieme, et par la peur qu'il a de longue prison... tant soit qu'il n'i ait coupes il donne ou convenence aucune coze por estre délivrés. »

(3) Voyez M. Brunner : *Die Entstehung der Schwurgerichte;* spécialement, chapitre VI.

(4) Ch. LXVIII; voici le texte latin d'après la *Somma* (II, ch. II, § 13). « Si autem de multro facto nullus sit qui sequelam faciat aut clamorem, si publica infamia aliquem super hoc fecerit criminosum, per justiciarium debet arrestari et firmo carcere observari usque ad diem et annum cum penuria victus et potus; nisi interim super hoc inquisitionem patrie se offerat sustinere. Quam si sustinere voluerit sollicitudo justiciarii debet procurare quod omnes illi, quos de multro aliquid scire præsumpserit vel ipsius aliquam noticiam habere, de quocumque loco fuerint, coram se certo die et loco faciat convenire et hoc subito et inopinate, et causa propter quam eos faciat submoneri celetur, ne parentes criminosi eorum prece vel precio corrumpant sacramenta; et ab eis unoquoque per se vocato, coram IIII^{or} militibus non suspectis, utrum criminosus illud multrum fecerit inquiratur diligenter. Et auditis dictis eorum et inscriptis, et si sufficiens *seonium* super aliquem miserit dictum ejus pro nullo debet reputari et a *jurea* debet removeri. Et si sufficiens non fuerit seonium nihilominus ulterius procedatur. § 14. Hujusmodi jurea fieri debet per XXIIII^{or} homines ad minus legales quos nec favor nec odium a jurea debeat amovere..... § 18. Post hoc autem coram ipsis juratoribus et aliis in publico convocatis dictum eorum coram reo debet per justiciarum recitari et per juratores confiteri quod ità juraverunt. Et super hoc debet fieri judicium in continente et judicium factum sine dilatione adimpleri, et quod XX^{ti} eorum juraverint observetur. Et si aliqui eorum se nescientes dixerint tot debent juratores apponi, si possunt inveniri, quod per sacramentum XX^{ti} eorum veritas rei eluceat inquisite. »

« On doit faire semondre soudainement les gens qui peuvent avoir connoissance du délit, et qui doivent être au nombre de vingt-quatre au moins qui ne soient pas soupçonneux par amour ou par haine..... les plus preud'hommes et les plus loyaux du lieu où le meffet fut fet. » Le bailli les doit faire comparaître un à un devant quatre chevaliers et rédiger leur dire par écrit; puis « cil qui est accusés doit estre amené avant et luy doit-on demander s'il veut *saonner* (reprocher) aucun des jureurs qui tous doibvent lui estre monstrés (1). » Enfin les jureurs seront appelés en commun ; ce qu'ils auront dit sera recordé par la justice à celui qui est accusé. « Et ils doibvent reconnoître qu'ainsi ils ont juré; et sur ce doibt maintenant jugement estre faict par l'advis et opinion des assistans de la Cour. »

Telle nous est décrite cette curieuse procédure, où bien des points sont dignes d'attention. Ces *jureurs*, qui « par le serment qu'ils ont fait en Cour sont tenus dire la vérité des querelles selon ce qui leur sera enchargié par justice » et dont chacun doit déclarer « ce qu'il sait de la vie de cil qui est accusez et de ses faits et ce qu'il en croit » sont des témoins singuliers; ce sont déjà des jurés. Aussi est-ce dans cette institution qu'un remarquable historien du droit trouve l'origine du jury anglais (2). Ces *jureurs* sont cependant encore des témoins, et même, chose à noter, des témoins qu'on entend deux fois, hors de la présence et en présence de l'accusé.

(1) Selon Beaumanoir, c'était dès le début, avant qu'on eût entendu aucun des hommes, qu'on devait demander à celui qui s'était mis en enquête de fournir ses reproches (XL, 14).

(2) Brunner : *Entstehung der Schwurgerichte*, spécialement ch. XXVI; cf. Biener: *Beiträge zur Geschichte des Inquisitions-Prozesses und der Geschwornen-Gerichte*. Leipzig, 1827, p. 275, ssq.

A l'origine, cette enquête n'était possible, s'il y avait un accusateur, que du consentement des deux parties (*Grand coutumier de Normandie*, ch. LXIX, d. *Jureurs*, où un progrès est cependant déjà constaté). En Angleterre, ce *Judicium patriæ* peut toujours, depuis le roi Jean, être obtenu moyennant un *breve* du roi. Selon la grande charte, ce serait un droit pour l'accusé de le demander. Brunner, *op. cit.*, p. 469, ssq. Britton I, ch. 22, n° 10 : « E si le defendaunt ne puse abattre le apel, adunc soit en sa eleccioun a sei defendre par soun cors ou par pays. » (Edit. Nichols, p. 104.) Remarquons que le jugement par jurés s'appelle, en Angleterre, *Judicium patriæ* ou *Inquest of the Country*.

VI.

Dans cette vieille procédure, étroite mais logique, la détention préventive jouait un rôle important. L'arrestation s'appelait la *prise* (1); mais à côté venait la mise en liberté sous caution ou *récréance* (2), et, à ce point de vue, la vieille coutume était assez libérale. Le *Livre de Jostice et de Plet*, traitant des récréances, commence ainsi : « Quant home est en prison ou quant aucune chose est retenue, comment l'en la doit rendre ou recroire. — Cest bans si est fez por estranper la cruauté as seignors et les félonies à cez qui prenent autrui choses (3). »

Cependant c'est une maxime qu'on trouve dans des Coutumiers d'origine diverse, que la récréance n'est point accordée lorsqu'il s'agit d'un crime dont on peut perdre vie ou membre (4). On pensait qu'alors le cautionnement des *plèges* n'offrait point une suffisante garantie. Sans doute, les *plèges* s'engageaient de la façon la plus stricte, « corps pour corps, avoir pour avoir, » selon la vieille formule qui se conservera longtemps encore ; mais on ne poussait point la logique jusqu'au bout ; on n'infligeait pas à la caution la peine qu'eût encourue le criminel défaillant ; elle

---

(1) Beaum., ch. LII, *des Prises*.

(2) « Récréance si est r'avoir ce qui fu pris por donner seurté de remettre loi en le main du preneur, à certain jor qui est nommés, ou aucune fois à le semonse du Segneur qui fist prendre. » Beaum., LIII, 2 ; — *Étab. S. Louis*, II, 5. « Se aucuns demande à avoir récréance d'aucune chose, il doit mettre pleiges de la récréance. Car récréance ne siet mie sans pleiges, selon l'usage de cort laie. »

(3) XIX, 26, § 1.

(4) *Établiss. S. Louis*, II, 5 : « Nus ne doit fère recréance de chose où il i ait péril de vie ou de membre ne là où il a point sanc. — *Ibid.*, II, 7 : « Recréance ne siet mie en chose jugiée, ne en murtre, ne en traïson, ne en rat, ne en encis, ne en aguet de chemin, ne en roberie, ne en larcin, ne en triève frainte, ne en arson, selon la cort laie. » Cf. *Ibid*, I, 104 ; — Beaum., LIII, 2 : « En toutes prises queles eles soient excepté les cas de crime ou qui sont souspechonné de cas de crieme, des quix on pot perdre vie ou membre, se le fet n'est conneus ou provés, doit estre fete recréance ; » — *Livre de J. et P.*, XIX, 26, § 6 : « Mes si m'es prant por chose dont mon cors doie estre dampnez afert il iqui rendre ou recroire, tot se plange aucun de moi ? Il ni afert point de recréance ou de rendre. » Cf. *Compilatio de Usibus Andegaviæ*, § 47. — *Très-ancienne coutume de Bretagne*, ch. 97 (Bourdot de Richebourg).

ne supportait que des dommages pécuniaires, fort graves parfois (1).

A ne consulter que les textes il semble toutefois qu'une évolution se soit produite sur ce point. Voici un curieux passage des *Établissements de S. Louis* : « Se il avenoist que cil s'enfouist qu'il auroit mis hors prison par pleiges, et ne venist mie au terme que l'en li auroit mis, adonc la justice doit dire au plège : Vous avez tel homme plevi à estre à tel jour à droit par devant nous (et le nomera) et si estoit appelez de si grand meffet, et cil s'en est fouis et por ce vuel-je que vos en soies prové et atains de porter tele paine comme cil qui s'est enfouis soffrist. — Sire, dient-il, ce ne ferons mie, car ce nous plevissons nostre ami, nous fesons ce que nous dovrons. Et ainsi puet l'en esgarder aux plèges que eux en seront à C. sous et un denier d'amande et autant seront quittes. Et icelle amande si est appelée *Relief d'home*, et pour ce se doit bien garder la justice que il ne preigne pleiges de gent qui s'entre appellent de si grand meffet, comme de murtre ou de traison, car il n'en puet porter autre amande que ce que nous avons dit dessus (2). »

Il y avait à un autre point de vue de bonnes raisons pour qu'un seigneur justicier ne mît pas facilement en liberté sous caution une personne accusée d'un crime. En accordant la récréance il eût lui-même couru un danger sérieux : « Se li home font récréance en cas de crime, là ù ele n'apartiengne pas à fère, il se metent en péril et est li uns des périx graindres (plus

---

(1) Beaum., xliii, 24 : « Plèges ne pot perdre son cors por plegerie qu'il face, tout soit qu'il ait reglégié cors por cors aucun qui est tenus por vilain cas de crieme à revenir au jor por atendre droit et cil qui est replégié s'enfuist : Se tix cas avient li plèges est en le merci du Segneur quanques il a et a perdu tout le sien. » Généralement le plège est condamné à une amende de cent sous.

(2) *Etab. S. Louis*, I, 104. — Le *Livre des Droiz* est dans le même sens, § 763 : « Si aucun applegeoit un homme envers la justice qui fust detenu de cas de crime, ainsi simplement sans faire déclaracion ou spécification qu'il l'applège à rendre à certaine peine, la justice n'en pourroit demander que C. sous de peine par la coustume si comme plusieurs tiennent. Si aucun applège un homme qui est détenu de cas criminel comme dit est *corps pour corps et avoir pour avoir*, c'est à entendre quant au corps qu'il devroit souffrir mesme peine que li, et quant à l'avoir mesme peine civile et y pourroit l'en moult traire de raisons contraires. » Cf. Beaum., lviii, 18. Voy. M. Tanon. *Registre criminel de la justice de Saint Martin des Champs au xive siècle*, préface, pp. lxxx, lxxxi.

grand) que li autres; car se cil qui fut recreus s'en va sans revenir au jor comme cil qui n'oze atendre droit, cil qui fist ce récréance pert se jostice, ne ce ne l'excuse pas qu'il en prist plèges. Car li plèges ne poent pas recevoir mort por lor plégerie; mes ce peut li malfeteres se récréance ni l'eust pas esté fète. Li secons périx qui est as homes quant il font recréance el cas là ù elle n'appartient pas, si est que se li quens (comte) set qu'il aient trop large prison par le recréance ou qu'il voisent là ù il veulent, il les pot prendre sans rendre cort ne connoissance à celi qui le recréance fist. Mès ne porquant en tel cas ne pert pas li hons se justice, mes il pert le connissance et le vengeance du meffet. Et en tele manière porroit il fère le recréance qu'il perdroit se justice, comme si il estoit coustumiers de fere tex recréances ou s'il fesoit le recréance sor le deffense du seigneur, car le désobéissance avec le fole recréance lor tornent en damace de lor justiche (1). »

Mais la règle d'après laquelle la récréance n'était pas admise lorsqu'il s'agissait d'un crime emportant « perte de vie ou de membre, » n'était point sans exception. Plusieurs situations sont à distinguer. Il pouvait d'abord y avoir, à l'occasion d'un crime, une accusation intentée par l'ayant droit; et alors le plus souvent, nous le savons, la procédure s'engageait directement par un *appel* ou provocation au duel judiciaire (2). Dans ce cas la détention préventive était la règle; mais, chose singulière en apparence, elle frappait à la fois l'accusateur et l'accusé (3). Cela s'explique d'abord par le caractère général de la procédure accusatoire qui est de maintenir l'égalité absolue entre les deux parties (4); cela s'explique aussi en ce que l'appelant, s'il

---

(1) Beaum., LVIII, 18.

(2) Beaum., LXI, 2.

(3) Beaum., LIII, 4; *Et. S. Louis*, I, 104; *Somma de Legibus Normanniæ*, II, 2, § 2: « Primo autem capiendum est vuadium defensoris, et postea vuadium appellatoris, et de lege deducenda plegios debent tradere, *uterque tamen in prisoniá ducis mancipandus est.* » — *Très-ancienne coutume de Bretagne*, ch. 104 : « Et s'il y à accuseurs il doibvent avoir prison l'un comme l'autre, car ils doivent estre pugnis d'un même cas. »

(4) Dans l'appel féodal, cet esprit d'égalité fait qu'on emprisonne les deux parties; à Rome, dans le système des *judicia publica,* il avait conduit à supprimer la

succombait, devait perdre lui-même le corps et les biens (1); le duel était comme une arme à deux tranchants qui frappait nécessairement l'un des deux adversaires. Cette règle d'égal emprisonnement durera d'ailleurs en France autant que l'accusation par partie formée (2), et elle n'était point restreinte au cas où le duel était le mode de preuve adopté ou imposé par la coutume. Mais ce cas présentait une particularité; alors même qu'il s'agissait des crimes les plus graves, si la bataille avait été gagée, on pouvait mettre les deux parties en liberté moyennant de bons plèges : il fallait bien que les adversaires pussent se préparer au combat. « En cas de crieme ne doit pas estre fete ceste recréance fors en l'un des cas; si comme quant gage sont doné de vilain cas de partie contre autre; en cel cas se les parties se poent ostager par bons pleges qu'ils revenront au jor, recréance lor doit estre fete, porce qu'il se puissent porveir d'aler avant, selonc ce que li cas le désire (3). » Le *Grand coutumier de Normandie* donne la même solution sous une forme un peu différente : après avoir dit qu'il faut mettre en prison l'appelant et l'appelé, il ajoute qu'on pourra les confier à la garde de personnes sûres, ce qu'il appelle la « vifve prison (4). » Mais ici encore le sort des deux adversaires devrait être égal; on ne pouvait point accorder à l'un la liberté sous caution sans l'accorder en même temps à l'autre. Les *Établissements de S.*

détention préventive. Voy. Geib, *Die Römische Criminalprozess bis auf Justinian* (2º partie).

(1) Beaum., LXI, 11 : « Cil qui est vaincus pert le cors et quanques il a de quelcons Signeur qu'il le tiègne. » Voy. *Très-ancienne coutume de Bretagne*, ch. 104 plus haut cité, et c. 96. « Car s'il (l'appelant) est jugié que repons ne luy en siet, il sera vaincu de son accusement et doibt estre pugni au cas que celuy le devroist estre s'il est prouvé du fait. »

(2) Comp. pour l'Allemagne *la Caroline*, art. 12, ssq.

(3) Beaum., LIII, 4; cf. LVIII, 18.

(4) *Somma* II, 2, § 2 : « Per justiciarium tamen his quod necesse fuerit ad duellum debet inveniri, et utrumque, si voluerit *vive prisonie* poterit committere, dum tamen bonos custodes de ipsis habuerit, qui eos ita fideliter custodiant, quod vivos vel mortuos ad diem duelli terminatam reddant, et ad duelli deductionem habeant preparatos. » — « Ce que droict sera à faire la bataille leur doit estre ottroyé par la justice. Et si peut bailler l'un et l'autre en vifve prison si leur plaist, pourtant que l'en les baille féalement à bons gardes qui les rendront morts ou vifs au jour de la bataille appareillez de la bataille faire, s'ils sont vifs. »

Louis, après avoir dit que « la justice doit tenir les cors de eus deux en ygal prison, si que li uns ne soit plus à malèse que li autres ; » déclarent « fole justice » celle qui laisserait « l'un aler hors de prison par pleiges, et retenist l'autre (1). »

Ici les pouvoirs de la justice étaient donc fort restreints; mais ils durent s'étendre. Le *Livre de Jostice et de Plet* laisse au juge une grande latitude : « Or demende l'en se deus sont pris por tel forfet dont li uns aprange l'autre s'il i afiert rendre ou recréance ? L'en dit que ce est en la volenté au juge. — Or demende l'en s'il puet l'un recroire et l'autre retenir ? Et l'en dit que non ; ne ne puet l'en fere avantages à l'un plus qu'à l'autre n'alégier l'un plus que l'autre (2). » Cet arbitraire dut surtout se développer dans les juridictions royales, les responsabilités féodales, dont nous avons parlé plus haut, n'existant point alors.

En dehors de l'accusation par partie formée, une autre situation pouvait se présenter. Le seigneur pouvait, nous l'avons dit, *prendre* et emprisonner l'homme soupçonné de crime, et, pour susciter les accusations, faire publier sa prise par trois assises ou dans tel autre délai fixé par la coutume. Cet emprisonnement durait au plus l'an et jour, car, passé ce terme, aucune accusation n'était plus possible, mais ne pouvait-il cesser plus tôt ? En général les coutumiers admettent qu'à l'expiration des délais pour les publications, l'inculpé avait le droit de requérir sa mise en liberté en fournissant des plèges (3). D'autres, il est vrai, admettent que la détention doit continuer (4). D'autres, enfin que la *délivrance* définitive doit avoir lieu aussitôt après que les délais sont expirés (5).

Une dernière hypothèse pouvait se présenter. L'homme *pris* par le seigneur consentait à subir l'enquête du pays : devait-il

---

(1) I, 104 ; cf. Beaumanoir, LIII, 4.

(2) XIX, 26, § 9.

(3) *Compilatio de Usibus Andegaviæ*. § 24. Livre de J. et P., XIX, 26, § 12. — Ordonnance de 1315 : « La souspeçon porroit estre si grand et si notoire, que li souspeçonnez, contre qui la dénonciation seroit faite, devroit demourer en l'hostel de son seigneur et ilec demourer une quarantaine ou deux ou trois au plus, et se ce termine aucun ne l'approchoit de ce fait, il seroit *ostagez* (Ord. I, p. 558). »

(4) Jean d'Ibelin, ch. LXXXV.

(5) Voy. Beaum., LVIII, 20 ; XXX, 90.

alors être mis en liberté sous caution? Cela est probable; certains textes semblent contenir cette idée que la liberté est de droit quand il n'y a pas de partie formée : « Se la justice me met sus que j'aie esté au fet fère, don li cors doie prandre mort, et nus ne me demande riens fors lui : par droit il ne doit pas prandre les moies choses, mès mon cors; mès il le recroira cors pour cors à fere droit (1). »

De tout ce que nous venons de constater il résulte que la liberté sous caution était de droit quand il ne s'agissait pas d'un fait pouvant entraîner perte de la vie ou d'un membre. Et de toute cette vieille théorie, liée en grande partie au régime féodal et au duel judiciaire, il subsistera deux idées dans la période suivante : la liberté provisoire doit être accordée lorsqu'il s'agit de délits peu graves; lorsqu'il s'agit de crimes importants elle doit être refusée.

VII.

Le vieux droit connaissait enfin une procédure de contumace, qui sert de point de départ à notre législation en cette matière, mais qui est devenue méconnaissable dans ses transformations successives. Comme toutes les procédures formalistes, l'ancienne procédure criminelle n'admettait point de jugement par défaut; pour que le procès pût s'engager et aboutir il fallait un accusateur et un accusé présents. Cependant on trouvait moyen d'assurer son cours à la justice malgré toute résistance des récalcitrants. Comme dans les usages germaniques, la procédure par contumace aboutissait non à une condamnation sur le fait visé dans la poursuite, mais à une mise hors la loi du contumax. A celui qui refusait d'obér à la loi on retirait toute garantie légale. Là encore la logique gardait tout son empire. Il y avait d'ailleurs un véritable luxe de citations, de délais, variant un peu selon les coutumes; mais cette variété n'empêche point de dégager les caractères généraux de cette procédure.

La procédure de contumace s'appelait le *forbannissement*. Le

---

(1) *Livre de J. et P.*, xix, 26, § 5.

forbannissement ne pouvait être prononcé que par l'assise et ne pouvait être suivi que pour les faits graves, ce qu'on appellera plus tard le grand criminel (1). L'ancienne Coutume de Normandie en donne peut-être le type le plus pur. Elle exige trois citations à trois assises successives : *Criminalem autem dicimus actionem de qua convictus aliquis membris vel corpore condemnatur. Si quis autem crimen, quo secutus est, confessus fuerit in publico, sui judicium protulit damnamenti. Diffugiens autem hujusmodi criminosus ad tres primas assisias contumax debet vocari. Est autem assisia militum et virorum certo loco et certo termino XL dierum spacium continente, per quos de auditu in curia judicium et justitia debet exhiberi. Ad quartam autem recitatis ejus criminibus et subterfugus facto ab his judicio debet forbanizari publicè sub hac forma : Nos forbanizamus Petrum propter mortem Luce, quem occidit, ex potestate ducis; ità quod si quis eum post elapsum hujus assisiæ invenerit ipsum vivum vel mortuum reddat justiciario, vel si non poterit clamorem patriæ qui dicitur harou clamosis vocibus debet excitare* (2). Là tout est net : la mise hors la loi et les délais, qui consistent en quatre termes chacun d'une assise. Partout ces quatre termes se retrouveront, et le dernier sera toujours d'une assise ou quarantaine; mais les trois premiers varient selon les coutumiers. Voici ce que nous trouvons dans le *Livre de Jostice et de Plet* : « Ce dit l'en que avant que homme soit forbeniz, que l'en le doit fere semondre par trois jorz, chascuns de huit jorz, et s'il ne vient dedanz, l'en doit mander de ses amis procheins, et dire lor qui ait à un jor. Et se l'en aqueut cortoisement d'asoine l'en le doit oïr; se non l'en doit lesser passer qu'avant qu'après le tens de quarante jorz, et de danz ce s'il ne vient l'en doit forbenir (3). » Selon les *Établisse-*

---

(1) *Livre de J. et P.*, xix, 37, § 4 : « L'en demande por ferir home, ou por lédir de paroles ou fère sanc ou chable sanz mort et sanz méhaing, et il s'enfuit, si l'en doit forbenir? Et l'en dit que non. — § 5. Anprès demende l'en, se l'en li met sus murtre ou larrecin, ou rat, ou homicide ou membre tolu ou roberie ou s'il a pris de l'autrui à force, ou s'il ne vient avant pour donner trives, et il s'enfuit savoir se l'en le doit forbenir? Et l'en dit que oïl; car tel chose apartient à dampnement de cors et péril de perdurable salu. »

(2) *Somma* I. 23, §§ 5, 6.

(3) xix, 37, § 9.

ments de S. Louis, on cite le fugitif : « qu'il viègne dans les sept jours et les sept nuits pour cognoistre ou pour défendre, et si le fera l'en apeler à plain marchié.... le feroit semondre derechef por jugement que il venist dedans les quinze jors et les quinze nuits... puis dedans les quarante jors et les quarante nuits, et s'il ne venoist lors si le feroit l'en banir en plain marchié (1). » D'après Beaumanoir, il y a des délais différents suivant qu'il s'agit d'un vilain ou d'un noble : « S'ils sont home de poeste il doivent être ajorné par trois quinzaines, à la tierce quinzaine en prévosté. Et s'il ne viegnent dedans les trois quinzaines, à la tierce quinzaine on doit crier qu'il viegnent à la première assise après... et s'il ne viennent à cele assise il doivent estre bany (2). » Pour les gentilshommes il y a trois citations en prévôté, puis trois citations en assise; il semble qu'il y ait là deux systèmes superposés : « Se cil sunt gentil home doivent estre appelé qu'il viegnent au droit du sovrain par trois quinsaines en prévosté ; et s'il ne viennent il doivent être appelé par trois assises après en sivant, dont il ait d'assise à autre quarante jors d'espasse au moins, et s'il ne viennent dedans le deerraine assize il doivent estre bani (3). »

Cette procédure de contumace pouvait être suivie, soit qu'il y eût une partie poursuivante, soit qu'il y eût seulement *soupçon* et action du seigneur justicier ; dans un cas comme dans l'autre, il y avait désobéissance à la semonce seigneuriale.

Le banni était réellement hors la loi ; son meurtre était impuni, et il était défendu de lui donner asile : « Quant uns hons est banis de le cort à aucun des homes le conte nus des autres homes ne le pot ne ne doit receler, ains le doit penre s'il le trueve sor se terre, et doit fere savoir au conte qu'il tient tel bani..... quiconques les rechète et set le bannissement, se meson doit estre abatue et est l'amende en le volenté le conte de quanques il a vaillant ; et encore paine de prison (4). » Ces terribles menaces

---

(1) I, 26.
(2) LX, 5
(3) Beaum., LX ; 6 ; XXX, 90.
(4) Beaum., LXI, 21, 23. — Le bannissement n'était du reste et ne pouvait être prononcé que pour le territoire soumis à la juridiction du seigneur justicier

n'étaient pas du reste le seul moyen de contrainte employé pour amener la comparution du contumax; en vertu de la mise hors la loi ses biens étaient confisqués (1), et dès le début de la procédure, dès le premier défaut, le seigneur les mettait sous séquestre (2).

Le trait le plus original de cette forme de procès, c'est qu'elle faisait non un condamné, mais un « *outlaw*. » Elle ne tarda pas à perdre ce caractère. On vit dans la résistance à la justice une sorte d'aveu; dès lors on considéra le banni comme « attaint et convaincu » du crime, dont il devait subir la peine normale s'il était pris et remis au seigneur justicier. Beaumanoir et le *Livre de Jostice et de Plet* contiennent déjà cette conception nouvelle (3). Dans toute la suite des temps, la procédure par contumace contiendra un mélange de ces deux idées : mise hors la loi, condamnation sur le fait poursuivi.

Le forbannissement, avec ses terribles conséquences, était-il définitif et irrévocable? Le banni ne pouvait-il pas demander à être jugé contradictoirement lorsqu'il était saisi, ou qu'il se représentait de lui-même, voulant purger sa contumace, comme on dira plus tard? La logique répondait non. A l'origine, le forbannissement étant la punition de la désobéissance non du crime, était définitif, ou du moins ne pouvait être rappelé que par celui qui l'avait prononcé : c'était là une décision gracieuse,

---

(Beaum., LXI, 22); mais Beaumanoir indique une curieuse procédure (LXI, 24) pour en étendre l'effet à toute la justice du suzerain supérieur.

(1) Beaum., LX, 9.

(2) Beaum., LXI, 10 : « Neporquant por le péril qui est el délai li quens doit envoier gardes sor celi de qui on requiert..... et dobler de jor en jor si que il viegne avant por son damace esquiver. » — *Livre de J. et P.*, XIX, 37, § 8 : « Premièrement l'en le doit fere semondre en son ostel là où l'en cuidera qu'il repère plus ; et s'il ne vient l'en le doit prendre le sien, et doit estre en le main au juige. » cf. *Ancien coutumier de Picardie*, LIV (p. 46).

(3) Beaum., LX, 9 : « Quiconques est apelés sor aucun des cas dessus dis et il atent tant qu'il soit banis par coustume de tere, et il est repris puis le bannissement, il a perdu le cors et l'avoir et est justiciés aussi comme s'il avoit fet le fet notoirement por lequel il fu apelés. » — *Ibid.*, XXX, 12 : « Il doit estre justiciés selonc le meffet porquoi il est banis. » — *Livre de J. et P.*, XIX, 37, § 7 : « Et s'il est pris enprès en la suite dou forbenissement il est dampnez dou fet. » — *Ancien coutumier de Picardie* (*Anc. cout. de Ponthieu et Vimeu*, XIV), p. 131 : « Se il deffaut attains doit estre du criesme de quoy il est accusés. »

non le résultat d'une voie de recours (1). Dans ce rappel il y avait l'exercice d'une sorte de droit régalien, comme dans l'affranchissement d'un serf, aussi fallait-il au baron, pour l'accorder, l'assentiment du suzerain supérieur (2). Les *lettres de rappel* pouvaient d'ailleurs effacer toutes les conséquences du bannissement et contenir un pardon complet ou seulement ouvrir la possibilité d'un jugement nouveau ; c'est ce qu'explique fort bien Beaumanoir : « Se li banis est rapelés par le sovrain por aucune coze de pitié, si comme j'ai dit dessus, il doit avoir tout ce qui estoit tenu du sien por le souspechon du meffet soit que li quens le tiengne ou autres, car cil qui est assaus (absous) en le cort du sovrain ne peut pas estre condampnés en le cort du souget. Mais autre coze seroit se li quens rapeloit son bani par loier, ou par prière ou par se volunté por cause de pitié, car en tex rapiax li souget ne rendroient pas ce qu'il aroient du sien por le meffet, s'il ne se fesoit purgier du meffet par jugement ; si come s'il estoit apelés et il se délivroit de l'apel ou il se metoit en enqueste et il estoit délivrés par l'enqueste, car adont converroit il qu'il r'eust le sien quiconques le tenist (3). »

Mais à côté de ces principes une autre idée se faisait jour. On tendait à permettre au banni-condamné de prouver sa bonne foi, d'attaquer judiciairement la sentence de ban. Le *Livre de Jostice et de Plet* ouvre à cet effet un dernier délai de grâce : « Ce dit l'en que se aucuns est forbeniz enprès quarante jors est forbaniz ; et il vient avant dedanz les trois procheines assizes et fet de ses essoines ce qu'il doit et voille soffrir droit : l'en le recevra. Et s'il ne vient dedanz les trois assises il sera dampnez dou fet que l'en li mettra sus (4). » Les *Etablissements de S. Louis* décla-

---

(1) Beaum., LXI, 24 : « Se li quens rapèle son bani por aucune cause de pitié, si comme que il a entendu que cil qui fu bannis, et point que il fut apelés et banis, fu en estrange païs ou en pelerinage, et est aperte coze que il ne sot riens des apiax ne du bannissement..... ou li quens (comte) a puis su de certain qu'il n'ot coupes el fet porquoi il fut banis : il fet oevre de miséricorde de rappeler tel manières de bannissemens. »

(2) Beaum., LXI, 26 : « Li home qui ont fet en lor cort aucun bannissement por cas de crieme ne le pœt rappeler sans l'acort du conte par nule cause. »

(3) Beaum., LXI, 25.

(4) XIX, 37, § 10 ; cf. *Ancien. cout. de Picardie.* XCVIII (p. 88).

rent, sans fixer aucun délai, que si le banni se présente et allègue sa bonne foi : « adonc en devroit la justice prendre son serment qu'il disoit voir et atant auroit sa deffense qui le voudroit apeler (1). » Ce sont là les rudiments d'un développement futur; mais l'idée première ne disparaîtra point de si tôt; et dans la procédure par contumace qu'organisera l'ordonnance de 1670, nous verrons fonctionner côte à côte les décisions gracieuses et les voies de recours.

Telle était notre très-ancienne procédure criminelle. Quelque logique qu'elle fût dans son imperfection, elle renferme en réalité deux éléments distincts. L'un appartient au passé et disparaîtra bientôt sans laisser de traces; l'autre, au contraire, contient les germes d'institutions nouvelles, et nous allons montrer comment il se transforma pour répondre à des besoins nouveaux.

(1) *Etabl.*, I., 26. D'après un passage du *Livre de Jostice et de Plet*, il semble qu'aucune prescription ne pouvait effacer les effets du bannissement. xix, 37, § 12 : « Gefroi de la Chapele (dist) que li baillis de Orliens fist un home forbannir por cri et por renommée que il disoit que il avoit ocis un home. Et fu semons en se meson de par le commandement le roi par l'espace de quarante jorz ne vint ne n'envoia ne ne contremanda, et por ce fu forbeniz, et soffri le forbennissement sanz venir avant cinquante anz, ne sanz ce que jostice l'en requist. Enprès il vint à l'Evesque d'Orliens et dit qu'il estoit de sa jostice et cochanz et levanz en sa terre, et voirs ere (c'était vrai). Li Evesque fist son poer de rapeler ce forbennissement. Et dona droiz qu'il ne sera pas rapelez por ceu que il n'estoit pas venuz avant por allegier son privilège ne jostice ne l'avoit pas requis, et fut renduz à l'Evesque ou point où il ère. L'Evesque le fist juigier et dona droit qu'il fust panduz. »

CHAPITRE DEUXIÈME.

Origine et progrès de la procédure inquisitoire du XIII⁰ au XV⁰ siècle.

I. La procédure criminelle de l'Eglise. — II. L'*aprise* ou enquête d'office, son apparition au xiii⁰ siècle ; résistance des nobles ; la dénonciation ; l'accusation après la suppression du duel judiciaire. — III. Introduction de la torture. - IV. Le ministère public. — V. La procédure criminelle aux xiv⁰ et xv⁰ siècles ; procédure ordinaire et extraordinaire ; dernières transformations.

Dans la procédure brutale et insuffisante que nous avons décrite, la poursuite des délits était l'affaire des particuliers. Rarement la puissance publique pouvait intervenir d'une manière efficace : sauf au cas de flagrant délit, elle ne pouvait que se saisir du coupable et attendre le bon plaisir des parties lésées pour l'accusation, ou le consentement du coupable pour l'enquête.

Un tel état de choses ne pouvait durer ; aussi nous allons voir apparaître au xiii⁰ siècle et se développer rapidement une véritable poursuite d'office, en même temps que les vieux modes de preuves feront place aux *enquêtes*. Mais avant d'étudier ce mouvement dans nos vieux auteurs, il faut rapidement exposer la procédure criminelle des cours d'Église. En effet, l'influence de cette procédure sur les transformations que nous nous proposons de décrire est indéniable. Ce n'est point que l'Église eût créé son système de toutes pièces ; au contraire, elle emprunta le plus souvent aux institutions laïques les divers éléments qu'elle mit en œuvre ; mais elle les anima d'un esprit nouveau et le transforma rapidement. On dit quelquefois que la procédure inquisitoire de l'ancienne France provient purement d'un emprunt fait à l'Église ; cela n'est point exact, comme nous le ferons voir mais il n'en est pas moins vrai que l'Église fut la première puissance qui passa de la procédure accusatoire à la procédure inquisitoire. Ayant la première accompli cette évolution, elle fourni tout naturellement un modèle à la France et aux nations vo sines, qu'entraînait le même mouvement sous l'impulsion des mêmes besoins.

I.

La juridiction répressive de l'Église avait eu d'assez humbles commencements (1). Sans doute sa première manifestation fut cette sorte de procédure à laquelle on donna plus tard le nom de *denuntiatio*, et dont l'Évangile même fournit le modèle aux premières communautés chrétiennes (2). Le fidèle, scandalisé par un autre fidèle, devait charitablement avertir ce dernier, en secret d'abord, puis devant témoins, et enfin, si cela n'avait aucun résultat, le dénoncer à la communauté (3), qui infligeait des blâmes ou des pénitences. Plus tard, la constitution de l'Église se transformant, la dénonciation fut portée non plus à la communauté, mais aux supérieurs ecclésiastiques; elle devait toujours être précédée de la *charitativa admonitio* (4). On ne sait quelle forme était suivie si la personne dénoncée n'avouait pas, mais dans tous les cas ce n'étaient que des pénitences ecclésiastiques qui étaient prononcées.

L'Église, triomphante, conquit la juridiction criminelle sur tous ceux qui lui appartenaient directement, sur les clercs (5); dès lors elle eut besoin d'une procédure plus ferme, vraiment répressive. Elle emprunta simplement celle des juridictions laï-

---

(1) Sur la procédure criminelle de l'Église : voy. MM. Faustin-Hélie : *Traité de l'instruction criminelle*, tom. I, ch. xi, n°s 181-214 (édit. 1866). — Du Boys : *Histoire du droit criminel de la France*, pp. 74-85. — Biener : *Beiträge zu der Geschichte des Inquisitions-Prozesses*, p. 16-78. — Fournier : *Les officialités au Moyen-Age*, p. 233, ssq.

(2) Math., xviii, 15-17.

(3) « De bonne heure l'Église s'érigea en tribunal et transforma le repentir en pénitence publique imposée par l'autorité et acceptée par le délinquant. » M. Renan : *L'Église chrétienne*, p. 391.

(4) C. 17, Dist. 45. (Ex Origine, homilia VII in Josua); c. 18, 19. Causa II, qu. 1 (Augustin) : « Paulus breviter insinuasse intelligitur cum quibusdam commemoratis criminibus Ecclesiastici judicii formam ad omnia similia ex quibusdam daret. » C. 23, X, *De accus.* (V, 1); c. 31, X, *De Sim.* (V, 3) : « Sicut accusationem legitima præcedere debet inscriptio, sic denuntiationem charitativa coercitio. »

(5) Voy. Bethmann-Hollweg : *Civil Prozess*, tom. III; cf. Wilda : *Das Strafrecht der Germanen*, p. 530, ssq.

ques, la procédure pénale du Bas-Empire. Le principe accusatoire domine toutes les poursuites devant les tribunaux de l'Église comme devant ceux de l'Empire. L'accusation fut le *modus ordinarius*, l'*inscriptio in crimen* en étant la manifestation (1) Des exceptions nombreuses étaient apportées au droit d'accusation publique ; la plus importante consistait en ce que les laïques ne pouvaient accuser les clercs.

Le principe accusatoire n'exerçait point un empire absolu ; on connaissait des cas où d'office le juge pouvait se saisir et poursuivre. Il en était ainsi en cas de flagrant délit (2), *delictum manifestum* ou *notorium*. Les canonistes, pour établir ce point, s'appuyaient sur l'autorité de saint Paul (ad Gal., v, 19-21) (3). Mais peut-être fut-ce plutôt un emprunt fait au droit commun (4).

Cette procédure de l'Église se précisa de plus en plus ; elle était publique et admettait la liberté de la défense dans les mêmes conditions que les lois de l'Empire romain.

L'Église jusque-là n'avait point été novatrice ; elle avait pris ce que lui fournissait le droit romain. Lorsqu'elle fut en contact avec les populations de race germanique, elle leur fit aussi un emprunt qui lui permit d'élargir le cercle des poursuites d'office : il s'agit du grand mode de preuve et de défense des coutumes germaniques, du serment purgatoire de l'accusé (5). Cette pratique ne s'introduisit point sans difficulté dans l'Église, qui répugnait à l'emploi du serment (Matth., v, 33-37), mais elle finit par l'emporter (6) ; elle prit le nom de *purgatio canonica*.

---

(1) C. 4. Causa II, qu. 1 : « Nihil contrà quemlibet accusatum absque legitimo et idoneo accusatore fiat. Nam et Dominus Noster J. C. Judam furem esse sciebat, sed quia non est accusatus ideo non est ejectus. » Cf. 21, X, *de Acc.* (V, 1).

(2) C. 15. Causa II, qu. 1 : « Manifesta accusatione non indigent. »

(3) Cf. C. 17. Causa II, qu. 1 : « De manifesta et nota pluribus causa non sunt quærendi testes ut S. Ambrosius in Epistola ad Corinthios dixit de fornicatione sententiam exponens Apostoli. »

(4) Biener : *Beiträge*, pag. 19, n° 16.

(5) Les auteurs, qui vont chercher l'origine de la *purgatio canonica* dans S. Augustin (epist. 78), font évidemment fausse route.

(6) C. 5. Causa II, qu. 5 (Greg. III) : « Presbyter vel quilibet sacerdos, si a populo accusatus fuerit, et certi non fuerint testes qui crimine illato approbent veritatem, jusjurandum in medio erit, et illum testem proferat de innocentiæ suæ puritate cui nuda et aperta sunt omnia. » — Biener : *Beiträge*, p. 23, ssq.

Ce serment intervenait lorsqu'il y avait *infamatio*, c'est-à-dire quand l'opinion publique accusait un clerc, sans qu'il y eût un accusateur formel : l'*infamatus* pouvait alors jurer qu'il était innocent, en produisant des *cojurantes* (1). On ne connaît point les détails de cette procédure, mais elle devait être assez simple. On pouvait même forcer l'*infamatus* à fournir le serment purgatoire (2); en cas de refus une peine était infligée. « Quand un évêque ou un prêtre étoit diffamé de quelque crime, par bruit commun, quoiqu'il n'y eût point de preuves contre lui, quoique personne en particulier ne l'accusât, il ne laissait pas de devoir se purger suivant les canons, afin qu'il ne restât point de tache à sa réputation. Il venoit dans l'église et juroit sur les tombeaux des martyrs et sur tout ce qu'il y avoit de plus saint, qu'il étoit innocent du crime qu'on lui imputoit. Quelquefois il amenoit avec lui un certain nombre de compurgateurs, personnes de probité notoire et qui le connoissoient particulièrement; ils faisoient tous le même serment que lui, c'est-à-dire qu'ils le croyoient innocent; et ce témoignage étoit reçu comme une preuve de sa bonne renommée, suffisante pour détruire la diffamation contraire. Celui qui n'osoit prêter serment, ou ne trouvoit pas le nombre suffisant de compurgateurs, étoit réputé convaincu (3). »

En Occident les évêques prirent de bonne heure l'habitude de

---

(1) C. 12. Causa II, qu. 5 (Ex concilio Agathensi) : « Si legitimi accusatores crimina sacerdotis probare non potuerint, et ipse negaverit, tum ipse cum septem sociis ordinis sui (si valet) e crimine semet ipsum expurget, diaconus vero si eodem crimine accusatus fuerit cum tribus semet ipsum excuset. » — *Ibid.*, c. 16 : « Si mala fama de presbytero exierit et accusatores ac testes legales defuerint.... secundum decreta majorum cum denominatis sibi vicinis presbyteris........ sacramento famam suam purget. » *Ibid.*, c. 17 : « Quoniam accusatores nec testes secundum formam canonum... in causa ipsa procedere potuerunt, communi fratrum nostrorum concilio judicamus ut tertia manu sui ordinis et quatuor abbatum et religiosorum sacerdotum de supradicta simonia in vestra præsentia se debeat expurgare. »

(2) C. 6, 7, 10, X, *de purg. can.* (V. 34).

(3) Fleury : *Institution au droit ecclésiastique :* III° partie, ch. xvi (édit. Boucher d'Argis, 1771, t. II, pp. 140, 141). — Voy. Muyart de Vouglans. *Inst. crim.* part. VI, p. 304. — M. Biener remarque que d'après les decrétales d'Alexandre III, tit. 21, ch. 12. « Lorsque l'*infamatus* nie, une publication doit avoir d'abord lieu, afin de voir si quelqu'un veut se porter accusateur; et si dans les 40 jours

parcourir leurs diocèses une fois l'an. C'était déjà en l'an 516 une ancienne coutume de l'Église d'Espagne (1) ; et le même usage existait en Gaule. Le but de ces tournées était de donner la confirmation, de visiter les établissements charitables et aussi d'enseigner et de corriger les fidèles. Les paroisses étaient réunies par groupes et des pénitences infligées à ceux qui avaient commis des fautes publiques. Ces pénitences, souvent fort sévères, formaient un ensemble de pénalités taxées et réglées dans des *libri penitentiales* (2). Cette sorte de juridiction était considérée par la puissance civile, dans ces jours troublés, non comme un empiètement, mais comme un secours salutaire. Aussi les capitulaires ordonnent aux fonctionnaires publics de prêter en cela leur appui aux évêques. Un capitulaire de Karloman invite les évêques à faire régulièrement leurs tournées et à extirper les restes du paganisme « adjuvante gravione (3). » Un capitulaire de Pépin (4) leur recommande de rechercher certains délits, en particulier la fornication, le parjure, le faux témoignage. Charlemagne, dans son premier capitulaire, confirme ces indications (5), et en 813 il y revient encore, après avoir réuni successivement cinq synodes d'évêques (6) pour délibérer sur la réforme de l'Église.

Nous avons la description de ces tournées dans un livre cu-

personne ne se présente, il y a lieu au serment purgatoire. » *Beiträge*, p. 21. Il y a là une imitation de la vieille procédure que nous avons trouvée dans les coutumiers.

(1) C. 10, causa X, qu. 1. — Cf. : *Reginonis abbatis Prumiensis libri duo de synodalibus causis et disciplinis ecclesiasticis* (édit. Wasserschleben, 1840), lib. I, ch. 5, 10.

(2) Dove : (*Zeitschrift für Kirchenrecht herausgegeben von Dove und Friedberg*, t. IV, pp. 7, 12-13). Ce remarquable travail est à consulter pour tout ce qui suit.

(3) *Cap. Karlomanni* : ch. 1, 3 (a. 742), Pertz, *Leges*, I, 17 ; cf. *Cap. Mantuanum*, a. 781, c. 6 (Pertz, I, 44).

(4) *Pippini principis cap. sucss.*, ann. 744, c. 4, 6 (Pertz, I, 24).

(5) *Karoli Magni Capit. generale*, ch. 7 (Pertz, I, 33) : « Confirmare, plebes docere, et investigare, et prohibere paganas observationes. »

(6) *Capit. Aquisgr.* 813, ch. 1 (Pertz, I, 188) : « Ut episcopi circumeant parochias sibi commissas et ibi inquirendi studium habeant de incestu, de parricidiis, fraticidiis, adulteriis, cenodoxiis et alia mala quæ contraria sunt Deo, quæ in sacris scripturis leguntur, quæ Christiani devitare debent. »

rieux de Regino, abbé de Prüm (1). D'abord venait l'archidiacre annonçant aux paroisses la venue prochaine de l'évêque : deux ou trois jours après, celui-ci, en arrivant, trouvait dans chaque lieu de réunion les fidèles conduits par leurs curés, et l'assise qui se tenait alors s'appelait le synode, *synodus* (2). Là l'évêque infligeait aux délinquants les pénitences convenables ; mais c'étaient seulement les délits commis publiquement qui pouvaient alors être pris en considération (3) ; peut-être, pour qu'on pût procéder, la soumission du coupable était-elle nécessaire.

Au IX° siècle, les *synodalia judicia* acquirent un ressort nouveau ; il s'y constitua un véritable jury d'accusation. Ce fut sans doute là une création de la pratique ; quoi qu'il en soit la chose nous est nettement décrite par le livre de Regino (4). L'évêque, au synode, choisissait parmi les fidèles assemblés un certain nombre des plus respectables (sept en général), et leur faisait prêter serment de révéler tous les délits dont ils auraient la connaissance (5) et qui relevaient des *causæ synodales*. Comme un magistrat directeur du jury, il instruisait de leurs fonctions ces *juratores synodi*, puis leur posait une série de questions, où défilaient les divers délits réprimés par l'autorité ecclésias-

---

(1) *Reginonis abbatis Prumiensis libri duo de synodalibus causis et disciplinis ecclesiasticis* (Ed. Wasserschleben, Lipsiæ, 1840).

(2) Regino, l. II, ch. I.

(3) « Qui publice crimina perpetrarunt publice pœniteant. » *Conventus Ticinensis*, an. 850, c. 6 (Pertz, I, p. 397). Dove, *loc. cit.*, p. 25.

(4) Regino mourut en l'an 915.

(5) Regino II, c. 2, *De juratoribus synodi* : Episcopus in synodo residens, post congruam allocutionem septem ex plebe ipsius parochiæ vel eo amplius aut minus, prout viderit expedire, maturiores, honestiores atque veraciores viros in medio debet evocare, et allatis sanctorum pignoribus, unum quemque illorum tali sacramento constringat. — C. 3, *Jusjurandum synodale*. A modo in antea, quidquid nosti aut audisti, aut post modum inquisiturus es quod contra Dei voluntatem et rectam Christianitatem in ista parochia factum est, aut futurum erit, si in diebus tuis evenerit, tantum ut ad tuam cognitionem quocunque modo perveniat, si scis aut tibi indicatum fuerit synodalem causam esse, et ad ministerium episcopi pertinere, quod tu nec propter amorem, nec propter timorem, nec propter præmium, nec propter parentelam ullatenus celare debeas archiepiscopo de Treveris, aut ejus misso, cui hoc inquirere jusserit, quandocumque te ex hoc interrogaverit, sic te Deus adjuvet et istæ sanctorum reliquiæ. — Dove, *Op. cit.*, p. 28, ssq. ; Biener : *Beiträge*, p. 32-33.

tique (1). Les *juratores* devaient indiquer les coupables. Si ceux-ci étaient présents et avouaient, l'évêque entouré de ses clercs statuait et leur infligeait la peine convenable (2). Si l'accusé niait, comment procédait-on ? C'étaient simplement les principes germaniques sur les preuves qui intervenaient : l'*infamatus* devait se disculper, par le serment si c'était un homme libre, ou par les ordalies, s'il était de condition servile, ou si, quoique libre, des faits trop graves lui étaient reprochés ou que de trop fortes présomptions s'élevassent contre lui (3). Pour forcer les fidèles à se soumettre à ces lois, l'Église avait un moyen, redoutable à cette époque : l'excommunication.

Toute cette procédure était fortement empreinte de l'esprit germanique. L'Église avait seulement eu cette idée féconde de

---

(1) Le chap. v du livre de Regino, sous cette rubrique : *Post hæc ita per ordinem interroget,* énumère les divers délits sur lesquels doivent porter les questions : ce sont d'abord les divers attentats à la vie humaine (nos 1-14), puis les adultères et fornications (15-37), le vol et le sacrilège (38), le parjure (39), le faux témoignage (40-41), les enchantements et sortilèges (40-41), et enfin (46-89) une série d'incriminations fort curieuses dont la plupart visent des pratiques empruntées au paganisme ou des manquements aux devoirs du fidèle.

(2) Après avoir donné la liste des questions que l'évêque pose aux *juratores*, le livre de Regino ajoute seulement : « Capitula hæc, quæ per ordinem adnotavimus canonicis oportet roborari decretis. » Et les chapitres suivants du second livre contiennent le texte des décrets des conciles et des autres lois qui punissent ces délits divers.

(3) Dove : *Zeitschrift für Kirchenrecht,* tom. V, p. 22, ssq. Voici les textes qu'il cite : « Regino ii, 73 (ex Concilio Moguntiacensi) : « Si maritus uxorem aut uxor maritum interfecerit, æquum judicium sit super eos... idcirco uterque eorum in hujusmodi criminis accusatione, si negaverit, pari judicio examinetur. » — *Concil. Mogunt.,* c. 24. (a. 847) : « Qui presbyterum occidit, duodecim annorum ei pœnitentia secundum statuta imponatur, aut si negaverit, si liber est, cum duodecim juret, si autem servus per duodecim vomeres ferventes se purget; convictus vero noxæ usque ad ultimum tempus militiæ cingulum deponat et uxorem amittat. » — *Concil. Tribur.* (Regino ii, 303) : « Nobilis homo vel ingenuus si in synodo accusatur et negaverit, si eum fidelem esse sciunt, juramento se expurget; si autem deprehensus fuerit in furto atque perjurio, ad juramentum non admittatur, sed, sicut qui ingenuus non est, ferventi aqua aut candenti ferro se expurget. » — *Concil. Salogunstadiense,* ch. 7 : « Interrogatum est si duo in adulterio inculpati fuerint et unus profiteretur et alter negaret, quid inde agendum esset : decretum est etiam a sancto concilio ut ille qui negaverit propabili judicio se expurget et qui professus fuerit pœnitentiam agat. » — *Ibid.,* c. 13 : « Statuit quoque sancta Synodus si duo de adulterio accusati fuerint et ambo negaverint, et orant sibi concedi ut alter illorum utrosque divino purget judicio, si unus in hoc deciderit, ut ambo rei habeantur. »

forcer les chrétiens assemblés à dénoncer les coupables qui se cachaient parmi eux. Aussi le pouvoir civil s'empara-t-il pour son propre compte de cette institution. Les comtes eurent l'ordre de réunir les hommes les plus honorables en jury d'accusation; et les dénonciations faites devant eux sous la foi du serment devaient avoir les mêmes conséquences que celle produites au synode; c'est ce qu'ont établi de savants travaux (1). Et lorsque les *missi* furent institués par Charlemagne, les deux jurys d'accusation durent fonctionner de concert; car dans chaque tournée étaient généralement envoyés ensemble un comte et un évêque.

Cette curieuse institution ne produisit pas de résultats vraiment durables ni pour l'Église ni pour le pouvoir civil. Le jury d'accusation présidé par le comte ne laissa de traces que dans certaines coutumes de la Flandre et du nord de la France. Là existaient encore au Moyen-Age, ce que les coutumes appellent les« coies, franches, ou communes vérités (2). » A certain jour les justiciables assemblés étaient sommés par le seigneur justicier ou son représentant de dénoncer les coupables qu'ils connaîtraient (3). L'Église conserva longtemps les synodes que nous

---

(1) Dove, *op. cit.;* Biener : *Beiträge,* p. 130, ssq.; — Brunner. *Entstehung der Schwurgerichte,* p. 460, ssq. Voici les textes principaux sur lesquels on se fonde : *Pippini regis cap. Langobard,* a. 782. c. 8 (Pertz I, 43) : « Judex unusquisque per civitatem faciat jurare ad dei judicia homines credentes juxta quantos præviderit, seu foris per curtes vel vicoras mansuros, ut cui ex ipsis cognitum fuerit, id est homicidia, furta, adulteria et de illicitas conjunctiones ut nemo eas concelet. » La suite du texte semblerait montrer que ce jury d'accusation pouvait quelquefois se transformer en jury de jugement. — *Hludovici II imp. Conventus Ticinensis,* an. 850. c. 3. (Pertz I, 406) : « Ubicumque fama sit tales (latrones) habitare inquisitio per sacramentum per omnem populum circumanentem fiat, et cujuscumque gentis aut conditionis fuerint per quos inquiri melius potuerit, jusjurandum dare, cum a comite conventus fuerit, recusandi non habeat potestatem. » — Il s'agit là de brigandages et de recels; un peu plus haut le texte dit en effet : « Ubicumque igitur in tali suspitione quilibet venerit, et rumor in populo dispersus fuerit, quod hæc facinora exerceat, si adhuc propalatum non est, cum duodecim se ex expurget, si autem jam in aliquo manifestus aut deprehensus est, statim capiatur, et distringatur et dampnationem legibus præfixam sustineat. »

(2) Warnkönig et Stein. *Fländrische Staats und Rechtsgeschichte,* tom. III, § 40 : « *Von den Stillen Wahrheiten.* »

(3) Warnkönig et Stein, *op. cit.,* tom. III, p. 333-341 ; — Coutume de Furne de 1240, II, § 46 ; — de Poperinghem (a. 1208), art. 23, 24; de Waeslandes, art. 22; voyez surtout : « Enqueste des dunes faite à Coxcide a le croix du Sablon. » (Warnkönig, III. *Urkundenbuch,* n° 54); — cf. Brunner., *op. cit.,* p. 463-4.

avons décrits. Aux xii° et xiii°, siècles les habitants des Flandres et du nord de la France résistent à cette juridiction (1). Une glose des *Siete partidas* parle des « *testes synodales* (2). » Innocent III dit encore que les évêques doivent tenir le synode « debitam pœnam transgressoribus infligendo (3). » Mais ces *judicia* perdirent leur importance, au moins pour les laïques, alors que les ordalies disparurent et que le serment purgatoire fut regardé comme un droit réservé aux clercs. Une disposition du concile de Latran diminua encore leur portée, en ordonnant aux métropolitains d'établir des surveillants dans les divers diocèses (4). Un mode de poursuite plus énergique allait d'ailleurs apparaître sous le pontificat d'Innocent III.

Le clergé était entré alors dans une voie de dérèglements et de scandales que constatent les textes officiels (5); il fallait une répression énergique et prompte. Pour donner à sa procédure criminelle une force qu'elle n'avait jamais eue, l'Eglise devait y introduire largement la poursuite d'office. Ce besoin donna naissance à la procédure *per inquisitionem*. Elle permettait au juge alors même qu'il n'y avait pas d'accusateur, d'entamer un procès contre la personne diffamée, d'entendre des témoins et de prononcer une condamnation; selon le droit antérieur le clerc dans ce cas pouvait seulement être forcé de se disculper par serment. La nouvelle méthode constituait une rigueur inconnue jusque-là; aussi ne s'introduisit-elle pas sans résistance. Certaines décrétales repoussent les réclamations d'inculpés, qui, faute d'un accusateur, invoquaient le droit de recourir à la *purgatio canonica* (6). Sur quel fondement assit-on cette réforme capitale?

---

(1) Warnkönig et Stein, *op. cit.*, tom. I, § 47, (p. 436, ssq.) : « *Zweite Keure von Gent anno* 1192 : Episcopo non licebit Gandavi synodum celebrare, nisi expletis tribus annis in quatuor temporibus quarti anni. » — En 1271, les habitants de Bruges et leurs voisins, citent l'évêque de Tournai devant le tribunal archiépiscopal de Reims et le font condamner pour abus dans les *synodales causæ*.

(2) *Partida* III, tit. XVII, 1. 2, glose 5 : *Los codigos Espanoles concordados y anotados*, 2° édit. Madrid, 1872-1873, tom. III, p. 155.

(3) C. 25, X, *de accus.* (V. 1).

(4) Biener : *Beiträge*, p. 37.

(5) C. 24, X. *de accus.* (V. 1).

(6) C. unic. X. *ut ecc. benef.* III, 12 (Innocent. III. an. 1198); c. 10, X. *de*

Les décrétales invoquent des passages de l'ancien et du nouveau Testament (Genes., XVIII, 21 ; Luc., XVI, 2); mais en réalité, ce fut sur la toute-puissance papale et sur le droit de surveillance qu'elle entraîne qu'on s'appuya surtout (1). Aussi tout d'abord les inquisitions durent-elles être faites par des commissaires spécialement nommés par le Pape à cet effet (2). Le concile de Latran en 1215 approuva et confirma ces doctrines nouvelles (3), et le droit de faire une *inquisitio* appartint désormais à tout juge.

Les règles de cette procédure furent aisément fixées ; en réalité ce n'était qu'une modification de l'ancienne poursuite qui conduisait l'*infamatus* au serment purgatoire (4). En premier lieu, il faut qu'il y ait une *infamatio* contre celui qu'on veut poursuivre : « inquisitionem debet clamosa insinuatio prævenire » (c. 31, X, *de sim.*, V. 3); et pour bien établir ce point, le juge commence par faire une enquête secrète, *inquisitio famæ* (cc. 19, 24, X, *de acc.*, V. 1). Alors l'*inquisitus* est cité et doit être présent. Avant tout on lui communique les chefs d'accusation, *capitula*, sur lesquels porte l'inquisition; on lui communique ensuite les noms

---

purg. can. (V, 34) : « Purgationem ei quarto-decimæ manus sui ordinis duximus interdicendam. »

(1) C. unic. X. *ut eccl. benef.* (III. 13) : « Nos qui, non tam ex plenitudine potestatis quam ex officio debito possumus et debemus de subditorum excessibus ad correctionem inquirere veritatem, te causam et occasionem præstante, inquisitionem commisimus faciendam. »

(2) 31, X, *de Sim.* (V. 3); c. 24, X, *de accus.* (V. 1).

(3) *Concil. Lat.*, c. 4. *Comp.* 4. = C. 24, X, *de accus.* (V. 1).

(4) Le texte fondamental sur ce point est le ch. 24 *de accusationibus* déjà cité plus haut; en voici la partie la plus importante : « Cum super excessibus suis quisquam fuerit infamatus ità ut jam clamor antecedat qui diutius sine scandalo dissimulari non possit vel sine periculo tolerari, absque dubitationis scrupulo ad inquirendum et puniendum ejus excessus non ex odii fomite sed caritatis procedatur affectu, quatenus si fuerit gravis excessus, etsi non degradetur ab ordine, ab administratione tamen amoveatur omnino, quod est secundum sententiam evangelicam a villicatione villicum amoveri qui non potest villicationis suæ dignam reddere rationem. Debet igitur esse præsens is contra quam facienda est inquisitio nisi se per contumaciam absentaverit, et exponenda sunt ei illa capitula de quibus fuerit inquirendum, ut facultatem habeat defendendi se ipsum. Et non solum dicta sed etiam nomina ipsa testium sunt ei, ut quod et a quo sit dictum appareat, publicanda, nec non exceptiones et replicationes legitimæ admittendæ, ne per suppressionem nominum infamandi, per exceptionum vero exclusionem deponendi falsum audacia præbeatur..... inquisitionem debet clamosa insinuatio prævenire. »

des témoins entendus par le juge et le contenu de leurs dépositions recueillies par écrit. L'inculpé pouvait présenter toutes les exceptions et les défenses qu'il jugeait utiles de produire (1).

Les textes n'indiquent pas que la procédure fût autrement secrète, et ils assurent, on le voit, la liberté de la défense. Cependant certains caractères révèlent une forme rigoureuse de procès : l'écriture joue un rôle prépondérant et le débat oral disparaît ; l'*inquisitus* doit prêter serment de dire la vérité lorsqu'il est interrogé sur les *capitula* (2), et est forcé par là de s'accuser lui-même ; enfin il est assez vraisemblable que la torture était employée (3). On reconnaissait d'ailleurs que cette procédure avait quelque chose d'anormal, car on admettait en principe qu'elle devait conduire à l'application non des peines normales, comme l'*accusatio*, mais de peines plus légères (4).

L'inquisition amena peu à peu la disparition presque complète de l'accusation, qui fit place à la *denuntiatio*. Cette dernière existait bien depuis longtemps ; mais elle n'aboutissait jadis qu'à une simple pénitence ; désormais elle donna ouverture à l'*inquisitio* et par là permit l'application d'une peine véritable (5). La dénonciation signalait alors la *diffamatio* et saisissait le juge. Le dénonçant pouvait du reste être partie au procès, et admis à fournir ses preuves : il y avait alors ce que les anciens auteurs appelaient l'*inquisitio cum promovente* (6). Le *promotor* avait un rôle actif ; et la procédure était en réalité une accusation atténuée, débarrassée de l'*inscriptio in crimen*.

(1) CC. 21, 24, 26, X, *de acc.* (V. 1).
(2) C. 17, 18, X, *de acc.* (V. 1).
(3) Un seul texte il est vrai, semble indiquer d'une façon précise l'emploi de la torture, C. 6, X, *de reg. juris*, V. 41 : « (*Tormenta indiciis non præcedentibus inferenda non sunt*) : Quum in causæ contemplatione, (et infra) in ipso causæ initio non est a quæstionibus inchoandum. » Voy. Blener. *Beiträge*, p. 55. — « L'usage de la question par les tourments, autrefois inconnu dans les tribunaux ecclésiastiques… s'y est introduit depuis environ cinq cents ans… mais les officiaux n'en usent plus en France. Brodeau dit avoir vu dans la chapelle de l'official de Paris les boucles et les anneaux de fer dont on se servait. » Fleury, *Institution au droit ecclésiastique*, p. 136.
(4) C. 17, 21, 24, X, *de acc.* (V. 1); C. 30, 32, X, *de Sim.* (V. 3).
(5) C. 14, 19, X. *De acc.* (V. 1).
(6) C. 19, X. *De acc.* (V. 1) : Voy. Biener : *Beiträge*, p. 80, ssq.

Il faut remarquer que *l'inquisitio* ne fit point complétement disparaître la *purgatio canonica*; avait-elle fourni de fortes présomptions de culpabilité sans réunir un faisceau de preuves suffisantes pour la condamnation, l'*infamatus*, devait se purger par serment (1).

Pour en finir avec le droit ecclésiastique, il nous reste à dire en un mot ce que devint la procédure d'inquisition, appliquée aux poursuites contre les hérétiques (2). A l'origine, la répression de l'hérésie fut confiée aux évêques; c'était l'un des objets principaux des *synodales causæ*. Il en était encore ainsi d'après le concile de Latran de 1215 (3). Mais à partir de 1230 environ, l'*inquisitio hereticæ pravitatis* fut généralement déléguée par le pape à des commissaires spéciaux; et, bien qu'en théorie les évêques conservassent leur juridiction sur ce point, en fait elle était absorbée par celle des commissaires. Les premières traces de cette *inquisitio delegata* se trouvent dans le sud de la France au début du XIII° siècle : les délégations tendirent à devenir permanentes. Ce changement dans la juridiction fut accompagné de modifications dans la procédure, qui constituaient d'odieuses rigueurs. En premier lieu, les dépositions des témoins continuèrent à être communiquées à l'accusé, mais sans les noms de ceux de qui elles émanaient : « Ne testium nomina signo vel verbo publicentur, » dit un concile de Narbonne de l'an 1235, et ce principe fut confirmé par des bulles d'Innocent IV, d'Alexandre IV, d'Urbain IV, de Grégoire X, enfin de Boniface VIII (4). En fait les dépositions étaient même démembrées et communiquées par pièces et par morceaux, afin que l'accusé n'en pût connaître l'auteur.

La torture devint aussi un moyen ordinaire d'instruction. Ce fut le droit romain qui servit ici d'autorité. Le crime d'hérésie

---

(1) C. 19, X. *De acc.* (V. 1). — « Les cas de plus amplement informé sont à peu près ceux où avait autrefois lieu la purgation canonique. » Fleury, *op. cit.*, p. 140.

(2) Voy. Biener, *op. cit.*, p. 60-78.

(3) C. 13, § 7, X. *De hæret.* (V. 7) : « Totam viciniam jurare compellat, quod si quos ibidem hæreticos sciverit, vel aliquos occulta conventicula celebrantes... eos episcopo studeat indicare. »

(4) C. 20, *De hæret. in Sexto* (V. 2).

était regardé comme *crimen læsæ majestatis divinæ*, et à partir du xiiiᵉ siècle on appliqua dans ces sortes de procès les règles du Digeste et du Code sur la mise à la question des accusés et des témoins dans le *crimen majestatis*. Cela fut d'abord établi dans une ordonnance d'Alexandre IV, de 1252, puis confirmé par le même pape en 1259, et par Clément IV en 1265 (1).

Telle est l'évolution qui s'était accomplie dans la procédure criminelle des cours d'Église ; il est temps de revenir devant les tribunaux laïques de l'ancienne France.

II.

Nous avons indiqué plus haut qu'au xiiiᵉ siècle la poursuite d'office apparaît dans les juridictions laïques sous le nom *d'aprise*; comment cela se produisit-il? Jusque-là, l'enquête n'était possible que si l'homme arrêté « par soupçon » s'y soumettait de bon gré ; mais pour le forcer à s'y soumettre on employait souvent un moyen de contrainte indirecte très-rigoureux, « la dure prison à peu de boire et de manger. » N'était-il pas plus simple, plus conforme à la dignité de la justice de décider qu'on se passerait de tout consentement, que le juge pourrait toujours ouvrir l'enquête, et, si elle était concluante, appliquer la peine? La logique des choses impliquait ce développement, et les vieux juristes trouvèrent à cette théorie un fondement juridique.

En cas de flagrant délit on avait toujours admis qu'on punirait le malfaiteur, sans accusation formelle, sur le seul témoignage des personnes qui l'avaient vu commettre le méfait (2). On pensa qu'on pouvait considérer comme flagrant délit le fait qui serait attesté par maints témoins, qui serait de notoriété publique; et qu'alors, le juge pouvait d'office entendre les témoins et pro-

---

(1) Clément. C. 1, § 1, *De hæret.* (V. 3) : On recommande « duro tamen tradere carceri qui magis ad pœnam quam ad custodiam videatur, vel tormentis exponere illos. » Voy. Fleury, *op. cit.*, p 78-94. Sur toute cette matière de l'*inquisitio hæreticæ pravitatis*, consulter le *Directorium inquisitorium* d'Eymericus, avec le commentaire de Pegna.

(2) *Livre de J. et P.*, xix, 44, § 14 : « Gens qui sont pris à présent forfet et mené présentement à justice vont par *enqueste*.... s'il nie ; porceque ne croisse sur ce que l'en doit vengier les forfetz que l'on fet à escient. »

noncer la peine (1). On appela cela *l'aprise*, en bas latin *aprisio;* Beaumanoir explique ce mot en ce sens que « li juges est plus sages de la besogne qu'il a apris; » d'après lui ce ne seroit qu'une sorte d'enquête de police, une manière d'information préparatoire qui ne pouvait entraîner une condamnation qu'autant qu'elle équivalait presque à la constatation d'un flagrant délit (2). Mais c'était là une théorie à la fois trop subtile et trop insuffisante pour durer longtemps. L'aprise devait être, quant à ses effets, complètement assimilée à l'enquête; cependant l'assimilation ne se fit pas très-vite. Pendant assez longtemps on se refusa à admettre que l'aprise suffît pour faire prononcer la peine ordinaire et normale du délit (3). Plusieurs textes en ce cas permettent seulement de bannir le coupable. *Les Établissements de S. Louis* le disent formellement : « Se aucuns est mauvèsement renommé par cri ou par renommée, la justice le doit prendre et si doit *enquerre* de son fait et de sa vie et là où il demeure, et se il le treuve par enqueste que il soit coupable de aucun fait où il ait paine de sanc, il ne le doit mie condamner à mort quand nus ne l'accuse ou quand il n'a esté pris au présent fet ne en nule recognoissance. Mès s'il ne se voloit mettre en l'enqueste lors puet la justice bien fere et doit le forbanir hors de son pooir, selonc ce qu'il semblera coupables par le fet et comme il trouvera par l'enqueste qu'il aura faite de son of-

---

(1) « Se cil qui est pris por soupeçon de vilain cas ne veut attendre l'enqueste du fait, adont y appartient il *aprise,* c'est-à-dire que le juge de s'office doit aprendre et encerquier du fet ce qu'il pot savoir; et s'il trueve par l'aprise le *fet notoire par grande plenté de gent,* il porroit bien metre l'aprise en jugement. Et pourroient li home voir le fet si clers par l'aprise que li pris seroit jugiés. Mais à ce qu'il fut condampnez à mort par l'aprise il convient bien que le fet feust seus clers par plus de trois tesmoins ou de quatre, si que li jugemens ne fust *par fes tant solement par l'aprise mais par fet notoire.* » Beaum., XL, 15.

(2) Il oppose l'aprise à l'enquête « qui porte fin de querelle. » XL, 16. — Voyez sur l'aprise le Registre des Grands-Jours de Troyes, cité par Brussel, *Usage des fiefs :* « Cum non appareret sufficiens, accusator.... inquesta seu aprisio facta est (tom. I, p. 227). » — « Par le conseil de chevaliers, d'escuyers et de plusieurs autres preudhommes... le fist prendre et mettre en prison.... et par l'enseignement et le conseil desdits fist fere sur le fet et le souspeçon doudit meurtre une aprise. »

(3) C'est un trait que nous avons relevé pour l'*inquisitio* des cours d'Église.

fice (1). » *Le Livre des Droix et Commandements de justice* n'est pas moins net, bien qu'il appartienne à une époque postérieure. « De mauvaise renommée et d'office de justice comment l'en doit punir malfaicteurs, quant pour cry, ou par renomée et malvolie : — C'est à sçavoir il puet prendre cellui et enquérir de ses faiz, là où il aura demouré ; et si l'en trueve qu'il soit coupable, por ce ne le doit l'en pas condamner à mort, quand il n'est pris en présent meffait ou en cognoissance, ou quand il n'a prins l'enqueste ; mais il le puent bien forbanir selonc qu'il sera trouvé coulpable. Mais plusieurs sages dient le contraire quant au forban (2). » — « Item autre prueve que la coutume appelle *inquisitive*, c'est-à-dire quant on fait informacion ou aucune enqueste d'aucun cas ou meffaiz d'office et tesmoins sont trais, mais se celui qui de ce est suspect ne se est mis en procès de sa voulenté, où il n'est pris en présent meffaict, ou soumis à l'enqueste du païs de sa voulenté, telle enqueste ne le prent pas quant à la capcion et detention de li pour actandre droit sur ce (3). »

Sans doute l'introduction de l'aprise devant les juridictions laïques fut surtout une imitation de la procédure des cours d'Église ; cela paraîtra bien dans les ordonnances du xive siècle qui règlent la nouvelle enquête d'une façon très-nette bien qu'en peu de mots, et qui reproduisent les principes et la terminologie du droit canon (4). La première ordonnance qui en fasse mention

(1) II, 16 ; cf. Beaum., LXI, 20. Le texte des *Établissements*, pour permettre cette poursuite d'office, se réfère expressément au droit romain : « Car il appartient à l'office du prévôt et à toute loyalo justice de nettoier sa province et sa juridiction de mauvès homes et de mauvèses femes selon droit escrit en la Digeste *de receptatoribus*,..... et en la loi *Congruit* en la Digeste *de officio Præsidis*.... et se il se mettoit en l'enqueste, et l'enqueste trouvast qu'il fust coupables, la justice le devroit condamner à mort, se ce estoit un de ces cas que nous avons dit dessus. »

(2) § 328.

(3) § 476, cf. Boutaric. *Actes du Parlement de Paris,* arrêt de 1259 (n° 345) : il s'agit d'un *asseurement* royal enfreint ; le coupable gardera la prison jusqu'à ce qu'il ait amendé son crime envers le roi, « Salva tamen eidem vitâ suâ, membris suis et hereditate sua, quia non supposuit se isti inqueste. » N° 4372 : Arrêt de 1315 ; le coupable est condamné à mort : « il fut prouvé contre lui qu'il avait accepté l'enquête présentée au bailli. »

(4) Sur l'influence de l'Eglise dans le domaine de la procédure. Voy. M. Glas-

d'une façon certaine la donne comme une institution des pays de droit écrit. Cette ordonnance de 1254 est destinée « à la réformation des mœurs dans le Languedoc et le Languedoïl; » elle contient un double texte en latin et en français. Le texte latin, destiné aux pays du Midi, présente un article 21, ainsi conçu : « Et quia in dictis seneschalliis secundum jura et terræ consuetudinem fit inquisitio in criminibus volumus et mandamus quod reo petenti acta inquisitionis tradantur ex integro (1). » Ne pourrait-on pas en conclure que, comme institution normale, l'enquête criminelle avant de gagner le Nord se serait implantée dans le Midi, où l'inquisition contre les hérétiques avait d'abord fait son apparition.

Mais l'aprise trouva ailleurs que dans le droit canon un point d'appui. Il est aujourd'hui reconnu que dans la monarchie franque, sous les Carolingiens, à côté de la procédure étroite et formaliste du droit commun, il en existait une autre, où le duel judiciaire, le serment purgatoire et le témoignage formaliste ne figuraient point, et qui était dite *per inquisitionem*. En principe, le roi seul, en vertu de son pouvoir propre, avait le droit de procéder aux inquisitions en personne ou par délégués. Celui qui était chargé d'*inquirere* rassemblait un certain nombre d'hommes du pays, et, sous la foi du serment, recueillait leurs déclarations sur le point en litige; puis conformément à leurs dires il prononçait la sentence. Cette sorte de droit régalien n'appartenait aux juges qu'en vertu d'une commission du souverain; mais lorsqu'il s'agissait des droits du fisc, on procédait toujours *per inquisitionem*, et les églises et monastères obtinrent par privilège l'application de cette procédure dans les procès où ils étaient intéressés; on l'appliqua aussi dans les procès où figu-

---

son : *Les sources de la procédure civile française* (*Nouvelle Revue historique de droit français et étranger*, 1881, p. 413 seq.). M. Stintzing (*Geschichte der deutschen Rechtswissenschaft*, 1880, p. 27) fait remarquer que, par suite de la méthode exégétique exclusivement suivie dans les Universités, « la procédure criminelle rattachée à la procédure civile était, surtout pour les canonistes, un thème qu'ils avaient à développer sur le second livre des *Décrétales*. »

(1) Ord. I, p. 72. L'éditeur remarque que les articles 20, 21, 22 manquent dans le texte français.

raient des veuves, des orphelins, des *homines minus potentes.* Mais à l'époque franque l'inquisition n'est guère employée qu'en matière civile (1). Ce droit de faire *enquérir* la royauté le conserva au Moyen-Age ; elle l'exerçait quand ses intérêts civils ou féodaux étaient en jeu. Le *Livre de Jostice et de Plet* contient un chapitre important qui reproduit à cet égard les principes de l'époque franque (2). Livre xix, tit. 44 : « § 1. Se li rois demande riens à aucun muebles ne heritages, que l'en ait pris sor lui, ou que l'en li doie, il gagne par enqueste ou pert... § 3. Se aucun bat ou fiert sergent le roi por acheson dou service ce n'est pas (ce vet par?) l'enqueste... § 5. Esqueuse (rescousse) de sergent vet par enqueste... § 7. Se aucuns estranges prent un prison le roi, qu'il aura pris, avoques autres choses qui sunt le roi, et l'en le li tost, s'est seu par enqueste... § 11. Qui fet chevauchées par armes et prant et peçae ce vet par enqueste... § 13. Cil doit fere enqueste qui la set fere ; et doit len demander sor toz les articles

(1) Voyez sur tous ces points les remarquables ouvrages de M. Brunner : *Die Entstehung der Schwurgerichte*, ch. vi, p. 84-126 (1871); — *Zeugen-und-Inquisitions-Beweis des Karolingischen Zeit* (1866). Dans les capitulaires on trouve parfois des instructions adressées aux *missi*, qui leur recommandent d'*inquirere* à l'occasion des crimes commis. Mais, l'*inquisitio* une fois faite, il semble que le procès ne pouvait aboutir que de deux manières ; ou un accusateur se présentait, ou l'inculpé se purgeait par le serment ou par les ordalies. Voy. en particulier *Capitulare de latronibus*, Ann. 804 (Pertz I, 129); le chapitre 1 est très-général : « Ut ubicumque eos repererint diligenter inquirant et cum discreptione examinant, ut nec his superfluum faciant, ubi ità non oportet, nec prætermittant quod facere debent; » mais le n° 2 prévoit la présence d'un accusateur et le duel judiciaire; le n° 3 parle des ordalies. — Voy. aussi des exemples de poursuite d'office dans les lois des barbares. *Lex Burg.*, lxxxix (Walter) : « *De reis corripiendis.* Gundebaldus rex Burgundionum omnibus comitibus... præceptionem ad eos dedimus ut si quos caballorum fures, aut effractores domuum, tam criminosos quam suspectos invenire potueritis, statim capere et ad nos adducere non moretur. Futurum ut is qui capitur, et ante nos adductus fuerit, si se innocentem potuerit adprobare, cum omnibus rebus suis liber abscedat, neque calumniam pro eo quod ligatus aut captus est movere præsumat. Si vero criminosus inventus fuerit, pœnam vel tormenta suscipiat, quæ meretur..... et non solum in eum tantum pagum, ubi consistit, liceat persequi criminosum ; sed sicut utilitas aut fides uniuscujusque habuerit, etiam per alia loca ad nos pertinentia non dubitent hujusmodi personas capere, et judicibus præsentare, ut præfata scelera non liceat esse diutius impunita. » — *Lex Wisigoth* : Lib. VI, tit. 5, 1. 14 : « Si homicidam nullus accuset, judex mox ut facti crimen agnoverit, licentiam habeat corripere criminosum, ut pœnam reus excipiat, quam meretur. »

(2) La rubrique est : « De quex choses l'en doit se mettre en enqueste. »

de la querele, et ne puet l'en rien dire contre les témoins là présent (on ne peut les fausser) (1). » — Mais cela ne s'appliquait pas aux matières criminelles : il fallait alors, comme nous l'avons dit, le consentement de l'inculpé pour que l'enquête procédât. On devait franchir ce pas ; le roi n'était-il pas directement intéressé à la répression des crimes, et pourquoi ne pas appliquer ici l'enquête comme toutes les fois qu'il s'agit des intérêts du roi? Il y avait là un solide point d'appui : aussi dans le *Livre de Jostice et de Plet*, dans le même chapitre où nous lisons cette vieille maxime, « nus ne se doit mettre en enqueste de ses membres (2), » nous voyons l'enquête admise en matière criminelle. « Se l'en fet injure à une poure persone qui ne puet son droit porchachier, ne par soi ne par son avoir, ne par ses amis, tele chose doit aler par enqueste ; car l'en ne sueffre pas que les choses a tel perissent qui n'a poer. Et s'il demande forfet dont cors doit périr, ci n'a point d'enqueste, *fors issit* que li rois doit mestre en poinne de pénitence et d'avoir à sa volonté (3). » Et un peu plus loin : « Se li hons ou la feme qui ocise sera n'a paranz, ne ami qui l'en puisse vengier, lis rois puet demander et metre en poine, c'est selon ce qu'il *aprandra*, son dampnement don cors (4). » — « Li rois puet fere par inquisicion de mauvèse renommée issint de cex qui tiennent les bordeaux, de robeors, de peceors, de mellis (turbulents) et de cex qui sunt costumiers de fere autres injures, et de metre en poines à sa volonté sans dampnement de cors, car bone foi ne suefre pas : se aucuns est cremiz (redouté) par sa cruauté et par son ostrage, por ce ne doit pas remanoir que l'en ne preigne vengeance (5) »

(1) En matière civile, l'enquête s'était introduite sur bien des points dans la procédure ordinaire, afin d'écarter la *bataille*. Ainsi en matière de saisine (*Livre de J. et P.*, xix, 44, § 6), de partage (*ibid.*, § 10), de testament (*ibid.* iv, 4, § 1). Le chapitre 44 du livre xix débute par une maxime très-favorable à l'extension de l'enquête : « Johanz de Beaumont dit : Chamberiers de France si esgarda que l'en doit molt eschiver batailles et que l'en doit mestre fin ès plez ; si esgarda un droit qui est communs à toz. »
(2) xix, 44, § 4.
(3) xix, 44, § 8.
(4) xix, 45, § 1.
(5) xix, 44, § 12. Le *Livre de Jostice* connaît aussi l'inquisition de l'Église : I, 3, § 7 : « Li rois par consel de ses barons fist tel établissement : quant l'en ara

Par là même l'*enquête du pays* devait s'absorber dans l'*aprise*. Mais il est probable que le droit de faire enquérir fut exercé d'abord par le roi seul, comme constituant une sorte de droit régalien. Les *Olim*, qui offrent de nombreux exemples d'enquêtes criminelles, ne manquent jamais de faire remarquer qu'elles ont eu lieu : « de mandato domini regis (1). » Assez tard même, le droit d'enquête était encore refusé aux justices inférieures : « Nus vavassor ne puet relascher larron sans l'assentiment du baron; ainçois appartient au baron la cognoissance, ne il ne puet fere enqueste qui appartiegne à si grand justice (2). »

L'aprise amena la dénonciation. Bien des personnes devaient reculer devant une *accusation*. Tant que subsista le duel judiciaire le péril était évident, et plus tard, la jurisprudence déclarait encore, suivant les principes du droit romain, que l'accusateur défaillant pouvait être condamné à la peine du talion. On remarqua que, devant les cours d'Église, la partie pouvait se contenter de dénoncer le fait au juge qui poursuivait d'office; et ce procédé commode fut également employé devant les juridictions laïques. Mais d'abord, pour que la dénonciation fût possible, il fallut, comme pour l'aprise, que le fait fût attesté par de nombreux témoins, qu'il y eût eu flagrant délit pour ainsi dire (3). Cette restriction devait disparaître bientôt, et la

---

souspeçonos un home de bogrerie, li juges ordenaires dest requerre le roi ou sa justice qui le prangne; il le devent prendre et tenir en sa prison. Après li evesques et li prelaz dou leu, c'est à entendre les personnes d'iglise, devent faire l'inquisiçion de la loi sor li et demander li de la foi. Et ce soit fet devant le commun de sointe Iglise, et s'il est dampnez et por lor jugement, et sainte Iglise en oste ce qu'ele i a, anprès li rois prent le cors et fet livrer à mort et toust li avoirs est siens sauf le doaire à la fame, et sauf son éritage. »

(1) Voy. p. ex. tom. I, pp. 213, 394, 482, 544, 619, 768. Voy. Pardessus : *Organisation judiciaire*, p. 107 : « La cour (du roi) paraît avoir très-anciennement donné à la preuve par témoins ou par actes écrits la préférence sur le combat judiciaire, et je n'hésite pas à croire que saint Louis, en prohibant ce combat dans ses domaines par l'ordonnance de 1260, n'ait généralisé une coutume que sa cour pratiquait depuis longtemps. »

(2) *Étab. S. Louis*, II, 35. Peut-être ce texte, même dans les derniers mots, n'a-t-il pour objet que de limiter le droit de basse-justice.

(3) Beaum., LXI, 2 : « Mais il y a bien autre voie que de droit apel ; car ainsi que li apiax soit fes, se cil qui veut apeler veut, il pot dénoncier au juge que cis mesfès a esté fes à la veue et a la seue de tant de bones gens qu'il ne pot

dénonciation être toujours admise. Du reste, le dénonciateur ne se désintéressait point complètement du procès : il y restait souvent partie comme le *promovens inquisitionem* du droit canonique, et cela dans le but d'obtenir une réparation pécuniaire du dommage qu'il avait souffert; c'est l'origine de la constitution de partie civile. Voici un passage du *Livre des Droiz*, qui décrit très-exactement les nouvelles formes de la procédure criminelle : « Droit dit qu'il y a différence entre accusation, inquisicion et denonciacion. Accusacion si est quand aucun accuse autre de crime et s'en fait partie; en cest cas convient que applége et se soubzmette à telle peine dit la loy *ad pœnam talionis*. — Inquisicion si est quand le juge enquiert de son office et convient *quod fama præcedat*, dit la loy. — Dénonciacion si est quand aucun dénonce contre autre aucun cas, *afin de restitution de son chatel* pour le recouvrer; et en cest cas doit fere protestacion que il ne tend point contre partie à fin criminelle, mais à fin de restitution de son chatel (1). »

L'aprise et la dénonciation ne s'introduisirent point sans rencontrer de vives résistances. Quand la personne poursuivie était un *homme de poeste*, cela ne faisait guère difficulté; mais quand il s'agissait d'un gentilhomme ayant droit au jugement par les pairs suivant les vieilles formes, avec l'accusation et la bataille, l'aprise était une atteinte aux priviléges de l'homme féodal. Les nobles résistèrent, et cette lutte a laissé des traces assez nombreuses. Le document le plus curieux à cet égard est le récit d'un procès intenté contre l'un des *hommes* de Saint Louis. Ce récit, rédigé par le Confesseur qui composa une vie du roi, présente un tableau vivant et pittoresque de ce vieux différend, et on nous pardonnera si nous le reproduisons presque en entier. « Comme noble messire Enjorranz segneur de Coucy eut fait prendre trois nobles jouvenciaux...... porce qu'il furent trovez-

estre celés; et sor ce il en doit fere comme bons juges, et en doit enquerre, tout soit que la partie ne se voille pas mettre en enqueste. Et s'il trueve le meffet notoire et apert, il le pot justicier selon le meffet. Car male coze seroit s'en avoit ocis mon prochain parent en pleine feste ou devant grande plenté de bone gent, s'il convenoit que je me combatisse por le vengement porcacier. Et por ce pot on en tix cas qui sunt apert aler avant par voie de dénonciation. »

(1) § 942.

en ses bois atout ars et saiètes (1)..... ledit abez (2) et aucunes femes qui étoient cousines des diz penduz eussent aporté la compleinte de lor mort devant le benoiet roi ; li benoiez rois fist apeler ledit Enjorranz segneur de Coucy devant lui, puisqu'il ot fait *enqueste soufisant* et si come l'en la devoit fere quant à tel fet ; et lors il le fist arrester par ses chevaliers et ses sergeanz et mener au Louvre, et metre en prison et estre ilec tenus en une chambre sans ferz. Et comme li diz Enjorrans sire de Couci fust einsi retenu ; un jour li benoiez roi fist le dit segneur de Couci amener devant lui, avec lequel viendrent li rois de Navarre, li dus de Bourgoine, li cuens (comte) de Bar, li cuens de Soissons, li cuens de Bretaigne, li cuens de Champaigne et monseigneur Thomas lors arcevesques de Reims et monseigneur Jehan de Thorote et aussi comme touz les barons du roiaume (3). A la parfin il fu proposé de la partie dudit monseigneur de Couci devant le benoiet roi qu'il se vouloit conseiller, et lors il se trest à part et touz ces nobles hommes devant diz avecques lui..... et quant il orent esté longuement à conseil ils revindrent devant le benoiet roi, et proposa devant lui monseigneur Jehan de Thorote (4) pour ledit monseigneur Enjorranz segneur de Coucy, que il ne devoit pas ne ne vouloit sousmettre soi à enqueste en tel cas, comme tele enqueste touchant sa personne s'enneur (son honneur) et son héritage, et que il estoit prest de défendre soi par bataille, et nia pleinement que il n'avoit mie pendu ne comendé à pendre les jovenciaux dessus diz. Et le diz abbez et les dites femes étoient ilecques en présence le benoiet roi, qui requéroient justice. Et comme li benoiez rois ot entendu diligement le conseil dudit monseigneur Enjorranz seigneur de Couci, il répondi que es fez des poures, des églises, ne des persones dont l'en deit avoir pitié, l'en ne devoit pas einsi aler avant par loi de bataille ; car l'en ne trouveroit pas de légier aucuns qui se vosissent combatre pour teles manières de personnes contre les barons du roiaume, et dist que il ne fesoit

---

(1) Avec des arcs et des flèches : ils avaient commis un délit de chasse.
(2) Les trois jeunes gens étaient de la suite d'un abbé.
(3) C'est une réunion des pairs assemblés pour juger l'un deux.
(4) Il joue le rôle *d'avant parlier*.

contre lui noveleté, comme il fust einsi que autrefois semblables choses eussent esté fetes par nos ancesseurs en semblables cas. Et lors recorda li benoiez rois que li rois Phelipe, son aiel, pour ce que monseigneur Jehan, seigneur de Soilli qui adoncques estoit, avoit fet un homicide, si comme l'en disoit, fist fere une enqueste contre lui et tint le chasteau de Soilli par douze ans et plus, jaçoit que li dit chastiex ne fust pas tenu du roi sans autre moien. Donc li benoiez rois n'oy mie la requeste, fist ilecques mesmes prendre ledit seigneur de Couci par ses serganz et mener au Louvre et le fist ilecques tenir et garder..... Et adoncques li benoiez rois se leva de son siége et les barons devant diz se partirent d'ilecques esbahiz et confus. Et en ce meesme jour après la dite responsse du benoiet roi, li cuens de Bretaigne, dist au benoiet roi, que il ne devroit pas soustenir que enquestes fussent fetes contre les barons du roiaume en choses qui touchent leurs personnes, leurs héritages et leurs enneurs. Et li benoiez rois respondi au conte : Vos ne deistes pas einsi en un tens qui est passé quant les barons qui de vos tenoient tout à nu et sans autre moien aportèrent devant nos lor compleinte de vos mesmes et offrirent à prover leur intention en certain cas par bataille contre vos ; ainçois respondistes devant nos par enquestes en teles besoignes. Et disiez encore que bataille n'est pas voie de droit. — Et après que il ne pooit pas jugier des coustumes du roiaume par enqueste fete contre lui, à ce que il le punisit en sa persone, comme einsi fust que lediz sires de Couci ne se fust pas soumis à la dite enqueste. — Mès toutes voies se il sceut bien la volenté de Dieu en ce cas, il ne lessat ne pour noblesse de son lignage ne pour la puissance d'aucuns de ses amis, que il ne feist de lui pleine justice. Et à la parfin li benoiez rois, par le conseil de ses conseillers, condamna monseigneur de Coucy en douze mille livres de Parisis (1). »

(1) *La vie de S. Louis*, par le confesseur de la reine Marguerite. *Recueil des Historiens des Gaules et de la France*, tom. XX, pp. 113, 114. — Les réclamations des barons se reproduisent avec une nouvelle force à la mort de S. Louis. Lorsque la reine Blanche les convoque pour le couronnement de son fils, ils posent leurs conditions : « Maxima pars optimatum ante diem præfixam petierunt de consuetudine Gallicana omnes incarceratos et præcipue comites Flandrensem Ferrandum

On saisit ici sur le vif les protestations des barons et on voit comment S. Louis posait la doctrine nouvelle. Mais la royauté ne put point vaincre partout et sur-le-champ ces résistances de la vieille légalité : au xiv° siècle nous trouvons un certain nombre de documents qui leur donnent, au contraire, gain de cause à demi. Deux ordonnances de 1315 (Louis X) reconnaissent à cet égard les privilèges des nobles de la Bourgogne et de la Champagne. Le roi statue sur les remontrances qui lui ont été faites : « Le premier article a nous baillié est tiels. Premier que l'en ne puisse en cas de crime aller encontre desdiz nobles par dénonciation ou par souspeçon ne eus juger ni condampner par enquestes, se il ne s'y mettent; jaçoit que la souspeçon pourroit estre si grand et si notoire que li souspeçonnez contre qui la dénonciation seroite fète devroit demourer en l'hostel de son seigneur, et ilec demourer une quarantaine ou deus ou trois au plus, et se en ce termine aucun ne l'approchoit dou fait, il seroit ostagez (mis en liberté sous caution) et en faisant partie (si un accusateur se présente) il doient avoir leur deffense par gage de bataille. — Nous leur octroions, si la personne n'estoit si diffamée ou li faiz si notoires que li sires li deust mettre autre remède. Et quant au gage de la bataille nous voulons qu'il en usent si comme l'en fesoit anciennement (1). » Voici maintenant pour les nobles de Champagne : « Art. 13. *Item.* sur ce que il disoient que quand aucun noble de Champagne estoit pris par sospeçon en cas de crime il devoit estre ouys en ses bons resons et deffenses, et tenu en prison pour certain temps, et se il venoit aucun qui feist partie contre li il se pooit deffendre par gage de bataille, se il ne se voloit mettre en enqueste. Et parmi ce il devoit estre délivré de prison, se il n'estoit pris

---

et Bononiensem Reginaldum a carceribus liberari, qui in subversionem libertatum regni jam per annos xii arctiori custodia in vinculis tenebantur. Petierunt insuper quidam eorum terras suas sibi restitui quas pater ejus Ludovicus et avus illius Philippus multo jam tempore injuste detinuerant occupatas. Adjiciunt etiam quod nullus de regno Francorum debuit ab aliquo jure suo spoliari nisi per judicium XII parium. » Math. Paris, *Historia Major Anglorum* (ann. 1226), édit. Wats. Paris, 1644, p. 231.

(1) « *Ordonnance rendue sur les remontrances des nobles de Bourgogne, des Evêchez de Langres, d'Autun et du Comté de Forès.* » (Ord. I, p. 558).

en présent meffet. — Nous voullons et est notre intention que chascun pris pour cas de crime soit ouys en ses bonnes résons et li en soit fet droit, et se aucune *aprise* se faisoit contre li que par ceste seule aprise il ne soit condamnez ni jugiez (1). »
Enfin, Bouteiller indique encore que les mêmes privilèges existaient pour les nobles d'Artois : « Sachez que par les coustumes d'Artois et plusieurs lieux, gentilhomme ne s'y met en enqueste ne doibt mettre n'estre oppressé de luy mettre s'il ne le requiert. Et supposé que faicte soit sans son sceu et consentement, si ne lui doit elle nuyre, s'il ne s'y rapporte de sa volonté (2). »

Cependant la procédure inquisitoire gagnait toujours du terrain, elle progressait surtout dans la main active des officiers royaux. Nous pouvons saisir quelques traces de ces progrès. En 1347 le roi Philippe de Valois statue sur la réclamation des habitants de Lyon contre les gens du roi. Les Lyonnais se plaignaient : « quod passim et indifferenter judex ordinarius inquirit de omnibus criminibus sine accusatore vel denunciatore, qui persequitur legitime, cum tamen consuetudo dictorum civium sit, sicut asserunt, quod solum in criminibus furti, incendii et proditionis inquisitio fieri debeat, et non aliter nisi post denunciationem et accusationem ut suprà. » Le roi ordonne seulement que cette coutume sera prouvée par témoins (3). En 1363, le roi Jean confirme les privilèges accordés aux habitants de Langres par leur évêque, par lesquels la poursuite d'office n'est limitée que dans une certaine mesure (4) : « Déclarons et ordonnons que nous ou aucuns de nos diz officiers ne pouvons ne

---

(1) Ord. I, p. 575.

(2) *Somme rurale*, I, tit. 34, p. 224.

(3) Ord. II, p. 258. Dans un certain nombre de chartes de villes on trouve une énumération limitative des crimes pour lesquels il pourra être procédé *per inquisitionem*. Voy. *Consuetudines Tolosæ* rubr. *de inquisitionibus* (Bourdot du Richebourg, IV, 2, p. 1044). *Cout. de Limoges* (latine), *ibid.*, p. 1149.

(4) Voici les plaintes des habitants : « Se dolissent de nous et de nos diz officiers de ce qu'il disoient que nous ou nostre dit officier, quelconques il feissent, ne povoient procéder contre eux en cas criminel d'office, ne penre pour ledit cas, se le dit habitant hons ou feme n'est pris en présent meffait ou partie ne le poursuit, ou le fait n'est *notoire*, tant par leurs privilèges et usages dessuz diz comme par certaine sentence jadis donnée sur ce par nostre baillif. »

porrons procéder contre les diz habitants ne penre aucun d'eux d'office, se ce n'est en cas criminel, dont le corps et les biens sont en notre volenté, et que il soit notoire le cas estre fait et avenu certainement, et contre personne de malvèse fame et renomée ou véhémentement souspçonneuse dudit fait..... Mais nos officiers espirituelz pourront procéder d'office contre iceulx habitans, selon ce que il leur loit par droit. » La très-ancienne Coutume de Bretagne garde les traces visibles de ce développement : ch. 113. « Quiconques meffait à mineurs et à gens qui sont en garde de justice ou en garde de Sainte Eglise, femme et gent de foible estat, de biens ou de corps, et à gent qui vont ou viennent au marché ou au monstier, ou en pelerinage, ou aux termes au Seigneur ou au feu ou à l'eau de fait de gueules (?), de marché ou de foire, de la mer, ou de chemin fait, qui vait à foire ou à marché, ou à ville marchande, de communes, ou de bonnes arrachées, ou quiconque leur meffait, ou que l'en leur meffacé ou tel estat, justice en peut procéder contre eux à dénonciation de partie (1). » — Ch. 114. « Quand un gros meffait est fait en un pays, comme de meurtriers ou d'ardeurs de maisons et de biens, ou de roberie ou depecer chemins, ou d'église, ou de vaisseaux qui vont sur mer, ou d'autres gros meffaits, justice est tenue à en faire jurer gens du pays, des hommes, femmes et enfants et servans, qui sont en pouvoir de faire serment, et leur demander où il furent la nuitée ou la journée que le meffait fut fait, et si la justice trouve que les gens d'un hostel sont variables, justice les peut arrester; et aussi si elle peut trouver par autres que aucun soit suspectionné, l'en procédera contre eux comme l'en doit fere de coustume. » — Ch. 115. « Et aussi doit et peut justice procéder de toute action où il y a par violence sang d'homme ou de femme espandu (2). »

---

(1) Bourdot de Richebourg, IV, 1, p. 227. On remarquera que la plupart des cas visés rappellent ceux où, à l'époque franque, en matière civile, on procédait *per inquisitionem.*

(2) Cf. ch. 102, p. 225 : « Et s'il n'est prins à fait présent ou en poursuite, ou si le fait n'est notoire, comme il est dit, pour ce qu'il soit demourant au pays depuis cinq ans, et en ce il soit de bon reste, comme celuy qui vait au moustier, au marché, et n'est arresté de son corps de cas de crime, il pourroit dire, au cas que justice voudroit procéder contre luy, que il ne seroit pas tenu à attendre garantie (preuve par tesmoins) contre luy par la coustume. »

L'accusation cependant, nous l'avons indiqué par avance, ne disparut point (1); mais le procès accusatoire, tel que nous l'avons décrit, subit de profondes modifications. Les gages de bataille allaient disparaître. L'ordonnance donnée par S. Louis en 1260, au Parlement des Octaves de la Chandeleur, fut le point de départ de cette transformation (2). C'est ce fameux « *Establissement le roy* » dont parle si souvent Beaumanoir dans les chapitres des *preuves*, des *enquestes* et des *gages de bataille*. « Nous defendons à tous batailles par nostre domengne... et au lieu des batailles nous mettons preuve de tesmoins, » disait le roi. Par là étaient supprimés l'appel ou provocation directe au duel judiciaire, et le *faussement* des témoins; par voie de conséquence, bon nombre de personnes jadis incapables de témoigner devenaient des témoins valables (3). Mais ce n'était pas tout. Le roi changeait aussi la manière de recevoir les dépositions. La méthode nouvelle était beaucoup plus compliquée et savante que l'ancienne, et l'écriture y jouait un grand rôle. Elle était calquée sur la pratique des cours d'Église; elle emprunta aussi quelques-uns de ses traits à cette *enqueste* dont nous avons parlé plus haut. Les témoins mandés par ordre de justice (4), comparaissent non plus en pleine audience, mais devant des délégués du juge appelés *enquesteurs* ou auditeurs (5). Ceux-ci interrogeaient les témoins un à un et « subtilement. » Nous sommes loin, on le voit, de l'ancien témoignage formaliste. Les parties n'assistaient pas à cet interrogatoire, elles assistaient seulement à la prestation de serment de la part des témoins; c'est à ce mo-

---

(1) Selon certains textes, elle était même la seule voie ouverte à certaines parties, toutes n'étant pas admises à dénoncer; *Coutume de Bragerac,* art. xxii. « Item si quis vilis conditionis et parvi status voluerit denunciare contra hominem bonæ famæ et boni status, non suspectum de contentis in denunciacione predicta, talis denunciatio minime recipitur. Si vero eum accusare velit directe, ad hoc erit admittendus, dum tamen criminosus et captus accusans non existat. » (Bourdot de Richebourg, iv, 2, p. 1016.)

(2) Ord. I, 86. Isambert, i, 283.

(3) Beaum., xl, 37.

(4) Dorénavant, ne courant plus aucun danger, ils ne pouvaient pas refuser de témoigner.

(5) Beaum., xl, 12. C'étaient des praticiens ou prud'hommes, parfois des auxiliaires de la justice, sergents ou autres.

ment qu'elles devaient présenter leurs causes de reproche, si elles en avaient à faire valoir, ou tout au moins faire leurs réserves à ce sujet (1). Les enquêteurs rédigeaient les dépositions par écrit, et ces écritures devenaient la principale pièce du procès : d'ailleurs, toutes les parties en avaient communication, l'accusé aussi bien que l'accusateur ; « les doit l'auditeur ouïr séparément et tantôt peuplier (publier) (2) ; » — « adonc l'en jugera selonc le dit des tesmoins peuplé as parties (3). » L'accusé pouvait produire des témoins de son côté et le jugement était rendu en audience publique, après un débat où prenaient la parole les parties ou leurs avocats.

On le voit, les formes de la procédure accusatoire et celles de la poursuite d'office ou sur dénonciation tendaient à se rapprocher et même à se confondre. Mais ce n'était encore qu'une tendance. Le roi n'avait pas pu imposer aux seigneurs justiciers la procédure qu'il introduisait dans ses domaines. L'enquête, établie par l'ordonnance de 1260, ne pouvait que lentement gagner du terrain et faire disparaître la bataille ; elle ne s'imposait que par ses qualités propres (4). Même sur les domaines du roi, le duel judiciaire ne disparut pas du coup et pour jamais. En 1306 Philippe le Bel l'admettait de nouveau dans toutes les accusations capitales, sauf le vol, quand le crime avait été commis « si secrétement et en repos que seluy qui l'auroit fait ne peust estre convaincus par tesmoins (5) ; » mais fatalement c'était une institution qui se mourait. Dans Bouteiller, les gages de bataille apparaissent comme quelque chose d'anormal et d'accidentel ; Loysel dira : « Maintenant toutes guerres et combats sont défendus, et n'y a que le roi qui en puisse ordonner (6). »

(1) Beaum., XL, 18, 28; XXXIX, 27, 28.
(2) *Etab. S. Louis*, I, 1.
(3) Ord. de 1260, art. 4. — On prenait les plus grandes précautions pour que cette importante pièce fût fidèlement rédigée et conservée. Les enquesteurs devaient être « au moins deux personnes loyaux et suffisants, » et toutes les fois que l'enquête se fermait, elle devait être close et scellée (Beaum., XL, 2, 27). On trouve là déjà les « sacs » des temps postérieurs.
(4) *Etab. S. Louis*, I, 24 ; Beaum., XXXIX, 21 ; LXI, 15, 16 : « Quant li rois Lois les osta de se cort(les gages), il ne les osta pas des cours à ses barons. »
(5) Ord. I, p. 435; Isambert, I, p. 831. Voy. *Stylus Curiæ parlamenti*, ch. XVI.
(6) *Inst. Cout.*, VI, 1, max. 30.

III.

Si le duel judiciaire se maintenait pendant un assez long temps, si Philippe le Bel le rétablissait momentanément dans les domaines de la couronne, c'était, comme le dit l'ordonnance de 1306, parce qu'il était fort difficile de produire les deux témoins oculaires, que la vieille coutume exigeait pour la condamnation. Mais bientôt la pratique introduisait un nouveau moyen d'information énergique autant qu'odieux ; nous voulons parler de la torture.

Dans une procédure purement accusatoire et chez un peuple libre, la torture n'a pas de place ; l'accusateur et l'accusé sont deux adversaires qui combattent au grand jour et à armes égales. Aussi à Rome, tant que la procédure fut strictement accusatoire, la question ne fut jamais employée contre un homme libre. Elle jouait cependant un grand rôle dans les procès criminels ; mais c'était quand il fallait faire parler un esclave accusé ou témoin. L'esclave, c'est l'idée de toute l'antiquité, ne dit la vérité que sous l'empire de la douleur (1). Ce fut seulement la loi *Julia Majestatis* qui décida que tous les accusés sans distinction pourraient être mis à la torture, quand il s'agirait du crime de lèse-majesté. Bientôt, la procédure criminelle se modifiant, et le principe accusatoire perdant du terrain, on admit que, dans les accusations ou poursuites portant sur des faits graves, la question serait employée comme mode de preuve normal, lorsqu'il existerait déjà contre l'inculpé de graves indices. Mais, sauf dans les procès de lèse-majesté, les *honestiores*, c'est-à-dire les personnes appartenant aux classes supérieures de la société, à partir de celle des décurions, échappaient légalement à la torture (2).

Pas plus que la vieille procédure romaine le système d'accusation privée, qu'apportaient avec eux les barbares, ne connaissait l'emploi de la question. Cependant lorsque furent rédigées les *Leges*, un certain nombre d'entre elles firent une place à ce terrible

---

(1) Voy. Geib : *Geschichte des römischen Criminalprozesses* bis auf Justinian, p. 348, ssq ; et notre étude sur le *Délit d'adultère à Rome. Nouvelle Revue historique*, 1878, p. 416, ssq.

(2) Geib, *op. cit.*, p. 615, ssq.

moyen d'instruction : ce sont la loi des Bavarois (1), celle des Burgondes (2), la loi des Wisigoths (3) et même la loi Salique (4). C'était là certainement un emprunt qu'elles faisaient aux institutions romaines (5); mais presque toutes n'admettaient la question que quand il s'agissait d'un délit imputé à un esclave, et dans cette mesure l'emprunt se comprenait. Le droit germanique donnait à la partie lésée une action contre le maître de l'esclave délinquant (6), seulement le propriétaire pouvait ne pas prendre la défense du *servus* (7). Ce dernier devait alors se défendre lui-même, mais on ne lui reconnaissait pas les mêmes droits qu'aux hommes libres : il ne pouvait se purger par le serment soutenu des *cojuratores*; il devait subir l'ordalie du feu ou de l'eau bouillante (8). N'était-il pas plus sûr et plus simple, sans être plus cruel, de soumettre alors l'esclave à la torture comme le faisaient les Romains? Les *Leges*, que nous avons citées, le décidèrent, en prenant des précautions pour que le maître fût indemnisé dans le cas où l'esclave torturé serait innocent (9). Ce n'est pas seulement l'esclave, mais aussi le colon « *originarius, colonus*, » que la loi des Burgondes soumet à la question (10); et

---

(1) Merkel, *Text. primus*, tit. ix, § 19. Pertz, *Leges*, iii, p. 306. (Walter, viii, 18.)

(2) Tit. vii, xxxix, lxxvii (édit Bluhme). Cf. cvii, 3.

(3) L. VI, tit. i, ll. 1-3.

(4) Tit. xl. (Merkel).

(5) Le titre xl de la loi Salique ne contient dans aucun manuscrit de gloses malbergiques.

(6) Cf. Wilda : *Strafrecht der Germanen*, p. 650, ssq.

(7) *Ripuar.*, tit. xxx : « Si servus talis non fuerit, unde dominus ejus de fiducia securus esse possit, dominus... sine tangano loquatur et dicat : ego ignoro utrum servus meus culpabilis an innocens de hoc extilerit. » (Walter, I, p. 171.)

(8) *Ripuar.*, xxx, § 1, (al. 31) : « Quod si servus in ignem manum miserit et læsam tulerit, dominus ejus... de furto servi culpabilis judicetur. » — *Lex Frision.*, iii, 6 : « Servus autem ad judicium Dei in aqua ferventi examinet. » (Walter, I, 356.)

(9) La loi Salique admet que l'esclave peut être deux fois soumis à la question, xl, 2 : « Si confessus non fuerit, ille qui eum torquet, si adhuc voluerit ipsum servum torquere etiam nolente domino, pignus domino servi dare debet, sic servus postea ad suppliciis majoribus subditur. » *Bajuv.*, viii, c. 23, § 1 : « Si quis servum alienum injuste accusaverit, et innocens tormenta pertulerit... domino simile mancipium reddere non moretur. » Cf. *ibid.*, §§ 2, 3. *Burg.*, vii, lxxvii. *Lex Wisigoth.*, l. VI, tit. i, l. 5.

(10) *Burg.*, tit. vii.

même elle y condamne, dans une disposition curieuse, l'étranger, *advena*, qui vient chercher refuge chez un Burgonde; il est vrai, et le texte le montre, qu'on soupçonne fortement cet *advena* d'être un esclave fugitif (1).

La loi des Wisigoths va plus loin; plus fortement imprégnée qu'aucune autre de droit romain, elle admet la torture à défaut d'autres preuves, même lorsque l'accusé est un homme libre. Son système d'ailleurs est des plus singuliers. Elle l'organise en vue du principe accusatoire. Si l'accusateur ne peut prouver autrement son accusation, il devra requérir la mise à la question par une « *inscriptio trium testium subscriptione roborata* (2); » il faudra de plus qu'il remette sa plainte au juge secrètement et par écrit, sans cela l'aveu fait dans les tourments n'aurait point de valeur, l'accusé sachant ce qu'on lui reproche (3). L'accusé a d'ailleurs des garanties; s'il sort vainqueur de l'épreuve, l'accusateur est à sa discrétion (4). De plus, s'il s'agit d'un noble, il ne pourra être torturé que pour les crimes les plus graves, « in caussis regiæ potestatis, vel gentis, aut patriæ, seu homicidii vel adulterii, » et sur l'accusation d'une personne du même rang que lui. L'homme libre d'un rang inférieur peut aussi être mis à la question pour un vol ou autre délit, à la condition que l'intérêt en jeu dépasse la somme de cinq cents solides (5). S'il s'agit d'une somme inférieure, le juge devra

---

(1) *Burg.*, XXXIX, § 1 : « Quicumque hominem extraneum cujuslibet nationis ad se venientem susceperit, discutiendum judici presentet, ut cujus sit, tormentis adhibitis fateatur. »

(2) *Lex Wisigoth;* liv. VI, tit. I, l. 2 : « Quod si probare non potuerit... trium testium inscriptio fiat, et sic quæstionis examen incipiat. » (Walter, I, 537.)

(3) *Ibid.* : « Accusator omnem rei ordinem scriptis exponat, et judici occulte præsentata sic quæstionis examinatio fiat.... quod si accusator, priusquam occulte judici notitiam tradat, aut per se aut per quemlibet de re quam accusat per ordinem instruxerit quem accusat, non liceat judici accusatum subdere quæstioni, cum jam per accusatoris indicium detectum constet ac publicatum esse negotium. »

(4) *Ibid.* : « Qui subditur quæstioni, si innoxius tormenta pertulerit, accusator ei confestim serviturus tradatur; ut salva tantum anima, quod in eo exercere voluerit, vel de statu judicare in arbitrio suo consistat. » La fin du texte livre aussi aux parents de l'accusé l'accusateur qui, (c'est lui qui dirige la question), aurait fait mourir sa victime dans les tourments.

(5) *Ibid.* : « Inferiores vero humilioresque ingenuæ tamen personæ, si pro furto, homicidio, vel quibuslibet aliis criminibus fuerint accusatæ, nec ipsi inscriptione

soumettre l'accusé à l'épreuve de l'eau bouillante, et si elle ne fait pas éclater son innocence, il peut alors le torturer (1). On pourrait peut-être trouver aussi dans la loi des Burgondes une disposition qui soumet à la question des hommes libres; mais il s'agit d'un texte assez obscur (2).

Lorsque s'organisa le régime féodal, dans la procédure accusatoire et publique qui amenait l'homme de fief, le *miles*, devant ses pairs, il n'y avait aucune place pour la torture, dont l'usage, nous venons de le montrer, n'avait point totalement disparu avec l'organisation judiciaire de l'Empire romain. Mais est-il bien sûr qu'elle ne fût jamais employée lorsque le justicier ou son prévôt traduisaient devant eux ces serfs et ces vilains, qui de leur jugement ne pouvaient appeler qu'à Dieu? Dans Beaumanoir (3), dans Pierre de Fontaines, il n'y a aucune trace de la question. Le *Livre de Jostice et de Plet*, qui suit on le sait l'ordre du Digeste, ne reproduit aucune disposition du titre *de Quæstionibus*, et son Livre xx, qui correspond au Livre XLVIII du Digeste, est l'un de ceux où l'auteur inconnu laisse complètement de côté le droit romain, qui si souvent le domine, pour s'attacher au droit coutumier le plus pur et le plus archaïque. En revanche, les Assises de la Cour des Bourgeois de Jérusalem contiennent deux passages où figure la torture, et l'on en parle comme d'une institution bien connue. Dans l'un d'eux, il s'agit d'une personne morte qu'un particulier a enterrée chez lui; la rumeur publique révèle un crime : « Et ce hom connut, par

promissa subdendi sunt quæstioni, nisi major fuerit caussa quam quod quingentorum solidorum summam valere constiterit. »

(1) *Ibid.* Loi 3 : « Quamvis parva sit actio rei facta ab aliquo criminis, eum per examinationem aquæ ferventis a judice distringendum ordinamus, et dum facti temeritas patuerit, judex eum quæstioni subdere non dubitet. »

(2) Tit. LXXXIX (Walter) : « Gundebaldus rex Burgundionum omnibus comitibus..... præceptionem ad vos dedimus ut si quos caballorum fures, aut effractores domuum, tam criminosos quam suspectos invenire potueritis statim capere et ad nos adducere non morentur..... Si vero criminosus inventus fuerit pœnam vel *tormenta* suscipiat quæ meretur. » Cf. édit. Bluhme, tit. CVIII, et la note. (Pertz, *Leges* III, 577.)

(3) M. Beugnot, dans le *Glossaire* dont il a accompagné son édition de Beaumanoir, donne le mot *gehine* (torture), sans renvoyer à aucun passage du livre, et nous n'avons pu trouver aucun endroit où il en fût parlé.

dit de gens, qu'il aient ocis, si comande la raison c'on dee celui desentérer por connoistre comment il fu mort. Et s'on voit ou connuth que celuy mort ait esté estranglé ou ocis par force, la cort est puis tenue de ceaus destraindre par *abrevement ou par martire* qu'il reconnoissent la vérité de celuy maufait. Et c'il l'ont mort par force, que il connoissent que por ce que il ne regehist (1), la raison juge que tuit qui furent à maufaire devent estre plantés tous en dessous terre, la teste d'aval et les piés contre mont sans autre mal aver (2). » Dans l'autre texte il s'agit d'un homme que deux chevaliers affirment avoir surpris en flagrant délit de meurtre ; comme les deux hommes sont des parents de la victime, leur témoignage ne suffit pas pour entraîner la condamnation, s'il n'y a pas aveu, mais il suffit pour faire mettre l'inculpé à la question *par l'eau*, sans qu'il y ait lieu à la procédure accusatoire. « Autant deit valer la garantie des II hommes liges com de II jurés en tel fet, et ce est reson de dreit par l'assise por ce que le mort ou la morte n'ateigne as homes liges. Car c'il li ateigneit, la raison juge que celui ne deit estre mie pandus por tant, ce il ne le reconnist. Mais bien juge la raison que celui deit estre mis à gehine (torture) et deit estre tant abrevé (abreuvé) qu'il reconnoisse la vérité ; et si tost com il avera reconneu, si deit estre pandus. Mais ce il riens ne reconneisset por détresse c'on li aie fet por III jors (3), si deit estre puis mis en prison I an et I jor, por veir se dedans celuy termine il en vora porter nul juice (ordalie), ou ce nul venra qui le veille prover de celuy murtre. Et ce nul vient dedans

---

(1) Il y a ici une faute ou une lacune dans le texte ; l'édition *Kausler* donne cette note : « Locus lacuna laborat. »

(2) Ch. 285 (édit. Beugnot, II, p. 216). Cf. édit. Kausler, CCLVIII (p. 338-9). — Le texte expose d'abord qu'il s'agit d'une personne qui a enterré un homme dans sa maison : « S'il avient que uns home ou une feme soutere en la ville I home mort ou une feme en sa maison ; » puis après avoir déclaré que le lieu est confisqué au profit de l'Eglise, il ajoute : « Et est encheus celuy le cors en la mercy de Des et dou seignor de la terre, come celuy qui a fait tel desleiautes con ne sait mie très bien entendus c'il ossit celuy qu'il ensevely, ou ce il mouruth de sa mort : et non por tant toutes ores deit on entendre que par leur male faite ont celuy iqui souteres... »

(3) Il est à remarquer que selon la loi des Wisigoths, la question peut aussi durer trois jours. L. VI, tit. 1, l. 2 : « Per triduum quæstio agitari debet. »

l'an et le jor, ne il n'en vost traire juice, se deit'hors de la prison estre trait, et doit estre atant quite de seluy murtre, sans mais respondre nient à seluy qui apeler le voisist, por ce que il a fait ce que faire dut (1). »

Les Ordonnances constatent et réglementent l'emploi de la torture dès le xiii° siècle. L'ordonnance de 1254, art. 21, décide que la question ne sera jamais donnée sur le dire d'un seul témoin, quand l'accusé est homme de bonne renommée : « Personas autem honestas et bonæ famæ, etiam si sint pauperes, ad dictum testis unici, subdi tormentis seu quæstionibus inhibemus, ne hoc metu vel confiteri factum vel suam vexationem redimere compellantur (2). » En 1315, les nobles de Champagne protestent contre l'emploi de la torture, et le roi statue sur leurs réclamations : « Art. 51. *Item* sur ce qu'ils disoient que nos sergenz et nos prevosts aloient en lor terres ajorner privées personnes et lor homes pardevant euls, et les mettoient en *gehinne* contre leurs coustumes et libertés. — Nous voulons et ordonnons que nos dits prévosts et sergens cessent du tout des choses dessus dites, en la manière qu'il est plus pleinement ordonné par les anciennes ordonnances faites sur ce (3). » Mais ici encore toutes les protestations devaient être vaines, la question était déjà d'un usage général au xiv° siècle.

Quelles causes permirent à cette odieuse procédure de s'établir? Ce fut en premier lieu la nécessité d'une énergique répression des crimes. La royauté sut satisfaire à ce besoin, aussi est-ce devant ses juridictions que la torture apparaît d'abord le plus fréquemment (4). L'influence du droit romain fut surtout

---

(1) Edit. Kausler, ch. cclix, p. 314, 315.

(2) Ord. I, p. 72. Cet article est un de ceux qui ne se trouvent que dans le texte latin et manquent dans le texte français.

(3) Ord. I, p. 575.

(4) Un passage de Bouteiller (*Somme rurale* I, 34, p. 229), montre que toutes les juridictions n'avaient pas le droit de mettre à la torture : « Scachés que si c'estoit une cour où les hommes jugeassent par leur usage et loy, ils ne devroient juger par confession de question, car tels juges n'ont auctorité de faire ne mettre à question aucun, ne peuvent juger si n'est confessé par devant eux de partie, sans lieu de ferme tourment aucun, ou si prouvé n'est de tesmoins duement. Et ainsi le veut l'usage de cour subjecte. »

considérable. Dans les pages du Digeste et du Code, nos juristes trouvaient l'usage de la torture expliqué par les grands jurisconsultes, réglé par les constitutions des empereurs. Sans doute cette haute autorité dut faire oublier en partie l'odieux caractère de ce mode d'instruction, auquel du reste les hommes de ces âges si rudes ne devaient pas être fort sensibles (1). Enfin dans la poursuite d'office, dans *l'aprise*, telle que nous l'avons décrite, la question comblait une lacune.

L'aprise, nous l'avons dit, ne pouvait servir de fondement à une condamnation capitale qu'autant qu'elle contenait des témoignages si nombreux et si concluants que le fait pouvait passer pour notoire. Sans cela il fallait l'aveu du prévenu. Cet aveu, le juge devait chercher à l'obtenir par tous les moyens, et saisir avec empressement la méthode, cruelle mais efficace, qui s'offrait à lui. Cette considération fut décisive; ce qui le montre, c'est que lorsque le prisonnier acceptait l'enquête, on ne pouvait le mettre à la question; alors en effet on pouvait sans cela arriver à une condamnation. « Peus encore scavoir, dit Bouteiller, puisque le prisonnier s'est mis en enqueste, jamais ne doit estre mis en question de fait; car luy feroit grief et tort. Car question ne se doit asseoir (que) quand le cas est tel que preuve ne s'y peut asseoir ne trouver, et toutefois est le cas présomptueux quand information en appert (2). » Ce rapport entre la rigueur des

---

(1) On ne se dissimulait point d'ailleurs ce que la torture avait de terrible ; voici à cet égard un curieux passage de la *Très-ancienne coutume de Bretagne*, ch. 97 : « S'il nie le fait, et il a esté pris ou fait présent, ou en poursieute, ou que fait ait esté notoirement à commun de paroisse de foire ou de marché, il conviendra qu'il attenge l'enqueste et la garentie (preuve par témoins).... et si l'en ne puet trouver planière prouve et l'on trouve commune renommée contre luy ou présomptions apertes, il devroit avoir jons ou gehenne par trois fois. Et s'il se peut passer sans faire confession en la gehenne ou les jons il se sauveroit (*et il apparestroit bien que Dieu montreroit miracles pour luy*), et devroit estre sauf du fait et jugeroit l'en qu'il seroit quitte et délivré. » (Bourdot de Richebourg, IV, 1, p. 214.) — Le texte parle ici de la *gehenne par trois fois*, comme le passage des Assises et celui de la loi des Wisigoths cités plus haut.

(2) *Somme rurale*, I, 34, p. 224. La même règle se trouve dans la *Coutume de Bragerac*, art. 17 (Bourdot de Richebourg, IV, 2, p. 1015) : « Item si burgensis sit accusatus de capitali crimine non manifesto, esto quod informatio adprehendat illum aut vehemens suspicio, dum tamen dictum crimen non sit notorium vel manifestum, *et velit se supponere inquestæ de dicto crimine, in isto casu non erit quæstionandus.* »

preuves et l'emploi de la question sera un cercle vicieux, dans lequel tournera jusqu'à son dernier jour notre ancienne procédure criminelle.

IV.

Au XIV⁰ siècle, la poursuite d'office est déjà presque armée de toutes pièces ; alors apparaît son principal organe, le *ministère public*.

Les procureurs du roi et les procureurs fiscaux des seigneurs ne furent à l'origine que des hommes d'affaires. La procédure féodale était orale et formaliste, nous le savons, et, comme une autre procédure formaliste, celle des *Legis actiones*, elle n'admettait pas en principe la représentation en justice. Au XIIIᵉ siècle encore, pas plus au civil qu'au criminel, on ne pouvait se faire représenter en *demandant* (1). Exceptionnellement le roi et les seigneurs souverains pouvaient *demander par procureur*; telle est l'origine et tel est le sens primitif de la maxime : « Nul ne plaide en France par procureur hors le roi. » Le roi et les seigneurs eurent donc des procureurs en titre pour faire valoir leurs droits soit devant les juridictions étrangères, soit même devant leurs propres juridictions. C'étaient des avocats, des praticiens auxquels ils donnaient leur confiance, et qui ne se distinguaient d'abord de leurs confrères qu'en ce qu'ils avaient de plus illustres clients. Mais il était fatal que ces procureurs du roi et des seigneurs devinssent de véritables fonctionnaires, et c'est en effet ce qui se produisit.

A côté de leurs procureurs, le roi et les seigneurs avaient aussi des avocats, qui restèrent longtemps de simples avocats, avant d'être pourvus d'un office véritable : « Scachez que l'advocat d'office doit estre le premier en la cour du seigneur qu'il représente; si comme l'avocat du roy es cours royaux. Et puisque advocat d'office a esté pour aucun seigneur, scachez que jamais ne peut estre contre iceluy seigneur en cas de advocacerie; supposé encores qu'il n'eust aucuns gages eus ou pension

(1) Beaum., IV, 2.

dudit seigneur. Et toutesfoys veut bien la loi que l'advocat d'office, par le gré et licence de son seigneur, puisque ce ne seroit contre le seigneur ne contre la cause que pour le seigneur eust soustenue autrefoys, puisse être au conseil d'aucun seigneur (1). »

Un des emplois les plus importants du procureur du roi ou fiscal fut de surveiller la poursuite des délits : les amendes et confiscations, suites des condamnations pénales, étaient l'une des principales sources de revenus des rois et des seigneurs. Le nom de procureurs fiscaux qui resta aux procureurs des justices seigneuriales, demeure comme un souvenir de cette idée. Bientôt à ce premier intérêt s'en joignit un autre d'un ordre plus élevé. Le justicier doit à tous la justice et est directement intéressé à la poursuite des crimes ; son procureur doit donc autant que possible assurer la répression. Sans doute le procureur ne pouvait point se porter accusateur comme un particulier lésé, mais il pouvait provoquer le juge à se saisir d'office. Voilà un aperçu général sur l'origine et les fonctions premières des procureurs du roi ; il faut maintenant descendre plus avant dans les détails ; et ici ce sont surtout les Ordonnances qui peuvent nous fournir des renseignements.

Les procureurs du roi n'apparaissent dans aucun des Coutumiers du XIIIe siècle ; mais dès 1302 Philippe le Bel réglemente leurs fonctions, en des termes qui portent à croire que l'institution existait déjà depuis assez longtemps. Le roi veut en particu-

(1) *Somme rurale*, II, 2, p. 673. Loysel : *Pasquier*. « Il n'y avoit point encores (1380) d'office d'advocat du roy, mais on prenoit pour la défense et remontrance des droicts et causes du roy l'un des advocats généraux de la Cour, selon que l'occasion s'en présentoit, ainsi que nous voyons aux registres du Parlement au 18 février 1411, où il est parlé d'un M. Jean Perier, chanoine de Chartres, qui parla comme advocat du roy, et dans les arrests et questions de M. Jean le Coq dit *Gally*, lequel vivoit beaucoup plus bas, scavoir est du temps du roi Charles VI, où luy et plusieurs autres advocats sont employés à plaider pour le procureur général, lesquels ne laissoient de plaider pour les parties..... Ce qui nous apprend deux choses, l'une que l'estat d'advocat du Roy en tiltre est moderne, en ce que les advocats du commun plaidoient pour le procureur général, l'aultre que les advocats du roy plaidoient et consultoient aussi pour les parties, lorsque le roy n'y avoit point d'intérêt ; et cela s'est confirmé jusques au temps du roy Louis XII pour le regard de la plaidoirie, et jusques à celuy du roy François Ier pour le regard des consultations. » (Edit. Dupin, p. 23-24.)

lier qu'ils prêtent un serment général, comme fonctionnaires royaux, et que quand ils agiront en son nom, ils prêtent le serment *de calumnia* comme les autres parties (1), il leur défend de s'occuper des causes d'autrui, si ce n'est dans certains cas. On reconnaît bien là les hommes du roi. Une réaction se produisit cependant. En 1318, les procureurs du roi sont momentanément supprimés dans les pays coutumiers et les fonctions qu'ils remplissaient reviennent aux baillis (2). On peut supposer que la cause de cette suppression fut l'opposition des pays coutumiers à la nouvelle procédure criminelle, où les procureurs jouaient déjà un rôle important. C'est ainsi qu'en 1347 nous voyons la ville de Lyon demander qu'on la débarrasse du procureur du roi pour un pareil motif (3).

Mais c'étaient là de vaines résistances. Dans tout le cours du XIV° siècle, nous allons voir les procureurs du roi agissant comme une puissance reconnue. Le *Registre criminel de la justice de Saint-Martin des Champs*, publié par M. Tanon, qui va de 1331 à 1357, mentionne plusieurs fois le « procureur du Roy nostre sire (4); » et Jean Desmares lui attribue un rôle très-bien défini (5). Quant aux procureurs des seigneurs, leur existence ne

(1) Ord. I, p. 368 : « Art. 15. Volumus insuper quod ipsi procuratores nostri jurent secundum formam infrà scriptam. — Art. 20. Cæterum volumus quod procuratores nostri, in causis quas nostro nomine ducent, contrà quascumque personas jurent de calumnia sicut predicte persone. Et si contingat ipsos facere (substitutos) substitutis satisfaciant et non partes adversæ, immo procuratores nostri de causis alienis se intromittere aut litteras impetrare non præsumant, nisi pro personis conjunctis ipsos contingeret facere prædicta. » Dès lors, on le voit, les procureurs sont les agents du roi exclusivement. Cf. Ord. 1303, art. 18 (Ord. I, p. 399).

(2) Ord. de 1310, art. 29 : « Tous procureurs seront ostés excepté ceux qui sont es liex es quiex on use de droit escrit. » (Ord. I, p. 657.)

(3) Ord. 1347, art. 2 : « Item super procuratore regio quem petunt removeri a civitate Lugdunensi cives prædicti, ordinamus seu providemus quod dispositio istius remotionis promittitur ad regem. Interim tamen in civitate Lugdunensi dictus procurator nullas inquestas promovebit, nisi illas quæ sibi mandatæ fuerint a seneschallo promoveri extrà civitatem Lugdunensem nec aliquas causas in dicta civitate nomine regis agitabit nisi primorum hereditates regis contingant. » (Ord. II, p. 258.)

(4) 9 décembre 1337 (p. 107); — 1er juillet 1339 (p. 153). — 7 décembre 1340 (p. 153); — 4 septembre 1343 (p. 198). Dans tous ces cas, il s'agit de difficultés quant à la compétence qui s'élèvent entre le juge royal et la justice de Saint-Martin.

(5) Décisions 89 et 150.

pouvait soulever aucune difficulté. Celui de Saint-Martin des Champs apparaît assez fréquemment dans le *Registre criminel*.

Comment les procureurs s'introduisirent-ils dans la procédure criminelle? Ce n'est point en se présentant comme accusateurs directs, en formant partie; bien qu'on trouve quelques traces d'une semblable conception (1), cela devait paraître trop contraire aux vieux principes, qui exigeaient chez une personne un intérêt direct pour qu'elle pût accuser. C'est dans l'enquête d'office qu'ils s'insinuèrent; ils se glissèrent par une ouverture que leur ménageait la procédure *per inquisitionem* du droit canonique. Selon le droit canon, nous l'avons vu, le juge peut être excité par un dénonciateur à user de son pouvoir, et le dénonciateur peut rester partie au procès, administrant ses témoins et fournissant ses preuves; cela s'appelle *promovere* ou *prosequi inquisitionem*. Tel est le rôle que va jouer le procureur : il est le dénonciateur de tous les crimes, et intervient dans toutes les poursuites, soit qu'il se présente seul, soit qu'il se joigne à un particulier (2). Sa fonction, d'après l'ordonnance de 1347 plus haut citée, c'est de *promovere inquestas fieri*. Aux yeux des contemporains, c'est le juge qui autorise le procureur du roi à agir, non ce dernier qui met le juge en mouvement (3) : « Ordonnance de 1350, art. 15, *Item*, que aucuns ne soit aprochiez d'office, sans information souffisant, et faite du commandement de justice par personne non suspecte. Et avant que le procureur commence sa poursuite ne qu'il se adjoigne à partie, ladite information soit veue et conseillée par le Baillif ou autre souffisant personne de son commandement (4). » Dans le Registre criminel de Saint-

---

(1) Jean Desmares, 89 : « Le procureur du roi en accusation criminelle ou (au) bailliage dont il est procureur, n'est tenu de soy inscrire à peine de talion, *secus de aliis.* »

(2) Biener : *Beiträge*, p. 200-201. L'Eglise eut aussi ses *promoteurs* d'office; mais ils furent créés plus tard et à l'imitation des *procureurs* des juridictions laïques. Voy. M. Fournier : *Les officialités au Moyen-Age*.

(3) Ordonnance de 1338 : art. 7 : « Statûimus etiam prohibentes ne quis procurator regius partialiter se admergetur in causa quacumque nisi prius a judice, coram quo lis pendebit, in judicio, partibus præsentibus et auditis, mandatum expressum. » (Ord. II, p. 124.)

(4) *Ordonnance contenant plusieurs réglements en faveur des seigneurs et habitants de Normandie*, à cause d'une imposition accordée au roi. (Ord. II, p. 407.)

Martin, le procureur d'office paraît plusieurs fois, pour jouer le rôle que nous venons de retracer (1).

Mais plus on allait, plus l'action du procureur du roi prenait d'importance. Nous avons à cet égard cité plus haut un curieux passage de Jean Desmares, voici une autre de ses décisions : « Item quand aucun haut justicier a heue la prévention et la première connoissance par devant luiz, est le plait entamé par litiscontestation contre aucun de ses justiciables sur délits..... se il n'y ha eu sauvegarde ou defences enfraintes ne autre chose qui puist doner la connoissance d'icelle cause à autre juge : en ce cas il convient que le demandeur poursuive son procès et sa clameur pardevant iceluy juge en la cour duquel commencé l'a, nonobstant que lo demandeur, *avec lui adjoint le procureur du roy* requièrent la cause estre renvoyée devant le souverain. » — « Quand il advient, dit Bouteiller, qu'aucuns perpètrent un délit, dont nul ne se fait partie que le procureur du roy par information précédente, car autrement n'en est aucun attrait en cour par adjournement à la requeste du procureur du roy, ce fait aucunes fois l'adjourné se veut décliner, disant qu'il veut estre traicté et jugé par hommes ou par plainte ou par commission précédente..... le procureur du roy doit dire au contraire et que le Baillif le doit juger et conoistre du cas, puisque *autre partie n'a que le roy* et que c'est par information précédente. Tout veu il fut dict par arrest de Parlement en l'an 1377 que le baillif par lui seul et par tel conseil que bon luy sembloit en pouvoit et devoit cognoistre, puisque

---

(1) P. 74 (18 octobre 1336). « Lesdits deffauls aveques la poursuite dudit meffait ont esté poursuivis tant par nostre promoteur et procureur, comme à la dénonciation et claim fait à nous maire de Saint-Martin par ledit August. » — P. 69 : « Jehannette la merciere rendue par le lieutenant du prévôt et le procureur du roy qui la tenoient prisonnière. » — P. 187-188 (30 septembre 1342), un accusé est absous « par procès fait entre le procureur de l'Eglise et ledit Jehan. » — Cf. p. 223-224. Un accord intervient sur une question de compétence « entre Mestre Pierre Martin, clerc et procureur de l'Eglise Saint-Martin des Champs de Paris d'une part, et Jehan de la Bretesche, baillif de Saint-Denis, d'autre part. » M. Tanon fait observer très-judicieusement qu'il ne paraît pas que le procureur du roi remplît déjà, à l'époque où se place notre registre, « le rôle nécessaire qui lui appartient par la suite, comme à tous les procureurs fiscaux, dans la poursuite de toutes les affaires criminelles. » (Préf., p. LVII.)

ce ne touchoit que le roy et qu'informacion précédente il y avoit (1). » Plus tard, nous verrons s'établir la maxime que le procureur du roi ou fiscal est un véritable accusateur, et que lui seul a droit à ce titre; mais de l'idée première il restera toujours quelque chose; jusqu'au bout, le juge pourra se saisir lui-même de la connaissance du délit.

Dans le *Registre criminel du Châtelet de Paris*, qui va du 6 septembre 1389 au 18 mai 1392 (2), figure constamment le procureur du roy Andrieu ou Andry le Preux; on trouve aussi mentionnés le procureur général du roi au Parlement (3), l'avocat du roi (4). La plupart du temps, Andry le Preux est seulement indiqué comme figurant parmi les preudhommes, qui composent le conseil du prévôt ou de son lieutenant, mais de temps à autre, apparaît une phrase qui précise le rôle de la partie publique. Un jugement du 6 novembre 1391 donne une information faite « du commandement de honorable homme et saige maistre Jehan Truquan, lieutenant de mons. le prevost de Paris, à la requeste du procureur du roy notre sire oudit Chatelet contre Jehannin Pelart...., laquelle informacion ledit prisonnier a voulu valoir enqueste (5). » Les conclusions de l'accusé et celles du procureur du roi sont plusieurs fois rapportées : « Jehan Pelart, prisonnier, cy dessus nommé et aussi ledit procureur du roy vouldrent prendre droit par l'enqueste cy-dessus faite et escripte (6). » « Fut veu et leu, mot après autre, l'enqueste et procès cy-dessous escript, par lequel lesdiz procureur du roy (et) prisonnier avoient et ont voulu prendre droit (7). » Enfin nous trouvons rapportés plusieurs réquisi-

(1) *Somme rurale*, II, 1 (p. 653); cf. *ibid.*, I, 34 (p. 221) : « Par qui, où et comment on se peut former partie en dénonçant, soit en partie formant, soit à cause d'office à la requeste du procureur d'office ou par le droit office du juge. »

(2) *Registre criminel du Châtelet de Paris*... publié pour la première fois par la Société des bibliophiles françaises. — 2 vol. Paris, 1861.

(3) I, 301.

(4) I, 36, 74, 268, 373; II, p. 6 : « Le procureur du Roi nostre Sire à Chartres. » On trouve aussi plusieurs fois mentionnés les *promoteurs* ou *promoteurs d'office* de l'official. I, 84, 246, 255.

(5) II, p. 352, 4.

(6) II, 356.

(7) 16 janv. 1390-91, II, p. 26.

toires oraux du procureur du roi ou fiscal (1); un passage, qui contient une formule écourtée, semble, en cas d'élargissement, reconnaître à la partie publique le droit qu'elle aura incontestablement plus tard, grâce au *plus amplement* informé (2).

En même temps que se précise le rôle du ministère public, les règles de la poursuite d'office se fixent et sont enregistrées dans les Ordonnances des rois. Cette procédure comprend nécessairement deux parties, comme l'*inquisitio* du droit canonique, l'information et l'enquête. L'information doit d'abord être faite par le juge ou son délégué (3); nul ne peut être poursuivi d'office « sinon information secrète précédant contre ladite personne et ycelle premièrement faite et conseillée (4). » Le juge doit délibérer sur cette information avec son conseil, et s'il trouve qu'elle contient des charges suffisantes, alors commence le véritable procès contradictoire. On n'a pas toujours bien nettement séparé, en fixant leurs traits essentiels, ces deux parties de la procédure (5). Cependant certains textes ne laissent rien à désirer, comme précision; nous nous contenterons de citer deux chapitres de la *Coutume de la Ville et Septène de Bour-*

---

(1) 24 mars 1391-92 « fu attaint des prisons dudit Chatelet, et amené par devant les dessus diz, Gerart de Sanseurre... lequel iceluy procureur disoit et maintenoit estre homme oyseux, vacabond, sanz estat, service de Seigneur, etc. (II, 456). » — 2 septembre 1390 (II, p. 2) : « Jehannin le Fournier... fu attaint des prisons de mons. le duc à Tours... et fut amené en jugement en plain auditoire... et illec fut, par le procureur de mondit seigneur le duc... accusé de estre de la condicion et aliance des empoisonneurs qui alloient par pays. »

(2) 25 août 1390 (I, 443) : « Descoulpa du tout frere Pierre le Brun et le prieur des Jacobins, qui estoient prisonniers, pource que accusez les avoit à Chasteaudun, etc. Et par ce, eu sur ce conseil aus dessus diz et autres, lesdiz prieur et frère Pierre ont esté délivrés desdites prisons, etc. Quant ad présent, etc. Réservé au procureur du Roy, etc. »

(3) Parfois le procureur du roi procédait lui-même à l'information, non par ordre du juge, mais en vertu d'une commission contenue dans des lettres royaux. Voy. Ord. de 1344, art. 7 (Ord. II, p. 215).

(4) Ordonn. de 1363 (Ord. II, p. 664-665); Ord. de 1350 (Ord. II, p. 400).

(5) Voy. une note de De Laurière (Ordonn. III, p. 159) : « La différence que l'on doit mettre ici entre l'information et l'enquête, c'est que la première doit être faite d'office par le juge, avant que l'on fasse aucune procédure contre celuy qui est déféré comme criminel à la justice; sur le vu de cette information le juge doit décider s'il y a eu lieu de lui faire son procès ou non. Si on lui fait son procès, le juge alors ordonne que l'on fera une enquête. »

ges. « Ch. XXXIX. *Comment on doit procéder contre aulcun qui est accusé de cas criminel.* — L'on doit procéder contre aulcun qui est accusé ou par accusation ou par dénonciation sur cas criminel, ou sur aucun grant cas civil dont le roy peut avoir grant joissement, comme de meffais faits et arrivés, de villenies et injures faites à personnes privilégiées et aux bourgeois du roy (en) sa main, de villenies faictes à sergent, ou de aultre grans cas qui désirent hastive vengeance. Premièrement faire information secrette par gens dignes de foy, sans soupeçon, et se par informacion est trouvé l'accusé estre coulpable, l'en peut prendre son corps et ses biens, et descendre en enqueste, luy appelé, et par l'enqueste faire droict, et toutes voyes est entendu la prise du corps, si le cas le requiert. — Ch. XLI : *quelle différance il y a entre information et enqueste.* L'en fait différance entre information et enqueste, et raison est, car par information l'en ne condempne pas, et par enqueste faicte justement, partie appelée à la réception des tesmoings et à la voir juger et publier, l'en absoult et condampne : et est bien de raison que le deffendeur ait premièrement respondu aux articles par son serment. » Il est impossible de parler plus nettement. On voit que l'*enqueste* exigeait une nouvelle comparution des témoins entendus dans l'information, sinon pour qu'ils renouvelassent leur déposition devant l'accusé, au moins pour qu'ils prétassent serment devant lui; mais cette comparution nouvelle pouvait être évitée, si l'accusé y renonçait; on disait alors qu'il consentait à ce que « l'information valût enqueste; » c'est une formule qui se trouve plus d'une fois dans nos *Registres criminels* du XIV° siècle (1).

Au point où nous sommes arrivés, tous les traits importants de la procédure inquisitoire sont déjà fixés; avant d'aller plus loin, il nous paraît utile de donner un tableau d'ensemble de la procédure criminelle telle que la connurent et la pratiquèrent les XIV° et XV° siècles. Nous aurons ici des guides sûrs; d'un côté l'ouvrage de Bouteiller, dont le succès, on le sait, fut immense;

---

(1) *Registre criminel du Châtelet*, II, 354. *Registre criminel de Saint-Martin des Champs*, pp. 57, 83.

d'autre part le *Registre criminel de Saint-Martin des Champs*, qui nous montre un tribunal criminel en action dans la première moitié du xiv⁰ siècle, et le *Registre criminel du Châtelet de Paris* qui va du 6 septembre 1388 au 18 mai 1392.

V.

Selon Bouteiller, qui vise à une exposition systématique, le juge criminel peut être saisi de quatre manières : « par dénonciation, par présent meffaict, par accusation de partie formée, et par publique renommée dont enqueste et information précédente est faicte (1). » Nous allons reprendre avec lui ces quatre modes, en intervertissant quelque peu l'ordre qu'il a choisi.

L'accusation de partie formée c'est l'ancienne procédure accusatoire. « Par partie formée peut et doibt tout juge, qui de cas de crime peut et doibt connaître, recevoir tout homme recevable en cour à faire partie contre l'accusé et prendre et retenir la cause par prison fermée (2). » C'est toujours la lutte égale entre les deux adversaires; l'accusateur comme l'accusé doit tenir prison. D'après une règle empruntée au droit romain, l'accusateur qui succombait devait subir la peine qu'il avait demandée : « En plusieurs lieux et le selon le droict escrit dangereuse chose est de luy faire et former partie contre aucun criminellement. Car qui en déchet il encourt selon le droict escrit en toute autelle peine qu'il est content avoir et porter celui qu'il poursuit, que les clercs appellent peine de talion (3). » Mais cette règle fort dure était mal observée, on accordait remise de la peine à l'accusateur qui succombait, moyennant une supplique adressée par lui à la justice : cela s'appelait « plaider à toute grâce et rémission. » En cas seulement d'accusation calomnieuse, un châtiment sévère était infligé.

L'accusation, gênante et rigoureuse, était un reste du passé.

---

(1) *Somme rurale*, I, 34 (p. 221).
(2) P. 222.
(3) Bouteiller, *S. R.*, p. 222.

Dès le XIVᵉ siècle, elle était d'un emploi peu fréquent. Dans le *Registre de Saint-Martin des Champs*, nous ne trouvons que deux exemples certains de partie formée : l'un se place au 7 octobre 1332 (1), l'autre au 14 janvier 1338 (2).

L'accusation disparaissant, la dénonciation était de plus en plus usitée. Elle a lieu « quand aucun ne se veut pas faire partie ne former contre aucun d'aucun crime toutefois le vient-il dénoncer à la justice et *offre à administrer ou nommer tesmoins* (3). » Le juge n'était point tenu de poursuivre : il examinait tout d'abord si l'on devait avoir confiance dans le dénonciateur. S'il se décidait à agir il procédait en premier lieu à l'information, puis citait ou faisait arrêter l'inculpé et le procès suivait son cours. Comme l'indique très-nettement Bouteiller, le dénonciateur était le plus souvent partie au procès ; il indiquait des témoins et suivait l'enquête. C'était en réalité un accusateur qui s'effaçait et laissait par intérêt personnel le principal rôle au juge agissant d'office. Par un phénomène assez naturel, on appliqua à la dénonciation une partie des règles de l'accusation. La peine du talion, l'obligation de tenir prison étaient seulement épargnées au dénonciateur. Tout cela ressort du *Registre criminel de Saint-Martin*.

Les dénonciations y sont si fréquentes qu'il est inutile de les compter ; c'est par là que s'engage ordinairement le procès (4). Les formules de dénonciation varient quelque peu. Tantôt il est

---

(1) « Amené en nostre prison par la gent au prevost de Bondis Jehannin de Saint-Soupplet, bocheron, à l'accusacion faite de par Jehannin le Bouchier... et pour ce qu'il accusa ledit Saint-Soupplet en jugement, en disant qu'il lui avoit emblé son bois..... et que, avecques ce il estoit murtrier, et que pour tel le proveroit..... et que à l'accusacion dessus dite ledit prévost l'avoit mis et détenu en prison. — *Item*, ce jour amené par lesdictes gens dudit prévost ledit Jehannin... accusant du prisonnier (p. 25, 26). »

(2) « Par le maire Jehanne de Montargis, fame Thomas Lenglais, Colin Piquart, detenus en nostre prison pour ce que en jugement, pardevant le maire, ladite Jehanne dist, maintint et afferma par serement contre ledit Colin..... et ce que dit est offri de prover ladicte Jehanne. » P. 117.

(3) Bouteiller, p. 221.

(4) Voy. pp. 10, 16, 19, 27, 31, 32, 34, 41, 48, 57, 63, 67, 68, 81, 82, 84, 89, 93, 94, 98, 102, 114, 116, 124, 132, 139, 143, 145, 166, 167, 173, 174, 178, 203, 207, 209.

dit qu'on procède « à la requête et dénonciation, » de telle personne (1). Tantôt le dénonciateur « nous dénonça le fait comme à justice et nous supplia que nous lui en fassions droit et raison (2) ; » ou encore « Nous requist que de ce lui voulissions faire droit et accomplissement de justice (3). » La dénonciation est faite au juge, mais elle est habituellement réitérée en audience publique en présence de l'accusé (4). Le dénonciateur est appelé à fournir des témoins, il doit prouver son intention (5) ; s'il déclare dans la suite qu'il ne demande rien à l'accusé, s'il ne peut fournir des témoins, s'il se désiste, la conséquence paraît être la mise hors de cour de la personne poursuivie (6). Un jugement semble même transporter dans la procédure de la dénonciation la *délivrance*, qui était jadis prononcée lorsque, un inculpé étant détenu, aucun accusateur ne se présentait dans un certain délai : « 3 mai 1332. Eslargy à Godefroy Lalement sa

(1) PP. 167, 173, 174, 185, 186.
(2) P. 114.
(3) P. 188.
(4) P. 32, 34 : « Et ce nous dénonça à nous maire de S. Martin, en la manière que dit est, en la présence dudit Jehan (l'accusé). » p. 188. — Dans un cas, le dénonciateur est blessé et ne peut être porté au lieu où se rend la justice ; c'est alors le juge qui va à lui et reçoit sa dénonciation devant témoins.
(5) P. 105 : « Il fu suffisamment prouvé de par Marie, fame Jehannin de Trambley » la dénonciatrice ; — procès de Sedille Lenglaiche « pour ce que Estienne le peintre avait dénoncié contre elle,... absoulse par procès fait entre elle et ledit Estienne (4 mai 1345). »
(6) Le 23 février 1338, Eudelot de Picardie dénonce contre Guillaume Damours, maçon, qu'il l'a violée : « La dite Eudelot dénonça le cas dessus dit, et afferma par serement ladite dénunciation estre vraie, et laquelle ledit Guillaume nia tout à plain. Et ce fait, nous à ladite Eudelot demandasmes et sommasmes instamment si elle avoit aucuns témoings par lesquels elle nous peust enfourmer pour savoir la vérité du dit fait, que elle nous les nommast et administrast, laquelle jura et afferma par son serement que non.... Et pour nous enfourmer dudit cas d'abondant assignons jour à ladite Eudelot à jeudi prochein, — absous parceque elle ne poursuivi onques sa dénonciation. » — 22 décembre 1332 : « Fu mis et détenu en nostre prison Guillot le Pelletier à la dénonciation de Richart... qui a été quitté de partie et pour ce délivré de prison et eslargi de la cour, » p. 31. — 26 nov. 1336 : « Sedilon la Franquette.... détenue en nostre prison à la dénonciation de Guillot.... délivré parce que il garit et il ne lui demandoit riens ; » p. 81. — 13 oct. 1338 : « Michelet le Lièvre et Catherine sa fame dénuncièrent à Antel Labbé maire de Saint-Martin contre Guillot de Soissons,.... délivré de prison pour ce que partie ne li voult riens demander ; » p. 145 ; cf. pp. 200, 203 ; cf. *Registre criminel du Châtelet de Paris*, I, 309.

prison jusques à VIII jours... — Absouls veues les contumaces que il a impétrées contre la dénunciation par le conseil de l'assise le dimanche après la Saint-Nicolas de may (1). » On conçoit d'après cela que la dénonciation calomnieuse fût punie : « Dist en jugement et par serement que il les avoit fait mettre en prison sans cause, et que il s'en repentoit et leur amenda (p. 102). »

Si l'accusation et la dénonciation se mêlent ici, ce n'est point par suite d'une confusion passagère : de là sortira une institution très-originale, la constitution de partie civile. Dès cette époque, il faut le remarquer, on admet que la partie lésée peut agir au civil, à fin de réparation, sans intenter le procès criminel : « En cas criminel, dit Jean des Mares dans sa décision 58°, qui tend à fin civile seulement il suffit deux défaux, mes il convient prover les fets; et qui tend à fin criminelle il en convient quatre et ne convient pas que le demandeur prouve ses fets. » Voici encore ce que nous lisons dans le *Registre de Saint-Martin* : « 3 mai 1332. Ce jour fit demande civile Thomasette de Piront contre Marote de la Mare, fame Richard Lenglais, et à Huete de la Mare sa suer, en disant que ès estuves de la dite Marote elle avoit baillié en garde à la dicte Huete sa boursse, et perdi, de ce qui estoit, la moitié de XXIII pièces que mailles blanches que doubles, et tendant seulement à fin de restitution de sa chose perdue. Mises en prison. Eslargi aux dites suers leur prison jusques à d'hui en VIII jours (2). » Dans le *Registre du Châtelet* souvent on trouve de ces poursuites à fins civiles. Les parties ont bien soin alors de limiter leur demande « protestans que, chose qu'il deissent, il ne tendoient qu'à fin civile (3). » — « Pierre du Moulin, maistre en ars,... fait protestacion expresse et de ce appelé les dessus diz présens à tesmoings, que pour chose qu'il entendist à dire, il ne le faisoit pour aucun injure, mais pour vérité dire, et aussi qu'il ne tendoit qu'à fin civile (4). » — « Pro-

---

(1) P. 10, 11; cf. M. Tanon, *ibid.*, note 1.
(2) P. 11.
(3) I, 213.
(4) I, 310

testans iceulx escoliers qu'ils ne tendent qu'à fin civile (1). » — « Guillaume Certain... par manière de dénonciation et à fin civile dist et rapporta audit Mons. le prévost (2). » Ces réserves et protestations ont pour but d'établir, que, bien parties aux procès, les dénonçants ne forment point une véritable accusation, devant les conséquences de laquelle ils reculent; elles montrent aussi que cette distinction était encore chose nouvelle et qu'on aurait pu s'y tromper.

Le cas de « présent meffait » est l'ancienne procédure de flagrant délit « par présent meffaict peux et doibs scavoir que le juge se peut et doibt mouvoir à cause d'office contre le délinquant et luy imposer le fait et le calenger de peine capitale de son office tant seulement, sans autre dénonciation ne information précédente : s'il nie et le cas soit légier à prover, le juge ou procureur d'office le doit offrir à prouver et, ce prouvé, punition s'en doit ensuyvre, et si preuves n'y sont bien apertes, puisque le cas est de présent meffaict, le juge le peut et doit monstrer à question à attaindre la vérité (3). » La « prise en présent méfait » est très-fréquente dans le *Registre de Saint-Martin* (4). On retrouve même les vieilles coutumes fidèlement conservées; il est plusieurs fois parlé de la clameur de « harou; » souvent il est dit que le criminel a été « pris à chasse et à cri (5). »

Enfin la poursuite « par commune renommée » c'est l'ancienne aprise : « par commune renommée qu'on appelle en cour laye par information précédente, ou autrement par fame et renommée

---

(1) I, 138.

(2) II, 275; Voy. II, 89, une sentence qui adjuge à la partie civile ses conclusions.

(3) Bouteiller, p. 222.

(4) PP. 38, 58, 63, 64, 73, 77, 92, 93, 99, 104, 124, 130, 134, 136, 138, 142, 151, 156.

(5) « Les amenèrent en prison, et aussi pour ce que les voisins de la rue crioient *harou* sur euls, lesquels s'enfuioient. » p. 115; — « Les print à chaude chace et à cri et harou de voisins; p. 141. — « Que ce que elle crioit *harou* lui avoit mis son chaperon sur sa bouche, afin que l'en ne l'oïst crier; » p. 187. — « Lequel Perrin fu prins à chasse et à fuicte par les dictes bonnes gens et à cri; » p. 47. — « Nos sergens iceluy prinstrent par nuit à chandelles allumans à chace et à cri; » p. 71. Cf. *Registre du Châtelet*, I, 410, « Harou le meurtre. » II, 63 : « Harou le feu. »

notoire, si comme aucun seroit si famé au païs qu'il seroit murdrier ou desrobeur en chemin, qu'il seroit cler et cogneu qu'il fust ainsi à tous ; par cestuy cas se peut faire poursuite du crime par l'office de justice sans autre partie, ou par office ou par le procureur d'office, et le peut le juge faire à sa requeste à cause d'office (1). » Toujours, excepté dans l'accusation par partie formée qui doit disparaître et sauf le cas de flagrant délit où il y a urgence, le procès doit débuter par l'information. C'est un point important, c'est un trait caractéristique, que le droit postérieur dégagera plus nettement encore. Dans le *Registre de Saint-Martin* la poursuite d'office est très-fréquente ; elle porte son ancien nom de « *prise par soupçon.* » Les deux parties qu'elle comporte, l'information et l'enquête, sont nettement indiquées dans plusieurs passages (2) ; dans plusieurs autres on a le soin de mentionner que la capture du prisonnier n'a eu lieu qu'après information précédente (3). Mais parfois l'enquête seulement est rappelée, sans qu'il soit question d'information (4) ; en sens inverse, dans deux hypothèses nous constatons que l'information existe seule, qu'elle remplace l'enquête et joue ainsi un double rôle ; il est vrai que dans un cas cela a lieu du consentement même de l'inculpé et que dans l'autre le résultat lui est favorable (5).

---

(1) Bouteiller, p. 223.

(2) « 6 nov. 1341. Absoulte par le conseil parmy l'*enqueste*, *information* et rapport de jurez fait sur le cas dessus dit, par le maire. » (p. 184.) — « Délivré de prison par l'*enqueste* et *information* qui faite en a esté par le maire de la dite ville de Bouffemont et ailleurs. » (p. 185.) — « Absoulz du fait et de la mort d'iceluy par nostre conseilg par vertu de l'*informacion* et *enqueste* faicte par le maire sur ce. » (p. 189.) — Dans beaucoup de cas, il est vrai, l'une des deux seulement est indiquée.

(3) « 6 avril 1337 : Jehannin Lenffant de Paris amené par Robin le Geolier et Croz qui le prinstrent..... pour ce que nous estions souffisament enfourmés que il avoit batu et fait sanc à Jacquemin de Soissons. » (p. 93.) — « Le 18 janvier 1338 Jehan de Florence Lombart, amené du commandement du maire et par l'informacion faite par P. de Chivry nostre tabellion, pource qu'il fu prouvé et trouvé par ladicte information que il avoit batue et ferue vilainement de coups orbes. » (p. 115.)

(4) P. 24 ; 200.

(5) « 14 juin 1336. Ydre de Laon... délivré par prison et par informacion qu'elle tint pour enqueste. » (p. 57.) — « Le 12 novembre 1336 : Pierre Terlait hoste de Saint-Martin est rendu à la justice du couvent par le prévôt de Paris, qui l'avait

Une fois que le juge est saisi, deux voies se présentent devant lui, et nous trouvons deux formes de procédure, l'*ordinaire* et l'*extraordinaire*; c'est là une distinction capitale, dont l'importance ira toujours en grandissant : « *Item* doibs scavoir qu'ils sont procès ordinaires et procès extraordinaires (1). » La procédure ordinaire se déroulait à l'audience ; elle ignorait l'emploi de la torture, et permettait une libre défense à l'accusé ; la procédure extraordinaire était celle où la question était admise; le secret allait bientôt s'y introduire et la défense devait y être entravée de plus en plus. C'était, hélas! la procédure de l'avenir. Cette dualité se retrouve d'ailleurs presque partout en Europe à cette époque.

Quand devait-on prendre l'une ou l'autre de ces voies? La procédure ordinaire était toujours suivie quand il y avait accusation par partie formée : « Si doibs scavoir que selon aucuns puisque le prisonnier et prins par accusation de partie formée et mis en loy, après ne doibt estre mis à peine de question, mais se doibt le procès faire ordinairement contre le prisonnier (2). » Les parties produisaient respectivement leurs témoins, qui étaient entendus par les enquesteurs; l'enquête était ensuite communiquée à l'accusé; les avocats ou défenseurs plaidaient de part et d'autre en audience publique et on arrivait ainsi à la sentence. Au XVIe siècle, Pierre Ayrault décrira encore cette forme de procéder, qui n'existait plus de son temps, mais qui en disparaissant a laissé des regrets dans son puissant esprit et dans son grand cœur : « J'ai leu, dit-il, entre les procès criminels faicts il y a plus de six vingt (3) ans par maistre Jean Belin, sieur de Doinart et de Foudon, mon bysayeul, que par mesme ordonnance on donnoit délay à la partie d'amener tesmoins pour la charge et à l'accusé pour sa décharge, si par ses réponses il avoit mis avant quelque fait justificatif ou atténuatif. Il n'y avoit, ce me semble (ou je me trompe avec l'antiquité) rien de si équitable

---

pris par soupçon : délivré par informacion faite par R. Pié de Fer examinateur du Châtelet de Paris. » (p. 83.) Voy. ci-dessus.

(1) Bouteiller, *Somme rur.*, I, 34 (p. 223).
(2) Bouteiller, *Somme rur.*, I, 34 (p. 223).
(3) Cela nous reporte au milieu du xve siècle.

et de si juste... le procès se faisoit tout à un instant, et, comme en un seul tableau, la vérité pour l'une et pour l'autre partie se présentoit devant les juges (1). » Cette règle devait être suivie même en cas de dénonciation, dans un système qui assimile presque le dénonciateur à l'accusateur, tel que celui que nous avons relevé dans le *Registre de Saint-Martin*.

La procédure ordinaire devait être adoptée même dans la poursuite d'office, lorsque l'individu poursuivi acceptait l'enquête : « Si le faiseur estoit encore prins par justice et se vouloit mettre en toutes enquestes, en tous ces cas doibt estre reçu en procès ordinaire et ne doibt estre traict que par accusation de partie ou d'office, et par preuves sans tourment de question quelconque, ne sans faire aucune menace, et doibt toujours avoir courtoise prison et compétence en toute sa cause (2). » Cela est confirmé par un passage du *Livre des Droiz et Commandemens de Justice* : « Se aucun est souspeçonné d'aucun cas criminel et justice l'en suit comme coulpable, l'en le doit prendre et pugnir selon la qualité du meffait, et si celui qui se sent accusé s'en sent ignorant il doit requerre à la justice que l'en le mecte en procès sur ledict cas, affin de avoir absolucion du fait. Et doist estre la manière du procès telle que justice doit déclarer le fait en jugement par manière de demande contre lui et tendre affin de punicion s'il le confesse; et s'il le nie doit offrir à en faire la preuve que raison voudra. Et cellui qui est accusé doit proposer ses raisons et justifications et s'enchargier de preuve se mestier est. Et sur ce suit les faits proposer et bailler deci et delà pour former ses témoins et faire ses enquestes, et puis droit en oultre. Et doit len procéder plus meurement et en déliberacion en tel cas, où pent l'estat, que en autres causes (3). » Dans le *Registre de Saint-Martin* nous trouvons un certain nombre de cas où expressément le criminel se met en enquête (4).

---

(1) *L'ordre et formalité et instruction judiciaire* : Liv. III, art. 2, n° 50.
(2) Bouteiller, *Somme rur.*, II, 13¹ (p. 765).
(3) § 943.
(4) « 23 août 1332 : Robin Fleuriau.... s'est sousmiz en nostre informacion pour enquerre de la requeusse dessus dicte; » p. 23 — « Les gens de Saint-Martin le prinstrent à Noysi et misrent en prison fermée. Il s'en mist en enqueste de ce

En face de la procédure ordinaire se dressait la procédure extraordinaire : son nom seul frappe l'esprit; on dira communément que ce nom vient de ce que les règles normales du droit ne sont plus observées (1). Bouteiller donne déjà une idée suffisante des pouvoirs qu'a alors le juge : « *Item* le procès extraordinaire doit estre traicté et fait en tout autre terme, par especial en grans crimes et énormes qui sont deniez et qui ont esté faicts repostement. Et ne doibt le juge sur ce espargner à faire procès extraordinaire et de savoir la vérité de jour en jour, sans autre intervalle, par information ou autrement (2). » Le procès extraordinaire admettait la torture : « Si aucunement trouve le présent suspect par véhémente présumption, il le peut et doibt mettre en question selon la personne du prisonnier, car plus forte question désire un corps que l'autre, car à toutes fins le juge doit prendre garde qu'il ne tourmente l'homme tellement qu'il ne perde vie ne membre par tourment ne gesne, car ce seroit le péril du juge et des faiseurs, et se garde de question de feu, car il est défendu par le roy; et si par question de gesne ne veut riens dire ni confesser à la première fois le juge le peut bien mettre au second jour; et puis au troisiesme, et puis au quatriesme, s'il voit que le cas le requière, et il y ait si grande présomption et le prisonnier soit de fort courage (3). »

Un autre trait distingua bientôt la procédure extraordinaire; on n'y donnait pas à l'accusé communication des dépositions des témoins; on lui cachait tout afin de lui enlever les moyens d'éluder la poursuite. A l'origine, conformément aux principes du droit canon, dans l'enquête d'office, comme dans celle qui avait lieu sur l'accusation d'une partie, les *acta inquisitionis* étaient

fait et fut fete l'enqueste par les gens Saint-Martin sur ce mesfait, il ne peust estre prové contre ledit homme; » p. 225. — Le barbier d'Anet et ses fils « gens pris par souspeçon de meurtre... furent menez à Paris et en personne à Saint-Martin pour ce fait; il s'en mitrent en enqueste et fus faite l'enqueste contre eus, sur ce fait par la gent Saint-Martin. » p. 228-9.

(1) Damhouder : *Practica criminalis*, Pars. III, quæstio 103, n° 21 : « Nonnunquam proceditur ordinarie et secundum juris ordinem et aliquando extraordinarie, id est, juris ordine non servato. » Il est vrai que le droit dont on parle ici, c'est le droit romain.

(2) Bouteiller, *Som. rur.*, I, 13 (p. 765).

(3) Bouteiller, *S. R.*, I, 34 (p. 228-29).

communiqués à l'accusé. Cette communication était ordonnée par l'Ordonnance de 1254, article 21 : « Et quia in dictis seneschalliis secundum jura et terræ consuetudinem fit inquisitio in criminibus, volumus et mandamus quod reo petenti acta inquisitionis tradantur ex integro (1). » Une ordonnance de 1338 accorde d'une façon générale aux parties le droit d'assister au rapport du procès qui était fait devant le siége assemblé (2). Mais peu à peu on tendit à refuser la communication des pièces à l'inculpé : « Certe jure canonico et civili judex ex officio potest procedere infamia præcedente... de hac facienda est inquisitio, quam judex non tenetur parti ostendere nisi velit (3). » « Combien que en Parlement on ne fasse point publication de tesmoins soit en cause civile ou criminelle ; toutefois en Chastelet est faicte publication des dicts et des noms des témoins, et en cause criminelle *des noms tant seulement* et non des dicts, et est la raison ; car se en cause criminelle estoit faicte publication des dicts, quand le deffendeur coupable sauroit que le crime est prouvé contre luy, il s'en pourroit fouyr et ainsi demourroient les delicts impunis et poroit porchacier la mort, ennuy et vitupère de ceux qui contre luy auroient déposé (4). » Ce secret, qui rappelle les procédés de l'*inquisitio hæreticæ pravitatis*, devint un des traits distinctifs de la procédure extraordinaire : « Scachez que cil est à mettre à question de gehenne qui par information précédente, telle qu'elle fasse vraie et véhémente suspection du cas pourquoy il est emprisonné, et qu'il nie le cas, laquelle information et cas, avant qu'à question soit mis le prisonnier, doit estre montrée au conseil de la Cour, et le prisonnier ouy comment il nie le cas contre l'information qui contre luy labeure, sans ce que *l'information luy soit monstrée*, par le conseil et appointement des conseillers de la Cour doibt estre dict que le prisonnier soit mis à la question (5). »

(1) Ord. I, p. 72.

(2) « Statuimus et mandamus relationes processum tam civilium quam criminalium amodo fieri coram seneschallis et judicibus aliis... in præsentia partium litigantium si ad id voluerint interesse. » (Ord. II, p. 125.)

(3) Joannes Faber, *ad Instituta*, tit. De publicis judiciis.

(4) Jean Desmares, 262.

(5) Bouteiller, *S. R.*, I, 34 (p. 229).

Chose remarquable, si on ne pouvait, même par les tourments, obtenir l'aveu de l'inculpé, celui-ci ne devait point cependant être pleinement absous : « Si par question ne veut riens dire, ni confesser, et que par tesmoins ne soit vaincu, si apartient il bien que par soupçon, par longtemps il soit prisonnier et par exclamasse (1), afin de savoir si nul plaintif venoit contre luy, et si en grand temps nul ne venoit, la pénitence de prison qu'il aura tolérée et soufferte sera amende de la mauvaise présumption, et puis doit estre eslargy de prisons jusques à renom de juge à paine d'estre attainct et convaincu des cas à luy imposés et présumés, et autre délivrance n'en doit faire le juge, car si absolument le délivroit il sembleroit qu'à mauvaise cause l'eust détenu prisonnier (2). » Dans cette procédure extraordinaire nous trouvons déjà celle des XVI⁰ et XVII⁰ siècles : l'information tout d'abord; puis le règlement à l'extraordinaire décrété par un jugement; l'application à la torture également décidée par jugement; enfin quelque chose qui ressemble au plus amplement informé. Cependant elle donnait encore à l'accusé un certain nombre de garanties qui disparaîtront plus tard. La publicité de l'audience subsistait encore. A l'origine, nous l'avons dit, les plaids se tenaient en plein air, mais cet état de chose devait disparaître avec les vieilles mœurs féodales. « Les vestiges, dit Ayrault, y sont encore aux portes des églises, des châteaux, halles et places publiques, où les siéges des juges restent encore. On a commencé à se mocquer des juges soubs l'orme, quand on a bâty des palais et chambres pour juger. Mais cependant cela monstre qu'auparavant les plus grands y jugeoient bien (3). » Mais la publicité persista, quand on passa dans les chambres d'audience, un peu moins large il est vrai; c'est ce que dit encore Ayrault : « Les procès que nous avons

---

(1) Cela doit vouloir dire proclamation à cri public.
(2) Bouteiller, *Som. rur.*, II, 13 (p. 765) : cf. I, 34 (p. 229). — Dans le *Registre de Saint-Martin*, on constate souvent l'application de ce principe; il y est parlé d'homme « délivré par prison; » pp. 57, 64. — « Délivré par longue prison et par estre battu de verges. » p. 67. — Parfois on n'inflige à l'inculpé non convaincu qu'une amende; on dit alors qu'il est délivré par amende; lorsqu'il ne pouvait payer, on finissait cependant par le mettre en liberté, de là la formule : « Délivré par povreté; » pp. 77, 95, 99, 100, 101, 102.
(3) L'*ordre, formalité*, etc. Liv. III, art. 3, n⁰ 56.

dit de feu maistre Jean Belin, lieutenant général à ce siége, portent ordinairement que sept ou huit qu'il nomme, outre luy et son greffier, estoient présents à l'instruction, et si il adjouste « et plusieurs autres » pour monstrer qu'il y entroit qui vouloit (1). »

Cette publicité est constatée de la même manière dans le *Registre criminel de Saint-Martin des Champs;* elle embrassait tout ce qui se passait en jugement, c'est-à-dire tout, sauf l'information ou l'*enquête*, faite devant les commissaires enquêteurs, et la question donnée en secret. Le greffier de Saint-Martin a soin d'énumérer les principales personnes présentes, ajoutant toujours à la fin de la liste « et plusieurs autres. » C'était bien un véritable public et non des assistants choisis; ce qui le montre, c'est que les noms d'ouvriers abondent, et que des femmes sont souvent désignées (2). Voici les actes pour lesquels cette publicité est spécialement constatée : c'est d'abord la dénonciation, qui devait être réitérée en jugement (3), puis le rapport des médecins ou sages-femmes qui joue un grand rôle (4), l'élargissement des prisonniers moyennant caution (5), les aveux faits en jugement et les sentences qui s'en suivent (6). La publicité est encore la même pour le jugement des déclinatoires et aveux de juridictions étrangères (7), pour la lecture des lettres royaux (8), pour la levée et exposition des cadavres (9).

La liberté sous caution est encore très-largement pratiquée d'après le *Registre criminel de Saint-Martin.* Elle ne paraît pas avoir jamais été de droit, mais il semble que le juge pouvait toujours l'accorder; en fait, nous la voyons accordée pour des cas très-graves, comme le vol, où il y allait de la peine de mort (10).

(1) Ayrault, *op. et loc. cit.*, n° 71.
(2) Voy. en particulier, pp. 20 et 28.
(3) PP. 35, 41, 42, 114, 124, 167.
(4) PP. 13, 19, 20, 22, 29, 35, 36, 45, 46, 48, 64, 106, 109, 112, 117, 127, 133, 139, 170, 171, 173, 181, 188, 189.
(5) PP. 30, 31, 33, 34,
(6) PP. 26, 51, 174.
(7) PP. 39, 40, 47, 50, 52.
(8) P. 62.
(9) PP. 148, 197.
(10) Voy. 29 mars 1332, p. 4; et 12 avril 1332, p. 6: cf. pp. 3, 4, 5, 6, 14, 15, 22, 28, 32, 33, 34, 37, 40, 127, etc.

Les plèges s'engagent, suivant la vieille formule « corps pour corps, avoir pour avoir; » généralement ils ne répondent que de la représentation de l'inculpé (1); parfois ils s'engagent aussi à payer le jugé (2). Dans un cas le prisonnier, au lieu de fournir des plèges, donne un gage « deux enclumes du prix de LX sols Parisis (3); » enfin, quelquefois il y a élargissement sans caution (4). La responsabilité pécuniaire des plèges n'était pas d'ailleurs la seule garantie qu'on eût contre l'accusé mis en liberté; faute de comparaître, il était nécessairement déclaré atteint et convaincu (5); cette présomption de culpabilité, résultant de la fuite, persistera longtemps dans notre droit.

Quelle que fut la rigueur de la procédure extraordinaire, pendant longtemps encore elle permit à l'accusé de se défendre. Avant la sentence, il pouvait plaider ou faire plaider sa cause; et il pouvait proposer des faits pour sa justification et les prouver par témoins; à cet égard on dut être assez large d'abord, car voici ce que nous trouvons encore dans la Pratique de Masuer : « Si l'accusé et emprisonné offre de prouver ses défenses, il y doit estre reçu avant que de passer outre, pourvu que cela se puisse aisément faire; et la raison c'est, d'autant qu'il s'agit d'un grief et dommage irréparable (6). »

Au temps de Bouteiller, la procédure extraordinaire n'apparaît que comme une ressource suprême; elle cédait le pas à la procédure ordinaire lorsqu'il y avait partie formée et même quand, poursuivi d'office, l'inculpé se soumettait à l'enquête.

---

(1) La formule est alors : « Plèges pour nous le ramener à toutes les journées qui de nous lui seront assignées. » Voy. p. 4.

(2) P. 127.

(3) P. 34.

(4) « 27 janvier 1338 : Eslargie Jehanne de Montargis, à lui-mesme » il est vrai que Jehanne est une accusatrice par partie formée.

(5) Voy. pp. 4, 6.

(6) *La Pratique de Masuer*, mise en français par Antoine Fontanon, nouvelle édition par Pierre Guénois. Paris, 1606 (tit. XXXII, n° 14, p. 589). Le traducteur Fontanon, a bien soin d'indiquer dans une note que c'est là du droit ancien. « Pour le regard de ce qu'il dit en deux divers articles que l'accusé doit estre receu à prouver et vérifier ses salvations et défenses, et que cependant main levée lui doit estre faicte de ses biens saisis en baillant caution, cela a esté depuis aucunement changé. »

Dans cette mesure, elle était non pas légitime, mais presque tolérable. On ne devait pas en rester là, l'exception devait absorber la règle. Les prévenus pouvaient refuser d'accepter l'enquête ; peut-être y avaient-ils intérêt ; car il est bien possible que, conformément à l'esprit premier de l'institution, on n'exigeât pas alors des témoins oculaires ; cela pouvait donner ouverture au procès extraordinaire. Mais fréquemment il devait arriver que la preuve testimoniale, ni dans l'accusation de partie formée, ni dans l'enquête acceptée, ne démontrait la culpabilité d'une façon suffisante. Le juge n'éprouvait-il pas alors une tentation presque irrésistible d'employer quand même la torture, pour arracher des aveux qu'il croyait nécessaires? Il en fut ainsi et Bouteiller le reconnaît lui-même, bouleversant toutes les règles, toutes les distinctions qu'il a établies. Après avoir dit que lorsqu'il y a partie formée, la torture n'est pas admise, il ajoute : « Si le juge percevoit le cas ainsy murdrier et le prisonnier fust si subtil que rien ne voulsist cognoistre, par déposition de paroles, et le fait plus évident que non, si c'est juge qui ait pouvoir de questionner faire le peut sans attaindre le mal (1). » De même il énumère un certain nombre de cas graves où il n'admet pas que l'individu soupçonné se mette à purge (2), et où forcément la procédure extraordinaire doit être suivie : « Ils sont plusieurs cas qui ne sont à recevoir à purge, si comme meurdres, arson de meson, esforceurs de femmes, desrobeurs de gens en chemin,.... trahistre, hérése, bougre... par purge tous eschapperoient, car puisque l'homme est mis à purge, jamais on ne le peut mettre qu'en procès ordinaire, et les *cas dessus dicts doivent être mis en procès extraordinaires* (3). » Ce mouvement fut certainement provoqué en grande partie par le système savant des preuves légales, qui s'introduisait dans la jurisprudence. Ce système avait été emprunté aux docteurs, surtout aux docteurs italiens, qui en avaient trouvé les premiers germes dans le droit romain, et les

---

(1) *Som. rur.*, I, 34 (p. 223).

(2) C'est sans doute la même procédure que celle désignée dans l'*Ancien coutumier de Picardie* par l'expression « se mettre à loy. » *Vid. supr.*, p. 52.

(3) *Som. rur.*, I, 34 (p. 223).

avaient considérablement développés. Il fallait des preuves *bien apertes*; « selon la loy en crimes doibvent preuves estre aussi clères du proposant du cas que le cler jour luysant à midy. » Pour qu'une condamnation intervînt, il fallait certaines preuves déterminées d'avance, sinon l'aveu de l'accusé; cet aveu on voulait par suite l'obtenir à tout prix (1). On en arriva bientôt à ne plus distinguer entre le cas où l'enquête était acceptée par l'inculpé et celui où elle ne l'était pas. On suivait la procédure ordinaire ou la procédure extraordinaire suivant la plus ou moins grande gravité du crime. Cependant il semble que l'habitude se soit conservée jusqu'au bout de demander à l'accusé s'il voulait s'en rapporter aux témoins : tant est puissante la force d'un vieil usage (2) !

A première vue, il semble que dans le *Registre criminel de Saint-Martin des Champs* on ne distingue pas les deux formes de procédure. Nulle part on n'y trouve les termes de procès extraordinaire ni de procès ordinaire; cependant la chose y est. Toutes les fois qu'il s'agit d'une affaire grave, pouvant donner lieu à l'application d'une peine capitale; nous trouvons quelqu'une des mentions suivantes : « Procès en est fait; — crime; procès en est fait; — procès criminel (3). » Au contraire, lorsque les données de l'information ne révèlent pas un crime grave, ou que le rapport du *mire juré* déclare que la victime est

---

(1) Nous consacrons plus loin un chapitre entier à la théorie des preuves légales; nous n'avons pas voulu briser l'exposition de cette matière importante.

(2) Voy. Dupaty : *Mémoire pour trois hommes condamnés à la roue*. Paris 1786, p. 20. — *Réquisitoire* de Louis Séguier, pour demander la suppression du mémoire de Dupaty, p. 30, 31 : « Il est vrai que la dernière question qui a été faite à ces prisonniers porte qu'on leur a demandé *s'ils vouloient s'en rapporter aux témoins*, et qu'ils ont répondu : Oui, s'ils disent la vérité. Cette question est de stylo dans tous les premiers interrogatoires; il n'en est aucun où elle ne se trouve. Elle ne suppose ni plainte rendue, ni information ordonnée, ni témoins entendus. Elle ne peut, ni abuser, ni tromper, ni alarmer les prisonniers. »

(3) PP. 43, 66. Note de M. Tanon : « On rencontre une mention semblable dans la plupart des affaires capitales. On désigne principalement par là la procédure inquisitoriale faite par le juge dans les cas criminels graves. Bouteiller nomme procès extraordinaire celui qui a lieu en *graves crimes et énormes*. » Voy. p. 78, 81, 121, 169, 177, 180, 186, 187, 188, 219, 220, 221.

« hors de péril de mort et méhaing, » on observe que les parties plaident au civil (1). Cela ne signifie pas qu'il n'y ait là qu'une affaire purement civile, comme nous dirions aujourd'hui, car souvent une amende est infligée (2), mais simplement qu'il n'y a point lieu à une peine criminelle, et qu'on poursuivra le *procès à l'ordinaire*, suivant les règles de la procédure civile, qui à l'origine étaient aussi celles de la procédure pénale. Le *Registre* dans un passage s'exprime fort nettement à cet égard : « Informacion en est faite et convertie en civil, et a amendé l'offence de nostre sauvegarde (3). » L'ordonnance de 1670, ne tiendra pas un autre langage (4).

Dans le *Registre de Saint-Martin* on ne constate pas l'emploi de la torture; mais il faut remarquer que l'on ne donne pas le détail du *procès*, et que presque toujours ceux qui sont justiciés après procès fait, sont déclarés « avoir confessé. » D'ailleurs, dans un cas spécial, le greffier remarque expressément que la confession a été obtenue sans torture : « Jaquet, filg de Jehan Duderot, de l'aage de nuef ans ou environ, détenu en nostre prison, pour cause de ce que il, sans contraincte ou espouvantement de *gehine*, confessa (5). » Parfois on employait pour obtenir un aveu des procédés qui rappellent la menace de la question, la simple *présentation*, plus tard pratiquée (6).

---

(1) P. 35. « Mis hors crime, — absous du civil; » — p. 76. « Et plèdent au civil, sont eslargis à demain; — p. 127. « Ils procèdent; » — p. 94. « Raporté le périlg hors par Emmeline la duchesse; denunciation criminelle; — civil, ils procèdent; » p. 116 « Crime rapporté, civil. »

(2) P. 82 : « Civil — par amende. » P. 83 : « Crime — rapporté — civil et amende. » — P. 93 : « Civil — amende. »

(3) P. 97.

(4) Ord., tit. xx, art. 3 : « S'il paroit avant la confrontation des tesmoins que l'affaire ne doit pas estre poursuivie criminellement, les juges recevront les parties en procès ordinaire. Et pour cet effet ordonneront que les informations seront converties en enquêtes. » Voy. Jousse, sur cet article : « C'est ce qu'on appelle civiliser un procès ou renvoyer les parties à fins civiles. Cependant on peut dire, tout bien considéré, que cette procédure ne fait pas cesser l'action criminelle; mais qu'alors cette action cesse seulement d'être poursuivie par la voye extraordinaire, pour commencer à être poursuivie par la voye ordinaire. »

(5) P. 51. Voy. *Introduction*, p. LXXXVIII à XCI.

(6) « Et apres la gent Saint-Martin les ramenèrent arrière, à Noisi, et les menèrent à fourches (à la potence), et firent semblant pendre les. Ils ne voudrent

Enfin, il est intéressant de voir dans son ensemble, quelle était, à la fin du xiv⁰ siècle, la jurisprudence de la première prévôté de France, qui, sans doute, devait servir d'exemple aux autres.

Dans le *Registre criminel du Châtelet de Paris*, qui va, nous le savons, de 1389 à 1392, il n'y a pas un seul cas d'accusation véritable, c'est-à-dire par partie formée. Sans doute le terme (1) d'accusation apparaît assez fréquemment, mais il est aisé de voir qu'il ne s'agit en réalité que de dénonciations. Toujours c'est la justice qui poursuit d'office; le plus souvent, il est vrai, elle agit à la demande des intéressés ; la plainte de ceux-ci porte alors divers noms « dénonciation, requeste, pourchaz, clameur; » au fond ce sont toujours des dénonciateurs. Il est à remarquer que le procès ne s'engage pas toujours d'une façon parfaitement régulière, si l'on se reporte aux règles posées plus haut. Selon ces principes, en effet, toute poursuite d'office, sauf au cas de flagrant délit, doit débuter par une information. Dans le *Registre*, parfois le procès s'ouvre par une information, que le greffier a transcrite (2); ailleurs, une information est visée sans être reproduite (3); généralement, c'est sur la simple dénonciation de partie que le juge procède et fait arrêter l'accusé (4); parfois, c'est la partie qui elle-même le fait prendre (5) directement par

riens confesser ledit murtre, et pour ce que il n'estoit pas prouvé bien à plein contre eus, la gent Saint-Martin les bannirent à Noisi, en la court de Saint-Martin, à tous jours et sur la hart, de toute la terre Saint-Martin. » P. 229. Il s'agit de gens qui s'étaient *mis en enquête*, et peut-être emploie-t-on contre eux ce stratagème parce qu'on ne pouvait pas les torturer d'après les règles établies plus haut. Voy. M. Tanon, p. xcix : « Ils furent admis à se mettre en enquête. Le résultat de l'enquête devait, en pareil cas, déterminer l'acquittement ou la condamnation sans qu'il fût permis de recourir à la question. »

(1) Certains passages semblent même reproduire fidèlement les anciennes distinctions; II, 279 : « Contre lui d'aucuns autres cas l'en n'a informacion, denonciacion ou accusacion de partie. »

(2) Voy. p. ex. II, p. 20, 441, 352; cf. I, 523.

(3) I, p. 330, 382, 406; II, 239, 525.

(4) Voy. p. ex. I, 376. On pourrait être tenté de croire que dans ces cas si nombreux une information préalable a toujours existé, sans qu'il en soit fait mention; mais ce qui montre qu'il n'en est pas ainsi, c'est que parfois, après l'arrestation et le premier interrogatoire, ordre d'informer est donné : Voy. I, p. 256; II, p. 77.

(5) I, p. 14; cf. I, 212, 365.

un sergent. A ce point de vue la dénonciation conserve l'énergie de l'ancienne accusation ; ajoutons, que quand on procède ainsi, il est de règle que le dénonciateur, en plein jugement, en face de l'accusé présent, affirme sa plainte par serment, fournissant ainsi au prisonnier une première occasion de se défendre (1). La détention préventive existe dans tous les cas sans exception (2) ; et on ne trouve pas ici un seul exemple de mise en liberté sous caution.

Si maintenant on entre dans le vif du procès, on constate l'emploi constant des deux plus odieux moyens d'instruction que connaîtra la procédure extraordinaire, je veux dire le serment de l'accusé et la torture. Pas une seule fois on ne manque de faire jurer à l'accusé qu'il dira toute la vérité : il jure « aus sains Euvangiles de Dieu, sur le dampnement de l'âme de lui et sa part qu'il entendoit à avoir en paradis, qu'il dira vérité de ce que l'en li demandera (3). » Quant à la question, il est très-rare qu'elle ne soit pas infligée à l'accusé ; peu importe que celui-ci ait déclaré accepter l'enquête de la façon la plus nette (4), et

---

(1) I, 158, 173, 175, 344, 365, 393 ; II, 6, 7, etc. C'est un trait que nous avons déjà relevé dans le *Registre de Saint-Martin des Champs*. Cf. *Coutume de Bragerac*, art. xii (B. de Richebourg, IV, 2, p. 1014) : « *Item* aliquis Burgensis non debet capi nec arrestari pro aliquo crimine, nisi in flagranti seu recenti crimine, aut de dicto crimine fuerit publice diffamatus, aut denunciatio fiat contra eum de dicto crimine ; qui quidem denuncians debet jurare ante captionem dicto bajulo... dictam denunciationem se scire vel credere fore veram, et hoc etiam tenetur facere coram parte denunciata antequam dictus denunciatus respondeat dictis propositis contra ipsum. »

(2) Il y a un écrou régulier des prisonniers, I, 202 ; d'ailleurs tous ne sont pas traités de même ; les uns sont mis « tout seul en une prison, » I, 202, 204 ; d'autres emprisonnés en commun, II, 285. Tantôt ils peuvent librement communiquer avec le dehors, I, 245 : « Fu fait mettre en la prison que l'en dist la Fousse, afin que chascun peust parler à lui ; » tantôt, au contraire, cette communication était interdite : II, 83. « La femme dudit Hays estoit alée oudit Chastellet pour parler à son mary, et que elle avoit en une bourse que elle avoit sur elle très-grant quantité de florins dont elle avoit présenté deux florins au geolier, mais que elle peust parler à sondit mary ; lequel geolier n'en avoit voulu riens faire. »

(3) I, 74. Lorsqu'il s'agit de Juifs, on suit pour le serment la coutume juive. II, 44 : « Joesne d'Espaigne et Salmon de Barselónne juifs.... après ce qu'ilz orent esté fait jurer en leur loy, en mettant la main sur la teste qu'ils diroient vérité... congneurent et confessèrent. » Cf. II, 132. — Le serment de l'accusé est du reste exigé par le chapitre xli de la *Coutume de la Ville et Seplène de Bourges*, plus haut cité.

(4) I, 285 : « Dit que des choses dessus dites il se rapporte à la voix et com-

qu'il y ait des témoins oculaires (1); alors môme qu'il y aurait aveu, le juge est autorisé à employer la torture, s'il soupçonne, qu'outre les méfaits qu'il confesse, l'accusé en a commis d'autres. Voici un passage qui révèle bien l'esprit de cette jurisprudence: « Par ledit mons. le prevost fu demandé ausdis presens conseillers qu'il estoit bon à faire dudit prisonnier, et s'il avoit assez confessez par quoy il deust prendre mort. Tous lesquels furent d'oppinion que, quant de présent, il ne leur estoit pas d'advis que bon feust que l'on procedast à la condempnacion dudit prisonnier, pour si petit de larrecin qu'il avoit cogneu avoir fait, mais délibérèrent que ycellui prisonnier feust par plusieurs fois mis encore à question, pour savoir plus à plain les autres crimes et deliz par luy faiz, commiz et perpetrez (2). » Il semble que jusqu'à un certain point on confondait alors deux institutions plus tard distinctes, la question préparatoire et la question préalable. Les jugements qui prononcent la torture sont motivés généralement sur les variations de l'accusé et sur sa basse et suspecte condition (3).

Le juge du Châtelet savait d'ailleurs varier et graduer la question selon le tempérament des accusés et les besoins de la cause. C'était généralement la question de l'eau qui était employée, et il semble que tantôt on faisait boire l'accusé, tantôt on jetait de

---

mune renommée dudit pays... Requis se de la commune renommée de son estat et gouvernement et aussi de ladite accusation il se veult rapporter et croire ou dit et deposicions de Adenat le Brebiat, Jehan Beautas et Perrinet Beautas, qui présent estoient pour ce en jugement par devant ledit prisonnier, dit par son serment que ouyl pour mort et pour vie, et qu'il scet et cognoist iceulx estre gens de bonne vie, fame et renommée; » on le torture, p. 287. — Cf. II, 361, 381, 407, 448.

(1) II, 81, 85.
(2) I, 207. Cf. I, 463 : « Nonobstant ladite confession le firent l'andemain remettre par deux fois en gehaynne, pour savoir et enquérir se desdites poisons I, savoit autre chose que confessé n'avoit, ne se il savoit aucuns autres qui en fussent consentans ou coulpables. »
(3) Voy. p. I, 196 : « Veu l'estat de sa personne qui est femme de péchié et petite renommée. » Dans un cas où la question n'est pas donnée en constate que l'accusé « est homme honeste, non souffreteux ou indigent d'argent, parce qu'il est bien vestu et honnestement. » (II, 28.) Cf. *Coutume de Bragerac* (Bourdot de Richebourg, IV, 2, p. 1015), art. XVI : « Si captus fuerit dictus Burgensis pro crimine capitali publico vel manifesto et sit talis conditionis quod ipsum oporteat quæsitonare. »

l'eau sur lui (1) : à cet effet, il était étendu et lié tout nu sur un chevalet (2); il y avait deux modèles de chevalet, « le petit et le grand tresteau, » ce qui introduisait une gradation dans les tourments (3). Il y avait encore d'autres sortes de questions plus rudes, celle de la « pelote » (4) et peut-être celle de « la courtepointe » (5). Parfois on modère les rigueurs, on questionne « doulcement » (6).

Il paraît que la question pouvait être indéfiniment réitérée; sa répétition n'avait d'autres limites que l'obstination du juge ou la force de résistance de l'accusé (7). C'était là un terrible moyen d'instruction; mais il faut avouer qu'il réussit généralement à arracher la vérité aux justiciables peu intéressants du prévôt de Paris. Le plus souvent, dès qu'ils sont mis à la question, ils commencent une confession générale des moins édifiantes; la liste des vols et des meurtres s'allonge indéfiniment sous la plume du greffier. Étant donné l'état d'insécurité et les brigandages que révèle le *Registre criminel*, on comprend que les hommes de ce temps se montrassent rudes et durs envers les accusés. Mais d'autre part, parfois la question prête son appui redoutable aux préjugés de l'époque, et vient confirmer les plus regret-

---

(1) I, p. 145 : « Et avant ce que l'en lui donnast à boire eau ou que l'en en jettast aucune sur lui. » I, 179 : « Ainsi comme l'en lui est donné un petit à boire. » Presque à chaque page on trouve ces expressions : « Comme on li veult donner de l'eaue, » « Comme len ot mis un petit d'eaue sur elle. »

(2) « Fu dépouillé, mis et lié à la question. » Expressions qui reviennent sans cesse. V. p. ex., I, 264 : « Ladite Marguerite fu feite despoiller, liée à la question par les piez et par les mains. »

(3) Voy. p. ex., I, 207 : « Fu icellui prisonnier mis à question sur le petit et le grant tresteau. » — 248 : « Fu mis à question sur le petit tresteau, et ainsi comme len le voult mettre sur le grand tresteau, requist à grand instance que len le meist hors. »

(4) I, 212 : « Fu de rechef ramené et mis à la question de la pelote. » — II, 54 : « Pour ce que aucune chose ne voult confesser fu mis à la question de la pelote. »

(5) II, 203 : « Fu dépouillé tout nu, mis, lyé et estendu à la question de la courtepointe sur le petit tresteau. »

(6) I, 241 : « Furent d'opinion que... icelluy prisonnier feust mis doulcement à question. » — II, 523 : « Sauf tant que, pour sa vieillesce, il feust une seule foiz et doulcement traitié et questionné. »

(7) Margot de La Barre est torturée quatre fois (I, 330, 333, 335, 353). — Regnault de Poilly « pour plus avant savoir la vérité par sa bouche fu mis à question par cinq fois en plusieurs et divers jours. » (I, 432.)

tables erreurs. Dans un procès de sorcellerie, torturée pour la quatrième fois, une femme finit par avouer qu'elle a vu le diable et lui a parlé. « Et lors... s'apperu à elle un annemi en façon et estat des ennemiz que l'en fait aus jeux de la Pacion, sauf tant qu'il n'avoit nulles cornes. Li dist ses paroles : Que demandes-tu ?.. Et elle qui parle li dit... et vit, elle qui parle, issir, par une fenestre qui estoit ouverte en sa chambre, ledit ennemi; et à l'issir dudit hostel, fist icellui ennemi grant noise, et en manière de tourbeillon de vent, dont elle qui parle ot moult grant paour et freour (1). »

Il est des tempéraments assez robustes cependant pour résister à ces souffrances, des hommes qui sauvent leur vie, quoique le juge en ait. Thevenin de Braine a été mis quatre fois à la question sans rien avouer; alors « attendu l'estat de sa personne qui est homme pervers, de dure et mauvaise voulenté, lequel par sa confession l'en ne puet attaindre des délits par lui fais et commis, que quant aucun commet crime, qu'il ne appelle pas tesmoins pour veoir faire icelli, et considéré que, pour ses délis fais et commis, il a autrefois esté banni et audit ban acquiescé... et qu'il est homme incorrigible... delibérèrent et furent d'oppinion que à toujours du royaume de France icelli Thevenin de Brayne feust bany, sur peine de la hart (2). »

Pour que l'aveu obtenu à la question pût servir de fondement à une condamnation, il fallait d'ailleurs qu'il fût maintenu en dehors de la torture. Aussi le *Registre* constate que chaque fois

---

(1) I, p. 356. Dans ce procès curieux il s'agit de sortilèges qui rappellent vaguement la seconde idylle de Théocrite. Une courtisane, Marion l'Estalée, est réellement éprise de son amant qui va se marier; elle fait pratiquer par une amie plus âgée, Margot de La Barre, de naïfs et inoffensifs enchantements. Marion fut torturée trois fois et Margot quatre ; toutes deux furent brûlées vives.

(2) II, 147; cf. I, 163 : « Attendu... que lesdits prisonniers ont cogneu et confessé le moins qu'ils ont peu, l'estat d'iceux et peine de prison par eulx soufferte, délibérèrent et furent d'oppinion que iceulx prisonniers feussent tournez ou pilory es hales, ilec crié les causes de leur jugement, et, en après, baniz de la ville, viconté et prévosté de Paris à toujours. » — I, 506 : « Attendu que icellui Berthaut est homme vacabond, et l'estat d'icellui, que il estoit bon que de rechief il feust mis encore une fois à question, et s'il ne confessoit autre chose que dit est dessus, qu'il feust mené en la cherete jusques à la justice de Paris, et que illec li coppast l'oreille destre et feust bany a toujours de la dite ville de Paris et à X lieues environ. »

on mène le patient transi de froid, épuisé et meurtri, à la cuisine du Châtelet, là on le fait chauffer et on le réconforte (1); puis en jugement on l'interroge à nouveau, sans aucune autre contrainte que la foi du serment. S'il se rétracte, l'aveu précédemment obtenu perd sa force; il est vrai que le prisonnier doit alors s'attendre à ce qu'on le remette à la torture; il en est pourtant qui retirent à chaque fois leur confession, et échappent ainsi à la mort (2).

Voilà des traits qui marquent lugubrement cette procédure du Châtelet de Paris, il faut dire qu'il y a des côtés moins sombres au tableau. Le *Registre criminel* montre que l'accusé pouvait encore présenter assez librement sa défense. Sans doute nous ne voyons jamais celle-ci conduite par un avocat, mais le prisonnier peut discuter les témoignages qu'on produit contre lui et présenter sa justification. Nous avons dit que souvent le procès ne commence point, comme la règle le voudrait, par une information. Alors, s'il y a des témoins à entendre, fréquemment ils sont amenés dans l'auditoire et déposent en la présence même de l'accusé, qui a toute faculté de les contredire (3). Lorsqu'il y a une information, plusieurs passages montrent que l'accusé la connaît (4). Si l'on procède à la seconde partie du procès, à l'*enquête*, nous trouvons plusieurs fois qu'on suit la marche déjà tracée dans

---

(1) La formule ordinaire est : « Si fu mis hors d'icelle (question) et mené choffer en la cuisine en la manière acoustumée; » parfois il est dit quelque chose de plus, I, 167 : « Après ce qu'il ot esté très-bien eschauffé, vestu et réchauffé. » — II, 373 : « Après ce qu'il ot esté bien et longuement chauffé; » — I, 321 : « Après ce qu'il ot beu et mengié, choffé et soy refreschi, fut derechef ramené en jugement. »

(2) Procès de Joesne d'Espaigne. II, 53-6; il est seulement « bany du royaume. » Cf. I, 438, ssq.

(3) I, 134 « : Auquel prisonnier, ouyes les déposicions cy-dessus escrites, faites en sa présence par lesdiz Gilet et David, fu demandé, etc. » I, 303 : « Avant que l'en procedast plus avant à l'encontre desdiz prisonniers, ledit chevalier seroit envoyé querre d'office de justice, à certain jour, pour estre examiné sur ce que dit est en la présence desdiz prisonniers. » I, 313. (il s'agit d'herbes trouvées sur l'accusé, qu'on suppose être vénéneuses) : « Pour ce, en sa présence, fu fait venir Richart de Bules, herbier,... ausquel lesdites herbes dessus dites furent monstrées. »

(4) I, 407 : « Nye avoir oncques... dit les parolles dont est faicte mencion en l'informacion. » I, 260 : « Quant aus paroles contenues en ladite informacion, que l'en dist par elle avoir esté dites, il ne sera ja sceu ne trouvé. »

Beaumanoir; les témoins sont amenés en présence de l'accusé et prêtent serment devant lui, afin qu'il puisse présenter ses causes de récusation, mais ils déposent hors de sa présence, devant l'*enquesteur* seul (1). Mais, selon le principe traditionnel, on donne connaissance des dépositions au prisonnier; on lui en donne lecture : « Li demandé et requis, que sur la déposition d'icelle Marion, qui li feut leue, elle deist vérité (2). »
— « Après la depposicion Gieffroy Olivier, à lui leue mot après autre, se rapporta et creut du tout, pour ou contre lui ou dit d'icellui (3). » Parfois l'accusé demande qu'on fasse de nouveau déposer le témoin en sa présence et l'obtient. « Macete, femme Hennequin de Reuilly... requise se elle se veult rapporter ad ce que la dite divine (*devine*, sorcière) vouldra de ce dire et déposer pour elle ou contre elle, dit par son serment que non, et que voulentiers elle le orra parler, et pour ce... ledit mons. le prévost fit venir et attaindre en jugement icelle Jehanne de Brigue que l'on dit estre divine..., en la présence de laquele Macete (4). » D'ailleurs, afin d'éviter toute difficulté, il arrive aussi qu'après l'information, au lieu de procéder à l'enquête dans la forme ci-dessus décrite, on fasse déposer les témoins en plein jugement en présence de l'accusé : « Par l'oppinion desdiz conseillers fu dit... que Margot... et Jehennette du Blé, examinées en ladite informacion, seroient derechief faites jurer, oyes et examinées en la présence dudit prisonnier. Et, ce fait, et incontinent furent mandées en jugement icelles femmes, ès depposicions desqueles icellui prisonnier... se rapporta ; lesqueles furent examinées et déposèrent en la présence dudit prisonnier (5). »

(1) Voy. en particulier II, p. 20 et suiv.; quatre dépositions sont rapportées; il est dit pour chaque témoin qu'il a été « juré en la présence de Charlot le Convers (l'accusé)... oy et examiné en l'absence dudit Charlot; » ils sont interrogés, comme dans Beaumanoir, « sur les faiz de la rebriche cy-dessus escripte. »

(2) I, 264.

(3) I, 415 ; cf. II, 290, 347.

(4) II, 320 ; I, 350 : « Démandé se... elle s'en vieult raporter et croire en ce que ledit Ancel en dira et deposera. Laquele Margot dist que a ouyl, mes que elle le ouyst parler et qu'il jurast en sa présence. Et pour ce fu fait mander en jugement le dessus dit Ancel lequel... dist et déposa en la presence d'icelle Margot. »

(5) II, p. 81.

Si la justice est dure, elle cherche cependant à tenir la balance égale. L'accusé peut prouver son innocence (1); dès qu'il invoque quelque fait justificatif, *alibi* ou autre, on s'empresse de lui en faciliter la preuve. S'il s'agit de faits simples à vérifier et que les témoins à entendre soient proches, le juge les fait immédiatement quérir (2); ou encore on envoie un examinateur du Châtelet pour recueillir le témoignage (3), « Ouye la confession duquel prisonnier, commandé fu audit maistre Nicolas Bertin que il se transportast devers icelle dame de Fymes et sceut d'elle se ce que ledit prisonnier avoit dit estoit vray ou non (4); » ou enfin on ouvre une information régulière, « Commandé audit maistre Jehan Soudan qu'il parlast et examinast ledit Ancel Gohier et autres qu'il verroit que bon seroit, pour savoir se l'*alibi* proposé par ladite Margot estoit vray ou non, et que ce que fait auroit en ceste partie il rapportast le lendemain matin, ou le plus tost que bonnement porroit (5). » Contre les sentences de torture, l'accusé n'avait qu'une ressource, c'était d'en appeler au Parlement. L'appel, formé d'un mot, suspendait l'exécution de l'interlocutoire, et il est plusieurs fois intenté dans le *Registre criminel;* mais nous voyons aussi que constamment le Parlement confirme la jurisprudence du Châtelet (6).

La procédure criminelle, telle que nous venons de la montrer, bien que les grandes lignes en fussent déjà fixées, était encore

---

(1) Disons en passant qu'une fois, dans le *Registre*, il est question de la provocation au duel judiciaire; mais il s'agit d'une pauvre fille, dont nous avons parlé plus haut, qui se défend désespéremment et qui sans doute a entendu causer des gentilshommes. I, 344 : « Disant... qu'il n'en estoit riens, mais avoit menti et mentoit faussement icelle Marion, en li offrant et baillant son gaige de bataille. »

(2) II, 345 : « Fu par ledit lieutenant commandé à Jehan Vilete, sergent à verge, que hastivement il alast en ladite rue de la Vennerie et feist venir toutes les femmes tenans establies de ferrer chanvre, pour estre par ledit lieutenant examinées sur ce que dit est. » I, 411 : « Est ordonné que ledit Gieffroy Olivier sera mandé et fait venir en la présence dudit prisonnier. »

(3) II, 232; I, 404; II, 361 : « Commanda au dit maistre Dreue d'Ars que il se transportast devers icelle dame et l'examinast... au mieulx et plus diligemment que bonnement pourroit. »

(4) II, 411.

(5) I, 346.

(6) I, 334; II, 143-4; 299, 415, 428.

hésitante et variable sur certains points. Elle devait donc se préciser encore. C'est ainsi que nous voyons s'introduire le récolement des témoins. Selon un usage ancien, ce n'était pas le juge lui-même qui entendait les témoins dans l'information et recueillait leurs dépositions par écrit, mais un délégué spécial. Le plus souvent c'était un sergent, parfois un praticien, qui informait assisté d'un notaire; parfois il existait près des juridictions des fonctionnaires spéciaux chargés de cet office et portant le vieux nom d'*enquesteurs*. « Le procureur du roy et la partie civile font faire information du cas commis par un sergent royal ou de seigneur haut justicier, appelé avec luy un notaire royal ou de cour laye; et en aucuns lieux on prend mandement du juge pour ce faire, en autre on prend de l'enquesteur du siège, auquel on vient les rapporter; en autres, il n'y a que l'enquesteur qui puisse besoigner information, ce qui n'est pas raisonnable et vient à trop grande foule des parties : en autres lieux, on ne prend point de mandement de juge (1). » Ces usages étaient pleins d'inconvénients, ils remettaient les intérêts les plus graves aux mains d'un officier subalterne; pour les corriger on admit que le juge devrait lui-même entendre de nouveau le témoin, ce fut le *récolement* : « On ne récole point, dit Ayrault, les témoins examinés par le juge, sinon qu'on lui oste la cause, comme à juge suspect (2). » Cela d'ailleurs suppose que l'ancienne division du procès en *information* et *enqueste* était devenue lettre morte et que l'enquête telle que nous l'avons décrite était tombée en désuétude; sans doute, que l'accusé y consentît ou non, on avait admis que toujours « l'information vaudrait enqueste. » L'information tendra jusqu'au bout à absorber le reste du procès. En même temps que s'établissait le récolement, comme l'accusé, dans la procédure extraordinaire, ne recevait point copie ni communication de l'information, l'usage s'introduisit de le confronter isolément avec chaque témoin. C'était le moins qu'on pouvait faire, et c'est à ce moment que l'accusé devait faire valoir ses reproches,

---

(1) Imbert, *Pratique*, l. III, ch. 2, n° 2 (édition de 1604); cf. Ayrault, *op. cit.*, l. III, art. 1, n° 40. Bien que les auteurs cités soient du xvi° siècle, les usages qu'ils constatent remontent plus haut.

(2) *Op. cit.*, liv. III, art. 2, n° 38.

s'il en avait à présenter. Quant à produire de son côté des témoins, il est probable que bientôt il ne put le faire, à moins que le juge ne lui en accordât l'autorisation après que les témoins de l'accusation avaient été entendus, récolés et confrontés.

Dans un pareil système, ce qui restait de l'ancienne procédure accusatoire devait forcément disparaître. L'accusation de partie formée s'éteint au XVIᵉ siècle sans qu'aucune loi l'ait supprimée : « Est à noter qu'aujourd'huy les parties formées ne sont reçues en France, scavoir est qu'on puisse arrester quelqu'un et faire mettre en prison pour cause de délict, sans informations précédentes, encore que celuy qui se rend partie formée veuille tenir prison comme l'autre (1). » — « Véritablement il n'y a pas longtemps qu'il se faisoit, et tel accusateur s'appeloit partie formée, mais nous ne pratiquons plus cela. Et si je ne l'ai jamais veu arriver qu'une foys; c'estoient deux estrangers incogneus et qui n'avoient pleiges... por ce qu'ils estoient inconneus et qu'ils l'offroient, je les y receus (2). » Désormais nous ne trouverons plus qu'un véritable accusateur, le procureur du roi ou des seigneurs; la peine est infligée dans un intérêt général, non plus pour satisfaire le désir de vengeance d'un particulier : « Nous avons deux manières d'accusateurs, dit Imbert, les uns qui poursuivent l'intérêt du roi et de la chose publique, que que nous appelons les gens du roy, scavoir l'avocat et procureur du roi ou des seigneurs ayant haute justice, (ils) tendent à punition corporelle et amende honorable et pécuniaire contre le délinquant; les autres demandent réparation de leur intérêt civil, qu'ils ont souffert à cause du délit commis en leurs personnes ou en leurs biens et ne tendent point à punition corporelle par nostre stile, combien que selon droit commun peuvent tendre à punition corporelle et à réparation de leur intérêt (3). » Les particuliers lésés ne disparurent point du procès, ils y demeurèrent, comme nous l'avons dit en parlant de la dénonciation, pour demander des dommages et intérêts. De là vient la constitution de partie civile, l'un des traits les plus originaux de notre procé-

---

(1) Imbert, *Pratique*, III, ch. 1, nᵒˢ 11, 14.
(2) Ayrault, *op. cit.*, liv. III, art. 1, nᵒ 15.
(3) Imbert, *Pratique*, II, ch. 1, nᵒ 3.

dure criminelle. La personne lésée est bien réellement partie au procès criminel; elle produit des témoins; c'est même elle qui entame la cause en demandant au juge la permission de *faire informer,* comme on dira jusqu'aux derniers jours de l'ancien droit. Les actes de la procédure sont encore faits en son nom et à ses frais (1). Alors à vrai dire le ministère public est non point partie principale, mais *partie jointe* (2). La constitution de partie civile est en réalité un mélange de l'ancienne accusation de partie formée, et de l'ancienne dénonciation de la partie lésée; dorénavant elle se distinguera nettement de la dénonciation; dans cette dernière le particulier se fait simplement l'instigateur d'un procès, où le procureur d'office figure seul.

(1) « Le plus souvent le procureur du roy et la partie civile sont ensemble demandeurs, et lors la partie civile fait tous les frais du procès criminel. » (Imbert.)

(2) « Est défendu par les Ordonnances royaux au procureur du roy de non se joindre avec aucune partie civile, sans information précédente. » Imbert, *Pratique,* III, ch. 1, n° 3.

CHAPITRE TROISIÈME.

La procédure criminelle d'après les Ordonnances des XVe et XVIe siècles.

I. Les Ordonnances de 1498 et de 1539 : le procès criminel au xvie siècle. — II. Protestations contre l'Ordonnance de 1539 : Constantin, Du Moulin, Pierre Ayrault. — III. La procédure criminelle et les États-Généraux du xvie siècle.

Nous venons de traverser une période de transition et de formation. Dans ce développement, qui avait modifié si profondément la procédure criminelle, l'agent dont l'influence s'était surtout fait sentir, c'était la jurisprudence des siéges royaux. A vrai dire elle avait tout fait; le pouvoir législatif, c'est-à-dire le pouvoir royal, n'était intervenu que pour confirmer, dans quelques brèves indications des Ordonnances, des règles déjà connues et admises. Ce sont les juristes et la pratique qui introduisent et établissent dans la procédure criminelle cette dualité de formes, qui la divise en procès ordinaire et extraordinaire, clef de voûte de tout l'édifice. Mais une fois que l'évolution fut accomplie, le système étant arrivé à son entier développement, la Royauté vint le fixer dans le cadre de la loi. Des Ordonnances célèbres, à la fin du xve siècle et dans la première moitié du xvie, enregistrent les grandes règles désormais établies; elles précisent certains points où la pratique était flottante ou abusive. Si elles introduisent quelques rigueurs nouvelles, on peut dire que, même en cela, elles ne font que hâter ce que la pratique allait produire, que généraliser peut-être ce qu'elle avait introduit en tel ou tel lieu. De ces Ordonnances les plus importantes de beaucoup sont celles de 1498 et de 1539 (1).

(1) L'Ordonnance très-étendue de 1507 (Isambert, XI, p. 464, ssq.), n'est qu'une adaptation, faite pour la Normandie, des Ordonnances antérieures; pour les matières criminelles en particulier, les art. 184 et suivants ne font que reproduire les art. 106 et suivants de l'Ordonnance de 1498.

I.

L'Ordonnance de 1498, dans la partie qui nous intéresse, a surtout pour but de distinguer nettement la procédure ordinaire et la procédure extraordinaire, d'indiquer comment on choisit l'une ou l'autre voie, et quelles formes on suit de part et d'autre. Tout d'abord il doit être fait une information, pièce tenue secrète pour tous si ce n'est pour les gens du roi (1). « Après délibération prise sur lesdites informations, sera fait un dictum par écrit, signé de la main de celui qui les aura vües et rapportées, qui contiendra les provisions tant d'ajournement personnel, prise de corps et autres (2). » On procède donc, s'il y a lieu, à la citation ou à la capture, puis vient l'interrogatoire (3), qui, immédiatement avec les informations, est communiqué aux gens du roi (4), afin qu'ils prennent leurs réquisitions. C'est ici que la procédure va se bifurquer : « Art. 108. Et ce fait sera appointé que l'on procédera extraordinairement, ou si les parties seront oüyes. » Si on se décide pour ce dernier parti, les parties « seront oüyes en jugement en pleine auditoire, avant que y donner appointement, et ce fait, seront lesdites parties appointées par nos dits baillifs, senechaux et juges, ou leurs lieutenants ainsi que raison devra (5); » c'est-à-dire qu'on procédera aux enquêtes et aux plaidoiries suivant les anciennes formes (6). Ce-

(1) Art. 120 (Isambert, XI, p. 367); art. 96, ssq. (p. 362).
(2) Art. 98 (p. 362).
(3) Art. 106 : « Que tous emprisonnez, arrestez ou ajournez à comparoir en personne, seront par nos dits baillifs, senechaux et juges, ou leur lieutenans, interrogez à toute diligence, et seront les matières expédiées sommairement et de plein, nos avocat et procureur et les parties (parties civiles) oüyes. »
(4) Art. 107 : « Sans ce que rien en soit monstré ou communiqué aux parties. »
(5) Art. 107.
(6) Art. 119 : « Les parties sont appointées contraires et en enquestes. » Art. 118 : « Sera la matière plaidoyée publiquement. » Cf. Ordonn. de 1493 (Isambert, XI, p. 241). Art. 84 : « Et quant aux matières des prisonniers et gens ajournez à comparoir en personne, ou autres qui cherront en plaidoirie, nous voulons et ordonnons que nostre dit avocat, qui plaidera la matière pour nous, récite bien au long les charges, informations et confessions, et prenne conclusions pertinentes, à ce que les délinquans puissent connoistre leurs fautes et que ce soit exemple à tous. »

pendant une procédure plus rapide peut être suivie ; le procureur du roi ou la partie peuvent déclarer qu'ils veulent prendre droit par la confession de l'accusé ; « ils bailleront leurs conclusions par écrit seulement, ausquelles le confessant pourra répondre afin de atténuation tant seulement, et ce fait, leur sera fait droit ainsi que de raison (1). »

Si au contraire on décide qu'il sera procédé par la voie extraordinaire, l'ordonnance s'occupe de préciser les deux traits qui distinguent celle-ci, le secret et l'emploi de la torture : « Art. 110. Quant aux prisonniers et autres accusez de crime, ausquels faudra faire procès criminel, ledit procès se fera le plus diligemment et secrètement que faire se pourra, en manière que aucun n'en soit averti, pour éviter les subornations et forgemens qui se pourroient faire en telles matières, en la présence du greffier ou de son commis, sans y appeler le geolier, sergens, clercs ou serviteurs, et tous autres qui n'auront le serment à nous et à justice (2). » Quant à la torture, l'Ordonnance de 1498 contient des dispositions, qui sont en réalité un adoucissement de la pratique antérieure. Elle ordonne d'abord que la sentence, qui prononce la question, soit rendue après une délibération sérieuse (3) ; surtout elle défend de renouveler la torture, tant qu'il n'y a pas de présomptions nouvelles, « art. 114. Nous défendons à tous nos baillifs, senechaux et juges ou leurs lieutenans, qu'ils ne procèdent à réitérer de nouveau ladite question ou torture au dit prisonnier sans nouveaux indices. » Si l'on

---

(1) Art. 109 ; cf. art. 108.

(2) Art. 110. Il ressort de ce texte et aussi de l'art. 108 que le jugement qui ordonnait le règlement à l'extraordinaire n'était point prononcé en auditoire et les parties entendues.

(3) Art. 112 : « Et lesdits procès faits à toutes diligences dessus dites, jusques à la question ou torture, nos dits baillifs, senechaux et juges, ou leurs lieutenans feront délibérer ladite question en la chambre du conseil, ou autre lieu secret, par gens notables et lettrez, non suspects ne favorables, et qui n'auront esté du conseil des parties, présens, ou appelez nos avocat et procureur. » C'est exactement le *Conseil* que nous avons vu dans le *Registre du Châtelet*. Dans un autre article, l'ordonnance de 1498, à propos de la question à donner aux « essoreillez, bannis ou vagabons, » parle encore des *jugeurs* : « Art. 94... Sans déroger toutes voyes aux coutumes, usages et droits observez en plusieurs lieux particuliers de nostre royaume, où on a accoustumé de juger lesdits criminels en assistance, *par hommes jugeans*. »

se rappelle la pratique attestée par Bouteiller et par le *Registre du Châtelet*, on constatera qu'il y a là un réel progrès. On prescrit aussi de dresser un procès-verbal, contenant « la forme et manière de ladite question, et la quantité de l'eau qu'on aura baillée audit prisonnier, et par quantes fois la réitération de la torture si aucune en y a (1), les interrogatoires et réponses, avec la persévérance du prisonnier, la constance ou variation, et le lendemain de ladite question, sera derechef interrogé ledit prisonnier hors du lieu où aura eu ladite torture pour voir sa persévérance et sera le tout écrit par ledit greffier (2). » Sans doute l'accusé n'avait connaissance des charges que par les confrontations dont parle l'article 111 (3); mais d'autre part il paraît qu'on l'admettait à proposer ses défenses dès le début, et qu'on en recevait aussitôt la preuve, conformément à ce qui s'était pratiqué jusque-là : « Art. 111. Se feront toutes les diligences nécessaires de plus amples informations, récollemens ou confrontations de témoins, ou pour la vérification de l'alibi, ou autre fait si aucun en y a, recevable pour ou contre le prisonnier, le plus diligemment et secrètement que faire se pourra, en manière que aucun n'en soit averti. » Enfin la sentence de condamnation était prononcée en présence de l'accusé (4). Si « par le procès

(1) On pouvait donc dans la même séance remettre plusieurs fois l'accusé à la question; ce qui était défendu, c'était de recommencer quand cette séance était terminée.

(2) Art. 113. On donnait ainsi à l'accusé vingt-quatre heures de réflexion, après la torture.

(3) Voyez cependant Ordonnance d'avril 1510 sur la réformation de la justice, etc., rendue d'après le résultat de l'assemblée des nobles tenue à Lyon (Isambert, XI, 575, ssq.), art. 47, « Pour obvier aux abus et inconvéniens, qui sont par ci-devant advenus au moyen de ce que les juges des dits païs de droit écrit ont fait les procès criminels des dits païs en latin, et toutes enquestes pareillement, avons ordonné et ordonnons, afin que les témoins entendent leurs dépositions et les criminels les procés faits contre eux, que dorénavant tous les procès criminels et les dites enquestes... seront faites en vulgaire et langage du païs. »

(4) Art. 116 : « Nos dits baillifs, senechaux et juges, ou leurs lieutenans, prononceront leur sentence en plein auditoire ou en la chambre du conseil, lui estant en la charte ou prisons, selon les louables coutumes des lieux, esquels lieux de l'auditoire ou de ladite chambre sera mené ledit prisonnier et lui sera prononcé ladite sentence ou la présence du greffier qui l'enregistrera au livre des sentences. »

extraordinaire duement fait on n'auroit pu rien gagner, et il seroit besoin oüir les parties et les recevoir en procès ordinaires, nos dits baillifs... ordonneront que les parties seront oüies par le conseil à certain jour, auquel le prisonnier sera mené en jugement et la matière plaidoyée publiquement (1). » Quant à la mise en liberté sous caution, il semble qu'elle n'était admise que lorsque la procédure ordinaire était suivie (2). On le voit, l'Ordonnance de 1498 est remarquable en ce qu'elle contient un exposé d'ensemble de la procédure; elle est importante, surtout en ce qu'elle prescrit le secret absolu dans le procès extraordinaire. Désormais il existe une loi formelle repoussant la publicité, dont nous avons trouvé des restes dans la pratique des XIV° et XV° siècles. Le public est chassé de l'auditoire des tribunaux criminels, et il n'y rentrera pas de longtemps.

Mais l'Ordonnance la plus importante en matière criminelle fut celle que rendit François Ier à Villers-Cotterets au mois d'avril 1539, sur la justice et abréviation des procès. Modelée sur une autre Ordonnance précédemment rendue pour la réforme du style de Bretagne, cette œuvre du chancelier Poyet, lequel subit plus tard la dure loi qu'il avait faite, fixa définitivement en France les règles de la procédure criminelle. Bientôt même on s'imagina qu'elle avait introduit tout ce qu'elle consacrait; et, d'autre part, l'Ordonnance de 1670 ne fera que recueillir, en le précisant dans ses détails, en l'aggravant parfois dans ses rigueurs, le système qu'elle avait organisé. Il est donc utile de s'arrêter ici un instant pour exposer ce système, en éclairant le texte de l'Ordonnance par les observations des auteurs qui la commentèrent.

Cette procédure criminelle se distingue tout d'abord par un certain nombre de traits saillants et caractéristiques. Dans tout procès, le procureur du roi ou du seigneur est dorénavant partie; sans doute, s'il y a une partie civile, il n'est que partie jointe, mais dès lors existe ce principe que l'instruction criminelle exige le concours de deux magistrats, le procureur qui

---

(1) Art. 119.
(2) Art. 119. Une Ordonnance du mois d'octobre 1485 sur la prévôté de Paris, (Isambert, XI, p. 147, ssq.), contient d'intéressants détails sur les prisons.

requiert, le juge qui instruit. Le procès se divise en deux périodes d'une durée fort inégale; l'instruction et le jugement. La première, démesurément enflée, comprend toute la recherche des preuves que va fixer l'écriture, et elle est aux mains d'un seul juge; c'est « le juge criminel, » comme diront les textes, parlant toujours au singulier, c'est-à-dire le lieutenant criminel ou le juge seigneurial. Ce n'est que lorsque tout est prêt, que l'accusé comparaît devant le siége entier, s'il y en a un; et ce tribunal n'a pour s'éclairer que la procédure écrite et le dernier interrogatoire de l'accusé. Tout est écrit; et tout est secret, l'instruction et le jugement; ce dernier le plus souvent n'est appuyé sur aucun motif.

Exposons maintenant la suite entière d'un procès. Désormais, sauf le cas de flagrant délit, où l'on saisit le coupable qu'on interroge sur-le-champ, toute procédure criminelle commence par l'information (1). Celle-ci est entreprise soit sur la plainte de la partie civile, qui obtient permission de faire informer (2); soit sur la plainte du procureur du roi ou du seigneur, qui, averti par une dénonciation ou autrement, requiert le juge; soit enfin par un acte spontané du juge, qui peut toujours se saisir d'office, c'est là un droit que maintient l'Ordonnance de 1539 (art. 145). Les témoins, cités par la partie civile ou par la partie publique, sont entendus un à un et secrètement, soit par le juge, soit par des officiers spéciaux appelés enquêteurs, soit le plus souvent par un simple sergent assisté d'un notaire royal (3). La déposition de chaque témoin devait être rédigée « tout au long, » mais il paraît qu'il n'était point

---

(1) Sinon quand il s'agit de délits si légers, que la partie lésée puisse d'emblée agir à *l'ordinaire*.

(2) Toute plainte de la partie lésée est nécessairement une constitution de partie civile; on ne connaît pas encore la distinction de ces deux choses.

(3) Imbert, *Pratique*, l. III, ch. 2, n°s 2 et 3. Cf. *Le style de la cour de Parlement*, par Philbert Boyer, dernière édition revue après la mort de l'auteur, 1610: « Faudra bailler la dicte requeste (pour avoir commission de faire informer) à un clerc au greffe criminel, qui dressera la commission suivant icelle, adressant au juge ou enquesteurs des lieux, ou au premier sergent sur ce requis. — Laquelle information sera faite en la présence d'un adjoint homme de bien, qui ait serment à justice. »

nécessaire qu'elle fût relue et le témoin requis de signer (1).
C'était un grand mal que cet emploi des subalternes dans un
acte si important, « n'y a si homme de bien qui ne soit mis en
peine par ces sergents et notaires... et font l'information grosse
ou maigre selon le désir de la partie, non pas selon que les
tesmoins véritablement dient (2). » L'ordonnance de 1539 tolérait cette pratique ; « les juges, dit l'article 145, *informeront* ou
feront informer (3). »

L'information faite et remise au juge criminel, celui-ci devait la communiquer au procureur du roi, pour demander ses
conclusions, lesquelles étaient données par écrit (art. 145) :
« l'information faicte et communiquée à nostre dict procureur,
et veues ses conclusions, qu'il sera promptement tenu mettre
au bas des dictes informations, sans salaire en prendre. » Il ne
paraît pas qu'il y eût communication à la partie civile. Selon
les conclusions, le juge laissait dormir l'affaire, ou lançait le
décret, c'est-à-dire l'ordre qui devait faire comparaître l'accusé. L'Ordonnance de 1539 était vague à cet égard : « Sera décerné, disait-elle, telle provision de justice qu'il aura été à
faire selon l'exigence du cas (art. 145). » Mais la jurisprudence
avait introduit deux sortes de décrets, celui d'ajournement personnel et celui de prise de corps (4). Les « adjournements personnels doivent estre exécutés comme les adjournements simples en matière civile, sinon quand l'accusé est homme craint
et redouté et accoustumé d'excéder sergents, et qu'on n'ose l'aller adjourner en sa personne ou à son domicile, le juge mande
et permet de l'adjourner par cri public, à son de trompe au lieu
du marché ou autre auquel il y a affluence de gens plus pro-

---

(1) Imbert, III, ch. 13, nos 13, 14.

(2) *Ibid.*

(3) Parfois des *monitoires* étaient décernés ; c'étaient des ordonnances du juge d'Église, affichées aux portes des églises et lues au prône, enjoignant à tous les fidèles de déclarer au curé ce qu'ils savaient concernant tel crime ; le curé recueillait les dépositions et les envoyait sous cachet au juge criminel. Dans cette pratique il y a comme un écho de ces dénonciations que les fidèles faisaient jadis sous la foi du serment dans la *judicia synodalia* ; peut-être faut-il même chercher dans ces derniers l'origine des monitoires.

(4) Imbert, III, ch. 2, n° 3.

chains de sa maison (1). » Le décret de prise de corps avait pour effet de constituer l'accusé en état de détention préventive; « selon le droict commun, il n'estoit permis de prendre aucun au corps dans sa maison, mais aujourd'huy on le peut prendre en sa maison pourvu que ce soit de jour et non de nuict et avec deux records, et non avec grand assemblée de gens et port d'armes; et qu'on ne rompe rien en la maison et qu'on n'y prenne rien; toutefois si les portes sont fermées on les peut rompre (2). » Le décret de prise de corps ne devait intervenir que dans les cas graves; « en ce est requise grande prudence en un juge, dit Imbert, qu'il ne baille décret de prinse de corps sinon de crime public et qu'il y ait grand matière. » Cependant aucun texte ne liait le juge; il était seulement nécessaire qu'il y eût information précédente, encore les exceptions à cette règle étaient-elles nombreuses (3), et la liberté individuelle ne trouvait dans ces principes qu'une faible garantie.

L'accusé, comparaissant ou saisi, devait être interrogé par le juge « incontinent bien et diligemment (4). » L'interrogatoire avait lieu « dans la maison d'iceluy juge ou dans la chambre criminelle ordonnée pour ce faire, » et c'était un grand art que celui d'interroger, un art terrible et perfide trop souvent, qui mettait l'accusé à la discrétion du juge. L'accusé devait répondre sans avoir l'assistance d'un conseil et sans avoir eu connaissance de l'information (5). Il prêtait aussi le serment de dire la vérité. Cette odieuse formalité n'était cependant imposée par aucune loi, mais elle résultait d'un usage déjà bien ancien, comme nous l'avons constaté. Imbert est formel sur ce point : « Le juge, dit-il, doit en premier lieu lui faire faire serment de dire

---

(1) Imbert, III, 3, n° 1.
(2) *Ibid.*, III, 5, n° 2.
(3) On peut commencer par le décret, non-seulement s'il y a flagrant délit, mais encore s'il s'agit « d'un homme non réseant, pauvre et non ayant biens immeubles, ou que le délict soit tel qu'il fust vraisemblable que quelques biens qu'il ait il s'absentera..... alors il est permis de prendre sans information et par après la faire » (Imbert). C'est d'ailleurs la pratique que nous avons relevée dans le *Registre criminel du Châtelet;* ci-dessus, page 124.
(4) Ord. de 1539, art. 146.
(5) Ord. de 1539, art. 146 et 162.

vérité et après l'interroge (1). » Toutes les réponses étaient recueillies par écrit : « Faut que le greffier escrive sous le juge tout ce que le juge lui dictera et nommera. »

Si l'accusé avait avoué dans son interrogatoire, cette pièce était communiquée au procureur du roi, qui voyait s'il voulait prendre droit par elle, c'est-à-dire requérir jugement, sans plus de forme. S'il était de cet avis, ce qui, d'après la théorie des preuves alors en vigueur, n'arrivait pas dans les cas graves, on communiquait également l'interrogatoire à la partie civile. Les deux parties donnaient alors leurs conclusions par écrit et celles-ci étaient communiquées à l'accusé « pour y répondre par forme d'atténuation seulement (2). » Dès lors, il ne s'agissait plus que de comparaître pour recevoir jugement. Si, au contraire, les parties ne voulaient point prendre droit par l'interrogatoire, ce qui arrivait toujours en cas de dénégation de l'accusé, ce qui arrivait parfois en cas d'aveu, il y avait lieu au règlement du procès à l'extraordinaire, ou au renvoi en procès ordinaire. A cet effet, le juge, toujours seul, rendait un jugement interlocutoire. Avant l'Ordonnance de 1539 les trois parties en cause, ce qui comprend l'accusé, posaient leurs conclusions à l'audience oralement ou par écrit (3) : « La litiscontestation, dit Imbert, est quand, après l'audition du prisonnier, les parties comparent par devant le juge, et déclare le prisonnier, en venant en personne avoir été oüy et son audition communiquée aux advocat et procureur du roy et requiert estre absous ou à tout le moins, estre receu en procès ordinaire et eslargy en baillant caution... et par le demandeur partie civile est insisté au contraire et requis qu'il soit procédé contre l'accusé extraordinairement par récolement et confrontation de tesmoins, et avoir pendant procez provision d'aliments et médicaments. Et en aucun lieux comme

---

(1) L. III, ch. 10, n° 2. Le texte latin antérieur à l'ordonnance n'est pas moins net : « Judex ergo primum ad nudandam veritatem reum jurejurando adigit. » Stile de Boyer : « Puis le commissaire faict comparoître devant luy l'accusé, auquel il fait faire serment de dire la vérité, » p. 238 *recto*.

(2) Ord. de 1539, art. 148; cf. Ordon. 1498, art. 109.

(3) Voy. cependant ce que nous avons relevé dans l'ordonnance de 1498; ci-dessus, p. 137, note 2. Le texte d'Imbert, que nous citons, paraît montrer que la pratique n'avait pas sur ce point suivi rigoureusement la loi.

en la cour de Parlement l'advocat du roy plaide le faict de l'accusation contenue en l'information et conclust qu'il soit procédé extraordinairement comme dit est, et en autres lieux ils mettent leurs conclusions au pied de l'audition (1). » C'était le moment pour l'accusé de présenter sa défense avec quelque avantage, surtout s'il était assisté d'un avocat, bien qu'il n'eût point en communication de l'information (2). Mais l'Ordonnance de 1539 (art. 162), « abolit tous les styles, usances et coustumes par lesquelles les accusés avaient accoustumé d'estre ouys en jugement pour scavoir s'ils doivent estre accusez et à cette fin avoir communication des faicts et articles concernant les crimes et délits dont ils etoient accusez, et toutes autres choses contraires à ce qui est contenu cy dessus. » Dorénavant donc les seules conclusions de la partie publique et de la partie civile étaient soumises au juge par écrit; l'accusé n'avait plus la parole. Cependant, conformément à l'Ordonnance de 1498, lorsque le juge se décidait pour la procédure ordinaire, il devait préalablement entendre toutes les parties en jugement; l'article 150 ajoute en effet, « sinon que la matière fût de si petite importance qu'après *les parties ouïes en jugement* l'on deust ordonner qu'elles seroient receues en procès ordinaire. » Sauf ce cas très-rare, le juge rendait un jugement portant qu'il serait procédé extraordinairement, et il fixait un délai aux parties pour procéder aux récolements et confrontations des témoins (3).

(1) *Pratique* d'Imbert, l. III, ch. x, n° 6.

(2) Voy. *Notice sur les archives du Parlement de Paris*, dans Boutaric : *Actes du Parlement*. « Les registres subsistants de la fin du xv° siècle et ceux du xvi° jusqu'à l'année 1529 sont de la catégorie des plaidoiries. — Après une lacune de plusieurs années, le premier registre qui se présente dans la série ordinaire est un de ceux du conseil de Nov. 1535 à Nov. 1536. Depuis cette époque on ne trouve plus de registres de plaidoiries et tous sont du conseil jusqu'à la fin de ce siècle. Il n'est pas exact de dire, comme le chancelier Séguier dans ses *Mémoires sur le Parlement de Paris*, que la Tournelle ne donnait pas audience au temps de son établissement. Le contraire résulte des termes mêmes de l'édit d'avril 1515 qui la rend permanente. Il n'en a plus été de même sous l'ordonnance de Villers-Cotterets, d'août 1539; elle prohibait le ministère des avocats dans les affaires criminelles (tome I, p. 227). »

(3) Ord. 1539, art. 151; Imbert, l. III, ch. xii, n° 1. L'ordonnance déclarait même que, ce délai expiré, le procès serait jugé sur les pièces déjà existantes, sauf l'octroi d'un second délai, pour cause importante, mais Imbert nous apprend

Pour le *récolement*, les témoins étaient assignés de nouveau ; « le juge faict faire premièrement serment au témoin qu'il veut récoler de dire la vérité, et s'il se doute que le tesmoing soit forgé, il luy demandera qu'il luy die ce qu'il scait du fait de l'accusation, qu'il luy récitera en brief, sans luy dire sa déposition contenue dans l'information, et s'il voit qu'il die au plus près de la dite déposition, il la luy fera lire par son greffier, et après icelle lue il luy demandera par le serment qu'il a faict, si elle contenoit vérité, et fera escrire ce en quoy il persistera et en quoy il corrigera sa première déposition (1). » Immédiatement après venait la confrontation du témoin avec l'accusé : « Et s'il persiste et charge le défendeur incontinent luy sera confronté le dict tesmoing, scavoir est le juge fera venir par devant luy le défendeur présent le tesmoing, et leur fera faire serment de dire la vérité, et après les interrogera, s'ils se connoissent bien, et si le défendeur est celuy duquel le tesmoing parle par sa déposition et récollement (2). » La confrontation avait un double but, permettre à l'accusé d'alléguer les reproches qu'il pouvait faire valoir contre le témoin, et en second lieu le mettre à même de combattre directement les charges qui s'élevaient contre lui ; c'est la première fois que cette occasion lui est offerte, dorénavant il ne la retrouvera plus. L'Ordonnance de 1539, renchérissant sur ce qui était observé jusque-là, décidait qu'à ce moment même, avant la lecture de la déposition qui allait lui être faite, l'accusé devait proposer tous ses reproches. « Art. 154. Auparavant que lire la déposition du tesmoin en la présence de l'accusé, luy sera demandé s'il a aucuns reproches contre le tesmoin illec présent, et enjoint de les dire promptement, ce que nous voulons qu'il soit tenu de faire, autrement n'y sera plus receu, ce dont il sera bien expressément adverty par le juge... Art. 155. Ne sera plus reçeu l'accusé (après la lecture) à dire ne alléguer aucuns reproches contre le dit tesmoin. » C'était lui mettre le

que « la dicte ordonnance n'est point gardée, ains les juges royaux et autres baillent encore aujourd'huy trois ou quatre délais, comme auparavant, dont les pauvres prisonniers sont fort vexés. »

(1) Imbert, III, ch. 13, n° 9.
(2) Imbert, *ibid.*, n° 9.

couteau sur la gorge. Cependant la pratique était un peu moins sévère ; elle admettait que l'accusé pouvait demander un délai pour fournir ses reproches.

On procédait alors à la lecture de la déposition : « S'il n'allègue aucuns reproches et déclare n'en vouloir alléguer, ou demande délay pour dire ou bailler par escrit, le juge lira, présent le défendeur et le tesmoing, la déposition du tesmoing ; et demandera au tesmoing et après au défendeur si elle contient pas vérité et fera escrire ce qu'ils en diront (1). » La confrontation, bien qu'insuffisante comme moyen de défense, puisqu'elle avait lieu en secret et sans l'assistance d'un conseil, offrait cependant quelque ressource à un accusé habile et intelligent. Il pouvait par ses observations amener le témoin à se rétracter ou à se contredire. Les témoins n'étaient point en danger s'ils se rétractaient : « Le tesmoing n'est point tenu par son récollement et confrontation de persister en sa déposition rédigée par escrit en l'information, et peut impunément varier et muer sa déposition (2).» Tous les témoins étaient-ils confrontés? Il semble que l'Ordonnance n'exigeait la confrontation que pour les témoins à charge, qui persistaient au récolement ; « cependant, dit Imbert, plusieurs gens de grande expérience confrontent tous les tesmoings tant ceux qui chargent que ceux qui ne chargent point. »

Jusque-là l'accusé n'avait joué dans le procès qu'un rôle passif ; il avait enfin pu discuter, lors de la confrontation, les témoins produits par les parties publique et civile ; mais il n'avait pu citer lui-même aucun témoin ; il n'avait pas pu prouver directement son innocence. Ne le pourrait-il jamais? On était arrivé sur ce point à une théorie des plus étonnantes et des plus tristement ingénieuses. On n'admettait pas d'une façon générale que l'accusé pût produire des témoins pour prouver qu'il n'était pas coupable. En effet, au point de vue de la pure logique, on ne saurait prouver un fait négatif tel que la non-culpabilité, et avec la théorie des preuves légales il s'agissait, non de convaincre le juge, mais de démontrer des faits précis. Si le fait n'était pas

---

(1) Imbert, III, ch. 13, n° 10.
(2) Imbert, III, ch. 13, n° 12 ; cependant il se demande (n° 14) si le témoin qui a signé sa déposition peut encore varier impunément.

suffisamment prouvé par les témoins qu'avait produits l'accusation, toute preuve de la part de l'accusé était, disait-on, inutile ; si le procès établissait au contraire, par les preuves voulues, que le crime avait réellement été commis et que l'accusé en était l'auteur, celui-ci pouvait seulement faire tomber les témoignages au moyen des reproches qu'il avait proposés, ou prouver que ces témoins étaient subornés, ou enfin proposer certains faits positifs, qui contenaient sa justification. Ces faits, appelés *justificatifs*, étaient de deux sortes ; les uns démontraient indirectement, mais d'une façon indéniable, l'innocence de l'accusé, tels étaient *l'alibi*, la représentation de la personne qu'on croyait morte, la production d'une sentence antérieure condamnant l'auteur véritable du crime (1) ; les autres, sans détruire les faits établis au procès, enlevaient à l'acte toute criminalité ; c'étaient, par exemple, la légitime défense, la folie chez l'agent au moment de l'action. Reproches et faits justificatifs, voilà les seuls moyens de défense laissés à l'accusé. On voit que toujours sa preuve devait porter sur un fait distinct de celui prouvé par l'accusation. Ce n'est pas tout, cette preuve il ne pouvait la fournir que lorsque l'accusation avait produit toutes les siennes ; et encore que de difficultés il rencontrait. Nous avons vu qu'il devait indiquer les reproches au moment de la confrontation ; quant aux faits justificatifs, il devait en principe les alléguer dès son premier interrogatoire : « s'il a quelques faits justificatifs il les doit alléguer en la dicte confession (2) ; » il pouvait aussi les produire dans le cours de l'instruction, toutes les fois qu'il était amené en présence du juge, ou même sans cela, par une requête adressée à celui-ci. Mais les produire n'était pas tout ; il fallait encore, pour les faits justificatifs comme pour les reproches, être admis par le juge à les prouver.

Le procès entier, information, interrogatoire, récolements et confrontations, toutes les pièces en un mot, étaient communiquées au procureur du roi : « S'il trouve que l'accusé ait allégué aucuns faits péremptoires servant à sa décharge ou innocence,

---

(1) Quelques-uns de ces faits, plus tard, furent présentés parfois comme des *exceptions péremptoires contre l'accusation*.

(2) Imbert, ch. 10, n° 4.

comme *alibi* ou aucuns faits de reproches légitimes et recevables, il requerra que l'accusé ait à nommer promptement les tesmoings par lesquels il entend prouver les dicts faicts... ou sinon prendra conclusions de torture ou deffinitives (1). » Sur ces conclusions, le juge statuait ; il pouvait toujours refuser la preuve des faits justificatifs en les déclarant non recevables. Supposons, au contraire, qu'il eût admis la preuve des reproches et faits justificatifs, un dernier obstacle se dressait encore. « $era extrait, disait l'Ordonnance, des faits recevables, si aucuns y en a, à la décharge de l'accusé soit pour justifications ou reproches, lesquels il (le juge) monstrera au dict accusé et lui ordonnera nommer promptement les tesmoins par lesquels il entend informer desdits faits, ce qu'il sera tenu de faire, autrement n'y sera plus receu (2). » Si l'accusé avait pu, à brûle-pourpoint indiquer tous ses témoins, comment étaient-ils produits devant le juge ou l'enquêteur? Ils étaient « ouys et examinés *ex officio* par les juges ou leurs commis et deputez (3), » hors de la présence de l'accusé. C'étaient les poursuivants qui dirigeaient l'enquête à décharge ; les témoins cependant ne pouvaient être reprochés. Le procès-verbal de cette information s'ajoutait au « sac » du procès.

Cependant l'instruction était terminée, restait à demander les conclusions des parties publique et civile, et à porter l'affaire devant le siége assemblé ; « quand le procès est parfaict, le juge ordonne qu'il sera communiqué aux gens du roy, pour y prendre leurs conclusions dedans trois jours (4). » Mais on ne soumettait point au tribunal, sans lui en faciliter la compréhension,

---

(1) Imbert, III, ch. 13, n° 15 ; Ord. de 1539, art. 157. — « Si on permettoit aux accusés de proposer dès le principe leurs faits justificatifs, le jugement qui leur accorderoit cette permission, fatale au bien public, seroit pour eux un titre et une assurance d'impunité ; sous prétexte de faire leurs preuves, les accusés éluderoient indirectement celles qui pourroient les convaincre ; et diminuant la force, l'autorité, le poids des témoins, sans même avoir prouvé leurs faits justificatifs, ils mettroient souvent la justice hors d'état de prouver et sur le crime et sur l'innocence. » Séguier, *Réquisitoire de 1786*.

(2) Art. 158.

(3) Ord. de 1539, art. 159.

(4) Imbert, III, ch. 20, n° 1.

cet amas de paperasses relatant des faits auxquels personne, sauf le magistrat instructeur, n'avait assisté : un juge faisait un rapport sur le procès. Cette institution du rapporteur est une des nécessités de la procédure écrite; elle se trouve toujours à la suite de celle-ci.

Les conclusions du ministère public, au lieu d'être définitives, c'est-à-dire de tendre à l'application d'une peine, pouvaient ne tendre qu'à l'application de la question préparatoire. « Le juge par après met le tout au conseil, et si le cas dont est question est presque vérifié, et prouvé, par manière qu'il ne reste plus que la confession du défendeur, et que le cas soit énorme, et tel que s'il estoit vérifié il requerroit grande punition corporelle, le juge fera délibérer la question en quelque lieu secret par gens notables et lettrez non suspects et favorables, qui n'auront esté au conseil des parties, présens ou appelez les advocats du roy (1). » Dans ce cas, l'Ordonnance de 1539 voulait que la question fût donnée immédiatement, à moins qu'il n'y eût appel (art. 164). Du reste, rien n'était prescrit quant à la manière de la donner, et les usages étaient aussi variés qu'odieux. Hippolytus de Marsiliis avait en Italie soigneusement énuméré quatorze modes de torture, et en France il semble qu'on n'était pas moins fécond : « Par la disposition du droit, les juges ne se doivent servir à la question que de cordes. Et néanmoins, en diverses provinces, les juges et prévots des mareschaux se servent d'autres instruments, comme de riottes, de l'eau pour l'avallement de la serviette, du vinaigre, de l'huile instillée par le gosier, de poix ardentes, des œufs cuits en la braise appliquez sous les aisselles, quelques-uns de froid intolérable, de la faim, de la soif occasionnée par la manducation de viandes extrêmement salées, données à l'accusé sans aucun breuvage; autres par les doigts serrés estroitement et en extrémité ou dans le chien d'une harquebuse ou pistolet, ou liez de petites cordelettes ou ficelles entre divers petits bastons qu'ils

---

(1) Imbert, III, ch. 14, n° 1. Ces gens « experts et lettrez » que le latin appelle « *causidici*, » ce sont les praticiens dont les juges à cette époque s'entouraient encore comme d'un conseil, et qui avaient succédé aux jugeurs de l'époque féodale. Cf. Ord. de 1498, ci-dessus, page 137, note 3.

nomment grésillons, autres par la botte d'une corde, autres par l'escarpin et autres diversement. *Vide Hippolyt. de Marsiliis in commen. super tit. de quæstion. in l. I, ubi ponit quatuordecim species tormentorum diversas.* Mais le tout despend de l'ordonnance du juge (1). » D'autre part, les praticiens semblent avoir en grande considération les sortilèges et drogues, au moyen desquels les accusés cherchaient à se rendre insensibles à la torture. Il faut lire ce que Damhouder raconte comme témoin oculaire et acteur d'un de ces drames, pour concevoir à quelles aberrations peut descendre l'esprit humain (2). Le procès-verbal de torture était dressé ; mais le lendemain on interrogeait de nouveau l'accusé, pour voir s'il persévérait dans ses aveux. Cela était conforme au droit antérieur, mais c'était devenu une pure formalité : « Pour autant qu'il y a plusieurs si fins et si malicieux que quelque chose qu'ils aient confessé en la torture, quand ils sont le lendemain interrogez, ils nient tout, lors on a accoustumé s'arrester à la confession faite en la torture, si elle est vraysemblable et conforme ou approchant au contenu des informations (3). »

Lorsque la torture avait été administrée, ou que du premier coup les conclusions du ministère public avaient été définitives, « tout le procès criminel ainsi faict, doit estre mis par le juge en délibération avec le conseil de son siége, tel que dessus, en présence des advocats et procureur du roy, pour prendre le conseil de ce qui est à faire et doit escrire le greffier les opinions et délibérations. » Alors avait lieu ordinairement un interrogatoire de l'accusé devant le tribunal entier qui allait le juger (4). Mais à aucun moment l'accusé n'était assisté d'un avocat ; l'Ordonnance le déclarait expressément, art. 162, « en matières criminelles ne seront les parties aucunement ouyes par le conseil ne

---

(1) *Le procès civil et criminel*, par Claude Lebrun de La Rochette, à Rouen, 1616, 2º partie, pag. 140.

(2) Damhouder. *Praxis*, ch. 36, nos 21 et ssq. — Lebrun de La Rochette, *op. cit.*, 2º partie, p. 144, ssq.

(3) Imbert, III, ch. 14, nº 6.

(4) Imbert ne parle point d'un interrogatoire de l'accusé devant tout le siége assemblé. Ce dernier interrogatoire, pourtant bien important, était simplement facultatif.

ministère d'aucune personne ; mais répondront par leur bouche des cas dont ils sont accusez. »

La délibération sur la sentence pouvait se présenter diversement. Là où il n'y avait qu'un « conseil » de praticiens entourant le juge, celui-ci ne prenait que des avis non obligatoires ; mais là où il y avait des conseillers ou assesseurs, il semble qu'on décidait la question à la majorité simple (1). Dans ce cas, les juges, suivant Ayrault, opinaient de vive voix ou par *ballotes* (2). « Ce sont formalités qui dépendent des ordonnances ou des stiles des compagnies. Une cour use d'une façon, l'autre d'une autre. Moyennant que tout ce qui est au procès soit veu, il n'y a point de faute à en user diversement (3). » Déjà l'habitude s'introduisait dans les juridictions supérieures de ne pas motiver les arrêts. « Convient entendre qu'en sentence criminelle il faut spécialement déclarer pour quel crime on condamne l'accusé, et qu'ainsi l'observe la Cour du Parlement de Paris, à tout le moins en général : toutesfois les juges royaux ne le gardent point ; ains mettent par leurs sentences ceste clause : pour la punition et réparation des cas dont il est trouvé attaint et convaincu par le procès (4). »

Alors même que la procédure était devenue secrète, pendant quelque temps les sentences avaient été prononcées publiquement, ou au moins en présence de l'accusé ; mais cette dernière trace de publicité avait elle-même disparu : « Par la dite Ordonnance (de 1498), art. 116, est dit que si le prisonnier est condamné à mort ou à autre peine corporelle, le juge prononcera la sentence en plein auditoire ou en la chambre du conseil où sera amené le prisonnier, et lui sera lue sa sentence en présence du

---

(1) « Le juge met le procès criminel avec les dites conclusions en délibération aux notables avocats de son siège non suspects ni favorables. Et combien que par l'ordonnance du Roy Louis le Douziesme, article 115.... soit dict que le greffier doit escrire les opinions des délibérants, toutefois on ne l'observe point ; car le greffier n'assiste point à la dicte délibération, sinon où il y a des conseillers que le juge est contrainct appeler es jugements des procez, et conclure à la pluralité des opinions desdits conseillers. » Imbert, III, ch. xx, n° 4.

(2) Bulletins ; anglais : *ballot*.

(3) *L'ordre et formalité, etc.* iii, art. 4.

(4) Imbert, III, ch. xx, n° 6.

greffier qui l'enregistrera aux livres des sentences... mais on ne garde aujourd'hui ceste forme, ains le juge envoie son dicton au greffier, lequel le prononce au prisonnier en la chambre du concierge, où il fait venir le prisonnier (1). »

Dans tout le cours de cette procédure l'accusé avait tenu la prison. Au xiv° siècle, nous avons constaté que la liberté provisoire, moyennant caution, était assez libéralement accordée; mais les caractères généraux de la nouvelle procédure devaient l'exclure. Ici encore l'Ordonnance de 1539 consacra une rigueur inconnue au passé : « Art. 152. Es matières subjectes à confrontation ne seront les accusez eslargys pendant les delays qui seront baillez pour faire la dite confrontation. » Ce n'était donc que quand le procès était réglé à l'ordinaire que la mise en liberté sous caution était admise (art. 150). Bientôt nous allons entendre Ayrault protester contre la maxime qui faisait de la détention préventive une règle sans exception. Cependant certains indices montrent que l'Ordonnance en cela n'était point toujours respectée; « en matière de peu d'importance, dit un homme qui vivait à la fin du xvi° siècle, là où il n'y eschet aucune punition corporelle ou criminelle, les juges ont accoustumé d'eslargir les accusez en baillant caution ou à leurs cautions juratoires, ou bien à la garde d'un huissier ou sergent. L'on pourroit dire et respondre à cela que l'Ordonnance y résiste et que les criminels ne doibvent estre eslargis jusques à ce que les récollements et confrontations soient fais, et que cela gasteroit un procès et qu'il seroit impossible d'avoir preuve d'un crime qui demeureroit impuni ; mais la réplique est prompte, fondée sur la raison naturelle, nécessaire et péremptoire, qui est que lorsque l'Ordonnance fut faite, les faux tesmoins n'estoient pas en si grande abondance qu'ils sont à présent. Cela se voit ordinairement et journellement, tellement que l'on faict autant et plus d'exécutions de faux tesmoins que de tous autres crimes. Ce que j'en dis n'est que pour l'horreur et détestation de cet abominable crime de faux tesmoins, non pas que je veuille amener une pratique nouvelle; mais tout ainsi que la malice des meschans s'aug-

---

(1) Imbert, III, ch. xx, n° 5.

mente il est aussi nécessaire d'user de nouveaux remèdes (1). »

Ainsi toutes les garanties de la défense disparaissaient peu à peu. La procédure était devenue absolument secrète, non-seulement en ce sens que tout se passait loin des yeux du public, mais en ce sens aussi qu'aucune communication de pièces n'était faite à l'accusé. A celui-ci on avait successivement enlevé l'assistance des conseils et la libre faculté de citer des témoins à décharge. Soumis à des interrogatoires habiles et souvent perfides, menacé de la torture, il était saisi par un terrible engrenage : on peut même constater que depuis l'Ordonnance de 1498 la pression est devenue plus forte; l'Ordonnance de 1539 consacre des rigueurs nouvelles. Cependant l'appel était toujours possible en matière criminelle; et depuis longtemps il était toujours porté devant les juges royaux. Imbert, qui reconnaît encore aux juges seigneuriaux un certain *ressort* en matière civile, ne leur en reconnaît aucun en matière criminelle (2). L'Ordonnance de Crémieu de 1536, confirmant un usage antérieurement établi, donnait aux « appelants de peine afflictive de corps, » la faculté de sauter par-dessus le juge moyen, et d'aller directement du juge inférieur à la cour souveraine, pourvu qu'ils exprimassent formellement leur volonté (art. 22) L'Ordonnance de 1539 alla plus loin. Dans son article 163, elle décida que dorénavant tous appels, en cause criminelle, devaient « ressortir immédiatement et sans moyen en cour souveraine, de quelque chose qu'il soit appelé, dépendant des matières criminelles. » C'était peut-être dépasser la juste mesure; aussi une Déclaration du 21 novembre 1541 décida que la disposition précitée ne s'appliquerait qu'aux « appellations des sentences et jugements de torture et autres peines afflictives de corps, comme mort civile ou naturelle, fustigation, mutilation de membre, bannissement perpétuel ou à temps, condamnation à œuvres ou services publics. » L'appel, ici comme en matière civile, devait en principe être formé aussitôt que la sentence était rendue, mais ce n'était là qu'une apparence même au civil, car on obtenait facilement des lettres « *de relief*, » qui permettaient

---

(1) *Stile* de Boyer. Edit. 1610, partie IV, tit. 12, p. 239.

(2) L'ordre était : 1º le juge seigneurial ou prévôt royal; 2º le bailli ou sénéchal de la province; 3º le Parlement. (Imbert, l. III, ch. II, nos 1-7.)

d'appeler postérieurement; en matière criminelle c'était de droit, « quand l'accusé est prisonnier, il relève toujours de *l'illico* (1). » Il paraît même que le condamné à une peine afflictive n'avait pas besoin de « relever » son appel ; « quand l'accusé est condamné le plus souvent il ne relève point ; car s'il est condamné à la peine corporelle, il est mené avec son procès à la cour ou devant le juge moyen supérieur. » On pouvait interjeter appel, non-seulement des sentences définitives, mais encore de toutes les décisions du juge, décrets, règlements à l'extraordinaire, sentence de torture, etc. En général l'appel avait un effet suspensif.

Nous n'avons pas parlé de la procédure par contumace, depuis que nous en avons décrit les premières formes. Elle avait subi d'assez profondes modifications. Les délais en particulier avaient été changés ; on ne connaissait plus à cet égard de différence entre le gentilhomme et le simple roturier. Le Registre criminel de Saint-Martin-des-Champs contient plusieurs cas, tous concordants, de procédure par contumace. Il y avait un premier ajournement donné à trois jours consécutifs, l'accusé étant ajourné « sur ban, à bouche, » par un ou plusieurs sergents (2). Puis venaient quatre nouvelles citations à quinzaine, dont les trois premières seulement paraissent avoir été rigoureusement exigées (3); au dernier défaut intervenait le bannissement. Voici deux de ces procédures complètes et détaillées : « De l'an LII (1352) Girart de Neelle... fu souffisamment appelé et semons par Philipot de la Villette et Jehan Lefournier nos sergents, à son domicile aus gens de son hostel et aus voisins, segnéfié ledit adjournement pour la souspeçon de la mort de monseigneur Guillaume des Essars... à III jours pour faict de corps, c'est à scavoir au dymenche après la Saint Denys, au lundi et au mardi ensuivans (14, 15, 16 octobre), des quix jours il fu tenuz pour défaillant, et de chascun d'iceux appelez à chascun desdits jours en jugement par Girart la Souris, nostre sergent, et pour ce que depuis

---

(1) Imbert, IV, ch. ɪ, nº 1.

(2) P. 32-74 : « Perrin-Duport à III jours semons à bouche par Phelipot Malgars, et Colin de Montmartre. » Cf. p. 85.

(3) « Fust appelé à venir à nos drois et aus drois du maire et de la cour, une fois II et III et la quarte d'abondant, » pp. 211, 212.

il fu appelé à venir à nos drois et aux droits du maire et de la court, une fois, II, III et la quarte d'abondant, c'est à scavoir pour la première quatorzaine le mercredi veille de Saint Luc évangéliste (17 octobre) l'an CCCLII, au mercredi veille de la Touz Sains (31 octobre) pour la seconde, au mercredi après la saint Martin d'iver (14 novembre) et au mercredi veille Saint Nicolas (5 décembre), des quiex jours il fu tenuz pour défaillant et ne vint ne ne comparut pour prendre droit sur ledit cas; fu banys à tous jours sur la hart en la manière accoustumée (1). » — « 10-12 janvier 1352... fu mis en deffaut Jehan Millon, pour la souspeçon de la mort de feu Symon de Cappeval... et pour ce depuis icelluy Jehan Millon fu appellé aus drois de la cour et du maire dudit lieu, c'est à scavoir par trois fois et à paine de bannissement; et au lieu et en la manière accoustumée, c'est à scavoir pour la première quatorzaine le dymenche après la Tiphaine (13 janvier), pour la première; au dymenche après la Conversion saint Pol (27 janvier), pour la seconde; au dymenche que l'on chante *Reminiscere* (17 février) pour la tierce, et au dymenche que l'on chante *Lætare Jerusalem* (3 mars) pour la quarte, des quix jours il fu tenu pour défaillant, fut banny de toute la terre de monseigneur de Saint-Martin ledit Jean Millon sur la hart (2). »

Dès lors il y a deux phases dans la procédure par contumace; d'abord une citation à trois jours rapprochés, puis trois ou quatre citations à quinzaine. Mais le procès était fort long, l'Ordonnance de 1539 l'abrégea. Elle contient deux articles sur cette matière : « Art. 24. En toutes matières civiles et criminelles où l'on avoit accoustumé de quatre défaulx, suffira d'en avoir deux bien et deuement obtenus, par adjournement fait à personne ou à domicile, sauf que les juges *ex officio* en pourront adjouster

---

(1) P. 311, 312.

(2) P. 213, 214. Parfois le Registre ne donne pas toute la procédure. Ainsi pour un nommé Guillon il indique seulement les défauts pour les trois jours consécutifs de la première citation; le 30, 31 décembre 1332, 1ᵉʳ janvier 1333, p. 32 33. — Pour un nommé Perrin Dupont il en est de même, pp. 74, 75; le 20 janvier 1337 on constate le défaut à trois jours de Jehannin de Senlis (p. 85), puis le 21 janvier 1337 on ajoute : « Par Pons le Maire, Jehannin de Senlis, deffault pour le premier jour pour le cas spécifié au lundi précédent, » et c'est tout; cf. p. 133. Evidemment il y a là des lacunes.

un troisiesme, si lesdits adjournements n'ont été faits à personne, et ils voyent que la matière y feust disposée (1). » — « Art. 25 : Que ès matières criminelles par vertu du premier deffault donné sur adjournement personnel sera donnée prise de corps et s'y il y a deux défaulx sera dict que à faulte appréhender le défaillant il sera adjourné à trois briefs jours avec annotation et saisie de ses biens, jusqu'à ce qu'il ayt obéi. » Ces textes n'étaient pas très-clairs, mais la pratique était assez nette. On constatait d'abord un seul défaut ou deux défauts, suivant que le décret lancé contre l'accusé tendait à la prise de corps ou seulement à l'ajournement personnel : « Quand il n'y a eu qu'adjournement personnel convient obtenir deux défauts avant que procéder par adjournement à trois briefs jours, et par annotation ; mais s'il y a prise de corps, on peut mettre la clause d'adjournement à trois briefs jours et annotation par le même décret (2). » On n'était pas absolument d'accord sur le délai indiqué par ces trois « briefs jours. » D'après Imbert, il faut « qu'il y ait intervalle entre chacun jour de trois jours entiers et francs, quant aux deux premiers...., et quant au dernier et tiers jour il faut qu'il contienne huitaine ou autre terme compétent selon la distance des lieux. » Mais selon Boyer, « lesdits adjournements à trois briefs jours doivent estre distincts et séparez par un même exploict avec compétent intervalle l'un de l'autre comme de dix ou huict jours pour le moins; aucuns tiennent que de style suffit trois jours seulement, toutefois par la loy *ad peremptorum*, ff. *de judiciis*, faut-il qu'il y ait intervalle de dix jours (3). »

La contumace aboutissait à une condamnation véritable et définitive; dorénavant d'ailleurs, avant que celle-ci fût rendue, les charges étaient vérifiées. C'était une idée bien admise, quoique contraire aux lois romaines : « Combien que selon le droit civil on ne peut bailler sentence définitive à l'encontre d'un contumax en matière criminelle, toutesfois nous usons du contraire en ce royaume, ce qui est conforme à plusieurs statuts d'Italie, par lesquels le contumax est réputé comme s'il avait confessé le

---

(1) Cf. Jean des Mares, 58.
(2) Imbert, II, ch. 3, n° 5.
(3) *Stile* de Boyer, p. 234, v°.

délit dont il est chargé (1). » En principe, pour faire tomber cette condamnation, il fallait toujours des lettres du prince ; mais l'idée, qui consistait à considérer la sentence comme pouvant être purgée et anéantie par la représentation du condamné, cette idée s'accentue et va bientôt triompher. Imbert indique que la sentence peut être attaquée par la voie de l'appel, et s'il mentionne qu'il faut ensuite des *lettres* on voit bien qu'elles sont de pure forme : « Donc si l'accusé ne compare en sa personne, on donne sentence de contumace contre lui, mais il se peut porter toujours appelant des sentences de contumace, et après auroit lettres royaux adressans au premier juge royal qui a donné la sentence, par lesquels sera mandé le recevoir à comparaître et ester à droit, nonobstant les sentences de contumace lesquelles seront mises au néant par lesdites lettres en refondant les despens (2). » Boyer va plus loin, il admet que par la représentation la sentence tombe de plein droit (3). Cependant il restera longtemps des traces de l'idée primitive ; Serpillon indique que la question était encore discutée et fut tranchée par un arrêt en 1633 (4).

Dans cette procédure, la saisie des biens du rebelle, que nous avons vue naître à l'époque féodale, était régulièrement organisée ; c'était l'*annotation*. Elle intervenait dès que l'assignation à trois brefs jours avait été donnée (5). L'Ordonnance de Roussillon

---

(1) Imbert, *loc. cit.*; cf. Constantin, *Commentaire sur l'ordonnance de* 1539, p. 56 : « Bartolus... dicit valere statutum vel consuetudinem, quod judex condemnet et procedat contra contumacem, quæ consuetudo viget in toto regno Franciæ. » — On joignait à l'arrêt la clause d'exécution : *Si pris et appréhendé peut être.* Voy. Bornier : Ord. de 1670, tit. 17. Art. 15 : « Cette clause..... vraisemblablement étoit de style ancien, parce qu'anciennement on exécutoit les sentences données par contumace sur les personnes des condamnés s'ils se trouvoient..... comme elle n'étoit introduite que *ad terrorem* et qu'elle n'étoit pas pratiquée en France, l'Ordonnance l'a fort à propos abrogée. »

(2) Ch. 4, p. 663.

(3) « Encores que ledit arrest soit ainsi donné et exécuté, toutesfois le défaillant se peut toujours purger de l'accusation et pour ce faire est tenu de soy rendre prisonnier en la conciergerie du Palais ; et ce fait faudra qu'il lève acte des registres de l'emprisonnement pour poursuivre l'accusation sur l'instruction du procès, autrement estre eslargy ainsi que sera dict cy après. » *Stile*, p. 236, v°.

(4) « On doutoit anciennement si la représentation d'un condamné à mort anéantissoit la contumace. Ce fut la matière d'une contestation qui fut décidée par arrêt du mois de juin 1633. » *Code criminel*, p. 851.

(5) Ord. de 1539, art. 25.

(art. 80), déclare que si les accusés ne comparaissent pas dans l'année après la saisie, « les fruits de leurs héritages annotez et saisis seront acquis à pure perte à qui ils appartiendront. » C'était un trait emprunté au droit romain, qui s'était ajouté à la vieille procédure de contumace, toute coutumière jusque-là. L'Ordonnance de Moulins (art. 28) alla plus loin; elle décide que si la sentence porte confiscation ou amende, les contumax, faute de se représenter dans les cinq ans à compter du jour de la condamnation, « perdront non-seulement les fruicts de leurs héritages suivant nos dictes ordonnances, mais encore la propriété de tous leurs biens adjugez par justice. Et demeureront aux parties civiles leurs adjudications sans pouvoir estre répétées, et à nous et aux seigneurs haut-justiciers ce qui leur aura esté adjugé par amende et confiscation. » Le texte ajoutait que le roi pouvait accorder des lettres pour « recevoir les condamnés à ester à droit et à se purger après le dit temps et leur remettre la rigueur de cette nostre ordonnance. » Les lettres de grâce reparaissaient dans la procédure de contumace. On considéra généralement que cette loi avait abrogé les dispositions de l'Ordonnance de Roussillon. L'Ordonnance de 1670 ne fera que reprendre ces principes, en les développant et parfois en les complétant.

II.

Nous avons vu comment et par quelles dégradations des anciennes formes, s'était lentement constitué le système consacré par l'Ordonnance de 1539. Ce qu'il est moins facile de comprendre, c'est que cette procédure ait été acceptée sans résistance par la nation, et cependant c'est là un fait certain; les Ordonnances que nous venons d'étudier coïncident avec des réunions de représentants du pays, qui pouvaient faire entendre la voix de la France. Cela s'explique cependant. Cette procédure, due en grande partie à la pratique des juges royaux, avait grandi en même temps que la royauté; elle reposait sur un sentiment d'infaillibilité propre et de protection rude, que la Royauté avait emprunté à l'Église et qui faisait sa force intime. Le peuple, sortant de l'anarchie du Moyen-Age, et des grandes guerres contre l'Anglais, déchiré bientôt par les cruelles guerres de religion, sentait avant tout le besoin de sécurité et de paix (1). Mieux qu'aucune autre loi, les nouvelles Ordonnances assuraient la répression des crimes ; à cet égard, elles furent volontiers acceptées et presque populaires. Cependant l'Ordonnance de 1539 ne passa point sans protestations de la part des juristes ; des voix faibles et des voix éloquentes s'élevèrent contre les rigueurs qu'elle introduisait.

Le premier sans doute de ceux qui la commentèrent fut un avocat de Bordeaux, qui écrivait en l'an 1543 (2). Il s'appelait Jean Constantin, et son commentaire est en latin. Ce n'était point un grand esprit, et Néron, dans la préface de son recueil, lui donne peu d'éloges (3). En réalité, c'est un honnête homme, qui n'aime point les prévôts des maréchaux, chose assez remarquable pour son temps (4). Il porte avec lui une érudition indigeste, toute farcie des textes du *Corpus juris* et des œuvres des docteurs italiens, qu'il allègue à tout propos, entassant citations sur citations entre les divers membres d'une même phrase ; mais c'était la mode du temps, et Constantin mérite cependant de nous arrêter un instant. Il représente la pure doctrine des docteurs d'Italie, et il montre bien que, si la France avait emprunté littéralement

---

(1) Pour ne parler que des pièces judiciaires, le *Registre criminel du Châtelet* montre à chaque page les brigandages et l'état d'insécurité, dont souffrait la France à la fin du xiv° siècle.

(2) *Commentarii Johannis Constantini, in jure licentiati curiæ que Parlamenti Burdigalensis advocati, in leges regias seu ordinationes de litibus brevi decidendis recenter editas.* — P. 248 : « Hoc anno millesimo quadragesimo tertio. »

(3) « Dix ans après sa publication parut un commentaire sur cette ordonnance, fait en latin par Maître Jean Constantin, avocat au Parlement de Bordeaux. On ne peut pas disconvenir que cet ouvrage ne soit très-ample, mais certainement il y a dedans peu de choses, si l'on en retranche celles qui sont inutiles, et si l'on diminue le grand nombre de citations dont il est chargé. » *Recueil de Néron*, préface. Paris, 1720.

(4) « Isti latrunculatores et judices maleficiorum quos præpositos marescallorum nominamus, et qui eis talia officia committunt, qui cum deberent esse litterati viri, sunt ignari, et omnium bonorum litterarum expertes, tiranni vindicatores sibi et suis complacentes, pereant a cæterorum commercio et exterminentur tales tyranni et homicidæ et eorum officia bonis viris et litteratis committant. » p. 287.

à ces docteurs certains points de sa doctrine criminelle, la théorie des preuves par exemple, elle avait donné à la procédure inquisitoire une tournure propre et une rigueur que ne connaissaient pas les ultramontains. Les expressions elles-mêmes avaient parfois changé de sens, en passant en France, et Constantin en donne un curieux exemple (1). Au nom des docteurs, il proteste contre les rigueurs de l'ordonnance.

Sur l'article 162, il s'élève contre l'exclusion des avocats : « Practicam antiquam quæ hic tollitur et aboletur meminit Angelus in suo tractatu maleficiorum... ubi dicit quod ipse reus vel ejus advocatus potest interrogatoria facere (2). » Sur les articles 157 et 158, il montre quelles faibles ressources la loi laisse à l'accusé pour sa défense : « Quomodo potest allegare reus aliquid ad suam defensionem si sibi non detur copia (la copie) testium et totius processus? Ideo quæro, numquid facta et completa inquisitione, testes et totus processus debeant publicari et de his fieri copia ipsi reo (3). » Là-dessus il se lance dans une longue dissertation, où il cite toutes ses autorités et d'où il ressort que les docteurs admettaient en principe la communication des pièces, qu'elle était même de droit, toutes les fois qu'il y avait une partie *promovens inquisitionem*. Quant à la disposition qui, pendant tout le procès, arrête la preuve offerte par l'accusé et ne laisse passer à la fin que celle des faits justificatifs, Constantin non-seulement la déclare odieuse, mais se refuse absolument à l'admettre. Voici ce qu'il dit sur l'article 158 : « De severitate hujus articuli satis

---

(1) « Judices maleficiorum in senatu Burdigalensi hoc anno millesimo quingentesimo quadragesimo tertio consedentes, qui, cum me ad se arcessissent, quod quemdam furem sententia torquendum dixissem, et ipsi suo arresto cum suis furtis absolvendum, quæsiverunt inter alia quid erat ordinariè procedere; qui, quum dixissem quod secundum formam et ordinem juris, subridebant dicentes, quod imo procedere ordinarie erat sine confrontationibus et extraordinarie per confrontationes, et quia usus non eram confrontationibus in processu illius furis dicebant me errasse in facto et in jure, et allegabant advocatus et procurator regius l. *Ordo, ff. De publiciis judiciis*; quod plusquam asininum est et tantis viris indignum; sed quia coram ipsis non audebam aperte loqui, ideo tacui : nam aliam esse formam et ordinem juris in criminibus et aliam horum statutorum nemo est qui nesciat. » P. 248.

(2) P. 288.

(3) P. 281-282.

patet ex suprà dictis, maxime in articulo CXLVI ubi habes quod istæ ordinationes, quæ excludunt reum a defensione ante sententiam, sunt omnino contrà jus commune..... licet Angelus dicat talia statuta excludentia reum a defensione valere, ego limito hoc esse verum si reus petat calumniose se admitti ad defensionem alias secus..... quia confesso et condemnato datur defensio ; ergo multa magis non confessus nec condemnatus, volens de innocentia sua probare, admittitur quandoque ante sententiam, si videas eum hoc calumniose non petere, ut puta quia hoc tempore, de quo loquitur ordinatio nostra, non habebat probationes et postea reperit vel alia modo constat de sua innocentia (1). » Sur l'article 162, qui repousse les jugements contradictoires autrefois admis, il est plus énergique encore : « Nota quod dixi articulo CXLIX quod debet assignari terminus reo ad suam defensionem faciendam ; alias non debet damnari... Ita dicit Bartolus, et Imola... quod hanc practicam servat totus mundus, qui quidem terminus tollitur his ordinationibus ut dicto articulo constat. Ergo non servamus illam practicam quam servat totus mundus, juris et justitiæ ignari ; quare dico quod non valet tale statutum per quod tollitur defensio quæ est de jure naturali... cum jus naturale jure civili tolli non possit, et quod judex, ipso non obstante, potest præfigere terminum ipsi reo ad suam defensionem faciendam..... alias poterit lædi innocens, quod non esse debet (2). » Sans doute tout cela, même débarrassé des citations qui l'encombrent, ne forme point de belles phrases ; c'est d'un assez pauvre style ; mais les pensées n'en sont pas moins généreuses.

Constantin n'est pas le seul praticien qui ait blâmé les impitoyables rigueurs de l'Ordonnance ; on trouve aussi çà et là dans Imbert de brèves observations dans ce sens. Mais des voix plus hautes s'élevèrent. Ce fut d'abord celle de Dumoulin, qui a rédigé sur l'Ordonnance de 1539 des notes d'un style bizarre, dans un latin grossier, mêlé de mots français. Quelques-unes de ses observations indignées et brèves ont traversé les siècles, comme une durable protestation. Il a cherché d'abord à res-

(1) P. 284.
(2) P. 291-292.

treindre autant que possible la portée des textes par une interprétation favorable. Voici ce qu'il observe sur l'article 155, qui ne donne à l'accusé aucun délai pour alléguer ses reproches : « Si hoc verbum (*délay*) referatur ad singula et sic ea excludendo, esset barbarica iniquitas : ideò debet intelligi quod implicet non distributive sed collective. Ita quod judex possit dare dilationem modicam arbitrio suo, et sensus est quod verba non excludunt aperte dilationem dari, quod est favorabile (1). » De même il repousse l'interprétation littérale de l'article 157, qui ordonne à l'accusé de nommer incontinent ses témoins pour la preuve des faits justificatifs (2). Mais ce sont surtout deux exclamations qui sont restées célèbres, l'une sur l'article 158, par laquelle il attache au nom de Poyet cette épithète d'impie qui y est restée fixée : « Vide tyrannicam opinionem illius impii Poyeti (3); » l'autre, sur l'article 154, qui n'oblige point le juge à récoler les témoins à décharge : « Vide duritiem iniquissimam per quam etiam defensio aufertur, sed nunc judicio Dei justo redundat in authorem, quia major pars judicum voluit hanc servare constitutionem hoc mense octobris 1544. Sed est perniciosissima consequentia (4). »

Mais plus haut encore que Dumoulin parle un autre homme, qu'on ne saurait assez louer, c'est Pierre Ayrault. C'était un grand esprit et un grand cœur. Dans son principal ouvrage, l'*Ordre, formalité et instruction judiciaire*, nous allons aujourd'hui encore puiser de précieux renseignements sur le droit criminel des Romains; et cette œuvre savante est écrite dans une langue admirable, chaude et colorée. S'élevant bien au-dessus de ses contemporains, il démontra jusqu'à l'évidence les dangers de la procédure criminelle que la France s'était donnée. On nous permettra de citer les principaux passages dans lesquels, soute-

---

(1) *Recueil de Néron*, tom. I, p. 250.

(2) *Ibid.*, p. 251 : « *Nommer* intellige quâcumque demonstratione, quia non semper innocens scit nomina eorum per quos probabitur absentia allegata; *faits justificatifs* : etiam de facto vidi *à Mascon* 1550 *reçu* post 24 menses et dicere etiam variando quæ nova facta *estoient venus à sa mémoire et nommer tesmoins pour a prouver* et ad requestam *du procureur du Roy* et tantum non vocato accusatore. »

(3) *Ibid.*, p. 251.

(4) *Molinæi opera*, t. II, p. 792.

nant une cause imprescriptible, quoique perdue pour longtemps, il revendique l'oralité des débats, la publicité, la liberté de la défense.

Il a su tout d'abord dégager les vices fondamentaux du système qu'il combat, le secret, l'importance funeste des pièces écrites, le pouvoir immense laissé au juge. « On faict de la justice, dit-il, comme des saincts et sacrés mystères, qui ne se communiquent qu'au prestre (1)... Anciennement à Rome et en la Grèce, toute cette instruction, recolement, confrontation et jugement se faisoit à huis ouvert et en public, présent le peuple, tous les juges et parties présentes. Notre stile n'est pas plus contraire en autre chose, car nous requerons si estroictement que les procès criminels soient instruicts à part et en secret, que nous les jugerions nuls si autre que le juge et son greffier y avoit assisté. D'où vient cette différence? Est-ce que la raison seroit autre ès républiques où le peuple a part à l'administration, autre où l'État ne dépend que d'un seul? Il est certain qu'en France nous en usions ainsi il n'y a pas longtemps... Ce n'est donc pas la diversité de l'Estat qui apporte cette différence d'instruction secrète ou apparente... Il est facile à huis-clos d'adjouster ou de diminuer, de faire brigues ou impressions. L'audience est au contraire la bride des passions, c'est le fléau des mauvais juges. Cette instruction publique si elle sert de bride aux mauvais, elle engendre un incroyable los et repos aux bons juges. L'innocent ne sera jamais pleinement absous ou le coupable puny trop justement, il y aura toujours quelque chose à redire si leur procès n'a esté veu, faict et examiné en public. Cette face composée de plus d'yeux, de plus d'oreilles, de plus de testes que celle de tous les monstres et géants des Poëtes, a plus de force, plus d'énergie, pour pénétrer, jusques aux consciences et y faire lire de quel côté gît le bon droit que nostre instruction si secrète (2). » — « Est-il raisonnable d'adjouster foy à ce qu'un juge et un clerc mercenaire rapportent de ce que dix ou vingt ont déposé?... Telles dépositions ne sont ny le dire ny le langage du déposant. C'est l'artifice d'un sergent, d'un

---

(1) *L'ordre et formalité*, etc. Livre III, art. 3, n° 21.
(2) *Op. cit.*, l. III, art. 3, n°s 58, 59, 60, 63, 64.

enquesteur, d'un examinateur, voire d'un juge mesme, s'il l'a receue, lesquels font parler le tesmoin comme il leur semble. N'y a-t-il rien qu'on peut reprendre, si y a-t-il néanmoins grande différence aux termes, et la première grâce, dont a usé le témoin en déposant, n'y est plus, quand nous venons à nos récolements et confrontations ordinaires. J'ay souventes fois ouy dire au feu sieur lieutenant général de ce siége, homme bien advisé, que les tesmoins ressembloient aux cloches. Tout ainsi qu'on leur faict dire tout ce qu'on veut, ainsi le tesmoin, selon qu'il est examiné, et selon les termes dont on orne et habille son dire, charge ou descharge... pour cette occasion il disoit qu'il n'y a rien de si pernicieux à la justice dont nous usons que d'y avoir introduit des mestiers et offices d'ouyr tesmoins. Au rapport d'un examinateur et enquesteur le juge croit à gens qu'il n'a point veus, et s'il les fait revenir d'adventure, ils ne lui chantent le plus souvent autre chose, sinon : qu'on me lise ma déposition, je me tiens à ce qui y est escrit (1). » — « La bouche ment le plus souvent ou se tient close tout exprès de peur de se couper et se surprendre soy mesme, mais nos gestes et mines extérieures, le veuillons ou non, parlent toujours et parlent vray, si ce n'est en une façon, c'est en l'autre (2). »

Jamais on n'a mieux défendu ni dans un meilleur langage la procédure orale et publique. Ayrault ne dépeint pas moins vigoureusement la puissance terrible du juge d'instruction et la faiblesse de la défense. « Je dy que ce qu'il y avoit de plus beau en l'instruction criminelle des anciens estoit que cette action d'interroger les parties dépendoit d'eux mesmes ou de leurs advocats non pas des juges..... C'est avoir bien changé de formalité, veu que la nostre est si contraire que si autre que le juge avoit interrogé l'accusé et s'il l'avoit faict en présence de la partie tout seroit perdu... ostant aux parties ceste faculté de s'interroger, ouyr et examiner leurs tesmoins, nous l'avons tellement attachée au juge qu'il semble que les pauvres parties soient aujourd'huy en curatelle et plus aveugles que ceux qui escri-

---

(1) *Op. cit.*, l. III, art. 3, n° 38.
(2) *Ibid.*, l. III, art. 3, n° 64.

vent en plein minuict..... aujourd'huy que toutes les fonctions qui résidaient aux parties et aux advocats sont en luy (le juge), il faut qu'il approche tellement du nom de ruse et de finesse, s'il veut bien tirer les vers du nez d'un criminel, qu'à grand peine sauroit-on dire si ces artifices se doibvent appeler justice ou circonvention (1). »

C'est surtout la théorie des reproches et des faits justificatifs qui paraît insupportable à la bonne foi d'Ayrault. « Le tesmoignage estoit bien mieux destruict par dispute, argumentation et réfutation faicte à propos que par blasme et repréhension de la personne. Cependant puisque nous sommes sur les reprosches, voyons par manière de disputer si l'ordonnance introduicte par M. le chancelier Poyet, que l'accusé les doit alléguer auparavant qu'avoir entendu la déposition du tesmoin et qu'après la lecture il n'y sera plus reçeu, est juste et équitable... il falloit donc ordonner par le mesme moyen qu'on n'améneroyt jamais tesmoins que les parens, voisins et concitoyens de l'accusé... l'accusé peut-il scavoir à l'instant si le tesmoin est corrompu ou s'il a sollicité contre luy : ses parents, ses amis, ses solliciteurs et procureurs ne peuvent pas mesmes sitost le découvrir, comment le fera-t-il en prison? Car l'invention d'alléguer les reproches auparavant la lecture a apporté qu'à toutes aventures les accusés sont contraints de reprocher, et que la plupart de leurs reproches sont de style... il faut principalement pourvoir aux simples... tous n'entendent pas l'ordonnance, quelque advertissement qu'on leur fasse. Y a-t-il apparence d'establir tellement une formalité que pour ne pas la faire devant ou après, il y aille de la vie ou de l'honneur?... tant de pauvres accusés qui ne scavent ne A ne B ne scavent que c'est que reprocher ou récuser (2). Tout ce que

---

(1) L. III, art. 3, nos 21 et 22. Ces inconvénients sont notés dans Imbert (III, ch. 10, nos 2 et 3), qui donne au juge interrogateur de sages conseils, et blâme les pratiques des magistrats cauteleux.

(2) Imbert proteste également à cet égard : « Lesquelles ordonnances, dit-il, sont merveilleusement rigoureuses, et est advenu à l'auteur d'icelles comme à Perillus ; car c'est chose fort sévère et dure qu'un pauvre prisonnier ennuyé de la prison d'un an ou demy-an, soit tenu nommer promptement ses dicts tesmoins; aussi que le prisonnier n'autre pour lui ne pourra parler aux tesmoins qui viendront pour estre ouys pour luy, et qu'il faut que le procureur du roy, qui est par-

dessus me donne quelque folle hardiesse à dire que je ne scay pas bonnement ce qui meut aussi le dict chancelier Poyet à changer ceste belle et honeste façon de procéder que tout à coup les deux parties faisoient leurs preuves, et que celle qu'il nous a introduicte d'interloquer pour informer des faicts justificatifs et reproches, nous l'ayons tous receue si constamment... D'où peut venir cette invention que l'accusé ne face ses preuves que celles de l'accusateur ne soient faictes et arrêtées... Y a-t-il de la justice à cela que l'un se peine et se tourmente à faire des preuves et que l'autre cependant soit aux escoutes... Le duel ne seroit pas ny juste ni à beau à voir, dont la paction seroit telle qu'un seul tirast le premier tous les coups et l'autre après. Voilà en ce faysant comme aujourd'huy les jugemonts sont arbitraires et les hommes faciles à s'arrester plutost à ce qu'ils se sont imprimez qu'à ce qui est escrit, les accusez au hasard de se voir condamner nonobstant et sans avoir esgard à leurs faicts justificatifs et de reproches : bref, est-ce bien juger un procès que de n'y voir que d'un seul costé ?...... Or en ceste ordonnance que nous attribuons au dict sieur Poyet chancelier, il y a encore deux choses si esloignées des anciennes formes qu'elles font douter de son équité : il est dit que l'accusé nommera ses tesmoins sur-le-champ, et que ce ne sera pas luy qui les fera venir, ains le procureur du roy. Que veut dire cela ? L'accusateur aura delay de faire son inquisicion et l'accusé devinera à l'instant quels témoins peuvent le justifier ! Et ceux qu'il nomme pour sa défense, un tiers les fera venir et non pas luy : son innocence dépendra donc de la fidélité ou prévarication, diligence ou nonchalance d'autruy. Y a-t-il procureur du roy si curieux de la justification de l'accusé que l'accusé lui-même (1) ? »

Ayrault s'élève encore contre l'abus de la détention préventive et des *monitoires*. Après avoir, dans une magnifique amplification, loué la pratique de la liberté sous caution et glorifié

---

tie adverse, les face venir et par adventure on en baillera la charge à un sergent, qui sera pratiqué par la partie adverse du prisonnier. Et par ce seroit bon de modérer un peu les dictes ordonnances. » (III, ch. xiii, n° 16.) Il s'agit là de la preuve des faits justificatifs et des reproches.

(1) Ayrault, *op. cit.*, l. III, art. 3, n°s 50-52.

les anciens de l'avoir admise, voici ce qu'il dit de la prison :
« On la peut quasi mettre aujourd'huy parmi les formalités les plus requises. Il se faict, ne scais comment, que ce qui est quelquefois le plus beau et le plus raisonnable à discourir, l'usage en est toutesfois peu profitable. Il a esté nécessaire pour la sécurité publique laisser les exemples des hommes libres et se servir de ceux des ennemis jurez, des vagabonds, des esclaves, pour lesquels avoient esté inventés les prisons, les questions, les gibets. Toutes nos autres raisons soient si belles et bonnes que l'on voudra, ainsi que le style de nostre justice est composé, l'expérience nous monstre que si les accusez ne tiennent prison, il est impossible d'en convaincre pas un ; il n'y a tesmoin qui ose parler ny jugement qui ne soit illusoire (1). » — « N'y a rien de si vulgaire aujourd'huy que pour avoir preuve et révélation du crime poursuivy ou à poursuivre par devant nous, aller aux monitoires et censures ecclésiastiques. Avons-nous point quelque remarque aux anciens qu'à ces fins ils soient allez mendier de leurs pontifes telles imprécations et malédictions?... j'ai idée que non... d'allécher les tesmoins à prix d'argent ou par crainte d'estre punys par devant Dieu ou devant les hommes ils ne le firent jamais. Comme c'est crime à l'accusé de corrompre les tesmoins de sa partie ; aussi seroit-ce à l'accusateur de les forcer, marchander et achepter. Les anciens enfin estoient plus curieux de leur religion que nous ne le sommes. Le public n'a point tant d'intérêt à avérer et vérifier un crime qu'il remporte de détriment par la profanation et pollution des choses saintes (2). »

On nous pardonnera d'avoir multiplié ces citations ; il n'était pas inutile de montrer que, dans notre pays, le sentiment de la liberté vraie subsistait dans quelques âmes élevées, alors même

---

(1) *Op. cit.*, l. III, art. 2, n° 30. Chose curieuse, quant à l'horrible institution de la torture, nous ne trouvons dans Ayrault que la parole de regret contenue dans ce passage. — Sur la détention préventive, cf. Imbert : « Combien que ce soit beaucoup arbitraire, si est-ce toutesfois qu'il seroit bon de désigner par Ordonnance expresse les cas pour lesquels on pourroit décréter ordonnance de prise de corps, pour refresner la licence que plusieurs juges en cest endroit usurpent. » L. III, ch. 2, n° 4.

(2) Ayrault, *op. cit.*, l. III, art. 2, n° 31.

que les institutions s'en éloignaient le plus. Il n'est pas très-exact de dire que « lorsque les Ordonnances royales changèrent la forme des procès criminels, pour substituer l'instruction écrite aux traditions de la vieille procédure orale, aucune voix ne s'éleva pour rappeler les garanties individuelles (1). » Ce qui est vrai, c'est que ces protestations trouvèrent l'opinion publique indifférente. Le cri douloureux de Pierre Ayrault, que nous recueillons aujourd'hui avec une admiration profonde, tomba alors dans le vide : *Vox clamantis in deserto*. Le pays acceptait avec reconnaissance tout ce qui tendait à réprimer les désordres dont il avait si longtemps souffert. « Vers la fin du Moyen-Age, dit M. Picot, après cette terrible guerre de Cent-Ans qui avait bouleversé la France, la royauté comprenait que le premier besoin de la nation était l'ordre intérieur. On vit alors le pays tout entier s'éprendre avec passion des garanties qui devaient le mettre à l'abri des violences de la force. » D'ailleurs le mouvement qui avait transformé la procédure criminelle en France, se produisait en même temps chez les nations voisines du continent ; il y avait là une force toute-puissante.

III.

Aussi toutes les fois que la nation va parler par l'organe de ses représentants, dans les États-Généraux ou dans les assemblées de notables, elle approuvera la révolution qui s'est faite dans la procédure criminelle. A peine le Tiers-État, par un vague instinct de liberté qui ne l'abandonna jamais, et la Noblesse par un sentiment de jalouse indépendance, élèvent-ils des réclamations sur certains points de détail. A mesure qu'on avance, la satisfaction est plus marquée, et les racines qu'enfonce la nouvelle procédure sont plus fortes et plus tenaces.

Cette approbation de la procédure secrète et inquisitoire par les États-Généraux a été signalée à diverses époques. L'avocat général Séguier la rappelait en 1786 devant le Parlement de

---

(1) M. G. Picot, *Histoire des États-Généraux*, tom. IV, p. 251.

Paris, dans un réquisitoire célèbre, où il condamnait les désirs de réforme. « Une observation qui ne doit pas nous échapper, disait-il, se fait jour au milieu des grandes Ordonnances du royaume. L'Ordonnance de Villers-Cotterets est de 1539, l'Ordonnance d'Orléans de 1560, l'Ordonnance de Moulins de 1566, et l'Ordonnance de Blois de 1579. Elles sont toutes du même siècle; elles ont toutes pour objet la réformation de la justice. Les trois dernières ont été rendues sur les plaintes, doléances et remontrances des trois États du royaume... et dans toutes ces lois solennelles, où la nation demandoit pour ainsi dire justice à son souverain, on ne trouve aucune réclamation contre la forme de procédure ni contre la barbarie de l'Ordonnance de François Ier. Eh! quoi! la nation entière assemblée pour délibérer sur ses intérêts a été assez aveugle pour ne pas demander en cette partie la réformation d'une législation bizarre et contraire à la loi naturelle (1)? » Plus tard, lors de la rédaction du Code d'Instruction Criminelle, lorsqu'on introduisait dans nos lois les juridictions prévôtales sous le nom de *tribunaux spéciaux*, les rédacteurs rappelaient que les États-Généraux du XVIe siècle avaient approuvé cette institution. « Il suffira aux besoins de la discussion de remarquer que, rétablie sur toutes les parties de la France par François Ier au commencement du XVIe siècle, une institution spéciale, analogue à celle que nous vous proposons, fut reconnue, réclamée par les États-Généraux tenus à Orléans, à Moulins et à Blois, sanctionnée et réorganisée dans les célèbres Ordonnances rendues sur les remontrances de ces États (2). » Séguier et M. Réal trouvaient dans la conduite des États-Généraux une justification de la procédure de l'Ordonnance de 1539; là seulement était leur erreur.

Il est intéressant de voir d'un peu plus près quel fut au juste le langage tenu par les États; cela nous est facile, grâce à la belle *Histoire des États-Généraux* de M. Picot.

Aux États de 1560, la Noblesse demanda seulement que le procureur du roi fût « tenu de déclarer le dénonciateur à peine

---

(1) P. 240, 241.

(2) *Exposé des motifs du titre VI, livre II, du Code d'Instruction Criminelle,* par M. Réal. (Locré, tom. XXVIII, p. 47.)

d'être pris en son propre et privé nom. » Le Tiers et le Clergé réclament un redoublement d'activité dans l'exercice de l'action publique, et l'Ordonnance d'Orléans (art. 63) enregistre ce vœu dans la loi (1). Le Tiers cependant proteste contre la disposition qui « oblige les accusés à alléguer immédiatement leurs reproches contre les tesmoins, qui est chose dure et s'ensuit souvent que l'innocence de plusieurs est grévée. » Il désirait que le juge pût accorder un délai ; le Conseil du roi répondit que « l'Ordonnance seroit gardée (2). » La préoccupation la plus vive des États se porta vers les prévôts des maréchaux ; si le Tiers réclama et obtint la concurrence au profit de certains sièges royaux pour les faits dont connaissaient les prévôts (3), les trois ordres furent unanimes pour demander qu'on activât et rendît plus efficace le service de la maréchaussée.

En 1576, à Blois, le Tiers-État voudrait que l'accusé fût « régulièrement informé du nom de son dénonciateur avant toute confrontation (4). » Ce vœu ne devait point être entendu ; mais il ne fut autrement d'un autre, également formé par le Tiers, portant « que tous ceux qui informeront de crimes seront tenus enquérir des tesmoins sur la pleine vérité du fait, tant de ce qui concernera la charge que l'innocence de l'accusé. » On pensait par là faire assez pour la défense, en en remettant le soin à la conscience du juge ; ce n'était au fond qu'une satisfaction de pure forme, et la disposition fut insérée dans l'Ordonnance de Blois (art. 203) ; elle passera dans l'Ordonnance de 1670 (titre V, art. 10). Ce qui était plus important, et ce qui fut également prescrit par l'Ordonnance de Blois, c'est que les juges devaient demander aux témoins s'ils étaient « parents, alliés, domestiques ou serviteurs des parties, et en faire mention au commencement de leurs dépositions à peine de nullité et des dommages-intérêts des parties (5). » Mais ce qui était demandé

(1) M. Picot, *op. cit.*, tom. II, pp. 169, 170.
(2) *Ibid.*, *op. cit.*, tom. II, p. 171.
(3) Ord. d'Orléans, art. 72.
(4) Picot, *op. cit.*, tom. II, p. 528.
(5) *Ibid.*, *op. cit.*, tom. II, p. 528. La Noblesse eût voulu « que les prévenus élargis faute de preuves ne pussent être recherchés après une année écoulée depuis que l'arrêt avait ordonné le plus ample informé. » P. 526.

avant tout, c'est qu'une impulsion plus active fût donnée à l'exercice de l'action publique et au service de la maréchaussée : « La lecture des cahiers, dit M. Picot, indique clairement que les députés étaient émerveillés de l'Ordonnance de 1539... L'information en elle-même ne leur semblait propre qu'à terrifier les méchants, et par conséquent à rassurer les gens paisibles. Aussi se gardaient-ils de critiquer l'instruction secrète (1). »

Aux nouveaux États de Blois, en 1588, ces questions préoccupèrent encore moins les députés, « ni le Clergé, ni le Tiers ne s'occupèrent de l'instruction criminelle (2). » La Noblesse réclama l'accélération des procédures; elle manifesta le désir de réveiller les poursuites individuelles en face de l'action du ministère public, proposant une disposition, qui d'ailleurs a passé dans nos lois, la déchéance de tout droit « contre les veuves, héritiers ou donataires des homicidés qui ne feront poursuite des meurtres et assassinats commis en la personne de leurs maris ou parents (3). »

Les États de la Ligue de 1593 avaient une mission exclusivement politique et la législation criminelle n'était point le fait de cette assemblée, dont la *Ménippée* contient la satire immortelle. L'assemblée des notables, tenue à Rouen en 1596, n'eut également aucune influence en cette matière (4).

Ce fut aux États de Paris de 1614, et aux assemblées de notables de Rouen (1617) et de Paris (1626, 1627), que, pour la dernière fois, les représentants du pays purent manifester leur opinion, avant la rédaction de l'Ordonnance de 1670. L'opinion publique se montra de plus en plus favorable à la procédure secrète et inquisitoriale : « toute une génération d'hommes de loi s'était formée au milieu des habitudes mystérieuses de l'instruction écrite, et l'indolence des parties lésées avait peu à peu accepté cette initiative du magistrat, qui dispensait le citoyen du soin de se défendre, et substituait à l'action de l'individu la protection de l'État (5). » Nous trouvons même dans les cahiers des

---

(1) *Op. et loc. cit.*, p. 530.
(2) Picot, *op. cit.*, tom. III, p. 184.
(3) *Op. et loc. cit.*, p. 184.
(4) Voy. Picot, tom. III, pp. 257, 323.
(5) Picot, tom. IV, p. 61.

vœux qui tendent à aggraver encore les duretés de la procédure. C'est sur la demande du Tiers que l'Ordonnance de 1629 défendra expressément de plaider sur le règlement des procédures criminelles (art. 112), de peur que les avocats et procureur général ne pussent même, par allusion, désigner les témoins assez clairement « pour donner sujet aux prévenus de se préparer et munir de reproches et recourir aux artifices contre les témoins de la charge (1). » Les trois ordres insistaient pour qu'un seul juge assisté de son greffier dirigeât l'information (2), il est vrai qu'il y avait là surtout une pensée d'économie ; c'était dans le même esprit que l'Ordonnance de Moulins voulait (art. 37) « que dorénavant fust commis un seul commissaire et non deux pour vacquer à l'instruction des procez, en la présence toutefois de son greffier ou commis, le tout à peine du quadruple. » Le Tiers s'occupa aussi « des incidents dilatoires et des évocations, le plus souvent pratiquées pour éluder la punition des crimes; il demandait que sous divers prétextes l'instruction ne pût être suspendue, et que le juge ne s'arrêtât qu'au moment de prononcer la sentence définitive (3). » — Cependant quelques adoucissements étaient réclamés. La Noblesse « persistait à demander que, dès le début de l'instance, les procureurs généraux étant parties fussent forcés de nommer les dénonciateurs (4). » Le Tiers voulait que « l'interrogatoire de l'accusé eût lieu dans les vingt-quatre heures de l'arrestation (5). » La compétence des prévôts des maréchaux attira l'attention des députés; ils proposent que leur « juridiction, qui est un véritable abus, soit réduite à la répression des désordres commis par les gens de guerre (6). »

Les plaintes des États de 1614 et des assemblées de notables qui les suivirent, donnèrent lieu à la publication d'une Ordonnance. En 1627 Michel de Marillac rassembla autour de lui un certain nombre de conseillers d'État et l'on passa en revue les

---

(1) Picot, tom. IV, p. 61 et 187.
(2) *Ibid.*, IV, p. 64.
(3) *Ibid.*, IV, p. 64.
(4) *Ibid.*, IV, p. 60.
(5) *Ibid.*, IV, p. 61.
(6) *Ibid.*, IV, p. 65.

doléances des députés : on en fit une Ordonnance, comprenant un grand nombre d'articles, dont beaucoup étaient consacrés à l'administration de la justice et à la procédure; mais ce n'était point une codification systématique et détaillée. Elle fut enregistrée au Parlement le 15 janvier 1629. Mais ce *Code Michaud*, comme on l'appelle, ne fut guère observé dans la pratique.

Au XVII° siècle, nous venons de le voir, l'esprit public ne demandait point de réformes dans le droit criminel; on ne soupçonnait même pas que la procédure qu'on suivait, pût être mauvaise. Mais bientôt on sentit le besoin d'un code criminel, précis et détaillé, qui fixât tous les détails, fît disparaître les irrégularités et les divergences dans l'administration de la justice. La misère avait été grande au temps de la Fronde. Les crimes, produit fatal des mauvais jours, avaient pullulé; et en même temps, par un phénomène qui se reproduit toujours au milieu des troubles politiques, l'administration de la justice criminelle était devenue plus incertaine et moins énergique. Cinq ans après la mort de Mazarin, Denis Talon pouvait dire « que le nombre des meschants estoit venu à tel excès par l'impunité des crimes, qu'il n'y auroit tantost plus de sûreté pour la liberté publique (1). » En 1665, les grands-jours d'Auvergne, dont Fléchier nous a laissé un très-intéressant récit (2), vinrent montrer d'une façon saisissante les désordres et les hontes qui souillaient l'administration de la justice. D'autre part, si depuis longtemps les grandes lignes de la procédure étaient arrêtées, aucune loi générale n'en avait réglementé les détails. Aussi l'incertitude et la diversité des jurisprudences était un mal plus sensible tous les jours : « Lè mal, dira l'un des rédacteurs de l'Ordonnance de 1670, a passé jusqu'à ce point, que dans un mesme Parlement plusieurs maximes ont changé deux ou trois fois depuis trente ans, et encore à présent elles se jugent différemment dans les chambres d'un mesme Parlement (3). » Une loi

---

(1) Cité par M. Pierre Clément. *Lettres, papiers et documents de Colbert*, tom. VI, Introduction, p. XXXIX.

(2) *Grands-jours d'Auvergne*. Édit. Chéruel.

(3) *Lettre d'Auzanet à un de ses amis.* Voy. Pierre Clément, *Lettres, papiers et documents de Colbert*, tom. VI, App., p. 397.

générale pouvait seule apporter un remède ; elle était aussi appelée à corriger un autre abus. Dans la procédure criminelle, depuis qu'elle était entièrement écrite, s'étaient introduites une foule de formalités et de pièces inutiles, dont le résultat était de ralentir l'expédition des affaires, et dont le véritable but était d'augmenter outre mesure les frais des procès.

La monarchie était sortie triomphante de la lutte, désormais terminée, qu'elle avait soutenue pendant des siècles, d'abord contre la féodalité, puis contre la Noblesse ; la Fronde avait été la dernière convulsion des forces opposées. Incontestée dorénavant, la Royauté venait d'asseoir ce gouvernement absolu et centralisateur, qui laissera sur la France une empreinte si profonde. Le moment était favorable pour une réforme des lois. Toutes les fois qu'une nation arrive, après des luttes séculaires entre des forces rivales, à un état qui lui semble définitif et qui, en réalité, doit lui assurer la stabilité pendant longtemps, elle sent le besoin de refondre et d'unifier ses lois. On veut réunir dans un ensemble harmonieux les règles de droit qui se sont lentement formées et les débarrasser des éléments hétérogènes. Une œuvre semblable s'imposait au gouvernement de Louis XIV. Ce qui montre bien qu'il y avait là un besoin véritable, une de ces idées qui « sont dans l'air, » comme on dit aujourd'hui, c'est qu'en même temps deux hommes éminents, Lamoignon et Colbert, songeront à une codification des lois, et séparément commenceront dans ce but les premiers travaux.

DEUXIÈME PARTIE.

L'ORDONNANCE DE 1670.

TITRE PREMIER.

L'ORDONNANCE DE 1670.

CHAPITRE PREMIER.

La rédaction de l'Ordonnance.

I. L'idée d'une codification se produit : Colbert, Pussort et Louis XIV. — II. Mémoires demandés par le roi à divers membres du Conseil d'État. — III. Plan de Colbert; le Conseil de justice et ses premiers travaux. — IV. Entrée en scène des parlementaires. — V. Discussion de l'Ordonnance de 1670 : Lamoignon et Pussort.

I.

Dans plusieurs passages de son Journal et de ses Mémoires, Louis XIV, parlant des Ordonnances sur la justice qui datent de son règne, s'en attribue non-seulement la gloire mais encore l'idée première (1). Autour de lui on s'ingénia en effet à lui persuader qu'il en était le véritable auteur, et la postérité semble avoir été du même avis, lorsqu'elle a donné au recueil de ces Ordonnances le nom de *Code Louis*. Aujourd'hui, grâce à d'ingénieux travaux et à des publications précieuses, il est possible de faire à chacun sa part. Dans l'étude que nous allons maintenant entreprendre, il est impossible de séparer l'Ordonnance de 1670 de celle de 1667; ce sont deux fragments d'une même œuvre, exécutés par les mêmes ouvriers.

La gloire de l'entreprise revient à Colbert et à son oncle Pussort. Les jurisconsultes du XVIIIe siècle le sentaient déjà, bien qu'ils ne connussent que le procès-verbal des conférences entre

---

(1) *Mémoires de Louis XIV* (édit. Dreyss.), tom. II, pp. 156, 224, 368.

les membres du Parlement et les conseillers d'État. Parlant de l'Ordonnance criminelle, ils appelaient Pussort « le principal rédacteur de cette loi. » Colbert et Pussort étaient deux hommes capables de mener à bien un pareil travail. On connaît l'âpre volonté du premier, et le second était également énergique et intelligent; écoutons Saint-Simon, qui n'était pas fait pour l'aimer. « M. Colbert l'avoit fait ce qu'il étoit, son mérite l'avoit bien soutenu... il étoit fort riche et fort avare, chagrin, difficile, avec une mine de chat fâché, qui annonçoit tout ce qu'il étoit et dont l'austérité faisoit peur..., parmi tout cela beaucoup de probité, une grande capacité, beaucoup de lumière et extrêmement laborieux, et toujours à la tête de toutes les grandes commissions du Conseil et de toutes les affaires importantes au dedans du royaume (1). »

La pensée de Colbert est révélée par un travail écrit de sa main et trouvé dans ses papiers (2). C'est une « table sur le faict des Ordonnances royales faictes par nos rois pour le règlement de justice, police, finances et milice du royaume. » Ce tableau, destiné au roi, va du règne de saint Louis à l'année 1626; il se termine par ce résumé : « Par toutes ces tables il paroit clairement que depuis Charlemagne, qui a fait les Capitulaires qui comprennent le règlement de tous les ordres de son royaume, et ceux de Louis le Débonnaire, son fils, aucun roy n'a travaillé de son mouvement à mettre en un corps toutes les Ordonnances du royaume; que tous nos grands rois Charles V, Charles VII, Louis XII, François Ier, Henri IV, aussitôt qu'ils ont esté en paix et même bien souvent pendant la guerre, ont fait des Ordonnances sur le fait de la justice et autres matières; que le seul Henry III eut la pensée de réduire le tout à un seul corps, à quoi il commit le président Brisson, qui compila le code Henry, lequel n'a point eu d'exécution; le garde des sceaux Marillac eut la même fortune; en sorte que ce grand travail a esté réservé en entier à Louis XIV. » On ne connaît pas la date de ce mémoire, mais on peut affirmer que dès 1661, le laborieux Pussort travail-

---

(1) *Mémoires*, édit. Chéruel, tom. I, p. 325.
(2) *Lettres, papiers et documents de Colbert*, publiés par M. Pierre Clément, tome VI, App., p. 362.

lait déjà à la réalisation du plan de Colbert : « J'ai effleuré, écrivait-il à ce dernier le 6 septembre 1661, le travail que je vous avois proposé concernant les ordonnances ; mais j'ai reconneu que c'estoit un ouvrage d'une prodigieuse estendue et d'épineuse discussion. Je ne laisseray pas d'y travailler lorsque je n'aurai rien de plus pressé. Si vous avez besoin de moy et de mon travail, disposez-en '(1). » C'était en effet une œuvre immense que la codification des Ordonnances, même sans y comprendre l'unification du droit civil ; aussi, jusqu'en 1665, l'idée de Colbert paraît-elle sommeiller.

Le ministre autoritaire voulait que l'œuvre nouvelle fût une œuvre directe de la Royauté. C'était une maxime de l'ancien droit que le pouvoir législatif résidait dans le roi et dans le roi seul (2). Sans doute les grandes Ordonnances des xve et xvie siècles avaient été souvent rendues après des convocations d'Etats-Généraux et d'après les cahiers des députés ; mais législativement elles n'en procédaient pas moins du roi seul. Les Coutumes avaient été rédigées par les délégués et représentants des trois ordres, mais elles n'étaient devenues des lois écrites que par la promulgation royale. C'était là un point incontesté. Mais le roi, pour accomplir sa tâche législative, devait s'entourer de conseillers et de rédacteurs : pour des Ordonnances concernant la justice, il semblait naturel de s'adresser aux Parlements ; c'est ce que ne voulait pas Colbert. Nous trouvons dans ses papiers, à la date même de 1665, une minute autographe « sur les moyens de remettre le Parlement dans l'estat où il doit estre naturellement, et luy oster pour toujours les maximes sur lesquelles cette compagnie a entrepris de troubler l'Estat, en voulant prendre part à l'administration d'iceluy (3). » Le ministre, d'accord avec son maître, ne voulait point associer les parlementaires à l'entreprise glorieuse qu'il méditait ; il ne voulait demander aide qu'aux conseillers d'Etat et

---

(1) *Lettres, etc., de Colbert*, tome IV, App., p. 368.

(2) Au xviiie siècle encore, l'avocat Barbier se fait l'écho de la tradition sur ce point : « Chaque roi, dit-il, jouissant d'un plein pouvoir, peut changer et abroger les lois de ses prédécesseurs, comme ceux-ci ont fait des lois et usages qui les avoient précédés. » (*Journal*, tome VII, p. 281.)

(3) *Lettres, etc., de Colbert*, tome II, VI, p. 15.

aux praticiens célèbres, aux membres illustres du barreau. « Toutes ces grandes choses, dira-t-il, ne se peuvent presque exécuter que par la voie des conseillers d'Estat, et des Maistres des Requestes (1). »

Colbert communiqua son plan au roi probablement en l'année 1664 ou 1665; il le fit, en ayant l'habileté, d'ailleurs facile, de le donner comme si c'était une idée spontanée de la Majesté royale. C'est ce qu'il déclare dans un important mémoire du 15 mai 1665. « Le dessein que le roy tesmoigne avoir de travailler à la justice de son royaume est le plus grand et le plus glorieux qui puisse entrer dans l'esprit d'un roy... Sa Majesté connoissant parfaitement les deux devoirs des rois, le premier de la protection et le second de la justice qu'elle doit rendre à ses peuples, et s'estant déjà si parfaitement acquittée du premier... Elle fait en mesme temps connoistre qu'elle veut s'acquitter avec la mesme perfection du second.., puisqu'Elle ne nous laisse pas la liberté de dire ce qui est à faire pour y parvenir, nous ayant dit en deux mots tout ce que la plus profonde méditation des plus habiles hommes du monde pourroit inventer sur ce sujet en plusieurs années (2). »

II.

Tout d'abord Colbert conseilla au roi de se faire remettre par les principaux membres du Conseil d'État des Mémoires sur les abus existants et sur les remèdes à y apporter. C'était un moyen de recueillir d'utiles renseignements et en même temps de connaître les plus capables parmi les conseillers (3). Ces Mémoires furent fournis, et ils existent à la *Bibliothèque Nationale* (4). Col-

---

(1) *Lettres, etc., de Colbert*, tom. VI, p. 8.
(2) *Ibid.*, tom. VI, p. 5, 6.
(3) « Il semble que la première chose que Sa Majesté doive faire est de faire choix des sujets capables de travailler à une si grande œuvre; et c'est ce qui paraît qu'elle a prudemment résolu en ordonnant à tous ceux de son conseil de luy donner leurs avis, afin de pouvoir former avec connaissance de cause le nombre de personnes dont elle veut se servir à un si grand dessein. » *Lettres, etc.*, tom. VI, p. 6.

(4) *Bibliothèque Nationale. Manuscrits : Mélanges Clérambault*, n° 613.

bert ne paraît pas en avoir fait un grand cas ; il nous reste en effet de sa main un « extraict abrégé » de ces Mémoires ; cette mention revient souvent : « rien de général, ni qui soit proportionné au dessein ni à la grandeur du Roy. » Seul le Mémoire de Pussort est analysé avec soin (1). Cette appréciation de Colbert ne nous empêchera pas de nous arrêter quelques instants sur ces pièces curieuses et inédites. Sans doute, le travail de Pussort est bien au-dessus des autres ; il est remarquable non-seulement par la fermeté des idées, mais encore par la belle langue dans laquelle il est écrit, et la hauteur des sentiments qu'il exprime. Mais les autres Mémoires pourront nous indiquer ce qu'on attendait des réformes projetées ; en particulier, nous verrons ce que pensaient les conseillers de la législation criminelle, et quels abus ils voulaient corriger.

Il résulte de l'ensemble des Mémoires que les conseillers — entendaient, par réformation de la justice, plutôt la réforme de la magistrature que celle de la loi. Sans doute on se plaint de la diversité des Coutumes, et on pense qu'il est utile de codifier les dispositions éparses dans les Ordonnances ; mais ce qu'il faut surtout, c'est assurer l'exacte observation des lois. Pussort, à cet égard, exprime bien l'idée générale. « La France a l'honneur des plus belles et des plus sages ordonnances qui soient dans l'Europe, mais elle a assez la réputation de les faire plus mal exécuter qu'aucun autre estat ; la prévoyance a été si exacte en chacune matière, que Vostre Majesté y trouvera peu de chose à adjouster. Mais à l'esgard des moiens de la faire exécuter, c'est en ce point que nous avons besoin de son authorité tout entière, parce que l'on a à combattre ou la nature du climat, ou une habitude si ancienne et si fortement establie, qu'elle imite de bien près les mouvemens de la nature (2). » C'est surtout le Code

---

(1) *Lettres*, etc., tom. VI, p. 21.

(2) *Mélanges Clérambault*, 613, p. 443. Pussort développe les causes de ce désordre : « La cause de cette inexécution vient premièrement du penchant naturel de la nation, qui est amatrice de la nouveauté, pourvu qu'elle y rencontre les marques de l'honneur et de la vertu, mais qui n'a point assez de flegme dans sa constitution pour se pouvoir fixer dans le choix de la chose qu'elle a cherché, estant incontinent emporté par les apparences d'un autre bien plus spécieux. » P. 441. Que de fois dans la suite ne répétera-t-on pas ces idées en de moins

Michaud, qu'on regarde comme très-bon et devant être repris. « J'estime que nous devons spécialement nous attacher aux dernières Ordonnances, entre lesquelles est celle de M. le garde des sceaux de Marillac, qu'il faut avouer avoir esté dressée avec grand soin et avec un esprit plein de zèle et de justice (1). » — « laquelle quoique très-bonne et judicieuse n'a pas esté receue avec l'approbation qu'elle debvoit, et ne se pratique quasy point dans les Parlemens, qui seroient bien empeschez d'en dire les raisons (2). »

Pour la réforme de la magistrature, les conseillers montrent une ardeur véritable; ce qu'ils lui reprochent surtout, c'est l'ignorance et la cupidité, résultats inévitables de la vénalité des offices et du système des *épices*. « On y a mis, dit Pussort, toutes sortes de personnes indifféremment, des enfans au sortir du collège pour juger de la vie et des biens de vos sujets et donner les advis sur les plus importantes affaires de l'Estat, eux que les lois n'ont pas jugé capables de se deffendre sans l'authorité d'un tuteur dans les moindres affaires qui regardent leur intérêt; des ignorans qui sans le secours de leur bien seroient demeurés dans la lie du peuple, pour décider sans aucune application les questions qui ont fait suer les docteurs les plus esclairez, et pour pénétrer ce que la malice et la ruse des hommes a subtilisé plus artificieusement; des corrompus et des gens nourris dans la débausche et la prostitution que leurs pères ou eux on fait de la justice, pour acquitter Vostre Majesté du plus grand et du plus saint de tous les debvoirs de sa couronne (3). » — « Le plus grand mal que le temps ait introduit dans le palais, et qui nourrit et entretient la chicane et les procez, c'est ce petit et sordide gain des espèces, qui croist tous les jours; c'est un poison qui se répand insensiblement dans les plus nobles parties et en étouffera à la fin ce qui reste de l'esprit de justice (4). »

bons termes! — Dans toutes les citations des *Mémoires*, qui vont suivre, nous conservons l'orthographe du manuscrit.

(1) *Mémoire de d'Aligre*, p. 5.
(2) *Mémoire de la Maugrie*, p. 277.
(3) P. 406.
(4) *Mémoire de Barillon de Morangis*, p. 33 ; cf. *Mémoire de Boucherat*, p. 84.

Aussi les conseillers proposent-ils des mesures qui nous étonnent d'abord par leur hardiesse. Ils réclament des garanties, assurant le savoir et la moralité des magistrats ; ils demandent, quelques-uns du moins, la suppression de la vénalité des charges et des épices (1), même de l'inamovibilité des magistrats. Ici, il est vrai, c'est le sentiment politique qui domine ; on se souvient de la Fronde. « Il sera nécessaire de déroger à l'Ordonnance de Louis XII, icelle confirmée dans les mauvais temps derniers par Sa Majesté régnante, portant qu'il ne sera pourveu aux offices de judicature que par mort, résignation, ou forfaiture..... Mais le Roy donnant les charges et n'estant plus vénals, il est juste qu'elles soient révocables à sa volonté (2). » Pussort, qui demande seulement pour le moment qu'on retranche un quart ou un cinquième des officiers de justice, est au fond du même avis. « Il n'y a que les seuls offices de judicature de la disposition desquels les Roys, s'estant dépouillés, premièrement par la vénalité qu'ils y ont introduit, et enfin par l'establissement de la Paulette, les ont affranchis de leur dépendance particulière, et se sont privés des seuls moyens qu'ils avoient de pouvoir gratifier ceux qui le mériteroient... Si ce moien eust été en usage, nous n'aurions pas veu les compagnies souveraines s'engager indiscrettement dans les caballes et les mouvemens qui ont agité ce roiaume, les chefs n'auroient pas manqué de faire souvenir les conseillers de leur debvoir, et si les présidens eussent esté assez aveugles pour oublier ce qu'ils doibvent à leur Roy, à leur honneur, à leurs charges, ils eussent trouvé en teste tous les principaux officiers de leur compagnie, lesquels aiant de la vertu, du cœur et de l'ambition, eussent esté ravis de

---

(1) « Le meilleur des expédients serait d'oster entièrement la vénalité aux offices et que le roy en disposast absolument, vacation en arrivant, en faveur de ceux qui auroient les qualités requises. » (*Mél. Cler.*, n° 613, p. 625.) Pour les épices, voy. pp. suivantes. Ceci est extrait d'un Mémoire, qui, dans le volume, commence au folio 609, et où nous n'avons pas trouvé de nom d'auteur. Il y a seulement cette mention à la suite du titre : « Ce Mémoire a esté porté à Monseigneur à Saint-Germain, le 19 juin 1665. » — D'Estampes propose aussi très-nettement l'abolition de la vénalité des charges et des épices, p. 101 ; cf. Pussort, p. 418. — Boucherat, p. 62.

(2) *Mémoire de d'Estampes*, p. 107.

rencontrer une occasion aussy favorable de monter par leurs services en des places dont leurs chefs se seroient rendus indignes (1). »

Une autre proposition bien hardie, et qui reviendra dans la discussion de l'Ordonnance de 1670, se trouve dans plusieurs Mémoires, on veut supprimer les justices seigneuriales et ecclésiastiques. Pussort signale « le grand nombre de justices qui sont dans le royaume ; il en naît quatre sortes de maux, multiplication des juges, contention entre eux, multiplication des procès, et vexations aux sujets de Sa Majesté. Le véritable remède à ce désordre seroit de réunir toutes les justices des seigneurs, tant ecclésiastiques que laïques à la royalle, de laquelle elles sont émanées (2). » — « Il est de la grandeur du Roy de supprimer toutes les justices seigneurialles du royaume, et d'en establir de royalles aux lieux où l'establissement sera jugé nécessaire, estant peu convenable à la Majesté royale que des juges establis par des seigneurs particuliers, paisans pour la plupart, incapables de toutes fonctions, qui déshonorent le caractère du juge et jettent la justice dans le mépris, soïent préposez pour juger des biens, de l'honneur et de la vie des subjects du Roy, et ayent ce droit de sang, c'est-à-dire de la haulte justice, qui est le droit qui distingue davantage les souverains d'avec le reste des hommes... En effet, dans l'antiquité il ne se trouveroyt point que des personnes privées en ayent joui... et aujourd'huy mesmes dans tous les Estats de l'Europe, il est inouy que ce droit d'institution des juges réside en d'autres mains qu'en celles qui ont l'authorité souveraine dans les Estats. Cela est constant en Italie, en Espagne, en Angleterre, à Venise et ailleurs, excepté en Allemagne (3). » Le conseiller Lemaistre de Bellejame propose seulement de réserver aux seuls juges royaux la justice criminelle (4). De Sève demande que, si dans les trois jours du

---

(1) Pussort, p. 428-431.
(2) P. 445.
(3) *Mémoire sans nom d'auteur*, pp. 615-616.
(4) Voici ce qu'il dit des juridictions ecclésiastiques : « La justice de l'Église n'est pas en meilleur estat. On instruit le procès par cœur, on prend espices et taxations, il ne se faict point de procès criminels s'il n'y a partie qui advance

crime, les juges seigneuriaux n'ont pas informé, le juge royal les prévienne (1). Deshameaux veut que « les officiers des moyens et bas justiciers ne puissent prendre autre connoissance que de ce qui concerne les mouvances, censives, et autres droits seigneuriaux. »

Cependant, bien qu'ils aient surtout en vue la réforme de la magistrature, les auteurs des Mémoires pensent qu'il est nécessaire aussi de refondre et renouveler les Ordonnances. On veut « établir une procédure certaine et uniforme dans le roiaume (2), » poser « des maximes générales sur la justice (3), » « former un corps de toutes les Ordonnances que Sa Majesté voudra estre gardées et observées dans le roiaume (4), » imposer « une mesme forme et pratique (5). » Mais une question se posait nécessairement : comment procéder à cette codification? Il est curieux de voir que les conseillers songent naturellement aux États-Généraux; ils n'acceptent point l'idée d'une convocation des États, mais en général ils croient devoir la produire, au moins pour la réfuter. « On pourroit proposer à Vostre Majesté une assemblée d'États-Généraux de vostre royaume, mais elles ont souvent des suites de conséquence et sont remplies d'un si grand nombre de députez, que la diversité des opinions destruit les bonnes intentions. Le feu Roy de glorieuse mémoire se servit d'assemblées particulières de notables en 1617 à Rouen et en 1626 à Paris, composées de prélatz, principaux seigneurs de

---

les frais, impunité y règne, et tout cela provient de ce qu'on vend les charges d'official, de promoteur et de greffier. » P. 49.

(1) *Mémoire de de Sève*, p. 485.

(2) *Mémoire de Boucherat*, p. 75.

(3) *Mémoire de d'Estampes*, p. 117.

(4) Pussort, p. 447.

(5) *Mémoire sans nom d'auteur*, p. 494. L'un des Mémoires (p. 646) propose même d'établir un droit civil uniforme, une coutume générale et unique; — mais d'autres conseillers pensent qu'on ne peut changer les Coutumes (d'Estampes, p. 117); et de Sève les désigne comme « des lois establies par le consentement général des peuples sous l'authorité des Roys, qui sont pour la plupart aussi anciennes que la monarchie, et s'appellent Coutumes, entre lesquelles je voudrais ranger ce qu'on appelle Droict Escrit dans aucunes provinces de la France, d'autant que ses décisions n'emprumptent point leur force des Empereurs, mais des peuples qui les ont volontairement embrassés, comme a escrit Procope. » P. 465.

vostre noblesse et officiers de vos cours souveraines, qu'il voulut choisir avec ceux de son conseil, par l'advis desquels fust arrestée une nouvelle Ordonnance sur la réformation de la justice... et après la dite assemblée de notables de 1626 fut faite l'Ordonnance de 1629... Sans assemblées d'Estats ni de notables, qui causent de très-grands embarras, sur les mémoires et advis que Vostre Majesté nous a commandé de dresser... et par telle autre manière que sera jugé convenable, Vostre Majesté pourra faire, si elle l'a agréable, son Ordonnance (1). » Mesgrigny rappelle aussi les États-Généraux (2). Pussort lui-même en parle, mais c'est pour les traiter de haut. « Faut demeurer d'accord que les réformations des Etats qui sont les plus purs et les derniers efforts de la prévoyance royale, ne compatissent guerre avec les secousses des guerres civiles et la division des subjets d'avec leur souverain ; ce sont des temps auxquels les rebelles ne manquent jamais de demander des réformations pour donner coulleur à leur révolte et profiter des occasions d'afoiblir l'authorité royalle, et les Roys ne manquent jamais de leur accorder, tant pour tesmoigner leur affection pour le bien de l'Estat, que pour séparer et escarter la nuée. Mais on ne voit jamais d'exécution de ces réformations, parce qu'il n'estoit pas le dessein de ceux qui les ont demandé ny de ceux qui les ont accordé, et c'est peut être une des résons (oultre celles que j'ai marqué devant) pour laquelle nous n'avons en France aucuns règlements qui aient esté pleinement exécutez, parce que si on les examine soigneusement, on trouve qu'ils ont tous pris naissance au milieu des désordres des guerres civiles, et on peut dire que le bruit des canons a empesché d'entendre les remontrances des lois (3). » Dans la discussion au Conseil d'État, le mot d'États-Généraux sera aussi prononcé, on verra avec quel succès.

— La plupart des Mémoires s'accordent à faire participer les officiers de justice à la réformation. « Cette matière est plus propre à discuter par des officiers du palais, occupés chaque

---

(1) *Mémoire de la Maugrie*, p. 227.
(2) P. 376.
(3) P. 422.

jour dans l'instruction et le rapport des procès, qui connoissent mieux qu'aucuns autres les abus et artifices des plaideurs et de ceux qui les conduisent (1). » « Il est nécessaire d'avoir l'advis des principaux officiers des Parlemens (2). » On désirerait « qu'il fust mandé aux premiers présidents et procureurs généraux de faire assembler les Parlemens soit en corps ou par députez pour convenir des maximes générales et en estre dans six mois au plus tard envoyé des Mémoires à Sa Majesté (3). » « Sa Majesté fera préalablement conférer, s'il lui plaist, avec les principaux officiers de ses cours souveraines de Paris, qui sauront les abus particulliers qui s'y commettent et dans les bailliages et justices inférieures, sur lesquels on dit mesme qu'ils travaillent présentement (4). » « Il semble à propos... d'écrire aux Parlemens et autres compagnies souveraines de choisir en corps de députez parmi eux quatre ou six des plus notables d'entre eux, sans plus grand nombre afin d'oster confusion, pour revoir les Ordonnances et compiler celles qui ne s'observent pas, pour en faire recueil (5). » Seul Pussort, qui sait où il va, dresse un plan très-précis, dans lequel la magistrature ne joue aucun rôle. « Cet ouvrage, dit-il, qui est de grande estendue peut et doit estre l'occupation de plusieurs personnes auxquelles les matières pourront estre distribuées selon leurs capacités et les connoissances particulières que les emplois qu'ils ont eu peuvent leur avoir acquis.

« Je suis persuadé que six hommes suffisent pour la perfection de ce travail, qu'un moindre nombre causeroit du retardement et qu'un plus grand y apporteroit de la confusion.

« Je croirois qu'il seroit à propos qu'ils quittassent tout autre employ, et se séquestrassent même par une retraite à la campagne de toutes les occasions d'affaires qui les pourroient destourner, afin qu'appliquez entièrement à celle-là ils pussent s'en acquitter au plus tost et avec plus d'exactitude.

(1) D'Aligre, p. 4.
(2) Barillon Morangis, p. 31.
(3) D'Estampes, p. 117.
(4) La Maugrie, p. 277.
(5) P. 493 ; — cf. *Mémoire de Mauroy*, p. 355.

« Ces six personnes travailleroient tous séparément, puis rapporteroient en commun l'un des jours de la semaine ce qu'ils auroient fait.

« Je voudrois préposer à ceste assemblée une personne de mérite, de suffisance et de considération qui conduiroit l'ouvrage, feroit la distribution des matières, présideroit aux assemblées, et feroit rapport à Vostre Majesté des choses plus importantes sur lesquelles il seroit besoin de recevoir ses ordres (1). » On verra plus loin quel succès aura le plan de Pussort.

Que nous apprennent les Mémoires sur ce qui nous intéresse spécialement, sur la procédure criminelle? On proclame qu'il n'y a qu'à reprendre, en la développant, l'Ordonnance de 1539, qui est un parfait modèle. « Ceste mesme Ordonnance a demeslé ce qu'il y avoit de confus dans l'instruction de la procédure criminelle, estant surtout qu'auparavant il n'y avoit aucune règle certaine pour l'instruction des procès criminels, et ainsy il arrivoit souvent que par le défaut d'une valable instruction plusieurs crimes demeuroient impunis, ou se punissoient quelquefois avec trop de sévérité, soit que le fait ne fût pas suffisamment esclaircy, ou que les preuves eussent dépéry par la longueur de la procédure (2). » « Il ne faut obmettre la justice criminelle qui est l'objet ordinaire de leur négligence (aux juges) et où je voy peu de remède, puisqu'elle *despend de leur seule conscience.* Car pour la formalité il n'y a rien à adjouster aux articles de l'Ordonnance de 1539 qui regardent les procédures criminelles, que de tenir la main à ce qu'ils soient exécutez (3). » Quant à trouver cette procédure trop sévère, on n'y songe point; tout au contraire, si on lui reproche quelque chose, c'est plutôt sa trop grande douceur, et quelques-unes des aggravations, que contiendra l'Ordonnance de 1670, sont visées dans les Mémoires. « L'impunité des crimes est le plus grand de tous les désordres qui se rencontrent en l'administration de la justice, elle naît de l'interprétation favorable et condescendante que les juges ont donné de temps en temps aux Ordonnances qui ont esté

---

(1) Pussort, p. 447.

(2) Boucherat, p. 62; voy. aussi d'Estampes, p. 118.

(3) De Sève, p. 485.

faictes sur ceste matière (1). » — « Il ne sera donné liberté aux accusés de communiquer avec qui que ce soit avant leurs interrogatoires ni aucun conseil avant la confrontation des tesmoings, pourvu qu'elle se fasse dans un mois ou deux au plus tard, selon qu'il sera ordonné par les juges après l'emprisonnement, passé lequel temps les accusés pourront avoir conseil libre, sans toutefois qu'il préjudicie à la sûreté et garde des prisonniers ainsy que de tous temps il a esté practiqué, sinon qu'il s'agisse de crime d'Estat, dont le secret importe, auquel cas ils n'auront ni communication ni conseil sans l'ordre et permission des juges (2). » — « Les affaires criminelles qui ont esté traictées depuis quelques années ont fait connoistre que les Ordonnances n'ont pas pourveu à toutes les formes nécessaires par les instructions des procès criminels, comme sur le fait des appointements à ouïr droit, sur les conseils à donner aux accusés libres ou en présence, faire les distinctions que l'on y peut apporter;... il semble que les condamnés par contumace soient traités trop favorablement par l'Ordonnance qui leur donne cinq années pour se faire restituer (3). »

Ce que révèlent surtout ces documents ce sont les prévarications et abus, tels que ceux qui apparaissent aux Grands-jours de Clermont. Pussort parle « de l'appui que les personnes puissantes qui ont esté accusées ont reçeu des officiers de la robbe par les liaisons qu'ils pratiquent avec eux, en sorte qu'il est rare de voir la punition d'un crime quelque qualiffié qu'il soit, et fort ordinaire de voir ceux qui ont fait les poursuites ruinés et accablés par les frais excessifs des procédures. » Il signale « ces sociétés de crimes appuiées de l'authorité des magistrats et mises en quelque façon sous la protection des lois (4). » — « Rien n'est si dangereux que de souffrir des rébellions à justice, des asiles dans les maisons des grands pour les criminels, que les huissiers n'ayent pas liberté de faire leurs saisies et exécutions et que la justice demeure sans être obéye. Un huissier avec sa baguette

---

(1) Pussort, p. 400.
(2) P. 525 *Mémoire sans nom d'auteur.*
(3) P. 646.
(4) P. 400.

porte l'authorité du prince (1). » On dénonce l'abus des frais et la rapacité des juges (2). A Rouen on ne communique les procès aux gens du roi que pour donner des conclusions définitives (3); à Toulouse on charge d'épices les arrêts rendus par contumace « ce qui empesche également l'absolution des innocents et la punition des coupables, contre l'esprit de l'Ordonnance qui, pour faciliter l'une et l'autre, a pris un soin très particulier de charger de peu d'espices les procès criminels (4). » On signale en particulier cet abus si grave des informations faites par des incapables ou des gens tarés. « Je suis obligé de dire à Votre Majesté un mauvais usage qui se pratique en quelques présidiaux... Pour multiplier la pratique et la chicane ils establissent des commis ès villes et bourgades de leur ressort, lesquels, pour de l'argent, distribuent des commissions pour informer de crimes et de délits adressantes au premier sergent royal, lesquelles sont intitulées du Présidial, du Lieutenant général ou du Lieutenant criminel, et comme l'on délivre de telles commissions à tous venans sans cognoissance de cause, bien souvent le coupable faict informer contre l'innocent, porte l'information décréter; l'innocent est amené prisonnier, ce qui faict beaucoup de vexations (5). » Le conseiller de Sève montre un double vice dans la procédure; d'un côté il y avait une tendance à prendre la voie de la procédure extraordinaire, même pour des délits très-légers; d'autre part, même en cas de crimes graves, s'il n'y avait point de partie civile qui se constituât, bien souvent la poursuite était négligée (6).

Mais l'institution la plus défectueuse était bien cette terrible juridiction prévôtale, dont le nom restera avec une signification funèbre. Quelques-uns des Mémoires sont à ce sujet d'une vivacité remarquable. « Il seroit expédient pour le bien de la justice de supprimer les petites mareschaussées, ou les réunir aux grandes

(1) Barillon Morangis, p. 30.
(2) Boucherat, p. 73.
(3) Boucherat, p. 83.
(4) Boucherat, p. 84; cf. Barillon, p. 75.
(5) D'Estampes, p. 382.
(6) P. 485.

qui sont dans les villes où il y a des présidiaux. Car les petites mareschaussées font une ruine incroiable au pauvre peuple ; le prévost demeure en un lieu, le lieutenant en une bourgade et l'assesseur encore en une autre. Comme ils n'ont pas des archers, ils commettent des gens de sac et de corde et vont prendre les pauvres païsans, qu'ils croient avoir quelque peu de bien, leur font croire qu'ils ont volé, qu'ils ont porté des armes à feu, les emprisonnent en chartres privées jusqu'à ce qu'ils en aient tiré de l'argent. Après la paix il n'y a point de païsan en Morvan, qui n'ait paié aux petits prévosts des mareschaux ou leurs lieutenants ou assesseurs, deux pistoles chascun pour le port d'armes. J'oubliois de dire que si Vostre Majesté ne supprime pas les petites mareschaussées, au moins elle doit supprimer les assesseurs, qui font plus de mal que les autres, à cause qu'ils sont graduez, ils scavent mieux les détours de la chicane (1). » D'Estampes constate aussi que les prévosts ne font pas leur devoir, parce que les archers ne sont pas payés et il veut qu'on leur fasse défense expresse de prendre de l'argent des parties (2). Mesgrigny et d'Estampes demandent l'un et l'autre que les prévosts fassent les procès « incontinent et sans délai, » et qu'ils soient tenus de déclarer aux accusés qu'ils vont les juger prévôtalement et en dernier ressort, « dès le premier interrogatoire, affin que les accusez ne soient point surpris et puissent proposer leur déclinatoire et incompétence, laquelle sera jugée en la manière accoustumée suivant les Ordonnances... l'esprit de l'homme estant autrement agité quand il doit estre jugé en dernier ressort, que quant il y a appel (3). » Tous deux s'accordent pour vouloir qu'on défende aux juges supérieurs de prendre connoissance des appels des prévosts, vice-baillifs, et vice-seneschaux (4) ; cela étonne d'abord de la part de gens qui n'aiment guère cette juridiction, mais Mesgrigny donne la raison de ce vœu. « Depuis l'Ordonnance de 1629, il y a eu une déclaration qui attribue aux prévosts

---

(1) Mesgrigny, p. 383 ; cf. une lettre de l'évêque de Tarbes à Colbert, du 21 mai 1664. (*Correspondance administrative sous Louis XIV*, tome II, p. 133.)
(2) P. 132.
(3) D'Estampes, p. 133.
(4) D'Estampes, p. 132 ; Mesgrigny, p. 382.

des mareschaux le pouvoir de juger à la charge de l'appel, qui est une très-mauvaise institution, car les prévosts en abusent, et quand un ennemi veut faire injure à un bourgeois domicilié, mesme souvent à un gentilhomme qualifié, c'est à eux qu'il s'adresse (1). » Ce qui paraissait absolument nécessaire, c'était de déterminer étroitement la compétence flottante encore des prévôts (2). L'Ordonnance fera cette détermination ; mais il faudra y revenir encore au siècle suivant.

Nous nous sommes arrêtés longtemps sur ces Mémoires ; mais ces documents inédits nous ont paru présenter quelque intérêt. On y parle franc, plus qu'on ne le fera souvent dans la discussion au Conseil d'État ou dans les Conférences.

III.

Colbert avait adopté pleinement le plan proposé par Pussort. Dans la note qu'il a rédigée sur les Mémoires, il inscrit cette mention : « Pour ce qui concerne le corps de toutes les Ordonnances, nommer six personnes habiles avec un président qui se retireront à la campagne pour composer le corps de toutes les Ordonnances pour être suivies et exécutées dans tout le royaume (3). » C'est alors qu'il adressa au Roi ce Mémoire du 15 mai 1665, dont nous avons parlé plus haut. Il y établit nettement d'abord qu'il s'agit d'une vaste codification. « Comme Sa Majesté ne pense et n'exécute rien que de proportionné à l'estendue de son esprit, elle nous a suffisamment fait cognoistre qu'elle ne veut pas entreprendre ce dessein pour suivre l'exemple des rois ses prédécesseurs, qui se sont contentés de faire quelques ramas d'Ordonnances, de l'exécution duquel ils ne se sont pas mis fort en peine. Sa Majesté nous ayant dit qu'elle veut réduire en un seul corps d'Ordonnances tout ce qui est nécessaire pour établir la jurisprudence fixe et certaine et réduire le nombre des juges... il ne nous reste qu'à expliquer nos s

---

(1) P. 383.
(2) Barillon Morangis, p. 76.
(3) *Lettres*, etc., tom. VI, p. 21.

timents, suivant l'ordre qu'il a plu à Sa Majesté nous en donner, des moyens que l'on peut pratiquer pour parvenir à ces deux grandes fins. »

Le plan que va proposer Colbert, est, comme on l'a remarqué, celui qui fut suivi plus tard pour la rédaction des Codes qui nous régissent encore aujourd'hui. Il comprend deux parties : — une discussion au Conseil d'État de projets préparés par des commissions ou sous-commissions; et, en même temps, pour faciliter le travail, une vaste enquête ouverte dans tout le pays parmi les corps compétents.

On formera d'abord « un Conseil de justice » composé des membres les plus habiles du Conseil d'État. « Il faudrait en régler la séance à jour fixe, une fois la semaine ou en treize jours, et en mesme temps faire le département des matières, scavoir : l'examen de tout le corps des Ordonnances pour connoistre tous les changements qu'il y auroit à faire. Pour ceste matière, qui est la plus grande et la plus étendue de tout ce travail, il seroit nécessaire de mettre quatre ou six des plus habiles conseillers d'Estat, qui prendroient avec eux les quatre ou six plus habiles avocats du Parlement, dont il seroit composé une compagnie particulière, qui se tiendroit chez le doyen des conseillers d'Estat. — Il seroit encore nécessaire de séparer ceste matière de celle de la justice distributive civile. — En chacune de ces matières deux conseillers d'Estat et deux avocats travailleroient; pour examiner dans l'assemblée des douze, ce qui auroit été réglé par les quatre, et ensuite apporter le tout bien digéré au Conseil du Roy. » Colbert ne se contente pas de dessiner cette sage division du travail et d'assigner à chacun son rôle; il indique de plus l'esprit dans lequel le travail doit être fait. Voici ce qu'il dit de la procédure criminelle : « Examiner tout ce qui concerne la justice criminelle du royaume, comme la plus importante, *en retrancher toute chicane*, et prendre garde d'establir des moyens assurés, pour, en conservant et en assurant les innocents, parvenir promptement à la punition des criminels. » On verra comment Colbert fut compris.

Pour l'*enquête*, dont nous avons parlé, il fallait « dès la première séance faire choix de huit maîtres des Requêtes habiles et de probité, autant qu'il se pourroit, pour aller servir actuellement dans tous les Parlements du royaume; » ils recevraient « une ample instruction ; » et dans les assemblées périodiques des compagnies, ils recueilleraient les doléances et observations qu'ils adresseraient au Conseil de justice. Afin de faciliter les rapports, on devrait désigner certains membres du Conseil pour recevoir les communications de tel ou tel maître des Requêtes en mission, « pour tenir correspondance avec tous les maistres des requestes faisant leurs visites dans les provinces; faire rapport au conseil de tous les désordres qu'ils trouveront sur le fait de la justice, pour y apporter sur-le-champ les remèdes qui seroient trouvés convenables et porter ensuite en l'assemblée particulière des sû ce qui concerneroit la rédaction de l'Ordonnance. » Cela s'exécuta, au moins en partie (1); mais nous n'avons point les résultats de cette vaste information. C'est à elle que Louis XIV fait sans doute allusion, lorsque, dans « ses feuillets pour 1667, » il indique, en parlant de la rédaction des Ordonnances, des « Mémoires envoyés des autres Parlements (2). »

— Le *Conseil de justice*, proposé par Colbert, se réunit pour la première fois au Louvre le 25 septembre 1665. Dès lors le grand travail est commencé, il se continuera sans interruption jusqu'à complet achèvement. L'histoire de ces discussions ne nous est pas intégralement connue. Tandis que le procès-verbal des conférences, tenues plus tard entre les membres du Conseil et les délégués du Parlement, fut publié de bonne heure et servit de fondement à l'interprétation des Ordonnances; pendant longtemps rien ne transpira des séances du Conseil d'État. Un procès-verbal de ces séances fut pourtant rédigé, et un manuscrit de la Bibliothèque Sainte-Geneviève en contient une partie sous

---

(1) Au dernier feuillet du volume 613 des *Mélanges Clérambault*, nous trouvons une note du 2 octobre 1665, contenant les noms des « maistres des requêtes répartis pour servir dans les départements, » avec des observations sur chacun d'eux.

(2) *Mémoires*, édit. Dreyss, tom. II, p. 252. Colbert, d'ailleurs, accumulait documents. Nous trouvons au mois de septembre 1665 (sans indication de jour) une note par laquelle il demande à M. de Gomont, célèbre avocat, « de lui un plan ou projet de la conduite que le roi peut et doit tenir pour la réforme de la justice de son royaume. » *Lettres*, tom. VI, p. 12.

le titre : « *Délibération du conseil de la réformation de la justice.* »
Ce document signalé et utilisé pour la première fois par M. Francis Monnier (1), a été publié en entier par M. Pierre Clément dans ses *Lettres, mémoires et instructions de Colbert* (2). Mais ce n'est malheureusement qu'un fragment ; il ne contient que le procès-verbal de trois séances. D'autre part, nous possédons une lettre très-intéressante de l'avocat Auzanet à l'un de ses amis sur la réformation de la justice. C'est le témoignage d'un des principaux acteurs, mais il est très-bref, et on voit que l'auteur ne veut point complètement dévoiler ces mystères (3). Ces deux documents se rapportent surtout à la rédaction de l'Ordonnance de 1667 ; néanmoins, comme la marche adoptée au début fut suivie jusqu'au bout, il n'est pas inutile pour nous de les examiner rapidement.

La première séance du Conseil de justice se tint, comme nous l'avons dit, le 25 septembre 1665, « dans le cabinet de Sa Majesté, à l'issue de la messe. » On avait choisi pour composer le Conseil MM. Voisin, de Villeroy, Colbert, Hotman, le chancelier Séguier, de Machault, de Verthamon, Poncet, Boucherat et Pussort. Le chancelier Séguier paraissait pour la première fois dans la grande entreprise ; jusque-là Colbert avait tout mené, et le Chancelier était si peu au courant de ce qu'on projetait, qu'il commit dans cette première séance un certain nombre de maladresses (4).

(1) *Guillaume de Lamoignon et Colbert. Essai sur la législation française au XVIIe siècle*, 1862. (Extrait du compte-rendu de l'Académie des Sciences morales et politiques.)

(2) Tom. VI, App., pp. 369, ssq.

(3) « Vous m'avez souvent sollicité de vous faire scavoir le détail de tout ce qui s'est passé dans toutes les assemblées qui se sont tenues pour la réformation de la justice, à quoi je n'ai peu ni deu satisfaire, à cause du secret qui avoit esté ordonné ; mais comme les choses les plus particulières se découvrent dans la suite des temps, à présent que cette affaire a esté rendue publique, et que j'ay liberté de satisfaire vostre curiosité, je vous expliqueray les causes de cette assemblée et les ordres qui ont esté donnés et suivis à ce sujet. » *Lettres, etc., de Colbert*, tom. VI, Append., pp. 396, ssq.

(4) « Colbert à l'oreille du roi, et c'est lui qui devient le véritable chancelier, en même temps qu'il réforme toutes les branches de l'administration... Séguier préside toutes les commissions de réforme, mais c'est l'inspiration de Colbert qui domine dans ces conseils. » *Le chancelier Séguier*, par M. René de Kerviler, p. 379.

La séance s'ouvrit par une allocution du roi : il déclara qu'il voulait la réforme de la justice, « qu'il étoit résolu de s'y appliquer avec assiduité, et que le Conseil qu'il avoit assemblé aujourd'huy n'estoit pas pour une ou plusieurs années, mais qu'entendoit l'employer et l'appeler auprès de luy pendant le cou[rs] de toute sa vie. » Le Chancelier, après avoir loué le dessein d[u] roi, dit qu'on devait commencer par ce qui regarde l'état ecc[lé]siastique ; « il distribua les matières à Messieurs du Conseil estoient à sa gauche. » Le roi évidemment n'était pas satisfai[t] « quoique les choses ne se passassent point, ni dans le dessei[n] ni dans l'agrément du Roy, Sa Majesté, avec une modérati[on] extraordinaire, a laissé agir M. le Chancelier pour cette distribu[-]tion ; » cherchant alors dans les poches de son justaucorps, « entre plusieurs mémoires et papiers, en a tiré un écrit de main, qu'il a dit avoir composé estant à Villers-Cotterets expliquer ses intentions sur les principaux points du sujet l'assemblée. » Quel était ce mémoire? Le souvenir de l'Ord[on]nance de 1539 avait-il inspiré le roi à Villers-Cotterets, ou n'é[tait] ce que le rapport adressé par Colbert? Ce qui est certain, c['est] que Louis XIV proposa tout d'abord deux des mesures indiqu[ées] par son ministre : des réformes dans le Conseil d'État, et l['en]voi de maîtres des Requêtes dans les provinces. Là-dessus o[n] sépara.

La seconde séance se tint le 11 octobre 1665, toujou[rs au] Louvre. MM. d'Estampes, de Morangis et de Sève figura[ient] pour la première fois au Conseil ; M. Poncet n'y était plus. allait cette fois arrêter la marche à suivre. Aussi Colbert avai[t] préparé un discours, dont nous avons l'original dans ses papi[ers] mais qui, semble-t-il, ne fut pas prononcé : il y insiste sur idée que c'est bien une véritable codification que le roi sire (1).

Hotman parla le premier comme le plus jeune ; il parut à fait instruit des projets de Colbert ; il montra qu'il s'agi[ssait] non pas de faire des lois vraiment nouvelles, mais de réfo[rmer] les lois anciennes, observant en particulier que « la juridic[tion]

---

(1) *Lettres, etc.*, tom. VI, p. 14.

criminelle a trop peu de lois et de règlements... et qu'ainsy on voit un style de procéder si estendeu et si différent dans les matières criminelles, où l'indulgence des derniers temps a introduit tant de relaschement, qu'il semble absolument nécessaire d'y pourvoir par des règlements certains et qui confirment et assurent toutes les formes. » Il propose à Sa Majesté « d'en partager les soins aux personnes qu'elle a voulu assembler; » il demande aussi une large enquête. « MM. les commissaires rechercheront les moyens d'y parvenir par les avis qu'ils retireront des provinces, scavoir en matière criminelle par l'avis des lieutenants criminels, et anciens procureurs du roy, des juges et des assesseurs dans les mareschaussées. »

M. Voisin, qui parla ensuite, proposa de suivre le Code Henry et d'employer des commissaires. Pussort déclara que Justinien « dans un pareil dessein, avoit employé dix années d'application assidue de douze des plus habiles et expérimentés jurisconsultes, » et que par suite « il ne pouvoit présentement donner un avis motivé. » M. Boucherat dit que la « réformation des Ordonnances estant d'une estendue infinie et méritant les soins et l'application d'un grand roi, ne pouvoit pas estre résolue ni entreprise sans une grande et sérieuse méditation; que les rois et prédécesseurs de Sa Majesté avoient tantost assemblé les Estats, quelquefois des personnes notables et en des rencontres les premiers officiers du Conseil et des compagnies du royaume; et qu'ainsi il croyoit que le plan de Sa Majesté méritant une grande attention, on ne pouvoit s'y résoudre sur-le-champ (1). » Il est curieux d'entendre prononcer ici ce mot d'États-Généraux, que nous avons déjà trouvé dans les *Mémoires*. Il est clair que Boucherat vouloit faire participer à l'œuvre les corps qui représentaient plus ou moins directement le pays; cet homme, que Saint-Simon traite fort cavalièrement (2), exprima alors la pensée la plus élevée. Aussi voit-on se ranger à son avis MM. de Morangis, de Sève et Le Tellier. Cela devait

---

(1) *Lettres, etc.*, tom. VI, p. 374.

(2) « Il est difficile de comprendre comment M. de Turenne s'en coiffa, et comment ce magistrat soutint les emplois, quoique fort ordinaires, par lesquels il passa. » *Mémoires*, tom. II, p. 217.

déplaire fort à Colbert, mais M. de Verthamont revint au projet de travailler simplement par commissaires ; puis on ferait le rapport en présence du roi pour que « la décision fût résolue et establie par les grandes lumières que Dieu avoit départies à Sa Majesté, ce qu'il ne disoit pas par l'honneur qu'il avoit d'estre en sa présence, mais par la connoissance publique de tous les sujets de Sa Majesté ainsi que des estrangers, qui estoient obligés d'avouer que Dieu luy avoit départi une intelligence et un génie tout extraordinaire et tout à fait élevé au dessus des autres hommes. » Il ne s'arrêta pas là et continua par des rapprochements, qu'il dut trouver fort ingénieux, entre Justinien et Louis XIV. Il y avait là de quoi rasséréner le roi. M. de Machault fut d'avis « qu'il suffisoit de prendre les conférences des Ordonnances, le Code Henry, ou l'Ordonnance de M. de Marillac, pour ajouter les choses omises, retrancher les superflues et mettre en peu de temps les choses en estat de loy parfaite. »

Ce fut au tour de Colbert de prendre la parole. Il commença par louer le roi ; puis bientôt d'une façon nette et brève, il exposa le plan qui devait être suivi, c'est celui que nous connaissons déjà. Alors tout le monde s'y rallia. Le roi demanda son avis au Chancelier, qui suivit le courant. « L'ouvrage de la réformation des lois estoit une prérogative de la souveraineté, tous les avis et même les règlements des compagnies ne pouvoient avoir aucune force de loy, dont la forme ne pouvoit estre imprimée que par le caractère du prince. » Il adopta la distribution des matières à des conseillers aidés par des avocats, et proposa qu'on tînt chez lui des conférences pour préparer ce qui serait porté au conseil du roi. Le roi déclara que c'était là ce qu'il avait résolu ; mais il repoussa l'idée de conférences chez le Chancelier : « en toutes affaires il avoit toujours souhaité qu'on s'adressât à lui directement afin de connoistre librement et plus naturellement les sentiments de tous ceux qui traitoient ses affaires, ce qui ne pourroit se reconnoistre, si avant que parler en sa présence, on estoit d'accord et dans des sentiments uniformes. » Ce langage n'étonne point dans la bouche de Louis XIV. Le Chancelier fit alors au roi des propositions pour la distribution des matières; mais « le roi se levant a dit qu'il en conféreroit avec lui dans le particulier et que la chose méritoit quelque discussion. »

Le mardi 13 octobre, Colbert, par ordre du roi, remit au Chancelier la liste des commissaires choisis. Elle était dressée par avance, car elle se trouve jointe au Mémoire du mois de mai, dont nous avons parlé plus haut; elle n'avait subi presque aucun changement. Nous trouvons : « pour la justice (à subdiviser en civile, criminelle et police), MM. de Verthamont, Colbert, Pussort, Voisin, Caumartin, Le Pelletier de La Reynie; pour servir de secrétaire, M. Hotman. — Avocats qui doivent servir à la dite réformation : MM. Auzanet, l'Hoste l'aîné, de Gomont, Ragueneau, Bellain et un sixième qui sera nommé (1). »

Le travail utile allait commencer; mais ici nous trouvons une lacune considérable dans nos documents. Nous n'avons plus que le procès-verbal d'une seule séance de Conseil de justice, celle du dimanche 25 octobre 1665. Le débat porta sur les articles qui composèrent plus tard le titre I de l'Ordonnance de 1667, sur l'observation des Ordonnances. C'était le point auquel tenaient le plus le roi et Colbert. Il s'agissait de dompter les Parlements et de rendre illusoire le droit d'enregistrement. Lamoignon disait de l'Ordonnance de 1667 : « qu'elle commence d'abord par des menaces contre les Parlements et toutes les compagnies souveraines. » Une discussion intéressante eut lieu au Conseil de justice; on déclara que les tribunaux ecclésiastiques devaient au même titre que les autres être soumis aux lois de l'État, et qu'il fallait supprimer la qualification de « Cours souveraines » attribuée aux Parlements. Louis XIV intervint avec sa hauteur habituelle. « Le Roy a dit que pendant sa vie les remontrances ne feroient aucun préjudice, parce qu'il sauroit bien retrancher les inutiles et tumultueuses, et faire considération de celles qui seroient respectueuses et raisonnables. » Mais tout cela nous éloigne de notre sujet.

Cependant les conférences des commissaires et des avocats

---

(1) « Depuis le 16 dudit mois d'octobre, le roy a nommé M. Foucault, greffier de la Chambre de justice, pour travailler en qualité d'avocat. » *Lettres, etc.*, tom. VI, p. 377.

avaient commencé ; nous en connaissons la physionomie par cette lettre d'Auzanet que nous avons citée. C'est au mois d'octobre 1665, probablement très-peu après le 13, que M. de Vérthamont, qui devait présider la commission, « envoya des billets chez les avocats, portant ordre de se rendre chez M. le Chancelier. » Ils s'y rendirent en robe et furent reçus par Séguier, qui les avertit de ce qu'on attendait d'eux. « Peu de jours après les commissaires s'estant rendus chez M. de Verthamont, mondit sieur de Verthamont prit la séance au bout d'en haut du bureau ou de la table dans un fauteuil ; à sa main droite estoit M. Pussort, conseiller d'Estat, aussi dans un fauteuil, ensuite MM. de Caumartin et Le Pelletier de La Reynie, maistres des Requestes, et les sieurs L'Hoste, do Gomont, et Foucault, avocats ; et à main gauche estoient MM. Voisin et Hotman, maistres des Requestes, les sieurs Auzanet, Ragueneau et Bellain, avocats. » C'est là, comme nous dirions aujourd'hui, la photographie de la séance. Cette préoccupation des questions d'étiquette, qui se montre dans plusieurs passages de la lettre d'Auzanet, troublera plus tard quelque peu la première conférence avec les parlementaires.

D'abord il y eut deux vacations par semaine ; puis, le roi étant à Fontainebleau, on ne fixa qu'un jour et on se réunit à Essonne, « afin que MM. les conseillers d'Estat et MM. des Requestes de leur part, et les avocats d'autre part, fissent chacun la moitié du chemin. » Au cours des travaux, M. de Verthamont mourut, et l'assemblée fut transférée chez Pussort. « Le sieur L'Hoste ayant été appelé à la direction des hôpitaux, on ne le remplaça point et le nombre des commissaires fust réduit à neuf personnes. » Plus tard, Colbert vint à ce conseil, « le ministre d'Estat, dit Auzanet, dans les soins duquel le roy confioit l'ordre, l'administration et les plus importantes fonctions de l'Estat ; » il ne voulut point présider et « à quelque instance qui lui fust faite, il se contenta de la seconde place. »

On devait s'occuper en premier lieu de l'observation des Ordonnances et les articles, qui furent discutés au Conseil de justice, le 25 octobre, furent présentés comme ayant été élaborés par les commissaires. En réalité, ceux-ci n'y touchèrent point. « Cela ne demeura pas longtemps sur le tapis, dit Auzanet, car en l'assemblée suivante, le roy nous fist scavoir sa volonté sur ce sujet et envoya les huit articles, qui composent le premier titre de l'Ordonnance de 1667. » Pour le reste, voici comment on procéda.

Pussort faisait d'abord un travail préparatoire, cela ressort du moins d'un passage du procès-verbal des conférences postérieures, publié en 1709 par le sieur Foucault. « Entre Messieurs les commissaires du Conseil, M. Pussort fut chargé de dresser le plan des articles de la réformation. Ce grand homme s'y appliqua avec beaucoup de soin et d'exactitude ; son travail fut animé de cette vive pénétration, et de cet attachement inviolable pour la justice, que chascun reconnoissoit estre la plus excellente de ses sublimes qualités. » Puis les matières étaient distribuées « à chascun des avocats pour y travailler en son particulier, à l'effet de diviser les matières par articles et de mettre les articles par ordre. Et dans l'assemblée, après la lecture du titre entier, chacun article estoit examiné, couché et arresté à la pluralité des voix, et bien que fort souvent les opinions aient esté différentes, néanmoins aucun n'a fait paroistre la moindre jalousie ni contention pour faire prévaloir son avis, mais le tout a passé avec tout l'honneur et la civilité que l'on peut désirer (1). » Les articles, ainsi fixés, étaient portés au Conseil de justice. « Après que les articles estoient arrestés entre nous, on les portoit au Conseil du roi, et là en la présence de Sa Majesté, on autorisoit ceux qui estoient trouvés justes, et les autres estoient réformés ou rejetés absolument. » Les avocats n'assistaient point à ces discussions, car Auzanet ajoute : « en plusieurs rencontres le roy a fait l'honneur à notre compagnie de prendre son avis sur les affaires proposées, qui se traitoient directement, et devoient estre résolues au Conseil, en la présence de Sa Majesté. »

(1) Auzanet. *Lettres, etc., de Colbert*, tom, VI, p. 399.

IV.

Cependant l'Ordonnance sur la procédure civile se trouva complètement élaborée. « Nos assemblées, dit Auzanet, ayant continué l'espace de quinze mois, on trouva qu'il y avoit assez de matière pour faire un premier volume, et pour en faciliter l'exécution. » Il semblait qu'il n'y eût plus qu'à publier ce travail, quand tout à coup, on ramena en scène le Parlement. De nouvelles conférences vont s'ouvrir, mais cette fois à côté des conseillers d'État et des maîtres des Requêtes, figureront les délégués du Parlement de Paris. Comment expliquer ce coup de théâtre? Auzanet rapporte le fait, et dit simplement que le roi « trouva bon » d'agir ainsi. Louis XIV lui-même s'est expliqué sur ce point. « A l'égard du réglement général de la justice, dont je vous ai déjà parlé, voyant un bon nombre d'articles rédigés en la forme que j'avois désirée, je ne voulus pas plus longtemps priver le public du soulagement qu'il en attendoit; mais je ne crus ni les devoir simplement envoyer au Parlement, de peur qu'on y fist quelque chicane, qui me faschast, ni les porter aussi d'abord moi-même, de crainte que l'on ne pût alléguer un jour qu'ils avoient esté vérifiés sans aucune connoissance de cause; c'est pourquoi, prenant une voie de milieu, qui remédioit à la fois à ces deux inconvénients, je fis lire tous les articles chez mon chancelier, où se trouvoient les députés de toutes les Chambres avec des commissaires du Conseil; et quand dans la conférence il se formoit quelque difficulté raisonnable, elle m'estoit incontinent apportée pour y pourvoir, ainsi que j'aviserois. Après laquelle discussion j'alloi enfin en personne faire publier l'Édit (1). » Ces scrupules et ces craintes sont assez peu vraisemblables chez le prince, qui, peu de temps auparavant, traitait de si haut le droit de remontrances du Parlement; aussi a-t-on cherché ailleurs la cause de ce fait, et voici ce qu'on a trouvé.

---

(1) *Mémoires pour* 1667, édit. Dreyss, tome II, p. 224.

Le premier président de Lamoignon avait été frappé, presque en même temps que Colbert, de la nécessité de codifier les lois. Ne pouvant aborder une semblable entreprise, il voulait seulement fixer les points controversés dans le ressort du Parlement de Paris. Il voulut employer à ce travail des magistrats et aussi des avocats, et parmi ces derniers ce même Auzanet que nous avons vu tout à l'heure choisi également par Colbert. Cette marque d'estime venant des côtés opposés, était pour cet homme un suprême éloge; c'est encore par lui-même que nous savons ce qui se passa. « M. de Lamoignon, Premier président du Parlement de Paris, souffrant avec impatience la diversité des sentiments dans sa compagnie, et pour y apporter le remède nécessaire, ayant sceu qu'autrefois j'avois commencé quelques mémoires sur une partie de ces questions douteuses, il m'ordonna de faire recherche de ces mémoires et d'y ajouter ce que je jugerois à propos, ce qui fut exécuté; et ensuite M. le Premier président ayant proposé et fait agréer son dessein au Roy, il fit assembler trois ou quatre fois en son hostel jusqu'au nombre de douze avocats, et prit leurs sentiments sur les premiers articles. Et en d'autres jours furent assemblés aussi dans son hostel deux députés de la Grand Chambre et pareil nombre de chacune des Chambres des Enquestes, en présence desquels, lecture ayant été faite des mêmes articles et des avis des avocats, quelques articles furent résolus et les autres laissés sans décision. Mais les choses s'y passèrent avec si peu de satisfaction que M. le Premier président jugea dès lors qu'il n'arriveroit jamais où il prétendoit par cette voie, et rompit le cours de ces assemblées (1). » Cependant Lamoignon n'abandonna pas complètement son projet; il demanda à Auzanet de continuer son travail, employant aussi un autre avocat au Parlement, Bonaventure Fourcroi. « Ce travail a duré plus de deux années, pendant lesquelles on tenoit deux assemblées par chacune semaine, l'une en des lieux particuliers, en laquelle se trouvoient les deux avocats avec MM. de Brillac, conseiller en la Grand Chambre, et M. Le Pelletier, président aux Enquestes, pour digérer les matières et donner la forme

---

(1) Auzanet. *Lettres, etc., de Colbert*, tome VI, p. 397, 398.

aux articles, et l'autre en la présence de M. le Président pour conclure et arrester par son advis les articles... Voilà où le premier ouvrage s'est terminé, en attendant qu'il voye le jour sous l'autorité publique (1). » Ce ne fut jamais qu'une œuvre privée, on le sait; il n'en est resté que les « arrêtés du président de Lamoignon. »

L'entreprise de Lamoignon, qui s'était attaqué du reste à la partie la plus difficile de la législation, au droit civil, n'avait pas abouti. Le Président dut trouver bien dur cependant de se voir mis en dehors de la grande œuvre officielle, lui qui, d'après Auzanet, avait été autorisé par Louis XIV lui-même à tenter quelque chose de semblable. Avec sa haute intelligence et son loyal caractère, il alla droit au roi; mais, avec une grande habileté, il eut l'air de ne pas savoir ce qui se faisait en dehors de lui. Il vint faire à Louis XIV une proposition semblable à celle que Colbert avait produite et fait adopter; c'est du moins ce que nous apprend son biographe Gaillard. « Colbert avait chargé Pussort d'un travail pour la réformation de la justice. Son projet était de ne communiquer l'Ordonnance à personne, et de la publier par la seule autorité souveraine, en l'enregistrant dans un lit de justice. M. de Lamoignon, averti de ce projet, alla trouver Louis XIV, et lui proposa, comme un moyen d'illustrer son règne, cette idée de réformer la justice après les finances. Le roi lui dit: M. Colbert emploie actuellement M. Pussort à ce travail; voyez M. Colbert et concertez-vous ensemble (2). » Surpris de la confidence que le roi avait faite au Premier président, Colbert vit ses projets déconcertés. « Alors commencèrent des conférences dont le procès-verbal a esté publié et prouve combien elles étoient nécessaires, quantité d'articles ayant esté modifiés (3). » Ce curieux récit est-il bien conforme à la réalité? On peut révoquer en doute la ruse de Lamoignon et la réponse de Louis XIV, mais ce qui paraît certain, c'est que le Premier président alla voir le roi, et celui-ci, songeant peut-être aux encouragements qu'il avait

---

(1) Ceci se passait avant 1665.
(2) *Vie du président de Lamoignon*, citée par M. Pierre Clément. *Lettres, etc.*, tom. VI, p. 14.
(3) *Ibid.*

donnés jadis au chef du Parlement de Paris, ordonna les nouvelles conférences; il est fort possible que Louis XIV en même temps ait été heureux de supprimer par là toute difficulté pour l'enregistrement.

Quoi qu'il en soit, « le 24 janvier 1667, le roi en écrivit au Parlement, et en particulier à M. le Premier président et à M. le Procureur général, avec ordre à M. le Premier président et à messieurs les autres présidents du Parlement, à quatre conseillers de la Grand Chambre et aux cinq anciens présidents des Chambres des Enquestes, avec les doiens des mêmes Chambres, à l'ancien président des Requestes du palais et au doien de la première Chambre et à messieurs les avocats et procureurs généraux, de s'assembler incessamment chez M. le Chancelier pour conférer avec lui et à MM. les Commissaires du conseil par l'avis desquels les articles avoient été dressés. » Ceci se trouve dans le procès-verbal des conférences, mais ce n'était pas le Chancelier qui avait fait décider ce point; il est même à peu près certain qu'il n'en fut averti que lorsque tout était prêt. Voici en effet le billet que lui adressait le secrétaire d'État Guénégaud : « Monseigneur, suivant l'ordre du roi, j'ai escrit au Parlement de Paris, pour lui faire entendre que Sa Majesté, n'ayant pas jugé à propos de faire publier les articles d'Ordonnances qu'elle a fait rédiger en corps pour la réformation de la justice, qu'elles n'aient esté auparavant veues et examinées avec vous et aucuns de messieurs du Conseil par plusieurs principaux des officiers du Parlement que Sa Majesté a nommés, et que M. le Premier président assembleroit incessamment et le plus fréquemment que faire se pourroit en vostre maison, pour sur le tout donner leur avis à Sa Majesté, dont j'ai creu, Monseigneur, devoir vous avertir, afin que vous scachiez ce qui se passe en ceste affaire (1). » Les conférences commencèrent le mercredi 26 janvier à l'hôtel Séguier. Il y eut d'abord quinze séances, dont la dernière eut lieu le 17 mars 1667. Les commissaires du Conseil étaient neuf, y compris le Chancelier, et les députés du Parlement vingt-neuf, y compris le Premier président, le Procureur général et deux Avo-

---

(1) Lettre citée par M. de Kerviler. *Le président Séguier*, p. 385-6.

cats généraux (1). Le greffier de l'assemblée était M. Joseph Foucault. Il y eut une discussion sérieuse et digne, où brillèrent surtout Pussort, défendant les articles comme son œuvre propre, et le Premier président.

Après la clôture de la discussion, les divers articles dont on avait demandé la modification furent de nouveau soumis au conseil du roi, qui statua définitivement, et enfin Auzanet nous apprend comment la dernière main fut donnée à l'Ordonnance civile. « Pour ce que les articles, qui avoient esté composés par diverses personnes se trouvoient conçus en des styles différents, le Roy commit MM. Morangis, Pussort et Boucherat, conseillers d'Estat, et M. Hotman, maistre des Requestes, et moy seul avocat, pour donner la forme à l'Ordonnance, réduyre à un mesme style et mettre les titres en ordre. Et à cela il fut vaqué durant l'espace de sept semaines entières, en donnant cinq et quelquefois six vacations par semaine; et à la fin la première Ordonnance se trouva rédigée en la forme qu'elle paroist aujourd'huy au mois d'avril 1667, portée au Parlement de Paris et publiée en la présence du Roy séant en son Parlement le 20 du mesme mois d'avril (2). »

V.

Tout ce que nous venons de raconter, c'est l'histoire de la rédaction de l'Ordonnance civile, mais c'est aussi l'histoire de la rédaction de l'Ordonnance criminelle. Toutes les deux sont des parties de la même œuvre. L'organisme qui avait produit la première, produisit la seconde et par le même travail.

Ici nous avons beaucoup moins de détails sur la préparation des articles par les commissaires et sur la discussion dans le Conseil de justice. Auzanet, terminant cette lettre du 1ᵉʳ décembre 1669, que nous aurons bientôt, pièce à pièce, citée dans son entier, déclare que l'élaboration de l'Ordonnance criminelle commença au mois de mai 1667, et elle n'était pas encore ter-

---

(1) *Procès-verbal de l'Ordonnance de* 1667, p. 4.
(2) *Lettres, etc., de Colbert*, t. VI, p. 400.

minée au moment où il écrit. « Au mois de may 1667, les mesmes commissaires, réduits au nombre de neuf, ont continué, comme ils font encore tous les jours, à travailler aux dites matières en la manière cy-dessus remarquée, pour faire et composer d'autres Ordonnances lorsque Sa Majesté le jugera à propos. » Ce fut seulement au milieu de l'année 1670 que ce travail préparatoire fut terminé.

Alors commencèrent de nouvelles conférences avec les députés du Parlement. Le procès-verbal indique qu'en réalité elles étaient la suite des conférences de 1667 : « Le sixiesme juin 1670, messieurs les commissaires du Roy et messieurs les députés du Parlement se sont assemblés chez M. le Chancelier, sur les trois heures après-midy, et ont pris leur séance dans la gallerie basse, en la manière et disposition qu'ils avoient faite lors de la conférence de l'année mil six cent soixante-sept. » La composition de l'assemblée différait assez peu de celle de 1667 ; la voici :

I. Commissaires du conseil : le chancelier Séguier, MM. d'Aligre, de Morangis, d'Estampes, de Sève, Poncet, Boucherat, Pussort, Voisin, Hotman.

II. Députés du Parlement : le Premier président (1), les Présidents de Maisons, de Novion, de Mesmes, Le Coigneux, de Bailleul, Molé de Champlastreux, de Nesmond ; — conseillers de

---

(1) Vers la fin de l'année 1663, Colbert s'était fait remettre par l'autorité administrative une note sur le personnel des Parlements. Il est intéressant de voir comment y sont jugés les principaux députés du Parlement. Voy. *Correspond. administrative sous Louis XIV*, tom. II, p. 33, ssq. : — *Lamoignon*, « soubz l'affectation d'une grande probité et d'une grande intégrité, conservant pour cet effet une grande liaison avec tous les dévosts de quelque parti et caballe que ce soit, tesmoignant vouloir une réformation qui ne lui concilie pas MM. de la Grand Chambre ; a médiocres biens et n'en acquerra que par voies légitimes. » — *Pottier de Novion*, « est homme de grande présomption de peu de seureté. » — *De Mesmes* « est homme d'intégrité dans la discipline, et de régularité au palais, où il a acquis grande réputation. » — *Le Coigneux*, « homme violent, fier, et affectant la justice pour s'acquérir crédit, et néanmoins peu aimé du barreau, pour quelque mauvais traitement qu'il a faict à des advocats ; s'applique peu aux lettres, aime ses intérêts et ses divertissements. » — *Bailleul*, « doux, d'humeur facile, s'acquérant par sa civilité beaucoup d'amis dans le palais et à la cour, où il en recherche volontiers. » — *De Champlastreux* « est picqué, fier, de peu de seureté, a peu d'amis dans la compagnie, et conservant peu ceux du dehors. » Il serait intéressant de rapporter également les notes sur les autres députés, mais cela nous mènerait trop loin, sans grand profit pour notre étude.

la Grand Chambre : MM. de Catinat, de Brillat, Fayet, de Refuges, Paris, Royault ; — députés des Enquestes : MM. Potier de Blanc-Mesnil, de Bermond, de Bragelone, Maudet, de Fourcy, Faure, Le Pelletier, Le Vasseur, Maupeou, Malo ; — députés des Requestes du Palais : MM. Charton et Leboult ; enfin MM. de Harlay, Procureur général ; Talon et Bignon, premier et second Avocats généraux.

Il y eut seulement sept conférences, dont, la dernière se tint le mardi 8 juillet 1670. Après une révision dans le Conseil de justice, l'Ordonnance criminelle fut « donnée à Saint-Germain-en-Laye au mois d'aoust l'an de grâce mil six cent soixante-dix, puis enregistrée à Paris en Parlement le 26 aoust 1670. » Le procès-verbal de ces conférences, comme celui des conférences de 1667, fut publié de bonne heure. De nombreuses copies manuscrites circulèrent d'abord, et dans le cours du XVIIᵉ siècle il en parut deux éditions imprimées. Mais en 1709 il s'en publia une nouvelle édition quasi officielle « chez les associés choisis par ordre de Sa Majesté pour l'impression de ses nouvelles Ordonnances. » Il ressort du « privilège du Roy » mis en tête, que cette publication est faite par le sieur Foucault, conseiller d'Estat et du Conseil privé, et que celui-ci reproduit un manuscrit, qui lui aurait été remis par « le sieur Foucault, secrétaire d'Estat et directeur des finances, son père. » Ce dernier était le secrétaire des conférences de 1667 et peut-être aussi de celles de 1670 (1).

Nous avons donc des renseignements suffisants. La physionomie générale de la discussion peut être aisément résumée. Trois hommes, deux surtout, sont au premier plan : ce sont Pussort, le président de Lamoignon, et l'avocat général Talon.

Pussort et Lamoignon qui déjà s'étaient heurtés l'un contre l'autre en 1667, sont cette fois de véritables advorsaires, tout en conservant la plus inaltérable dignité ; et il n'est point d'article important sur lequel ils n'aient pris la parole. Pussort représentait l'esprit, dans lequel, selon le vœu de Colbert, on avait rédigé la loi nouvelle. On avait voulu avant tout débarrasser la

---

(1) C'est cette édition que nous citons toujours.

procédure des complications et des chicanes qui l'entravaient, arracher toutes les plantes parasites, diminuer les lenteurs et les frais. On voulait aussi avoir un instrument de répression énergique et sûr, sans qu'on s'inquiétât beaucoup des droits de la défense.

Lamoignon se montra sous un double aspect. Esprit élevé et âme généreuse, il protesta contre les rigueurs de cette procédure terrible; lui seul dans cette assemblée fit entendre la voix de l'humanité, comme on dira au siècle suivant; par là il dépasse de beaucoup ses contemporains. Nous le verrons protester contre le serment imposé aux accusés, contre la disposition qui leur refuse l'assistance des conseils, contre l'article qui punit comme faux témoin celui qui se rétracte à la confrontation. Enfin, s'il s'élève avec moins de force contre la *question*, ce n'en est pas moins un grand honneur pour un magistrat du XVIIe siècle, que d'avoir déclaré : « qu'il voioit de grandes raisons de l'oster, mais qu'il n'avoit que son sentiment particulier (1). »

Mais d'autre part Lamoignon avait, au plus haut degré, l'esprit de corps et le respect de la tradition; et cette tendance conservatrice l'amena à combattre un certain nombre d'articles, qui cependant réalisaient un progrès. C'est ainsi qu'il défend les justices seigneuriales, qu'une disposition menaçait de ruiner. C'étaient cependant le plus souvent de singulières justices; mais les supprimer eût été « dépouiller les seigneurs de la principale partie de leur bien, sans laquelle les terres n'auroient plus de considération, étant certain que les gentilshommes n'ont rien de plus à cœur que la conservation de leurs justices, parce qu'il n'y a rien qui les distingue plus d'avec les autres sujets du Roy (2). » Il proteste contre la nécessité imposée d'interroger l'accusé dans les vingt-quatre heures de son arrestation (3), et contre la disposition excellente qui veut que les jugements en premier ressort soient rendus au moins par trois juges et ceux en dernier ressort par sept au moins (4). On sent ici le magis-

(1) *Procès-verbal*, p. 222.
(2) *Ibid.*, p. 15.
(3) *Ibid.*, p. 151.
(4) *Ibid.*, p. 246.

trat qui s'inquiète avant tout de la facilité du service. C'est surtout contre les articles, qui réduisent les droits et profits pécuniaires des officiers de judicature, que nous voyons protester le Premier président : il parle en faveur des greffiers (1), des procureurs du roi (2), même des geôliers (3). Là, comme lorsqu'il s'agissait des justices seigneuriales, il défend le droit de propriété. « Ce sont des charges qu'ils ont achetées chèrement, et qui composent la plus grande partie de leur bien. »

Talon prit souvent la parole et avec une grande autorité; mais le caractère de ses observations est beaucoup moins tranché. Il appuya tantôt Pussort et tantôt le Premier président; il parut avec les traits propres aux magistrats du ministère public. Il était magistrat, mais il était en même temps « l'homme du roi. » Les autres magistrats et conseillers, le Chancelier lui-même, jouèrent un rôle peu important. Ceux qui prirent le plus souvent la parole, généralement sur des points de détail, furent MM. Boucherat et de Novion. Ce dernier était bien un homme fait pour contrôler les détails, si l'on en croit Saint-Simon : « il n'étoit ni injuste ni malhonnête, comme l'autre premier président de Novion, son grand-père; mais il ne savoit rien de son métier que la basse procédure, à laquelle à la vérité il excelloit comme le plus habile procureur; mais par de là cette ténébreuse science il ne falloit rien attendre de lui (4). » On est étonné de l'attitude effacée de MM. de Harlay et Bignon ; c'étaient, en effet, des hommes de haute valeur. Écoutons encore Saint-Simon. « Issu de ces grands magistrats, Harlay en eut toute la gravité, qu'il outra en cynique, en affectant le désintéressement et la modestie... Il estoit scavant en droit public, il possédoit fort le fond des diverses jurisprudences; il égaloit les plus versés en Belles-Letttres; il connoissoit bien l'histoire (5). » — « Bignon étoit un magistrat de l'ancienne roche, pour le scavoir, l'intégrité, la modestie; digne du nom qu'il portoit, si connu dans

---

(1) *Procès-verbal*, p. 82.
(2) *Ibid.*, p. 108.
(3) *Ibid.*, p. 135.
(4) *Mémoires*, tom. XIV, p. 216.
(5) *Mémoires*, tom. I, p. 136.

la robe et dans la république des Lettres, et qui, comme son père, avoit été avocat général en grande réputation (3). »

Après avoir été discutés dans ces conférences, les articles repassaient, nous le savons, devant le Conseil de justice ; quelquefois on tint compte des observations qui avaient été faites au nom du Parlement, mais bien souvent on passa outre. Plus tard on regrettera de n'avoir pas mieux écouté la voix du président de Lamoignon.

(1) *Mémoires*, tom. I, p. 392.

CHAPITRE DEUXIÈME.

La procédure d'après l'Ordonnance de 1670.

I. Les règles de compétence. — II. La procédure. — III. La justice retenue et les lettres royaux.

Nous ne saurions songer à commenter l'Ordonnance de 1670; mais il est nécessaire d'indiquer brièvement ce qu'elle apportait de nouveau, et, pour cela, de relever, à vol d'oiseau pour ainsi dire, ses principales dispositions. Elle contenait et des règles de compétence et des règles de procédure criminelle proprement dite; c'est donc là une division qui s'impose à nous (1).

I.

Depuis le XIIIe siècle, un mouvement continu s'était produit, nous l'avons vu, appauvrissant et dépouillant au profit des juridictions royales les juridictions seigneuriales et ecclésiastiques. Pour arriver à ce résultat, les juristes avaient peu à peu modifié les anciennes règles de compétence; la compétence du tribunal du lieu du délit, la théorie de la prévention, la théorie des cas royaux avaient été, en dehors de l'appel, leurs principales inventions; voyons ce qu'elles étaient devenues dans la loi nouvelle, aujourd'hui que la victoire appartenait irrévocablement à la Royauté.

I. La compétence du tribunal du lieu du délit triomphait défini-

---

(1) Nous citerons les principaux Commentateurs de l'Ordonnance d'après les éditions suivantes : Bornier, *Conférence des nouvelles Ordonnances de Louis XIV*, édit. 1703. — Jousse, *Commentaire sur l'Ordonnance criminelle*, 1766. — Muyart de Vouglans, *Institutes au droit criminel*, édit. 1757; *Instruction criminelle*, 1762. — Rousseau de La Combe, *Traité des matières criminelles*, édit. 1769; — Serpillon, *Code criminel*, édit. 1767. — Pothier, *Procédure criminelle*, édit. Bugnet.

tivement. C'était même le seul tribunal compétent (tit. I, art. 1); on écartait le tribunal du domicile de l'accusé et celui du lieu de la capture. Le président de Lamoignon, dans la discussion, protesta contre cette disposition, montrant les difficultés qui en résulteraient dans la pratique; mais l'article fut maintenu. « Il étoit important d'avoir un juge certain, » avait dit Pussort (1).

Du reste, en réalité cette compétence n'était point exclusive de toute autre : si le plaignant a saisi un autre juge, et que l'accusé ne réclame pas son renvoi avant la lecture de la première déposition, lors de la confrontation, le procès continuera.

II. L'article 11 du titre premier énumérait les cas royaux attribués aux baillis, sénéchaux, et juges présidiaux, « privativement à nos autres juges et à ceux des seigneurs. » Nous savons, que toutes les Ordonnances, qui jusque-là avaient fait une semblable énumération, l'avaient terminée invariablement par la clause : « et tous autres touchant au droit royal. » Dans le projet des commissaires, pour la première fois cette clause manquait. On avait sans doute considéré comme inutile de conserver cette arme, aujourd'hui que la lutte était finie. Lamoignon demanda le rétablissement de ces mots dans un long discours : c'est là une preuve de cet esprit de conservation que nous avons signalé chez le Premier président. Pussort répliqua, que l'intention du roi n'avait pas été d'étendre son pouvoir, étant maître absolu, mais de trancher toutes les contestations : « L'édit de Crémieu a spécifié cinq ou six cas royaux et a ajouté « *et autres*, » mais c'est une matière à procès. » Lamoignon, ici plus royaliste que les gens du roi, revint à la charge et obtint gain de cause; on termina la liste par la mention : « et autres cas expliqués par nos Ordonnances et règlements. »

III. Quant à la prévention des juges royaux sur ceux des seigneurs, le projet contenait un article qui ruinait de fond en comble les justices seigneuriales. « Nos juges, était-il dit, préviendront les juges subalternes et non royaux de leur ressort s'ils ont informé et décrété le même jour; » les tribunaux des seigneurs n'auraient plus retenu que les causes, qui auraient

---

(1) *Procès-verbal*, p. 4-6.

échappé à la vigilance des officiers royaux, ou que ceux-ci auraient dédaignées. Le Premier président se porta encore ici l'énergique défenseur du passé; c'était, selon lui, une question de justice absolue et de propriété. Pussort soutint le projet; il montra que la plupart des juges seigneuriaux étaient « sans capacité, » que l'administration de la justice était onéreuse aux seigneurs eux-mêmes; il revendiqua enfin hautement les droits de la royauté. « La véritable propriété de la justice (criminelle), qui s'appelle *jus gladii*, est un droit de sang sur les sujets du Roy, résidant à proprement parler en la main de Sa Majesté, qui le communique à ses officiers (1). » Mais la Royauté n'eut pas la hardiesse de réduire à rien les seigneurs justiciers. Deux modifications furent apportées à l'article : on donna la prévention seulement aux baillis et aux sénéchaux et non point à tous les juges royaux; on fixa un terme aux juges des seigneurs, avant l'arrivée duquel la prévention ne pourrait pas intervenir (2). Pussort avait admis le premier tempérament, et il avait repoussé le second; tous deux figurent dans la rédaction définitive.

Quant aux juges royaux, dans leurs rapports entre eux, les prévôts pouvaient être prévenus par les baillis « trois jours après le crime commis (3); » on maintint aussi la disposition traditionnelle, d'après laquelle les prévôts ne connaissaient point des crimes des gentilshommes (4).

IV. Pour ce qui est de l'appel, l'Ordonnance en traitait longuement dans son titre XXVI; mais sur ce point la Royauté avait remporté sur les seigneurs une victoire si décisive qu'elle ne jugeait pas nécessaire de l'enregistrer formellement. Les juges d'appel étaient toujours des juges royaux; en seconde instance, les juridictions des seigneurs n'intervenaient jamais. « Il n'y a que les lieutenants criminels des bailliages et sénéchaussées royales qui aient droit de ressort au criminel. C'est ce qui est décidé par l'article 22 de l'édit de Crémieu, et encore plus clairement par l'article de l'Ordonnance qui ne parle que des baillis et sénéchaux

---

(1) *Procès-verbal*, p. 15-17.
(2) C'est un délai de 24 heures, tit. I, art. 9.
(3) Tit. I, art. 7.
(4) Tit. I, art. 10.

royaux ; en sorte que les juges des seigneurs, qui connoissent au civil de l'appel des sentences de quelques autres juges, n'ont pas le même droit au criminel (1). »

V. La juridiction ecclésiastique avait peu à peu perdu du terrain, grâce à la théorie du *délit commun* et du *cas privilégié*. Le délit commun pouvait être retenu par le juge laïque, tant que le renvoi n'était pas demandé ; et dans ce cas c'étaient seulement les baillis et sénéchaux royaux qui étaient compétents, à l'exclusion des juges seigneuriaux (2). Quant au cas privilégié, le juge laïque ne s'en dessaisissait point. L'Ordonnance de Moulins avait décidé que le juge séculier retiendrait l'ecclésiastique accusé, jusqu'à ce que son procès fût fait et parfait ; seulement il devait le remettre ensuite au juge d'Eglise pour ce que celui-ci jugeât le délit commun compris dans le cas privilégié (3). De cette intervention successive des deux juges naissaient de grandes difficultés. On imagina de réunir en une seule les deux instances ; cela fut décidé par l'édit de Melun de 1580, dans son article 22. « L'instruction des procès contre les personnes ecclésiastiques pour cas privilégiés sera faite conjointement tant par les juges ecclésiastiques que par les juges royaux, et en ce cas seront ceux desdits juges royaux tenus d'aller au siège de la juridiction ecclésiastique. » Mais cette instruction conjointe était, on le conçoit, fertile en conflits et en complications, elle n'avait pour but que de réaliser un compromis entre les droits de la Royauté et les vieilles immunités de l'Église. Maintenant que la Royauté rédigeait une loi nouvelle, n'allait-elle pas se débarrasser de cette gêne? On le tenta, et le projet primitif contenait deux articles qui ne conservaient de compétence aux juges d'Église que pour les délits purement ecclésiastiques. C'était fort raisonnable, et c'était ce qu'avaient à plusieurs reprises demandé les États-Généraux ; mais cela ne put point passer, la Royauté céda devant

---

(1) Serpillon, *Code crim.*, p. 1139.

(2) Muyart de Vouglans. *Instr. crim.*, IIIe partie, p. 50, 51.

(3) « Ordonnons que nos officiers instruiront et jugeront en tous cas les délits privilégiés entre les personnes ecclésiastiques, avant que de les délaisser au juge d'Eglise, lequel délaissement sera fait, à la charge de tenir prison pour la peine du délit privilégié, où elle n'auroit esté satisfaite, de quoy les officiers de l'Evesque devront respondre en cas d'eslargissement. »

l'Église, comme elle avait cédé devant les seigneurs. Ici encore ce fut Lamoignon qui vint défendre le passé. « Il étoit obligé de représenter au Roi que les deux articles touchent beaucoup au privilège clérical, et semblent presque l'anéantir... Cependant ce privilège clérical est observé par tout le monde où il y a des catholiques, et l'on peut dire que cet usage général est comme attaché à l'autel (1). » Et il refaisait l'histoire des immunités de l'Église, rappelant que ce privilège « étoit confirmé par une possession de près de quatorze cents ans; » il invitait « Sa Majesté à faire les réflexions qu'elle trouvera nécessaires. » Pussort se leva alors et vint rétablir les droits de la puissance civile. « L'intention du Roy n'est pas de restreindre la juridiction ecclésiastique, mais de la régler... A l'égard du spirituel, on laisse absolument la discipline aux juges de l'Église... Il est vrai que l'article est contre l'usage, mais il est *conforme à la raison*... il y a de l'indécence au magistrat royal d'être l'assesseur d'un autre juge... ainsi l'article est juste (2). » On ne pouvait mieux dire, mais Pussort invoquait la *raison*, une autorité dont le règne ne viendra qu'un siècle plus tard, et il avait contre lui la tradition toute-puissante. Talon vint au secours du Premier président. Étant des « gens du roi, » il commença par faire hommage à la royauté. « Il est vrai, dit-il, que ce privilège est une grâce que les princes ont faite au clergé, par des motifs de piété et par le respect qu'ils ont de la sainteté de leur ministère... ainsi l'on ne peut pas douter qu'il ne soit au pouvoir du prince de révoquer ou limiter un privilège accordé par ses prédécesseurs; » mais il concluait au maintien de l'immunité, « il suffit de donner des bornes à ce privilège; par là on corrigera autant qu'il sera possible le mauvais effet qu'il produit en quelques rencontres; on préviendra les plaintes que les évêques et tout le clergé du royaume, et le Pape lui-même ne manqueraient pas de faire, si d'un seul trait on renversait un privilège fondé sur les constitutions des empereurs romains, renouvelées par Charlemagne et confirmées par quatorze cents ans de possession (3). »

(1) *Procès-verbal*, p. 44, 45.
(2) *Procès-verbal*, p. 46, 47.
(3) *Procès-verbal*, p. 47, 48.

Cette opposition formidable, que Talon indiquait, fit réfléchir le roi, qui, dans le Conseil de justice, avait semblé cependant tenir beaucoup à ces articles. On les supprima et on les remplaça par un texte qui maintenait le *statu quo* : « Art. 13. N'entendons déroger par le précédent article aux priviléges dont les ecclésiastiques ont accoutumé de jouir. » Cependant l'Ordonnance ne réglant point la procédure conjointe, il était nécessaire de lui faire une sorte de Code à part. Ce fut l'objet de plusieurs lois : d'abord l'Édit du mois de février 1678 développa des principes contenus dans l'Édit de Melun, il n'y apportait qu'une restriction de nature à ménager l'amour-propre des Parlements (1); puis vinrent une Déclaration du mois de juillet 1684, l'Édit général sur la juridiction ecclésiastique de 1695, et enfin une Déclaration du 4 février 1711 (2).

VI. Quant aux juridictions des villes, maires, échevins, consuls, etc., l'Ordonnance ne s'en occupait point et ne modifiait en rien leurs droits. Partout elles avaient la simple police; c'était ce que les États-Généraux avaient demandé pour elles à Orléans (3); c'est ce que leur accorda l'Ordonnance de Moulins, art. 71 et 72. Cependant ces textes, qui enlevaient aux juridictions municipales la connaissance des affaires civiles, leur laissaient celle des causes criminelles, lorsqu'elles en étaient en possession. Mais individuellement la plupart des villes perdaient la haute justice. La Royauté cependant ne réussissait pas toujours dans ces usurpations, et nous avons un curieux document du temps même de Louis XIV, qui nous fait assister à l'un de ces petits drames. C'est une lettre de Colbert à Talon; il y est question d'une suppression des justices échevinales opérée dans le Hainaut. « Par tout ce qui nous revient de ces pays frontières, il paroit que rien ne fait une plus mauvaise impression dans les esprits que la suppression de leurs justices échevinales

---

(1) Lorsqu'il devait être procédé en Parlement contre un ecclésiastique, les évêques étaient obligés « de donner leur vicariat à l'un des conseillers clercs, pour conjointement avec celui des conseillers laïcs de ces Cours qui sera commis à cet effet, être le procès fait et parfait aux dits ecclésiastiques. »

(2) Muyart de Vouglans : *Instr. crim.*, IIIe partie, p. 70, ssq.

(3) Picot : *Histoire des États-Généraux*, tom. II, p. 216, ssq.

et l'établissement qu'on a fait des sièges en la manière usitée dans le royaume, parce qu'ils sont prévenus que la plupart des officiers n'achètent ces charges que pour exercer avec plus de facilité des exactions sur eux (1). » Aussi Colbert conclut-il qu'il faut sous main racheter les charges et rétablir l'ancien ordre de choses. Ici on s'était brisé contre le vieil esprit communal des Flandres; dans un certain nombre de villes du Midi on rencontra les mêmes résistances. Il en résulta que, sinon d'une façon générale, au moins dans bien des cas, « les villes ont conservé jusqu'à la Révolution, un droit de jugement en matière criminelle. La royauté leur avait pris la juridiction civile, et chose étrange, elle leur avait laissé la juridiction criminelle (2). »

Ainsi était fixée la compétence des juges royaux en face des autres juridictions. Mais nous avons vu que, dans l'ensemble des tribunaux de la royauté, figuraient un certain nombre de tribunaux d'exception. L'Ordonnance, pour le plus grand nombre d'entre eux, s'en référait simplement aux lois existantes, mais elle avait détaché, pour en traiter spécialement, une de ces juridictions, la plus importante, celle des prévôts des maréchaux.

Nous savons comment la juridiction prévôtale, toute militaire à l'origine, avait peu à peu étendu son empire; c'était un solide instrument aux mains de la Royauté, pour réprimer les désordres qui troublaient la sécurité publique, mais c'était un terrible tribunal. Ces « gens d'armes » jugeaient sommairement, rudement et sans appel. On trouvait que c'était assez bon pour leurs justiciables, ceux qu'Imbert appelle le « gibier des prévôts des maréchaux; » c'étaient autrefois les vagabonds et surtout « les gens d'armes tenant les champs et mangeant la poule du bonhomme (3). » Cependant les États-Généraux s'étaient plaints souvent des désordres qu'entraînait cette juridiction (4). L'Ordonnance nouvelle devait au moins la régler d'une façon précise : ce fut l'objet d'une partie du titre I, et du titre II dans son entier. L'article 13 du titre premier élargissait en réalité la compétence

---

(1) *Lettres, etc. de Colbert,* tom. VI, p. 2.
(2) Laboulaye : *Revue des cours littéraires,* année 1865, p. 723.
(3) Imbert, liv. II, ch. 5, n° 4.
(4) Picot, *op. cit.,* I, 447; II, 135, 172-75, 529-530; IV, 63-65.

des prévôts ; aussi ne passa-t-il pas sans difficulté (1). Le président de Lamoignon déclara « qu'il se peut dire que le plus grand abus qui se rencontre dans la justice criminelle a procédé de ces officiers... qui oppriment les innocents et déchargent les coupables. La plupart sont plus à craindre que les voleurs eux-mêmes. » Il y avait là un mal si grand, que ceux qui défendent l'institution sont eux-mêmes obligés de le reconnaître. « Les prévôts des maréchaux, selon Pussort, ayant vécu avec peu d'intégrité, leur mauvaise conduite les a fort décriés. » Talon dit de son côté que, « comme les officiers ni leurs archers n'ont point de gages pour subsister, il n'y a point de malversations auxquelles ils ne se soient abandonnés ; ils ne font aucune fonction s'ils n'espèrent en retirer de l'émolument. » Enfin le président de Novion ajouta « que ce n'estoit pas établir le repos public que d'étendre le pouvoir des prévosts des maréchaux (2). » Cependant la Royauté voulait le maintien de cette juridiction, et la discussion ne pouvait porter que sur les détails ; on admit, à peu de choses près, la liste des cas prévôtaux que contenait le projet.

En maintenant la juridiction prévôtale, on maintint aussi et on augmenta les garanties que la jurisprudence avait imaginées, pour la régler et la contenir.

1° Les prévôts devaient de toute nécessité faire juger leur compétence par le Présidial, dans le ressort duquel la capture aurait été opérée, « dans les trois jours ou plus tard, encore que l'accusé n'ait point proposé de déclinatoire (3). »

2° Dans les vingt-quatre heures de la capture, l'accusé devait être interrogé par le prévôt en présence de l'*assesseur* de la prévôté, lequel était un *gradué en droit;* et dès ce premier interrogatoire il fallait déclarer à l'accusé qu'on entendait le juger prévôtalement.

3° Les jugements de compétence ne pouvaient être rendus

(1) Outre les délits commis par les vagabonds et excès des gens de guerre, les prévôts devaient juger « les assemblées illicites et vols sur les grands chemins, les vols faits nuitamment dans les villes, les sacriléges avec effraction, assassinats prémédités, séditions, émotions populaires, fabrication de fausse monnaie, quelle que fût la qualité des auteurs. »

(2) *Procès-verbal*, p. 28, ssq.

(3) Tit. II, art. 15 ; voy. aussi art, 19, 20.

qu'au nombre de sept juges, comme d'ailleurs toutes les sentences prévôtales, préparatoires, interlocutoires et définitives (1).

4° Lorsqu'il s'agissait de crimes prévôtaux *par leur nature*, et non pas par la qualité des personnes, s'ils avaient été commis dans les villes de la résidence des prévôts, ceux-ci ne pouvaient pas en connaître. Cette disposition rappelait le vrai caractère de l'institution. Les prévôts, « guetteurs de chemins, » avaient été créés pour battre la campagne dans des chevauchées incessantes; les anciennes Ordonnances étaient strictes à cet égard. « Allans par les champs, ne séjourneront en un lieu plus d'un jour, si ce n'est pour cause nécessaire (Orléans, 68; Moulins, art. 43). » Appeler les prévôts à juger les crimes commis dans les villes de leur résidence, eût été les engager à résider effectivement.

5° Des précautions minutieuses étaient prises pour éviter les désordres et les malversations (2); en particulier on devait dresser inventaire de tout ce dont le captif était trouvé saisi, et cela « en présence de deux habitants les plus proches du lieu de la capture, qui signeront à l'inventaire (3). »

6° On donnait, ou plutôt on confirmait, aux Présidiaux le droit de prévention sur les maréchaux; ils connaissaient des cas prévôtaux, « préférablement aux prévôts des maréchaux, lieutenants criminels de robe courte, vice-baillis et vice-sénéchaux, s'ils ont décrété ou avant eux ou le même jour; » pour juger en dernier ressort ils devaient se conformer à toutes les règles que nous venons d'établir. Les juges ordinaires, pour un cas prévôtal, ne pouvaient qu'informer et décréter en cas de flagrant délit, et devaient renvoyer l'affaire à qui de droit.

L'Ordonnance de 1670 ne devait pas être le dernier mot de l'ancien droit sur cette matière; en 1731 (5 février) fut donnée une Déclaration royale sur les cas prévôtaux et présidiaux. Elle comprenait 30 articles et était beaucoup mieux rédigée que les titres correspondants de l'Ordonnance. Elle distinguait nettement pour la première fois les cas prévôtaux par la qualité des per-

---

(1) Tit. ii, art. 18, 24.
(2) Voy. tit. ii, art. 10, 14.
(3) Tit. ii, art. 9, 11.

sonnes et ceux qui l'étaient par la nature des crimes. Elle était aussi sur plusieurs points plus douce que la loi ancienne (1). Les gentilshommes, non condamnés antérieurement, étaient soustraits à la juridiction prévôtale ou présidiale en dernier ressort. — Si nous avons assez longuement insisté sur la juridiction prévôtale, ce n'est pas seulement à cause de la grande place qu'elle tient dans l'Ordonnance et dans l'ancienne société française; mais aussi parce que nous la verrons reparaître au commencement du xix⁰ siècle, pour disparaître ensuite à tout jamais.

Pour terminer cet exposé des principes sur la compétence, disons que les ecclésiastiques, gentilshommes, secrétaires du roi et officiers de judicature avaient le droit d'être jugés dans la « Grand Chambre des Parlements et non dans la Tournelle criminelle... sur appel seulement, et lorsqu'ils demandoient d'être renvoyés avant que les opinions aient été entamées en la Tournelle (2). »

II.

L'Ordonnance laissait reposer la poursuite sur les règles qu'avait établies la jurisprudence antérieure. Dorénavant et plus que jamais, il est vrai de dire qu'il n'y a qu'un véritable accusateur, le procureur du roi ou du seigneur; la partie privée ne peut demander que des dommages-intérêts. Cependant les dernières traces du vieux système accusatoire n'avaient pas encore disparu. Pour les délits qui ne méritaient pas peine afflictive, la transaction intervenue entre la partie lésée et le coupable, arrêtait et éteignait encore l'action publique (3). Le titre III, à côté des *dénonciateurs,* parle des *accusateurs* (4); et la loi place toujours les particuliers en première ligne pour la poursuite des crimes : « S'il n'y a point de partie civile, les procès seront poursuivis à la diligence et sous le nom de nos procureurs ou des procureurs

---

(1) Voy. art. 17 et 20.
(2) Tit. i, art. 21, 22.
(3) Titre xxv, art. 19.
(4) Tit. iii, *Des plaintes, dénonciations et accusations.*

des justices seigneuriales (1). » Le ministère public n'a l'air de venir qu'à la suite et à défaut des plaignants ; mais c'est là une vaine apparence ; ou plutôt, si cette façon de présenter les choses a quelque réalité, c'est au point de vue fiscal ; s'il y a une partie civile, c'est elle qui fait les frais du procès ; sinon c'est le roi ou le seigneur justicier (2). D'ailleurs la théorie de l'action civile, telle qu'elle est venue jusqu'à nous, est définitivement arrêtée dans ses grandes lignes ; c'est en commentant le titre des *Plaintes*, que nos anciens auteurs en ont fait cette étude si ingénieuse et si approfondie, qui peut encore aujourd'hui servir de modèle.

I. L'Ordonnance distingue nettement les dénonciations et les plaintes. Les dénonciateurs s'adressent au procureur du roi ; ils écrivent et signent leur dénonciation, ou le greffier l'inscrit en leur présence ; plus tard, si l'accusé est absous, ils peuvent être condamnés comme calomniateurs ou imprudents ; mais ils ne figurent pas dans l'instance. Quant aux plaintes, la loi innove. Elles pourront se faire par requête adressée au juge, lequel y répondra (art. 1), c'est l'ancienne demande de permission d'informer ; ou encore elles seront écrites par le greffier en présence du juge ; mais c'est toujours au juge qu'il faut s'adresser. L'Ordonnance, fidèle à l'esprit de réforme dans lequel elle est conçue, repousse ici les huissiers, sergents, archers et notaires. Mais voici ce qui était vraiment nouveau et fécond. Jusque-là toute plainte, étant la demande d'une permission d'informer, constituait par là même le plaignant à l'état de partie civile, lui imposant la lourde charge des frais. Les particuliers devaient donc hésiter à saisir le juge ; ils restaient inactifs ou se portaient dénonciateurs près du procureur du roi, qui n'agissait pas toujours. L'Ordonnance déclare que « les plaignants ne seront réputés parties civiles, s'ils ne le déclarent formellement par la plainte (3). » On faisait plus ; jadis la constitution de partie civile n'avait lieu que par une plainte ; on ne la concevait pas intervenant au cours du procès. Dorénavant elle pourra se produire dans un « acte subséquent qui pourra se faire en tout état de cause. » Enfin, par une

---

(1) Tit. III, art. 8.
(2) Tit. XXV, art. 16, 17.
(3) Tit. III, art. 5.

dernière faveur, on permettait à la partie civile de se désister « dans les vingt-quatre heures et non après ; » et en cas de désistement elle n'était point tenue des frais faits postérieurement. C'étaient autant d'innovations contenues dans un seul article ; elles étaient heureuses, et le président de Lamoignon le remarqua: « Il dit que l'article est nouveau, mais qu'il paraît bon (1). »

Le juge étant saisi, il s'agissait tout d'abord pour lui de constater le corps du délit, et l'Ordonnance contenait des prescriptions très-sages sur les procès-verbaux des juges, et sur les rapports des médecins et chirurgiens (2).

II. Le titre VI, dans cette loi, qui jusqu'ici suivait l'ordre chronologique des faits, était consacré aux informations, et c'était la partie capitale du procès. Le principe du *secret* de la procédure était rigoureusement suivi : « Les témoins seront ouïs secrètement et séparément (3). — Défendons aux greffiers de communiquer les informations et autres pièces secrètes du procès (4). » Ces dispositions semblaient tellement naturelles qu'elles ne soulevèrent aucune observation. Mais à côté de cette sévérité traditionnelle, l'Ordonnance contenait des réformes de détail excellentes. On abolissait entièrement l'usage de faire informer « par un sergent et un notaire. » Dorénavant la déposition sera écrite « par un greffier en présence du juge (5). » — Les témoins, avant de déposer, devaient faire « apparoir l'exploit qui leur aura été donné pour déposer, dont sera fait mention dans leurs dépositions. » C'était un moyen de faire respecter la règle qui voulait que les témoins ne fussent administrés que par la partie publique et par la partie civile (6); pour éviter que des témoins de l'accusé ne se glissassent dans le nombre, il était nécessaire de faire produire la citation (7). — Le serment à faire prêter aux té-

(1) *Procès-verbal,* p. 66.
(2) Tit. IV et V.
(3) Tit. VI, art. 11.
(4) Tit. VI, art. 15.
(5) Tit. VI, art. 9, cf. art. 6.
(6) Tit. VI, art. 1.
(7) Cette disposition a été reproduite dans le Code d'Instruction criminelle (art. 74); mais elle n'a pas la même valeur, l'accusé ou prévenu pouvant toujours citer à l'audience les témoins à décharge.

moins, les questions à leur poser, la lecture des dépositions, la défense de laisser des interlignes, la nécessité d'approuver les ratures, la tenue matérielle du registre (art. 5, 9, 11, 12), tout était calculé pour que l'information, cette pièce si importante, fût sincère et non altérée ; toutes ces prescriptions étaient imposées à peine de nullité.

La taxe des témoins était faite par le juge (art. 13). Le projet des commissaires ajoutait que le paiement serait fait par les mains du greffier, défendant aux parties de rien donner en plus ; mais le Premier président fit observer « que les témoins sont quelquefois éloignés ; et si les parties ne prennent soin de les faire venir et de payer la dépense de leur voyage, ils négligeront de se trouver aux assignations. » On supprima les mots « par la main du greffier, » défendant seulement aux parties de rien donner au delà de la taxe. Lamoignon avait contribué à maintenir un abus.

Après les informations, les monitoires (tit. VII). Les juges décernaient la permission de les obtenir, et l'official devait obéir. Cela était possible « alors même qu'il n'y avoit aucun commencement de preuve ou refus de déposer des témoins; » c'était exorbitant, d'autant qu'il était dit que le jugement qui interviendrait sur l'opposition, s'il y en avait une, serait exécuté nonobstant « appellation même comme d'abus. » Lamoignon fit observer « que l'on ne commence pas l'instruction d'un procès par un monitoire (1) ; » mais tout passa.

III. L'information, si elle contenait des charges, donnait lieu au *décret*, qui devait toujours être rendu sur les conclusions du procureur du roi (2). Le projet décidait que pour ces conclusions il ne pourrait être réclamé « ni épices ni droits. » Lamoignon protesta. Pussort eut beau dire « que le roi n'avoit point eu en vue de diminuer les émoluments de ses officiers, mais bien de retrancher les procès, en leur ôtant l'occasion de requérir des décrets avec trop de facilité et sans beaucoup de fondement (3) ; » la disposition fut supprimée.

---

(1) *Procès-verbal*, p. 74.
(2) Tit. x, art. 1.
(3) *Procès-verbal*, p. 108.

L'Ordonnance admettait trois sortes de décrets, celui d'assigné pour être ouï, celui d'ajournement personnel, et celui de prise de corps. Le premier, que nous n'avons pas trouvé dans Imbert, avait été introduit par la jurisprudence; il était plus doux que l'ajournement personnel, en ce qu'il n'entraînait point, comme ce dernier, l'interdiction d'exercer toutes fonctions (1). Pour choisir entre ces différents décrets, il fallait se rapporter à la qualité des crimes, des preuves et aussi « des personnes; » on ne pouvait décerner un décret de prise de corps contre un domicilié, « si ce n'est, pour peine afflictive ou infamante. » Le décret d'assigné pour être ouï, faute de comparution, était converti en décret d'ajournement personnel, et celui-ci, dans le même cas, en décret de prise de corps (2), à moins que l'accusé n'eût fait valoir, dans les formes déterminées par le titre XI, un empêchement ou excuse. C'étaient là les « *essoines des accusés;* » et c'est la dernière fois que cette sorte d'exception dilatoire, si importante jadis dans la procédure féodale, paraîtra dans nos lois avec son sens propre (3).

Les décrets ne pouvaient être décernés sans information précédente; c'était un principe général, mais il subissait bien des exceptions, non-seulement en cas de flagrant délit, mais aussi dans d'autres hypothèses moins favorables. « Pourra être décerné prise de corps sur la seule notoriété pour crime de duel; sur la plainte de nos procureurs contre les vagabonds, et sur celle des maîtres pour les crimes et délits domestiques (4). »

---

(1) Tit. x, art. 10 et 12.

(2) Tit. x, art. 3 et 4.

(3) Si celui qui était personnellement ajourné comparaissait, on ne pouvait l'emprisonner à moins qu'il ne survînt de nouvelles charges (art. 7); ou que « par délibération secrète de nos cours, il ait été résolu qu'en comparaissant il sera arrêté, ce qui ne pourra être ordonné par aucun autre de nos juges. » — Ce *retentum* indique bien l'esprit de cette procédure, qui souvent joue au plus fin avec l'accusé.

(4) Tit. x, art. 8, cf. art. 5 et 6. — Les décrets pouvaient être décernés par le juge d'instruction seul. Bornier les considérait, il est vrai, comme nuls « lorsqu'ils étaient rendus par un seul juge sans autres opinants, » p. 348; mais l'opinion contraire était dominante. « Les décrets se rendent ordinairement par le juge d'instruction. » Jousse, *Comment.*, p. 187. — « L'usage contraire prouve assez que le sentiment de Bornier n'est pas conforme aux règles. » Serpillon, *Code crim.*, p. 532.

Le décret de prise de corps constituait l'accusé en état de détention préventive ; et, pour que l'élargissement eût lieu, il fallait toujours une ordonnance du juge (art. 23). Mais la mise en liberté provisoire sous caution n'était pas possible toutes les fois qu'il y avait réglement à l'extraordinaire (1). Cependant, après l'interrogatoire, s'il n'y avait eu à l'origine qu'un ajournement personnel, et que le décret de prise de corps n'eût été rendu que faute de comparaître, on pouvait élargir l'accusé (art. 21). Cette loi était fort dure, et ménageait très-peu la liberté individuelle ; pourtant elle était plus précise qu'aucune des Ordonnances qui l'avaient précédée, et contenait quelques garanties. Les procureurs du roi étaient tenus d'envoyer deux fois par an aux procureurs généraux un « état, signé des lieutenants criminels et par eux, des écroues, et recommandations faites pendant les six mois précédents ès prisons de leur siége, et qui n'avoient point été suivies d'un jugement définitif, contenant la date des décrets, écroues, recommandations, le nom, surnom, qualité et demeure des accusés et sommairement le titre de l'accusation et l'état de la procédure (2). » C'était là une mesure excellente, et elle a inspiré certainement les articles 249 et 250 du Code d'Instruction criminelle.

Les rédacteurs de l'Ordonnance, après avoir parlé des décrets, étaient tout naturellement amenés à se préoccuper de la police des prisons ; c'est ce qu'ils firent dans le titre XIII.

Aux XVII° et XVIII° siècles, les prisons furent d'atroces séjours. « Osez descendre un moment dans ces noirs cachots, où la lumière du jour ne pénètre jamais, et sous des traits défigurés contemplez vos semblables, meurtris de leurs fers, à demi couverts de quelques lambeaux, infectés d'un air qui ne se renouvelle jamais et semble s'imbiber du venin du crime, rongés vivants des mêmes insectes qui dévorent les cadavres dans leurs tombeaux, nourris à peine de quelques substances grossières distribuées avec épargne, sans cesse consternés des plaintes de leurs malheureux compagnons et des menaces de leurs gar-

---

(1) Tit. xv, art. 12.
(2) Tit. x, art. 20.

diens (1). » C'est un magistrat qui parle ainsi dans un discours de rentrée, et sous l'amplification oratoire on sent la vérité poignante. Voltaire dira aussi : « Il ne faut pas qu'une prison ressemble à un palais, il ne faut pas non plus qu'elle ressemble à un charnier. On se plaint que la plupart des geôles en Europe soient des cloaques d'infection, qui répandent des maladies et la mort, non-seulement dans leur enceinte, mais dans le voisinage. Le jour y manque, l'air n'y circule point. Les détenus ne se communiquent que des exhalaisons empestées. Ils éprouvent un supplice cruel avant d'être jugés. La charité et la bonne police devraient remédier à cette négligence inhumaine et dangereuse (2). » Dans le même sens les cahiers de 1789 fournissent un témoignage irrécusable. Le Tiers-État demande à l'unanimité que « les prisons soient saines et sûres, qu'elles n'altèrent plus la santé des détenus et qu'il y soit établi des infirmeries (3). » — Mêmes réclamations dans les cahiers de la Noblesse : « les prisons, dit l'un d'eux, sont dans un état inhumain et indécent (4). » Le Clergé élève sa voix avec une force égale : « que les prisons, où gémit trop souvent l'innocent à côté du coupable, cessent d'être, contre l'intention de la loi, un *séjour d'horreur et d'infection;* que les malheureux y jouissent au moins d'un air salubre, d'une nourriture saine et suffisante; que les infirmeries des prisons soient aérées, et tellement disposées qu'on y puisse faire le service des malades (5). »

Ce sont là des faits incontestables; cependant il ne faudrait point croire que les législateurs et les magistrats de l'ancienne France se montrassent indifférents au sort des prisonniers. Cette dureté de régime et ces souffrances leur semblaient naturelles et nécessaires; mais d'autre part on prenait des précautions multiples pour empêcher les malversations et les vexations de la part des geôliers. Certains usages des Cours avaient quelque chose de touchant. C'est ainsi que la Tournelle du Par-

---

(1) Servan : *Discours,* etc., p. 14.
(2) *Idée de la justice et de l'humanité*, art. xxv.
(3) Prudhomme : *Résumé des cahiers*, III, p. 588, 173, 174.
(4) Prudhomme : *op. cit.*, t. II, p. 152 et 411.
(5) Prudhomme : *op. cit.*, I, p. 165 et 357.

lement de Paris tenait tous les ans, la veille de l'Ascension, une séance au Châtelet pour recevoir les plaintes et s'inquiéter du sort des prisonniers (1). Les Parlements faisaient souvent des règlements pour la police des prisons de leur ressort; celui du Parlement de Paris, du 1ᵉʳ septembre 1717, est célèbre et fort étendu.

C'est le même sentiment qui inspira les rédacteurs de l'Ordonnance. Dans le titre XIII, nous trouvons peu de dispositions concernant la *question pénitentiaire*, comme nous dirions aujourd'hui. Les hommes et les femmes devront être séparés (art. 20); les guichetiers visiteront tous les jours les prisonniers dans les cachots, et devront indiquer ceux qui sont malades, pour qu'ils soient visités par les médecins et au besoin transférés dans des chambres (art. 21); on donnera aux prisonniers « du pain, de l'eau et de la paille bien conditionnés, suivant les règlements (art. 25). » C'est tout. Presque tous les autres articles ont pour but de réprimer les vexations des gardiens : ils révèlent des désordres graves et surtout une vénalité honteuse (art. 2, 6, 7, 9, 15, 19, 10, 11, 14, 18, 22, 28, 30, 33). A chaque instant, on défend aux geôliers de prendre de l'argent pour des actes obligatoires de leur ministère. Il est ordonné aux procureurs du roi ou des seigneurs « de visiter les prisons une fois chaque semaine, pour y recevoir les plaintes des prisonniers (art. 25) (2).»

IV. L'accusé, cité ou prisonnier, devait être interrogé par le juge. C'était un acte des plus importants. Nous verrons que dans la plupart des cas, sans l'aveu de l'accusé, on ne pouvait pas prononcer les peines les plus graves. Aussi, dans cette procédure secrète, l'art d'interroger était une qualité tout à fait précieuse chez le magistrat instructeur. Les auteurs des traités

---

(1) « Le jeudi de l'Ascension, grande fête de l'année, le Parlement tient sa séance au Châtelet pour les prisonniers. C'est le président à mortier dernier reçu qui, à dix heures et demie, se transporte au Châtelet avec les conseillers de la Tournelle; quand ils arrivent l'audience cesse, le lieutenant civil quitte sa place, et pendant que le Parlement tient l'audience, le lieutenant civil, le lieutenant de police, le lieutenant criminel, le procureur du roi, le lieutenant criminel de courte sont dans le banc des gens du roi, pour être en état de répondre s'il y avait quelque plainte contre eux. » Barbier; *Journal*, II, p. 328.

(2) Comparez les art. 610 et suivants du Code d'Instruction criminelle.

de droit criminel exposaient à ce sujet une série de préceptes devenus classiques, fruits de l'expérience et de la méditation. Les observations, dont Jousse a fait précéder le titre XIV de l'Ordonnance, sont restées comme le plus judicieux de ces petits traités, qui rappellent vaguement les manuels du confesseur.

Une amélioration légère était apportée dans la pratique des interrogatoires, qui devaient être commencés dans les vingt-quatre heures de l'emprisonnement au plus tard ; mais les règles sévères introduites par la jurisprudence et les Ordonnances anciennes étaient maintenues et même renforcées. L'interrogatoire devait avoir lieu en secret, devant le juge et son greffier. Le serment introduit par l'usage, était formellement imposé à l'accusé (art. 7).

Ici, on le sait, intervint, dans les conférences préparatoires, une discussion mémorable. Le président de Lamoignon montra toute la hauteur de sa grande âme, et on crut entendre la voix des anciens magistrats, dont il cita les exemples. Il lutta de toutes ses forces pour faire écarter la nécessité du serment : il montra que ce n'était qu'un simple usage, qui s'était introduit, « comme ces choses dont on ne connoît pas bien ni l'origine ni la raison. » Il rappela la sainteté du serment. « S'il est obligatoire, c'est engager infailliblement l'accusé à commettre un nouveau crime, et ajouter au mensonge, qui est inévitable dans ces rencontres, un parjure qui se pourroit éviter. S'il n'est pas obligatoire, c'est prendre le nom de Dieu en vain. » — « En France tout le monde dit qu'il faut le faire ainsi sans examiner pourquoi on le fait ; car il n'y a aucun des peuples dont nous avons tiré toutes nos bonnes maximes, qui l'ait pratiqué ainsi. » Il fit voir « que le droit civil, bien loin de l'autoriser, y étoit certainement contraire, et que même dans le droit canonique, avant qu'il fût embrouillé des formalités de l'inquisition, il n'y en avait pas la moindre trace ; » il fit remarquer que *la Caroline* n'en parlait pas, et que dans les Pays-Bas tout au moins il n'avait pu s'introduire. Il invoqua enfin la tradition de l'ancienne magistrature française. « Nul n'est tenu de se condamner soi-même par sa bouche, » avait dit le président Lemaitre ; et de Thou, « dont la mémoire est en si grande vénération au palais et partout ailleurs... interrogeant un accusé de crime qualifié, ne voulut jamais lui faire prêter serment, parce qu'il n'y avoit aucune Ordonnance qui obligeât les juges de l'exiger de l'accusé, et qu'il ne vouloit pas l'engager à un parjure manifeste (1). »

Pussort chercha à réfuter cette vigoureuse argumentation; mais il fut très-faible. « On ne convient pas des principes qui ont esté avancés, n'étant jamais permis en aucun cas de faire un mal afin qu'il arrive au plus grand bien; la loi naturelle étant combattue par celle du Christianisme, elle lui doit naturellement céder, personne ne révoquant en doute que la mort ne soit préférable à un péché mortel... l'usage du serment est très-ancien et s'observoit avant l'Ordonnance de 1539... et l'usage en est d'autant plus solennel qu'il a esté establi sans loi... il n'est pas même entièrement inutile... il se trouvoit des consciences timorées que la crainte du parjure pouvoit entraîner à reconnoître la vérité. » M. Talon vint au secours de Pussort, il soutint « qu'en Espagne, en Italie, et l'on peut dire parmi toutes les nations de l'Europe on fait prêter le serment aux accusés avant de les interroger... Cette difficulté, dit-il, aiant esté levée, il est absolument nécessaire d'en faire un article d'Ordonnance. » Lamoignon, à qui l'on n'avait point répondu en réalité, demanda qu'on en parlât au roi; le roi maintint l'article.

Mais il ne suffit pas qu'une chose soit commandée pour qu'elle soit exécutée. Comment faisait-on si l'accusé refusait de prêter serment? L'Ordonnance avait prévu l'hypothèse où l'accusé refusait absolument de répondre (2); elle décidait qu'on lui ferait alors son procès comme à un muet volontaire (3). Après trois

---

(1) *Procès-verbal*, p. 153, 159.

(2) Titre XVIII, *Des muets et sourds et de ceux qui refusent de répondre.*

(3) On n'admettait point qu'un présent pût être contumax. « Il y avoit autrefois une contumace de présence qui étoit celle qui s'instruisoit contre les muets volontaires, mais cette forme de procédure fut blâmée par arrêt du Parlement de Paris du 1er décembre 1663. » Serpillon : *Code crim.*, p. 900. — « Anciennement on donnoit un curateur aux muets volontaires, mais l'Ordonnance a cru devoir abroger cet usage, et les priver d'un secours dont ils se rendent indignes. » Muyart : *Instr. crim.*, 1re part., p. 684. — « L'usage du Châtelet a changé dans les différents temps sur la forme de faire le procès aux muets volontaires; anciennement on leur créoit un curateur, mais on y a reconnu de l'inconvénient

interpellations d'avoir à répondre et trois avertissements sur les conséquences de ce mutisme, le juge passait outre, constatant, toutes les fois qu'il y avait lieu de faire comparaître l'accusé, qu'il refusait de parler. Tous les actes étaient valables cependant, et quand même l'accusé voulait répondre plus tard, on ne recommençait rien, pas même la confrontation. Cette procédure très-rigoureuse, plus dure que celle suivie en cas de contumace, fournissait un moyen de contraindre indirectement l'accusé au serment. On assimilait à un muet volontaire celui qui était prêt à répondre, mais sans prêter serment. C'est ce que décidait Jousse; après avoir parlé du muet volontaire, il ajoute : « il en est de même si l'accusé refuse de prêter le serment, comme cela arrive quelquefois (1). » Et Serpillon, en protestant contre cette jurisprudence, semble bien la constater. « On ne peut regarder comme tel (comme muet volontaire) celui qui répond en disant qu'il ne veut pas prêter serment; il ne refuse pas de répondre, il ne fait pas le muet, et il n'y a aucune peine prononcée contre celui qui refuse de prêter serment. Il est cependant vrai que MM. les commissaires du Parlement de Paris, dans la procédure de l'infâme Damiens, firent, le 8 février, trois interpellations à cet accusé de prêter le serment qu'il refusa; ce qui prouve leur usage à cet égard (2). »

L'assistance des conseils était de nouveau interdite par l'Ordonnance; les accusés devaient toujours répondre par leur bouche. Cela s'appliquait non-seulement au premier interrogatoire, où cela pouvait très-bien se concevoir, mais encore à tout le cours de l'instruction, soit devant le lieutenant criminel, soit devant le siége assemblé. Cependant, s'il s'agissait d'un crime non capital, « les juges pouvaient, après l'interrogatoire, permettre de communiquer avec qui bon leur semblera, » sans qu'il pût jamais être question d'une défense traduite dans un plaidoyer. S'agissait-il, au contraire, d'un crime capital, toute communication était interdite « nonobstant tous usages contraires

en ce qu'il falloit recommencer la procédure lorsque l'accusé offroit de répondre par sa bouche. » M. Talon : *Procès-verbal*, p. 217.

(1) *Comment.*, p. 384.
(2) *Code crim.*, p. 902.

que nous abrogeons, si ce n'est pour crime de péculat, concussion, banqueroute frauduleuse, vol de commis ou associés en matière de finance ou de banque, à l'égard desquels crimes les juges pourront ordonner, si la matière le requiert, que les accusés, après l'interrogatoire, communiqueront avec leurs commis. » Tel était le projet proposé : en ayant l'air d'édicter une prohibition moins absolue que celle de l'Ordonnance de 1539, on renchérissait en réalité sur cette dernière, dont les termes un peu vagues laissaient un certain pouvoir aux juges. Lamoignon ici encore éleva la voix en faveur des accusés. « Cet article défend aux juges de donner conseil aux accusés, même après la confrontation, ce qui est nouveau et rigoureux envers les accusés. » Prenant en main la cause de la libre défense, il prononça des paroles, qui semblent antidatées d'un siècle. « Si le conseil a sauvé quelques coupables, il pourroit arriver aussi que des innocents périroient faute de conseil. — Entre tous les maux qui peuvent arriver dans l'administration de la justice, aucun n'est comparable à celui de faire mourir un innocent, et il vaudroit mieux absoudre mille coupables. — Ce conseil qu'on a accoutumé de donner aux accusés n'est point un privilège accordé par les Ordonnances ni par les lois, c'est une liberté acquise par le droit naturel, qui est plus ancien que toutes les lois humaines. — Nos Ordonnances ont retranché aux accusés tant d'avantages qu'il est bien juste de leur conserver ce qui leur reste. — Si on vouloit comparer notre procédure à celle des Romains et des autres nations, on trouveroit qu'il n'y en avoit point de si rigoureuse que celle qu'on observe en France, particulièrement depuis l'Ordonnance de 1539. — On pouvoit bien ordonner en général que les juges ne donneroient point de conseil aux accusés que pour les crimes mêlés de beaucoup de faits, mais il paroissoit extrêmement dangereux de déclarer en particulier quels étoient ces crimes, et d'en exclure par là tous les autres (1). »

En face de Lamoignon, Pussort se fit de nouveau l'avocat de la répression inflexible : « l'expérience faisoit connoître que le

(1) *Procès-verbal*, p. 162-164.

conseil qui étoit donné se faisoit honneur et se croyoit permis en toute sûreté de conscience de prouver par toutes voies l'impunité de l'accusé. » Il osa rappeler le procès du chancelier Poyet pour marquer la portée de l'Ordonnance de 1539. « Il est vrai, dit-il, que le silence de l'Ordonnance a été interprété différemment... cela a donné lieu aux juges d'en user différemment, les uns refusant (le conseil) absolument, les autres l'accordant à toutes sortes d'accusations, et d'autres seulement en certains cas... L'on sait combien ces sortes de conseils sont féconds en ouvertures pour former des conflits de juridiction, combien ils inventent de subtilités pour trouver des nullités dans les procédures et pour faire naître une infinité d'incidents. Cependant, comme on ne refuse rien à un accusé, et qu'il faut lire toutes les pièces du procès, aussi bien celles qui vont à sa décharge que celles qui sont à sa conviction, pourvu qu'il ait moïen de faire travailler beaucoup d'avocats et de fournir aux frais, les expédients ne manquent pas pour immortaliser son procès. Ainsi, c'est proprement aux riches et pour l'impunité que le conseil est accordé (1). » Ici, comme l'a fait observer un éminent criminaliste, Pussort se trouvait en face d'une vérité d'expérience. Par une logique nécessaire, il se fait que la procédure écrite et secrète, surchargée de formalités pour pouvoir mériter encore le nom de procédure, offre à la chicane un terrain admirablement préparé.

M. Talon proposa un tempérament. Il voulait qu'on exclût le conseil d'une façon générale « dans les causes qui dépendent purement des tesmoins, » mais que d'une façon générale aussi, et sans procéder à une énumération dangereuse, on l'accordât « dans les accusations où il y a des pièces rapportées pour la conviction de l'accusé et où il peut en produire pour sa défense. » Il cita comme exemples les suppositions de part et de personnes, et voulait qu'on ajoutât cette clause : « et autres de cette nature. » L'article passa avec cette modification : on ajouta aux cas où le défenseur serait admis « les suppositions de part et autres crimes, où il s'agisse de l'état des personnes (2). »

(1) *Procès-verbal*, p. 164-165.
(2) Tit. xiv, art. 8.

Pour assurer les droits de la défense, on crut assez faire en inscrivant cette réserve dans le texte : « Laissons au devoir et à la religion des juges d'examiner avant le jugement s'il n'y a point de nullité dans la procédure. » C'était la même idée qui avait fait dire que dans l'information les témoignages seraient rédigés « à charge et à décharge. » Le juge, dans ce système, a quelque chose de la Providence ; il est infaillible et défend l'accusé en même temps qu'il le poursuit.

Toutes les formalités de l'interrogatoire étaient du reste minutieusement et soigneusement réglées (1). L'interrogatoire était ensuite communiqué à la partie publique et à la partie civile (art. 17, 18), lesquelles, s'il y avait aveu, pouvaient prendre droit immédiatement, c'est-à-dire demander jugement, mais cela seulement, comme nous l'expliquerons plus tard, si le crime ne méritait pas peine afflictive. L'accusé dans le même cas pouvait demander à prendre droit par les charges, qui alors lui étaient communiquées ; dans ces deux hypothèses, il y avait des requêtes adressées au juge par les poursuivants, et des réponses de la part de l'accusé (art. 20). S'il n'y avait pas lieu de prendre droit ainsi, les parties civile et publique donnaient leurs conclusions tendant au règlement à l'extraordinaire. L'accusé pouvait aussi présenter requête pour être reçu en procès ordinaire ; mais cette *civilisation* du procès n'était admise que lorsque le délit entraînait simplement une peine pécuniaire (2).

V. Le règlement à l'extraordinaire résultait d'un jugement portant que les témoins entendus dans l'information seraient « ouïs de nouveau, récolés en leurs dépositions, et, si besoin est, confrontés à l'accusé (3). » Par qui ce jugement si important allait-il être rendu ? « Par le juge, » disait l'Ordonnance. Il semblait logique d'en conclure qu'il s'agissait là du juge d'instruction seul, qui seul du reste a jusqu'ici paru en scène. Cependant Jousse, considérant sans doute quel immense pouvoir on allait

---

(1) Voy. art. 9, 11, 13, 16.

(2) Il résultait d'un article de l'Ordonnance (tit. xx, art. 3) que la conversion en procès ordinaire pouvait avoir lieu même après le règlement à l'extraordinaire, pourvu que ce fût avant la confrontation.

(3) Tit. xv, art. 1.

mettre ainsi aux mains d'un homme, décidait au contraire « que ce jugement doit être rendu à la Chambre, comme jugement au fond, par trois juges si le jugement est à charge de l'appel, et par sept lorsque le jugement est en dernier ressort (1). » Mais c'était là une opinion isolée. « Dans les bailliages et autres justices sujettes à l'appel, il ne faut que le juge d'instruction pour rendre un jugement de récolement et confrontation. — Il y a lieu d'être surpris que M. Jousse, si versé dans cette matière, ait observé sur cet article que le jugement à l'extraordinaire doit être rendu par trois juges, si le jugement est à charge de l'appel; cela est contraire aux autorités qu'il cite, puisqu'elles ne parlent que du dernier ressort, ce qui décide tacitement que les lieutenants criminels peuvent les rendre seuls à l'ordinaire, comme une infinité de règlements l'ont décidé : d'ailleurs, c'est l'usage de tous les tribunaux du royaume, que le juge d'instruction rende seul ces jugements à l'ordinaire. Il serait ennuyeux de rapporter les règlements pour réfuter cette erreur (2). »

Le récolement était nécessaire pour que la déposition fît charge contre l'accusé ; mais dans la visite du procès il était au contraire fait lecture des dépositions des témoins à décharge, quoiqu'ils n'eussent été ni récolés ni confrontés, pour y avoir égard par les juges (3). Par suite, on se demandait s'il était utile de confronter tous les témoins ; cela paraissait plus juste, mais pourtant on décidait communément que ceux-là seulement, qui faisaient charge, devaient être confrontés.

La confrontation était la première occasion, que cette procédure impitoyable donnait à l'accusé, de saisir l'accusation, jusque-là pour lui enveloppée de voiles ; mais l'Ordonnance rendait cette ressource presque entièrement illusoire. Dans l'origine, le récolement avait eu pour but de faire contrôler par le juge l'information, qu'avait recueillie un simple sergent assisté d'un notaire ; aujourd'hui cette utilité n'existait plus, le juge informant toujours lui-même. On fit du récolement un moyen d'immobiliser le té-

---

(1) *Comment. sur l'ord.* de 1670, p. 296.
(2) Serpillon : *Cod. crim.*, p. 690.
(3) Tit. xv, art. 10.

moignage et de rendre inutile tout débat à la confrontation ; « les témoins, disait l'article 11, qui depuis le récolement rétracteront leurs dépositions ou les changeront dans des circonstances essentielles, seront poursuivis et punis comme faux témoins. » Lamoignon protesta en faveur de la défense, comme il l'avait fait deux fois déjà. « Il peut être dangereux de faire une loi si exacte, parce que quelquefois un accusé peut redresser un témoin à la confrontation en des circonstances considérables et le faire souvenir de la vérité d'un fait qui lui auroit échappé. Cela peut se faire quelquefois de bonne foi de la part des accusés et de la part des témoins, et c'est rendre la condition de l'accusé bien plus mauvaise si on oblige le témoin à ne se point rétracter à la confrontation, à moins que d'être traité comme un criminel... Tout est contre l'accusé jusqu'à la confrontation : car c'est là où il commence à se reconnaître et à être informé de la qualité du crime et de la preuve. C'est pourquoi il sembloit plus à propos de laisser cela à la discrétion du juge, qui peut connaître si la contrariété qui se trouve entre la déposition, le récolement et la confrontation du témoin tient de sa mauvaise foi ou bien de son ignorance (1). » Il était impossible de parler d'une façon plus sensée ; mais Pussort déclara « que jusqu'ici il avoit passé pour une loi constante, établie par les auteurs et confirmée par l'usage, que tout homme qui a prêté deux serments à la face de la justice ne peut changer impunément... que l'on avoit cru l'article nécessaire à la sûreté publique, et bien loin de produire de faux témoins, dans la nécessité où il les jette de soutenir leur témoignage vrai ou faux lors de la confrontation, qu'au contraire, il obligera les témoins à s'observer et à ne pas rendre légèrement leur déposition... qu'au surplus ces mots de circonstances essentielles, qui sont dans l'article, satisfont à tout. » On est vraiment étonné de la puissance de certaines idées préconçues. Après avoir décidé l'article, comme le vouloit Pussort, on inséra cette déposition : « Si l'accusé remarque dans la déposition du témoin quelque contrariété ou circonstance qui puisse éclaircir le fait ou justifier son innocence, il pourra requérir le juge d'interpeller le

(1) *Procès-verbal*, p. 178.

témoin de la reconnaître. » Cela a presque l'air aujourd'hui d'une raillerie.

Si la confrontation ne devait plus guère servir à l'accusé pour discuter les dépositions, elle lui était toujours utile pour proposer ses reproches ; mais on avait conservé la règle introduite en 1539, d'après laquelle il devait les produire à brûle-pourpoint et avant la lecture de la déposition (1) ; plus tard, il n'était plus reçu à les faire valoir. Cela passa sans observation ; c'était un point admis depuis longtemps. On eut soin seulement de déclarer expressément que l'accusé pourrait « en tout état de cause proposer des reproches, s'ils étoient justifiés par écrit (art. 20). »

VI. Lorsque les informations, interrogatoires, récolements et confrontations étaient terminés, le procès était dit instruit, et sortait des mains du juge d'instruction pour passer aux mains du rapporteur, qui devait dépouiller la procédure, et en exposer les résultats au siège entier assemblé. Mais auparavant le « sac » était confié au procureur du roi, pour qu'il prît ses conclusions définitives (2), ce qu'il était tenu de « faire incessamment. » Ces conclusions pouvaient tendre à l'application de la peine, mais elles pouvaient tendre aussi à l'application de la torture ou à la preuve des faits justificatifs. Elles étaient « données par écrit et cachetées, » et ne devaient être ouvertes que plus tard, après le rapport ; elles ne devaient pas « contenir les raisons sur lesquelles elles étaient fondées (3). » C'était alors que le rapport intervenait : « lorsque le procès a reçu son entière instruction, et que le procureur du roi ou fiscal, après en avoir pris communication, l'a remis au greffe avec ses conclusions cachetées, le procès doit être remis à l'un des juges qui en fait le rapport au siége assemblé (4). » Cela avait une extrême importance ; sans doute toutes les pièces de la procédure étaient lues devant les conseillers ; mais comment ces magistrats, qui intervenaient pour la première fois dans l'affaire, pouvaient-ils en prendre une connaissance suffisante ? Ils jugeaient d'après le rapport. Aussi le

---

(1) Tit. xv, art. 15 et 16.
(2) Tit. xxiv, art. 1.
(3) Tit. xxiv, art. 3.
(4) Pothier : *Instr. crim.*, p. 466.

rapporteur devait-il « opiner le premier. C'est l'usage inviolable de tous les tribunaux, parce que le rapporteur est présumé mieux instruit des faits du procès que les autres officiers (1). » Le rapporteur ayant une autorité fort grande, le choix de ce magistrat était grave; cependant c'était un point que l'Ordonnance ne décidait pas. Dans les bailliages les lieutenants criminels rapportaient les procès, « ils ont droit, dit Serpillon, de rapporter tous les procès de leur juridiction, ce droit est fondé sur l'Édit de mai 1553; » il cite aussi un Édit de 1557, et une infinité d'arrêts et de règlements, qui montrent que c'était là surtout une question d'*épices* (2). Mais, d'autre part, le lieutenant criminel était le juge instructeur; le procès était donc presque remis à son entière discrétion. C'était un abus que l'Ordonnance de Blois avait voulu supprimer (3); mais comme elle ne parlait que des Parlements, on n'appliqua point sa disposition aux juridictions jugeant en premier ressort. On est étonné de voir que les rédacteurs de l'Ordonnance, si préoccupés d'ordinaire d'assurer les détails de l'administration de la justice, aient passé ce point sous silence.

Personne autre que les juges n'assistait à la visite du procès et au rapport : on excluait même expressément les « gens du roi (4). » Cependant avant de passer au jugement, on faisait comparaître l'accusé pour qu'il subît un dernier interrogatoire; c'était la première fois que les magistrats, autres que le juge d'instruction, le voyaient et entendaient sa voix. Lorsque les conclusions du ministère public tendaient à une peine afflictive, le dernier interrogatoire devait avoir lieu sur la *sellette* (5), dans les autres cas, il avait lieu « derrière le barreau, ou parquet de la chambre... les accusés sont alors debout et découverts derrière la barre qui ferme le barreau (6). » L'Ordonnance ne parlait,

---

(1) Serpillon : *Code crim.*, p. 1052.

(2) *Op. cit.*, p. 1230, ssq.

(3) Art. 130 : « Les procès criminels faits ou instruits aux Parlements en première instance, ne pourront être rapportés par celui qui aura fait les récolements, les confrontations, et instruit lesdits procès. »

(4) Tit. xxiv, art. 2.

(5) Tit. xiv, art. 21.

(6) Serpillon : *Code crim.*, p. 682.

comme d'une formalité nécessaire, que des interrogatoires sur la sellette. Aussi l'abus s'était glissé dans plusieurs siéges de ne pas entendre les accusés lorsqu'il n'y avait point de conclusions à des peines afflictives. Une Déclaration royale du 13 avril 1703, supprima cet abus : « l'esprit de notre Ordonnance de 1670, était-il dit, n'a jamais été de priver les accusés dans aucun cas du droit naturel qu'ils ont de se défendre par leur bouche, n'y d'ôter aux juges les moyens qu'ils ont de s'éclaircir par ces voies des circonstances des actions qui se poursuivent extraordinairement. » Les accusés devaient toujours être entendus ou sur la sellette ou derrière le barreau.

Il pouvait se faire cependant que l'instruction du procès ne fût pas terminée. « Lorsqu'après la visite du procès et que l'accusé a subi son dernier interrogatoire, le juge vient à reconnaître que la preuve n'est pas suffisamment acquise, et qu'il lui reste encore des doutes sur le jugement qu'il doit porter, alors ou ces doutes sont combattus par des présomptions violentes, qui s'élèvent contre l'accusé de manière à le faire regarder plutôt comme coupable qu'innocent, et qu'il ne manque plus que sa propre confession pour le convaincre; c'est le cas où il peut ordonner la torture ... ou bien ces doutes sont tels qu'ils font pencher la balance en faveur de l'accusé, comme lorsque par son dernier interrogatoire et sa confrontation il a articulé certains faits ou fourni certains reproches contre les témoins, dont la preuve une fois acquise pourroit servir à justifier entièrement son innocence; alors le juge doit, sur la requête qui lui est présentée par cet accusé, ou même d'office, choisir parmi ces faits ou ces reproches ceux qui lui paraissent les plus relevans, pour en faire la matière d'une enquête qu'il ordonnera par un jugement particulier, et c'est ce qu'on appelle admettre l'accusé à ses faits justificatifs (1). » Examinons les deux branches de cette alternative.

VII. La torture, dont nous avons raconté les lamentables progrès, présentait plusieurs variétés. Envisagée au point de vue de l'intensité des tourments, elle se divisait en *question ordinaire*,

---

(1) Muyart de Vouglans : *Inst. crim.*, p. 390.

et *question extraordinaire* : le juge avait toujours plein pouvoir pour s'arrêter à l'une ou pour pousser jusqu'à l'autre (1). Si l'on envisageait la torture sous le rapport de la fonction qu'elle remplissait, on distinguait la *question préparatoire*, qui servait à arracher à *un accusé* l'aveu de son crime, et la *question préalable* qui était donnée aux *condamnés* pour les forcer à révéler leurs complices. C'est de la question préparatoire qu'il est ici parlé.

L'Ordonnance réglait les conditions moyennant lesquelles on pourrait recourir à la torture. Elle exigeait que le corps du délit fût constaté; et qu'il y eût déjà « preuve considérable (2). » Les sentences, prononçant la question étaient *de droit* soumises à l'appel (3). L'accusé, interrogé avant d'être tourmenté, devait l'être encore immédiatement après, pour qu'on vît s'il maintiendrait ses aveux. Point important, « quelque nouvelle preuve qui survînt, l'accusé ne peut pas être appliqué deux fois à la question pour le même fait (4); » et « s'il avoit été délié et entièrement ôté de la question, il ne pouvoit plus y être remis (5). » C'étaient là quelques adoucissements apportés à cette horrible procédure; mais en revanche l'Ordonnance consacrait la question avec réserve des preuves, que la jurisprudence avait introduite et dont nous parlerons plus loin. Tout cela passa sans soulever de difficulté. C'était chose naturelle à cette époque. Cependant, Lamoignon et Pussort, étonnés, sans doute, de se trouver d'accord, parlèrent tous les deux contre la question préparatoire, mais sans insister, et comme par acquit de conscience. Pussort déclara « que la question préparatoire lui avoit toujours semblé inutile, et que si l'on vouloit ôter la prévention d'un usage ancien, l'on trouveroit qu'il est rare qu'elle ait tiré la vérité de la bouche d'un condamné. » M. le Président « a dit qu'il voïoit de grandes raisons de l'ôter, mais qu'il n'avoit que son sentiment particulier (6). »

(1) On se rappelle « le petit et le grand tresteau, » dans le *Registre criminel du Châtelet*.
(2) Tit. xix, art. 1.
(3) Tit. xix, art. 7.
(4) Tit. xix, art. 12.
(5) Tit. xix, art. 10.
(6) *Procès-verbal*, p. 225.

Cependant Lamoignon proposait quelque chose de plus pratique. Aucune règle fixe n'existait sur la manière de donner la torture; les usages des compagnies étaient la seule loi. N'était-il pas urgent de faire cesser ici tout arbitraire? « Il seroit à souhaiter que la manière de donner la question fût uniforme dans tout le royaume, parce qu'en certains endroits on la donne si rudement que celui qui la souffre est mis hors d'état de pouvoir travailler et demeure souvent estropié le reste de ses jours. » A cela Pussort fit cette réponse étonnante : « Il étoit difficile de rendre la question uniforme... la description qu'il en faudroit faire *seroit indécente* dans une Ordonnance... mais il est sous-entendu dans l'article que les juges prendront garde, lorsqu'ils la feront donner, que les condamnés n'en demeurent pas estropiez (1). »

Rien ne fut donc fixé à cet égard, et les jurisprudences varièrent comme par le passé. C'est ainsi que nous trouvons dans Muyart de Vouglans une description sommaire des méthodes les plus usitées. « Au Parlement de Paris, la question se donne de deux manières, à l'eau et aux brodequins. » Le Parlement, par arrêt du 18 juillet 1707, avait donné un mémoire détaillé pour la question, qui comprend vingt-trois articles. C'est une pièce fort curieuse où tout est prévu (2). Ce règlement fut adopté dans beaucoup de ressorts, mais dans certains autres on conserva les anciennes habitudes. « Au Parlement de Bretagne on la donne (la question) en serrant le pouce ou autres doigts, ou une jambe du patient avec des machines de fer appelées *valets*... Au Parlement de Bretagne, on approche les pieds du patient assis et attaché sur une chaise devant un feu, les pieds nus... Au Parlement de Besançon, la question se donne de deux façons. Le patient, ayant les bras liés derrière le dos, est élevé en l'air par une poulie attachée aux bras liés,... pour la question extraordinaire, on attache aux orteils de chaque pied du patient un gros poids de fer ou de pierre, qui lorsqu'on l'élève demeure suspendu à ses pieds (3). » Serpillon, de son côté, décri-

---

(1) *Procès-verbal*, p. 224.
(2) Voy. dans Serpillon : *Code crim.*, p. 930, ssq.
(3) Muyart : *Inst. crim.*, p. 403.

vant la question par l'huile bouillante, telle qu'elle se donne au présidial d'Autun, ajoute : « Je ne connois dans la province ni ailleurs aucun tribunal qui soit dans l'usage de cette cruelle torture, que l'on dit avoir eu lieu anciennement dans toute la France (1). »

Pour la question préalable, l'Ordonnance déclarait seulement que le « jugement pourroit l'ordonner. »

Les anciens principes sur les faits justificatifs étaient maintenus et plus formellement exprimés qu'ils ne l'avaient jamais été. Il était « défendu aux juges, même aux Cours, d'ordonner la preuve d'aucuns faits justificatifs, ni d'entendre aucuns témoins pour y parvenir, qu'après la visite du procès (2). » Ne pouvaient être reçus en preuve que « les faits choisis par le juge du nombre de ceux que l'accusé aura articulés dans les interrogatoires et confrontations, » et celui-ci devait nommer sur-le-champ les témoins, qui étaient assignés à la requête du ministère public et entendus sans que l'accusé les vît. On voit combien la défense était faible; cependant on devait communiquer à l'accusé les requêtes que la partie civile présentait aux juges et les pièces y attachées, « en sera baillé copie à l'accusé, autrement les requêtes et pièces seront rejetées (3). »

VIII. Le jugement allait être rendu. L'Ordonnance renouvelait les prescriptions traditionnelles qui commandaient aux juges de faire passer les affaires criminelles avant les causes civiles, et qui leur défendaient de juger *de relevée* les procès considérables (4). Mais elle contenait aussi des dispositions nouvelles et importantes.

(1) *Code crim.*, p. 907.
(2) Tit. xxviii, art. 1.
(3) Tit. xxiii, art. 3. On se demandait si l'on devait communiquer à l'accusé les dépositions des témoins sur les faits justificatifs. Voy. Poullain du Parc : *Principes du droit français*, tom. XI, p. 374. « L'article 8 n'ordonne la communication de l'enquête qu'à la Partie publique et à la Partie civile, ce qui donne lieu de croire que l'accusé ne peut pas en demander la communication. Cependant ce n'est pas une information, c'est une enquête; et puisque la partie civile en doit avoir la communication, il paroît injuste qu'elle soit refusée à l'accusé. Le silence de l'Ordonnance n'est point négatif de cette communication, quoiqu'il fasse naître une grande difficulté sur cette question. »
(4) Tit. xxv, art. 1 et 9.

Dans toutes les justices, où l'on jugeait à charge de l'appel, la sentence devait être rendue par trois juges au moins, « si tant y a dans le siége, ou gradués, et se transporteront au lieu où s'exerce la justice, où l'accusé est prisonnier, et seront présents au dernier interrogatoire (1). » C'était une réforme excellente, surtout si l'on songe à ce qu'étaient les juges des seigneurs. Cependant Lamoignon fit quelque opposition; il défendit encore les intérêts des justices seigneuriales; il voulait même qu'on n'exigeât pas que les assesseurs fussent toujours *gradués*, « dans les petites justices, il peut y avoir des gens de bon sens et propres à être officiers, qui ne sont pas néanmoins gradués. » Mais Pussort lui répondit victorieusement : « On ne pouvoit apporter trop de précautions, lorsqu'il s'agit de la vie et de l'honneur des sujets du roi, particulièrement si l'on considère que des gentilshommes pouvoient être justiciables des juges des seigneurs, qui sont tous sans expérience et qui peuvent être facilement corrompus (2). »

Quant aux jugements en dernier ressort, ils devaient toujours être rendus par sept juges, qu'il s'agît de sentences d'instruction ou d'arrêts au fond; à défaut de juges on appelait des gradués (3). Le partage des voix profitait toujours à l'accusé, et s'il s'agissait d'une sentence en dernier ressort, l'avis le plus sévère ne pouvait passer qu'à la majorité des deux voix (art. 12); c'est cette dernière disposition que Montesquieu appelait une loi divine.

Pour qu'on sût quel était l'avis le plus sévère, l'Ordonnance établissait une échelle des peines (4). Cela était fort important, étant donné le système des peines arbitraires qui dominait dans l'ancien droit. On remarquera que dans cette énumération, la torture figurait comme une peine, alors qu'on établissait d'autre [part] que ce n'était qu'un moyen d'instruction; on avait été obligé de revenir à la vérité des faits. Le bienfait que semblait assurer

(1) Tit. xxv, art. 10.
(2) *Procès-verbal*, p. 246.
(3) Tit. xxv, art. 11.
(4) Art. 13 : « Après la peine de mort naturelle la plus rigoureuse est celle [de] la question avec la réserve des preuves en leur entier, des galères perpétuelles, du bannissement perpétuel, de la question sans réserve des preuves, des [galè]res à temps, du fouet, de l'amende honorable et du bannissement à temps. »

cet article n'était pas très-grand en réalité. Cette liste des peines n'était pas complète ; la jurisprudence en connaissait beaucoup d'autres, comme il est facile de s'en assurer en parcourant les anciens auteurs (1). Elles se divisaient en peines corporelles et afflictives, peines simplement afflictives, peines infamantes et peines légères qui n'étaient point infamantes.

L'Ordonnance n'exigeait point que les sentences fussent motivées. Cependant les juges inférieurs « devoient exprimer la cause de la condamnation ou celle de l'absolution. Aussi toutes les fois que cela se rencontre (qu'ils ne l'expriment pas), le Parlement ou autre cour infirme la sentence ou le jugement et prononce néanmoins la même chose que la sentence ; mais à l'égard des Parlements et Cours ils ne sont point astreints à cette formalité, on met seulement dans l'arrêt que l'accusé est condamné pour les cas résultant du procès (2). »

Les anciennes dispositions sur le paiement des frais étaient maintenues. Ils étaient supportés par la partie civile, s'il y en avait une au procès, sinon par le roi ou par les seigneurs. L'accusé n'y était jamais condamné directement, seulement la partie civile pouvait recourir contre lui, et lorsque le roi faisait les frais du procès, on prononçait contre l'accusé une amende, qui établissait une sorte de compensation.

Les arrêts de condamnation devaient être exécutés le même jour qu'ils étaient prononcés. Seulement on différait l'exécution des femmes grosses, jusqu'à l'accouchement. On devait offrir a condamnés à mort le sacrement de confession (3).

Si l'accusation était jugée mal fondée, il semblo que toujo l'absolution dût être prononcée ; cependant il n'en était pas ainsi. Lorsque la condamnation n'intervenait pas, trois solutions étai possibles : l'*absolution*, la *mise hors cour*, et le *plus ample informé*. L'absolution était le rejet pur et simple de l'accusation et donnait à l'accusé le droit d'agir en dommages-inté contre la partie civile. Le « *hors cour* » était une absoluti moins complète : « quand l'accusé n'est pas renvoyé absous, mais

---

(1) Voyez en particulier l'énumération que donne Jousse. *Comment.*, p. 208-211
(2) Rousseau de Lacombe, *Mat. crim.*, p. 457.
(3) Titre xxv, art. 23 et 24.

seulement mis hors cour, il ne peut prétendre des dommages-intérêts, il n'est pas entièrement lavé. Cette façon de prononcer laisse des soupçons contre l'accusé qui s'échappe faute de preuve (1). » Ce genre de sentence n'était, du reste, permis qu'aux cours souveraines (2). Enfin, le *plus amplement informé* était seulement une absolution provisoire; « ce dernier paroît le plus sûr et le plus régulier de tous, comme le plus conforme à l'esprit de l'Ordonnance, et il doit avoir lieu lorsqu'il n'y a pas assez de preuves pour condamner et qu'il y en a assez pour ne pas absoudre (3). » Il était *à temps*, ou *indéfini* : « le plus amplement informé à temps a lieu pour les crimes qui ne sont point absolument atroces ou dont les indices sont légers; il a lieu aussi dans tous les cas où il n'y a d'autre partie que le procureur du roi ou celui des seigneurs, et qu'il y aurait lieu de mettre hors de cour, s'il y avait une partie civile... le plus amplement informé indéfini n'est au contraire prononcé que dans les cas graves et dont les indices sont considérables; ce qui fait que l'accusé demeure toujours *incerti et dubii status*, et que le ministère public peut, s'il survient de nouvelles preuves, reprendre la poursuite contre lui... il est la peine non du crime, mais des présomptions et des indices violents qui n'ont point été purgés (4). » Une fois qu'on était pris dans l'engrenage de cette procédure, il semble qu'il fallait nécessairement y laisser quelque peu de son honneur et de sa liberté.

IX. L'Ordonnance consacrait un titre entier (tit. XXVI) aux *appellations*, et ici en apparence elle était libérale. L'accusé pouvait appeler de toutes les décisions du juge, non-seulement des jugements sur le fond, mais encore des sentences d'instruction préparatoires et interlocutoires (5). S'il s'agissait d'une condamnation à une peine afflictive, l'appel était directement porté devant les Cours; dans les autres cas porté aux bailliages ou aux Cours « au choix et option des accusés. » Pour certaines condam-

---

(1) Serpillon : *Code crim.*, p. 409.
(2) *Ibid.*, p. 1069.
(3) Muyart : *Inst. crim.*, p. 362.
(4) Muyart de Vouglans : *Inst. crim.*, p. 363.
(5) Tit. XXVI, art. 1.

nations très-graves, « à peines corporelles, galères, bannissement à perpétuité, amende honorable, » l'appel était *de droit* et la cause nécessairement portée aux Cours (1).

L'appel pouvait offrir quelque ressource aux accusés; la procédure n'y était pas nécessairement secrète ni l'assistance des avocats absolument interdite. Avant l'Ordonnance de 1670 du moins, il paraît qu'une distinction devait être faite. S'agissait-il d'une sentence emportant peine afflictive ou torture, le procès en appel se continuait dans les mêmes formes qu'en première instance et sans plaidoiries; les autres appellations, au contraire, et particulièrement celles dirigées contre les décisions d'instruction, se jugeaient en la même forme que les appels civils (2); elles se jugeaient donc à l'audience et sur plaidoyers, si l'appelant choisissait la procédure orale, *l'appellation verbale* (3), et non la procédure par écrit, comme il pouvait le faire. L'Ordonnance de 1670 confirma cette pratique. L'article 2 du titre XXVI déclare en effet « que les appellations de permission d'informer, des décrets

---

(1) Tit. XXVI, art. 6.

(2) *Pratique de Boyer*, p. 117 v⁰ : « Les appellations interjectées des juges ordinaires de toutes sentences et jugemens de torture ou autres afflictions de corps, comme de mort civile, naturelle, fustigation, mutilation de membres, bannissement perpétuel ou à temps, condamnation à œuvre ou service public, amende honorable à justice, et autres, ne se relèvent, ains faut incontinent que l'appel est interjecté faire bailler et délivrer le prisonnier au rabais pour le mener en la conciergerie du Palais avec son procès pour être jugé par la Cour. » — P. 219 : « Les autres appellations généralement quelconques des sentences données en matière criminelle, décret de prise de corps et adjournement personnel, et autres qui ne sont de la qualité cy-dessus déclarée se doibvent relever par lettres royaux, et la poursuite s'en fait tant pour les adjournements, anticipations, désertions, appellation verballe, procès par escrit tout ainsy et en la forme qu'il a esté dit cy-dessus (pour les affaires civiles). »

(3) *Ibid.*, p. 220-221 : « Quant aux appellations verballes des matières criminelles, elles se poursuivent et vuident à l'audience en la chambre de la Tournelle, où l'on plaide les samedis, tout ainsi et en la forme et manière que les autres appellations verballes, en matière civile..., fors et excepté que lorsque les causes sont appelées et plaidées à l'audience, tous appelans de décret de prise de corps ou d'adjournement personnel sont tenus de comparoir et de se rendre à *statu* suivant les ordonnances, autrement est donné congé. » — P. 221 v⁰ : « La poursuite desdits procez par escrit criminels se fait en la mesme forme et manière qu'il a esté dit cy-dessus en matières civiles... et concluant ès dicts procès criminels, l'on met au bout de l'appointement de conclusion : sauf à faire collation des pièces non secrettes. »

et de toutes autres instructions seront portées à l'audience de nos Cours et juges. » Mais on cherchait à restreindre cette disposition, qui n'avait été édictée que pour accélérer le jugement des appels sur les mesures d'instruction. « Les appels des jugements d'instruction ou préparatoires, dit Muyart de Vouglans, doivent être portés devant les cours et jugés à l'audience ; par conséquent, l'appel des *jugements interlocutoires*, dont il n'est pas parlé dans cet article, doit comme celui des jugements définitifs être jugé en la chambre à huis-clos et avec espices ; de même que ceux sur les procès par escrit (1). » D'ailleurs cette faculté était rendue presque illusoire par l'article de l'Ordonnance qui décidait que « aucune appellation ne pourroit empêcher ou retarder l'exécution des décrets, l'instruction et le jugement (2). » Si le procès était jugé au fond assez rapidement, l'appel sur l'incident se jugeait dans le même temps et dans la même forme que l'appel sur le fond (3). Cependant il y avait là une porte ouverte à la défense. On pouvait faire plaider sa cause non sur le fond, mais sur un incident ; seulement il fallait se hâter, et pour cela avoir du crédit et de l'argent. En fait, il y eut donc encore des audiences criminelles : « au petit criminel et dans les débats suscités par divers incidents relatifs aux appellations et à certains actes d'instruction, la plaidoirie ne tarda pas à être admise. Aussi le président Séguier fait-il remarquer que la Tournelle a donné audience « dans la suite et depuis très-longtemps. » Les feuilles d'audience constatent cet usage (4). »

(1) *Instruct. crim.*, p. 832.

(2) Tit. XXVI, art. 3.

(3) Serpillon : *Code crim.*, p. 1141 : « Cet article ne porte pas que les appellations, dont il fait mention, seront jugées à l'audience, il veut seulement qu'elles y soient portées ; ce qui laisse la liberté au juge, lorsque depuis l'appellation il est intervenu dans la première justice une sentence définitive, de juger par escrit en cause d'appel ; il s'agit alors de prononcer non-seulement sur l'instruction, mais encore sur l'appel de la sentence définitive rendue, à vû de pièces ; si cette maxime n'a pas lieu dans le ressort du Parlement de Paris, nous sommes en Bourgogne dans l'usage de la suivre. »

(4) *Notice sur les archives du Parlement de Paris,* par A. Grün, dans Boutaric, *Actes du Parlement,* t. I, p. 227. — On tendait cependant à ramener le petit criminel à la procédure purement écrite : « En Bourgogne, le petit criminel est souvent jugé comme procès par écrit (Serpillon, p. 977). » Remarquons, en sens inverse,

Pour les sentences définitives dans les procès réglés à l'extraordinaire, les accusés trouvaient dans la procédure d'appel pour seule garantie la valeur plus grande des magistrats. Il n'y avait point de débat véritable. L'avocat général Séguier est forcé d'avouer « que l'Ordonnance borne presque toute la procédure d'appel à interroger les accusés sur la sellette ou derrière le bureau (1). » — « Cet interrogatoire en la Cour est le moment où l'accusé peut proposer ses griefs contre la sentence, et par conséquent sa justification. C'est pour cela que dans les arrêts on met toujours : Ouï le dit accusé en ses causes d'appel et cas à lui imposés (2). » Ici, plus que jamais, le rapporteur était tout puissant. Il ne faut point oublier, d'ailleurs, que les accusés de crimes prévôtaux et présidiaux étaient jugés en dernier ressort par les prévôts des maréchaux ou les présidiaux.

La partie publique pouvait appeler de son côté. « Il est permis aux procureurs du roi ou procureurs fiscaux d'interjeter appel *a minima* des sentences dont ils estimeraient les condamnations n'être pas proportionnées à la qualité et gravité du crime, et n'être pas en cela conformes à leurs conclusions (3). » La partie civile pouvait aussi appeler « en ce qu'il ne lui a pas été adjugé assez de réparation civile, intérêts civils ou dommages intérêts. » Dans les cas où l'appel n'était pas de droit les diverses parties pouvaient le former tant que l'action n'était pas prescrite, mais on admettait la renonciation à ce droit et l'acquiescement au jugement.

L'appel en principe était suspensif (nous parlons de l'appel interjeté, non du délai pour le former). S'agissait-il d'une sentence de condamnation, l'exécution des peines était suspendue; mais les condamnations pécuniaires étaient exécutées par provision lorsqu'elles ne dépassaient pas certains chiffres (4). Quand il s'agissait au contraire de décisions d'instruction, l'appel n'était

qu'il y avait encore débat à l'audience et plaidoirie, lorsqu'un monitoire était lancé et qu'une opposition était formée à sa publication.

(1) *Réquisitoire de* 1786, p. 157.
(2) *Ibid.*, p. 159.
(3) Rousseau de Lacombe : *Matières crim.*, p. 481.
(4) Tit. xxv, art. 6.

pas suspensif; il n'en était autrement que lorsque l'exécution aurait causé un dommage irréparable, comme pour les sentences de torture. Cependant on n'abrogeait point complètement l'usage des « arrêts de défense de continuer l'instruction; » mais on le restreignait (1). Quant aux sentences d'absolution, s'il y avait appel du ministère public, l'accusé devait rester en prison, et, si « l'appel *a minima* n'avait été interjeté qu'après que le prisonnier auroit été élargi et mis hors des prisons à l'instant de la prononciation de la sentence, le prisonnier seroit tenu de se rendre en état lors du jugement du procès (2). » Si la partie civile avait seule appelé, l'appel se poursuivait comme dans un procès civil. Pour les détails, l'Ordonnance réglait minutieusement la procédure sur appel; elle restreignait aussi le droit d'évocation des cours (3).

X. Un dernier recours pouvait être ouvert au condamné, mais l'Ordonnance n'en parlait pas, et nous allons dire pourquoi; c'était le recours au Conseil du roi, le pourvoi en cassation.

Les sentences des Cours souveraines étaient définitives et en principe inattaquables. Cependant elles pouvaient être annulées, grâce à une théorie qui joue un grand rôle dans l'ancien droit, et dont nous aurons à parler bientôt, celle de *la justice retenue*. Toute justice résidait dans le roi et émanait de lui; en en déléguant l'exercice à ses officiers, il n'en conservait pas moins la plénitude en lui-même, et pouvait anéantir jusqu'aux décisions des juridictions souveraines (4). Mais le pourvoi ne pouvait reposer que sur une violation de la loi. « Il y a pareillement lieu de demander la cassation d'un arrêt lorsqu'il a été rendu contre les dispositions des Ordonnances et des Coutumes : la raison en est que les Cours souveraines ne sont pas moins assujetties que les juges inférieurs à l'observation des lois (5). » L'avocat général

---

(1) Tit. XXVI, art. 4.
(2) Rousseau de Lacombe : *Mat. crim.*, p. 480.
(3) Tit. XXVI, art. 5.
(4) Avant que la théorie du pouvoir en cassation se formât, il existait un autre moyen d'attaquer les arrêts des Cours souveraines, c'étaient *les propositions d'erreur*, qui subsistèrent d'ailleurs longtemps à côté du recours en cassation et qu'abrogea l'Ordonnance de 1667. Voy. Guyot, *Répertoire*, V° Cassation.
(5) Guyot : *Répert.*, V° Cassation.

Séguier, dans un réquisitoire que nous avons plusieurs fois cité, exposait largement la théorie. « Le législateur n'a pas oublié que la dignité de la magistrature ne mettoit pas le magistrat à l'abri des surprises et des faiblesses attachées à la nature. Il a reconnu, peut-être par sa propre expérience, que l'erreur étoit le partage de l'humanité, et que l'homme même le plus attentif étoit capable de se tromper, sans pouvoir être accusé de partialité et de prévarication. La loi, garante des règles qu'elle a fixées, jalouse des formes qu'elle a consacrées, et auxquelles seules elle reconnaît son ouvrage, la loi par un excès de précaution a cru devoir permettre, malgré l'épuisement de tous les degrés de juridiction, de recourir encore au Souverain lui-même, dans le cas où l'on auroit jugé contre la disposition des Ordonnances, et dans tous ceux où les formes prescrites n'auroient pas été exactement observées. Tout homme condamné a donc une voie pour échapper à la condamnation (1). » La requête était portée au Conseil des parties ou Conseil privé « composé du Chancelier, des quatre secrétaires d'État, des conseillers d'État et de maîtres des Requêtes, qui y servent par quartiers... les maîtres des Requêtes rapportent les affaires au Conseil privé (2). » Il y avait, suivant les cas, rejet de la demande ou cassation et renvoi à une nouvelle juridiction. La procédure fut fixée d'une façon définitive par le Règlement du Conseil du 28 juin 1738, dont les dispositions, on le sait, ont passé en partie dans notre législation moderne. En matière criminelle, ce règlement exigeait la consignation d'une amende et la mise en état, dispositions qui furent adoptées par notre Code d'Instruction criminelle.

Il semble qu'il y eût là une arme puissante mise aux mains des accusés. Ces procédures, écrites et hérissées de formalités, devaient être bien souvent semées de nullités, et devant le Conseil du roi on pouvait présenter des mémoires, qu'on ne manquait pas de publier (3). Il n'en était rien cependant. La possibilité d'intenter

---

(1) *Réquisitoire* de 1786, p. 9.

(2) Guyot : *Répert.* V° Conseil; il remarque que « aucune requête en cassation ne peut être portée au Conseil qu'auparavant elle n'ait été communiquée aux commissaires nommés en général pour l'examen des demandes en cassation. »

(3) Guyot : *Répert.* V° Cassation. « Il ne peut être distribué aucune requête, ni

ce recours ne résultait souvent que d'une faveur royale. En effet, le recours en cassation intenté ne suspendait point l'exécution de l'arrêt. En matière civile, cela n'empêchait point la demande de produire son résultat, l'exécution n'ayant pas des conséquences irréparables. En matière criminelle, la main du bourreau fût souvent intervenue, avant qu'on eût pu saisir le Conseil du roi ; pour que la cassation fût possible, il fallait une grâce nouvelle de la Majesté royale, un ordre du Souverain arrêtant l'exécution. « En matière civile, l'arrêt que l'on attaque n'en reçoit pas moins son exécution ; mais en matière criminelle, le remède extraordinaire du recours au Souverain doit être précédé d'une surséance à l'exécution du jugement, parce qu'il n'est pas au pouvoir des magistrats de suspendre la condamnation qu'ils ont prononcée (1). » Cet ordre sauveur intervenait assez fréquemment, et ce ne sont pas seulement les dernières années de la monarchie absolue qui nous en offrent de fréquents exemples (2). Mais pour l'obtenir, il fallait des sollicitations puissantes, ou un heureux hasard, comme le passage d'un grand personnage dans la province ; souvent le messager, qui portait l'ordre du roi, n'arrivait, comme dans les vieux contes, qu'au moment où le supplice se préparait déjà (3).

Le pourvoi en cassation était la seule voie de recours extraor-

consultation, ni mémoire imprimé relativement aux demandes en cassation, avant qu'il ait été ordonné que ces demandes seront communiquées ; c'est pourquoi il est défendu aux avocats au Conseil de signer des écrits de ce genre. Les parties ou leurs défenseurs peuvent seulement distribuer aux commissaires ou aux autres juges des pièces manuscrites de leurs moyens. »

(1) Séguier : *Réquisitoire* cité, p. 9, 10.

(2) Voyez par exemple : *Correspon ance administrative sous Louis XIV*, tom. II, p. 184 ; il s'agit de sorciers condamnés au bûcher, le courrier arrive le jour même de l'exécution ; — p. 190, il s'agit d'une femme pendue une première fois et qui a survécu ; cf. p. 206.

(3) Voici ce que nous lisons dans un mémoire que nous examinerons plus loin : « Reprenez vos sens, lui dit l'abbé, tout n'est pas perdu ; tâchez de dire votre affaire ; monseigneur le garde des sceaux est ici (et cela était vrai) ; je lui ferai présenter une requête par une personne qui a du crédit à la cour de France... La sagesse du législateur, la vigilance du très-digne chef de la justice envoyèrent à M. le marquis de Belbœuf, procureur général au Parlement de Rouen, l'ordre de surseoir à l'exécution... il étoit temps, car les ordres étoient donnés et l'exécution fixée au lendemain (Mémoire de Lecauchois, p. 7, 8, 11). »

dinaire ouverte contre les arrêts criminels en dernier ressort. Ils ne pouvaient, en effet, être attaqués par la requête civile (1).

XI. La procédure par contumace que contient l'Ordonnance est celle du droit antérieur, simplifiée et précisée. Faute de pouvoir exécuter le décret de prise de corps contre l'accusé, il y avait lieu à la perquisition de sa personne et à l'annotation de ses biens; puis venaient une assignation à quinzaine et une citation à huitaine par un seul cri public; tout autre délai était défendu (2). Alors, sur les conclusions du ministère public, intervenait un jugement ordonnant le récolement des témoins, lequel valait confrontation; enfin « le même jugement déclarera la contumace bien instruite, en adjugera le profit et contiendra la condamnation de l'accusé. »

Le caractère essentiellement révocable de l'arrêt de contumace, était nettement établi, on défendait d'y insérer la clause : « Si pris et appréhendé peut estre. » A la place de l'exécution réelle, impossible, on organisait une exécution par effigie pour la peine de mort; pour quelques autres peines, l'affiche sur un tableau en place publique; pour les autres enfin la signification du jugement au domicile de l'accusé. Cela avait une grande importance : cela faisait courir les délais, à l'expiration desquels de graves déchéances étaient encourues.

A quelque époque que le condamné se représentât, tant que l'action n'était pas prescrite, le jugement par contumace tombait de plein droit (3); mais au bout d'un an ou de cinq ans certains effets persistaient. Au bout d'un an, les fruits perçus sur les biens du contumax et le prix provenant de la vente de

(1) Le contraire semblerait ressortir de certains témoignages de nos anciens jurisconsultes, voy. Muyart de Vouglans : *Institutes*, p. 368; mais cela ne doit s'entendre que du cas où le procès suivait la forme *ordinaire*, celle des procès civils. Jousse l'explique fort bien : « On peut aussi se pourvoir par requête civile contre les arrêts et jugements en dernier ressort rendus en matière criminelle, quoique définitifs, *quand ils ont été rendus à l'audience*, et en général contre tous ceux d'instruction (*Commentaire sur l'Ordonnance*, p. 329). » — Guyot : *Répert.* V° Révision : « Les lettres de révision sont en matière criminelle à peu près ce que sont les lettres de requête civile en matière civile. » Cf. Dupaty : *Moyens de droit*, p. 67.

(2) Tit. xvii, art. 7-10.
(3) Tit. xvii, art. 28.

ses meubles étaient définitivement perdus pour lui; au bout de cinq ans, « les condamnations pécuniaires, amendes et confiscations étaient réputées contradictoires et valaient comme ordonnées par arrêt (1). » La mort civile était alors encourue d'une façon définitive si la peine, portée dans le jugement, était de nature à l'entraîner.

Lorsque la contumace était purgée, on procédait à la confrontation des témoins avec l'accusé, bien que jadis un jugement eût déclaré que le récolement vaudrait confrontation (2); cependant, si les témoins étaient décédés, ou qu'il fût impossible de les confronter, leurs dépositions restaient valables : il était fait seulement une confrontation *littérale*, et les seuls reproches possibles étaient ceux justifiés par pièces.

Si l'accusé avait été capturé au début, et s'était évadé, mais seulement depuis son interrogatoire, le procès continuait contradictoirement, malgré son absence (3).

A côté des procédures que nous avons esquissées, et qui étaient normales, l'Ordonnance en décrivait quelques-unes faites pour les cas extraordinaires : c'étaient les procès faits aux muets et aux sourds (4), ceux faits à des communautés de villes, bourgs, villages, corps et compagnies; enfin les odieuses poursuites que l'ancien droit dirigeait parfois contre le cadavre ou contre la mémoire d'un défunt (5).

III.

Telles étaient les règles de la procédure criminelle d'après l'Ordonnance de 1670, mais certains faits pouvaient y porter le trouble ou en arrêter le cours.

Dans l'ancienne France, il était absolument vrai de dire que

---

(1) Jusque-là les parties avaient pu poursuivre le paiement de leurs dommages-intérêts, mais en donnant caution (Serpillon, p. 870). Ce système était fort simple, et il écartait bien des difficultés qui se présentent sous la loi actuelle.
(2) Tit. XVII, art. 10.
(3) Tit. XVIII, art. 24.
(4) Tit. XVIII.
(5) Tit. XXII.

toute justice émanait du roi; sans doute il en avait délégué l'exercice aux officiers de judicature, mais il pouvait intervenir quand bon lui semblait. C'était la théorie de la *Justice retenue*; de là les *Lettres de grâce* émanant du roi, terme générique qui comprenait de nombreuses variétés. « Rien n'était plus digne de la bonté de nos rois que la réserve qu'ils ont faite de ce pouvoir, en même temps qu'ils ont confié aux magistrats le soin de rendre la justice à leurs sujets; c'est-à-dire que le pouvoir de ceux-ci est uniquement borné à poursuivre le crime, en prononcer les peines et les faire exécuter; mais les poursuites, les condamnations et cette exécution cessent d'avoir lieu aussitôt qu'il plaît au prince d'interposer son autorité et de déclarer le crime et l'accusation éteinte (1). » Ce n'était pas tout : le roi, dépositaire de la toute-puissance, non-seulement pouvait arrêter le cours de la justice, il pouvait aussi suppléer à son action d'une façon mystérieuse, au moyen des *lettres de cachet*. Examinons d'un peu plus près ces deux sortes de lettres.

Le terme de grâce, dit Jousse, est un terme générique qui comprend toutes les lettres émanées directement de la souveraine puissance (2). Les espèces en étaient nombreuses et l'Ordonnance avait pris le soin de les énumérer, mais elles se ramenaient toutes à deux types. Les unes intervenaient après une condamnation prononcée, pour en arrêter l'effet; les autres, plus énergiques, arrêtaient toute procédure et effaçaient le crime même, elles correspondaient à ce que nous appelons aujourd'hui un acte d'amnistie, avec cette différence qu'elles étaient délivrées dans l'intérêt d'un simple particulier.

Les plus importantes parmi les lettres de grâce étaient celles d'abolition. « Ce sont celles que Sa Majesté accorde pour des particuliers, prévenus de crimes qui méritent la mort suivant la disposition des lois et ordonnances du royaume; elles ne s'accordent que rarement et pour de grandes considérations et ne s'expédient que dans la grande chancellerie. » Elles intervenaient

---

(1) Muyart : *Inst.*, p. 103.
(2) *Comment.*, p. 322. Elles se distinguaient des *lettres de justice* proprement dites, comme celles d'appel, de requête civile, qui étaient pour ainsi dire de simples formalités de procédure.

généralement avant la condamnation, cependant « comme le roi déclare qu'il pardonne le cas de quelque manière qu'il soit arrivé... elles peuvent être obtenues même après le jugement de condamnation (1). » Les *lettres de rémission* avaient un caractère assez curieux ; elles étaient accordées pour les « homicides involontaires seulement ou qui seront commis dans la nécessité d'une légitime défense de la vie. » Pourquoi ces lettres de grâce, alors que la légitime défense exclut toute culpabilité? C'est qu'en France, à cette époque, « quoique le crime ait été commis pour cause raisonnable et dans la nécessité d'une légitime défense, on seroit puni d'homicide sans lettres de rémission (2). » Pour l'homicide involontaire ou casuel, la même chose était admise. Au fond il n'y avait là qu'un procédé fiscal. Il y avait aussi une autre espèce de lettres de rémission ; c'était une reproduction des lettres d'abolition, conçues en termes différents. Les *lettres de pardon* étaient accordées pour les cas « auxquels il n'échoit peine de mort et qui néanmoins ne peuvent être excusés. » Toutes ces lettres, qui arrêtaient le cours de la justice, étaient l'un des fléaux de l'ancien régime et souvent les États-Généraux avaient protesté contre cet abus (3); mais tout ce qu'on put obtenir, ce furent des déclarations contenues dans les Ordonnances, et par lesquelles le roi renonçait au droit de faire grâce dans les cas les plus graves ; l'Ordonnance de 1670 contenait une énumération de ce genre (4).

Les autres lettres, dont il nous reste à parler, n'intervenaient qu'après la condamnation. C'étaient d'abord les lettres *pour ester à droit*, qui étaient nécessaires au contumax cinq ans après l'exécution par effigie, pour faire tomber la confiscation de ses biens ; puis les lettres de rappel de *ban de galères* et les lettres de *commutation de peine* semblables aux lettres de grâce qui sont en vigueur aujourd'hui ; les lettres de *réhabilitation*, « accordées

---

(1) Muyart : *Instit.*, p. 110.

(2) Rousseau de Lacombe, p. 83, cf. Muyart : *Inst.*, p. 512. Cela n'était pas très-conforme à la théorie qui voulait qu'on classât la légitime défense parmi les faits justificatifs. Voy. Jousse, p. 495.

(3) Voy. Picot, I, p. 121 ; II, 191, 555, 556 ; III, 186 ; IV, 84.

(4) Tit. XVI, art. 4.

pour rétablir le condamné en son honneur et en ses biens; elles supposent toujours qu'il a satisfait à la peine et payé les intérêts civils; elles s'obtiennent également et pour les personnes vivantes et pour celles qui sont décédées. » Venaient enfin les *lettres de révision* « accordées par le roi pour revoir et faire juger à nouveau un procès criminel, soit à cause des vices de nullité dont il peut être infecté dans la forme, soit à cause de l'injustice évidente qu'il renferme au fond. Elles sont, en matière criminelle, ce que sont pour le civil les lettres en forme de requête civile (1). »

Toutes ces lettres, bien qu'elles constituassent l'exercice de la *justice retenue*, se rattachaient cependant à la juridiction déléguée en ce qu'elles devaient être enregistrées, *entérinées*, par les tribunaux; à savoir, par les Cours, s'il s'agissait de gentilshommes, et par les présidiaux et bailliages s'il s'agissait de roturiers (art. 12 et 13). Cet entérinement n'était point toujours une simple formalité; dans certains cas, les juges devaient vérifier si les lettres étaient « conformes aux charges et informations, » et s'il n'y avait point concordance ils passaient outre au jugement; « la Majesté royale ayant été trompée, le crime qui se poursuit alors n'est point celui que Sa Majesté a pardonné. » Il en était ainsi pour les lettres d'abolition, de rémission et de pardon. Si d'autre part le crime était énorme, ou surtout s'il s'agissait d'un de ceux pour lesquels le roi avait renoncé au droit de grâce, les tribunaux pouvaient adresser des remontrances, les Cours directement au roi, les autres juridictions au Chancelier. S'il s'agissait de lettres de rappel de ban de galères, de commutation de peine, de réhabilitation, elles devaient être entérinées « sans examiner si elles étaient conformes aux charges et informations, sauf le droit de représentation; » mais comme garantie de sincérité, l'arrêt ou jugement de condamnation devait être attaché « sous le contre-sceel de ces lettres. » L'Ordonnance, pour l'entérinement des lettres, organisait une sorte de procédure contentieuse où figuraient la partie civile et la partie publique. Les *lettres de révision*

---

(1) Muyart : *Inst.*, p. 114.

donnaient lieu à un véritable procès; pour les obtenir, il fallait intenter une action devant le Conseil du roi. (Art. 8-10.)

Les lettres de cachet constituaient un acte bien plus fort de la puissance royale. Elles tiraient leur nom de leur forme : « C'est une lettre écrite par ordre du Roi, contresignée par un secrétaire d'État et cachetée du cachet du roi (1). » Elles pouvaient contenir toutes sortes de commandements, et en particulier un ordre d'exil ou d'emprisonnement : « le roi étant considéré comme la source de toute justice, avait le singulier privilége de pouvoir disposer de la liberté et des propriétés des citoyens sans jugement, par sa volonté particulière (2). » Bien entendu il n'était pas question d'adresser ces lettres aux cours de justice, on était sur le domaine du bon plaisir : « Ces sortes de lettres sont portées à leur destination par quelque officier de police... celui qui est chargé de remettre la lettre fait une espèce de *procès-verbal* de l'exécution de sa commission (3). » On sait quel usage fit la royauté de cette ressource déplorable. Les lois criminelles étaient muettes sur ce point. On ne réglemente pas ce qui de son essence est arbitraire. Cependant souvent des protestations se faisaient jour, et qui parfois partaient de haut. Malesherbes, en particulier, parlant au nom de la Cour des Comptes adressa un jour à Louis XV des remontrances d'une mâle énergie (4); et le Parlement, dans ces luttes qui agitèrent le règne de Louis XV et que des recherches récentes ont mises en lumière, en arriva à contester les lettres de cachet. En 1753 (avril), à propos de certaines remontrances, voici comment s'exprime l'avocat Barbier : « On parle surtout de l'article des lettres de cachet qui va jusqu'à attaquer l'autorité de tous les ministres, et d'ailleurs qui attaque aussi la personne du roi, comme si on supposait qu'il signât des lettres de cachet sans qu'il sût de quoi il s'agit, ou que les ministres soient maîtres

---

(1) Guyot : *Rép.* V° Lettre de cachet. Voy. Mirabeau : « Des lettres de cachet et des prisons d'État. » Ouvrage composé en 1778, Hambourg, 1782 (toute la première partie).

(2) Laboulaye : *Revue des Cours littéraires,* année 1866, p. 9.

(3) Guyot : *loc. cit.*

(4) Voy. Laboulaye : *Revue des Cours littéraires,* 1864, p. 643.

d'en délivrer sans en parler au roi (1). » Dans la même année, il dit encore : « On n'a point encore les remontrances du Parlement de Rouen imprimées, mais les Jansénistes ont fait courir dans Paris les motifs de ces remontrances, qui ne peuvent pas êtres les véritables, d'autant qu'ils attaqueraient ouvertement l'autorité souveraine. On y dit formellement que le roi ne peut user de lettres de cachet qu'à l'égard de ses ministres et des officiers de sa maison, mais non pas envers aucun sujet particulier ; que s'il est coupable ou soupçonné de l'être en quelque chose, le roi doit le déférer à la justice pour être jugé par les tribunaux et suivant les lois (2). »

Une autre manifestation de la puissance souveraine était la nomination par le roi de commissaires chargés de juger les procès criminels, ou les *évocations* qu'il en faisait à son conseil. « En France, on distingue les commissaires nommés par le roi et les commissaires nommés par les cours et autres juges... La commission générale se donne par des lettres de chancellerie et il n'y a que le roi qui puisse la donner. Il n'y a que le roi qui puisse donner des commissions extraordinaires, et ces commissions doivent contenir l'étendue et les bornes du pouvoir accordé aux commissaires. Toutes sortes de particuliers peuvent être choisis par le souverain soit pour juger soit pour réformer... Les commissaires ainsi nommés doivent faire publier leurs lettres de commission au lieu où ils veulent en faire usage, surtout lorsqu'il s'agit de faire quelque acte de justice ou de rigueur, sinon on pourra leur refuser obéissance. Dans l'instruction et le jugement des affaires pour lesquelles il a été nommé des commissaires, ils sont tenus ainsi que les autres juges de se conformer aux lois et aux ordonnances du royaume. On n'est point admis à appeler d'un jugement de commissaires nommés par le roi à moins qu'ils n'aient excédé les bornes de leur commission... Lorsqu'ils sont établis pour le jugement de quelque affaire criminelle, ils peuvent annuler leur procédure si elle est vicieuse et ordonner qu'elle sera recommencée. Au reste, on regarde en

---

(1) *Journal*, VI, p. 368.
(2) *Journal*, V, p. 415.

général les commissions extraordinaires, comme étant d'une dangereuse conséquence. C'est pourquoi les parlements ne les admettent pas aisément (1). » On sait quel abus fit parfois la royauté de cette institution, contre laquelle protestèrent maintes fois les États-Généraux.

(1) Guyot : Répert. V° *Commissaires*.

CHAPITRE TROISIÈME.

La théorie des preuves légales.

I. Les preuves du vieux droit coutumier; les présomptions; changements dans la théorie : le droit romain et les docteurs. — II. La théorie des preuves légales; le corps du délit; la culpabilité. La preuve complète, témoins, écritures, aveu, présomptions. Les indices prochains « ou semi-preuves; » la torture.

La procédure criminelle que nous avons étudiée jusqu'ici, ce mécanisme terrible qui s'organise peu à peu pour arriver à sa tension extrême dans l'Ordonnance de 1670, ne peut bien se comprendre que si l'on en rapproche la théorie des preuves qui s'était formée en même temps. C'est le système qu'on appelle dans l'histoire du droit, celui des *preuves légales*. Pour que le juge condamne dans ce système, il faut qu'il réunisse certaines preuves déterminées d'avance; mais d'autre part, mis en face de ces preuves, il doit nécessairement condamner; peu importe dans l'une ou l'autre hypothèse sa conviction intime. La grande maxime de l'ancien droit, c'est qu'on doit juger « secundum allegata et probata (1). » Le juge est comme un clavier, qui répond inévitablement lorsqu'on frappe certaines touches.

La procédure inquisitoire et secrète appelait comme un contre-poids nécessaire cette tyrannie des preuves, et il semble que ce soit dans l'intérêt de la défense qu'on ait exigé ces preuves plus lucides « que le clair jour luisant à midi. » Mais, d'autre part, la

(1) Loysel : *Inst. cout.* Titre des jugements, règle 11. — « Nec præsumant judices judicare secundum eorum conscientias, ut faciunt Veneti juris et justitiæ ignari, sed solum secundum leges et jura et probationes sibi factas, licet aliud viderint oculata fide, vel habeant in conscientia sua quantum sit probatum, nisi eis esset notum ut judici. » Constantin (*Comment. de l'Ord. de 1539*, p. 238). — « Il ne suffit pas que le juge ait la conviction que peut avoir tout homme raisonnable, sur un assemblage de présomptions et d'indices. Rien n'est plus fautif que cette manière de juger qui, dans la vérité, n'est qu'une opinion plus ou moins fondée. » Poullain du Parc, *Principes du droit français*, tom. XI, p. 112.

théorie des preuves légales, rendant la conviction du coupable plus difficile à obtenir, fît resserrer de plus en plus les mailles de la procédure criminelle : il y eut un double mouvement tendant fatalement dans le même sens.

Ce système s'introduisit peu à peu ; c'est dans les textes du droit romain que les baillis et les prévôts en trouvèrent les premiers éléments ; mais il existait en puissance le jour où les juristes remplacèrent les *hommes jugeurs* dans les cours féodales. Lorsque, pendant longtemps, un corps de magistrats permanents a seul administré la justice criminelle, la formation lente d'un système de preuves légales est inévitable, et si, par impossible, le jury disparaissait de nos lois, on pourrait s'attendre à voir reparaître cette subtilité et cette casuistique, qui sont aujourd'hui si loin de nous.

L'Ordonnance de 1670 ne contenait point l'exposé de ces règles minutieuses et compliquées, mais elle les supposait. Une telle exposition ne pouvait guère convenir à une œuvre législative ; mais pour ne se trouver que dans les livres de doctrine et de jurisprudence, ces règles n'en avaient pas moins l'autorité de lois véritables. Nous nous proposons d'examiner rapidement comment ces principes s'introduisirent dans notre droit, et après avoir dégagé la théorie, telle qu'elle était formulée aux XVIIe et XVIIIe siècles, nous montrerons comment elle s'harmoniait avec les formes de la procédure.

I.

Dans la procédure féodale si les preuves étaient grossières, souvent peu raisonnables, leur appréciation était du moins facile ; le juge, simple spectateur, n'avait le plus souvent qu'à constater un fait matériel. L'aveu était la plus complète des preuves et dispensait même de toute procédure ultérieure, mais aucune violence, aucune ruse n'étaient employées pour le provoquer. Ce sont les traits que conserve aujourd'hui encore la procédure anglaise. L'accusé niait-il ? on recourait au duel judiciaire ou aux témoins ; dans la bataille, la victoire ou la défaite ne laissaient aucun doute, et le témoignage, à l'origine, consistait dans une formule que le juge n'appréciait pas. Rien de plus simple que ces modes de preuve, et c'était leur simplicité qui les faisait accepter de ces esprits primitifs, alarmés par ce problème si grave en lui-même : comment prouver et mettre hors de doute une chose niée ?

La liste cependant ne s'arrêtait pas là, on connaissait aussi les présomptions ; mais, elles étaient également simples, brutales, et pour ainsi dire formalistes. Ainsi l'on admettait que l'accusé emprisonné, qui prenait la fuite, reconnaissait par là même sa culpabilité. « Li présonions qui est si clere qu'ele vaut prueve du fet si est quant aucuns est tenus en prison pour aucun souspeçon de vilain fet et il brise le prison, car quant il a le prison brisée, le présontion est si grans qu'il n'oza atendre droit et por ce s'il est repris il est justiciés du fet par lequel il est repris (1). » — « Ceux qui sont prins et arrestez en la cause déclairée par aucun meffait ou pour souspeçon d'aucun meffait et ils brisent leurs prisons ou trespassent bonnes (2), et ilz sont prins au dehors de leurs bonnes, ilz sont actaints du meffait par quoi ils estoient prins et seront puniz selon le meffait (3). » De même les défauts multipliés, qui amènent à la mise *hors ban* dans la procédure par contumace, sont considérés par les coutumiers comme une présomption invincible de culpabilité (4).

Dans la procédure particulière qui se déroulait lorsque l'homme soupçonné acceptait l'enquête du pays, le juge avait sans doute une appréciation plus libre et une tâche plus délicate; mais nous n'avons guère de renseignements sur cette forme de jugement, qui devait de très-bonne heure disparaître de nos lois.

Lorsque l'Ordonnance de 1260 eut supprimé le témoignage formaliste fourni en pleine audience, la théorie de la preuve se modifia par là même ; le juge avait à apprécier la déposition;

---

(1) Beaum., xxxix, 15 ; xxx, 19.

(2) Bonnes-bornes ; il s'agit d'un individu laissé en liberté, mais à condition qu'il ne s'éloignera pas d'un certain lieu.

(3) *Livre des Droiz*, § 333.

(4) Beaum., xxxix, 16 ; xxx, 13. *Livre des Droiz*, § 331. On est alors dans le système, d'après lequel la contumace aboutit à une condamnation sur le fait et non plus à une simple mise hors la loi.

mais on conserva le vieux principe qui voulait, pour une condamnation, deux témoins oculaires et concordants. Ce fut surtout l'*aprise*, qui, augmentant les pouvoirs du juge, eut une grande influence sur le développement de la théorie des preuves (1). Dès le début on se montra disposé à être très-exigeant quant à la preuve, mais en même temps la jurisprudence s'ingénia à trouver des combinaisons d'indices qu'on avait négligées jusque-là : ce furent surtout les présomptions qu'on étudia.

Quelques-unes des anciennes présomptions et des anciennes preuves perdirent de leur force. Cela arrivera bientôt pour l'aveu; il ne formera plus par lui-même et isolé, une preuve complète. C'est qu'il n'était plus libre et spontané, mais arraché par d'habiles interrogatoires, et c'est une règle qui ne comporte guère d'exceptions dans l'histoire du droit : l'aveu ne fait preuve entière contre le coupable que là où il est absolument volontaire. Il semblerait même, d'après un texte, qu'à un moment donné on aurait exigé à la fois pour condamner et l'aveu et le témoignage, mais le passage du *Livre des Droiz*, qui affirme cela, ne doit être regardé que comme démontrant la force décroissante de l'aveu parmi les modes de preuve (2). La présomption de culpabilité que contenait la contumace s'atténuera aussi, et on arrivera à admettre que le juge ne doit pas alors nécessairement condamner. La fuite du prisonnier ne sera pas non plus une charge invincible contre lui.

Mais, d'autre part, de nouvelles présomptions, plus fines que les anciennes, s'introduisent, un très-petit nombre d'entre elles, il est vrai, pouvant motiver une condamnation. Beaumanoir les divise ainsi : « les unes poent donner le fet si cler que il est provés par les présontions et les autres sont si douteuses que li meffet ne se proevent pas par elles (3). » Parmi les premières,

---

(1) Voy. Beaumanoir, xxxix, 12, 13, 14.

(2) § 644 : « Il est droit que si un homme est condamné à mort par aucune justice, il peut appeler au souverain juge ou autre de son lignage pour lui... Et dit droit que si celui qui est condempué n'est convaincu *par confession et par garans* que sa condamnation n'est nulle; et si la *confession y estoit sans garans ou les garans sans confession*, que ces *deux choses n'y fussent*, que la condempnacion seroit contre droit. »

(3) Beaum., xxxix, 11.

il en énumère quelques-unes qui garderont jusqu'au bout toute leur énergie, celle par exemple qui consiste, en cas de meurtre, en ce que deux témoins ont vu l'accusé s'enfuir tenant à la main un couteau nu et ensanglanté (1).

Mais d'autres s'affaibliront, telle est celle qui consiste en ce que des menaces ont été adressées avant le crime; l'auteur des menaces, lorsqu'il les niait, était considéré comme l'auteur du crime, « quant manèce est faite et après la manèce la coze est fete qui en la manèce fut promise (2). » Bientôt ce ne sera plus là qu'un *indice prochain*. Mais le nombre des présomptions qui pouvaient faire condamner un homme était fort limité, et quel que fût le nombre des autres indices ils ne pouvaient entraîner une condamnation. « Nus ne doit autrui justicer par présontion, se la présontion n'est moult aperte si comme noz avons dit dessus, tant soit qu'il ait moult de presontions douteuses contre celui qui est tenus (3). »

Une semblable théorie, empreinte peut-être de scrupuleuses exagérations, n'aurait rien eu que de bienfaisant; mais le juge arrêté par des obstacles accumulés chercha un moyen de les surmonter, ce moyen ce fut la torture, nous l'avons déjà dit. Lorsqu'il n'y avait qu'un témoin oculaire déposant contre l'accusé ou lorsqu'il existait une présomption très-forte mais non invincible suivant le droit, la justice n'hésita pas à recourir à la question, placée qu'elle était dans cette alternative, ou de laisser échapper un homme qu'elle sentait coupable, ou de compléter sa preuve, coûte que coûte.

(1) « Ils virent que Jehan se partit de la presse le coutel nu et ensanglanté et virent que cel qui mourust dist : « Il m'a mort. » Et en cheste aprise ne pot en veir fet notoire fors par présontion, car nus ne vit le coup doner; ne porquant li dis Jehans fut condampnés et justiciés par cele presontion. » xxxix, 12.

(2) Beaum., xxxix, 13, 14; — *Ancienne coutume de Bourgogne*, art. 53 : « Item se je menace aucun de son corps et de ses biens et après ce, mal ou dommaige lui vinct et je lui nye sa menace et il la prouve, le juge aura et tiendra pour prouvé ce qui aura été fait au menacié; et se je lui confesse la menace et jure que par moy ne par mon pourchain mal ne domaige ne lui est venus, combien que je l'aye menacé il en sera quictes pourtant; et s'il offre de prouver après mon serment, que pour ladite menace mal et dommaige lui est venus, il ne prouvera pas par tesmoings ne par enqueste, si n'est par gaige de bataille. » Ch. Giraud; *Essai sur l'histoire du droit français*, II, p. 278.

(3) Beaum., xxxix, 18.

Ces principes nouveaux, les juristes croyaient les trouver et les trouvaient même en grande partie dans les textes du Digeste et du Code. A Rome, tant que les juges avaient été les jurés des *quæstiones perpetuæ*, aucune théorie des preuves bien précise ne s'était développée. Les rhéteurs avaient seulement dégagé un certain nombre de règles qui devaient faciliter la composition des plaidoyers et rendre plus sûr le triomphe de l'orateur. Mais lorsque le pouvoir de juger passa aux mains de magistrats permanents, en même temps que le principe des peines arbitraires et la ressource de l'appel, naquit une théorie des preuves légales : elle fut l'œuvre de la jurisprudence, et les jurisconsultes de l'époque classique contribuèrent grandement à sa formation, sans que cependant elle arrivât jamais à un complet développement (1). On admit bientôt que l'aveu ne serait une preuve complète qu'autant qu'il serait appuyé par des faits concordants (2). On détermina les causes qui pourraient faire écarter un témoignage, limitant ainsi la libre appréciation du juge; on trouve même les traces d'un classement des indices et les rudiments d'une théorie de la preuve écrite. Enfin, l'usage de la torture est ramené à des règles fixes, qui enseignent d'un côté que ce n'est qu'une ressource qui doit être employée seulement à défaut de toute autre, et d'autre part, qu'il faut pour l'admettre trouver déjà de graves présomptions (3).

Ce sont ces principes que les auteurs du xve et du xvie siècle développèrent en les précisant : ils en firent sortir une théorie qui certes n'était tout au plus qu'en germe dans les lois romaines. Cette théorie, due surtout aux criminalistes Italiens, s'imposa partout où s'introduisait la procédure inquisitoire. Nous en avons trouvé des traces certaines dans Bouteiller, et l'Ordonnance de 1498 lui doit, entre autres, une bien curieuse disposition. Elle déclare, nous l'avons vu, que si l'on n'a pu arriver à aucun résultat par le procès extraordinaire, il faut renvoyer les parties au procès ordinaire, c'est-à-dire aux formes ci-

---

(1) Geib : *Geschichte der Röm. Criminalprozess bis auf Justinian*, p. 611, ssq.
(2) L. 1, §§ 17, 27, D. 48, 18.
(3) L. 8, pr. L. 1, § 1. L. 18, § 2. L. 20, D. 48, 18.

viles (1); cela s'explique si l'on songe que pour prononcer les peines capitales, but normal des procès extraordinaires, il fallait des preuves toutes spéciales.

II.

Aux XVIe et XVIIe siècles le système des preuves légales était complètement arrêté; il subsista tant que dura la procédure criminelle de l'Ordonnance, c'est-à-dire jusqu'en 1789. Nous allons tâcher de l'exposer rapidement; nous emprunterons surtout nos renseignements à Muyart de Vouglans, qui a consacré à cette matière la sixième partie de ses *Institutes au droit criminel*, résumant et coordonnant les opinions des docteurs, celles du moins qu'avait reçues la jurisprudence française.

Quatre moyens de preuve étaient admis, qui se retrouvent du reste dans toutes les législations : les témoins, l'aveu ou preuve vocale, les écrits ou preuve instrumentale, et les présomptions ou preuve conjecturale (2). Mais ces divers modes peuvent donner lieu à bien des combinaisons, qui sont propres au système.

Ce qu'on cherche, c'est une preuve complète, permettant d'asseoir une condamnation capitale; car c'est là l'hypothèse dans laquelle se plaçaient toujours les criminalistes, les crimes capitaux étant, suivant eux, le fond même du droit criminel (3). Dans les accusations moins graves, on ne maintient point la rigueur des principes quant à la preuve (4). Procédant avec une

(1) Voy. ci-dessus, p. 139.
(2) C'est ce que reconnaît implicitement l'Ordonnance, tit. XXV, art. 5 : « Les procès pourront estre instruits et jugés, encore qu'il n'y ait point d'information, si d'ailleurs il y a preuve suffisante par les interrogatoires ou par pièces authentiques ou reconnues de l'accusé, ou autres présomptions et circonstances du procès. »
(3) « Comme il n'y a aucune loi qui puisse autoriser la punition de l'innocent, il faut, sur quelque crime que ce soit, une preuve complette, pour prononcer une peine capitale, et cette preuve ne peut être faite que dans les formes prescrites par la loi... Sans cela tout jugement de condamnation est au moins téméraire; et l'on peut dire en quelque sorte qu'il est injuste, quand même dans la vérité l'accusé seroit coupable. » Poullain du Parc, tom. XI, p. 112, 113.
(4) *Ibid.*, p. 116 : « Dans les accusations qui ne sont pas capitales, il est évi-

logique parfaite, nos anciens auteurs enseignaient que, pour la conviction de l'accusé, il fallait établir deux points : 1° un crime a été commis; 2° l'accusé en est l'auteur.

Établir le premier point, c'était constater le *corps du délit* : « *De re priusquam de reo inquirendum* (1). » Cette constatation préalable était exigée déjà dans le vieux droit coutumier; mais elle était alors grossière et formaliste, il fallait montrer au juge même la plaie ou le cadavre. « L'en doibt scavoir que en telles suytes, si le sang et le mesfaict où il y ait péril de corps, si comme de mort ou de méhaing, n'est montré à la justice et veu suffisamment, bataille n'en doibt estre gaigée (2). » Quand il le fallait, les juges se transportaient sur les lieux, pour procéder « à la vue, » qu'ils venaient ensuite *recorder*. « Du temps de saint Louis, la violence ne pouvait être constatée que par l'inspection par les juges du sang de la blessure ou de la plaie... la preuve sur l'auteur du délit, c'est-à-dire le combat, n'étoit accordée à l'accusateur qu'autant que le fait étoit constant et réel et prouvé par l'effusion du sang, ou blessure, plaie vue en justice (3). » Mais bientôt ce mode grossier fit place à l'inspection par les hommes de l'art. Dans le *Registre de Saint-Martin*, le « mire juré, » et la « matrone jurée » jouent un rôle important et font de nombreux rapports.

Quant à la constatation du corps du délit, on distingua deux sortes de délits. Les premiers étaient ceux qui laissent des traces matérielles, « *delicta facti permanentis*, » par exemple, l'homicide, l'incendie, le vol avec effraction. Ici l'on pouvait saisir le fait dans sa matérialité, et la constatation des traces, qu'il avait laissées, était le premier devoir du juge. Elle s'opérait au moyen

---

dent qu'il ne faut pas des preuves aussi fortes... Mais lorsqu'il n'y a que de forts indices, leur force ne peut déterminer qu'à des peines pécuniaires, si le juge ne se porte pas au renvoi *quousque*, c'est-à-dire au *plus amplement informé.* »

(1) Muyart de Vouglans : *Inst.*, p. 308.

(2) *Grand Coutumier de Normandie*, ch. LXXV. Comparez la formule de la plainte dans le *Livre de Jostice et de Plet*, XIX, 9, § 1 : « Et vez-ci le maháing apertement. » — *Ibid.*, XIX, 2, § 2 : « Et se aucuns apèle aucun de la mort d'un homme qui ne soit pas trovez l'en demande qu'en dit droiz? Et l'en respont que ce n'est pas demande, come nus n'est pas veuz mort, s'il n'est veuz mort ou s'il n'est veuz morir. Cil est bien veuz morir qui est getez en Loire et n'est pas trovez. »

(3) Dupaty : *Moyens de droit pour trois hommes condamnés à la roue*, 1786, p. 117, ssq.

des procès-verbaux du magistrat, qui se transportait sur les lieux; s'il s'agissait de faits dont l'examen exigeait des connaissances techniques, au moyen des rapports des médecins, chirurgiens et experts. En principe, aucune autre preuve n'était admise (1), sauf dans des cas exceptionnels où il était impossible d'agir ainsi (2). Cette matière des procès-verbaux et des rapports d'experts avait été soigneusement réglée par l'Ordonnance (tit. IV et V), et, chose curieuse, l'ancienne jurisprudence reconnaissait à l'accusé le droit de demander une contre-expertise. « Il peut demander la permission de faire faire une contre-visite à ses frais par d'autres chirurgiens, ce qu'il obtient aisément sur sa requête, pourvu qu'elle soit présentée peu de jours après la première visite (3). »

Pour les délits qui ne laissent pas de traces durables, « *delicta facti transeuntis,* » par exemple les injures verbales, la constatation du corps du délit ne pouvait être séparée de la preuve de la culpabilité. Dans ce cas, certains auteurs, comme Jousse, déclaraient que « le corps du délit ne pouvait point être prouvé; » d'autres, et parmi eux Muyart de Vouglans, disaient qu'alors « la preuve du corps du délit ne peut s'acquérir autrement que par la confession de l'accusé jointe à des indices et conjectures. » Mais au fond il n'y avait là que des façons de parler différentes pour exprimer une seule et même chose.

Pour démontrer le second point visé plus haut, à savoir la

---

(1) Muyart de Vouglans : *Instit.*, p. 308, 309 : « Cette preuve est tellement essentielle, qu'elle ne peut être suppléée ni par la déposition des témoins, ni par de simples indices et conjectures, quelles qu'elles soient d'ailleurs, pas même par la confession de l'accusé. »

(2) Poullain du Parc, tom. XI, p. 84 : « Dans tous les cas où il n'est pas possible de constater le corps du délit, il n'en résulte pas que le crime doive être impuni. Mais les juges doivent agir et juger avec une plus grande circonspection, parce qu'il est possible que le crime soit imaginaire, comme on l'a vu dans l'affaire de Pivardière et dans plusieurs autres. » P. 109 : « Lorsque le corps du délit ne se trouve pas, il faut des preuves évidentes, qui aillent, en quelque sorte, jusqu'à pouvoir dire qu'il est impossible que le crime n'ait pas été commis. »

(3) Muyart de Vouglans : *Instit.*, p. 226. Il est vrai que souvent la première visite était faite à la requête de la partie civile, avant que le juge ne fût saisi. Les procès-verbaux n'étaient point communiqués à l'accusé. Poullain du Parc, tom. XI, p. 90 : « Il est de maxime constante en Bretagne que l'accusé ne doit pas être appelé au procès-verbal du juge ni aux rapports des experts. »

culpabilité de l'accusé, la théorie des preuves intervenait dans toute sa largeur. Tous les modes de preuve, considérés quant à leur énergie, étaient divisés en trois classes, les *preuves complètes*, les *indices prochains* et les *indices éloignés*, chaque classe comprenant des modes très-divers.

La preuve complète seule suffisait par elle-même, pour asseoir une condamnation capitale. « Lorsque toutes les conditions marquées par la loi se trouvent remplies, alors la preuve est censée juridique et parfaite, et c'est celle qui est absolument nécessaire pour opérer condamnation à une peine capitale (1). » Elle pouvait du reste être obtenue par le témoignage, la production des écrits, ou les présomptions. L'aveu formait-il une preuve complète? Cela n'était pas généralement admis.

1° La preuve par témoins était considérée, et cela est naturel, comme la preuve par excellence au criminel, « la plupart des crimes ne pouvant se prouver d'une autre manière; » mais pour être complète, elle devait réunir de nombreuses conditions.

Il fallait de toute nécessité qu'il y eût deux témoins déposants du même fait; c'était la tradition incontestée. « *Testis unus, testis nullus*, » ou comme dira Loysel : « *Voix d'un, voix de nun.* » Un témoignage isolé n'était point considéré comme n'ayant aucune valeur, mais il ne pouvait faire prononcer une condamnation capitale (2); « il est certain en général que les dépositions des témoins qui roulent sur des faits singuliers et différents entre eux ne peuvent former aucune preuve (3). » Il fallait en outre que les deux témoins fussent des témoins oculaires, « qu'ils eussent vu l'accusé commettre le crime. » Les témoins *par ouï-dire* ne pouvaient jamais, quel que fût leur nombre, former une preuve complète; ni ceux appelés *testes ex auditu proprio*, qui déclaraient « avoir entendu les menaces de l'accusé et les cris d'un mourant; » ni ceux dits *testes ex parte accusati*, qui affir-

---

(1) Muyart de Vouglans, *op. cit.*, p. 307

(2) On ne pouvait tirer une preuve complète de la déposition de deux témoins singuliers, c'est-à-dire déposants de faits différents, que lorsqu'il s'agissait de crimes « qui se commettent par des actes réitérés tels que l'inceste, l'adultère, le blasphème, la sodomie, le péculat, la concussion, l'usure et le vol. » Muyart de Vouglans.

(3) Muyart de Vouglans, *op. cit.*, p. 322-323.

maient avoir reçu de l'accusé l'aveu de son crime; ni à plus forte raison les simples témoins par ouï-dire, *testes ex auditu alieno.*

Ce n'est pas tout, les témoins devaient donner une déposition concluante et en rendre raison. S'ils s'exprimaient en termes non affirmatifs, « comme : je crois... si je ne me trompe... il peut se faire... si je m'en souviens bien, » ils étaient dits *vacillants* et ne « pouvaient servir en matière criminelle, ne formant pas même un indice. » La déposition devait avoir été toujours identique à elle-même, dans les trois interrogatoires que le témoin avait subis, dans l'information, au récolement et à la confrontation. Nous savons d'ailleurs que l'Ordonnance avait pris ses précautions pour qu'à la confrontation au moins aucune variation ne fût possible. Enfin les témoins ne devaient être ni *reprochables* ni *reprochés*. Si l'on avait singulièrement entravé l'usage du droit de reproche dans la procédure, la jurisprudence avait, par contre-coup, multiplié les causes de reproches : l'affection, la crainte, l'inimitié capitale, la faiblesse de l'âge et de l'esprit, l'infamie, l'intérêt personnel, la parenté, et bien d'autres causes encore étaient admises. La liste de personnes reprochables que donne Muyart de Vouglans commence par les parents et finit par « les pauvres et les mendiants, » dont on peut écarter le témoignage sous de certaines conditions.

Les deux témoins parfaits quand ils se rencontraient, « *rara aves,* » entraînaient inévitablement la condamnation ; le juge était enchaîné.

2° Après la preuve testimoniale venait la preuve écrite, beaucoup plus rare en matière criminelle, si rare même que certains criminalistes soutenaient qu'elle n'y était point possible. Cette opinion, bien que fausse, se conçoit, quand on songe que dans ce système, la preuve devait constater directement la perpétration du crime (1). En examinant les choses de près, on avait reconnu qu'il y avait certains crimes qui ne pouvaient guère se prouver que par écrit, « parce qu'ils consistent principalement

(1) Muyart reconnaît qu'il y a des cas nombreux où la preuve testimoniale exclut entièrement la preuve instrumentale, « comme lorsqu'il s'agit de crimes tels que l'injure verbale, le blasphême, l'adultère, le rapt, la fabrication de fausse monnaie. » *Op. cit.,* p. 327.

dans la pensée, tels que l'hérésie, la confidence (?), la conjuration envers le prince, l'usure, la subornation des témoins; » et d'autres « où la preuve testimoniale et instrumentale concourent, » comme le faux.

Pour que l'écriture, dans le cas où elle était ainsi admise, formât une *preuve complète,* il fallait d'abord « qu'elle fût précise sur le fait du crime, c'est-à-dire, s'il s'agit de faits d'injure, de débauche, de subornation ou conspiration, il faut que les faits soient contenus expressément dans la pièce même dont on veut exciper contre l'accusé, en sorte que si l'on s'en sert seulement pour tirer des inductions contre lui, elle cesse dès lors d'être regardée comme preuve littérale, et rentre dans la classe des simples preuves conjecturales (1). » En second lieu, il fallait que l'écrit fût authentique, ou, s'il était sous signature privée, qu'il fût reconnu par l'accusé. Cela ressortait implicitement de l'art. 5, tit. xxiv, de l'Ordonnance de 1670. Jamais donc une vérification d'écriture ne pouvait fournir une preuve complète. « En effet, dit Muyart de Vouglans, outre que les experts s'expliquent toujours d'une manière vague et incertaine, par ces mots : « Nous croyons, nous estimons, » personne n'ignore que leur art est par lui-même sujet à une infinité d'erreurs (2). » — « Si c'est une écriture privée et qu'il soit besoin d'une vérification en justice pour faire foi contre l'accusé, ce n'est plus proprement une preuve littérale, puisque ce n'est plus la pièce qui prouve par elle-même... de sorte que ce n'est qu'une simple conjecture et une preuve testimoniale (3). » Ces réserves étaient fort raisonnables : l'art des experts était incertain, et l'on peut dire qu'il l'est encore. Dans le projet discuté entre les parlementaires et les commissaires en 1670, il y avait même un article ainsi conçu : « Sur

---

(1) Muyart de Vouglans, *op. cit.*, p. 330. — « Il faut que la pièce *contienne* et *prouve* précisément le fait dont il s'agit, car si le titre ne contient point formellement le crime ou délit dont est question, et qu'on s'en serve seulement pour en tirer des conséquences et des inductions, alors cette preuve ne s'appelle plus preuve littérale complète; ce n'est qu'une preuve littérale conjecturale et imparfaite. » Rousseau de Lacombe : *Matières criminelles,* p. 371.

(2) Muyart, *op. cit.*, p. 330.

(3) Rousseau de Lacombe : *Mat. crim.*, p. 371, 372. Cf. Poullain du Parc, tom. XI, p. 191, ssq.

la seule déposition des experts et sans autres preuves, adminicules, ou présomptions, ne pourra intervenir aucune condamnation de peine afflictive ou infamante (1). » Il fut supprimé, sur l'observation de M. Talon, que les juges n'étaient « que trop circonspects sur ces matières, sans qu'il soit besoin de leur lier les mains (2). » Mais la théorie n'en subsista pas moins telle qu'elle. Dans ce système, les papiers domestiques de l'accusé, alors même que celui-ci les reconnaissait, ne pouvaient jamais faire preuve complète contre lui, car ils ne pouvaient contenir qu'une confession extra-judiciaire, et la confession judiciaire, nous allons le dire bientôt, n'avait pas elle-même cette énergie (3).

3° La preuve complète enfin pouvait encore résulter des *présomptions*, à condition, bien entendu, que le fait dont on allait tirer des conséquences, fût lui-même établi d'une façon suffisante, c'est-à-dire par deux témoins oculaires, ou par écrit. La jurisprudence avait en effet conservé quelques-unes de ces présomptions invincibles comme nous en avons trouvé dans le très-ancien droit ; on les appelait indices *manifestes et nécessaires* et on les comparait souvent aux présomptions *juris et de jure* du droit civil. En voici un exemple : « Lorsqu'en fait de meurtre deux témoins irréprochables déposent avoir vu l'accusé, qui avait l'épée nue et ensanglantée à la main, sortir du lieu, où quelque temps après le corps du défunt a été trouvé blessé d'un coup d'épée (4). »

Quant à l'aveu de l'accusé, fait en justice, les auteurs n'étaient point d'accord sur sa valeur comme preuve. Il en était et des plus célèbres, Jousse par exemple, qui tenaient pour

---

(1) C'était l'art. 15 du titre VIII.

(2) *Procès-verbal*, p. 99.

(3) Muyart, *op. cit.*, p. 336. L'Ordonnance (tit. IV, art. 2 ; tit. XIV, art. 10 ; tit. II, art. 9), voulait néanmoins qu'on fît l'inventaire des papiers de l'accusé.

(4) Muyart de Vouglans, *op. cit.*, p. 346. Cf. Poullain du Parc, tom. XI, p. 118 : « Il ne paroît pas également juste d'admettre la comparaison des indices manifestes avec la présomption *juris et de jure*... la preuve n'est presque jamais reçue contre la présomption *juris et de jure*, au lieu qu'en matière criminelle la preuve est reçue contre les indices manifestes. » Cette preuve contraire dont parle Poullain du Parc, ce sont, comme il l'explique, les faits justificatifs, p. ex., la légitime défense.

l'ancienne opinion d'après laquelle c'était la preuve par excellence et la plus complète : « de toutes les preuves qu'on peut avoir en matière criminelle, la confession de l'accusé est la plus forte et la plus certaine, et par conséquent cette preuve est suffisante... une pareille confession est la plus complète des preuves qu'on peut désirer (1). » Jousse s'appuyait sur l'autorité de Bartole, de Paul de Castro et de Julius Clarus ; il faisait remarquer « qu'on ne présumera jamais, sans renverser toutes les lois de la nature, qu'un homme veuille de sang-froid s'accuser d'un crime dont il n'est pas l'auteur. » Il invoquait aussi dans le sens de son opinion les formalités des interrogatoires si bien réglées d'après l'Ordonnance ; eût-on pris tant de soin pour obtenir un aveu, s'il n'avait pas eu une valeur décisive (2)?

C'étaient en réalité ces formalités mêmes des interrogatoires qui empêchaient d'attribuer à l'aveu sa force naturelle. Aussi l'opinion de Jousse restait isolée, et voici ce qu'on décidait généralement. S'il s'agissait d'un crime grave pouvant entraîner une peine capitale ou même une peine afflictive, l'aveu ne suffisait point pour faire prononcer une telle condamnation : *Nemo auditur perire volens;* il fallait qu'à la confession il s'ajoutât des indices pressants ou la déposition d'un bon témoin. C'était déjà l'opinion de Louet (3) ; c'était l'avis de Domat (4), et de Duplessis (5). Les auteurs du XVIIIᵉ siècle ne sont pas moins formels :

---

(1) Jousse : *Comm. sur l'Ordonn. de 1670*, sur l'art. 5, tit. xxv, nᵒˢ 1 et 2.

(2) Du reste, Jousse ne voyait dans l'aveu une preuve complète que lorsque le « corps du délit est constant et bien vérifié au moyen d'une visite, ou d'un procès-verbal ou par la déposition des témoins. » Si au contraire le crime était un de ceux « que la volonté seule peut commettre, comme l'hérésie, dans des sentiments non manifestés à l'extérieur... le corps du délit ne pouvant être prouvé, la confession de l'accusé ne peut suffire pour le faire condamner. » *Op. cit.*, p. 434.

(3) Lettre C, nᵒ 34.

(4) *Le droit public*, livre III, tit. I, *Des crimes et des délits :* « Si l'accusé reconnoît le crime et que le crime soit capital, on ne laisse pas d'achever les preuves ; car il ne seroit pas juste de condamner un innocent sur une fausse confession. »

(5) *Réponse de Duplessis à Colbert sur le procès de la Voisin :* « L'aveu par un criminel de son crime ne peut opérer sa condamnation, s'il est tout nu, mais si, outre son aveu, il y a un seul témoin, cela suffit pour le condamner. De même, si outre son aveu il y a quelque indice, ou réel ou procédant de la déposition même d'un seul témoin, cela suffit pour la condamnation. » *Lettres, etc. de Colbert*, tom. VI, Append., p. 429.

« La confession ne peut de sa nature opérer la condamnation à une peine capitale, et il faut pour cela le concours de plusieurs autres conditions... elle doit estre accompagnée de quelques indices pressans ou de la déposition d'un bon tesmoin (1). » — « La confession libre et volontaire de l'accusé ne forme point une preuve complète contre lui : *Nemo non auditur perire volens* (2). » Enfin Serpillon combat l'opinion de Jousse de la façon la plus respectueuse mais la plus énergique en même temps (3). S'il s'agissait au contraire d'une peine légère, on admettait que l'aveu fait en jugement pouvait entraîner la condamnation, pourvu que le corps du délit fût constaté d'une façon certaine : « Il est vrai qu'il y a des arrêts, qui, sur la confession seule des accusés, les ont condamnés, mais à des peines moindres que celles que méritaient les crimes (4). »

Du reste, les dispositions de l'Ordonnance de 1670 étaient bien conformes à cette théorie. L'article 5 du titre XXV déclare « que les procès criminels pourront être instruits et jugés, encore qu'il n'y ait point d'informations, et si d'ailleurs il y a preuve suffisante par les interrogatoires et par pièces authentiques ou reconnues par l'accusé, et par les autres présomptions et circonstances du procès. » On voit par là que pour éviter de recourir à la preuve testimoniale il ne suffit pas d'avoir obtenu l'aveu du coupable, il faut y joindre encore la preuve écrite ou des présomptions (5). L'article 17 du titre XIV décide qu'aussitôt après la comparution de l'accusé, et avant qu'il soit passé outre, « les interrogatoires seront incessamment communiqués à nos procureurs ou à ceux des seigneurs, pour prendre droit par eux ou requérir ce qu'ils aviseront, » et les auteurs ont toujours entendu cette disposition en ce sens, que s'il s'agissait d'un crime méritant une peine grave, les réquisitions, malgré l'aveu, ne pour-

---

(1) Muyart, *op. cit.*, p. 339.
(2) Rousseau de Lacombe, *op. cit.*, p. 372.
(3) *Code criminel*, p. 1012.
(4) Serpillon, *loc. cit.*
(5) Il s'agit là des « indices réels qui se trouvent naturellement dans la chose et ne procèdent point de la déposition des témoins. » Duplessis (*Lettre à Colbert*, citée).

raient point tendre à une condamnation immédiate. « Si le cas lui paraît grave, (la partie publique) conclut au règlement extraordinaire de récolement et confrontation ; car dans ce dernier cas, quand même l'accusé aurait avoué tous les chefs de l'accusation qui lui sont imputés, il ne faudrait pas moins une instruction complète à l'extraordinaire (1). » Enfin, l'article 19 de ce même titre XIV est encore en complète harmonie avec toute cette théorie ; il permet à l'accusé de crime « auquel il n'écherra peine afflictive, » de *prendre droit* par les charges après l'interrogatoire. Cette faculté rappelle de bien loin le « *pleud guilty* » de la procédure anglaise ; elle était utile à l'accusé, en lui permettant d'éviter les longueurs d'une procédure à l'extraordinaire ; elle n'existait, cela se conçoit, qu'autant qu'il y avait aveu, mais l'aveu ne suffisait pas, il fallait encore que le crime ne méritât pas une peine afflictive, sinon on était forcé de poursuivre la procédure jusqu'au bout. Quoique parfois les anciens auteurs aient cherché à expliquer autrement cette décision, elle ne se conçoit bien que si l'on admet que dans les crimes graves l'aveu ne constituait point une preuve complète. L'importance de l'aveu était cependant considérable ; joint à ce qu'on appelait un indice prochain, il formait une preuve véritable et suffisante ; et les indices prochains se trouvaient bien plus fréquemment que les preuves complètes.

II. Les *indices prochains* étaient aussi appelés des *semi-preuves*. Ce mot, contre lequel protestera plus tard le bon sens de Voltaire, n'était pas adopté par tous les juristes (2) ; mais néanmoins il était usité, et n'était pas déraisonnable, étant donné le système général.

Les indices prochains ne pouvaient par eux-mêmes motiver la condamnation capitale de l'accusé. Cependant quelques-unes de

---

(1) Serpillon, sur cet article.

(2) « Quelques auteurs ont défini la semi-preuve un moyen de prendre le faux pour le vrai. » Denisart, V° *Semi-preuve*. — « Il n'y a point de semi-preuves ; plusieurs auteurs blâment cette façon de s'exprimer. C'est un nom barbare et imaginaire, ce qui est si vrai qu'on ne trouve pas un seul texte de droit qui en parle. On ne peut découvrir à demi la vérité ; il n'y a point de demi-vérité... il est aussi impossible qu'il y ait des demi-preuves, qu'il est impossible qu'il y ait des demi-hommes. » Serpillon, *Code criminel*, p. 1074.

ces présomptions étaient si fortes, qu'il semblait bien difficile de ne pas infliger au coupable les châtiments qu'il méritait. Si l'on avait eu l'aveu volontaire cela eût été possible ; à défaut de confession volontaire il fallait se procurer une confession *forcée*, et cela au moyen de la torture. Le principal effet des indices prochains dans les accusations graves était donc de permettre l'application à la question. Cela est dit avec la même netteté aux XVIe, XVIIe et XVIIIe siècles. « Où il n'y auroit preuve pleine ni entière contre l'accusé, mais il y auroit preuve semi-pleine du cas par un tesmoing de notable qualité et non de vile condition déposant du fait principal, qui seroit sans aucun reproche ni suspicion quelconque, ou qu'il y aura véhémentes conjectures et indices équipollents pour le moins à la dite semi-pleine preuve, non élidez ou diminuez par la preuve qui aura été faite *ex officio* pour la justification de l'accusé, suffisans pour bailler torture, procédera (le juge) au jugement de torture et question (1). » « Il est vrai de dire que chaque indice fait semy-preuve qui peut suffire pour faire donner la question (2). » « Parmi les crimes il y en a qui sont de nature à mériter la mort, et c'est dans ceux-ci singulièrement que les indices peuvent donner lieu à la torture (3). » Ainsi cette théorie, en apparence si favorable à l'accusé, aboutit à rendre la torture presque inévitable ; elle devenait le complément indispensable de ce système de preuves.

Un autre moyen d'arriver à une condamnation capitale eût été d'additionner les indices et certains jurisconsultes l'admettaient : « S'il y avoit deux indices pressans, prouvés chascun par deux tesmoins, ils pourroient faire preuve entière, sans question, selon leur qualité... si ces indices estoient de telle qualité, qu'ils eussent une liaison naturelle, l'un avec l'autre sans aucune contradiction, et qu'ils fussent tous du nombre des indices prochains et pressans, on pourroit dire que ces indices seroient prouvés l'un par l'autre, et que les preuves imparfaites sur chaque fait se joindroient ensemble pour faire une preuve parfaite, qui suf-

---

(1) *Pratique de Lizet*, 1577, p. 28, v°.

(2) Duplessis : *Lettre à Colbert*, citée.

(3) Muyart de Vouglans, *op. cit.*, p. 351.

droit pour la condamnation (1). » Mais on se refusait généralement à admettre ces combinaisons : « La semi-preuve n'a rien de plus concluant qu'une demi-vérité, et par la même raison que deux incertitudes ne peuvent pas opérer une certitude, deux semi-preuves ne peuvent pas non plus opérer une preuve complète (2). »

Les indices prochains, s'ils ne suffisaient pas pour faire prononcer la peine de mort, permettaient d'ailleurs au juge d'infliger « quelques peines afflictives, infamantes ou pécuniaires (3), » s'il les jugeait assez forts pour cela. Mais, on faisait remarquer avec soin qu' « avant de prononcer une peine inférieure à la nature du crime, par le motif que les preuves, quoique considérables, ne le sont pas assez pour opérer la peine de mort, il faut que les juges ayent épuisé tous les moyens que les Ordonnances indiquent pour la preuve et l'approfondissement du crime (4). »

On avait essayé de soutenir parfois que dans les crimes atroces la preuve complète n'était point nécessaire pour la condamnation capitale : *In atrocissimis leviores conjecturæ sufficiunt et licet judici jura transgredi.* « Jamais, dit Poullain du Parc, cette proposition barbare et absurde n'a été admise en France. C'est le caractère de la tyrannie et d'un cruel despotisme. Plus le crime est atroce, plus la punition doit être terrible; et conséquemment les preuves doivent être d'autant plus évidentes contre l'accusé, à proportion de l'atrocité du crime qu'on lui impute (5). »

Quels faits constituaient des indices prochains? Ici encore

---

(1) Duplessis, *loc. cit.*

(2) Denisart. V° *Semi-preuve.*

(3) Muyart de Vouglans, *op. cit.* p. 346, 351. Poullain du Parc (tom. XI, p. 115) démontre même que le juge peut alors prononcer la peine des galères à perpétuité : « La question préparatoire avec la réserve des preuves est plus rigoureuse que les galères perpétuelles; et puisqu'elle peut être ordonnée sur des preuves considérables, quoiqu'insuffisantes pour condamner à mort, on doit nécessairement conclure que le juge peut condamner aux galères, quelque atroce que soit le crime, sur des preuves considérables, lorsqu'il n'y en a pas assez pour prononcer la peine de mort. De même, si les preuves sont moins considérables, le juge peut modifier la peine. »

(4) Poullain du Parc, XI, p. 116.

(5) *Ibid.*, p. 110. Cf. Dupaty : *Mémoire et Moyens de droit pour trois hommes condamnés à la roue*, passim.

l'Ordonnance n'avait rien précisé. Elle disait seulement que pour que la question pût être donnée, il fallait que le crime méritât la mort, et qu'il y eut preuve considérable, laquelle pourtant « ne fût pas suffisante (1). » Cela laissait forcément une grande latitude aux juges. « L'Ordonnance, n'ayant point déterminé dans l'article... la qualité des présomptions et des circonstances qu'elle veut faire servir de preuves dans les procès criminels, semble s'en être rapportée à la prudence des juges sur ce point (2). » — « Quand les témoins ne déposent point d'avoir vu faire le coup, et qu'ils ne rapportent tous que des indices, les indices pouvant estre plus pressans et plus concluans les uns que les autres, et les juges pouvant estre plus touchés des faits les uns que les autres... la chose dépend ordinairement de l'arbitrage des juges (3). » Mais cependant des règles étaient déterminées par la jurisprudence.

Parmi les demi-preuves nous trouvons d'abord la preuve testimoniale ou écrite *imparfaite*, la déposition d'un témoin oculaire unique, ou une écriture privée vérifiée par des experts, et aussi l'aveu *extrajudiciaire* de l'accusé lorsqu'il était dénié par lui, mais qu'il était prouvé « par deux bons témoins, » ou par les « journaux et papiers domestiques (4). » Puis dans cette classe des indices prochains venaient se ranger une foule de présomptions. Muyart de Vouglans les divise en indices généraux et indices spéciaux à certains crimes. Il en énumère seize, appartenant à la première catégorie et dont quelques-uns sont bien étranges; nous y trouvons, « la qualité de l'accusateur, si c'est une personne considérable, ou un maître pour les délits commis par ses domestiques; » la « qualité de l'accusé, si c'est un vagabond ou un non domicilié. » Les indices spéciaux aux différents crimes sont indiqués avec grand soin; et pour quelques-uns d'entre eux la nomenclature serait risible, si l'on n'entrevoyait la torture par derrière. Ainsi nous trouvons rangés parmi les indices prochains du crime de *magie* et de

---

(1) Ord. de 1670, tit. xix, art. 1.
(2) Muyart de Vouglans, *op. cit.*, p. 347.
(3) Duplessis : *Lettre* citée.
(4) Muyart de Vouglans : *Instit.*, p. 336, 350.

sortilège les faits suivants : « Si l'on a trouvé chez l'accusé des livres ou instruments qui ont rapport à la magie, comme hosties, membres humains, images de cire transpercées d'aiguilles, écorces d'arbres, os, clous, cheveux, plumes entrelacées en forme de *cercle ou à peu près*, épingles, charbons, paquet de charbons trouvé au chevet du lit des enfants... 2° Si l'on a vu mettre quelque chose dans une étable, et que le bétail peu de temps après soit péri. 3° Si l'on a trouvé un écrit contenant un pacte fait avec le démon... 7° Si l'on a vu changer de demeure à ceux qui vivaient en liaison avec l'accusé, aussitôt après qu'il a esté arresté... 8° S'il a continuellement le nom du diable dans la bouche et s'il a coutume d'appeler de ce nom ses enfans ou ceux d'autrui (1). » Cela s'écrivait au dix-huitième siècle ! Muyart de Vouglans ajoute, il est vrai : « Tous ces indices peuvent, suivant les auteurs, donner lieu à la torture, mais nous verrons en traitant de ce crime (le sortilège) avec quelle circonspection le juge doit se comporter dans une matière aussi délicate et que la trop grande crédulité des peuples pourroit faire dégénérer en des superstitions dangereuses. »

Tous les indices prochains pouvaient en principe donner lieu à l'application de la torture, pourvu qu'ils fussent prouvés eux-mêmes, un seul témoin suffisant pour cela. Cependant, pour un assez grand nombre de semi-preuves, il fallait y joindre *un indice éloigné* tout au moins, pour justifier la torture. C'était alors qu'intervenait cette troisième classe d'indices, sous le nom d'*adminicules* : ils ne valaient que comme soutien (2). C'était là une bien faible garantie, car en fait d'indices éloignés on se contentait de peu. Muyart de Vouglans en donne les exemples suivants : « L'inconstance des discours de l'accusé, le tremblement de sa voix, le trouble de son esprit, sa taciturnité... la proximité de la maison de l'accusé du lieu où le crime a été commis... l'affectation de l'accusé d'avoir l'oreille dure, ou d'avoir perdu l'esprit ou la mémoire lorsqu'on l'interroge... la mauvaise physionomie de l'accusé ou le vilain nom qu'il porte (3). » Les in-

---

(1) Muyart de Vouglans : *Instit.*, p. 353.
(2) Voy. Muyart de Vouglans : *Instit.*, p. 346, 350-351.
(3) *Ibid.*, p. 350.

dices éloignés devaient être prouvés par deux témoins, ou par le procès-verbal du juge.

Cependant certains auteurs se montraient plus exigeants. « Il faut, on ne peut trop le répéter, plusieurs indices joints pour fournir une preuve considérable, telle que l'exige cet article de l'Ordonnance (1). La plupart des auteurs en exigent trois; mais il faut distinguer, il y a les indices manifestes et des indices éloignés ; les premiers fournissent des conséquences nécessaires d'un fait certain... par exemple, un indice manifeste est le cas de deux témoins sans reproche qui déposent avoir vu l'accusé sortir d'un lieu, où il vient d'être commis un meurtre, ayant son épée nue et ensanglantée; cet indice paraît *luce clarior* (2). Cependant, pour condamner à la question, il faudrait encore d'autres indices appelés éloignés, comme des menaces précédentes, une inimitié prouvée et autres pareils adminicules, à moins que ce ne fût un vagabond ou un homme mal famé qui fût accusé (3). » Duplessis professe une opinion semblable. « On distingue communément trois sortes d'indices, savoir : 1° les indices généraux et éloignés, comme la mauvaise vie de l'accusé, s'il a esté déjà prévenu de semblables crimes, et ceux-là ne peuvent guère servir sinon à émouvoir les juges et à leur donner de simples soupçons. 2° Les indices plus proches mais non attachés à l'action, comme si en matière d'homicide l'accusé estoit ennemy mortel de celui qui a esté tué, ou qu'il l'ait menacé, ou se soit vanté qu'il le tueroit et ainsy des autres semblables, et ceux-là sont un peu plus forts, mais pourtant ils ne concluent rien absolument et ne font pas mesme *semy-preuve;* 3° les indices prochains, attachés à l'action, comme s'il y a eu un homme tué dans une maison ou dans un bois, et que dans le mesme temps l'accusé ait été vu sortir de la maison ou du bois, l'épée nue et ensanglantée et s'enfuyant... Ce sont des indices bien concluants

---

(1) Il s'agit de l'article 1, tit. XIV, qui indique à quelles conditions la sentence de torture peut être prononcée.

(2) Il y a ici un classement qui, comparé à celui de Muyart de Vouglans, semble faire descendre les divers indices d'un degré. Cf. Poullain de Parc, XI, p. 119.

(3) Serpillon, *Code criminel,* p. 912.

que c'est l'accusé qui a commis le crime, mais ils ne sont pas pourtant absolument infaillibles ; ces sortes d'indices s'appellent *indices pleins*, et ils font ordinairement semy-preuve (1). » Au fond, il fallait reconnaître qu'il était difficile d'indiquer avec une précision suffisante les preuves sur lesquelles on ferait donner la torture. « La difficulté est de savoir quelles sont les preuves qui doivent passer pour considérables. Celles qui peuvent l'être à l'égard d'un vagabond ou autre mal famé ne doivent pas estre regardées de même œil, quand l'accusé est domicilié et bien famé, par conséquent rien n'est si arbitraire ni si difficile à fixer. Cela dépend du lieu, du temps, de la qualité des personnes, et d'une infinité d'autres circonstances (2). »

Les indices éloignés, à eux seuls, permettaient au juge de prononcer des peines pécuniaires, ou un *plus amplement informé*; il pouvait encore, s'il y avait une partie civile, régler le procès à l'ordinaire. « Et où par le procès il n'y aura ni pleine ni semy-pleine preuve, mais il y aura seulement quelques indices ou conjectures moindres que la dicte semy-pleine preuve et non suffisantes pour mettre à la torture, et verisimilitude résultant du procès que le demandeur en matière d'excès pourroit plus amplement prouver et vérifier les cas par luy pretendus contre l'accusé en procès ordinaire, en ce cas si le juge a faict ce que l'on peut et doit faire pour la perfection du procès extraordinaire, appoinctera les parties en procès ordinaire (3). » « Lorsqu'il n'y a que de forts indices, leur force ne peut déterminer qu'à des peines pécuniaires, si le juge ne se porte pas au renvoi *quousque*, c'est-à-dire au plus amplement informé (4). »

Au milieu des hésitations, que nous avons relevées plus haut, il restait un point certain, reconnu de tous, c'est qu'on ne pouvait point condamner à mort, s'il n'y avait une preuve complète ; et il était excessivement difficile de s'en procurer une. Hors le cas où elle avait été obtenue, aux indices pressants il fallait nécessairement joindre l'aveu de l'accusé. Dans ce but on avait orga-

---

(1) Duplessis, *loc. cit.*
(2) Serpillon : *Code crim.*, p. 911.
(3) *Pratique de Lizet*, p. 28 v°.
(4) Poullain du Parc, tom XI, p. 116.

nisé deux machines puissantes : l'une était l'interrogatoire subtil et secret, où l'accusé sans défense devait jurer de révéler la vérité et par lequel on obtenait l'aveu soi-disant volontaire; l'autre était la question par laquelle on obtenait la *confession forcée*. Voilà à quoi aboutissait le système des preuves légales; et c'est en lui qu'il faut rechercher la vraie raison du maintien de la torture. Muyart de Vouglans le déclare d'une façon explicite. « Les raisons qui semblent devoir l'autoriser sont fondées sur ce qu'étant souvent impossible d'acquérir une entière conviction du crime, soit par les dépositions des témoins soit par les pièces, soit par les indices qui concourent rarement ensemble pour former cette preuve plus claire que le jour qu'il faut pour condamner, il n'y aurait pas moins d'injustice à renvoyer absous celui qui d'ailleurs est suspect de crime, qu'il y en auroit à condamner celui qui n'est pas entièrement convaincu, outre que le bien de l'humanité demande que les crimes ne demeurent point impunis. C'est pour cela que faute d'autres moyens pour parvenir à cette entière conviction, on s'est vu obligé de tourmenter le corps de l'accusé (1). » Ces paroles si froides n'étonnent point chez Muyart de Vouglans qui s'est fait toujours l'avocat de cette odieuse procédure; mais elles exprimaient une nécessité logique qui s'imposait à tous. « Dans l'embarras où se trouvent les juges, dit Poullain du Parc, lorsqu'ils voyent de très-forts indices contre un accusé, et que tous les moyens de preuve sont épuisés, ils sont réduits à la ressource de la question préparatoire (2). » Voici enfin ce que dit Serpillon, qui, lui, a commencé par protester contre la question : « Il y a environ vingt-cinq ans que nous fûmes encore *forcés* de condamner à la question préparatoire le nommé Auribaut, de la paroisse de Planché-en-Nivernois, accusé de dix ou douze crimes, dont la plus grande partie étoient des assassinats sur les grands chemins, sans qu'il y en eût un seul parfaitement prouvé (3). » Par quoi Serpillon était-il forcé? par la théorie des preuves légales.

Cependant il pouvait rester une dernière ressource à l'accusé.

---

(1) *Instit.*, p. 341.
(2) Tom. XI, p. 114.
(3) *Code crim.*, p. 909.

S'il résistait aux tourments et n'avouait pas à la question, l'accusation était sans doute complètement purgée, et les indices graves, qui avaient permis d'appliquer la torture, effacés à tout jamais. Ce dernier espoir pouvait être vain ; on connaissait en effet la *question avec réserve des preuves*. Alors si l'accusé, à force de constance, refusait tout aveu, on pouvait cependant, en vertu des indices, le condamner à une peine autre que la mort. L'usage de la question avec réserve des preuves remontait assez haut, et voici en quels termes extraordinaires il est décrit par Imbert. Après avoir dit qu'il y a des criminels « si fins et si malicieux que quelque chose qu'ils aient confessé à la torture, quand ils sont le lendemain interrogés, ils nient tout ; » il ajoute : « Au moyen de quoy, quand le juge voit qu'il n'y a preuve suffisante pour asseoir punition corporelle, mais pécuniaire seulement, afin qu'en niant tout par la question, il n'évade la peine pécuniaire qu'il devrait souffrir et qu'à raison de cela il ne s'endurcisse plus à souffrir la question, il ordonne que le délinquant sera mis en torture, sans que pour cela les indices résultant du procès soient purgez. Car jaçoit que par indices, voire indubitables, on ne doive asseoir punition de mort, ou autre corporelle fort griève, toutesfois, on peut adjuger peine pécuniaire et quelque corporelle légère (1). » N'eût-on pas pu inscrire au fronton des cours criminelles : « Vous qui entrez ici, quittez toute espérance ! »

(1) *Pratique*, liv. III, ch. 14 (p. 739).

CHAPITRE QUATRIÈME.

La procédure criminelle à l'étranger.

I. L'Italie. — II. L'Espagne. — III. L'Allemagne, les Pays-Bas. — IV. L'Angleterre.

La procédure criminelle qui s'était établie en France, n'était point une institution purement nationale; elle formait au contraire le droit commun de l'Europe. Il suffira pour s'en convaincre de jeter un coup d'œil sur les nations qui entouraient la nôtre : l'Italie, l'Espagne, l'Allemagne et les Pays-Bas. Là aussi s'était accomplie la même évolution; là aussi le droit canon avait introduit le procès inquisitoire et le droit romain exercé son influence. A la procédure accusatoire et publique avait succédé l'instruction écrite et secrète; aux rudes preuves de l'époque féodale la théorie savante des indices. Mais cependant la procédure française se distinguait des autres procédures congénères par des traits qui lui étaient propres. Nulle part les formes n'avaient été mieux précisées, les règles plus nettement et plus solidement établies, et à ce point de vue Muyart de Vouglans pourra écrire sans exagération : « On peut dire à l'honneur de notre France que la jurisprudence y a été portée à un degré de perfection qui lui fait tenir un rang distingué parmi les nations policées (1). » Mais en même temps nulle part les rigueurs du système n'avaient été poussées plus loin et la défense plus étroitement entravée. En bien comme en mal le système avait été poussé à l'extrême. Il faut cependant faire une exception pour ce qui est de la torture; l'Italie et l'Allemagne en particulier l'appliquèrent avec un acharnement qui dépassait ce qu'on pratiquait en France. Une institution surtout distinguait la France

(1) *Lettre sur le livre des délits et des peines*, p. 20.

des nations voisines, c'est celle du ministère public. Ce n'est pas qu'on ne la trouve aussi à l'étranger, mais ou bien elle a été introduite par l'influence française, ou elle est imparfaite et ne forme pas comme chez nous une pièce essentielle du mécanisme de la procédure (1).

En face de la France, de l'autre côté de la Manche, commençait un nouveau monde. L'Angleterre avait conservé la procédure accusatoire et publique, la libre défense des accusés. Développant des éléments, qu'avaient aussi possédés les autres nations européennes, mais qu'elles avaient laissé périr, elle avait créé la procédure par jurés, qui constituait alors une sorte d'anomalie, mais qui, par un puissant rayonnement, devait s'étendre sur l'Europe entière.

Essayons d'exposer en quelques pages ce que nous venons d'énoncer en quelques lignes.

I.

L'Italie sous la domination des Lombards avait connu la procédure et le droit criminel des coutumes germaniques, les *compositions*, l'accusation privée, le débat oral et public, les disculpations par le serment et les *cojurantes*, les ordalies et spécialement le duel judiciaire (2). Mais l'Italie était la terre où s'était développé le droit de la Rome antique, où celui de la Rome moderne s'élaborait peu à peu; plus que tout autre pays elle devait ressentir l'influence du droit romain et du droit canon. Il est démontré aujourd'hui que l'étude du droit romain n'y fût jamais interrompue. L'école de Bologne n'est pas une résurrection ; c'est la floraison nouvelle d'un vieil arbre, qui pendant longtemps n'avait poussé que de maigres rameaux, mais dont la sève avait toujours coulé sous l'écorce.

Les écoles de droit se succèdent en se continuant, à Rome d'abord, puis à Ravenne, à Pavie dès la première moitié du XIe siècle, à Vérone à la même époque. On arrive ainsi à l'école

---

(1) Biener : *Beiträge zu der Geschichte des Inquisitionsprozesses*, p. 208, ssq.
(2) Voy. Sclopis : *Histoire de la législation Italienne*, tom. I, p. 199, ssq.

de Bologne qui, dès la première moitié du XIIe siècle, s'élève à une telle hauteur que « tout ce qui l'avait précédée est tombé bientôt dans un profond oubli (1). » Les professeurs de Bologne étaient en même temps des praticiens. « L'école de Bologne n'a pas été seulement l'initiatrice d'un mouvement scientifique, elle eut aussi son influence dans la pratique du droit; car les *glossatores* s'étudiaient à appliquer les lois aux faits de la vie (2). » Dans le *Corpus juris*, s'ils voyaient dominer le système accusatoire, ils trouvaient en même temps la torture; ils y trouvaient aussi les germes de cette théorie des indices, qu'ils furent les premiers à construire, et qui de l'Italie se répandit sur l'Europe. A côté d'eux, les canonistes construisaient la procédure inquisitoire qu'allait consacrer définitivement la papauté.

Des lois positives naissaient aussi. C'étaient d'abord les statuts municipaux, les lois des cités libres. « Les cités, s'inspirant du principe romain et chrétien levaient haut leurs vues et punissaient les délits pour eux-mêmes et pour le bien commun. Dans la révision constante de ces statuts, l'influence du droit romain allait toujours en augmentant (3). » Il en était de même pour le droit canonique, et peu à peu la procédure inquisitoire prenait place à côté de l'accusation. L'organisation judiciaire variait suivant les cités, cependant on peut distinguer deux types successifs de gouvernement communal. D'abord les villes sont administrées par des consuls (4). L'origine de cette magistrature est douteuse. M. Pertile pense que les consuls sortirent au début du conseil, dont les évêques s'entouraient pour l'administration de leurs diocèses et souverainetés temporelles (5). Au

---

(1) M. Rivier : *La science du droit dans la première moitié du Moyen-Age* (Nouvelle revue historique de droit français et étranger 1877, p. 1, ssq).

(2) Pessina : *Elementi di diritto penale* (3e édit., p. 51) cf. Pertile : *Storia del diritto Italiano*, § 168 : « I glossatori e i loro successori commentavano ed inseguavano come legge viva ed universale anche il diritto criminale delle Pandette e del Codice. »

(3) Pertile, *op. cit.*, § 168. Le paragraphe 66, qui traitera en détail des statuts communaux considérés au point de vue du droit criminel, fera partie d'un volume qui n'a pas encore paru.

(4) Pertile, *op. cit.*, tom. II, part. 1, § 48. Primo governo comunale.

(5) *Op. cit.*, tom. II, 1, p. 25 : « Con maggiore verisimiglianza si potrebbe far uscire i consoli da consiglio del vescovo, cioe dal numero di coloro che egli solea

nombre de deux ou de trois, selon les lieux et les temps, ils jugeaient au civil et au criminel, exerçant en commun la juridiction répressive (1). Ils étaient assistés d'ailleurs d'un collège de juges ou d'un conseil de praticiens (2). Une révolution transforma dans la suite le gouvernement des cités, et remit le pouvoir aux mains d'un seul (3), lequel présida à la justice comme aux autres branches de l'administration; mais pour la juridiction les formes changèrent peu. « Lorsqu'on chercha à réunir dans un faisceau plus serré les formes politiques et civiles, et qu'on appela du dehors le podestat, dont on fit le premier magistrat de la république, on exigea que celui-ci eût avec lui des juges, ou bien on lui adjoignit les conseils de justice (4). » Ces conseillers, ces assesseurs, étaient presque toujours de savants jurisconsultes, de célèbres professeurs.

Parmi les vieilles lois de l'Italie il faut citer celles données à la Sardaigne (*Carta di Logu*), où sont déterminées « les règles de la procédure; l'accusation y est la règle, mais on reconnaît la nécessité d'une *inquisitio*, faute d'accusateurs (5). » Dans l'Italie inférieure paraissaient les *Constitutiones Regni siculi*, réunies en un code par Frédéric II en 1231. Dans ces lois on abolissait les justices féodales et ecclésiastiques, mettant à leur place les baillis et justiciers et la grande cour du royaume (6). Le droit pénal fut spécialement ravivé à la source romaine, on abolit les violences des guerres privées et le duel judiciaire. L'influence

---

consultare nelle cose di governo, come pure nelle elezioni dei parocci e nell' amministrazione dei beni delle diocesi, il che ci renderebbe ragione delle parte ch'ebbero da prima nel consolato la nobilita et in particolare i vasalli dei vescovi. »

(1) Pertile, *op. cit.*, t. II, part. 1, p. 25 : « Giudicavano nelle materie civili et penali... quanto alla giurisdizione, la penale che rechiedieva il banno di sangue la tenuero in comune. » P. 43, 44.

(2) *Ibid.*, p. 49 : « I consoli erano assistiti nel loro ufficio dal collegio dei giudici od avvocati et dai sapientes. I primi aveano per principale incarico d'aiutare i consoli nell' amministrazione della giustizia. »

(3) Pertile, *op. cit.*, § 40. Secondo governo comunale.

(4) Sclopis, *op. cit.*, tom. II, p. 293.

(5) *Ibid.*, II, 113, ssq.

(6) *Ibid.*, II, 254, ssq.

du droit romain se fait aussi sentir par l'introduction de la procédure inquisitoire (1).

Mais ce furent à vrai dire la pratique et les écrits des jurisconsultes qui amenèrent la procédure criminelle à son complet développement : rapidement la procédure de l'*inquisitio* prit le dessus, et étouffa l'ancienne accusation. Nous ne pouvons donner la longue liste des docteurs dont les œuvres contribuèrent à cette évolution (2). Nous ne citerons que quelques noms qui dominent les autres, et marquent des étapes. Vers 1271 Guillaume Durand publie son *Speculum juris* (3). Canoniste il décrit surtout l'*inquisitio* d'après le droit canon, mais montre qu'elle a lieu également selon le droit civil : « leges... semiplene de inquisitione tractant, sed secundum canones plenius patet forma et natura inquisitionis et quando et qualiter in ea procedatur. » Albertus Gandinus, mort probablement en l'an 1300, admet la procédure inquisitoire, comme une institution de droit commun: « hodie de jure civili judices potestatum de quolibet maleficio cognoscunt ex officio suo per inquisitionem. Et ita servant judices de consuetudine et ita vidi communiter observari, quamvis sit contra jus civile (4). » Bartole et Balde au commencement du XIVe siècle décrivent et expliquent l'*inquisitio* (5). Au XVe siècle, c'est *Angelus de Gambilionibus de Aretio*, qui dans son *Tractatus de maleficiis* expose longuement le procès inquisitoire, la torture, la théorie des indices (6). Mais c'est surtout au XVIe siècle que les criminalistes italiens brillent d'un éclat incomparable. L'Italie semble alors la patrie du droit criminel, et chose curieuse, de nos jours un mouvement semblable paraît se reproduire. Hippolytus de Marsiliis (7), Julius Clarus (8), Farinacius (9), Meno-

(1) Pessina : *Elementi*, p. 46, 47.
(2) Voy. M. A. du Boys : *Histoire du droit criminel de la France du* XVIe *au* XIXe *siècle, comparé avec celui de l'Italie, etc.*, tom. I, p. 125, ssq. — Biener : *Beiträge*, IVe chapitre ; *Glossatoren und italienische Praktiker*, p. 78, ssq.
(3) Sur Durand, voir M. Glasson. *Nouvelle Revue historique*, 1881, p. 417, 418.
(4) Biener, *op. cit.*, p. 96.
(5) *Ibid.*, p. 98, ssq.
(6) Du Boys, *op. cit.*, I, p. 300, 311; Biener, *op. cit.*, p. 106, 110.
(7) *Practica causarum criminalium*, Lugduni, 1528. V. Biener, *op. cit.*, p. 110, 112.
(8) *Sententiarum receptarum liber quintus*. Lyon, 1772.
(9) *Farinacii opera* (Duaci 1618).

chius (1), pour ne citer que les docteurs les plus célèbres de cette époque, établissent définitivement les principes de la procédure criminelle et le système des preuves légales : Hippolytus de Marsiliis étudia spécialement la torture, et Menochius la théorie des indices.

Tous à côté de *l'inquisitio*, admise presque sans restriction, connaissent encore l'accusation; mais celle-ci ne joue plus qu'un rôle secondaire et effacé (2). Le juge se met en mouvement soit *ex officio*, soit *ad instantiam partis*, et dans ce dernier cas nous avons *l'inquisitio cum promovente*, dont nous avons parlé plusieurs fois. Clarus décrit aussi soigneusement, à côté de l'accusation, la *querela partis offensæ* qui ressemble fort à notre action civile (3). Avant tout, s'il s'agit d'un *delictum facti permanentis*, il faut que le corps du délit soit constaté. Cela fait, le juge procède à une *informatio*, qui a pour but d'établir la *diffamatio*; il entend en secret les témoins et recueille par écrit leurs dépositions. Cette première phase du procès se termine par la rédaction de la *charta inquisitionis* ou *libellus criminalis*, sorte d'acte d'accusation, qui servira de base à la procédure postérieure (4).

---

(1) *De præsumptionibus, conjecturis, signis et indiciis commentaria* (éd. 1628).

(2) Jul. Clarus : *Practica crim.*, qu. 3, n°s 6, 8, p. 416 : « Sed certe, quidquid sit de jure communi hæc omnia cessant ex consuetudine præsentis temporis; nam etiam de jure civili hodie in quocumque casu permissum est procedere ex officio et sic per inquisitionem... et consequenter hodie superflua est etiam illa practica quam tradit Alex. in apost. ad Bar. quod scilicet judex omnino statuat parti offensæ terminum ad accusandum, quo elapso poterit deinde, ubi pars non accusat, ex officio procedere, nec poterit postea pars etiamsi velit accusare impedire processum ipsius judicis inquirentis. »

(3) Qu. 10, n° 1, p. 428 : « Licet isti duo modi procedendi sc. ad querelam et ex officio videantur non modo diversi, sed etiam quodammodo incompatibiles, tamen consuetudo admittit quod super querela partis judex statim incipiat inquirere. Scias autem quod hæc querela multum differt ab accusatione... si non esset via aperta judici ad inquirendum aliter quam per querelam, puta quia non præcederet denunciatio neque diffamatio neque aliquid ex his... non deberet judex procedere super hujusmodi querela, nisi haberet legitima requisita, licet contrarium plerumque observetur de consuetudine... Si talis instigator prius querelavit et ad ejus querelam judex inquisivit, tenet locum partis et ideo est citandus. »

(4) Jul. Clarus, qu. 7, n° 1, p. 424 : « Facta denuntiacione, judex super ea assumit informationes et indicia, et eis assumptis format libellum, sive inquisitionem, in quo narrat quomodo propter denunciationem datam... intendit ex officio procedere, et ita communiter servatur in practica. »

Alors l'accusé est cité ou capturé, et on lui soumet le *libellus*; il doit répondre sur les points qui y sont contenus. S'il nie, le juge entend de nouveau les témoins, après qu'ils ont prêté serment en présence de l'accusé (1); puis viennent la question, s'il y a lieu de la donner, et enfin le jugement. Cette procédure écrite se faisait en secret (2). Tout cela ressemble fort au procès criminel que nous avons décrit en France. En Italie nous trouvons seulement le *libellus criminalis* en plus et la confrontation en moins (3). Il faut reconnaître aussi que la liberté de la défense y était plus grande et le sort de l'accusé moins dur que chez nous. Sans doute on faisait généralement prêter serment à l'accusé lors de l'interrogatoire (4), il n'assistait pas la déposition des témoins et ne pouvait point même donner une liste des questions à leur poser (5). Mais il recevait communication des dépositions écrites, selon les anciens principes (6), et pouvait faire entendre des témoins à décharge. Seulement il ne pouvait user de ces facultés qu'après avoir répondu à l'interrogatoire (7). Il faut remarquer surtout que l'assistance des avocats était permise, et que même les juges en donnaient parfois d'office aux accusés (8). On n'admettait point ces défenseurs à assister leur client lors de l'inter-

---

(1) Jul. Clarus, qu. 7, n° 1, p. 552 : « Si neget, iterum examinant testes, eo citato ad videndum eos jurare, et valde graviter erraret judex qui, omissa tali repetitione testium, procederet ad torturam vel condemnationem; nam testes recepti ante litiscontestationem nullam fidem faciunt contra reum. »

(2) Voy. Sclopis, *op. cit.*, I, p. 208, ssq.

(3) Elle n'était pas inconnue, mais n'était point nécessaire.

(4) Jul. Clarus, qu. 45, n° 9, p. 551 : « Magis est communis opinio quod deferendum reo juramentum de veritate dicenda. »

(5) En cela son sort était semblable à celui de l'accusateur privé. Clarus, qu. 23, n° 3, p. 457 : « Consuetudo observat quod inquisitus vel accusatus nunquam dat interrogatoria testibus pro fisco deponentibus non etiam dat accusator interrogatoria deponentibus ad defensam : sed judex aut fiscalis eos interrogat, prout sibi videtur. »

(6) *Ibid.*, qu. 49, n° 3, p. 580 : « Etiamsi contra aliquem procedatur per viam inquisitionis nomina testium contra eum productorum nec non et dicta ipsorum (competenter) publicanda sunt, ad effectum ut possit se ipsum defendere. »

(7) *Ibid.*, qu. 45, n° 8, p. 551 : « Consuetudo servat totum oppositum, quod sc. reus interrogetur et examinetur ante datas defensiones et copiam indiciorum. »

(8) *Ibid.*, qu. 49, n° 11 : « Dicit Blanc. quod ita quotidie servatur, quod scilicet judices dant advocatos carceratis. »

rogatoire (1); on hésitait à leur donner copie de l'information (2); mais ce n'en était pas moins là un grand secours. Farinacius composa une partie de ses œuvres avec les plaidoyers que, dans la première partie de sa carrière, il avait prononcés pour la défense des accusés.

L'institution du ministère public existait-elle en Italie? Il est d'abord une autre institution qu'il ne faudrait point confondre avec elle, et qui pourtant répondait en partie au même besoin. Les juges avaient souvent des fonctionnaires placés sous eux, qui devaient leur dénoncer les crimes dont ils avaient connaissance; mais ces subalternes n'étaient en réalité que des dénonciateurs officiels. « Albertus Gandinus, Bartolus, Angelus Aretinus, Hippolytus de Marsiliis connaissent ces personnages et leur donnent le nom de *syndici, consules locorum et villarum, ministrales, officiales*. Je trouve ces officiers dans quelques statuts de villes Italiennes; dans les statuts de Vérone ils sont appelés *jurati contratarum* et *massarii villarum;* dans les statuts de Roveredo, *massarii, jurati, syndici villarum* et *plebatuum* (3). »

Mais il est aussi question d'un véritable *procurator fiscalis* dans les auteurs (4). « Vers la fin du Moyen-Age Venise eut une magistrature qui réunissait tous les caractères d'un ministère

(1) Jul. Clarus, qu. 45, n° 11 : « Quæro etiam, quando fit examen rei, debeant esse patroni causarum? Resp. quod de jure videtur dici posse quod sic; sed certe usus et curiarum stylus hoc non observat. »

(2) *Ibid.*, qu. 6, n° 23 : « Reus dicit judici ut priusquam ad alteriora procedat det ei copiam indiciorum quæ super diffamatione assumpsit. Angel. dicit quod cauti advocati hoc petunt, ut possint impugnare testes diffamantes... non video quomodo sit danda ejus copia reo petenti. »

(3) Biener : *Beiträge*, p. 92, 93. L'auteur remarque en note que dans Farinacius (liv. I, tit. 1, n° 17), ils sont appelés : « Antiani seu parochiani, qui statutis tenentur denunciare delicta commissa in eorum villis seu parochiis. » Mais peut-être y a-t-il là un souvenir des *testes synodales*.

(4) Julius Clarus distingue nettement les trois classes de personnages qui peuvent provoquer l'inquisition. Qu. 10, n° 3, p. 428 : « Scias igitur quod tria sunt genera eorum qui instigatores seu promotores inquisitionis appellantur. Aliqui enim id faciunt ex necessitate, vel saltem ex debito eorum officii, prout sunt advocati et procuratores, seu syndici fiscales, ad quos maxime pertinet instare assidue ut judices contra delinquentes inquirant. Alii vero faciunt ex præcepto sive deputatione judicum, qui solent deputare aliquem coadjutorem, qui loco partis seu fiscalis assistat inquisitioni... postremo aliqui id faciunt sponte quia comparent in judicis et subministrant testes et indicia contra reos inquisitos. »

public largement constitué ; c'est l'*avouerie* de la commune qui existait dès le xiiie siècle (1). » Mais en général l'institution ne se développa qu'imparfaitement. Voici du moins ce que nous lisons dans d'éminents auteurs. « En Italie, au xvie siècle, on trouve plus nettement qu'auparavant la procédure inquisitoire avec participation d'un *procurator fiscalis,* en particulier à Rome, à Naples et à Milan. Mais quelle était cette participation du fiscal, on ne pourrait le déterminer que par de difficiles recherches, pour lesquelles généralement les sources font défaut, car on ne trouve que des institutions locales. Julius Clarus lui-même, qui dans ses ouvrages, fondés principalement sur le droit commun, donne tant de renseignements sur la pratique Milanaise, ne mentionne qu'en passant les procureurs fiscaux de Milan, parce que ce n'est pas une institution de droit commun. En somme il faut admettre que c'est seulement à partir du xve siècle que les fiscaux ont été introduits dans certaines contrées d'Italie, et la cause principale de leur introduction fut l'influence exercée par la France et par l'Espagne sur l'Italie. Spécialement au xvie siècle nous trouvons en Savoie la procédure criminelle avec un fiscal tout à fait dans la forme française, ce qui doit être attribué à l'influence que la France exerça sur la Savoie à partir du xve siècle (2). » — « Les fiscaux que nous trouvons indiqués, dans Julius Clarus par exemple, ne sont pas à proprement parler un ministère public : ils interviennent pour soutenir l'accusation, lorsque le juge s'est saisi sur dénonciation ou d'office, mais ils n'ont pas l'initiative de la poursuite...; » c'est seulement « l'inquisition étant ouverte, qu'ils sont admis, comme le seraient l'accusateur privé ou le plaignant, à proposer des indices et à comparaître en jugement (3). ». Ces observations sont bien fondées; mais peut-être doivent elles être précisées davantage. Il faut reconnaître en effet que Julius Clarus à plusieurs reprises déclare nettement que le procureur fiscal est vraiment partie au procès criminel (4); et si, d'autre part, la

---

(1) Sclopis, *op. cit.,* p. 260.
(2) Biener : *Beiträge,* p. 213-214.
(3) Du Boys, *op cit.,* I, p. 322.
(4) Jul. Clarus, qu. 10, n° 4, p. 429 : « Quæro numquid instigator sit citandus

fiscal ne peut tout d'abord que provoquer le juge à ouvrir une information, ne prenant un rôle actif que lorsque celle-ci a donné des résultats, cela est tout à fait conforme aux principes qui aux xve et xvie siècles déterminent en France les pouvoirs du ministère public (1).

II.

L'Espagne avait été profondément imprégnée de civilisation Romaine, et lorsqu'elle eut été envahie par les barbares, elle eut encore la loi qui, parmi les *Leges barbarorum*, porte le plus largement l'empreinte du droit romain. Aussi certaines pratiques, que le reste de l'Europe ne devait reprendre qu'à la renaissance du droit romain, la torture par exemple, n'ont jamais disparu de l'Espagne. La question se trouve dans le *Forum judicum*, avec quelques restrictions il est vrai (2). Le *Fuero-Juzgo* connaissait aussi l'institution des délateurs, qu'il récompensait même (3), mais il maintenait, comme principe, le système accusatoire (4).

La conquête musulmane et les luttes qui la suivirent firent à l'Espagne une situation toute spéciale dans l'histoire de l'Europe, et au milieu de ces convulsions le code des Wisigoths tomba dans l'oubli. « La majeure partie des peuples ignoraient

in causa inquisitionis? Resp. De advocato seu syndico fiscali nulli dubium est quin sit citandus; nam in quocumque judicio, in quo potest ex officio procedi, *fiscus est loco partis.* »

(1) Jul. Clarus, q. 10, no 6 : « Tu scis quod hodie, nemine quærelante, *fiscus succedit loco accusatoris*..... Numquid debet eo casu fiscus querelam seu accusationem porrigere, super quâ judex deinde procedat? Resp. quod non, sed tantum proceditur ad informationem eo instante. Et ita se habet communis observantia omnium curiarum, et dicunt semper instare fiscum ut procedatur contra delinquentes, etiam si de hujusmodi instantia in actis non appareat; debet tamen prius esse aperta viæ judici ad inquirendum aliter quam per instigationem ipsius fiscalis. »

(2) Voyez ci-dessus, page 95, cf. *Historia del Derecho Espanol*, por Don Juan Sempere. (Lib. II, chap. xix, p. 95.)

(3) L. VII, tit. i.

(4) « Ni el conde ni el juez podien proceder de oficio en causa alguna criminal, como no constava por pruebas muy manifestas el autor de delitto. » (Sempere, *op cit.*, p. 40.) Cf. Voyez cependant quant à la poursuite d'office ci-dessus page 82 note 1.

qu'il existât un *Fuero-Juzgo*, et n'avaient comme règle de gouvernement que l'imitation de ce qu'ils voyaient pratiquer dans d'autres parties du pays ; les seules lois qui présidassent à l'administration de la justice étaient le bon sens de quelques hommes pratiques, les exemples des sentences prononcées dans des cas semblables (1). » En même temps se constituait la féodalité Espagnole, et avec elle la procédure criminelle, qui domina partout dans les Cours féodales, et dont le duel judiciaire était le principal ressort (2).

Sous l'influence de la royauté il se produisit un mouvement considérable, celui des *Fueros*. Les villes en très-grand nombre obtinrent des chartes, leur assurant certains privilèges et organisant leurs juridictions. Bientôt ce droit privilégié devint un droit commun (3) ; c'est ce que les auteurs Espagnols appellent généralement le gouvernement *foral* « *gobierno foral* (4). » Les *fueros* remontent aux xie, xiie et xiiie siècles ; deux des plus célèbres furent celui de Léon, concédé par Alphonse V et le *Fuero Viejo* de Castille. En général, le droit criminel qu'ils contiennent est celui que connaissent à cette époque les villes des autres pays. On y trouve la procédure accusatoire, le serment purgatoire, les ordalies par le fer rouge, mais aussi l'*informacion* de témoins véridiques. Là, comme dans les villes de France, on voit les commencements de la poursuite d'office, c'est l'enquête ou *pesquisa* dont nous parlerons bientôt (5). Cependant des faits se produisaient qui allaient donner au droit Espagnol une direction décisive. C'est d'abord l'influence toujours grandissante de l'Église et du droit canon en Espagne, amenant ce que les auteurs

---

(1) Sempere, *op. cit.*, p. 132.

(2) Sempere, *op. cit.*, l. II, chap. iii à v.

(3) Sempere : « Aquellas cartas pueblas y al parer cartas privilegios fueron amplificando cosi insensiblemente los derechos y representacion del estado general. »

(4) Sempere, *op. cit.*, l. II, ch. vii, ssq. — Don Francisco Martinez Marina, *Ensayo historico critico sobre la legislacion y principales cuerpos legales de Leon y Castilla* (ll. IV et V). — *Historia de la legislacion y recitaciones del derecho civil de Espana*, por los abogados Amalio Marichalar marquez de Montesa y Cayetano Manrique. 1861-1876, spécialement, t. II, p. 162, ssq.

(5) Sempere, p. 161. — Alb. du Boys, *Histoire du droit criminel en Espagne*, p. 54-130.

Espagnols appellent *la nueva jurisprudencia ultramontana* (1); c'est en second lieu l'étude du droit romain renouvelé, qui fut accueillie avec enthousiasme. « Lorsque les écoles de droit romain s'ouvrirent à Bologne et dans les autres villes d'Italie au milieu du XIIe siècle, un grand nombre d'Espagnols accoururent dans ces écoles ; jusqu'à l'année 1300, où se fonda l'Université de Lérida, tous les lettrés d'Aragon se formèrent dans ces écoles.... au commencement du XIIIe siècle avait été fondée l'Université de Valencia, qui dura peu de temps; depuis fut érigée celle de Salamanca, et les chaires les mieux dotées furent celles de droit civil et canon. Il faut noter que dans l'enseignement du droit, alors qu'il n'y avait qu'une chaire de droit civil, il y en avait trois de Décrétales, ce qui prouve clairement quelle était alors la propondérance des nouvelles idées ultramontaines... Elles grandirent si vite que bientôt on oublia, on mit de côté les lois, *fueros* et coutumes nationales, pour suivre les nouvelles maximes italiennes. Pour contenir cet abus, les cortès de Barcelona, en 1251, demandèrent qu'on proscrivît absolument l'usage du droit civil et du droit canon dans les tribunaux civils (2). »

C'est alors qu'Alphonse X le Sage crut nécessaire de fixer les lois dans de nouvelles codifications. D'abord parut le *Fuero real*, ou *Fuero de las leyes* « excellent corps de lois, bref, clair, méthodique, comprenant les lois les plus importantes des *fueros* municipaux, accommodés aux coutumes de Castille et au *Fuero-Juzgo*, dont les décisions étaient maintes fois littéralement copiées (3). » Le livre IV et dernier est consacré au droit criminel et il n'est pas surprenant d'y rencontrer, à côté de l'accusation, qui forme la règle, la *pesquisa* ou information, qui est la poursuite *ex officio* et qui prend la forme sous laquelle elle se montrera partout en Europe (4).

Mais le roi méditait la promulgation d'une loi plus vaste et plus détaillée; ce fut le Code des sept parties, le *Septenario* ou

---

(1) Sempere, *op. cit.*, l. II, ch. XVIII à XXII.
(2) Sempere, *op. cit.*, p. 160-162.
(3) Marina, *Ensayo*, p. 277.
(4) Liv. IV, tit. XX : « *Accusationes y pesquisas.* » — Voy. du Boys, *op. cit.*, p. 175-185.

Siete partidas (1). Cette œuvre fut commencée en 1256, et achevée en 1263 ou 1265. Une pareille codification, entreprise au milieu des transformations que subissait alors l'Espagne, devait être quelque peu hâtive. « De fréquentes contradictions se rencontrent à chaque pas dans la mêlée confuse de tant de législations, ecclésiastique, profane, féodale, forale et royale (2). »

La procédure criminelle se trouve dans les Parties III et VII. Déjà elle était fixée dans ses traits définitifs. La loi connaît trois modes de poursuite, l'accusation qui tient encore le premier rang, la dénonciation et la poursuite d'office; celle-ci se réalise par la *pesquisa* ou inquisition, qui intervient ainsi en cas de dénonciation (3), et il est utile de la décrire rapidement d'après les Siete Partidas. « *Pesquisa* en roman signifie la même chose qu'en latin *inquisitio* et elle touche à beaucoup de choses... Les *pesquisas* peuvent se faire de trois manières... l'une quand on fait une *pesquisa* générale sur un grand territoire ou sur aucune cité ou ville ou autre lieu, la *pesquisa* étant faite sur tous ceux qui y demeurent, et sur aucuns d'eux (4)... La seconde... quand on la fait sur les faits d'aucuns qui sont diffamés, ou autres faits signalés, qu'on ne sait qui les fit; la troisième manière est quand les parties se présentent, demandant que le roi ou celui qui a pouvoir de juger ordonne de faire la pesquisa (5). » Mais le droit de faire faire l'*inquisitio* paraît avoir été au début, comme

---

(1) Voy. *los Codigos Espanoles concordados y anotados*, 2ᵉ édit. Madrid, 1872-73, tom. III.

(2) Sempere, *op. cit.*, p. 276.

(3) Ces trois modes sont aussi ceux indiqués dans les coutumes de Tortosa du xiiiᵉ siècle; voy. : « *Historia del Derecho en Cataluna Mallorca y Valencia, Codigo de las Costumbres de Tortosa*, » por el Doctor Bienvenido Olivier, tom. III, p. 590, ssq.

(4) C'est l'*inquisitio generalis* des canonistes et des docteurs.

(5) *Partida III, tit.* 17, *ley.* 1 : « Pesquisa en romance tanto quiere dezir en latin como *inquisitio* et tiene a muchas cosas... las pesquisas pueden se fazer en tres maneras. La una quando fazen pesquisa communalmente sobre una gran tierra, o sobre alguna cibdad, o villa o otro lugar, que sea fecha pesquisa sobre todos los que y moraren, o sobre algunos d'ellos... La segunda... quando la fazen sobre fechos senalados, que non saben quien los fizo. La tercera quando las partes se avienen queriendo que el Rey o aquel quel pleyto ha de judgar mande fazer la pesquisa. »

en France, un privilége de la souveraineté (1). Les enquêteurs ou *pesquesidores* doivent toujours avoir mandat du roi ou du « *Merino major*, » et, pour les villes et cités, de celui qui a droit de juger dans ces lieux; on trouve aussi des enquêteurs à poste fixe : « otrosi pueden poñer pesquisidores los senores de algunos lugares honrrados, si han poder de fazer justicia en aquel lugar, do quieren fazer pesquisa. Otrosi pesquesidores y a que deven ser puestos para pesquesir (2) en las cibdades e en las villas. Et estos deven poner aquellos que han poder de judgar o de fazer justicia con el consejo et con omes buonos senalados de cada collacion (3). »

L'*inquisitio* ne doit en principe être faite d'office que pour savoir la vérité sur les choses douteuses et cachées, dont quelques personnes sont soupçonnées d'être les auteurs et diffamées pour cela (4). Les enquêteurs doivent être deux au moins avec un greffier, « dos pesquesidores a los menos e un escrivano (5); » ce doivent être « des hommes craignant Dieu et de bonne renommée; car par leur *pesquisa* mainte personne peut mourir ou souffrir autre peine en son corps (6). »

La *pesquisa* se fait en secret; les enquêteurs font prêter serment aux témoins, « puis ils prennent chacun d'eux à part et les interrogent; puis quand ils les ont interrogés, et que ceux-ci ont dit qu'ils n'avaient plus rien à dire, ils doivent leur défendre par le serment qu'ils ont fait de rien révéler à homme qui soit au monde de ce qu'ils ont dit en la *pesquisa* (7). » Lorsque l'en-

---

(1) *Part. VII, tit.* 16, *ley.* 2 : « Si el Rey de su oficio mandasse fazer pesquisa. » Cf. *ibid.*, loi 3. — Sur le *justicia* d'Aragon et son pouvoir d'enquérir. Voy. Marichalar et Manrique, *op. cit.*, tome VI, p. 332, ssq.

(2) *Glose* : « Istos intellige eos qui de jure communi syndici, vel officiales ju rati seu testes synodales dicuntur. » Ce ne seraient pas alors à proprement parler des enquêteurs, mais des dénonciateurs officiels.

(3) *Part. III, tit.* 17, *ley.* 2.

(4) *Part. III, tit.* 16, *ley.* 3 : « llamanlos (los lestigos) por saber dellos la verdad de las cosas dubdosas, que son mal fechas abscondidamente, de que algunos son infamados. »

(5) *Part. III, tit.* 17, *ley.* 4. — *Glose:* « Optima certe provisio si esset in usu ! »

(6) *Ibid., ley.* 4 : « Buenos omes que temon a Dios e de buena fama deven ser los pesquesidores, puesque por su pesquisa han muchos de morir o de sofrir otra pena en lor cuerpos. »

(7) *Partida III, tit.* 17, *ley.* 9.

quête est terminée elle doit être remise aux juges « e si deven la dar a aquellos que la ovieren de judgar (1). »

L'accusé est alors cité ou capturé, on procéde à son interrogatoire ; le juge lui fait prêter serment de dire la vérité et fait écrire ses réponses par le greffier (2). La torture était largement employée « les sages anciens ont tenu pour bon de tourmenter les hommes pour savoir d'eux la vérité (3). » — « D'après le *Fuero-Juzgo* le juge ne devait pas procéder à la torture, si ce n'est sur la demande de la partie ; la *partida* déclare que c'est l'affaire du magistrat et l'oblige même à faire donner parfois la question *ex officio* ; la loi gothique restreignait cette procédure aux causes graves et importantes, la *partida* ne lui assigne pas de limite (4). » Cependant les *partidas* à l'exemple de la loi romaine prennent soin de soustraire certaines classes de personnes à la torture (5). La torture n'était pas un trait particulier à la procédure inquisitoire, et il semble qu'on doive en dire autant du serment exigé de l'accusé (6).

Quelle liberté était laissée à la défense dans le procès qui suivait l'enquête. L'accusé devait en principe recevoir communication et copie de la *pesquisa*, afin d'avoir contre ceux qui y auraient déposé « toutes les défenses qu'il aurait contre d'autres témoins (7). » Cependant le texte ajoute que si le roi ou autre

---

(1) *Partida III, tit.* 17, *ley.* 9.

(2) *Part. VII, tit.* 29 : *De como deven ser recabdados los presos* : « E estonce el Rey o autel Judgador (que lo mande prender) deven *le fazer jurar* que diga la verdad de aquel fecho sobre que la recabdaron, et deve lo todo fazer escreir lo que dixere y andar adelante en el pleyto. » — Et *la glose* : « Per istam legem est quotidie in practica quod accusato vel inquisito recipitur ab eo juramentum de veritate dicenda. »

(3) *Part. VII, tit.* 30, *de los tormentos*. « Porende tenieron por bien los sabios antiguos que fizieron tormentar a los omes, por que pudiessen saber la verdad ende dellos. »

(4) Marina : *Ensayo*, p. 390.

(5) *Part. VII, tit.* 30, *ley.* 2 ; ne peuvent être torturés : « Menor de catorce anos, cavallero, fidalgo, maestro de las leyes o de otro saber, ome quo fuesse consejero senaladamente del Rey o del comun de alguna cibdad, o villa del Rey, los fijos dessos sobre dichos, mujer que fuesse prenada. »

(6) Voyez la glose citée plus haut *note* 2.

(7) *Part. III, tit.* 17, *ley.* 11 : « Seyendo la pesquisa fecha en qualquier de las maneras que suso diximos, dar deve el Rey o los judgadores traslado della a

pour lui qui a mandé de faire l'enquête, le trouve bon, on ne communiquera point à l'accusé les noms et les dires des témoins. — « Pero si el Rey o otro alguno por el, que mandassa fazer pesquisa sobre conducho tomado, estonce non deven ser mostrados los nomes ni los dichos de las pesquisas a aquellos contra quien fuere fecha la pesquisa, e esto mismo deve ser guardado quando las partes se avienen en tal manera, que se libre el pleyto por ella, e non sean mostrados los testigos nin los dichos d'ellos (1). » La glose indique bien d'ailleurs l'origine de cette disposition : « Vide casum specialem, in quo non datur inquisito copia testium et nominum eorum ; sic etiam *in causa hæresis* propter timorem futuri scandali subticentur nomina testium. » D'après les *Siete partidas* le ministère du défenseur, *personero*, est interdit dans les procès criminels, l'accusé devra se défendre par lui-même (2).

« Dans les *Partidas*, il n'est pas question du *procureur fiscal*. Mais dans les *Leyes de recopilacion*, parues en 1566 sous Philippe II, il existe un titre qui porte la rubrique « de los procuradores fiscales (3). » On y trouve plusieurs Ordonnances de 1436, qui établissent des procureurs pour agir devant les cours de justice faute d'autres accusateurs, et déterminent leur rôle. Dans la procédure de l'Inquisition Espagnole en matière d'hérésie on trouve aussi dès le début, c'est-à-dire à la fin du XVe siècle, un *promotor fiscal*, dont l'influence est très-grande. Cette institution parait s'être établie en Espagne dans la première

---

aquellos a quien tanxere la pesquisa de los *nombres de los testigos et de los dichos*, por que se pueden defender a su derecho, diziendo contra las personas de la pesquisa o en los dichos dellos, et ayan todas las defensiones que aurian contra otros testigos. »

(1) *Part. III, tit.* 17, *ley.* 11 : Les derniers mots semblent faire allusion à une pratique qui rappellerait un peu l'*acceptation de l'enquête* du vieux droit français ; sur ce point voici ce qu'observe la glose : « Videbatur contrarium dicendum in causa criminali, ubi non potest renuntiari defensio. »

(2) *Part. III, tit.* 5, *ley.* 12 : « En pleyto sobre que puede venir sentencia de muerte o de perdimiento de miembro o de desterramiento de tierra para siempre... non deve ser dado personero, ante diximos que todo homo est tenudo de demander o defender se en tal pleyto come esta por si mismo e non por personero. » Cf. Marina, *Ensayo*, p. 367.

(3) Liv. II, tit. 13.

moitié du xv° siècle, et avoir été transportée dans l'Inquisition contre les hérétiques, qui prit aussi le caractère d'une institution d'État (1). Dans tous les cas, il y a d'abord une instruction préparatoire ; le Fiscal ne peut pas accuser avant que l'existence du fait et les indices aient été révélés par une dénonciation ou par la notoriété publique. Alors le *libellus criminalis* est communiqué à l'accusateur privé ou au Fiscal ; puis la procédure suit son cours dans la forme accusatoire (2). »

Les *Siete Partidas* devinrent, après quelques contestations il est vrai, la loi générale de l'Espagne. En matière criminelle, les lois qui vinrent ensuite, la *Nueva recopilacion*, et la *Novissima recopilacion*, ne firent que reprendre avec plus de détails les principes qu'elles avaient posés (3). Le système de procédure criminelle, sans atteindre jamais la précision qu'il avait en France, présente les caractères essentiels qui le font aisément reconnaître : c'est la procédure secrète et écrite, la défense entravée et la torture (4).

III.

L'Allemagne conserva longtemps dans son organisation judiciaire et dans sa procédure les vieux usages germaniques. Pour les hommes de condition entièrement libre, on trouve encore aux

---

(1) Nous laissons complètement de côté l'*Inquisition d'Espagne* proprement dite.

(2) Biener : *Beiträge*, p. 208, 209.

(3) Marina : *Ensayo*, p. 434, ssq. Sempere, *op. cit.*, p. 457, ssq. — Voy. *Novissima recopilacion*. Lib. XII, tit. 32 : « De las causas criminales, y de modo de proceder en ellas y en el examen de testigos. » (Los Codigos Espanoles, tom. X.) — La *Nueva recopilacion de las leyes*, date du règne de Philippe II, la première édition parut en 1569 à Alcala de Hénarès. Voy. Marichalar et Manrique, *op. cit.*, tome IX, p. 251, ssq. — La *Novissima recopilacion* date du règne de Charles IV ; elle est de 1806. Voy. Marichalar et Manrique, IX, p. 533, ssq.

(4) Ces rigueurs furent acceptées comme en France. Cependant il faut enregistrer une protestation des Cortès de 1592 contre l'excès des tourments infligés aux accusés. Voyez Marichalar et Manrique, *op. cit.*, IX, p. 318 : « Clamaron (las cortes)... contra el rigor de los jueces en aplicar el tormento a los processados, usando de medios crueles e unusitados hasta el punto de que los reos, desperados de sufrir los se hayan levantando testimonios a si mismos y culpado a otros falsamente. »

XIII⁰ et XIV⁰ siècles la juridiction de l'ancien *mallus legitimus* sous le nom de *Landgerichte*; les causes criminelles, où ne figuraient que des personnes de condition quasi-servile, étaient jugées par la Dizaine ou *Zent*. Naturellement devant ces tribunaux les vieilles formes de la procédure germanique s'étaient maintenues. En principe, il n'y a pas de poursuite d'office; il faut, pour qu'un procès criminel ait lieu, qu'il se présente un accusateur : « War kein Klager ist, darin soll och Kein Richter sein; » là où il n'y a pas d'accusateur il n'y a pas de juge (1). Et l'accusation n'appartient qu'aux « parentes et consanguinei, *swertmach*. » Le débat était oral et public; les preuves étaient le serment avec *cojurantes*, les ordalies unilatérales et avant tout le duel judiciaire. L'accusateur et l'accusé devaient tous les deux tenir la prison, comme dans notre vieille accusation par partie formée (2). Mais là comme dans nos coutumiers du Moyen-Age, le flagrant délit jouait un rôle très-important; il permettait de se passer d'accusateur, et les ordalies pas plus que le serment purgatoire n'étaient alors admises. Nous retrouvons la clameur de *haro* sous le nom de *Gerüchte* ou *Gerüfte*. D'après certains usages une sorte d'accusation publique était aussi connue, c'était ce qu'on appelait les *Rügegerichte*. Dans les assemblées judiciaires à certains jours le maire, *Bauermeister*, ou les simples paysans étaient tenus de dénoncer ceux qu'ils savaient coupables de crimes graves, et cela suffisait pour que l'individu dénoncé fût obligé de se disculper (3). Cette coutume remontait sans aucun doute aux institutions ecclésiastiques et laïques de l'époque Carolingienne que nous avons décrites plus haut (4).

Parfois le juge se portait lui-même accusateur; « lorsqu'il avait

---

(1) Haltaus : *Glossarium Germanicum medii ævi.* V⁰ *Anklage*.

(2) Sur tous ces points : Voyez Zoepfl : *Deutsche Rechtsgeschichte*, tome III, § 131. — Biener : *Beiträge*, p. 134, ssq. — *Sachsenspiegel*, I, 63, § 2 ; III, 28 ; — *Schwabenspiegel*, ch. 78, 79, 234.

(3) Zœpfl, *op. cit.*, tom. III, p. 432. — Biener, *op. cit.*, p. 135.

(4) Haltaus. V⁰ *Rügen* « specialissime publicare, indicare, denuntiare magistratui aliquid, deferre delictum vel excessum denuntiatione certa, fideli, et jurata quæ pro fundamento sit inquisitioni et convictioni, ad eum finem ut magistratus mulctet aut puniat. In instrumento notarii anno 1457 : Villani *de Synodo* sanctæ tanquam obedientes filii representare, ibidemque excessus commissos contra ritum statutorum sanctæ matris Ecclesiæ publicare. »

par sa propre connaissance la conviction qu'une personne était coupable, faute d'autre moyen de preuve, il devait affirmer par serment la culpabilité, soutenu par des cojurantes (1). » A cela se rapporte l'institution curieuse du *Besiebnen*. Voici ce qu'en dit Haltaus : « Deinde moribus datum erat libertati gentis nostræ ut maleficus in facto non deprehensus, semper, sive adesset accusator sive minus, per septem testes paris conditionis et status esset convincendus, *durch das Besiebnen.* Cum vero ægre tantus inveniretur testium numerus et magna esset pejerandi licentia, sæpe etiam maleficia transmitterentur impunita ; his quoque incommodis, his malis quærendum erat remedium. Itaque non paucæ civitates sæculo xiv et sequenti impetrarunt per privilegium ut quemcumque major pars magistratus sub jurisjurandi sui obtestatione maleficum ex publica infamia affirmasset, is condemnaretur pro maleficio (2). » Dans cette transformation on peut voir les premières traces de *l'inquisitio*, qui se cache sous les vieilles formes et les vieux noms. Ce déguisement des institutions étrangères se produira plus d'une fois en Allemagne.

Bientôt l'institution se précise ; les juges de diverses cités obtiennent le droit de poursuivre et de juger sur la mauvaise renommée « *auf bösen Leumund.* » Dès 1258, nous trouvons par exemple que l'archevêque de Cologne peut « contrà publicè infamatos inquirere et judicare etiam nullo conquerente (3). » C'est bien l'*inquisitio* du droit canon qui s'introduit.

Au xv° siècle, un travail profond s'opère qui modifie partout le vieil état de choses. Les anciennes juridictions, les *Schöffengerichte*, les *Landgerichte* cessent d'être des assemblées judiciaires. La population du reste, fatiguée du *service de plaid*, accepte avec joie le soulagement qu'on lui offre. Le soin de rendre la justice

---

(1) Zoepfl, *op. et loc. cit.*, p. 437.

(2) V° *Faem ;* voyez à la suite les chartes que cite Haltaus ; il ajoute « habes lector, si non origines, at memoriam et veram indolem processus inquisitorii in Germania, jam inde a medio sæculi xiii, quem ex inquisitorio et accusatorio mixtum appellaveris. »

(3) Haltaus. V° *Faem.* — Biener, *op. cit.*, p. 138, ssq. — Parfois encore le juge établit un accusateur d'office, (c'est ce qu'on nomme *Klagen von Amtswegen*,) surtout lorsqu'il s'agit de gens pauvres, victimes d'un crime. Voy. Haltaus. V° *Elendig* : Biener, *op. cit.*, p. 140, ssq.

tend à passer aux mains des juristes et des hommes instruits. Dans les justices seigneuriales inféodées, les juges sont des fonctionnaires nommés par les seigneurs; à côté d'eux siègent les jugeurs, les échevins, semblables au conseil de praticiens que que nous avons trouvé chez nous autour du juge; La Caroline les mentionne encore au XVIe siècle (1). La procédure, issue du droit romain et canonique, telle que l'avaient fixée les docteurs d'Italie, fait de rapides progrès. Au commencement du XVe siècle le *Klagspiegel*, dont le succès fut si grand, à côté de la procédure accusatoire décrit soigneusement la procédure inquisitoire. Lorsque le juge aura constaté la diffamation « *Leumund, Geschrei*, » il pourra faire le procès d'office, pourvu qu'il s'agisse d'un crime grave. L'emploi de la torture est admis, lorsqu'il y a des indices (*Warzeichen*) suffisants (2). « Le motif de l'emploi de la torture, à l'exemple des Italiens, fut que d'un côté on ne croyait plus aux ordalies et aux *cojurantes*, et que d'autre part on ne voulait pas prononcer une condamnation sur des indices seulement, quelle que fût leur force (3). » « A la fin du XVe siècle, ces principes empruntés à la doctrine Italienne ont triomphé en Allemagne, et sont confirmés dans plusieurs lois particulières, telles que la *Wormser Reformation* de 1498, et la *Tiroler Malefizordnung* de 1499 (4). »

Mais ces transformations ne s'accomplirent point sans donner lieu à de graves abus. Cette procédure, nous l'avons vu, avec sa théorie compliquée des preuves, était un outil délicat et difficile à manier. Or, les jugeurs et les échevins allemands, avaient souvent pour toute culture les leçons de la pratique locale. Ils ne pouvaient aller puiser les connaissances nécessaires dans les livres savants qui les contenaient. Incapables le plus souvent de combiner et d'apprécier la valeur des indices, ils se trouvaient fort perplexes. Craignant de n'avoir pas réuni un corps de preuves assez complet, ils employaient la question pour arracher un

---

(1) Ch. I : « Von Richtern, urtheilern und gerichtspersonen. » Voy. Stintzing : *Geschichte der deutschen Rechtswissenschaft*, p. 61, ssq.

(2) Stintzing, *op. cit.*, p. 43, ssq.; 609.

(3) Zoepfl, *op. et loc. cit.*

(4) Stintzing, *op. cit.*, p. 610.

aveu, quels que fussent d'ailleurs les indices déjà obtenus. A la fin du xv siècle des plaintes générales s'élèvent contre la justice sanglante et arbitraire, qui s'administre en Allemagne (1). En 1498, d'après une décision de la *Reichs-Kammergericht*, l'empereur impose d'office un docteur en droit comme président à chaque justice seigneuriale. Mais le meilleur remède à ces désordres devait être une loi écrite, simple, claire et assez détaillée pour servir de guide fidèle aux magistrats. Aussi voyons-nous se produire dans ce sens un mouvement législatif important, qui eut pour principal organe un homme éminent, Johann Freiherr zu Schwarzenberg und Hohenlandsberg (2).

Ce n'était point un savant, mais un homme d'État et un puissant vulgarisateur. Après une jeunesse agitée, nous le trouvons au service de l'évêque de Bamberg, dont il devint le premier fonctionnaire, le *Hofmeister*. Là il participa à l'administration de la justice, et conçut l'idée d'une réforme de la procédure pénale. Cette idée aboutit à la rédaction d'une Ordonnance, la *Bambergische Halsgerichtsordnung*, que l'évêque Georges publia en 1507 avec force de loi. Schwarzenberg mena à bonne fin son œuvre, en s'entourant de collaborateurs savants et dévoués. C'est ainsi qu'il faisait traduire Cicéron et le publiait, sans savoir lui-même le latin (3). L'Ordonnance parut sous la forme d'un livre de pratique, avec des figures (*Figuren und Reime*).

Schwarzenberg, passant dans la suite au service des margraves Casimir et Georges de Brandebourg, une adaptation nouvelle fut faite de l'Ordonnance de Bamberg, sous le nom de

---

(1) Stintzing, *op. cit.*, p. 610, ssq. Voy. spécialement, p. 611 : « Es war der Ausdruck des Allgemeinen Nothstandes, als des Kammergericht dem Reichstage zu Lindau 1496 eine Vorstellung übergab, in der es hiess dass ihm täglich die Klagen gegen Fürsten, Reichstädte und andere Obrigkeiten vorgebracht würden, das sie Leute unverschuldet ohne Recht und redliche Ursache zum Tode verurtheilen und richten liessen. »

(2) La vie de Schwarzenberg, ainsi que la législation qui émane de lui ou qu'il inspira, a été récemment l'objet d'études intéressantes. Weissel : *Hanns Fr. v. Schwarzenberg*, 1878. — Güterbock : *die Entstehungsgeschichte der Karolina*, 1876. — Brunnenmeister : *die Quellen der Bambergensis*, 1879. — Stintzing : *Geschichte der deutschen Rechtswissenschaft* (ch. 14), 1880. M. Stintzing a résumé et complété les recherches de ses prédécesseurs.

(3) Stintzing, *op. cit.*, p. 613, 617, ssq.

Brandenburger Halsgerichtsordnung. » Mais une œuvre plus large devait être entreprise; il s'agissait de donner un Code criminel à l'Empire.

Aux diètes de Fribourg (1497-1498) et d'Augsbourg (1500), la proposition avait été faite et acceptée de rédiger une Ordonnance criminelle unique pour tout l'Empire; on en avait confié le soin au gouvernement de l'Empire, assisté de la *Reichs-Kammergericht.* Mais cependant la chose traîna en longueur; et ce fut seulement à la diète que Charles-Quint ouvrit à Worms en janvier 1521, qu'un pas décisif fut fait en avant. Une commission fut nommée pour rédiger l'Ordonnance, et un premier projet présenté par elle au mois d'avril. Les commissaires, chose assez naturelle, avaient pris pour base de leur travail la *Bambergensis* déjà célèbre (1). La diète de 1521 délégua au gouvernement de l'Empire le soin de soumettre à une révision le projet rédigé (2). Cependant l'entreprise sommeilla encore pendant un certain temps. En 1524 un nouveau projet fut présenté à la diète de Nuremberg, mais ne fut pas discuté; un troisième fut soumis en 1529 à la diète de Spire, et enfin débattu à celle d'Augsbourg en 1530. Il ne fut point cependant définitivement adopté, devant l'opposition de certains États, qui refusaient de renoncer à leurs coutumes particulières. Enfin, en 1532, à la diète de Regensbourg, le vote définitif fut obtenu, grâce à l'insertion d'une clause, dite *salvatorische Clausel*, qui garantissait à chaque État le maintien de ses bonnes et antiques coutumes (3). Le 22 juin 1532 les États annoncèrent à l'empereur l'achèvement de l'œuvre. Il y avait 35 ans que le travail était entrepris (4).

---

(1) Stintzing, *op. cit.*, p. 621, 623.

(2) Schwarzenberg appartint au gouvernement de l'Empire de 1521 à 1524 (Stintzing, *op. cit.*, p. 623).

(3) Voici cette clause : « Doch wollen wir durch diess gnädige Erinnerung Kurfürsten, Fürsten und Ständen an ihren alten wohlhergebrachten rechtmässigen und billigen Gebräuchen nichts benommen haben. » — « Malgré cela, dit M. Stintzing (p. 627), la Caroline fut promulguée comme véritable loi de l'Empire, dont la force obligatoire était indépendante de la volonté des États; mais la *salvatorische Clausel* lui donna la place d'un droit subsidiaire; il la fait marcher derrière les législations particularistes, alors que l'intention, lorsque l'œuvre avait été entreprise, avait été d'établir un rapport absolument inverse. »

(4) Stintzing, *op. cit.*, p. 624, 625.

L'Ordonnance fut promulguée comme loi de l'Empire le 27 juin 1532 par Charles-Quint, sous le titre de « *Keyser Karls des fünften und des heyligen römischen Reichs peinlich Gerichtsordnung.* » Bientôt on l'appela surtout la « *Constitutio criminalis Carolina,* » ou simplement la « Caroline (1).

Toutes ces lois ne sont point des codes savants, elles ont pour but de fournir un guide commode aux praticiens peu instruits. Elles mélangent le droit pénal et la procédure criminelle, et la plus grande partie de leurs dispositions est consacrée à exposer la théorie des preuves et des indices, ce mécanisme si compliqué surtout pour des esprits peu cultivés (2). Le droit qu'elles formulent est du reste celui qu'avait créé l'action combinée du droit canon et du droit romain ; chose fort remarquable, elles contiennent sur bien des points les formes extérieures suivies d'après le vieil usage germanique ; mais ces formes ne sont plus en quelque sorte qu'un décor, et le drame véritable se passe dans la coulisse.

La Caroline, que nous prenons comme type de ces lois congénères, expose encore longuement les règles de la procédure accusatoire (3) ; on y trouve l'emprisonnement de l'accusateur et de l'accusé selon les vieux principes, les cautions, les promesses de preuve de la part de l'accusateur. Au contraire la poursuite d'office n'occupe que peu d'articles ; mais dans ces textes qui s'adressent aux praticiens, c'est elle qu'on place la première dans l'ordre des articles (4). Elle paraît bien d'ailleurs avec ses caractères traditionnels ; c'est le cas où « jemandt eyner ubelthat durch *gemeinen leumut* berüchtiget oder andere glaubwirdige anzeygung verdacht und argkwonig, und

---

(1) Souvent dans les citations on l'indique ainsi : C. C. C. La *Bambergensis*, la *Brandeburgensis*, la *Caroline* avec ses divers projets préparatoires, se trouvent réunies dans l'Edition suivante : *Die peinliche Gerichtsordnung Kaiser Karl's V, nobst der-Bamberger und-Brandenburger Halsgerichtsordnung*, herausgegeben von Heinrich Zœpfl, zweite Auflage, 1876.

(2) M. Stintzing dit de la Caroline : « C'est à la fois un Code et un manuel, à peu près comme les *Institutes* de Justinien. » *Op. cit.*, p. 629.

(3) *Carol.*, art. 11, ssq.; *Bamb.*, art. 17, ssq.

(4) *Carol.*, art. 6-10 : « Annemen der angegeben übelthetter von der oberkeyt und ampts wegen. » — *Bamb.*, art. 10-16.

derhalb durch die oberkeyt von ampts halben angenommen wurde (1). »

Qu'il s'agisse d'accusation ou d'inquisition les témoins sont entendus par des commissaires dans la forme bien connue de l'enquête, et les témoignages reçus par écrit (2). La preuve complète ne peut résulter que de l'aveu ou de la déposition « de deux ou trois témoins bons et croyables (3). » Si l'on n'a point cette preuve il faut recourir à la torture, et l'on s'est étudié à exposer dans le détail quels indices suffisent pour faire donner la question (4). Il semble d'ailleurs qu'on ne puisse se passer de l'aveu obtenu par la torture. Ainsi l'on emploiera les tourments alors même qu'il s'agit d'un fait manifeste, d'un voleur pris en flagrant délit saisi encore de l'objet volé, et cela « afin que pour de tels faits publics et indéniables le jugement final et la peine puissent être poursuivis avec le moins de frais possibles (5). » D'après la Bambergensis, art. 80, alors même qu'il y avait preuve suffisante, on n'en devait pas moins torturer le coupable pour lui arracher un aveu (6); mais la Caroline ne contient plus cette disposition monstrueuse (art. 69).

La Caroline pour le dernier acte du drame judiciaire, le terme final « *entlich rechttag*, » a conservé les formes et l'appareil traditionnels (7). « Au jour fixé, dit le vieux texte, lorsque vient l'heure du jour accoutumée, on peut annoncer l'audience criminelle, comme de coutume, à son de cloches, et le juge et les

---

(1) *Carol.*, art. 6.

(2) *Carol.*, art. 6.

(3) *Carol.*, art. 70 à 87; *Bamberg.*, art. 81-90; *Carol.*, art. 65-68; *Bamberg.*, art. 77-79.

(4) *Carol.*, art. 19-45; *Bamb.*, art. 27-55.

(5) *Carol.*, 16 : « So soll jn der richter mit peinlicher ernstlicher frage zu bekantnuss der warheyt halten, damit inn solchen unzweiffenlichen misthatten, die entlich urtheyl und straff mit dem wenigsten kosten, als gesein kan, gefürdet und volntzogen werde. »

(6) « Item so der beclagt nach gnugsam beweysung noch nicht bekennen wölte sol der alssdann vor der verurtheilung mit peynlichen frage weiter angezogen werden, mit anzeygung das er der missetat uberwisen sey, ob man dadurch sein bekentnuss dester ee auch erlangen möcht, ob er aber nicht bekennen wölt, des er doch (als ob stet) gnugsam bewisen were, so solt er nichts dester weniger der beweysten missetat nach verurteylt werden. »

(7) *Carol.*, art. 78, ssq.; *Bamb.*, art. 91, ssq.

jugeurs doivent se rendre au lieu de justice, où doit siéger la justice d'après la bonne coutume, et le juge doit dire aux jugeurs de s'asseoir, et lui-même doit s'asseoir ayant dans sa main son bâton ou son épée nue, selon l'usage ancien de chaque lieu, et rester gravement assis, jusqu'à ce que tout soit fini (1). » Là le juge et les jugeurs constatent, en prononçant de vieilles formules que tout est dans l'ordre (2). L'accusé est amené, et l'accusateur présent, s'il y en a un ; on donne aux parties des *avant-parliers* (3), *Fürsprecher*. Il y en a toujours un pour la demande et un pour la défense ; alors même que la poursuite a lieu d'office un avant-parlier vient prononcer la formule de la demande au nom du souverain (4). Celui de l'accusé prononce un petit discours pour demander l'acquittement (5). Cela ressemble bien à un vrai débat oral. Mais cela n'est que pour la forme ; les juges ont arrêté leur sentence avant le jour de l'audience, et le jugement est écrit. « Avant le terme final, le juge et les jugeurs doivent se faire lire tout ce qui a été écrit (c'est-à-dire le procès)... et qui a été apporté devant eux. Puis le juge et les jugeurs confèrent entre eux et décident quelle sentence ils veulent rendre ; s'ils sont perplexes, ils doivent chercher conseil près des jurisconsultes, comme cela est déterminé par cette ordonnance, et ils doivent faire mettre par écrit la sentence arrêtée... afin qu'elle soit ouverte au terme final (6). » En effet, au moment voulu, le juge ouvre le pli qui contient le jugement et en donne lecture à haute voix (7).

Toute cette procédure était fort dure ; cependant on trouve des traces d'un esprit moins implacable dans ces lois. On y trouve cette maxime « qu'il vaut mieux acquitter un coupable que de condamner à mort un innocent (8). » On y a un certain

---

(1) *Carol.*, art. 82 ; *Bamb.*, art. 95.
(2) *Carol.*, 84-85 ; *Bamb.*, 97.
(3) *Carol.*, art. 88, ssq.; *Bamb.*, 101, ssq.
(4) *Carol.*, art. 89 : « Bitt des fursprechen der *von ampts wegen* oder sunst klagt. » — *Bamb.*, art. 103.
(5) *Carol.*, art. 90 ; *Bamb.*, 105.
(6) *Carol.*, art. 81 ; *Bamb.*, 94.
(7) *Car.*, art. 94 ; *Bamb.*, 110.
(8) *Bamberg.*, art. 13 : « Ist besser den schuldigen ledig zulassen dass den unschuldigen zum tode zuuerdampnen. »

souci de la défense. Avant l'application à la torture, le juge doit avoir soin de demander à l'accusé s'il ne peut point avancer quelque fait justificatif, un *alibi* par exemple, qui démontre qu'il est innocent ; et l'on observe que cet avertissement est nécessaire « parce que beaucoup, par simplicité ou par terreur, bien qu'ils soient innocents, ne savent point proposer les moyens de se justifier (1). »

Ce n'était point surtout la loi, mais la science qui devait régulariser la procédure criminelle de l'Allemagne. Cependant d'abord le mouvement scientifique fut peu satisfaisant ; les auteurs puisaient toutes leurs connaissances dans les docteurs Italiens, dont ils présentaient de pâles copies. Ils faisaient peu de cas de la Caroline, et la jurisprudence devait être alors quelque chose de confus et d'incertain (2). En 1620 le *Landrecht* prussien emprunte sa procédure criminelle à l'ouvrage du Flamand *Damhouder*, dont nous parlerons bientôt (3). Mais en 1635 parut l'ouvrage d'un grand jurisconsulte, dont la portée fut immense ; c'est la *Practica nova imperialis Saxonica rerum criminalium* de Carpzov. L'auteur a utilisé le droit romain, canonique, saxon, la Caroline ; il est arrivé à construire un système complet et logique.

Pour Carpzov, la procédure accusatoire est encore la procédure ordinaire (4). Mais il fait la plus large place à la procédure inquisitoire « nullo accusatore existente. » Il est vrai qu'il se demande longuement si cette forme peut se défendre en droit « num processus inquisitorius jure defendi queat (5) ; » mais ce n'est là qu'une thèse d'école, et non une difficulté sérieuse. Il veut seulement démontrer que la procédure inquisitoire se fonde sur des textes du droit romain ; il finit par reconnaître que de son temps c'est le « remedium ordinarium. » Cependant il ne

---

(1) *Carol.*, art. 47 : « Und solcher erinnerung ist darumb not, das mancher auss eynfalt oder schrecken, nit fürschlagen weist, ob er gleich unschuldig ist, wie er sich des entschuldigen und aussfüren soll. »

(2) Biener : *Beiträge,* p. 160-161 ; cf. Stintzing, *op. cit.*, p. 630, ssq.

(3) Biener, *op. cit.*, p. 164-165.

(4) *Quæstio* 103, n° 17.

(5) *Quæstio* 103, n°s 23-50.

l'admet que pour les crimes graves. Il reconnaît enfin un cumul et un mélange possible des deux formes (1).

Il divise l'*inquisitio* en deux parties. L'*inquisitio generalis*, qui n'est autre chose que notre information : « Tantummodo præparatoria ad inveniendum delictum et investigandum delinquentem ; » puis *la specialis* qui « solennis et ordinaria est ad puniendum et condemnandum (2). » Les règles sur la réception des témoignages dans l'information étaient à peu près les mêmes que dans les autres pays. L'*inquisitio specialis* débutait par la comparution de l'accusé qu'on interrogeait sur les « *articuli inquisitionales*, » arrêtés à l'avance, pièce essentielle de la procédure. Puis venait la production des preuves ; cependant on doutait que les témoins dussent toujours être confrontés avec l'accusé (3). La théorie des preuves, la torture intervenaient dans les conditions déjà connues.

Mais la défense était admise par Carpzov avec une largeur inconnue en France. « Cum in processu inquisitorio nec interrogatoria inquisiti nec reprobatio admittatur, utique omnis facultas probandi reo adempta sit, remedium defensionis legitime deducendæ ac probandæ ipsi concedendum erit. Idque tanto minus inquisitio est denegandum quanto certius est defensionem esse juris naturalis, adeo ut ne bestiis quidem, nedum homini imo diabolo auferri debeat (4). » — « Il faut, dit-il encore, tenir pour sûr et indubitable qu'il a le droit (de se défendre) pendant tout le cours du procès inquisitoire..., soit qu'il offre de prouver son innocence avant la preuve du délit et la déposition des témoins, soit qu'il l'offre plus tard et même après la torture, il doit être écouté (5). » Bien que dans les numéros suivants il apporte quelques restrictions à ce principe si large, nous voilà bien loin des « faits justificatifs » de l'Ordonnance de 1670.

Quant aux moyens de présenter la défense, la doctrine de Carpzovius est très-large également : « Moribus fori saxonici

(1) *Quæstio* 107, n° 37.
(2) *Quæstio* 107, n° 14.
(3) *Quæstio* 114, n°s 75-76.
(4) *Quæstio* 115, n° 1.
(5) *Quæstio* 115, n°s 21-23.

hactenus triplex modus procedendi obtinuit. Aut enim 1° inquisitus causas et argumenta innocentiæ judici significat, eaque simul articulis inquisitionalibus includit, ac testes super iis examinari rogat; 2° aut peculiares articulos defensionales, quibus argumenta innocentiæ continentur, judici exhibet, testes que producit ac eos desuper examinari facit; 3° vel etiam absque productione testium argumenta defensionis suæ, quæ vel in jure forsan consistunt, vel jam in inquisitione probata fuerunt, pro informatione judicis in scriptis disputat, deductionem innocentiæ conficit, vulgo *ein Defension-Schrift*, eamque judici exhibet (1). »

Carpzov n'hésite pas à admettre que l'accusé peut être assisté d'un avocat, et il repousse très-bien l'objection qu'on tirait du droit romain, lequel déclare qu'on ne peut pas faire représenter dans un procès criminel (2). Ce n'est pas cependant qu'il aime beaucoup les avocats et qu'il les admette tous indistinctement : « Non tamen indifferenter admittendi sunt advocati, sed tantummodo honesti, probi et docti viri, non litium criminalium confusores, nec rabulæ loquentes non eloquentes... quales advocati ipsius diaboli sunt mancipia quæ lites alunt ut sua farciant marsupia, et litigaturientes denudent... idque ut assequantur majusque pretium lucrentur in deductione innocentiæ farraginem allegatorum hinc inde colligunt et scripta sua in infinitum fere extendunt, quod sæpissime haud absque tædio et insigni molestia acta inquisitionalia legens expertus sum (3). » Mais ce qui l'exaspère le plus c'est l'outrecuidance des avocats, qui osent faire la leçon au juge. « Audent scilicet informare judicem allegationibus suis et demonstrare ex Corpore juris, Glossa aut interpretibus quid de lite criminali judicandum, id quod venditant pro magisterio, *es sey ein Meister-Stück*, quod tamen æque ridiculum et inconveniens est ac si ægrotus medico curam præscri-

---

(1) *Quæstio* 115, n° 69.

(2) *Ibid.*, n°s 88-90 : « Quæritur num ex parte inquisiti ad deducendam et probandam ejusdem innocentiam advocatus intervenire queat? Quod affirmare non dubito, et si enim procurator inquisiti non admittitur, ut qui nec dominus litis est nec in eum sententia capitalis ferri potest, aliter tamen res se habet in advocato qui litis dominus non fit sed reum in judicio præsentem defendit et consilio suo juvat. »

(3) *Ibid.*, n°s 93-95.

bere vellet (1). » Mais il est plein de respect pour les bons avocats : « Abstineant ergo probi advocati (quorum officium honestissimum et humano generi non minus proficuum est quam militia) a tali stultitia et malitia (2). »

Pour que la défense puisse être utile, il faut que l'accusé connaisse les charges. Carpzov reconnaît que selon le droit commun on lui en donne copie, mais d'après les usages de Saxe on se contente de communiquer les *acta* à l'avocat. « Denique quæritur : an inquisito innocentiam, ac defensionem suam probanti ac deducenti danda sit copia indiciorum aliorum que actorum inquisitionialium? quod de jure communi difficultatem et dubium non habet secundum Julium Clarum, *l. V. Sentent.* § *ultim. quæst.* 49, *n°* 2... et quod danda sit reo copia indiciorum dicit esse communem opinionem Ripa... sed in foro Electoratûs Saxoniæ paulo aliter res se habet : facultas enim indicia, testium attestata alia que acta inquisitionalia in judicio inspiciendi inquisito ejusque advocato conceditur, ita ut liberum sit ipsis indicia alia que quæ sibi proficua fore putant, ex actis inquisitionalibus decerpere et consignare... Copia vero actorum dari non solet (3). »

L'Allemagne ne connaissait point l'institution du ministère public : sans doute, dans certaines contrées, on trouve des fiscaux, mais ils ne sont que les organes de la procédure accusatoire qui « suit la même marche qu'on se trouve en face d'un accusateur privé ou d'un fiscal. Dans la *Landesordnung* de Bavière de 1553 l'institution d'un accusateur public pour les crimes est décrétée. Une Ordonnance criminelle pour Trèves de l'an 1726 règle avec beaucoup de précision l'accusation d'office par un procureur fiscal (4). » Mais il n'y eut jamais là une institution nationale.

Dans les Pays-Bas le même mouvement s'était produit que dans les contrées déjà visitées par nous. Dans ce pays d'*échevinages* l'administration de la justice criminelle resta aux mains des officiers municipaux, mais là aussi s'introduisirent la procédure

---

(1) *Quæstio* 115, n° 96.
(2) *Ibid.*, n° 97.
(3) *Ibid.*, n°s 99, 101, 102.
(4) Biener : *Beiträge*, p. 142-4.

inquisitoire, secrète et écrite, la théorie des preuves légales et la torture. Au xvi⁰ siècle, la transformation est complète. Sans doute, les Ordonnances des 5 et 9 juillet 1570, imposées par le duc d'Albe, parurent iniques et « causèrent presque à elles seules une révolution (1). » Mais cependant elles correspondaient assez bien à la pratique généralement admise, et si elles furent suspendues par la pacification de Gand (art. 5), de fait, on continua à observer un certain nombre de leurs dispositions (2). Du reste, l'un de leurs rédacteurs, le Brugeois Jodoce Damhouder avait publié une *Praxis rerum criminalium*, que l'édition donnée en 1601, après la mort de l'auteur, qualifie « opus absolutissimum, » et que nous pouvons considérer comme le fidèle miroir de la pratique flamande.

Damhouder met encore au premier rang l'accusation (3), mais il fait une large place à l'*inquisitio* « quam vulgo informationem præcedentem appellamus. » Il l'admet dans tous les cas graves : « ad hoc requiritur ut crimen sit magnum, inquisitione dignum; non enim inquirendum est nisi de majoribus criminibus, puta læsæ majestatis, homicidii, sodomiæ, simoniæ, adulterii, perjurii, incestûs, raptûs, furti et hujusmodi (4). » Sous le nom d'*inquisitio* il ne comprend du reste que l'*information*, laquelle devait avoir lieu d'office, ou à la suite d'une dénonciation, ou à l'instigation du fisc. Puis viennent les autres parties du procès, sauf le récolement et la confrontation qui manquent (5), c'est-à-dire l'interrogatoire, la visite du procès et le jugement. La théorie des preuves légales et la question jouaient leur rôle accoutumé. Damhouder est même un des auteurs qui ont fourni les plus amples détails sur la torture, cependant il a formulé, quant à son emploi comme moyen de preuve, une maxime dont

---

(1) Voy. Allard : *Histoire de la procédure criminelle au xvi⁰ siècle*, § 236.
(2) *Ibid.*, p. 425.
(3) Chap. v, édit. 1601.
(4) Chap. viii, n⁰ 6.
(5) Chap. viii, n⁰ 19 : « In inquisitionibus per judicem aut fiscum aut quempiam ex ipsorum mandato peragendis, nec ante nec post litiscontestationem vocanda fuerit pars ad videndam informationis deductionem vel ad audienda testium juramenta. »

il faut lui tenir compte : « Nunquam maleficus traditur quæstioni cum pars formalis et adversa offert criminis manifestam probationem aut quum res percipi potest per probationem ordinariam (1). » D'autre part il admet certains droits de la défense méconnus en France. C'est d'abord l'assistance des conseils. « In quovis crimine tam capitali quam alio concessum est reo per se et item per causidicos, advocatos et procuratores in judicio respondere et proponere quaslibet suas exceptiones dilatorias, declinatorias, et peremptorias, sive rectius elusorias, perinde atque in civilibus negotiis : verum in principali rerum cardine plane oportet reum ipsum respondere, proprio ore fateri aut diffiteri (2). » Quant à la copie des pièces, Damhouder admet en principe qu'il faut la donner à l'accusé, surtout quand il s'agit d'une poursuite intentée sur la plainte d'un particulier : « judex et fiscus obligantur dare parti inquisitionis copiam priusquam partem ream cogere possint ad respondendum, potissimum si fuisset facta inquisitio ex auctoritate voto et mandato ad instantiam partis, teste Angelo summi judicii viro (3). » Mais lorsque la poursuite a été intentée d'office par le juge il établit que les usages sont plutôt en sens contraire. « Sin autem facta fuerit ex mero judicis officio absque alicujus requisitione, non debet reo de jure tradi informationis copia. In praxi autem seu Concilio Flandriæ Procurator generalis nunquam dat parti inquisitionis seu informationis præcedentis copiam; licet id fieri videamus in multis aliis Flandriæ curiis ubi obligantur accusato aut denunciato etiam dare testium nomina ac cognomina nec non totius inquisitionis seu informationis copiam, si quando id postulet (4). »

Dans les Provinces-Unies au xviie siècle les mêmes principes dominaient. Nous en avons pour témoin un criminaliste illustre, Antonius Mathæus, professeur à Utrecht, qui dans son livre

(1) Chap. xxxv, n° 1.
(2) Chap. xxxii, n°s 1, 2.
(3) Chap. viii, n° 19.
(4) Chap. viii, n°s 21-23. On a pu voir, par nos diverses citations, que Damhouder connaît l'institution du ministère public et la voit fonctionner en Flandre. Elle était venue de France. Voy. Biener : *Beiträge*, p. 211, 212.

de Criminibus, après avoir étudié les livres XLVII et XLVIII du Digeste, commente les statuts de sa ville. Il constate la complète disparition du système accusatoire : « Accusatoris in jure municipali civitatis hujus mentio vix nulla ; sermo omnis ad prætorem dirigitur ; cur id fiat non est obscurum, fere enim desierunt accusare privati, solusque Fisci procurator ac prætor eo munere funguntur. Accedit quod Gallorum et reliquorum Belgarum moribus privatis quidem licet deferre, nunciare crimina, actione civili damnum pecuniarium persequi, non tamen accusare (1). » Il traite très-clairement de l'information et du décret qui la suit, puis de l'interrogatoire ; il repousse le serment exigé de l'accusé : « Cur enim deferatur jusjurandum pejeraturo ? aut cur speremus eum qui, spreto Numine, cædibus, adulteriis, sacrilegio se contaminavit, idem Numen reveriturum injecta jurisjurandi religione (2) ? » Enfin, il admet l'intervention d'un défenseur : « post interrogationem et responsionem rei, quoniam non solum de facto sed et de jure quæri solet, advocatus denegari non debet (3). » Mais il déclare que l'information ne sera pas communiquée à l'accusé : « vero informatio reo non editur. »

IV.

En France, et hors de France dans tous les pays qui entourent le nôtre, s'était développé le même système de procédure criminelle : inquisition, preuves légales, torture et secret des procédures, tels en étaient les traits principaux. En face de nous pourtant, mais « outre mer, » vivait un peuple qui avait su se préserver de cette terrible contagion. L'Angleterre avait conservé en matière criminelle toutes les garanties que possédaient autrefois les autres nations d'Europe, le système accusatoire, la publicité des procédures, l'oralité des débats ; de plus, elle avait développé cette institution du jury à qui appartenait l'avenir, et qui était appelée à conquérir l'Europe et l'Amérique, à faire le

---

(1) *De criminibus*, édit. 1715 (p. 627-8).
(2) *Ibid.*, p. 632.
(3) *Ibid.*, p. 633.

tour du monde. La France devait être la première nation conquise en Europe : lorsque l'Ordonnance de 1670 tombera, c'est à l'Angleterre que nous irons demander un code pour la remplacer. Il est donc naturel que nous examinions rapidement la procédure criminelle anglaise; c'est un anneau de la chaîne dont nous relevons successivement tous les chaînons.

Comment l'Angleterre avait-elle résisté au mouvement qui entraînait le reste de l'Europe? Sa législation et celle des autres nations occidentales ne sont-elles pas le produit des mêmes éléments, combinés, il est vrai, dans des proportions diverses? Mieux que les autres pays l'Angleterre avait écarté à l'influence du droit romain et du droit canonique; elle s'était attachée aux vieux usages avec cette opiniâtreté qui caractérise son peuple, et pour les accommoder aux besoins modernes, elle avait heureusement développé quelques institutions, dont les rudiments se trouvaient dans le vieux fond commun aux peuples de même race et de même origine. Sans doute elle avait eu à lutter contre les mêmes influences qu'ailleurs on avait subies : elle avait connu pendant longtemps la *Chambre Étoilée*, où les officiers de la couronne venaient porter des accusations sur de simples « informations, » franchissant ainsi le double rempart des libertés anglaises, le jury d'accusation et le jury de jugement (1). Il paraît même certain qu'à une époque néfaste, sous Henri VIII, la torture fut employée contre les accusés, les complices et les témoins (2); parfois la royauté employa les moyens d'intimidation les plus violents pour pervertir le jugement des jurés. Mais ce furent des obstacles bientôt tournés ou enlevés. Au moment même où les commissaires de Louis XIV rédigeaient l'Ordonnance, un procès célèbre, celui de William Penn et de Mead,

---

(1) Blakstone : *Commentaries on the laws of England*, Book IV, ch. 23, n° 3.

(2) Voy. Mittermaier : *Traité de la Procédure criminelle en Angleterre* (trad. Chauffard), p. 10, 11, et les autorités qu'il cite. — Blakstone, liv. IV, ch. 25, n° 1 : « Jadis quand les ducs d'Exeter et de Suffolk et autres ministres d'Henri VI avaient formé le dessein d'introduire le droit civil dans ce royaume comme règle de gouvernement, tout d'abord ils firent dresser un chevalet pour la torture, lequel fut appelé par dérision *la fille du duc d'Exeter*, et existe encore à la Tour de Londres; et là, plus d'une fois, on l'employa sous le règne d'Elisabeth comme machine d'État, non comme instrument de la loi (as an engine of state not of law). »

attestait la forme de résistance du jury (1). L'acte d'*habeas corpus* allait être rendu, et, si de criminelles entreprises devaient amener la révolution de 1688, on a pu dire cependant que « d'après la loi telle qu'elle existait alors... le peuple jouissait de toute la liberté qui est compatible avec l'état de société, et il avait entre ses mains un pouvoir suffisant pour défendre cette liberté contre les entreprises de la royauté (2). » Quelle était alors la procédure criminelle?

I. — Le droit anglais avait conservé le principe accusatoire; il le connaissait même sous deux formes, dont la première était, à peu de chose près, la reproduction exacte de la vieille accusation féodale; elle en porte d'ailleurs le nom : *appeal*, l'appel.

L'*appeal* est l'accusation qu'un particulier élevait contre un autre dans un intérêt privé : « accusation by a private subject against another, this method of prosecution is still in force (3). » Il n'était possible qu'à la victime même du délit dans les crimes de larcin, rapt, incendie et *mayhem* (4); en cas de meurtre, il était ouvert à l'héritier et à la veuve. La poursuite avait lieu directement devant la cour de justice, sans intervention préalable du jury d'accusation (5). La même procédure pouvait avoir lieu dans le cas d'un « approvement, » c'est-à-dire d'une révélation faite en Cour par un complice (6).

L'accusé ou *appellee* pouvait, pour sa justification, provoquer l'accusateur au duel judiciaire : « The trial by battle may be

---

(1) Mittermaier, *op. cit.*, p. 15, ssq.

(2) Blakstone, livre IV, ch. 33, n° 5. Il ajoute en note : « Le point précis auquel je m'arrêterais pour déterminer cette perfection théorique de notre droit public est l'année 1679, après que l'acte d'*habeas corpus* eut été promulgué et que celui pour l'imposition (*licensing*) de la presse eut été retiré, bien que les années suivantes aient été en fait une époque de grande oppression. »

(3) Blakstone, édit. Oxford, 1778, t. IV, p. 312.

(4) *Mayhem*, c'est la mutilation, le vieux « *méhaing* » de nos coutumiers.

(5) Cette observation que fait Blakstone, nous éloigne des origines; le jury d'accusation ne fut créé, nous allons le dire, que pour suppléer à l'appel. — Sur les actions criminelles dans la procédure anglo-normande, voy. Melville Madison Bigelow : *History of procedure in England from the Norman conquest. The Norman Period*. London, 1880, spécialement p. 248, ssq.; 277, ssq.; 346, ssq. La ressemblance est complète avec les sources françaises de la période féodale.

(6) Blakstone, l. IV, ch. 25, n° 2. — Bigelow, *op. cit.*, p. 328, 330.

demanded at the election of the appellee in either an appeal or an approvement (1). » Mais il pouvait aussi en appeler au jugement du pays, c'est-à-dire au jury (2). Si l'accusateur était une femme, un enfant, un prêtre, un aveugle, il pouvait même forcer l'accusé à prendre cette dernière voie « to put himself on the country (3). » En cas de conviction, l'application de la peine normale était faite par le juge (4).

II. — La seconde forme d'accusation reposait sur le principe de l'accusation publique, ouverte à tous; elle s'était constituée peu à peu, et devait forcément passer devant le double jury d'accusation et de jugement. Nous en décrirons rapidement les diverses phases, car c'était elle qui devait nous servir plus tard de modèle.

Elle débutait par une sorte d'instruction préparatoire très-courte, tout à fait rudimentaire. L'accusateur commençait par demander contre celui qu'il accusait un ordre d'arrestation ou un mandat de citation, et à cet effet il devait généralement s'adresser au magistrat qui était devenu le principal officier de police judiciaire, au juge de paix « Justice of peace. » Celui-ci examinait les faits allégués par le poursuivant, auquel il pouvait demander un serment affirmatoire, et délivrait, s'il y avait lieu, le *warrant*

---

(1) Blakstone, l. IV, ch. 27, n° 3. — Bigelow, *op. cit.*, p. 296. C'est seulement en 1820 que le duel judiciaire fut législativement aboli en Angleterre : « L'ancien droit à la preuve par bataille, après avoir été longtemps oublié, fut invoqué avec succès en l'année 1819, et aboli l'année suivante. » Bigelow, p. 288.

(2) C'est dans cette substitution de la preuve par le pays à la preuve par « bataille, » qu'il faut chercher pour partie l'origine du jury de jugement. Voy. Biener ; *Beiträge*, p. 281, ssq. — Brunner : *Entstehung der Schwurgerichte*, p. 469, ssq. — Max Büdinger: *Vorlesungen über Englische Verfassungsgeschichte.* Wien. 1880, p. 147, ssq. Mais cela ne fut pas admis sans difficulté. Voy. Bigelow, *op. cit.,* p. 295 : « In issues of right the court was bound in ordinary case to order the duel, unless the defendant had put himself upon the grand assise, when the court was bound to allow that mode of trial. » — P. 296 : « Indeed, as a rule, in all cases of appeals the court was bound, if asked, to award the duel. » — Le jury de jugement fut introduit d'abord dans les cas où il y avait, non pas *appeal,* mais *presentment.*

(3) Blakstone, l. IV, ch. 27, n° 3.

(4) *Ibid.* : « If the appellee is found guilty he shall suffer the same judgement as if he had been convicted; » dans ce cas même, le roi ne pouvait pas faire grâce.

ou ordre d'arrestation (1). L'officier chargé de ramener le *warrant* à exécution, devait conduire la personne arrêtée devant le juge de paix, lequel faisait alors une sorte d'instruction. « Pour cela, d'après le statut 2 et 3 de Philippe et Marie, il doit rédiger par écrit l'interrogatoire (examination) du prisonnier et les dépositions de ceux qui le poursuivent; M. Lambard observe que ce fut la première fois que l'autorisation fut donnée d'interroger un criminel, car selon le *common law* : Nemo tenebatur prodere seipsum (2). » Ce sera le seul interrogatoire que subira l'accusé dans tout le cours de la procédure; et même, depuis l'époque à laquelle nous nous plaçons, la coutume anglaise dans sa sollicitude a décidé que le juge de paix doit formellement avertir l'accusé qu'il n'est pas obligé de répondre, et qu'on pourra plus tard se servir contre lui de ce qu'il va dire. — Cette première partie de la procédure pouvait être secrète.

Le juge de paix prend alors une décision. N'y a-t-il aucune charge sérieuse, il met le prisonnier en liberté et le décharge de la poursuite; dans le cas contraire, il doit s'assurer de sa personne et le mettre en état de détention préventive, c'est le « commitment. » Mais la coutume et la loi décidaient que si l'accusé fournissait une caution suffisante, il devait être laissé en liberté provisoire (*bail*). Cependant encore à l'époque de Blakstone, si la liberté sous caution était de droit pour les crimes inférieurs, elle n'était pas possible quand il s'agissait d'un crime capital (3). Certaines classes de personnes suspectes, déterminées d'avance, étaient déclarées *not bailables*. La liberté individuelle était protégée par les lois, qui punissaient le magistrat lorsque sans droit il refusait la caution ou exagérait frauduleusement le montant de l'engagement, et par l'acte d'*Habeas corpus*, qui permettait de porter les réclamations contre l'em-

---

(1) Blakstone, l. IV, ch. 21, n° 1 : « The justice of peace is fitting to examine upon oath the party requiring a warrant, as well to ascertain that there is a felony or other crime, without wich no warrant should be granted. » P. 290.

(2) *Ibid.*, p. 296.

(3) *Ibid.*, l. IV, ch. 22, n° 1 : « Commitment being only for safe custody, where a bail will answer the same intention it ought to be taken, as in most of the inferior crimes, but in felonies and other offences of a capital nature no bail can be a security equivalent to the actual custody of person. » P. 296.

prisonnement illégal devant toutes les cours des grands juges d'Angleterre.

A cette phase du procès, il fallait, avant d'aller plus loin, demander au « *grand jury,* » de prononcer la mise en accusation. Ce grand jury était composé de « *freeholders* » que le *shériff* devait rassembler, pour statuer sur les accusations, à chaque session d'assises tenue par les grands juges dans chaque comté. Le grand jury comprend douze personnes au moins et vingt-trois au plus et rend ses décisions à la majorité de douze voix.

Il avait été préalablement dressé un acte d'accusation « *indictment,* » pièce capitale dans la procédure anglaise et dont la rédaction formaliste présentait d'assez grandes difficultés. Les *indictments* étaient présentés au nom du roi par les officiers de la couronne, mais à la requête des particuliers (1). Outre les renseignements contenus dans l'acte d'accusation, les jurés entendaient des témoins, mais seulement « du côté de la poursuite; » ensuite ils décidaient souverainement si les charges étaient suffisantes et s'il y avait lieu ou non à l'accusation; dans un cas, ils inscrivaient au dos de l'indictment « *billa vera* ou *a true bill,* » dans l'autre : « *ignoramus* ou *not found.* »

Quelle est l'origine de cette procédure devant le grand jury? On l'a souvent cherchée fort loin. Les uns l'ont trouvée dans le principe de la responsabilité des centaines ou *hundreds* pour les crimes commis sur leur territoire, laquelle existait chez les Anglo-Saxons, comme dans la plupart des États fondés par les populations germaniques, et il est possible que cet usage y ait été pour quelque chose (2). Mais il est probable que cette institution dérive de ces dénonciations imposées sous la foi du serment, que nous avons trouvées dans les *synodes* de l'Église et dans les réunions judiciaires de l'empire carolingien. L'Église en avait maintenu l'usage, et la tradition s'en était conservée aussi dans maintes juridictions séculières; qu'on se rappelle les *franches vérités* du pays flamand. Les Normands apportèrent avec

---

(1) « Indictments are preferred to them in the name of the King but at the suuit of any private prosecutor. » Blakstone, IV, p. 303.

(2) Voy. Biener : *Beiträge,* p. 207, 209.

eux cette vieille coutume (1), dont on peut retrouver d'autre part des traces dans les lois des Anglo-Saxons (2). On conçoit qu'on ait développé avec amour une institution qui permettait de faire échec à l'étroitesse du vieux système accusatoire, dans lequel l'appel n'était ouvert qu'aux intéressés. Par bien des traits le jury d'accusation rappelle cette origine.

Il y eut d'ailleurs au début plusieurs formes de « grand jury, » si l'on peut s'exprimer ainsi. « L'assise de Clarendon en 1166, confirmée dix ans plus tard par celle de Northampton, décida que dans chaque comté et chaque centaine, il serait enquis sous la foi du serment de douze hommes légaux de la centaine et de quatre hommes de chaque manoir, si personne n'était accusé d'être un larron, un meurtrier, un voleur, ou un recéleur (3). » L'enquête était conduite devant les *justiciarii itinerantes* ou devant le shériff. Les accusés devaient se disculper devant les justiciers (4). D'autre part, « lorsque quelqu'un était chargé d'un crime énorme, comme d'un complot ayant pour but une sédition ou la mort du roi, et qu'il était accusé par la voix publique, et non par un appelant (appellor), il était emprisonné ou mis en liberté sous caution. Puis la vérité était recherchée devant les justiciers par des inquisitions et des questions posées sans doute aux hommes du voisinage, la cour prenant en considération les indications raisonnables et les suggestions pour ou contre l'accusé. Cela avait pour but, il semble, de déterminer s'il existait une présomption suffisante contre le prévenu pour permettre à la cour de le contraindre à subir les ordalies, auxquelles, lorsqu'il n'y avait point d'appelant, devait recourir la partie suffisamment accusée, si elle contestait l'accusation. Le résultat des enquêtes ainsi faites par les juges, lorsqu'elles soutenaient l'accusation, correspondait à la déclaration des douze hommes légaux ou chevaliers d'après les assises de Clarendon

---

(1) Brunner : *Entstehung der Schwurgerichte*, p. 465-466.
(2) Max Büdinger, *op. cit.*, p. 150, 151.
(3) Bigelow, *op. cit.*, p. 99; cf. *ibid.*, p. 288, 293, 297, 323.
(4) *Ibid.*, p. 100 : « Aud then the accused were thus to make their law (the ordeal) « before the justiciars. »

et de Northampton, si même les enquêtes n'étaient pas poursuivies sur la présentation d'un de ces corps (1). »

On a pu voir, par quelques-uns des passages que nous venons de citer, que le résultat de ces présentations ou de ces enquêtes, était de forcer l'accusé, s'il ne voulait pas avouer, à se soumettre aux ordalies (2). C'était bien la même procédure que nous avons trouvée dans les *judicia synodalia* de l'époque carolingienne (3). D'autre part, les jurés ont toujours pu dans la suite prononcer spontanément sur l'accusation, à raison d'un crime dont eux-mêmes avaient connaissance, c'est ce qui s'appelait un « presentment (4). D'ailleurs, M. Brunner fait remarquer « que le jury d'accusation postérieur ne peut point être ramené aux formes du jury de dénonciation (*Rügejury*) pris dans la contrainte et qui parut d'abord ; il dérive de la *Grande Enquête* qui paraît au XIVᵉ siècle ; c'était un jury de 24, puis de 23 jurés qui opéraient devant les *justiciarii itinerantes* et étaient choisis dans tout le comté (5). »

A l'origine, il n'y avait point d'*accusateur* soumettant sa poursuite au jury d'accusation; ce dernier ayant pour fonction de suppléer au contraire au manque d'accusateurs. Mais les deux systèmes se fondirent en un seul. « La transition d'une forme à l'autre s'opéra dès l'époque du Moyen-Age, les parties préférèrent, au lieu d'intenter un appel, apporter une dénonciation au jury d'accusation, afin d'obtenir de cette façon une mise en accusation (6)... Cette procédure refoula peu à peu l'action formaliste, l'*appel*... D'autre part, la dénonciation spontanée par le

(1) Bigelow, *op. cit.*, p. 278. On peut remarquer que cette procédure ressemble par certains côtés à la *prise par soupçon* de nos coutumiers.

(2) Bigelow, *op. cit.*, p. 323 : « In case of presentments, where compurgation had probably been the common mode of trial, the assises of Clarendon and Northampton had provided for trial by ordeal. See also Glanvill., lib. 14, c. 1, § 2. »

(3) Biener : *Beiträge*, p. 276-278.

(4) « A presentment is the notice taken by a grand jury of any offence from their own knowledge or observation without any bill laid before them at the suit of the king. » Blakstone, IV, p. 301.

(5) *Entstehung den Schwurgerichte*, p. 468.

(6) On peut remarquer que tous les *indictments* sont présentés au jury non pas au nom des accusateurs privés, mais au nom du roi, d'où l'expression « *pleas of the crown.* »

jury d'accusation est devenue très-rare sans avoir été supprimée (1). » L'accusation, sous cette forme nouvelle, ayant été à l'origine une dénonciation, on conçoit qu'elle put être ouverte à tous, et devint publique (2).

La mise en accusation étant prononcée, il fallait procéder au jugement. Il y avait lieu non pas aux ordalies, comme aux anciens jours, mais à l'intervention du jury de jugement ou *petit jury*. Ces jugements se faisaient aux *assises*, qui, à l'époque à laquelle nous nous reportons, étaient déjà de deux sortes. Les unes dites sessions « d'oyer et terminer aud general gaol delivery, » étaient tenues deux fois par an dans chaque comté par les grands juges des Cours de Westminster (3). Leur nom venait de ce que les juges devaient *terminer* toutes les affaires et vider les prisons de tous les individus détenus préventivement. Les autres assises ou *quarter sessions* étaient tenues par les juges de paix du comté réunis tous les trimestres en assemblée, mais on n'y jugeait que les délits peu graves. Les jurés « *boni et legales homines de vicineto*, » étaient convoqués par le shériff au nombre de 48 ; c'était parmi eux qu'on prenait les 12 jugeurs.

D'où vient cette institution du jury de jugement? Ici les hypothèses produites ont été plus nombreuses encore que pour le jury d'accusation, et sur ce point beaucoup de savants livres ont été composés. On a songé tour à tour aux assemblées judiciaires des Anglo-Saxons, aux *cojurantes* des coutumes germaniques, aux *jugeurs* des cours féodales (4). Mais récemment, comme nous avons eu l'occasion de le dire, on a montré que le jury du jugement dérivait de cette *enquête du pays*, dont nous avons longuement parlé, et qui s'était particulièrement développée dans la coutume normande. Seulement en Angleterre on semble n'y

---

(1) Brunner, *op. cit.*, p. 468.

(2) Les inconvénients du système accusatoire ont été combattus aussi par d'autres moyens. En cas de mort violente, le *coroner* intervient d'office, et provoque la poursuite; le droit d'arrestation sans *warrant* appartient très-largement aux constables; enfin le *sollicitor general* peut directement intenter des poursuites au nom de la couronne.

(3) Sur ces tournées des grands juges et leur origine, voy. Max Büdinger, *op. cit.*, p. 153, ssq. Bigelow, *op. cit.*, ch. III.

(4) Voy. Brunner, *op. cit.*, p. 1-35.

avoir eu recours que lorsque les ordalies tombèrent en discrédit. « Elles reçurent un coup fatal du décret bien connu du concile de Latran, de l'an 1215, qui ordonnait que les ordalies ne seraient plus employées dans la chrétienté... On doit remarquer que l'ordalie tenait la place d'un jugement par le petit jury dans les temps modernes... Par les assises de Clarendon et de Northampton, et par l'ancienne loi d'Angleterre, les personnes accusées, contre lesquelles une présomption de culpabilité avait été élevée par un *presentment* ou par l'accusation de la clameur publique, avaient droit constitutionnellement à une nouvelle épreuve... Mais quand à la fin les ordalies furent considérées comme abolies, (il n'y eut aucune autorité législative connue qui les abolît en Angleterre), les juges furent fort perplexes de savoir ce qu'il fallait faire du prisonnier. Il avait le droit constitutionnel d'être soumis à l'ordalie, pouvait-il être forcé de se soumettre à un autre mode de preuve?... Il semble qu'occasionnellement, avant le concile de Latran de 1215, on a constaté la pratique de soumettre le *presentment* à un autre jury, dans la forme généralement suivie dans les temps modernes. Cela avait lieu probablement à la requête du prisonnier, peut-être par bref du roi (*Under the King's writ*)... Le même mode de preuve se présentait naturellement à l'esprit des juges, après la disparition des ordalies (1). »

Cette hypothèse de M. Brunner sur l'origine du jury de jugement, accueillie avec une faveur de plus en plus grande (2), nous paraît complètement établie. Elle va trouver encore sa démons-

---

(1) Bigelow, *op. cit.*, p. 323-324. On peut remarquer que, d'après un passage du *Grand Coutumier de Normandie*, cité plus haut, p. 47, l'usage fréquent de l'enquête est également attribué à la disparition des ordalies : « Jadis se expurgeoient... les hommes par eaue ou par ignise quand *la justice* ou femmes les suyvirent de causes criminelles. Et pour ce que sainte Eglise a osté ces choses, nous usons souvent de l'enqueste. »

(2) Voy. M. Max Budinger, *op. cit.*, p. 148, ssq. Voy. aussi M. Bigelow, *op. cit.*, lequel, après avoir décrit les *enquêtes* si curieuses qu'on trouve dans les sources islandaises, continue en ces termes, p. 334 : « Quelque ressemblance qu'on puisse découvrir entre les modes de preuves norsques et le jury anglais moderne, il est parfaitement clair que, ni le tolftarkvidr, ni le buakvidr, ni aucun des modes inférieurs de preuve de la même nature (il semble y en avoir eu deux ou trois), n'a porté son fruit dans le jury moderne. Cette institution est purement anglo-normande, descendant en ligne directe de la procédure d'inquisition introduite de Normandie par Guillaume le Conquérant. »

tration dans la procédure de *l'arraignment,* à laquelle nous amène la suite de notre exposition. La mise en accusation, décidée par le grand jury, ne suffisait pas pour que l'accusé dût et pût être jugé par le jury du jugement, il fallait encore qu'il eût nié en cour sa culpabilité et qu'il acceptât le jugement par jurés (1). A cet effet, le prisonnier était amené en audience publique, c'est *l'arraignment.*

On commençait par lire à l'accusé l'acte d'accusation « en langue anglaise » et ensuite le juge lui demandait s'il était coupable ou non coupable *« guilty or not guilty.* » S'il confessait, l'intervention du jury était inutile; il n'y avait qu'à appliquer la peine. On reconnaît là cette force de l'aveu que nous a montrée la procédure féodale; c'est la force qu'il conserve naturellement dans toute procédure où aucun effort n'est fait pour l'obtenir. Si l'accusé plaidait non coupable, il fallait de plus qu'il acceptât ou du moins qu'il ne refusât pas de se soumettre au jugement du pays. S'il refusait absolument de répondre, ou si ayant plaidé non coupable il refusait de se mettre « on the country, » la marche du procès était entravée, le jugement ne pouvait intervenir (2). C'est là un trait bien frappant, que nous avons déjà trouvé dans l'ancienne procédure de *l'enquête du pays;* là aussi il fallait que l'accusé acceptât l'enquête, et ce rapprochement nous semble très fort pour démontrer la commune origine de ces deux institutions, dont le sort fut si différent. Mais de même que, selon nos Coutumiers, on cherchait à imposer à la partie poursuivie l'acceptation de l'enquête, les Anglais avaient imaginé un moyen de contrainte, qui s'appelait la *peine forte et dure.* Le statut de Westminster, 1-3 Edouard Ier, ch. 12, décide que ceux qui ne voudront pas se mettre *en enquête* (*upon inquests*) devant les juges, sur la poursuite du roi, seront mis en' la prison forte et dure (3). A

---

(1) C'est ce qui s'appelle « put himself on the country. »

(2) A l'origine, semble-t-il, et cela est conforme aux vieilles traditions, on considérait comme avouant celui qui ne répondait rien; mais on ne pouvait donner la même décision lorsqu'il y avait un refus positif.

(3) Cela consista bientôt en une chose horrible. Le prisonnier était mis dans un cachot, nu et étendu sur le dos; on plaçait sur lui un poids de fer aussi lourd qu'il pouvait le supporter, et on ne lui donnait pour subsistance qu'un morceau de pain le premier jour, le second jour trois gorgées d'eau dormante, la plus

l'origine, cette procédure ne devait s'appliquer qu'à ceux qui niaient et refusaient l'enquête, non à ceux qui restaient muets et qui étaient tenus pour coupables; mais plus tard, sauf dans les cas de haute trahison, le mutisme absolu ne put donner lieu qu'à l'application de la peine forte et dure. Au xviiie siècle, tel était encore l'état de la législation et ce n'est que sous Georges III que, dans tous les cas, le muet volontaire fut assimilé à celui qui avoue (1).

On conçoit que généralement l'accusé acceptait le jugement par le jury; alors on procédait au débat, *trial* (2). Le jury de jugement était formé. Les noms des jurés étaient tirés au sort et l'accusé avait le droit de récusation; il pouvait toujours récuser en alléguant un motif « for cause, » mais il pouvait aussi exercer trente-cinq récusations péremptoires. Les douze jurés ainsi obtenus prêtaient serment et le débat commençait. Rien de plus simple que ce débat, qui ne comporte aucun interrogatoire de l'accusé. On lisait l'acte d'accusation, puis l'avocat de la partie poursuivante, que ce fût le roi ou un particulier qui poursuivît, produisait ses preuves, faisait entendre ses témoins; le débat était essentiellement oral (3).

proche de la prison, et ainsi de suite en alternant, jusqu'à ce qu'il mourût ou répondît. Avant de prononcer cette sentence, il était fait une triple admonestation, *trina admonitio*, qui rappelle celle que nous avons trouvée chez nous dans les procès faits aux muets volontaires. — Voy. Blakstone, IV, p. 327, ssq.

(1) M. Bigelow explique un peu différemment l'introduction de la peine forte et dure. Après avoir dit quel était l'embarras des juges lors de la disparition des ordalies, quand un *presentment* amenait devant eux un accusé, il ajoute, p. 324, 325 : « La réponse à ces questions explique l'introduction de la procédure connue comme *peine forte et dure*, laquelle probablement date du xiiie siècle... Évidemment l'accusé ne pouvait être forcé, si ce n'est par un pouvoir arbitraire, de se soumettre à un jury de jugement : il n'y avait point de loi qui l'exigeât. Le même mode de preuve se présentait naturellement à l'esprit des juges, après la disparition des ordalies; mais comment imposer le jugement par le jury, alors que le prisonnier avait le droit de choisir? La réponse était qu'il devait être soumis aux privations et aux souffrances, s'il refusait, jusqu'à ce qu'il consentît à se soumettre au verdict d'un jury de jugement. »

(2) Il pouvait y avoir un intervalle entre l'*arraignment* et le *trial*, mais le plus souvent ils se suivaient immédiatement.

(3) « When the jury is sworn... the indictment is usually opened, and evidence marshalled examined and enforced by the counsel of the crown or prosecution. » Blakst., l. IV, ch. xxvii p. 355.

Chose curieuse dans cette législation où l'on respectait l'accusé au point de ne pas lui faire subir un interrogatoire, deux traits rappelaient cependant la procédure suivie sur le continent : 1° aucun conseil ne pouvait être accordé à l'accusé s'il s'agissait d'un crime capital, et la jurisprudence anglaise justifiait cette règle comme l'Ordonnance de 1670, en disant que le juge est le conseil du prisonnier, « the judge shall be the counsel for the prisoner (1); » 2° il était admis, comme pratique commune « dérivée du droit civil et observée encore aujourd'hui dans le royaume de France, » dit Blakstone, que l'accusé ne pouvait point produire de témoins pour se disculper : « *he cannot exculpate himself by the testimony of any witnesses* (2). » Cependant l'usage s'introduisit lentement d'entendre les témoins de la part du prisonnier, mais non sous la foi du serment : « *not upon oath* (3). » Ce ne fut que sous Guillaume III et sous la reine Anne que disparut cette dernière restriction.

Chose remarquable encore, la procédure anglaise connaissait une théorie des preuves légales. Sans doute, c'est seulement dans certaines accusations, celles de haute trahison, que les lois exigeaient deux témoignages concordants pour prononcer la condamnation, mais dans tous les cas des règles arrêtées par la jurisprudence sur la valeur des différentes preuves s'étaient introduites et subsistent encore. Il est vrai qu'on ne peut expliquer leur empire que par la grande influence que le juge anglais exerce sur les jurés.

Les débats étant terminés, les jurés devaient rendre leur verdict. Ayant reçu les instructions du juge, ils se retiraient pour délibérer et voter si le cas présentait quelque difficulté. L'unanimité, dans un sens comme dans l'autre, était nécessaire pour que la décision fût valable. C'est là une règle curieuse, qui, du reste, paraît n'avoir pas été toujours admise en Angle-

---

(1) Blakstone, l. IV, ch. xxvii; il ajoute, il est vrai, que cette disposition « n'est pas du tout en harmonie avec la façon humaine, dont sur les autres points la loi anglaise traite les accusés. »

(2) Blakstone, IV, 359.

(3) *Ibid.*, 359, 360.

terre (1); on sait d'ailleurs quels moyens de contrainte indirecte la loi anglaise permet d'employer. Le verdict étant prononcé, le juge n'avait plus qu'à y conformer la sentence, suivant la division établie entre la question de culpabilité et celle de la peine, entre le fait et le droit.

La sentence ainsi rendue n'était en principe susceptible d'aucun recours; le jury n'est pas compatible avec le système de l'appel. Sauf le cas où la décision avait été rendue par un jury incompétent, un jury « non légal, » comme dira plus tard notre loi, il n'y avait de ressource que dans la *proposition d'erreur* (*writ of error*). Elle était intentée contre les décisions des juridictions inférieures devant la cour du Banc du Roi, et contre les décisions de cette dernière devant la Chambre des Lords (2). Mais elle n'était possible qu'au cas d'une erreur de droit, s'il y avait eu par exemple fausse application de la peine ou omission d'une formalité essentielle. En dehors de ces cas, le condamné ne pouvait que demander sa grâce au roi.

Enfin, la loi anglaise connaissait une procédure par contumace assez curieuse, qui aboutissait à la confiscation des biens et à la mise hors la loi de l'accusé (*outlawry*), continuant ainsi les traditions de l'époque féodale.

Telle est dans ses grandes lignes, et en laissant de côté un grand nombre de détails parfois très-intéressants (par ex. le *benefit of clergy*), la marche de cette procédure anglaise, qui, à côté de graves imperfections, présentait la forme de procès criminel la plus raisonnable que les hommes eussent encore connue; aussi la philosophie du xviiie siècle la considérera-t-elle comme la perfection même. Elle avait cependant ses parties faibles, c'étaient surtout la poursuite et l'instruction préparatoire; et pour avoir voulu l'imiter même sur ces points, nous verrons la législation française s'égarer dans ses premières réformes, et osciller longtemps avant de trouver son équilibre.

(1) Voy. Brunner, *op. cit.*, p. 363, 371; cf. Blakstone, l. III, ch. 23.
(2) Blakstone, l. IV, ch. 30.

TITRE DEUXIÈME.

L'ORDONNANCE DE 1670 APPLIQUÉE.

CHAPITRE PREMIER.

Influence de l'Ordonnance de 1670 sur l'administration de la justice.

I. La procédure régularisée et précisée par l'Ordonnance. — II. Comment l'Ordonnance était-elle observée. — III. Vices persistants dans l'administration de la justice; la question d'argent; la procédure écrite. — IV. Le crédit et l'argent faisant céder les dispositions rigoureuses de l'Ordonnance. — V. L'Ordonnance et ses commentateurs.

L'Ordonnance de 1670 était venue non pas innover mais réformer. Les principes qu'elle consacre existaient avant elle, et les rigueurs, qu'elle enregistre, nouvelles en apparence, se trouvaient déjà dans la pratique pour la plupart. Cependant son influence fut très-grande. L'apparition d'un Code dans un pays a toujours une extrême importance. C'est le droit uniformisé et immobilisé en même temps. La diversité des jurisprudences, si elle ne disparaît pas, ne peut plus porter que sur des détails; la transformation des institutions par un progrès insensible est impossible désormais; seule l'interprétation scientifique a prise sur ces lignes arrêtées, et peut parfois développer la loi. L'Ordonnance de 1670 est un code véritable; elle est précise dans les détails, précise aussi dans les termes qu'elle emploie, et qu'un long usage a éprouvés. Elle pouvait prendre solidement racine; l'avenir lui réservait une vie de cent vingt années.

I.

Au moment où Louis XIV faisait rédiger l'Ordonnance, l'administration de la justice était incertaine. Les jurisprudences diverses poussaient drues et vigoureuses comme de mauvaises herbes. Les abus étaient partout : inobservation des formes, qui constituaient alors la seule garantie des accusés ; influence désastreuse des officiers et agents subalternes sur lesquels les juges se déchargeaient d'une partie de leur tâche ; cherté de la justice, gratifications anormales s'ajoutant aux frais avoués et considérables ; tout cela a été constaté par les documents authentiques que nous avons analysés.

L'Ordonnance de 1670 unifia les formes de la procédure criminelle. Sans doute, elle respecta quelques usages particuliers, spécialement ceux du Châtelet de Paris, dont la situation, au cœur de la grande ville, justifiait d'ailleurs certains priviléges; mais cela fut fort rare (1). Si des divergences purent se produire à l'avenir, ce ne fut que sur les points non prévus par l'Ordonnance, qui, il est vrai, en avait parfois passé sous silence d'assez importants : souvenons-nous qu'elle était muette sur la façon de donner la torture et sur le choix des rapporteurs des procès criminels. On pourrait douter de l'action régulatrice de notre loi, quand on voit les nombreux règlements des diverses compagnies, arrêtés entre les officiers ou établis par arrêt de Parlement (2) ; mais en y regardant de près, on verra qu'ils concernent ou des questions de réglementation intérieure, qu'aucun Code ne peut prévoir, ou des matières, comme celle des cas royaux, où une incertitude voulue dans la rédaction de la loi avait nécessairement ouvert la porte à l'arbitraire.

L'Ordonnance défendait absolument de confier à des sergents, notaires et greffiers, les missions si importantes (informations,

---

(1) Voy. tit. I, art. 29 ; tit. II, art. 28 ; tit. III, art. 3 ; tit. XIV, art. 14 ; tit. XXV, art. 9.

(2) Dans le *Code criminel* de Serpillon, ils ne tiennent pas moins de 232 pages (de la p. 1229 à la p. 1463).

interrogatoires) qu'on leur abandonnait autrefois (1). Dans les tribunaux inférieurs on imposait au juge des assesseurs, et au moyen de rapports adressés au procureur du roi, on les soumettait à une surveillance, qu'on s'efforçait de rendre effective (2). On s'était appliqué à rendre les procès moins coûteux, en supprimant une quantité de frais inutiles (3). Dans de nombreux articles l'Ordonnance défendait, sous des peines sévères, aux divers fonctionnaires de prendre aucun droit, qui n'était pas strictement dû ; elle adressait ces défenses non-seulement aux geôliers et concierges des prisons (4), et aux greffiers, mais encore aux juges (5).

Des économies d'argent étaient encore réalisées par d'autres articles, qui avaient pour but direct et principal de hâter la procédure, en la dégageant des écritures inutiles dont on l'avait embarrassée : « Abrogeons les appointements à ouïr droit, produire, bailler défense par atténuation, causes et moyens de nullité, réponses pour fournir moyens d'obreption et en informer, donner conclusions civiles et tous autres appointements; abrogeons aussi l'usage de fournir des conclusions civiles, avertissements, inventaires, contredits, causes et moyens de nullité, d'appel, griefs et réponses, commandements et forclusions de produire ou contredire pris à l'audience ou au greffe (6). » On voit par la longueur de cette liste quel allégement dut se produire. « Toutes ces anciennes formes de procéder, dit Serpillon, consommaient les parties en frais et causaient des lenteurs indéfinies, mais cet article les a abrogées, afin de simplifier, autant qu'il a été possible, la procédure criminelle (7). » Il faut remarquer aussi, quant à l'accélération de la procédure, les restrictions apportées à l'abus qu'on faisait des *arrêts de défenses*.

L'Ordonnance déterminait les formalités pour les divers actes

---

(1) Tit. III, art. 2; tit. XIV, art. 2.
(2) Tit. X, art. 20.
(3) Voy. p. ex. tit. VI, art. 9, 18; tit. VII, art. 7.
(4) Tit. XII, art. 19, 22, 29, 30, 33.
(5) Tit. XIV, art. 16.
(6) Tit. XXIII.
(7) *Code crim.*, p. 977.

avec une grande précision; les juges avaient désormais un guide sûr et méthodique, et ils ne pouvaient plus invoquer, pour justifier leur négligence, la force des usages ou le silence des lois. Le législateur, pour mieux assurer l'exécution de ses ordres, avait eu soin, dans la plupart des cas, d'exiger que le procès-verbal constatât l'accomplissement des formalités. C'est la garantie à laquelle a recours toute procédure formaliste et écrite, il est vrai qu'avec le secret des procédures elle perd beaucoup de son efficacité. Parfois, l'Ordonnance édictait des peines sévères contre les juges fautifs; c'était généralement l'interdiction de leur emploi, ou encore de fortes amendes et une action en dommages et intérêts ouverte aux parties lésées. Le système était fort sévère, et Lamoignon, défenseur fidèle de la magistrature, protesta vivement contre ces dispositions, comme il avait déjà protesté lors de la rédaction de l'Ordonnance de 1667 (1). On s'était spécialement attaché à faire en sorte que toutes les écritures fussent régulières et sincères : la défense de laisser des interlignes et des blancs, l'approbation nécessaire des ratures, la signature des officiers et des parties sont rappelées à chaque pas. On avait compris que ce n'était point s'abaisser à des détails insignifiants, mais au contraire servir un intérêt de premier ordre : il devra en être de même dans toute procédure écrite. On avait voulu même que chaque catégorie d'actes fût rédigée sur un cahier séparé : « l'Ordonnance a voulu éviter les confusions, il faut un cahier d'information, sur lequel tous les décrets et l'ordonnance d'instruction doivent être écrits, aussi bien que les conclusions de la partie civile à la réserve des définitives; il faut des cahiers séparés pour chaque interrogatoire, un autre pour le récolement des témoins, un autre pour le récolement des accusés; il faut aussi autant de cahiers de confrontation qu'il y a d'accusés (2). »

On peut affirmer que ces diverses dispositions de l'Ordonnance étaient bienfaisantes. La procédure régularisée, accélérée, délivrée de frais très-lourds, fut purgée de graves abus. Mais

(1) *Procès-verbal de l'Ord. civile*, p. 476 et sqq.
(2) Serpillon : *Code criminel*, p. 733.

d'autre part, cette précision de la loi rendait impossibles certaines tolérances des magistrats, précieuses pour la défense. Désormais les tribunaux, qui, sous l'empire de l'Ordonnance de 1539, « accordaient des conseils dans toutes les accusations, » ou « dans certains cas, » comme le constatait Pussort, durent se montrer plus rigoureux ; une loi formelle chassait les avocats des cours criminelles. Dorénavant, les magistrats ne pouvaient plus imiter de Thou, refusant de faire prêter serment à un accusé « parce qu'il savait qu'aucune Ordonnance n'obligeait les juges de l'exiger des accusés. » Quelle que fût leur conviction intime, les juges devaient à l'avenir condamner comme parjure le témoin qui « variait dans quelque circonstance essentielle à la confrontation. » Mais comme de son propre mouvement la jurisprudence tendait à ces extrémités, il faut reconnaître qu'à son apparition l'Ordonnance de 1670 fut plutôt bienfaisante que rigoureuse. Les abus qu'elle supprimait ne se fussent point corrigés d'eux-mêmes, les rigueurs qu'elle consacrait s'étaient imposées sans loi.

II.

Mais en réalité comment l'Ordonnance était-elle observée? La réponse est assez difficile. Pour déterminer exactement l'influence qu'eut le nouveau code de procédure criminelle, il faudrait avoir pour les XVIIe et XVIIIe siècles des statistiques précises de la justice criminelle, et nous n'en avons point. Cependant nous ne sommes pas absolument dépourvus de documents. La *Correspondance administrative sous Louis XIV* contient toute une partie consacrée à la justice. D'autre part, les criminalistes du XVIIIe siècle font parfois des observations d'autant plus importantes, qu'en général ils se contentent d'interpréter les textes. Enfin, les débats qui signalèrent un certain nombre de procès criminels, à la veille même de la Révolution française, contiennent des critiques amères et de graves constatations. Tout cela nous permettra d'établir un certain nombre de faits (1).

(1) On consultera aussi avec beaucoup de fruit les *Archives de la Bastille,*

Voyons d'abord ce qui concerne l'unité et la régularité des formes de la procédure criminelle. Réaliser cette unité avait été l'un des buts principaux, sinon le principal des rédacteurs de l'Ordonnance. Tout d'abord il semble qu'ils aient réussi. Peu de temps après la publication de la loi nouvelle, voici ce que disait Duplessis, dans un mémoire adressé à Colbert, que nous avons déjà cité : « Il est difficile de trouver des nullités dans la procédure; les procédures sont fort simples en matière criminelle, il n'y a que l'information, les interrogatoires, les récolements et la confrontation qui soient de l'essence, et les formalités sont si bien marquées par l'Ordonnance qu'il n'est pas facile de s'y tromper (1). » Mais c'était là en réalité une appréciation trop favorable. Rien n'était si compliqué que cette procédure écrite, hérissée de formalités; nous allons saisir sur le vif les irrégularités qui se commettaient, et bientôt l'existence des jurisprudences locales. Le 17 juin 1687, le chancelier de Pontchartrain écrit au Parlement de Rennes : « J'ai appris qu'il s'est introduit plusieurs abus dans votre compagnie et dans les siéges de votre ressort, auxquels il me paraît nécessaire de remédier, s'ils sont establis... 1° On prétend que tant les juges royaux que ceux des seigneurs, qui sont dans le ressort du Parlement, font publier des monitoires dans tous les procès criminels, qui sont portés devant eux, quelque preuve qu'il y ait du crime soit par les informations, soit par les interrogatoires des accusez, et cela dans la seule crainte que le Parlement ne casse leurs procédures s'ils y avaient manqué, ce qu'on assure estre arrivé fort souvent. Cet usage est très-abusif et même très-dangereux..., la voie des monitoires n'ayant été introduite parmi nous dans les procès extraordinaires qu'au défaut de toutes autres voies, lorsque la vérité ne peut être connue d'ailleurs; les accusez pourroient se servir de ce moyen pour faire entendre

---

documents inédits publiés et recueillis par M. François Ravaisson, dont une grande partie, il est vrai, se réfère à une époque antérieure à 1670. On y trouve côte à côte des procédures régulières, interrogatoires et procès verbaux de torture, et des lettres et rapports qui montrent dans tout son jour le rôle des lettres de cachet.

(1) *Lettres, etc., de Colbert*, tom. VI, App., p. 422.

des témoins à leur décharge et sur tels faits qu'ils jugeroient à propos... 3° On prétend que vous ne faites aucune difficulté à recevoir un accusé à s'inscrire en faux contre les dépositions des témoins, ce qui est très-abusif; outre que cela multiplie les frais et esloigne le jugement des affaires (1), ce seroit admettre l'accusé à ses faits justificatifs avant la visite du procès, ce qui est expressément défendu par l'article premier du titre XXVIII de l'Ordonnance de 1670 (2). » Le même Pontchartrain, le 28 septembre 1710, adresse de vifs reproches aux magistrats de la ville et châtellenie de Furnes; il déclare « qu'il est inouy qu'on ait jamais condamné contradictoirement un accusé sans l'entendre auparavant, comme il est porté expressément par les articles 5 et 15 du titre XXVI de l'Ordonnance de 1670, qui veulent que dans ce cas l'accusé soit envoyé dans les cours où ressortissent les juges qui l'ont jugé en première instance, et qu'il y soit interrogé sur la sellette lors du jugement. Il ne suffit pas que toute la procédure faite contre luy y soit apportée, parce qu'on pense apprendre par le nouvel interrogatoire de l'accusé des circonstances qui peuvent servir à l'absoudre ou à le condamner à des peines plus ou moins fortes (3). » Parfois les tribunaux exagéraient encore les rigueurs de la loi : le 6 août 1679, le chancelier Le Tellier, écrivant à d'Aguesseau, intendant du Languedoc, est obligé de déclarer « qu'il n'y a pas d'inconvénient qu'un témoin, après avoir dit dans sa déposition qu'il a vu l'accusé dans l'action et y avoir persisté dans son récolement, puisse douter, à la confrontation qui lui est faite dudit accusé, s'il est le mesme dont il a entendu parler (4). »

(1) Cf. Poullain du Parc : *Principes*, tom. XI, chap. 14, pp. 350, ssq.
(2) *Correspondance administrative sous Louis XIV*, tom. II, pp. 450, 452.
(3) *Corresp. administrative*, tom. II, p. 489; cf. pour certains usages du Parlement de Toulouse, *ibid.*, p. 484.
(4) *Ibid.*, p. 215. Cette correspondance contient parfois de curieuses interprétations des usages. Voici ce que le président de Lamoignon écrit au procureur général de Harlay : « J'ai toujours ouï-dire que le Parlement ne donnoit jamais les motifs de ses arrests par escrit; cela se pratique seulement à l'égard des Parlements de province. Entre plusieurs raisons qu'on pourroit dire de cette différence, il y en a une essentielle qui est recevable en tous temps; c'est que les procureurs généraux des autres Parlements s'expriment par escrit estant éloignés; mais celuy du Parlement de Paris est auprès du roy et lui doibt de bou-

Les auteurs font également de fâcheuses observations sur l'article 20 du titre X de l'Ordonnance, qui ordonne aux procureurs du roi d'envoyer tous les six mois au procureur général l'état des écrous avec un état des procédures. Serpillon déclare « qu'il n'y a pas d'article de l'Ordonnance plus mal exécuté que celui-là, quoique très-important, pour que [les supérieurs puissent connoître les procédures qui auront esté négligées ou assoupies... Ce n'est pas que dans tous les temps il n'y ait eu à ce sujet des arrêts de règlement (1). »

D'Aguesseau, de son côté, protestera contre les coutumes locales, attestant « qu'en matière criminelle les coutumes mêmes des provinces, à plus forte raison de leurs tribunaux, ne sauraient jamais prévaloir contre les dispositions de l'Ordonnance. » A la fin du xviiie siècle, c'est une chose bien constatée que la diversité des jurisprudences en matière criminelle. « J'avouerai donc que le défaut de rédaction que j'attaque est un usage dans le Parlement de Paris et peut-être dans d'autres Parlemens du royaume. A la vérité, les autres Parlemens, et c'est le plus grand nombre, s'en tiennent à l'esprit et à la lettre de l'Ordonnance, qui leur commande, disent-ils, impérieusement la rédaction par écrit (2). » « Plusieurs tribunaux souverains admettent à déposer les parents des accusateurs et d'autres, au contraire, les repoussent; de sorte qu'il en est dans les tribunaux de certaines dépositions comme des monnaies dans les Empires; certaines dépositions ont cours dans un tribunal et ne l'ont pas dans un autre (3). » Poulain du Parc, dans les volumes qu'il consacre au droit criminel, s'arrête souvent pour constater la pratique particulière du Parlement de Bretagne (4).

Cette diversité des jurisprudences était d'ailleurs un fait naturel et inévitable. Les rédacteurs des Ordonnances avaient certes

---

che rendre compte de toutes les choses dont Sa Majesté veut estre esclairée. » P. 174.

(1) *Code criminel*, p. 574.
(2) Dupaty : *Mémoire pour trois hommes condamnés à la roue*, 1786, p. 116; il s'agit de la rédaction du dernier interrogatoire.
(3) Dupaty : *Mémoire*, etc., p. 180 ; cf. *Moyens de droit*, pour les mêmes, p. 36.
(4) Voy. par. ex. tom. XI, pp. 65, 350.

cherché à éviter ce résultat. Pussort avait indiqué le mal avec sa netteté et son énergie habituelles. « Il reste pour dernier remède de retrancher aux compagnies souveraines la liberté qu'elles ont usurpé d'interpréter les Ordonnances. C'est une entreprise sur l'authorité royalle, à laquelle seule appartenant de faire les lois, c'est d'elle aussi que doibvent procéder les interprétations. C'est un droit que les empereurs romains se sont toujours réservez, jusques-là que les juges qui estoient dans les provinces estoient obligez de les consulter toutes fois et quantes qu'il y survenoit quelque cas qui n'eust pas esté prévu par les loix, ou sur lequel les loix ne s'estoient pas assez nettement expliqué, et l'empereur Justinien, qui a compilé et rapporté ce que les empereurs Julien et Adrien en avoient ordonné, en donne une belle raison, parce que, dit-il, que Dieu n'a eslevé les empereurs au gouvernement des hommes, qu'afin qu'ils puissent réformer ce qui y seroit deffectueux et prescrire des bornes et règles certaines aux choses qui surviennent de nouveau et n'ont point esté préveues. Ceste règle a esté suivie par tous les jurisconsultes, qui ont décidé unanimement qu'il n'appartenoit point aux cours prétoriennes (en la place desquelles sont en ce royaume les souveraines) d'interpréter les loix sous quelque prétexte d'équité que ce soit, par deux raisons qui sont puissantes et sensibles. La première est que si on leur laissoit ceste liberté ils pourroient anéantir par leurs interprétations l'authorité des loix et s'ériger eux-mêmes en législateurs, et la deuxième que si cela estoit reçeu, tous les jugemens seroient arbitraires et dépendroient de la fantaisie, de l'humeur, de la passion et de l'intérest des juges et rien n'y seroit certain (1). » Aussi l'Ordonnance de 1667 portait-elle (tit. II, art. 7) : « Si dans les jugemens des procès qui seront pendans en nos cours de Parlement et nos autres cours, il survient aucun doute ou difficulté sur l'exécution de quelques articles de nos Ordonnances, Édits, Déclarations et Lettres-patentes, nous leur défendons de les interpréter; mais voulons qu'en ce cas elles ayent à se retirer pardevant Nous pour apprendre ce qui sera

---

(1) *Mélanges Clérambault*, n° 613, p. 438 (Mémoire de Pussort).

de Notre intention. » Mais cette défense ne pouvait qu'être vaine, Pussort luttait contre une sorte de loi naturelle, contre une nécessité logique, et il devait être vaincu.

III.

Plusieurs causes surtout devaient rendre l'Ordonnance inefficace sur bien des points. En première ligne était la question d'argent. Nous savons déjà par les Mémoires des Conseillers d'État quel rôle jouaient les épices, même en matière criminelle, et à cet égard rien n'avait été changé (1), si ce n'est que quelques économies avaient été opérées. Mais ce n'était pas tout. Lorsqu'il n'y avait pas de partie civile au procès, c'étaient les seigneurs pour leurs justices, les fermiers des domaines pour les justices royales qui devaient faire les frais. Or, les uns pas plus que les autres n'étaient disposés à financer; il en résultait que souvent, faute d'argent, l'action de la justice était suspendue. En 1664, le procureur général du Parlement de Bordeaux écrivait à Colbert : « Il est impossible d'obliger les receveurs ou fermiers de fournir aux frais qui sont nécessaires pour punir les criminels et les conduire dans leur appel, ils disent qu'ils n'ont point de fonds, si bien qu'il y a beaucoup de crimes énormes qui demeurent impunis (2). » En 1679, en Guyenne, on ne peut faire partir la chaîne des forçats faute d'argent (3); en 1707, une lettre du chancelier de Pontchartrain à l'intendant de Bourgogne signale de semblables inconvénients : « Il y a des condamnés au fouet qui languissent dans les prisons de Bourg en Bresse, parce qu'on ne peut contraindre le fermier à remettre 60 livres à l'exécuteur de Dijon (4). » Avec le désordre croissant des fi-

---

(1) Voy. *Lettre du chancelier Le Tellier* à Daulède, premier président du Parlement de Guyenne, 21 juillet 1679; il constate, entre autres choses, que les rapporteurs ne remettent les arrêts aux greffes qu'après avoir été payés de leurs épices (*Corresp. administ. sous Louis XIV*, tome II, p. 214). Voy. aussi 11 juin 1664 : Lettre de l'intendant Courtin à Colbert, décrivant les concussions des officiers de judicature d'Arras (*Ibid.*, p. 136).

(2) *Ibid.*, p. 133.

(3) *Corresp. administ. sous Louis XIV*, tome II, p. 214.

(4) *Ibid.*, p. 448.

nances de la monarchie, ces scandales n'étaient pas près de cesser.

La question d'argent n'entravait pas seulement les poursuites, elle les viciait souvent. Elle s'élevait à chaque instant devant les accusés au cours de la procédure. Rousseau de La Combe remarque sur l'article 14 du titre X de l'Ordonnance : « Il est défendu à tous greffiers, geôliers et au plus ancien prisonnier dans la prison, qui s'appeloit doyen ou prévôt, de rien prendre ni exiger des prisonniers en argent, vin ou vivres pour la bienvenue du prisonnier, c'est ce qui s'appeloit droit d'entrée ou de bienvenue. C'étoit une mauvaise coutume que l'Ordonnance a supprimée, corrigée et défendue ; on battoit même et insultoit le prisonnier qui ne vouloit pas faire cette dépense, et encore à présent on a bien de la peine à empêcher totalement cet abus (1). » En 1786, un ancien concierge des prisons rappelle comme une chose naturelle cette exploitation des détenus : « Il falloit payer le loyer d'une chambre pour ne point être confondu sur la paille avec les plus vils criminels, et se procurer les autres secours habituels, sans lesquels la prison devient un séjour affreux, pire que la mort (2). » Ici l'Ordonnance avait été totalement impuissante ; la vénalité des charges depuis les plus hautes jusqu'aux plus basses, le système déplorable des finances, étaient d'insurmontables obstacles.

Les rédacteurs de l'Ordonnance avaient cherché à assurer aux accusés la seule garantie que comportât le système qu'ils adoptaient, à savoir, la sincérité, la régularité des écritures, l'observation des formes. Mais ici encore ils se heurtaient à des impossibilités matérielles. Cette procédure écrite était trop minutieuse et trop compliquée, pour qu'elle ne se faussât pas, surtout aux mains des officiers inférieurs. A la veille de la Révolution, les témoignages abondent, attestant les abus. Lorsqu'il s'agissait en

---

(1) *Matières criminelles*, p. 34. Ces usages venaient de loin. Voy. Édit d'octobre 1485 (Isambert, xi, p. 150). Art. 38 : « La quarte de vin de bien venüe, le parler dessous la ceinture, le voler, le parler latin, telles truffes sont défenduës ; car les prisonniers sont assez chargez de payer les dépens nécessaires. »

(2) *Mémoire à consulter et consultation* pour le sieur Lecardé, ci-devant greffier des prisons de la conciergerie du palais à Rouen, contre M. Lecauchois, avocat au Parlement de Rouen. Paris, 1786, p. 22.

particulier des réponses des accusés ou des témoins, n'était-il pas incontestable que la transcription qu'en faisait le greffier, était bien souvent un écho éloigné des paroles prononcées : « Je prierois de considérer que la traduction que subissent souvent dans les premiers tribunaux les réponses des accusés, et même des questions souvent inintelligible, ne sauroit être que t... dèle; en voici un exemple dans cette procédure. Le prévôt demande à Simare s'il n'a pas eu de relations avec Bradier. Simare, qui ne sait pas ce que veut dire ce terme, répond : Non. Cependant Bradier est son beau-frère. Cependant à la question suivante, Simare convient avoir été avec Bradier à Salon. Les malheureux! on les interroge et ils ne comprennent pas! et on ne les comprend pas! Vous rédigez votre question et traduisez leurs réponses... Ah! que le métier des premiers juges, qui seuls interrogent, qui seuls traduisent, qui seuls rédigent, est délicat (1) ! » Un semblable vice était en réalité irréparable. Et encore, il arrivait souvent que la rédaction ne se faisait pas sur-le-champ, le greffier prenait seulement des notes, et rédigeait plus tard à loisir : « Je me rappelle en frémissant que c'est maintenant un usage dans plus d'un tribunal du royaume de ne prendre dans le tribunal que des notes des dépositions des témoins, ou des réponses des accusés et de les rédiger ensuite à son aise et à son gré hors du Palais (2). » Sans doute la loi défendait tout cela; mais la nature y poussait et rien n'était plus facile lorsque l'accusé et le témoin ne savaient pas signer.

Ces pièces écrites sur lesquelles l'arrêt devait être rendu, les magistrats ne les lisaient point tous. On écoutait le rapporteur et on se fiait à lui : « Je vis qu'il falloit au moins quatre heures et demie pour la seule lecture du procès, d'où je calculai qu'il avoit été impossible que ce procès eût été rapporté au parquet en trois quarts d'heure en l'absence de M. le procureur général du roy (3). » Enfin trop souvent les expéditions qui étaient envoyées aux juges d'appel étaient fautives : « On ne

---

(1) Dupaty : *Mémoire pour trois hommes condamnés à la roue*, p. 139.
(2) *Ibid.*, p. 66.
(3) *Mémoire justificatif* pour Marie, Françoise, Victoire Salmon, par M. Lecauchois, avocat au Parlement de Rouen. Paris, 1786, p. 10.

juge dans tous les tribunaux souverains que sur des expéditions faites et envoyées par un greffier de juridiction seigneuriale, souvent un greffier-commis. Cela fait trembler, je pourrois rapporter plusieurs exemples comme celui-ci où les expéditions ont été ●●●fiées. Et on veut qu'on se taise sur notre Ordonnance criminelle (1) ! »

C'était surtout dans les juridictions inférieures seigneuriales et royales que les fautes des officiers étaient nombreuses, et les règles de l'Ordonnance violées. « Sans doute le conseil de Sa Majesté est loin d'accueillir ce système vraiment inquiétant, qui par la corruption des mœurs et la foiblesse des caractères fait tous les jours de nouveaux progrès, qu'il ne faut point par des rigueurs, quoique légitimes, envers les juges inférieurs, décourager leur ministère et en diminuer encore le nombre qui diminue déjà trop... Une plainte s'est élevée depuis peu de tous les côtés contre les prévarications des tribunaux inférieurs, et ce cri a été traité de séditieux par quelques personnes. Non, ce cri n'est point séditieux : si cette plainte se taisoit, c'est que depuis deux siècles peut-être on en étouffait la voix (2). » Ce n'était point de l'exagération lorsqu'on disait que certaines causes venaient révéler « les mystères des justices subalternes (3). »

IV.

Si l'Ordonnance de 1670 n'était pas toujours respectée dans ses dispositions bienveillantes, elle ne l'était pas non plus quant aux règles de rigueur. Un point spécialement est à relever. L'Ordonnance faisait du secret de la procédure une règle inflexible. L'accusé ne devait jamais avoir communication des charges, de même que jamais il n'avait de conseil avant son interrogatoire, et qu'il en avait rarement après. Mais il est facile de montrer que ces principes cédaient assez aisément devant deux choses,

---

(1) Dupaty : *Mémoire*, p. 232 — Voyez *Mémoire* pour Catherine Estinès contre les officiers du siège royal de Rivière, par M. Lacroix, avocat. Toulouse, 1786,
(2) Dupaty : *Moyens de droit* pour Bradier Simare, etc. Paris, 1786, p. 60.
(3) *Mémoire* pour Catherine Estlinès, p. 54.

toujours puissantes et qui l'étaient surtout alors : le crédit des gens en place, et l'argent.

La faveur ou l'argent faisaient obtenir communication des pièces soit aux accusés, soit à leurs amis ; c'est vainement que la défense inscrite dans la loi est rappelée par ceux ~~qui dirigent~~ l'administration de la justice, et par ceux qui commentent l'Ordonnance. Le 25 juillet 1677, le marquis de Seignelay écrit au lieutenant du siège de l'Amirauté à Dieppe : « Je vous diray que les informations sont des pièces qui doivent estre tenues secrètes, et que vous ne devez communiquer à personne sans l'ordre exprès de Sa Majesté (1). » Voici quelques témoignages recueillis dans les *Archives de la Bastille*. Un homme de justice écrit à Seignelay, le 22 mai 1695 : « M. de Pomponne avait donné à M. l'ambassadeur de Savoie copie du premier interrogatoire, qui sur cela avait fait des consultations en faveur de Colonna ; il est venu me demander copie de la suite des procédures... j'ai cru devoir me tenir dans les règles et la refuser. M. de Pomponne m'ayant fait l'honneur de m'écrire que c'était la volonté du Roi, j'ai obéi (2). » Autre lettre du 24 avril 1676, d'un agent qui s'intéresse à l'accusé : « Je n'ai pu savoir non plus précisément ce que Mainrot a dit dans son interrogatoire sur la sellette, quoique j'aie fait agir une personne auprès du greffier, qui n'a point voulu le laisser voir, et a dit, quand on le lui a demandé pour le lire, qu'il avait ordre de le tenir secret (3). » — « L'Ordonnance, dit Serpillon, veut que les témoins soient entendus secrètement, et l'article 15 défend aux greffiers de communiquer les procédures. Cependant combien de contraventions à cette règle si étroitement recommandée, combien d'officiers qui, contre la foi de leurs charges, communiquent les procédures aux parties, surtout au petit criminel, s'imaginant que les défenses ne concernent que les matières graves, tandis que les Ordonnances ne font aucune distinction. Les parties civiles en abusent pour suborner les témoins lors des récollements et confrontations; l'accusé concerte ses réponses sur la connaissance qu'il a des

---

(1) *Corresp. administ. sous Louis XIV*, tome II, p. 206.
(2) Tome VI, p. 93.
(3) *Ibid.*, p. 184.

dépositions ; par ce moyen on ne peut découvrir la vérité, la justice n'est pas rendue, les crimes demeurent impunis (1). » Jousse n'est pas moins net : « Cette défense de communiquer les procédures secrètes est assez mal observée dans l'usage, et il n'arrive que trop souvent qu'on la viole impunément (2). »

A la fin du siècle, alors qu'on parle haut, on dit ouvertement comment les choses se passent. Ce sont les greffiers qui procurent les pièces, et les avocats les citent dans leurs mémoires. Cependant on respecte encore les formes dans certains écrits. Dans le mémoire de l'avocat Lacroix pour Catherine Estinès, l'auteur emploie souvent cette formule, quand il cite la déposition d'un témoin : « Tel témoin *doit* avoir dit. » Ces communications subreptices n'étaient point d'ailleurs généralement complètes, et en 1786, l'avocat général Séguier pourra dire dans un réquisitoire célèbre : « Personne n'ignore et les jurisconsultes eux-mêmes en conviennent, qu'un mémoire en matière criminelle n'est presque toujours qu'un assemblage de faits et de circonstances administrés par les accusés. Les défenseurs sont presque toujours dans la triste impossibilité d'en vérifier l'exactitude ; ils sont obligés de s'en rapporter à la déclaration de leurs parties (3). »

Une discussion curieuse, qui eut lieu en 1790 à l'Assemblée nationale, montre que dans les derniers temps, l'application de l'Ordonnance, quant au secret des procédures, était devenue assez incertaine. On discutait la loi nouvelle qui allait remplacer l'Ordonnance. « Autrefois, disait *M. Rey*, on faisait le récolement des témoins en présence de l'accusé; les magistrats, suivant plutôt l'esprit que la lettre de la loi, permettaient même la communication des charges. — *M. Fréteau* : Je dois à mon caractère de juge de déclarer que ce fait est faux. J'ai failli être chassé du Parlement de Paris pour avoir pris connaissance des charges d'une procédure. Non-seulement l'accusé n'avait pas ce droit,

---

(1) *Code Criminel*, p. 483.

(2) *Comment. sur l'Ordonnance de* 1670, p. 165.

(3) *Réquisitoire de* 1786, contre le mémoire de Dupaty, p. 14; page 25, il indique que l'auteur du mémoire « paroit avoir eu connoissance de la procédure. »

mais encore aucuns moyens humains ne lui donnaient la faculté de connaître les charges, et quand on dit que le projet de vos comités est plus absurde que les anciennes Ordonnances, c'est une chose que j'ai le droit de nier au nom de la magistrature entière. — *M. Goupil* : Et moi j'atteste qu'au Parlement de Rouen on donnait aux accusés copie des charges lorsqu'ils la demandaient ; j'ai eu dans mon cabinet les charges de diverses procédures, je les ai citées dans des mémoires en lettres italiques..., il n'est pas vrai que l'Ordonnance de 1670 ait défendu absolument cette communication ; elle la défendait seulement sans ordonnance des juges : l'Ordonnance pour la marine rédigée en 1681 sous les yeux des mêmes magistrats et dans le même esprit, n'interdit pas aux juges le droit de donner communication. — *M. Rey* : Dans le ressort du Parlement de Toulouse la communication était d'usage (1). »

Il était également possible d'avoir un avocat comme conseil. Ce n'est pas seulement le roman du xviii° siècle qui nous montre des accusés communiquant avec leur défenseur, même avant l'interrogatoire, les documents juridiques prouvent aussi que cette irrégularité n'était pas sans exemple (2). En tout cas, l'assistance d'un conseil semble de droit lorsque, après une condamnation en dernier ressort, un sursis étant accordé, l'accusé poursuivait la cassation ou la révision de l'arrêt (3). Lorsqu'on

---

(1) Séance du 28 octobre 1790 : *Moniteur* du 29.

(2) Voy. *Archives de la Bastille*, VI, p. 150. « Je fus ensuite le même jour chez le plus fameux avocat du Parlement pour les matières criminelles, nommé M. Beurcy, pour le consulter sur les moyens que l'on pouvoit prendre pour justifier la calomnie de ce que Colonna a déclaré dans son interrogatoire..., mais avant que de m'ouvrir à lui, lui ayant demandé s'il avoit consulté pour quelqu'un dans l'affaire de Colonna, il me dit qu'il avoit consulté pour le marquis de Livourne avec un autre avocat nommé M. Lambin. »

(3) Dupaty : *Mémoire*, p. 221 : « J'arrive à la prison, je demande ces trois malheureux ; on me les amène dans une chambre où j'attendois. » — Lecauchois, *Mémoire* pour la fille Salmon, p. 16 : « Que l'on considère les difficulés que j'ai dû éprouver dans environ 50 à 60 heures d'interrogatoire que j'ai fait prêter à cette fille..., quelles précautions il m'a fallu prendre pour, à l'aide de mes découvertes extérieures, tirer de l'accusée les éclaircissements à sa connoissance, sous les yeux de ses argus, et sans néanmoins qu'ils pussent y rien comprendre... Au surplus, je ne connois pas de loi qui ordonne que le défenseur ne pourra interroger son client ni conférer avec lui qu'en présence de témoins. »

avait gagné la compassion ou obtenu la connivence des geôliers ou gardiens des prisons, tout allait sans difficulté (1).

Mais tout cela était affaire de sollicitations et d'influences; c'était toujours l'arbitraire, parfois la liberté de la défense achetée à deniers comptants. C'était une inégalité choquante entre le riche et le pauvre : on le dira plus tard. « Étrange contradiction de notre Ordonnance criminelle. Elle se défie tellement des lumières, de l'exactitude, de l'éloignement, de l'obscurité des premiers tribunaux criminels, qu'elle accorde aux accusés le remède de l'appel de tous leurs jugemens quelconques aux tribunaux souverains; et cependant en privant les accusés d'un conseil, elle les prive par là même de tout moyen de faire usage de l'appel. — Que dis-je ? ils auroient pu, ces malheureux, profiter des ressources que leur accordoit l'Ordonnance ; ils auroient pu même avoir un conseil. Comment ? par quel moyen ? Le dirai-je ? S'ils n'eussent pas été pauvres. Hélas ! oui, s'ils n'avoient pas été pauvres, comme les riches ils auroient eu des conseils ; comme les riches ils auroient fait appel ; comme les riches, ils auroient connu le secret de la procédure à l'audience, ou ils l'auroient acheté dans les greffes, ils auroient présenté des requêtes, ils auroient publié des mémoires ; enfin croit-on que les juges de Chaumont eussent enseveli dans leurs cachots pendant trente mois trois hommes riches ? Quoi donc ! les loix destinées à secourir les malheureux et en proportion de leurs malheurs, les loix opprimeroient-elles au contraire les malheureux et en proportion de leurs malheurs ! Quoi donc ! les pauvres, les misérables, et, comme dit l'orgueil, la lie de la nation, vingt millions d'hommes, seroient-ils réduits à l'avenir à n'apprendre qu'ils ont un roi que par les vexations des traitants, des magistrats qu'à la vue des échaffauds, et un Dieu qu'après leur mort (2) ! » — « Hommes

(1) Dans l'affaire de la fille Salmon, le sieur Lecardé, concierge de la prison, reçoit six lettres de l'accusée, alors qu'elle a été transférée dans une autre geôle (*Mémoire* pour le sieur Lecardé, pp. 6, 7, 8, 9, 12, 15). Voy. *Archives de la Bastille*, VI, p. 159 : « Avant-hier, le nommé Rencontre détenu depuis deux ans en cette ville dans les prisons et par ordre de M. le procureur général du Parlement, chargé et recommandé deux fois, alla boire avec le geôlier dans un cabaret hors de la prison, où il l'enivra, et se sauva. »

(2) Dupaty : *Mémoire*, p. 237.

puissants vous n'êtes donc pas contents encore de votre justice criminelle? Voyez cependant tout ce qu'elle a déjà fait pour vous depuis plus de deux siècles, depuis Poyet jusqu'à Pussort. Elle a retranché de la défense des accusés toute communication de la procédure et tout conseil, et au préjudice seul du peuple, car vous avez de l'or. Elle a retranché de la défense des accusés la publicité qui observe la justice et qui la tient attentive, au préjudice seul du peuple, car vous, toute votre existence est si importante et si précieuse! Elle a retranché plus d'à moitié de la défense des accusés la faculté de se justifier et au préjudice seul du peuple, car vous, qui ose en effet vous inculper? Elle a retranché enfin des peines la modération et la proportion et au préjudice seul du peuple, car vous, toute la justice des rois est souvent nécessaire pour que la justice des loix vous atteigne (1). »

V.

Un dernier effet, produit par la publication de l'Ordonnance de 1670, reste à signaler. En composant ce code, les rédacteurs donnaient une base solide au droit criminel. Ils appelaient les savants commentaires, qui ne manquèrent pas. L'Ordonnance rendit possible une étude scientifique de la procédure pénale. Jusque-là on avait exposé des usages plutôt qu'interprété des lois : dans les œuvres des juristes les textes des Ordonnances n'intervenaient que par moments, comme soutien de l'exposition, dont elles ne constituaient point le véritable fondement ; il suffit de parcourir par exemple le traité d'Imbert pour se convaincre de cette vérité. Désormais l'interprétation s'attaquera corps à corps aux articles de l'Ordonnance, s'attachant à en dégager toutes les conséquences. Aux *pratiques* vont succéder les *commentaires;* tout au moins ceux-ci tiendront-ils le premier rang. L'exégèse ne tirera pas seule parti de l'Ordonnance; plusieurs ouvrages portent des titres qui révèlent une large synthèse : le *Code Criminel,* ou les *Institutes de droit criminel.* Cela con-

(1) Dupaty : *Moyens de droit pour Bradier,* etc., p. 43-44.

tribua puissamment à donner à la procédure criminelle française cette netteté et en même temps cette rigueur que ne connurent jamais les usages congénères des nations voisines.

Cette importance acquise par les commentaires, le principal auteur de l'Ordonnance, Pussort, ne la voulait nullement; son désir était tout opposé, et il ne cachait point sa pensée à ce sujet. Il conseillait au roi « de faire deffense à qui que ce soit de faire aucunes nottes ni commentaires sur les Ordonnances, ni aucun recueil d'arrestz sous peine de faux, dix mil livres d'amande et de confiscation des exemplaires; les commentaires des Ordonnances et les raisonnements tirez des arrests ne tendant qu'à en affoiblir l'authorité sous les prétextes spécieux d'équité et de la force des choses jugées (1). » Mais ici encore Pussort voulait lutter contre une tendance fatale.

Les ouvrages des criminalistes, en particulier ceux de Jousse et de Muyart de Vouglans, s'incorporèrent bientôt pour ainsi dire à l'Ordonnance; ils furent obéis par les tribunaux non moins que la loi elle-même. « Jousse a écrit cela et Jousse est l'esprit, la raison et la jurisprudence des tribunaux du royaume, oui, la jurisprudence. Le jurisconsulte Meynard ne disoit-il pas en traitant une question : les jurisconsultes ont ordonné? Et ils ont en effet ordonné, surtout dans la justice criminelle. Toutes les lacunes de notre législation criminelle si incomplète, si décousue, tombant en ruines, sont, si je puis parler ainsi, bouchées de maximes des criminalistes (2). » — « Ce n'est point sans doute des premiers tribunaux que l'on doit attendre et encore moins exiger l'abjuration de toutes les maximes barbares que les criminalistes ne cessent d'établir depuis tant de siècles dans la jurisprudence criminelle. Car la jurisprudence criminelle a été jusqu'ici abandonnée aux criminalistes par nos monarques, trop occupés la plupart d'accroître leur puissance pour s'occuper du bonheur de leurs sujets (3). »

(1) *Mélanges Clérambault,* n° 613, p. 453.
(2) Dupaty : *Mémoire,* p. 156.
(3) *Ibid.,* p. 227.

CHAPITRE DEUXIÈME.

La procédure criminelle et l'esprit public aux XVIIᵉ et XVIIIᵉ siècles.

I. Comment la procédure criminelle est appréciée au xviiᵉ siècle : La Bruyère, Augustin Nicolas, Despeisses. — II. Le mouvement philosophique du xviiiᵉ siècle. — III. Montesquieu et Beccaria. — La législation criminelle dans les œuvres de Voltaire. — IV. La procédure criminelle appréciée par les juristes du xviiiᵉ siècle. — V. Les Réformes de d'Aguesseau. — VI. Progrès de l'esprit de réforme : les discours de rentrée des magistrats; Servan; — les concours ouverts par les sociétés littéraires, Brissot de Warville; — Mémoires pour d'innocents condamnés; le barreau et la magistrature.

I.

L'esprit public, au xviiᵉ siècle, n'était point hostile à cette procédure inquisitoire et secrète que nous avons décrite. Elle semblait alors une rigueur nécessaire; on l'acceptait sans difficulté et d'instinct pour ainsi dire, comme le pouvoir absolu des rois et l'intolérance religieuse. Un immense besoin de soumission facile emplissait alors les esprits. Ce qui le montre bien, c'est qu'on pouvait, au théâtre, parler de ce que cette procédure avait de plus odieux, de la torture, et cela non par manière d'âpre satire, mais sous forme de plaisanterie. On connaît la scène des *Plaideurs* et la proposition que fait Dandin à Isabelle :

D. N'avez-vous jamais vu donner la question ?
I. Non, et ne la verrai, que je crois, de ma vie.
D. Venez, je vous en veux faire passer l'envie.
I. Hé! Monsieur, peut-on voir souffrir des malheureux ?
D. Bon! cela fait toujours passer une heure ou deux (1) !

Sans doute, Racine a mis là dans la bouche d'une femme une note attendrie; mais il n'a point l'intention de faire passer Dan-

---

(1) *Les Plaideurs*, act. III, sc. 4 (1668).

din pour un monstre et d'exciter l'horreur du public. De même, Molière fait dire à Harpagon, à qui l'on a volé sa cassette : « Je veux aller quérir la justice, et faire donner la question à toute ma maison, à servantes, à valets, à fils et à fille, et à moi aussi (1). » Cela ne fait frémir personne, et pourtant la pensée d'Harpagon, quant à ses valets, pouvait être une réalité de chaque jour : la dénonciation du maître était un indice prochain qui suffisait pour faire mettre un domestique à la torture. Madame de Sévigné parle fort tranquillement de la question (2). Parmi les écrivains littéraires, on ne trouve guère que La Bruyère qui ait protesté contre la torture; mais la protestation est énergique, elle peut être mise à côté de la fameuse tirade sur le paysan. « La question est une invention merveilleuse et tout à fait sûre pour perdre un innocent qui a la complexion faible, et sauver un coupable qui est né robuste. Un coupable puni est un exemple pour la canaille; un innocent condamné est l'affaire de tous les honnêtes gens. Je dirais presque de moi : Je ne serai pas voleur ou meurtrier, dire : « Je ne serai pas un jour puni comme tel, » c'est parler bien hardiment. — Une condition lamentable est celle d'un homme innocent à qui la précipitation et la procédure ont trouvé un crime; celle même de son juge peut-elle l'être davantage (3)? » — Et ailleurs : « Il faut des prisons et des supplices, je l'avoue, mais justice, lois et besoins à part, ce m'est une chose toujours nouvelle de contempler avec quelle férocité les hommes traitent d'autres hommes (4). » Certes, Beccaria et Voltaire ne diront pas mieux, mais cette voix éloquente est une voix isolée !

Cependant vers la fin du XVII° siècle, onze ans après la grande Ordonnance, une autre voix s'élève, haute et tou-

---

(1) *L'Avare*, act. IV,-sc. 7.

(2) « Enfin, c'en est fait, la Brinvilliers est en l'air; son pauvre petit corps a été jeté après l'exécution dans un fort grand feu et les cendres au vent... On l'a présentée à la question, elle a dit qu'il n'en était pas besoin et qu'elle diroit tout... Après cette confession, on n'a pas laissé de lui donner dès le matin la question ordinaire et extraordinaire, elle n'a pas dit davantage. » Lettre du 17 juillet 1676. Edit. Monmerqué, tom. IV, p. 528-529.

(3) *Les caractères*. De quelques usages.

(4) *Les caractères*. De l'homme.

chante; c'est celle d'un magistrat, Augustin Nicolas, président au Parlement de Dijon. Celui-là est un descendant intellectuel de Pierre Ayrault; c'est un de ces magistrats qui unissaient la science à la hauteur de l'âme. Il a été révélé de nos jours, on peut le dire, par MM. Laboulaye et Faustin Hélie (1). Il est digne de figurer à côté de Lamoignon dans cette étude historique : il relie Ayrault aux publicistes du xviiie siècle, et il est bon de montrer qu'en France, même aux plus mauvais jours de la procédure criminelle, la lumière du vrai ne s'est jamais éteinte, et que des hommes généreux se sont passé de l'un à l'autre le sacré flambeau.

L'ouvrage de Nicolas est un assez petit livre (2). Il ne traite point de la procédure criminelle en entier. L'auteur a concentré tout son effort sur un seul point, le plus odieux; il parle de la torture et spécialement de son emploi dans les procédures contre les sorciers. Augustin Nicolas n'est point du reste un révolté, ce qui serait bien étrange chez un magistrat du xviie siècle; il est respectueux de toutes les autorités, et il dédie son livre au Roi lui-même. Dans sa préface, selon le goût du temps, il compare le Roi à Hercule : « Vous feriez, Sire, avec moins d'effort que luy les mesmes effets en faveur des faibles et des innocens, si vous daignez embrasser la protection de cet ouvrage, et joindre votre pouvoir aux raisons qui soutiennent son raisonnement. Il n'appartient, Sire, qu'à un Roi aussi grand que vous, de corriger dans ses Estats les abus que ces derniers siècles ont puisez dans les auteurs les plus corrompus. C'est à un monarque de France d'extirper de son royaume par son pouvoir absolu et d'inviter par un exemple aussi noble les autres princes chrétiens de corriger dans leurs Estats tant d'injustes moyens de venir à la connoissance et au chastiment des crimes. Tant de pauvres innocens qui périssent dès si long-

---

(1) Voy. M. Laboulaye : *Revue des cours littéraires*, tome II, p. 770.

(2) Il est intitulé : « *Si la torture est un moyen sûr à vérifier les crimes secrets, dissertation morale et juridique, par laquelle il est amplement traité des abus, qui se commettent partout en l'instruction des procès criminels, et particulièrement en la recherche du sortilège.* A Amsterdam chez Abraham Wolfgang, près de la Bourse. 1682. »

temps par les horribles violences de la torture, tant de pauvres femmes aussi cruellement martirisées qu'injustement condamnées de sortilège sur des confessions arrachées à force de tourmens insupportables, tendent leurs mains au throne du grand Monarque de l'univers, qui vous a commis le gouvernement de tant de peuples!... Ce n'est pas le premier soin que Votre Majesté ait pris pour garantir ses Estats des tristes effets de la chicane et du brigandage de tant de procédures abusives. La France, qui fleurit aujourd'hui sur tous les Estats du monde en toutes sortes de sciences et de grands esprits, vous fournit abondamment ses grands génies pour soumettre à leur censure ce petit effort d'un de vos sujets. » Nicolas sent tellement quelle est l'importance des idées qu'il agite, qu'il s'adresse à tous les princes de la chrétienté : « Comme je croy en ce discours rendre à la République Chrétienne le plus grand service qu'on lui peut rendre, je ne crains point de l'adresser à tous les princes chrétiens, ni de les supplier en très-profond respect de se le faire lire et examiner sérieusement (1). » De même quant à la sorcellerie, il en appelle au prochain concile (2).

Il respecte non-seulement les autorités établies, mais même les préjugés de ses contemporains. Bien que tout son livre montre qu'il ne croit pas aux sorciers, il déclare que « c'est une marque très-seure d'ignorance de nier qu'il y ait des sorciers (3). » Il sent qu'il a contre lui la formidable puissance des idées reçues; il a longtemps hésité devant « la crainte de donner au public quelque chose qui pût sembler contraire aux opinions communes (4). » Il sait qu'il aura contre lui « ceux qui croyent affoiblir un raisonnement, en attaquant son autheur par les reproches grossiers d'avocat de sorciers et de protecteur de l'im-

---

(1) P. 188.

(2) « J'implore très-humblement le premier concile général qui sera assemblé légitimement d'examiner mes raisons sur ces matières avec une entière soumission à son jugement. » P. 109.

(3) P. 153; mais cf. p. 154 : « C'est une espèce de fureur de croire que les sorciers fassent tous les maux qu'on leur attribue. » — P. 137 : « Quoique disent les docteurs allemands de la quantité des sorciers de leur pays, ils ne sont pas tous si grands sorciers qu'ils se l'imaginent. »

(4) P. 7.

punité (1) ; » mais il sent aussi qu'il a un devoir à remplir, et il le dit en nobles termes : « Si l'on attend que les princes en reviennent d'eux-mesmes, c'est en vain. Tandis que les sçavans et les sages n'oseront leur en dire leurs sentiments, les princes qui s'en reposent sur leurs officiers, n'en sauront jamais entièrement le précis (2). »

Dans ce livre il y a deux esprits pour ainsi dire, qui s'entremêlent comme deux fils différents sur la trame d'une étoffe. D'un côté sont les démonstrations qui s'adressent aux contemporains; elles peuvent nous paraître longues, fastidieuses, puériles parfois; mais c'étaient les raisonnements utiles pour les hommes de ce temps, le langage qu'ils comprenaient. Ainsi Nicolas insiste sur ce que la torture est une institution du paganisme romain, et il allègue ouvertement que c'est une invention du diable (3). Il tient beaucoup à montrer qu'il n'y en a pas trace dans la loi de Moïse, ni dans la douce loi du Christ, et que le droit canon ne l'admet point (4). » Il soumet surtout à un examen attentif, trop long pour nous, tous les textes des lois romaines, qui règlementent la question et les passages de Cicéron et d'Aristote qu'on invoque en faveur de la torture. Cependant il faut remarquer qu'il fait preuve d'un sens historique assez sûr : il sait bien que « les premiers Romains qui s'en servirent, n'osèrent la pratiquer que sur les esclaves, » et qu'il en fut ainsi « pendant les bons siècles de la République romaine (5). » Il montre nettement que les *accusations de Majesté* de la loi romaine étaient bien différentes des crimes de lèse-majesté de la jurisprudence française (6).

Mais à côté de cela, il y a d'autres raisons, qui certainement sont pour lui les bonnes et les vraies; et ici, parlant par-dessus

---

(1) P. 52.
(2) P. 189.
(3) Voici un passage entre beaucoup d'autres, p. 33 : « Quiconque fera réflexion sur la source et sur les autheurs de la torture, ne pourra qu'il ne demeure d'accord que c'est une invention du Diable, suggérée à des payens et à des tyrans, pour l'oppression d'une infinité de gens de bien. »
(4) P. 190, cf. p. 81, ssq.
(5) P. 10.
(6) P. 66.

la tête de ses contemporains, il s'adresse aux esprits qui viendront plus tard et qui sauront le comprendre. On croit entendre un homme de la fin du xviiie siècle quand il revendique les droits de la raison et du bon sens. « Quoique je révère l'autorité des lois humaines autant que personne, je ne puis pourtant m'y soumettre lorsque le sens commun y répugne comme ici, et que la raison naturelle y contredit (1). » — « Nous voilà remis à l'égalité naturelle et à la justice de droit commun, qui veut que où le danger est plus grand on abonde de soins et de précautions pour la seurté de la preuve (2). » C'est qu'en effet, à bien des égards, Augustin Nicolas n'est pas un homme de son temps. Il est partisan de la tolérance religieuse (3), il a ce souci de l'observation précise, du détail pittoresque et familier, qui distingue nos habitudes d'esprit (4). Il se met personnellement en scène et fait appel à la conscience individuelle : « Je me compte le premier et je confesse ingénuement que je suis de ceux qui préféreroient une prompte mort à des douleurs si insupportables (la torture)..., et je ne fais aucun doute que tout l'homme de bien qui ne soit ni stoïque ni athlète, confessera la mesme chose de soy (5). »

Dans cet ordre d'idées, on devine comment Nicolas considère la torture : « Personne, dit-il, n'ignore qu'une seule demi-heure de torture ne contienne en soi plus de martire que trois supplices

---

(1) P. 15.

(2) P. 26.

(3) « Notre profession de christianisme n'a pas été exempte de ces funestes excès, lorsqu'un zèle mal ménagé nous a fait armer contre nos frères rebelles pour venger sur eux l'intérêt de la Divinité et l'altération de son culte et la foy que nous luy devons. » P. 50.

(4) Voyez sur la sorcellerie, p. 105 : « Que ces songeurs qu'on condamne sur la confession de leurs songes, et qu'on croit sur des complices d'une vision imaginaire, puissent avoir eu des idées du sabat par leurs propres sens extérieurs, sans les avoir reçeues en une assistance réelle, il est plus évident que la clarté du soleil. Quel est l'homme ou la femme, pour rustiques et campagnards qu'ils puissent estre, qui ne scache désormais jusqu'aux circonstances les plus menues, de ce qu'on dit estre fait dans ces sabats. Il ne faut qu'avoir esté assis une demy heure sous l'orme ou soubz la tille devant l'église de son village en conversation avec ses commères, au four, au moulin, aux veillées d'hyver, pour sçavoir ces particularités autant à peu près que Remi, Bodin, del Rio et le Maillet des sorciers nous en ont appris. »

(5) P. 29.

de la potence ou de l'échaffaud... au nom de Dieu sont-ce là des causes suffisantes à nous faire démembrer un homme tout vif et à nous exposer au hazard de le trouver innocent et tout au plus de le relâcher quoique criminel s'il a le bonheur d'un charme ou un tempérament à soutenir ces tourmens, ou de combler l'injustice en ajoutant à un innocent qui se confesse coupable par force un dernier supplice aux premiers martyres que nous lui avons déjà fait souffrir? Est-ce que ceci n'arrive pas tous les jours (1)? » Il fait voir des exemples nombreux d'innocents ayant avoué à la question, et montre avec une vérité frappante le juge s'irritant de plus en plus contre l'accusé qui ne veut pas avouer (2). Quant aux tourments il se refuse à les décrire : « Qui voudra sçavoir l'attirail de cette boucherie n'a qu'à lire les autheurs Italiens qui en traitent... La veille d'Espagne (torture par la privation de sommeil) qui oblige un homme à se soutenir de tous ses muscles en l'air l'espace de sept heures, pour ne pas s'appuyer sur un fer pointu qui lui entre dans le siège avec des douleurs insupportables; la veille de Marsile ou de Florence... nos trépieds à demi rouges pour asseoir de pauvres femmes idiotes accusées de sortilèges, macérées d'une prison effroiable, chargées de fers et de manotes, à demi pourries dans les ordures d'un croton puant et obscur, décharnées et à demi mortes, et on veut qu'un corps humain résiste à des tortures si diaboliques (3) ! »

Le style, on le voit, est pathétique et plein d'images; mais généralement le discours est modéré, empreint de pitié et non de colère : on sent la conscience d'un sage (4). Parfois, excité par le langage des auteurs qui parlent de la torture en artistes raffinés, il élève le ton à une puissante ironie : « Binsfeld loue l'in-

---

(1) P. 18.

(2) P. 29. « Il est des juges criminels si acharnez à tirer la confession de tous accusez, qu'ils se plaisent à inventer de nouveaux tourments où ils ajoutent quelque atrocité aux anciens pour réduire un accusé à confesser à quelque prix que ce soit. »

(3) P. 36.

(4) Des maximes jetées çà et là attestent cette largeur d'esprit : P. 134 : « Il est constant que la plupart des controverses humaines ont plus de passion que de raison. » — P. 70 : « C'est un vice assez commun aux hommes de mesurer Dieu à leurs mesures. »

vention de Marsile, qui avoit trouvé un doux moyen de faire confesser toutes sortes d'accusés sans leur rompre bras ni jambes (par la privation du sommeil)... N'est-ce pas là un doux moyen de trouver des mensonges et de perdre des innocens, et ne faut-il pas une étrange force de préjugé pour nous passer cela par la bouche d'un prestre et d'un théologien pour un petit martire, ou, comme dit Marsile, pour un tourment ridicule (1). Ce qui est déplorable en ces gens qui donnent tout à l'autorité sans avoir égard à la raison, c'est qu'un aussi sçavant homme que Jean Bodin s'est laissé infatuer lui-mesme de la rigueur barbare et inhumaine de ces martires, appelant la question des Turcs, qui est de ficher des pointes de fer comme des aleines entre les ongles et la chair du patient à tous les doigts des pieds et des mains, et cette façon de tourmenter d'Italie qu'il appelle la *veille florentine*, d'excellentes sortes de tourmens pour faire dire tout ce qu'on veut à un patient... Binsfeld ne sçavoit-il pas que les Italiens sont les hommes du monde les plus prompts à se servir des tourmens, parce que c'est une invention de leur pays. Il dit que Marsile faisoit confesser les plus robustes, mais il ne dit pas ce que nous scaurons un jour trop tard pour beaucoup de juges, combien de martyrs il a fait, croyant rencontrer des criminels (2). »

À tout cela que pouvait-on répondre? Il y avait une objection possible, et Nicolas la prévoit; c'est, qu'étant donné le système des preuves légales tel que nous l'avons décrit, la torture en paraissait le complément nécessaire, étant le seul moyen d'éviter de scandaleuses impunités. Il ne s'arrête point à cette difficulté, et s'il ne formule pas d'une façon nette la théorie des preuves morales, il la laisse entrevoir du moins, et par là, rentrant dans la vérité, trouve la vraie solution : « Mais, dira-t-on, si vous ôtez la confession arrachée par les tourments, vous nourrissez l'impunité des crimes dans un estat, et comme la conviction n'est pas toujours très-facile, vous serez contraint de relascher plusieurs criminels douteux par défaut de preuves et de confessions. Il y aura assez de criminels pour les exercer (les gens de justice)

---

(1) P. 30.
(2) P. 32.

quand la justice s'en tiendra aux moyens légitimes de la conviction, sans risquer son succès et l'équité de ses arrêts sur des confessions arrachées à force de tourmens insupportables, et Dieu ne sera pas moins servi qu'on épargne le sang de tant d'innocents que de répandre celui de quelques coupables (1)... On dit qu'il faut qu'un juge se contente d'une sûreté probable, et repose sa conscience sur ce que les loix et la pratique lui proposent pour règle de sa conduite. Mais si sa conscience lui reproche évidemment que la preuve sur laquelle il fonde son jugement sur la vie d'un homme est incertaine, je ne voy pas comment en une matière si grave, il peut avoir assez d'assurance pour s'en apaiser en son particulier, ni l'autorité publique qu'il exerce assez de justification devant Dieu ni devant les hommes (2). » Il montre surtout l'inanité de ces précautions multiples en faisant voir que dans les crimes secrets, on arrive à admettre même les témoins reprochables (3). » Le livre de Nicolas, bien entendu, ne convainquit personne. Il ne faudrait pas croire cependant qu'il passa inaperçu ; au XVIIIe siècle, nous verrons Rousseau de La Combe le citer avec les plus grands éloges.

Enregistrons enfin pour le XVIIe siècle deux autres protestations moins éclatantes contre la procédure criminelle alors suivie. C'est d'abord une courte note de l'abbé Fleury, le précepteur du duc de Bourgogne. Voici ce qu'il dit dans son *Avis Louis, duc de Bourgogne, puis dauphin* (p. 146) : « Réforme notre procédure criminelle tirée de l'inquisition ; elle tend plus à découvrir et punir les coupables qu'à justifier les innocents (4). » L'autre critique s'attaque à l'usage de la torture. Elle est cachée dans le *Traité des crimes et de l'ordre judiciaire observé ès causes criminelles* de Despeisses (5) : « Il ne faut p[as] toujours ajouter foy à ce qui est dit en la question... pour un fait incertain on fait souffrir à l'accusé une peine certaine. Cette invention de tourmenter est plutôt un essai de patience que de

---

(1) P. 43.
(2) P. 55.
(3) P. 17.
(4) Cité par Poullain du Parc, tom. XI, p. 5.
(5) Partie I, tit. x (Edit. Lyon, 1750, p. 1713).

vérité; car celuy qui peut souffrir (les tourmens) cache la vérité, et celuy pareillement qui ne les peut souffrir. La douleur me forcera aussitôt de dire ce qui n'est pas comme elle m'obligera à confesser ce qui est. Si celuy qui n'a pas fait ce dont on l'accuse est assez patient pour supporter ces tourmens, pourquoi ne le sera pas celui qui l'a fait, une si belle récompense que celle de la vie lui estant proposée? *Etiam innocentes coget mentiri dolor!* D'où il arrive que celui que le juge a appliqué à la question, pour ne pas le faire mourir innocent, il le fait mourir innocent et supplicié! car mille et mille ont chargé leurs têtes de fausses confessions. C'est chose horrible de rompre un homme de la faute duquel on est encore en doute. Que peut-il de l'ignorance que les juges ont du fait? Ne semble-t-il pas injuste que pour ne pas le tuer sans sujet, on lui fasse pis que de le tuer, étant cette information, plus pénible que le supplice. Il y en a qui sont si endurcis aux tourmens qu'ils ne peuvent jamais par iceux dire la vérité; il y en a d'autres qui aiment mieux mourir en avouant faussement ce qu'ils n'ont pas fait que de souffrir les tourmens. »

Mais ces réflexions de quelques esprits isolés ne s'adressaient pas à la foule. En 1750, l'avocat Barbier ne trouve à dire que ceci sur un innocent mis à la torture : « On a condamné, après une longue prison, un pauvre cabaretier de Charenton à la question ordinaire et extraordinaire, qu'il a soufferte pour vol sur le grand chemin, dont il était innocent suivant la déclaration du véritable voleur, qui a été pris et qui a été rompu. Ce qui fait voir la délicatesse de la fonction de juge dans les affaires criminelles (1) ! »

II.

Cependant peu à peu les idées anciennes, la vieille conception de la société, devaient céder sous la poussée d'un esprit nouveau. La philosophie du xviiie siècle se levait, et pour la décision de toutes les questions sociales, elle n'admettait plus que deux

(1) *Journal*, IV, p. 446.

principes : la raison et ce sentiment de sympathie pour l'espèce humaine, qu'on appela l'*humanité* ou la *nature* (1). Les philosophes, selon le mot de l'un de leurs disciples, avaient pour cri de guerre : raison, tolérance, humanité (2).

Quoi de plus déraisonnable qu'une procédure criminelle où l'accusation est tout et la défense rien ; où le juge, armé d'un pouvoir terrible, se sent en même temps enchaîné par une théorie des preuves qui lui dicte sa décision et domine sa conviction intime? Quelle étrange idée d'infaillibilité, contradictoire dans ses termes? Quoi de plus inhumain que ces longs emprisonnements, ces interrogatoires secrets et perfides, cette torture enfin, qui vient couronner l'œuvre? « J'entends la voix de la nature qui crie contre moi, » dit Montesquieu, voulant expliquer la question (3). — « Si ces hommes sont coupables, dira Servan, ils sont encore dignes de pitié ; mais si ces hommes sont innocents, ô douleur! ô pitié! A cette idée, l'humanité pousse du fond du cœur un cri terrible et tendre (4)! » — Beccaria déclare qu'il vient combattre « avec les armes de la raison ; » il appelle le temps « où la douceur et l'humanité feront pardonner aux princes leur puissance (5). » Devant ces autorités nouvelles, le vieux droit criminel ne pouvait pas tenir longtemps.

Ce n'est pas tout. Ces intelligences actives, qui veulent réformer le monde, ont entrepris une vaste enquête dans le passé et dans le présent : on cherche ce qui fut jadis, ce qui existe actuellement dans les pays étrangers. Et dans ces investigations les institutions de deux peuples ont surtout attiré l'attention; celles

---

(1) Voy. M. Taine : *Les origines de la France contemporaine*, tom. I, liv. III, ch. III, pp. 266, ssq ; 276, ssq ; liv. IV, pp. 384, ssq.

(2) Condorcet : *Tableau historique des progrès de l'esprit humain*, 9ᵉ époque. Condorcet définit ce qu'on entendait par le mot humanité ou nature : « C'est le sentiment d'une compassion tendre, active pour tous les maux qui affligent l'espèce humaine, d'une horreur pour tout ce qui, dans les institutions publiques, dans les actes du gouvernement, dans les actions privées, ajoutait des douleurs nouvelles aux douleurs inévitables de la nature. »

(3) *Esprit des lois*, liv. XVI, ch. 17.

(4) *Discours de Servan* (en tête du *Code criminel* de Serpillon, p. 14), il termine par ces mots : « Celui qui n'aime pas ses semblables est un aveugle qui méconnaît la nature; celui qui pourrait les haïr est un monstre qui l'outrage. »

(5) *Des délits et des peines*, préface.

des Romains et celles des Anglais. Or, il se trouve qu'à Rome, à l'époque la plus belle de son histoire, et en Angleterre à ce moment même, on découvre une procédure pénale toute différente de celle qu'on subit : c'est la publicité des débats, la pleine liberté de la défense, le jugement par des jurés. Sans doute, on n'avait point ignoré jusque-là quelle fut la procédure criminelle des Romains. Le vieil Ayrault l'avait exposée avec une science, qui fait de son livre admirable un ouvrage classique, où la critique française et allemande va de nos jours encore puiser des renseignements. C'était même cet exemple des anciens qu'il invoquait sans cesse contre les méthodes détestables de son temps. Mais sa voix n'avait pas été entendue. La notion historique de ces faits n'en subsista pas moins ; c'est ainsi qu'on la trouve dans Imbert (1). Lamoignon disait dans les conférences sur l'Ordonnance : « Si on vouloit comparer notre procédure criminelle à celle des Romains et des autres nations, on trouveroit qu'il n'y en a point de si rigoureuse que celle qu'on observe en France (2). » « A Rome, écrit Muyart de Vouglans, l'accusation étoit publique, l'accusé avoit l'avantage de connoître en même temps et son accusateur qu'il pouvoit récriminer, et les témoins qu'on lui opposoit qu'il pouvoit reprocher, et enfin le crime dont on l'accusoit, contre lequel il pouvoit fournir aussitôt ses défenses, auxquelles l'accusateur étoit obligé de répliquer sur-le-champ ou dans un bref délai qui lui étoit accordé ; il pouvoit de plus se faire assister d'un avocat (3). » Tout cela n'inquiétait point nos jurisconsultes et ne les faisait point douter de la bonté de leurs usages. Le droit romain, ailleurs si respecté, n'avait plus d'influence sur ce point. Mais les novateurs s'empresseront de ramasser cette arme. Montesquieu cite constamment les lois de Rome en matière pénale ; Voltaire écrit : « Chez les Romains les témoins étaient entendus publiquement, en présence de l'accusé qui pouvait leur répondre, les interroger lui-même ou leur mettre en tête un avocat. Cette procédure était noble et franche ; elle res-

---

(1) *Pratique*, liv. III, chap. 13, n° 3.
(2) *Procès-verbal*, p. 163.
(3) *Instit. crim.*, part. III, ch. 2, p. 69.

pirait la magnanimité romaine (1). » A la Constituante, on entendra parler du jury, « comme chez les Romains (2). » Mais c'est surtout vers l'Angleterre que se tournent les yeux, vers l'Angleterre qui a su conserver la liberté politique et avec elle toutes les autres. Souvent c'est dans la bouche d'un Anglais que nos philosophes mettent leurs théories politiques (3). Parmi les institutions du peuple anglais, il n'en était pas de plus parfaite que la procédure criminelle. Montesquieu la cite souvent alors même qu'il ne la nomme pas (4), et Voltaire ne se lasse pas de rappeler ce qui se passe au delà de la Manche : « *C.* De tous les États, quel est celui qui vous paraît avoir les meilleures lois, la jurisprudence la plus conforme au bien général et au bien des particuliers? — *A.* C'est notre pays (l'Angleterre) sans contredit. La preuve en est que dans tous nos démêlés nous vantons toujours notre heureuse constitution, et que dans presque tous les autres royaumes on en souhaite une autre. Notre jurisprudence criminelle est équitable et n'est point barbare. Nous avons aboli la torture, contre laquelle la nature s'élève en vain dans d'autres pays. Ce moyen affreux de faire périr un innocent faible, et de sauver un coupable robuste a fini avec notre infâme chancelier Jeffreys, qui employait avec joie cet usage infernal sous le roi Jacques II; on ne refuse point comme ailleurs un conseil à l'accusé; on ne met point un témoin qui a porté trop légèrement son témoignage dans la nécessité de mentir, en le punissant s'il se rétracte; on ne fait point déposer les témoins en secret, ce serait en faire des délateurs, la procédure est publique; les procès secrets n'ont été inventés que par la tyrannie (5). » — « Heureusement, en Angleterre aucun procès n'est secret, parce que le châtiment des crimes est destiné à être une instruction publique aux hommes et non pas une vengeance particulière; les interrogatoires se font à portes ouvertes et tous les procès intéressants sont publiés dans

---

(1) *Commentaire sur le Traité des délits et des peines*, ch. 22.
(2) M. Mougin : « L'établissement de quelques jurés suivant le mode qui était en usage chez les Romains. » Séance du 27 octobre 1790. *Moniteur du 29.*
(3) Mably : *Des droits et des devoirs du citoyen.*
(4) *Esprit des Lois*, l. VI, ch. 2 et 3; liv. XII, ch. 2.
(5) *L'A B C, ou Dialogues entre A, B et C* (quinzième entretien).

les journaux (1). » — « En Angleterre, un simple emprisonnement fait mal à propos est réparé par le ministre qui l'a ordonné (2). » — « En Angleterre, île fameuse par tant d'atrocités et par tant de bonnes lois, les jurés étaient eux-mêmes les avocats de l'accusé. Depuis le temps d'Édouard VI ils aidaient sa faiblesse, ils lui suggéraient toutes les manières de se défendre; mais sous le règne de Charles II on accorda le ministère de deux avocats à tout accusé, parce qu'on considère que les jurés ne sont juges que du fait, et que les avocats connaissent mieux les pièges et les évasions de la jurisprudence. En France, le Code criminel paraît être dirigé pour la perte des citoyens, en Angleterre, pour leur sauvegarde (3). » Bientôt le livre imparfait mais très-lumineux de de Lolme attirera l'attention sur la procédure par jurés comme sur toutes les institutions anglaises (4); la traduction des Commentaires de Blakstone passera de main en main (5); et lorsque la Révolution viendra réaliser le programme des philosophes, c'est l'Angleterre qui fournira pour le droit criminel un modèle aux constituants.

Voilà les nouveaux principes, et les nouveaux modèles qu'on se propose de suivre. Le vieux droit pénal, la vieille procédure sont attaqués de toutes parts. Dès 1721, Montesquieu, dans les *Lettres persanes*, établit ses axiomes profonds sur la nature et l'efficacité des peines (6); puis dans les livres VI et XII de l'*Esprit des lois*, il pose les vrais principes du droit pénal et de la procédure criminelle. Vient ensuite Beccaria, le disciple de Montesquieu (1766). Rousseau, préoccupé avant tout des questions de morale et de politique, s'occupe peu des lois criminelles; il leur consacre un mot en passant dans le *Contrat social*; mais sur le droit pénal ses principes devaient avoir dans la suite la plus haute influence. Voltaire fut surtout en ces matières le grand

---

(1) *Histoire d'Élisabeth Canning et de Calas.*

(2) *Comment. des délits et des peines*, ch. 32.

(3) *Prix de la justice et de l'humanité*, art. 32 (1777).

(4) *Constitution de l'Angleterre*, par M. de Lolme (nouvelle édition, Genève 1790), tom. I, liv. I, ch. 11 et 12. De la justice criminelle.

(5) Voyez aussi : *Recherches sur les cours et les procédures criminelles d'Angleterre, extraites des Commentaires de Blakstone*, 1790.

(6) *Lettres persanes*. Lettre 78.

apôtre et le propagateur de la bonne doctrine. Il y revient sans cesse dans de nombreux écrits : *Mémoires pour les Calas* ; *Histoire d'Elisabeth Canning* ; *Relation de la mort du chevalier de La Barre* ; *La méprise d'Arras* ; *Procès criminel du sieur Montbailly et de sa femme* ; *Commentaire sur le Traité des délits et des peines* ; *Traité de la tolérance* ; *Prix de la justice et de l'humanité* ; la liste est longue et elle n'est pas complète.

Ce ne sont là que les voix les plus hautes ; à côté des maîtres parlent les disciples, et ils sont nombreux. Nous ne pouvons entrer dans le détail de ces œuvres ; mais il nous paraît utile d'analyser les idées des trois hommes qui firent le plus parmi les philosophes pour la réforme de la loi criminelle : Montesquieu, Beccaria et Voltaire.

III.

Montesquieu, pour la procédure criminelle, comme pour le droit pénal, s'en tient aux idées générales : « La liberté politique, dit-il, consiste dans la sûreté, ou du moins dans l'opinion qu'on a de sa sûreté. Cette sûreté n'est jamais plus attaquée que dans les accusations publiques ou privées. C'est donc de la bonté des lois criminelles que dépend principalement la liberté du citoyen... Les connaissances que l'on a acquises dans quelques pays, que l'on acquerra dans d'autres sur les règles les plus sûres que l'on puisse tenir dans les jugements criminels, intéressent le genre humain plus qu'aucune chose qu'il y ait au monde. Ce n'est que sur la pratique de ces connaissances que la liberté peut être fondée, et dans un état qui auroit là-dessus les meilleures lois possibles, un homme à qui on feroit son procès et qui devroit être pendu le lendemain, seroit plus libre qu'un pacha ne l'est en Turquie (1). » Voilà un axiome capital : la procédure criminelle ne regarde pas seulement les malfaiteurs ; elle est la garantie de toutes les libertés ; c'est ainsi que Rossi dira : « Le Jury et le Parlement anglais sont les colonnes d'un même édifice. »

---

(1) *Esprit des Lois*. Liv. XII, ch. 2.

Mais à quelles conditions les lois criminelles seront-elles réellement protectrices? Il faudra deux choses : des formes certaines et la possibilité d'une libre défense. « Dans les républiques il faut pour le moins autant de formalités que dans les monarchies. Dans l'un et l'autre gouvernement, elles augmentent en raison du cas que l'on y fait de l'honneur, de la fortune, de la vie et de la liberté des citoyens...; dans les États modérés, où la tête du moindre citoyen est considérable, on ne lui ôte son honneur et ses biens qu'après un long examen, on ne le prive de la vie que lorsque la patrie elle-même l'attaque, et elle ne l'attaque qu'en lui laissant tous les moyens possibles de se défendre (1). » Ajoutez à cela la nécessité de lois fixes qui ne laissent rien à l'arbitraire du juge (2), et on aura la théorie de Montesquieu.

Quant au détail, avons-nous dit, il l'a peu traité; deux ou trois points seulement ont été dégagés par lui. Pour l'accusation il admet l'institution du ministère public, qui devait en effet survivre à l'ancien droit, après une courte disparition : « Nous avons aujourd'hui une loi admirable; c'est celle qui veut que le prince, établi pour faire exécuter les lois, prépose un officier dans chaque tribunal pour poursuivre en son nom tous les crimes; de sorte que la fonction des délateurs est inconnue parmi nous, et, si ce vengeur public était soupçonné d'abuser de son ministère, on l'obligeroit de nommer son dénonciateur (3). » Montesquieu a flétri la torture (4); mais, chose curieuse, il approuve sinon le système entier des preuves légales, au moins la règle qui veut que deux témoins soient nécessaires pour prononcer une condamnation (5); sur ce point, Voltaire sera plus clairvoyant.

Le *Traité des délits et des peines* du marquis de Beccaria fut publié à Milan en langue italienne (6), mais une traduction en

---

(1) *Esprit des Lois.* Liv. VI, ch. 22.
(2) *Ibid.* Liv. VI, ch. 3.
(3) *Ibid.* Liv. VI, ch. 8.
(4) *Ibid.* Liv. VI, ch. 17.
(5) *Ibid.* Liv. XII, ch. 3.
(6) Quant à l'influence des philosophes français sur Beccaria, voyez M. Paul Janet : *Histoire de la philosophie morale et politique*, tome II, pp. 412, ssq.

français par Morellet parut au mois de février 1766 (1). Son influence fut immense, plus grande encore en France qu'en Italie.

Avec Beccaria nous entrons dans le détail; après quelques chapitres consacrés à la nécessité des peines fixes, il attaque les abus de la détention préventive (ch. VI), les accusations secrètes (ch. IX), le serment imposé aux accusés (ch. XI), les interrogatoires suggestifs (ch. X), et enfin la torture. Il demande la publicité des jugements et des procédures : « Que les jugements soient publics; que les preuves du crime soient publiques, et l'opinion, qui peut être le seul lien des sociétés, mettra un frein à la violence et aux passions (ch. VII). »

Quant au système des preuves, évidemment il tend vers les preuves morales : il préfère « l'ignorance qui juge par le sentiment; » — « pour juger il ne faut que le simple bon sens et ce guide est moins trompeur que tout le savoir d'un juge. » Cependant il dit aussi : « Il est important, dans une bonne législation, de déterminer d'une manière exacte le degré de confiance que l'on doit accorder aux témoins et la nature des preuves nécessaires pour constater le délit (ch. VIII). »

Les réformes qu'il réclame, on le voit, ne sont pas en réalité bien hardies; elles ne vont pas beaucoup au delà de ce que demandait jadis le président de Lamoignon. Mais tout cela était réclamé comme les droits de la raison, et l'on comprend l'émotion profonde que le livre causa; les principes du droit pénal proprement dit y tenaient d'ailleurs une grande place. « Beccaria, dit Condorcet, réfutait en Italie les maximes barbares de la jurisprudence française. » Morellet, le traducteur de l'ouvrage, envoya à Beccaria les félicitations de tous les philosophes français : « Je suis particulièrement chargé de vous faire les remerciements et les compliments de M. Diderot, de M. Helvetius, de M. de Buffon... J'ai porté votre livre à M. Rousseau;... M. Hume, qui vit avec nous depuis quelque temps, me charge de vous dire

---

(1) *Lettre de Morellet*, à Beccaria, 1766 : « C'est M. Malesherbes, avec qui j'ai l'honneur d'être lié, qui m'a engagé à faire passer votre ouvrage dans notre langue, il y a aujourd'hui huit jours que ma traduction a paru. »

mille choses de sa part... Je ne vous parle pas de M. d'Alembert qui a dû vous écrire (1). »

Voltaire a commenté le *Traité des délits et des peines* ; mais ses œuvres consacrées à la législation criminelle ont pour nous un intérêt bien plus vif que le livre de Beccaria. Dans Voltaire, en effet, nous allons trouver, non plus de nobles généralités ou des tirades généreuses, mais la critique précise, presque technique de l'Ordonnance de 1670. Il apporte ici la lumière de son admirable bon sens, jointe à ce besoin d'information précise qui lui est propre.

« L'Ordonnance criminelle, dit-il, en plusieurs points semble n'avoir été dirigée qu'à la perte des accusés. C'est la seule loi qui soit uniforme dans tout le royaume. Ne devrait-elle pas être aussi favorable à l'innocent, que terrible au coupable (2) ? Cette procédure est bien plus rigoureuse depuis 1670, elle eût été bien plus douce, si le plus grand nombre des commissaires eût pensé comme M. de Lamoignon (3). » On peut suivre toutes les phases de la procédure dans la critique que Voltaire en fait. Il ne dit rien des plaintes et dénonciations par lesquelles commence le procès ; et, en effet, il n'y avait en cette matière que de sages prescriptions, qui ont subsisté (4). Arrivé à l'information, il se trouve en face de deux abus, le secret et les monitoires : « S'il y a quelques cas où un monitoire est nécessaire, il y en a beaucoup d'autres où il est très-dangereux ; il invite les gens de la lie du peuple à porter des accusations contre les personnes élevées au-dessus d'eux dont ils sont toujours jaloux... Il n'y a peut-être rien de plus illégal dans les tribunaux de l'Inquisition, et une grande preuve de l'illégalité de ces monitoires, c'est qu'ils ne viennent point directement des magistrats ; c'est le pouvoir ecclésiastique qui les décerne (5). »

---

(1) *Lettre de Morellet à Beccaria*, février 1766.
(2) *Commentaire du Traité des délits et des peines*, ch, XXIII.
(3) *Ibid.*
(4) Par une singulière idée, il regrette la disparition de l'ancienne accusation par *partie formée* : « Heureuses les nations assez sages pour statuer que tout accusateur se mettrait en prison en faisant enfermer l'accusé. C'est de toutes les lois la plus juste. » *Prix de la justice et de l'humanité*, art. XXII, § 3.
(5) *Relation de la mort du chevalier de La Barre*. « Il n'y avait point de preuve

Sur le secret de la procédure les remarques abondent : « Toutes les procédures secrètes ressemblent peut-être trop à la mèche qui brûle imperceptiblement pour mettre le feu à la bombe. — Est-ce à la justice à être secrète? Il n'appartient qu'au crime de se cacher. C'est la procédure de l'Inquisition (1). » — « Chez nous tout se fait secrètement. Un seul juge avec son greffier entend chaque témoin, l'un après l'autre. Cette pratique, établie par François Ier, fut autorisée par les commissaires de Louis XIV, qui rédigèrent l'Ordonnance de 1670. Une méprise seule en fut la cause. On s'était imaginé en lisant le Code *de Testibus* que ces mots : *testes intrare judicis secretum* signifiaient que les témoins seraient interrogés en secret. Mais *secretum* signifie le cabinet du juge : *intrare secretum*, pour dire parler secrètement ne serait pas latin. Ce fut un solécisme qui fit cette partie de notre jurisprudence (2). » Ici Voltaire cède à ce penchant pour l'anecdote qui lui fait souvent chercher dans de petits faits la cause de grands événements; sans doute, dans Bornier qu'il cite, on trouve bien cette méprise indiquée comme la cause de « cet usage ou plutôt cet abus d'ouïr les témoins secrètement (3), » mais nous savons comment s'introduisit et se maintint la procédure secrète. Peu importe, le publiciste fait flèche de tout bois. Le récolement ne paraît pas à Voltaire moins défectueux que la première déposition : « Les déposants sont pour l'ordinaire des gens de la lie du peuple, à qui le juge, enfermé avec eux, peut faire dire tout ce qu'il voudra. Ces témoins sont entendus une seconde fois, toujours en secret ; ce qui s'applle le récolement (4). »

Ces témoins, comment l'accusé pourra-t-il les confondre? Au moyen de la confrontation; mais « la loi semble obliger le magistrat à se conduire envers l'accusé plutôt en ennemi qu'en juge. Le juge est le maître d'ordonner la confrontation ou de l'omettre

---

contre mes parents, dit Donat Calas dans son Mémoire, et ne pouvait y en avoir, on eut recours à un monitoire... On supposait le crime et on demandait la révélation des preuves. »

(1) *Prix de la justice*, art. xxii, § 5.
(2) *Comment. sur le Traité des délits et des peines*, ch. xxiii.
(3) Bornier, sur l'article 11, titre vi de l'Ordonnance de 1670 (tom. II, p. 82).
(4) *Commentaire sur le Traité des délits et des peines*, art. xxiii.

si besoin est, confrontez dit l'Ordonnance). L'usage semble en ce point contraire à la loi qui est équivoque; il y a toujours confrontation; mais le juge ne confronte pas toujours tous les témoins, il omet ceux qui ne lui semblent pas faire une charge considérable; cependant tel témoin qui n'a rien dit contre l'accusé dans l'information peut déposer en sa faveur à la confrontation; le témoin peut avoir oublié des circonstances favorables au prévenu. Le juge peut lui-même n'avoir pas senti d'abord l'importance de ces circonstances et ne pas les avoir rédigées (1). » D'ailleurs la confrontation est illusoire : « Si après le récolement ils (les témoins) se rétractent dans leurs dépositions ou s'ils changent dans des circonstances essentielles, ils sont punis comme faux-témoins. De sorte que lorsqu'un homme d'esprit simple, et ne sachant pas s'exprimer, mais ayant le cœur droit et se souvenant qu'il a dit trop ou trop peu, qu'il a mal entendu le juge, ou que le juge l'a mal entendu, révoque ce qu'il a dit par un principe de justice, il est puni comme un scélérat et il est forcé souvent de soutenir un faux-témoignage par la seule crainte d'être traité en faux-témoin (2). »

L'accusé d'ailleurs est seul et sans conseil : « Plonger un homme dans un cachot, l'y laisser seul en proie, à son effroi et à son désespoir, l'interroger seul quand sa mémoire doit être égarée par les angoisses de la crainte et du trouble entier de la machine, n'est-ce pas attirer un voyageur dans une caverne de voleurs pour l'y assassiner? C'est surtout la méthode de l'Inquisition. Ce mot seul imprime l'horreur (3). » « S'il s'agit d'un crime, le prévenu ne peut avoir d'avocat; alors il prend le parti de la fuite. C'est ce que toutes les maximes du barreau lui conseillent... quoi, votre loi permet qu'un concussionnaire, un banqueroutier frauduleux ait recours au ministère d'un avocat et très-souvent un homme d'honneur est privé de ce secours (4) ! »

Enfin vient la dernière cruauté, la dernière absurdité, la torture : « puisqu'il est encore des peuples chrétiens! que dis-je? des

---

(1) *Comment. des délits et des peines*, art. XXIII.
(2) *Ibid.*
(3) *Prix de la justice*, art. XXXIII.
(4) *Comment. des délits et des peines*, ch. XXIII.

prêtres chrétiens, des moines chrétiens qui emploient la torture pour leur principal argument, il faudrait commencer par leur dire que les Caligula, les Néron, n'osèrent jamais exercer cette fureur contre un seul citoyen romain... On ne rencontre dans les livres qui tiennent lieu de Code en France que ces mots affreux : question préparatoire, question provisoire, question extraordinaire, question avec réserve des preuves, question sans réserve des preuves, question en présence de deux conseillers, question en présence d'un médecin, d'un chirurgien, question qu'on donne aux femmes et aux filles, pourvu qu'elles ne soient pas enceintes. Il semble que tous ces livres aient été composés par le bourreau (1). »

Plus loin, citant un passage de d'Aguesseau, où celui-ci déclare que si la preuve n'est pas complète on ne peut ordonner que la question ou un plus ample informé, il s'écrie : « Quel est donc l'empire du préjugé, illustre chef de la magistrature? Quoi! vous n'avez point de preuves, et vous punissez pendant deux heures un malheureux par mille morts, pour lui en donner une d'un moment... Est-il possible, qu'il vous soit égal d'ordonner des tourments ou un plus ample informé! quelle épouvantable et ridicule alternative! » Il connaît bien la jurisprudence sur ce point : « malheureusement, on ne convient pas trop quels sont les indices assez puissants pour engager un juge à commencer par disloquer les membres de son égal par le tourment de la question. L'Ordonnance de 1670 n'a rien statué sur cette affreuse opération préliminaire. Un indice n'est précisément qu'une conjecture. Du moins la torture ne doit être ordonnée en France que quand il existe un corps de délit (2). »

Voltaire, sans peut-être se rendre un compte très-exact de l'importance des preuves légales dans l'ensemble du système, est celui qui les a attaquées le plus vigoureusement : « Dieu de justice, que d'exemples de ces erreurs meurtrières qui se renouvellent chaque année en Europe dans presque tous ces tribunaux gouvernés par la compilation de Justinien ou par l'ancienne

---

(1) *Prix de la justice*, art. XXIV.
(2) *La méprise d'Arras.*

coutume féodale! Le cœur se flétrit et la main tremble quand on se rappelle combien d'horreurs sont sorties du sein de ces lois mêmes. Alors on serait tenté de souhaiter que toute loi fût abolie, et, qu'il n'y en eût d'autre que la conscience et le bon sens des magistrats. Mais qui nous répondra que cette conscience et ce bon sens ne s'égarent pas (1)? » Et ailleurs : « Le Parlement de Toulouse a un usage bien singulier dans les preuves par témoins. On admet ailleurs des demi-preuves, qui au fond ne sont que des doutes, car on sait qu'il n'y a point de demi-vérités; mais à Toulouse on admet des quarts et des huitièmes de preuves. On y peut regarder par exemple un ouï-dire comme un quart, un autre ouï-dire plus faible comme un huitième, en sorte que huit rumeurs, qui ne sont qu'un écho dans un bruit mal fondé, peuvent devenir une preuve complète; et c'est à peu près sur ce principe que Jean Calas fut condamné à la roue. Les lois de Rome exigeaient des preuves *luce meridiana clariores* (2)... Quel est l'homme que cette procédure n'épouvante pas? quel est l'homme qui puisse être sûr de n'y pas succomber? O juges, voulez-vous que l'innocent accusé ne s'enfuie pas, facilitez-lui les moyens de se défendre! »

Les droits de la défense, tel est le mot qui sort de toutes les bouches. Pour qu'ils soient respectés, ces droits sacrés, que faut-il? La publicité, l'assistance d'un avocat, l'abolition de la torture, la théorie des preuves morales; voilà à quoi se bornent, pour le moment, les réclamations des publicistes; c'est sur ces points qu'ils demandent des réformes législatives. « Si un jour, dit Voltaire, des lois humaines adoucissent en France quelques usages, sans pourtant donner des facilités au crime, il est à croire qu'on réformera les articles où les rédacteurs ont paru se livrer à un zèle trop sévère (3). »

Mais, au delà, les philosophes entrevoient quelque chose de plus grand et de plus juste, c'est le jugement par les jurés.

---

(1) *Prix de la justice*, art. XXII, § 2.

(2) *Commentaire du livre des délits et des peines*, ch. XXIII. A côté des passages que nous avons cités, voyez en un autre où Voltaire résume toute son argumentation (*Comment.*, ch. XXIII).

(3) *Commentaire du livre des délits et des peines*, ch. XXIII.

« En Angleterre, dit Montesquieu, les jurés décident si le fait qui a été porté devant eux est prouvé ou non ; et s'il est prouvé, le juge prononce la peine que la loi inflige pour ce fait, et pour cela il ne lui faut que des yeux (1). » Montesquieu ne loue pas seulement le jury, il en dégage le principe : « Le peuple n'est pas jurisconsulte ; toutes ces modifications et tempéraments des arbitres ne sont pas pour lui ; il faut lui présenter un seul objet, un fait et un seul fait ; et qu'il n'ait à voir que s'il doit condamner, absoudre, ou remettre le jugement (2). » « C'est une loi bien sage, dit Beccaria, et dont les effets sont toujours heureux, que celle qui prescrit que chacun soit jugé par ses pairs ; car, lorsqu'il s'agit de la fortune et de la liberté d'un citoyen, tous les sentiments qu'inspire l'inégalité doivent se taire (3). » Dans l'*A B C* de Voltaire, l'un des interlocuteurs parle, nous l'avons vu, de l'Angleterre comme du pays qui possède les meilleures lois : « Chaque accusé, dit-il, est jugé par ses pairs ; il n'est réputé coupable que quand ils sont d'accord sur le fait. C'est la loi qui le condamne sur le crime avéré, et non sur la sentence arbitraire des juges (4). » — « Non-seulement, écrit ailleurs Voltaire, le citoyen, mais l'étranger y trouve sa sûreté dans la loi même, puisqu'il choisit six étrangers pour remplir le nombre de douze jurés qui le jugent. C'est un privilége en faveur de l'univers entier (5). » Enfin, Rousseau vante aussi le jury : « En Angleterre, lorsqu'un homme est accusé criminellement, douze jurés enfermés dans une chambre pour opiner sur l'examen de la procédure, s'il est coupable ou s'il ne l'est pas, ne sortent plus de cette chambre et n'y reçoivent point à manger qu'ils ne soient tous d'accord, en sorte que leur jugement est toujours unanime et décisif sur le sort de l'accusé (6). »

---

(1) *Esprit des Lois*, liv. VI, ch. 3.
(2) *Ibid.*, liv. VI, ch. 4.
(3) *Des délits et des peines*, ch. vii.
(4) L'*A B C* (quinzième entretien).
(5) *Prix de la justice*, art. xxiii.
(6) *Correspondance* : année 1761. Lettre à M. d'Offreville, à Douai. — Cf. *Rousseau juge de Jean-Jacques*, Dialog. I.

IV.

On vient de voir comment les philosophes, au nom de la raison et de l'humanité, jugent la procédure criminelle; comment était-elle appréciée par les jurisconsultes qui la commentaient dans les livres ou l'appliquaient dans les tribunaux? Ici la scène change et le spectacle est parfois attristant. Ce qui domine dans ce monde des juristes, si différent de celui que nous venons d'étudier, ce sont deux choses excellentes en elles-mêmes, mais dont l'exagération peut être funeste : l'esprit de conservation et le respect de la loi. Ce n'est point qu'ils résistent en apparence à l'esprit dominant du siècle; tous, jusqu'aux plus inflexibles, saluent les divinités contemporaines : la raison et l'humanité. « Je me pique de sensibilité comme un autre, » dit Muyart de Vouglans dans le singulier opuscule où il veut réfuter le livre de Beccaria (1). « Cet arrêt solennel laissa subsister la loi dans toute son autorité et la raison ne perdit aucun de ses droits; » dit Louis Séguier (2). Mais cette adhésion ne porte aucun fruit. Les uns s'ingénient à prouver que la procédure criminelle n'est pas en contradiction avec les principes de la philosophie (3); les autres, et ce sont les plus nombreux, reconnaissent les vices principaux de l'Ordonnance, mais ils s'inclinent cependant devant la loi. Cette Ordonnance de 1670, si solennellement discutée, appliquée déjà depuis un siècle, et dont les règles remontent bien plus haut dans le passé, leur paraît inviolable. Alors même qu'ils la blâment ils ne songent point à lui désobéir; l'esprit d'autorité tue chez eux l'esprit de réforme; l'Ordonnance a parlé, disent-ils, et ils s'inclinent. C'est une remarque qui a été faite, « les jurisconsultes s'habituent à vivre avec la loi existante; ils en contractent le respect; et, à moins d'avoir un esprit très-cultivé, ils se font illusion; ils se figurent

---

(1) P. 4.

(2) Arrêt du Parlement de Paris du 11 août 1786, qui condamne à la suppression et au feu le Mémoire de Dupaty. *Réquisitoire*, Paris, 1786, p. 175.

(3) « C'est faire injure à la raison et à la loi que d'avancer qu'elles puissent jamais être véritablement contraires. » Séguier, p. 175.

que ce qui existe aujourd'hui ne saurait être modifié sans entraîner une révolution... Les jurisconsultes sont utiles, c'est un élément modérateur; ils maintiennent les droits du passé, mais quant à l'avenir, ce ne sont jamais eux qui le réclament, mais des gens qui ne sont pas de métier et qui viennent du dehors (1). »

Parmi les apologistes les plus ardents de l'Ordonnance de 1670 figure au premier rang Muyart de Vouglans, l'esprit le plus net peut-être parmi les criminalistes du xviiie siècle. Il a à cet égard exposé ses idées *ex professo* dans ses *Institutes au droit criminel* (2); mais c'est surtout dans sa polémique contre Beccaria qu'il faut l'étudier. Ici l'on sent qu'il ne comprend pas; il se croit en face d'un fou (3), ou d'un criminel, avec qui il le prend de très-haut (4), et qu'il signale aux poursuites : « Je laisse, dit-il, à ceux qui sont chargés spécialement de cette partie de notre droit public le soin d'exercer leur censure et d'employer toute leur autorité pour en arrêter la contagion (5). » Ce qui l'étonne le plus, ce n'est pas l'esprit révolutionnaire de l'auteur, qui « ne respecte même pas les maximes sacrées du gouvernement, des mœurs, de la religion (6), » c'est de voir un livre de législation criminelle qui ne soit pas avant tout technique, consacré au droit positif. « Vous vous attendiez sans doute, comme moi, monsieur, sous l'annonce d'un *Traité des délits et des peines*, de trouver une discussion exacte et méthodique des lois et des principes qui sont relatifs à cette matière, des citations d'autorités

---

(1) M. Laboulaye : *Revue des Cours littéraires*, 1865, p. 745.

(2) P. 69.

(3) « Ce prétendu illuminé aux yeux duquel les Solons, les Lycurgues, les Papiniens, les Cujas, en un mot, les plus sages philosophes de la Grèce, de l'Italie et de la France, ne sont que de purs sophistes, les siècles d'Auguste et de Louis XIV, que des siècles d'erreurs et de ténèbres. » (*Lettre contenant la réfutation de quelques principes hasardés dans le Traité des délits et des peines*, Genève, 1767, p. 22.)

(4) « Sans doute que je n'ai point l'organisation des fibres aussi déliée que celle de nos criminalistes modernes; car, je n'ai point senti le doux frémissement dont ils parlent, le sentiment dont j'ai été le plus affecté après avoir lu quelques pages de cet ouvrage, a été celui de la surprise, pour ne rien dire de plus. » P. 4.

(5) P. 17.

(6) P. 5.

sur les questions qui peuvent en naître, et surtout une énumération exacte des différentes espèces de crimes et de leurs peines, ainsi que des procédures nécessaires pour parvenir à les constater et à les prouver, et cependant vous verrez avec surprise que rien de tout cela ne se rencontre dans l'ouvrage en question (1). »

Sa foi dans la loi existante est complète; c'est un croyant qui n'a pas l'ombre d'un doute (2); c'est ainsi qu'il extrait du livre de Beccaria et signale à l'indignation publique (3) une liste de propositions, dont la plupart sont regardées aujourd'hui comme des vérités de bon sens, des axiomes de législation criminelle. Il faut voir son ébahissement devant le principe de l'égalité des peines et l'exclusion de toute idée de vengeance divine dans la répression : « L'auteur prétend que l'on ne doit pas non plus dans l'imposition de la peine avoir égard à la qualité de celui envers qui le crime a été commis, et il en donne pour raison que tous les hommes dépendent principalement de la société dont ils sont membres. Il veut aussi par la même raison que l'on punisse les personnes du plus haut rang comme le dernier des citoyens, l'on sent tout le danger et l'absurdité d'un tel principe... Par suite du même système, l'auteur va encore jusqu'à prétendre qu'on ne doit point considérer la gravité du crime par rapport à la grandeur de l'offense qu'il fait à Dieu (4). » Enfin sans hésitation aucune il défend toutes les atrocités du vieux système, et en particulier le serment des accusés et la torture; le morceau mérite d'être cité presque en entier. « L'auteur se récrie contre l'usage du serment qu'on fait subir à l'accusé, et il le fait avec si peu de réflexion qu'il ne rapporte même pas la raison la plus spécieuse que l'on pourroit donner à ce sujet, et qui a déterminé certaines nations, et entre autres l'Allemagne, à abdiquer cet usage : savoir, qu'il est à présumer que tel qui a été capable

(1) P. 25.
(2) « On peut dire à l'honneur de notre France, que la jurisprudence y a été portée à un degré de perfection qui lui fait tenir un rang distingué parmi les nations policées, tellement que quelques-unes l'ont même prise pour modèle dans la réformation de leur code criminel. » P. 20; cf. p. 50.
(3) P. 6 à 17.
(4) PP. 102, 103, 104, 106.

de commettre le crime est capable de faire un parjure pour le cacher. Les raisons qu'apporte l'auteur, sont, d'une part, qu'il est contre la nature que le coupable s'accuse lui-même; et de l'autre que l'expérience fait voir que jamais le serment n'a fait dire la vérité au coupable. Mais s'il falloit abolir le serment parce qu'il est contre la nature que le coupable s'accuse lui-même, il faudroit par la même raison, abolir l'interrogatoire que l'auteur convient néanmoins être un acte essentiel de la procédure. A l'égard de l'expérience, il s'en faut bien qu'elle soit aussi certaine que l'avance l'auteur, puisque cet usage n'a pas laissé que de se conserver parmi nous, et presque dans toutes les nations policées, malgré les efforts réitérés qu'on a fait pour l'abolir (1). Si l'on en croit l'auteur, il faut aussi abolir l'usage de la torture, comme étant une voie tout à la fois cruelle, injuste, inutile et dangereuse. On pourroit d'abord écarter d'un seul mot tout ce que dit l'auteur à ce sujet en observant qu'il ne fait que répéter ce qui a été dit par plusieurs autres auteurs qui se sont déchaînés comme lui contre cet usage sans avoir pu empêcher qu'il ne se soit perpétué jusqu'à nos jours. L'on pourroit même lui opposer le peu de succès de ces premières tentatives avec d'autant plus d'avantage que ces auteurs ont tous écrit avant l'Ordonnance de 1670, qui, par les précautions rigoureuses qu'elle a établies à cet égard, a remédié à la plupart des inconvénients qui avoient excité le zèle de ces auteurs. Nous avons remarqué en traitant de la procédure quelles étoient ces précautions, et nous avons fait voir qu'elles sont telles qu'on doit regarder aujourd'hui celui qui est dans le cas d'éprouver ce tourment comme étant plus qu'à demi convaincu du crime, en sorte que le danger de confondre l'innocent avec le coupable, n'est point à beaucoup près aussi à craindre qu'il l'étoit avant cette loi. Aussi l'on croit pouvoir assurer avec confiance que pour un exemple que l'on pourroit citer depuis un siècle d'un innocent qui ait cédé à la violence du tourment, l'on seroit en état d'en opposer un million d'autres qui servent à justifier que, sans le secours de cette voie, la plupart des crimes atroces, tels que l'assassinat, l'incendie, le

---

(1) P. 70-72 ; cf. *Institutes au droit criminel*, p. 358.

vol de grand chemin seroient restés impunis, et par cette impunité auroient engendré des inconvénients beaucoup plus dangereux que ceux de la torture même, en rendant une infinité de citoyens les innocentes victimes de ces scélérats subtils... On pourroit encore apporter plusieurs autres exemples où l'expérience a fait voir pareillement l'utilité de la torture, si cette utilité ne se trouvoit pas d'ailleurs suffisamment justifiée, et par l'avantage particulier qu'y trouve l'accusé lui-même en ce qu'on le rend par là juge de sa propre cause et le maître d'éviter la peine capitale attachée au crime dont il est prévenu, et par l'impossibilité où l'on a été jusqu'ici d'y suppléer par un autre moyen aussi efficace et sujet à moins d'inconvénients, et enfin par l'ancienneté et universalité de cet usage qui remonte aux premiers âges du monde, et qui a été adopté, comme l'on sait, par toutes les nations et par les Romains eux-mêmes, qui, quoique dans les premiers temps ils ne l'ayent employée ordinairement que contre les esclaves, n'ont pas laissé que de l'étendre dans la suite aux personnes libres;... au reste, l'exemple d'une ou deux nations qu'on prétend s'être écartées en dernier lieu de ce même usage, sont des exceptions qui ne servent qu'à mieux confirmer la règle générale sur ce point. Mais enfin, s'il étoit question de se décider ici par des exemples, en pourroit-on citer qui puissent paroître moins suspects et en même temps plus respectables aux yeux de l'auteur que ceux que lui fournit son pays même et généralement tous les États qui dépendent de l'Empire? Il suffira, pour ne laisser aucune ressource à ses objections sur ce point, de lui opposer la disposition des articles 54 et 61 de l'Ordonnance de Charles-Quint, vulgairement appelée Caroline (1). »

Après cet étonnant morceau, Muyart de Vouglans ne peut que rentrer dans le calme et promettre l'avenir à ses idées : « Nous ne croyons pouvoir mieux terminer cette analyse que par ces réflexions générales qui sont fondées sur des principes inébranlables, justifiées par l'expérience la plus constante, et contre laquelle viendront toujours échouer des système enfantés par un esprit de contradiction et de nouveauté (2). » On croit

---

(1) PP. 73 à 81.
(2) P. 118.

véritablement rêver quand on constate que cela était écrit et publié en 1767.

A la veille même de la Révolution, nous trouvons un autre apologiste de l'Ordonnance, plus calme mais non moins convaincu : c'est l'avocat général Louis Séguier, qui, les 7, 8 et 10 août 1786, prononça devant le Parlement de Paris un long réquisitoire, demandant la suppression d'un mémoire resté fameux sous le nom de « *Mémoire pour trois hommes condamnés à la roue.* » Ce mémoire avait pour auteur Dupaty et la procédure criminelle y était vivement attaquée. Le réquisitoire de Séguier fut comme le chant du cygne de la vieille législation. Séguier n'eut pas à justifier la torture ; à cette époque, comme nous le dirons dans un instant, la question la plus odieuse, la question préparatoire avait été supprimée, et l'avocat général put s'en féliciter (1); mais pour lui « dans la succession des âges nos loix sont en quelque sorte parvenues au degré de perfection dont la législation humaine est susceptible (2). » Il s'indigne de voir attaquer l'Ordonnance. « C'est cette loi formée par le concours des esprits les plus profonds, les plus expérimentés, les plus prudents, cette loi si sage dans ses motifs, si respectable par son autorité, si inviolable dans son exécution, qu'on ne rougit pas de présenter à un monarque bienfaisant comme attentatoire à la loi naturelle, comme échappée des tribunaux de Tibère et des prisons de l'Inquisition, comme digne de l'âme de Claude et de Caligula. Combien les mânes illustres des Lamoignon et des d'Aguesseau, des Molé et des Talon, ne sont-ils pas étonnés d'entendre soutenir que cette loi est fondée sur une maxime inventée dans une des profondes nuits de l'esprit humain ! Le siècle de Louis XIV, le rival du siècle d'Auguste, un siècle de ténèbres et de barbarie! Était-il réservé à notre ministère de répondre à des accusations aussi indécentes (3). » Aussi Séguier n'hésite pas à justifier toutes les rigueurs de l'Ordonnance, contre lesquelles proteste alors l'esprit public. A ses yeux « la juridiction des prévôts est d'une utilité évi-

---

(1) *Réquisitoire*, p. 48.
(2) *Ibid.*, p. 221.
(3) P. 245-6.

dente (1); » le serment exigé de l'accusé est absolument légitime (2); il trouve bon que l'accusé ne puisse présenter ses faits justificatifs qu'après la visite du procès et les prouver qu'avec l'agrément du juge (3). Pour lui « le secret est la base inébranlable de la loi. Il est prescrit pour éviter les pièges de la mauvaise foi et prévenir les complots de la subornation. Il est prescrit parce qu'il n'y a d'autre accusateur que le procureur général, et qu'en aucun cas il ne peut être soupçonné de poursuivre un accusé par vengeance ou par animosité (4). » Enfin il s'applaudit de l'absence des défenseurs : « En matière de grand criminel, de quelle utilité un avocat peut-il être? L'expérience nous apprend que si l'on permet un conseil, la preuve du crime s'évanouit au milieu des formalités prescrites pour préparer le jugement. L'accusé ne sait-il pas ce qu'il a fait aussi certainement que le témoin sait ce qu'il a vu ou ce qu'il a entendu? Dans un procès criminel, il n'y a le plus souvent qu'un fait principal, pour répondre sur ce fait si simple un conseil est inutile; la préparation marque bien plus le désir de trahir la vérité que la volonté de lui rendre hommage (5). » Cette ingénuité savante confond l'esprit.

Séguier sait pourtant que ces lois, qui écartent les conseils et ordonnent le secret des procédures n'ont pas toujours régné en France (6). Mais les rigueurs introduites sont pour lui des progrès réalisés. Il sait qu'à Rome la procédure était jadis accusatoire, publique, pleinement contradictoire (7); mais il a peu de respect pour ces usages des « États populaires ou semi-populaires (8). » Cet homme, qui parle à la veille de la Révolution, connaît Ayrault, dont il reproduit textuellement une phrase sans le citer (9); et il n'est point sensible aux sentiments qui, au XVIᵉ

(1) P. 26.
(2) P. 162.
(3) P. 171, ssq.
(4) P. 246.
(5) P. 247.
(6) P. 230, ssq.
(7) P. 217-218.
(8) P. 220.
(9) P. 229.

siècle, soulevaient l'âme du vieux maître. Il connaît aussi la procédure anglaise, et n'a pour elle que du mépris : « L'usage de la double instruction n'a point été enseveli sous les débris de la République romaine. Il subsiste encore aujourd'hui dans les tribunaux de l'Angleterre. C'est une des lois de la Constitution nationale, tous les accusés y sont jugés publiquement et par leurs pairs. Cette forme y est entretenue par son analogie avec la Constitution d'un Etat, où la nation jouit de la puissance législative, inspecte le ministère par ses représentants..., en un mot partage l'autorité publique. Dans les crimes ordinaires les juges écoutent l'accusateur; l'accusé fait présenter ses moyens de défense, les témoins sont entendus, reprochés, confrontés publiquement, et pendant toute l'instruction l'accusé est libre en donnant caution; les jurés décident, mais ne décident que la question de fait, la loi seule inflige la peine... Les lois britanniques portent l'empreinte du génie et des mœurs des peuples qui les ont établies. La légèreté et l'inquiétude de quelques esprits voudroient voir naturaliser chez nous cette forme de procéder. Les Anglomanes français connaissent-ils bien cette législation dont ils se déclarent les admirateurs? Quel est celui d'entre eux qui ne craindroit pas d'être abandonné à la discrétion de douze juges connus sous le nom de jurés, qui n'ont d'autre façon de donner leur opinion que ces mots : « Coupable » ou « Non coupable ? » Encore ces juges choisis dans chaque classe de citoyens relativement à l'état ou à la profession de l'accusé, restent-ils enfermés sans pouvoir sortir jusqu'à ce qu'ils soient d'un avis unanime, espèce de conclave où celui que la nature a doué de la plus forte complexion peut obliger par besoin ses co-associés à revenir à son opinion sur l'innocence ou la conviction; en sorte qu'un seul juré peut faire la destinée du coupable ou de l'innocent. Singulière législation (1) ! »

Séguier déteste « ces citoyens étrangers dans leur patrie, qui n'admirent que la législation des États voisins de la France, ou ces réformateurs uniquement occupés à renverser nos lois sous prétexte de les approcher du Code de la Nature (2). » Il ne mé-

---

(1) P. 218-219.
(2) P. 13.

nage ni les exhortations ni les funèbres prophéties : « Tels sont les principes que nos sages prédécesseurs nous ont transmis, et une sainte indignation nous transporte à la vue des principes contraires qui trouvent aujourd'hui des partisans. C'est l'opinion de quelques enthousiastes que l'on veut substituer à l'opinion publique (1). Osera-t-on nier qu'il est de la prudence de maintenir un Code de législation quand il existe depuis plusieurs siècles, précisément parce qu'il existe? On connaît les inconvénients de la législation qui est en vigueur; on ne connaîtra que par l'expérience les inconvénients de la législation qu'on y voudra substituer, surtout quand on veut partir d'un principe absolument opposé au principe des lois anciennes. Un changement brusque et inopiné peut ébranler la constitution politique, et une loi nouvelle a quelquefois été le principe d'une révolution (2). » La Révolution allait éclater en effet; mais ce n'étaient certes pas des réformes opérées qui la précipitaient.

Le réquisitoire si curieux de Séguier nous a fait devancer les temps; revenons aux jurisconsultes un peu plus anciens. Poullain du Parc, en tête du premier des deux volumes qu'il consacre à la procédure criminelle, examine la question dans son ensemble. « La procédure criminelle, dit-il, a une forme absolument différente de celle prescrite pour la procédure civile. Ceux qui n'approfondissent pas les motifs de cette forme se récrient contre la rigueur de la loi, qui, dans une matière où il s'agit de l'honneur et de la vie d'un accusé, présumé innocent jusqu'à ce qu'il soit convaincu, lui tend un piège continuel et ne lui permet de prouver son innocence qu'après l'instruction entière de la procédure. Pour justifier la loi contre ce reproche, il suffiroit de dire que depuis l'établissement de cette forme il est infiniment rare que des innocents aient été punis comme coupables, et que malgré la rigueur de la loi, plusieurs coupables poursuivis échappent à la peine, faute de preuves suffisantes. Mais des réflexions plus étendues prouvent l'excellence de la loi en faisant connoître l'esprit des différentes dispositions de l'Ordonnance de 1670. Aussitôt que l'accusation est formée, le seul objet auquel on doit s'at-

(1) P. 255.
(2) P. 224.

tacher est de découvrir le crime, celui qui l'a commis et ses complices. La sûreté publique exige que cette instruction se fasse promptement, et cela seroit impossible, si l'on admettoit dès le commencement une procédure contradictoire entre l'accusateur et l'accusé, comme on l'a établie en matière civile entre le demandeur et le défendeur. Mais en ordonnant que cette instruction soit rigoureuse et prompte, la loi a pris toutes les précautions pour que l'accusé soit à couvert de la calomnie (1). »

L'auteur fait alors la description rapide des divers actes de la procédure, puis il continue : « Tel est l'esprit général de la loi... Aussi j'ai été surpris de voir le judicieux abbé Fleury faire en peu de mots la critique la plus outrée de notre procédure criminelle. Voici ses termes : « Réformer notre procédure criminelle tirée de celle de l'Inquisition; elle tend plus à découvrir et à punir les coupables qu'à justifier les innocents. » C'est donner à cette procédure une origine aussi fausse qu'odieuse. L'Inquisition admet toutes sortes de délateurs comme témoins, et ne les confronte point aux accusés : les criminels jugés tels, les prostituées, les parents dans le plus proche degré, le fils contre son père, le frère contre son frère, les deux époux l'un contre l'autre, sont des témoins irréprochables. L'accusé est obligé de deviner et d'avouer son crime réel ou supposé. On juge les pensées les plus secrètes, et l'on ne se contente pas de tendre des pièges continuels à l'accusé pour le trouver coupable; il semble qu'on évite et qu'on cherche à écarter tous les moyens de le trouver innocent. Tels sont les principaux vices de l'instruction qui se fait dans ce tribunal, établi en même temps contre la liberté des peuples et contre le pouvoir des souverains. Il est étonnant qu'on ait pensé à comparer cette procédure détestable avec celle de la France, où le tribunal de l'Inquisition, après y avoir fait ses premiers ravages, s'est anéanti en quelque sorte de lui-même, par le seul vice de sa constitution et de sa procédure (2). »

Poullain du Parc, comme Séguier, repousse l'introduction en France de la procédure anglaise : « Quelques auteurs, en con-

---

(1) *Principes de droit français suivant les maximes du Parlement de Bretagne.* Rennes, 1771, tom. XI, p. 2, 3.

(2) Tome XI, p. 5, 6.

damnant notre procédure criminelle, font l'éloge de celle de l'Angleterre où toute l'instruction, sans excepter même les dépositions des témoins, se fait en présence de l'accusé. J'ignore si cette forme a des inconvénients, dans une nation dont le dernier citoyen se regarde comme indépendant des personnes du plus haut rang, mais en France, la subordination dans les différentes conditions suffiroit pour intimider les témoins, qui déposeroient en présence d'un accusé d'un rang supérieur. Le génie et le caractère des deux nations sont si différents qu'il n'est pas possible de tirer de justes conséquences de la procédure criminelle de l'Angleterre contre celle de la France (1). »

Il n'est point d'ailleurs l'ennemi de toute réforme, et voici ce qu'il propose : « Le seul excès de rigueur qu'on pourroit trouver dans la procédure criminelle seroit depuis la confrontation. Lorsqu'elle a dévoilé tout le secret des charges à l'accusé, pourquoi ne l'autorisera-t-on pas à demander la communication entière de la procédure criminelle pour le mettre en état de rapprocher tout ce qui peut servir à sa justification et à prouver les contradictions ou la fausseté des dépositions, les nullités de forme, l'insuffisance de l'instruction, les moyens que les juges ont négligé d'employer pour approfondir parfaitement la vérité? Pour peu que l'instruction soit compliquée, il est impossible à l'accusé le plus éclairé de se ressouvenir de tout ce que la confrontation lui a appris d'intéressant. Ainsi l'on diroit que la loi a voulu charger les juges de sa défense, puisqu'elle le met hors d'état d'employer tous les moyens légitimes et qu'elle ne permet de lui donner un conseil que dans un petit nombre d'affaires. Cette rigueur s'accorde-t-elle avec le vœu de toutes les lois, qui est d'employer tous les moyens possibles pour la conservation de l'honneur et de la vie de l'innocent (2)? »

Les autres criminalistes n'examinent point directement et dans une vue d'ensemble la question de législation. Mais, il faut le reconnaître, souvent ils signalent la rigueur de l'Ordonnance, sans cependant réclamer des réformes. Voici quelques opinions sur les points principaux.

(1) Tome XI, p. 7.
(2) Tome XI, pp. 6, 7.

D'abord, sur le serment imposé à l'accusé, Serpillon rapporte la discussion qui eut lieu dans les conférences, puis il ajoute : « Ces observations... produisirent pour la première fois une loi précise pour l'obligation du serment... il est cependant notoire qu'effectivement il y a presque autant de parjure en cette occasion que de serment, mais on ne peut punir l'accusé pour un pareil faux serment (1). » Pothier observe « qu'il y a dans le procès-verbal de l'Ordonnance un beau discours contre l'usage du serment (2). »

« Chez les Romains, dit Serpillon, et même en France, un accusé se défendoit par avocat même dans les plus grands crimes ; mais on a trouvé qu'il étoit le plus à propos d'obliger les accusés à se défendre... par eux-mêmes, sans aucun mémoire ou instruction à la main (3). » Rousseau de La Combe rappelle « qu'autrefois les accusés se défendoient par le ministère des avocats et non par leur bouche, ni par interrogatoire ; l'accusation se décidoit souvent sur une plaidoirie (4). » Et Pothier : « A l'égard des crimes capitaux, l'Ordonnance interdit aux accusés les conseils, même après la confrontation, en quoi notre jurisprudence est plus sévère que celle de tous les États de l'Europe (5). »

Ce qui domine le plus souvent dans ces observations, c'est un sentiment de regret, et rien de plus. Serpillon commente la disposition qui oblige l'accusé à alléguer ses reproches avant la lecture de la déposition : « Il est certain, conclut-il, que l'Ordonnance est de rigueur pour l'instruction... Ayrault, dans sa *Pratique judiciaire*, s'élève aussi beaucoup contre la disposition des Ordonnances à cet égard, et effectivement encore aujourd'hui, si un accusé proposait des reproches violents contre un témoin et articulait des faits de notoriété, il y a peu de juges qui n'en fussent frappés, quoiqu'ils ne fussent pas prouvés par écrit (6). » Il parle en termes semblables de l'article qui règle

---

(1) *Code criminel*, p. 659.
(2) *Procédure criminelle* (édit. Bugnet).
(3) *Code criminel*, p. 662.
(4) *Ibid.*, p. 341.
(5) *Procédure criminelle* (édit. Bugnet), p. 341.
(6) *Code criminel*, p. 730.

la preuve des faits justificatifs : « On peut dire que l'Ordonnance dans cette disposition est sévère, puisqu'elle exige d'un accusé souvent illettré et détenu quelquefois depuis un an dans les cachots qu'il nomme sur-le-champ ses témoins... L'Ordonnance ne permet même pas au juge de lui accorder un délai (1). »

Pour la torture, les critiques sont un peu plus vives. Pothier, on le sait, protestait d'une façon toute personnelle : « On évitait de lui distribuer les procès criminels dans lesquels on prévoyait que la question pouvait être ordonnée, parce qu'il ne pouvait en supporter le spectacle : impuissance qui procédait beaucoup plus de la sensibilité des organes physiques que du sentiment moral (2). » Malgré l'explication du panégyriste, nous devons noter avec un soin pieux cette marque de sensibilité chez le grand jurisconsulte. « Il y a longtemps, écrit Serpillon, que le public se plaint de l'usage de la torture, on en fit même des remontrances lors des conférences de ce titre... On ne peut rien trouver de plus cruel et de plus injuste que la question préparatoire : les Romains la faisoient donner à leurs esclaves, mais c'est parce qu'ils les regardoient comme des animaux domestiques ; ils n'y condamnoient jamais un citoyen, à plus forte raison des chrétiens et des peuples chrétiens devroient s'en abstenir... Ces inconvénients ont déterminé plusieurs souverains à supprimer ce tourment. Il y a environ quinze ans il le fut en Prusse ; le prince n'a pas voulu que l'on confondît l'innocent avec le coupable : la question n'est aussi plus en usage en Angleterre d'après Despeisses, qui a récrié beaucoup contre l'usage de France. Plusieurs innocents sont morts à la question ; c'est un fait trop notoire pour avoir besoin d'être prouvé en détail (3). » Et Rousseau de La Combe : « Les accusés n'avouent presque jamais rien, en sorte que le plus souvent la question préparatoire ne produit aucun effet, les accusés souffrent les tourments de la question sans rien avouer, et s'ils parlent, c'est pour tout nier... On prendra la liberté de repré-

---

(1) *Code criminel*, p. 1212.

(2) *Eloge de Pothier. OEuvres*, édit. Bugnet, tome II, p. 54.

(3) *Code criminel*, p. 907 ; aussi parlant de la question qu'on donne au présidial d'Autun : « Nous la trouvons si cruelle, dit-il, que nous nous abstenons, depuis ces accidents, d'y condamner préparatoirement. »

senter aux magistrats que de condamner un accusé à la question préparatoire est chose bien délicate... il est souvent estropié pour toute sa vie, quoique par le jugement définitif il ait été renvoyé de l'accusation... Ce qui fait dire à un ancien criminaliste que la question est plutôt un essai de patience que de vérité..... Aussi nous avons bon nombre d'auteurs qui ont écrit contre la question ou torture, et entre autres M. Nicolas, président au Parlement de Besançon, dans un Traité particulier où il rapporte tout ce qu'on peut dire pour montrer que la question est inutile... Quoi qu'il en soit, il faut convenir que du moins la question préalable et définitive produit souvent des effets merveilleux par rapport à la découverte des complices (1). »

V.

Quelle que fût l'opinion des jurisconsultes, ce n'étaient plus eux désormais qui devaient être écoutés. Le vrai roi du siècle c'était l'esprit public ; on peut suivre pas à pas les progrès qu'il fait, et cette histoire a été écrite (2). Au point de vue qui nous intéresse, nous allons assister à ses triomphes. Confiné pendant longtemps dans les livres, l'esprit de réforme va s'affirmer officiellement. Il s'introduira dans les audiences solennelles des tribunaux et dans les sociétés littéraires, parfois même dans la législation.

Sous Louis XV, aucune réforme, au sens que nous venons d'indiquer, n'avait été opérée. Cependant d'Aguesseau eut l'idée d'améliorer les lois françaises et de les réunir en un seul corps (3). Il procéda à peu près comme on l'avait fait pour la réformation de la justice sous Louis XIV, demandant des mémoires, consultant les principaux membres des Parlements (4), et faisant revoir toutes les questions par une commission supérieure, qui fut comme son conseil privé. Elle était composée de Joly de Fleury, de Machault d'Arnouville, des deux fils aînés du Chan-

---

(1) *Mat. Crim.*, pp. 424, 425, 426.
(2) *L'esprit révolutionnaire avant la Révolution*, par M. Félix Rocquain, 1878.
(3) Voy. Francis Monnier : *Le Chancelier d'Aguesseau*, 2ᵉ édit., 1863, p. 286.
(4) *Ibid.*, p. 288, 290, 293.

celier, de d'Argenson, de Fortia, auxquels s'adjoignaient parfois d'Ormesson et Trudaine (1). Ce travail comprenait naturellement la procédure criminelle. On devait reprendre l'Ordonnance de 1670 ; mais il semble qu'on voulait simplement la perfectionner au point de vue technique, on peut du moins le croire, quand on examine quelques parties détachées de l'ensemble, qui, prêtes avant le reste, ont vu le jour.

A un moment donné, le Chancelier écrit ceci à l'un de ses amis : « Le mémoire sur le faux va être examiné incessamment au conseil et il restera apparemment très-peu de chose à faire pour y mettre la dernière main. Ce qui sera le plus pressé après cela est la compétence des juges, les maréchaussées, et le titre sur les défauts et contumaces (2). » Ces divers points ont fait sous Louis XV l'objet de Déclarations ou Ordonnances. C'est d'abord la Déclaration en forme d'Édit du mois de juin 1730, concernant les procédures criminelles ; elle n'eut pour but que « d'interpréter en ajoutant aux articles 2, 3, 7 et 9 du titre XVII de l'Ordonnance de 1670, » réglant seulement des points de détail (3). En 1736, paraît la Déclaration sur les cas prévôtaux et présidiaux, dont nous avons déjà eu l'occasion de parler. C'est encore un simple désir de réglementation qui inspire le législateur. Le préambule rappelle que « l'un des principaux objets de l'Ordonnance de 1670 fut de marquer des bornes certaines entre les juges ordinaires et les prévôts des maréchaux... l'expérience fait voir qu'il reste encore plusieurs points importants qui font naître tous les jours des sujets de contestation entre la justice ordinaire et les juges des cas prévôtaux ; » c'est à ces difficultés que l'on veut porter remède.

Enfin l'Ordonnance sur le faux de 1737 est un des principaux titres de gloire de d'Aguesseau. C'est en effet une loi d'une précision technique presque parfaite. Le préambule semble même ré-

---

(1) Voy. Francis Monnier : *Le Chancelier d'Aguesseau*, 2e édit., 1863, p. 288.
(2) *Ibid.*, p. 339.
(3) « Ces articles concernant les défauts et contumaces éprouvèrent beaucoup de difficultés dans l'usage en ce qui regardait les lieux où la perquisition des accusés devait être faite, et les assignations données. » Sallé : *Esprit des Ordonnances, Édits et Déclarations de Louis XV* (tome III, p. 155-156).

véler l'idée de réformer l'Ordonnance de 1670 dans son ensemble, mais non point pour en changer les grandes lignes. On constate seulement que « la diversité des opinions et les différentes manières d'expliquer les diverses dispositions ont produit une si grande variété dans les usages de plusieurs tribunaux que des procédures, qui paraissent aux uns régulières et suffisantes, sont regardées par les autres comme nulles et défectueuses; » on a pensé « qu'au lieu de se contenter de réparer les défauts de procédure à mesure qu'ils se présentent, il étoit beaucoup plus convenable d'en tarir la source par une nouvelle loi, qui renfermât en même temps le supplément et l'interprétation des Ordonnances précédentes. Mais dans la nécessité où nous sommes de partager un ouvrage d'une si grande étendue, nous avons cru que la révision de l'Ordonnance de 1670 sur la procédure criminelle devoit occuper d'abord toute notre attention ; et dans cette Ordonnance même, nous avons jugé à propos de faire un choix en commençant un ouvrage si utile par les titres de la reconnoissance des écritures ou signatures privées et du faux principal et incident. »

Sous Louis XVI nous touchons à l'époque des vraies réformes. Cependant celles qui se produiront avant la convocation des Etats-Généraux seront insuffisantes. Pour le moment nous n'enregistrerons qu'une Déclaration du 24 août 1780, qui, sans abolir complètement la torture, en fit disparaître l'application la plus odieuse, la question préparatoire : « Nous avons pensé, dira plus tard le Roi, que la question toujours injuste pour compléter la preuve des délits, pouvoit être nécessaire pour obtenir la révélation des complices (1). »

VI.

Cependant l'esprit nouveau faisait de rapides progrès. Il avait gagné la grande masse de la bourgeoisie, il s'insinuait dans les corps constitués de l'État, dans les compagnies reconnues; la Royauté elle-même lui faisait bon accueil.

En 1775, voici ce qu'écrit un homme pourvu de places à la Cour,

---

(1) Préambule de l'Edit du 1er mai 1788.

dans un livre dédié au Roi, et dont le Roi a accepté la dédicace (1) :
« Vous examinerez sans doute un jour, si, dans nos Ordonnances criminelles, dont les plus anciennes avoient à réprimer la plus féroce barbarie, on n'a point songé davantage à la conviction qu'à la défense du coupable; si cette instruction formidable et profondément secrète, qui prend, pour ainsi dire, l'accusé au dépourvu, n'est point aussi propre à jeter le trouble dans l'âme d'un innocent, qu'à répandre la terreur dans l'âme d'un coupable; s'il est des genres d'accusations, dans lesquels il puisse être juste de refuser à l'accusé le secours d'un conseil; s'il ne seroit point plus conforme à l'humanité de lui laisser, dès le commencement de la procédure, la liberté de prouver son innocence, comme l'accusateur a dans tous les temps celle de prouver le crime; s'il est bien évidemment juste de forcer le premier à attendre, pour présenter ses faits justificatifs, que l'édifice des preuves accumulées contre lui ait acquis toute la perfection dont il est susceptible... Il semble, en effet, Monseigneur, que nos lois criminelles aient regardé l'accusé du même œil dont elles ont dû voir le coupable, et que s'il est aujour d'hui très-difficile que celui-ci échappe à la peine qui lui est due, il est aussi très-facile que l'homme de bien, ou prévenu par une erreur publique, ou poursuivi par des haines secrètes, devienne la victime et de la douleur et du trouble que l'oppression lui cause. Il n'est presque jamais arrivé en France que le criminel arrêté ait évité la condamnation; mais il est arrivé plus d'une fois que l'innocence, injustement poursuivie, n'a été reconnue qu'après le supplice. Les tribunaux les plus sages et les plus justes ont eu quelquefois à gémir sur une erreur meurtrière, à laquelle ils avoient été conduits par la régularité même de leur procédure. La loi n'avoit rien alors à leur reprocher, mais la justice pouvoit peut-être reprocher aux formes leur imperfection (2). »

(1) *Les devoirs du prince réduits à un seul principe, ou Discours sur la justice*, dédié au Roi, par Moreau. Voy. *Nouvelle biographie générale* de Didot, t. XXXVI, p. 180. « Moreau fut chargé par la Cour de rédiger plusieurs ouvrages, entre autres le préambule des Edits du Chancelier Maupeou, et fut récompensé de son zèle par les charges de Premier conseiller de Monsieur, de bibliothécaire de la reine Marie-Antoinette et d'historiographe de France. » L'ouvrage que nous citons avait été d'abord composé pour servir à l'éducation de Louis XVI. Voy. *Préface*, p. 10, 11. — (2) *Op. cit.*, p. 436-438.

L'esprit de réforme, malgré les résistances d'une partie de la magistrature, s'affirme dans les *Discours de rentrée* des Cours. En 1766, Servan prononce cette harangue restée fameuse, dans laquelle il combattait la détention préventive, les interrogatoires captieux, la torture, la théorie des preuves légales ; il révoquait en doute la légitimité de la peine de mort et réclamait des lois fixes et précises. Il est difficile d'imaginer quelque chose de plus hardi dans la bouche d'un magistrat : « Levez les yeux, dit-il, à ses collègues et voyez sur vos têtes l'image de votre Dieu qui fut un innocent accusé : vous êtes homme, soyez humain ; vous êtes juge, soyez modéré ; vous êtes chrétien, soyez charitable. Homme, juge, chrétien, qui que vous soyez, respectez le malheur (1). » En terminant il demande à grands cris la réforme de l'Ordonnance de 1670.

Ce n'est pas là un cas isolé, d'autres imitent Servan ; en 1786, par exemple, l'avocat général Hérault de Séchelles prédisait de nouvelles lois qui allaient éclore (2).

Les sociétés littéraires, dont l'influence fut si grande à cette époque, s'empressent de mettre au concours les questions de législation criminelle : « Les sociétés savantes et les académies, qui pullulaient au xviiie siècle, contribuèrent à entretenir dans les provinces cet esprit nouveau, qui, à l'exemple de Paris, s'attachait aux questions de réforme criminelle. Ce fut une mode... En 1777, la société économique de Berne établit un prix de 1200 fr. pour l'auteur du meilleur mémoire rédigé d'après ce programme : « Composer et rédiger un plan complet et détaillé de législation criminelle sous ce triple point de vue : 1° des crimes et des peines proportionnées qu'il s'agit de leur appliquer ; 2° de la nature et de la force des preuves et des présomptions ; 3° de la manière de les acquérir par la voie de la procédure criminelle, en sorte que la douceur de l'instruction et des peines soit conciliée avec la certi-

---

(1) Voy. Discours, en tête du *Code Criminel* de Serpillon, p. 26.

(2) Voyez : *Réhabilitation de deux accusés et justification de trois autres*, par Me Godard, avocat. Paris, 1787, p. 113 : « Il nous est permis d'énoncer les découvertes qui peuvent rendre une nation plus heureuse, de prédire les nouvelles lois qui vont éclore, et ce que disoit dans un discours solennel un jeune et éloquent magistrat. »

tude d'un châtiment prompt et exemplaire, et que la société civile trouve la plus grande sûreté possible pour la liberté et l'humanité. » Quand Voltaire vit ce programme, dont on l'a soupçonné d'être l'auteur, il se prit d'enthousiasme, envoya 50 louis de plus et publia lui-même une réponse à ces questions, son livre est intitulé : *Prix de la justice et de l'humanité*... De toutes parts on se mit à concourir; la Société de Berne, après avoir ajourné le prix le donna en 1782 à deux Allemands, Von Globig et Hulster. Leur livre a été imprimé en allemand ; on ne paraît pas lui avoir attribué de valeur en Allemagne.

« Parmi les concurrents se trouvèrent deux hommes qui devaient jouer plus tard dans la Révolution un grand rôle et qui à cette époque se disputaient le prix de la justice et de l'humanité : Brissot, qui fut le publiciste des Girondins, et un autre personnage moins connu pour son humanité, Marat. Ce dernier fit imprimer son ouvrage en 1781 et le publia à Paris en 1790.. Cet ouvrage est d'une rare médiocrité... il n'en est pas de même d'un autre ouvrage qui eut plus de succès, dont l'auteur est Brissot, et qui est intitulé : *Théorie des lois criminelles*, ouvrage qui ne fut point admis au concours de la Société de Berne, parce qu'il avait été publié (1). »

En 1780, c'est une société française, l'Académie de Châlons-sur-Marne, qui juge le concours qu'elle a ouvert sur ce sujet : « Des moyens d'adoucir la rigueur des lois pénales en France, sans nuire à la sûreté publique (2). » La Société, en publiant les discours, déclare : « qu'elle n'entend pas approuver les idées des auteurs, elle a donné son suffrage à leurs talents, à leur humanité, et aux vues utiles, qu'elle a cru apercevoir dans leurs ouvrages. L'Académie applaudira toujours aux découvertes heureuses qui lui seront présentées. La nature même des sujets qu'elle propose annonce le désir qu'elle a de répandre de nouvelles lumières sur la morale et l'économie politique. Mais dans un temps où le zèle contre les anciens préjugés dégénère trop souvent en innovations

---

(1) M. Laboulaye: *Revue des Cours littéraires*, tome II, 1864-1865, p. 782, 783.
(2) *Discours couronné par l'Académie de Châlons-sur-Marne en* 1780, suivi de celui qui a obtenu l'accessit, et d'extraits de quelques autres mémoires présentés à l'Académie. Châlons-sur-Marne, 1780.

encore plus dangereuses, elle croit devoir déclarer qu'elle s'est fait une loi d'exclure du concours tout mémoire qui ne seroit pas écrit avec tout le respect dû à la Religion et au Gouvernement. »

Vingt mémoires au moins furent envoyés à l'Académie; deux furent couronnés, celui de Brissot de Warville et celui de Bernardi avocat au Parlement d'Aix. Ils présentent toutes les réclamations, qui tendent de plus en plus à former un programme commun, et qu'enregistreront les cahiers de 1789. Ils demandent la publicité de la procédure (1), la suppression du serment de l'accusé (2) et celle de la torture (3), la pleine liberté de la défense (4), et le système des preuves morales (5). Ils demandent enfin le jury, comme la restauration d'une ancienne institution nationale (6). Ils font appel aux réformes prochaines dans cette langue emphatique et ardente, que parle le xviiie siècle : « Peuple, ô toi qui courbé sous le poids des fers as gémi si longtemps, tu commences enfin à respirer; lève un front serein, le siècle des larmes est passé; ton malheur touche à son terme... que le flambeau de la raison luise encore quelque temps et l'univers ne connoîtra plus de ténèbres (7). » — « Des règnes plus heureux brillent sur l'Europe. O mes amis, mes frères, cet ouvrage vous prouve si je désire le soulagement de vos maux (8) ! »

Ces réclamations, ces vœux, ces appels vont enfin s'adresser aux juges eux-mêmes. Ce n'est pas dans des plaidoyers qu'ils retentiront, car on ne plaide pas en matière criminelle; mais ce qu'on ne peut pas dire, on l'imprimera, et les *Mémoires justi-*

---

(1) Brissot, p. 94; Bernardi, p. 176-17.
(2) Brissot, p. 95; Bernardi, p. 162.
(3) Brissot, p. 103; Bernardi, p. 164-16.
(4) Brissot, p. 96-98; Bernardi, p. 178-182.
(5) Brissot, p. 101, ssq.; Bernardi, 145, ssq.
(6) Bernardi, p. 202. « Observons que cet usage que chacun soit jugé par ses pairs étoit autrefois suivi en France; que c'est l'introduction des juges gradués et du droit romain, qui l'a fait abolir; que s'il subsiste encore en Angleterre et dans quelques pays du Nord, c'est que mieux que chez nous on a su y conserver les principes sages et équitables de nos pères. »
(7) Brissot, p. 111.
(8) Bernardi, p. 218.

ficatifs pour des innocents injustement condamnés vont se multiplier, dans les années qui précèdent la Révolution. On usera de cette voie du recours en cassation, dont nous avons montré la portée ; on obtiendra les ordres royaux qui permettront de suspendre les exécutions et de faire réviser les procès. Les auteurs de ces mémoires, avidement lus par le public, sont des avocats, parfois des magistrats, qui deviennent les héros du jour (1). Chacune de ces plaidoiries, qui parle pour tout un peuple plutôt que pour un accusé, contient un appel aux réformes nécessaires. Citons rapidement quelques-unes de ces affaires. En 1785 c'est une malheureuse fille, Catherine Estinès, qui, comme parricide, est condamnée par le siège de Rivière à être brûlée vive ; bientôt au Parlement de Toulouse on s'aperçoit que la procédure a été falsifiée, on lance une plainte en faux contre les officiers de Rivière et un mémoire justificatif pour l'accusée est présenté par M° Lacroix, avocat (2). L'auteur, en terminant, fait parler sa cliente : « Qui sait si le bruit de mes malheurs parvenant jusqu'aux pieds du trône, cet exemple, ajouté à tant d'autres, ne hâtera pas la réforme de nos lois criminelles, si ardemment désirée de tous les gens de bien ! Oh ! combien je bénirois alors mes tourments passés et mes souffrances présentes! Une bonne législation criminelle est le plus beau présent qu'un souverain puisse faire à ses peuples. La France l'attend avec respect ce présent digne d'elle et de son Roi... Notre Ordonnance criminelle renferme des dispositions si sages : il en coûteroit si peu pour modifier celles qui le sont le moins (3). »

En 1780, cinq particuliers furent condamnés par le Parlement de Dijon, pour vol nocturne avec effraction et menaces, à des

---

(1) Les charges sont aisément communiquées ; souvent ce sont des « geôliers sensibles, » qui prennent à cœur de faciliter la défense. « On m'apporta les renseignements promis, dit M° Lecauchois, dans son mémoire pour la fille Salmon, un peu plus de 250 pages de minute in-folio. » — Le sieur Lecardé, greffier-concierge des prisons de Rouen, atteste l'influence qu'il a eue sur le salut de la fille Salmon : « Le public apprendra que la garde des prisons n'est pas incompatible avec la bienveillance et l'humanité... J'avois recueilli une liasse de renseignements importants pour l'éclaircissement du procès. »

(2) *Mémoire pour Catherine Estinès.* Toulouse, 1786.

(3) *Mémoire pour Catherine Estinès*, p. 54.

peines diverses; l'un fut pendu, un autre mourut aux galères; l'un d'eux avait été soumis à la question préalable. Ils étaient innocents; les véritables coupables furent postérieurement découverts et condamnés. Des lettres de révision furent alors obtenues et un mémoire justificatif rédigé par M. Godard, avocat au Barreau de Paris (1); au mémoire est jointe une consultation que signèrent MM. Target, Thétion, Sanson, Martineau, de La Croix, Blonde, Hardoin de la Reynerie, Fournel, Bonhome de Comeyras, Henry, Lacretelle, de Sèze et Bonnet. « Cette grande erreur, dit l'auteur du mémoire, va faire de la cause de cinq malheureux une cause nationale, à laquelle les citoyens de tous les ordres prendront part, puisqu'elle les pressera de tourner leur attention sur eux-mêmes; et elle déterminera enfin, n'en doutons pas, cette réforme désirée depuis si longtemps et avec tant de raison dans notre législation criminelle... Ce sera le descendant de Lamoignon... Ce sera l'héritier de ses vertus et de ses lumières, comme de son nom, qui, reprenant après plus de cent ans les pensées immortelles de son aïeul, leur fera donner par le souverain la sanction qui leur est due, et obtiendra de la justice bienfaisante du monarque un nouveau code, dont le premier objet sera le bonheur de cet empire, et qui éclairera ensuite les nations étrangères, comme les codes récents de deux grands princes de l'Europe, éclairent actuellement la nôtre (2). »

En 1786 c'est une autre cause, celle d'une pauvre servante, Marie-Françoise-Victoire Salmon (3). Condamnée au feu comme empoisonneuse par le Parlement de Rouen, le 17 mai 1772, le concierge de la prison et des ecclésiastiques s'intéressent à elle; on obtient un sursis pour l'exécution, le procès est revisé. Elle est condamnée cette fois à un plus amplement informé indéfini et à garder prison; enfin cette nouvelle sentence est elle-même attaquée devant le Conseil du roi. Un avocat de Rouen, M⁰ Lecauchois, rédigea deux mémoires pour la fille Salmon, et au second

---

(1) *Réhabilitation de la mémoire de deux accusés et justification de trois autres.* Paris, 1787.

(2) P. 112, 113.

(3) Voyez *Mémoire justificatif* de M⁰ Lecauchois, Paris, chez Cailleaux, imprimeur, 1786.

est jointe une consultation de l'un des avocats célèbres de Paris, de Fournel (1). Ce procès émut extrêmement l'opinion : « des aumônes abondantes venoient chercher la fille Salmon au fond de sa prison, ses protecteurs ayant éveillé la bienfaisance publique, des sommes considérables furent envoyées (2). » Le mémoire se vendit beaucoup. Enfin, un arrêt du Parlement de Paris, sur cassation et renvoi, intervint le 23 mai 1786, déchargeant l'accusée de toutes les accusations et plaintes contre elle intentées ; et tout Paris s'empressa de faire une ovation à la malheureuse et à son défenseur (3).

Mais la cause la plus célèbre fut celle qui porta bientôt le nom de procès des *trois roués*. Pour vol nocturne, trois malheureux, Bradier, Lardoise et Simare, sont, en 1785, condamnés aux galères perpétuelles par le bailliage de Chaumont ; le Parlement de Paris élève la peine à celle de la roue. Un sursis cependant est obtenu, un pourvoi en cassation formé, et bientôt paraît un mémoire justificatif suivi d'une brève consultation (4). La consultation était signée par Legrand de Laleu, le mémoire ne portait pas de nom d'auteur, mais tout le monde sut qu'il avait été composé par un magistrat philosophe et littérateur, Dupaty, président à mortier au Parlement de Bordeaux. Le mémoire fut suivi bientôt d'une autre pièce, intitulée : « Moyens de droit pour Bradier, Simare et Lardoise, condamnés à la roue (5). » C'étaient des œuvres remarquables et passionnées, qui allaient bien au delà des intérêts respectables engagés dans la cause. Le mémoire surtout est un admirable plaidoyer, plein de force et d'élan, exprimant dans un langage ardent les revendications, qui bientôt dicteront la loi. Les appels à la justice et à la clémence royale se succèdent, pressants et enflammés : « Non, je ne me tairai point sur les vices et

---

(1) *Consultation pour une jeune fille condamnée à être brûlée vive*. Paris, 1786.

(2) *Mémoire pour le sieur Lecardé*, concierge des prisons de Rouen, p. 28.

(3) Voyez les récriminations du sieur Lecardé, qui veut avoir sa part de gloire. «Depuis ce jour il n'a cessé (Mᵉ Lecauchois) de la traîner aux spectacles de toute espèce, Théâtre-François, Comédie Italienne, Ambiguë-comique, Vaux-Hals, Ruggieri, Musée, Boulvard, etc., se rengorgeant à côté d'elle, il se montroit lui-même comme une pièce curieuse. » P. 25.

(4) *Mémoire justificatif pour trois hommes condamnés à la roue*, 1786. Paris.

(5) A Paris, de l'imprimerie de Philippe-Denys Pierre, 1786.

les rigueurs de notre Ordonnance criminelle, lorsque la France et l'humanité possèdent enfin Louis XVI... (1). Magistrats, il existe dans votre Ordonnance criminelle une Loi, qui accorde, que dis-je? qui ordonne que tout accusé muet ou sourd aura un défenseur... Etendez, étendez cette loi humaine sur les indigents et les pauvres. Elle les regarde sans doute... La minorité de la misère n'est-elle pas au moins aussi favorable que la minorité de la nature? Que dis-je ? ils sont sourds aussi et muets les indigents et les pauvres, et non-seulement par la perte réparable des organes qui entendent et qui parlent, mais par la privation sans ressource de l'intelligence qui comprend, et de la raison qui s'explique (2). »

« Ah! Sire, daignez enfin du haut de votre trône, au milieu de ce brillant concert de toutes les voix de la Renommée, qui publient dans tout l'univers votre sagesse et votre gloire, daignez, Sire, prêter un moment l'oreille au sang innocent des Calas, des Montbailly, des Langlade, des Cahusac, des Barreau, au sang innocent de ces trois malheureux prêt à couler. Tout ce sang innocent, du milieu des gibets et des roues, ne cesse d'une voix lamentable de vous crier : O prince ami des hommes, ne passez pas aussi sur le trône sans daigner nous écouter !... daignez, daignez abaisser du haut de votre trône un seul regard sur tous les écueils sanglants de notre législation criminelle, où nous avons péri, où tous les jours des innocents périssent... (3). Ne croyez point, Sire, ceux qui vous diront qu'il faut maintenir des lois rigoureuses, il est vrai, mais si anciennes, qui ont des siècles; Sire, la raison et l'humanité sont éternelles ; — qui vous diront que les législations doivent être stables dans les Empires pour que les Empires eux-mêmes se tiennent debout, comme si les lois destinées à suivre les individus, les sociétés et l'espèce dans le cercle des révolutions qui les entraînent, ne doivent pas faire partie des choses humaines, et comme elles, avoir un cours; — qui vous diront qu'il est dangereux de diminuer le respect dû aux lois par des critiques trop ouvertes, comme si rien pouvoit les

---

(1) *Mémoire*, p. 233.
(2) *Ibid.*, p. 237-238; cf. p. 57; cf. *Moyens de droit*, p. 43-44.
(3) *Mémoire*, p. 240.

déshonorer davantage que cette rouille de la barbarie, qui les couvre, ou le sang innocent dont elles dégouttent ; — qui vous diront enfin que la confection d'un nouveau code criminel est une opération difficile, qui exige que le temps et la raison la mûrissent, comme si ce n'étoit une nouvelle raison de s'en occuper tout à l'heure (1) !... Sire, le Code que nous implorons n'est point à faire, il est fait, il est écrit, il est gravé. Dieu lui-même l'a gravé dans votre âme, et il ne vous reste plus qu'à le faire traduire tout à l'heure par le chef de votre magistrature qui ne doit point avoir de peine à l'entendre et à en donner incessamment un exemplaire à votre Empire, à l'univers (2) ! » — « Hâtez-vous, ô prince ami de la justice, de la vérité, de l'humanité... car peut-être dans quelque province éloignée de votre Empire, vos lois criminelles, les lois surtout de vos criminalistes, poussent dans ce moment même à l'échafaud des hommes qui, comme Bradier, Lardoise et Simare, sont dépourvus de tout conseil, languissent comme eux dans les prisons, depuis des années sont comme eux les jouets de l'injustice et de l'ignorance des premiers juges, et sont innocents comme eux. Vous êtes roi... (3). »

Le mémoire de Dupaty eut un prodigieux retentissement. On le vendit à profusion avec le portrait de l'auteur et celui de Legrand de Laleu, et Louis Séguier constate lui-même cette grande émotion dans les conclusions qu'il donna pour la suppression de cet écrit, et que nous avons plus haut analysées. « Ce mémoire prétendu justificatif s'est répandu avec profusion dans la capitale, dans toute la France, dans toute l'Europe. On a affecté de le faire vendre au profit des trois condamnés pour intéresser davantage la commisération publique... Cette distribution vénale, jusqu'à présent inusitée, a produit la fermentation la plus vive ; la cause des trois criminels est devenue la cause de presque tous les citoyens... Dans ce moment d'effervescence un cri général s'est élevé contre l'Ordonnance criminelle (4). » L'avocat général considère tout cela comme une exaltation passagère : « C'est à notre

---

(1) *Mémoire*, I, p. 243-245.
(2) *Ibid.*, p. 248.
(3) *Ibid.*, p. 249.
(4) *Ibid.*, p. 3-5.

ministère qu'il est réservé d'éclairer un public prévenu, de ramener les esprits prêts à s'égarer, de poser les vrais principes, ignorés de la plus grande partie des citoyens et de tous les ordres et de tous les rangs, de justifier la législation, de fixer le véritable sens de la loi, de rétablir l'autorité de la jurisprudence, en opposant le flegme de la réflexion aux fougues de l'imagination, l'intérêt général au vain désir de la célébrité, de faire connoître à la nation, à toutes les nations que la manie de la réformation seule conduit la plume de cet écrivain (1). » Ce que Séguier prenait pour un orage éphémère, c'était le souffle tout-puissant de la Révolution Française.

(1) *Mémoire*, I, p. 5.

TROISIÈME PARTIE.

LES LOIS DE L'ÉPOQUE INTERMÉDIAIRE ET LE CODE D'INSTRUCTION CRIMINELLE.

TITRE PREMIER.

LES LOIS DE LA RÉVOLUTION.

CHAPITRE PREMIER.

L'Ordonnance de 1670 réformée.

I. L'édit de 1788. — II. Les cahiers de 1789 et la procédure criminelle. — III. Premières réformes opérées par l'Assemblée Constituante, le décret des 8-9 octobre 1789.

I.

La pression toujours plus forte de l'opinion publique devait sous Louis XVI amener des réformes, même avant la convocation des États-Généraux : pourtant là, comme partout, on ne fera encore à cette époque que des modifications partielles et hésitantes. Elles précèdent de bien peu la convocation des États-Généraux, et vont disparaître dans la grande rénovation, qui suit 1789.

En 1788, il fut fait un pas en avant ; un Édit fut présenté dans le fameux lit de justice du 8 mai, l'une des dernières convulsions de la vieille monarchie. Le gouvernement reconnaissait qu'une réforme générale de la procédure criminelle était nécessaire. Dans le préambule de l'Édit, on rendait hommage à la grande Ordonnance de 1670, mais on proclamait en même temps la nécessité d'une révision. « Nous ne saurions nous dissimuler qu'en conservant le plus grand nombre de ses dispositions, nous pouvons en changer avantageusement plusieurs articles principaux et la réformer sans l'abolir. Nous avons donc considéré que les Commissaires n'ont pu tout prévoir en débrouillant le chaos de la jurisprudence criminelle, que les procès-verbaux de leurs conférences attestent qu'ils furent souvent divisés sur des points importants, et que la décision ne parut pas confirmer toujours les avis les plus sages; que depuis la rédaction de cette Ordonnance le seul progrès des lumières suffiroit pour nous inviter à en revoir attentivement les dispositions et à les rapprocher de cette raison publique, au niveau de laquelle nous voulons mettre nos lois... à l'exemple des législateurs de l'antiquité dont la sagesse bornoit l'autorité de leur Code à une période de cent années, nous avons observé que ce terme étant maintenant expiré, nous devions soumettre à une révision générale cette même Ordonnance criminelle, qui a subi le jugement d'un siècle révolu (1). » Le garde-des-sceaux, dans son discours au lit de justice, fut plus formel encore : « La nécessité de réformer l'Ordonnance criminelle et le Code pénal est universellement reconnue. Toute la nation demande au roi cet acte important de législation, et Sa Majesté a résolu dans les conseils de se rendre au vœu de ses peuples (2). » Mais cette réforme générale, on la voulait longuement méditée; ce qu'il y a de remarquable, c'est le mode d'enquête qu'on propose pour y parvenir. « Pour procéder à ce grand ouvrage avec l'ordre et la sagesse qu'il exige, nous nous proposons de nous environner de toutes les lumières que nous pourrons réunir autour du trône où la divine Providence nous a placé. Tous nos sujets auront la faculté de concourir à l'exécution du projet qui nous occupe, en adressant à notre garde-des-sceaux les observations et mémoires qu'ils jugeront propres à nous éclairer. Nous élèverons ainsi au rang des lois les résultats de l'opinion publique, après qu'ils auront été soumis à l'épreuve d'un mûr et profond examen (3). » En attendant cette réforme d'ensemble, l'Édit abrogeait « plusieurs abus auxquels il a paru un instant de remédier. »

1° L'usage de la sellette était aboli : « Ordonnons qu'il sera placé dans nos cours et juridictions, derrière le barreau, un siège ou banc de bois, assez élevé pour que les accusés puissent être vus de tous leurs juges; laissons au choix des dits accusés de rester debout ou assis; ce dont les présidents de nos cours, et les

---

(1) Isambert : *Anc. lois*, t. XXVIII, p. 727.
(2) Buchez et Roux : *Histoire parlementaire*, t. I, p. 239.
(3) Préambule de l'Édit. Isambert, t. XXVIII, p. 527.

juges qui présideront au jugement dans les juridictions les avertiront (art. 1). »

2° Il était défendu de rendre des sentences non motivées : « Ne pourront nos juges, même nos cours, prononcer en matière criminelle *pour les cas résultant du procès;* voulons que tout arrêt ou jugement énonce et qualifie expressément les crimes et les délits dont l'accusé aura été convaincu... exceptons les arrêts purement confirmatifs de sentence des premiers juges, dans lesquels les dits crimes et délits seroient expressément énoncés ; à la charge par les cours de faire transcrire dans le Vu de leurs arrêts les dites sentences des premiers juges, le tout à peine de nullité (art. 3). » C'était là une réforme bien sage, et depuis longtemps attendue : « La dignité même de nos jugements exige l'énonciation expresse des délits, disait le garde-des-sceaux. Quel tribunal pourroit être jaloux de la prérogative d'infliger des peines capitales, sans motiver ses arrêts ? — Le roi a donc pensé, messieurs, que toute condamnation solennelle, qui met la peine à la suite du délit, devoit montrer le délit à côté de la peine (1). »

3° L'abolition de la question préparatoire était confirmée, la question préalable était abolie, art. 8 : « De nouvelles réflexions nous ont convaincu de l'illusion et des inconvénients de ce genre d'épreuve, qui ne conduit jamais sûrement à la connoissance de la vérité, prolonge ordinairement sans fruit le supplice des condamnés et peut plus souvent égarer nos juges que les éclairer. » On la remplaçait par un interrogatoire suprême fait par le juge-commissaire, le jour même de l'exécution, avec récolement et confrontation, s'il était besoin (art. 9-12). C'était substituer à la torture physique une contrainte morale, le condamné, dans cet interrogatoire comme dans les autres, devant prêter serment, selon la règle générale, qui était maintenue ; c'était « un moyen plus doux sans être moins sûr pour forcer les malfaiteurs de nommer leurs complices. Nous avons pensé que, la loi ayant confié à la religion du serment les plus grands intérêts de la société, puisqu'elle en fait dépendre la vie des hommes, elle pouvoit l'adopter aussi pour garant de la sûreté publique, dans les dernières décla-

---

(1) Buchez et Roux, *op. cit.*, tom. I, p. 241.

rations des coupables. Nous nous sommes donc décidé à essayer du moins provisoirement de ce moyen, nous réservant, quoique à regret, de rétablir la question préalable, si après quelques années d'expérience, les rapports de nos juges nous apprenoient qu'elle fût d'une indispensable nécessité (1). »

4° Pour qu'une condamnation à mort fût prononcée, il ne suffisait plus d'une majorité de deux voix ; il en fallait une de trois (art. 4).

Enfin venaient deux dispositions, qui, aux yeux du législateur, paraissaient les plus importantes de toutes celles qu'il édictait, et qui, en elles-mêmes, sont fort intéressantes.

5° Il était dit : « Aucune sentence portant peine de mort naturelle ne pourra être exécutée qu'un mois après qu'elle aura été prononcée... sauf les jugements rendus pour des cas de sédition ou émotion populaire, seront lesdits jugements exécutés le jour qu'ils auront été prononcés aux condamnés. » Pourquoi ce sursis que l'Ordonnance n'admettait pas ? Était-ce pour infliger aux condamnés les angoisses d'une horrible attente ? Non ; malgré cet inconvénient qui semble avoir préoccupé les esprits (2), il y avait là une pensée généreuse : « Le roi veut assurer à tous les condamnés le temps nécessaire pour solliciter sa clémence et assurer sa justice. » C'était une mesure fort humaine, que Voltaire avait hautement réclamée : « Il est notoire, disait le garde-des-sceaux, que dans les États les plus éclairés de l'Europe, tous les jugements portant peine de mort sont soumis à l'approbation du Souverain. » L'Édit, pour mieux assurer cette garantie, voulait que les procureurs généraux transmissent les sentences capitales avec les renseignements nécessaires au garde-des-sceaux (art. 5). Ces dispositions qui devaient être « également précieuses à conserver après la réforme des lois criminelles, » ne se retrouvent point dans les lois de l'époque intermédiaire ; cela se conçoit, le droit de grâce n'existait plus alors, et le pourvoi en cassation avait désormais un effet suspensif en matière criminelle. Plus tard, bien que le droit de grâce eût été rétabli, le Code d'Instruction criminelle,

---

(1) Isambert, t. XXVIII, p. 528.
(2) Discours du garde-des-sceaux ; Buchez et Roux : *Hist. parlem.*, t. I, p. 240.

copiant le Code de Brumaire an IV, ordonna dans son article 375 l'exécution des arrêts de mort aussitôt qu'ils seraient devenus définitifs. C'est ce que voulait aussi l'Ordonnance de 1670 (1). Mais ce texte n'est pas appliqué, et même une circulaire du garde-des-sceaux, du 27 septembre 1830, ordonne aux procureurs généraux d'adresser un mémoire sur chaque condamnation capitale. Le garde-des-sceaux lui-même, après que la question a été étudiée par la direction des grâces, adresse un rapport au chef de l'État : « la grâce peut être accordée dans un intérêt de justice et d'humanité. » On le voit, c'est en réalité la disposition de l'Édit de 1788, qui a été reprise de nos jours.

6° Enfin, chose bien remarquable, on accordait aux accusés absous une réparation d'honneur : « Je puis le déclarer, dit le garde-des-sceaux, Sa Majesté a vu avec la plus grande surprise que la législation de son royaume n'avoit encore rien statué en leur faveur, et que s'il ne se trouvoit pas au procès une partie civile qui pût être condamnée aux frais de l'impression et de l'affiche de ces jugements d'absolution, cette faible indemnité n'étoit pas même accordée à l'innocence (2). » Aussi l'article 7 était ainsi conçu : « Nos Cours et juges ordonneront que tout arrêt ou jugement d'absolution rendu en dernier ressort, ou dont il n'y aura appel, sera imprimé et affiché aux frais de la partie civile, s'il y en a, sinon aux frais de notre domaine (3). »

Tel était cet Édit, qui laissait intact le système de l'Ordonnance, mais qui, sur certains points, était plus libéral que ne le seront les lois postérieures. On sait quelle opposition il souleva dans les Parlements. C'est un intéressant document historique ; ce ne fut pas en réalité une loi appliquée. C'était la dernière fois que la royauté exerçait en matière criminelle le pouvoir législatif absolu et indépendant que lui reconnaissait l'ancienne France. Le 5 juillet 1788 fut rendu l'arrêt du Conseil concernant la convocation des États-Généraux (4). C'est désormais la nation qui a

---

(1) Tit. xxv, art. 21.
(2) Buchez et Roux, *op. cit.*, I, p. 242.
(3) Le nombre d'exemplaires alloués par l'État variait entre 100 et 200, suivant l'importance des juridictions.
(4) Isambert, t. XXVIII, p. 601.

la parole. Avant de voir comment ses représentants interpréteront ses volontés, il est utile de rechercher comment elle les exprime elle-même dans ces fameux cahiers, que les commettants remirent alors à leurs mandataires (1).

II.

Pour la législation criminelle, les cahiers sont le miroir fidèle de l'esprit public ; nous y retrouverons la plupart des réclamations qu'ont déjà fait entendre les publicistes, et, d'autre part, la marche que tracent quelques-uns d'entre eux sera exactement suivie par l'Assemblée Constituante. Les trois Ordres sont presque toujours unanimes sur les points importants.

Tout d'abord c'est la publicité des procédures qui est réclamée: « La publicité des procédures, établie autrefois en France, en usage dans tous les temps chez presque toutes les nations éclairées, sera rétablie, et l'on fera désormais l'instruction portes ouvertes et l'audience tenante (2). » — « Que surtout la publicité de la procédure soit rétablie (3). » — « Quant à la réforme du Code Criminel, le désir du clergé seroit... que l'instruction de la procédure criminelle se fît publiquement, interrogatoire, dépositions des témoins, récolement et confrontation (4). »

L'assistance des conseils sera permise à l'accusé; sur ce po[int] les Cahiers des trois ordres sont unanimes (5). Certains cahie[rs] demandent que le défenseur soit donné gratuitement ; c'est l'avocat d'office de l'avenir (6). Parfois on veut que le conseil assiste l'accusé dès le début de la procédure : « qu'il soit donné en toute matière et dès l'origine de l'instruction un conseil aux accusés,

---

(1) Nous suivons le *Résumé des Cahiers*, par Prudhomme; 3 vol., 1789.
(2) *Cahier du Tiers*, ville de Paris. Prudhomme, III, p. 159. Dans ce sens l'unanimité des Cahiers du Tiers-État et de la Noblesse. Prud., III, p. 588; II, p. 387.
(3) *Noblesse*, ville de Paris, II, p. 145.
(4) *Clergé*, Mantes et Meulan.
(5) Unanimité des Cahiers de tous les bailliages : *Clergé* : Prudhomme, I, p. 335; *Noblesse* : II, 377; *Tiers* : III, 548.
(6) Vannes, *Cahier du Tiers*, III, 161.

et que le conseil soit autorisé à prendre communication toutes les fois qu'il le trouvera nécessaire (1). » — « Il sera donné un défenseur juridique dès le commencement du procès criminel (2). » — Ailleurs on veut que le défenseur intervienne seulement après l'interrogatoire de l'accusé : « Qu'après le premier interrogatoire il soit donné un conseil à l'accusé (3). » — « Que les accusés aient des conseils pour la confrontation et les actes subséquents (4). »

Le serment imposé aux accusés doit être aboli (5). — « Que les serments ou plutôt les parjures qu'on exige des accusés soient supprimés (6). » — « Le serment exigé des accusés étant évidemment contraire au sentiment naturel qui attache l'homme à sa propre conservation, n'est qu'une violence faite à la nature humaine, inutile pour découvrir la vérité, et propre seulement à affaiblir l'horreur du parjure (7). » Le Clergé ici n'est pas moins pressant que le Tiers-Etat : « On demandera la suppression du serment qu'on exige de l'accusé, serment qui l'oblige au parjure (8). » — « Qu'on s'occupe également de réformer le Code criminel, de procurer aux accusés le moyen d'assurer leur défense, et d'abolir l'usage du serment, qui les rend presque toujours parjures (9). »

La défense et l'accusation seront mises sur un pied d'égalité, en ce sens que l'accusé, dès le début, pourra proposer et prouver les faits qui sont à sa décharge; on n'accule plus dans le dernier recoin du procès les faits justificatifs. Cela est formellement exprimé dans de nombreux Cahiers : « On sollicitera la faculté aux accusés de proposer et d'établir leur justification par titre ou

---

(1) La Rochelle, *Cahier du Tiers*, III, 161.

(2) Ville de Paris, *Cahier du Clergé*, I, 159.

(3) Lyon, *Cahier du Tiers*, III, 163.

(4) Lyon, *Cahier de la Noblesse*, II, 146.

(5) Prudhomme indique dans ce sens l'unanimité des Cahiers du Tiers (III, 349), et les Cahiers du Clergé de 91 bailliages (I, 335).

(6) Vannes, *Cahier du Tiers*, III, 161.

(7) Ville de Paris, *Cahier du Tiers*, III, 162.

(8) Douay, *Cahier du Clergé*, I, 162.

(9) Auxerre, *Cahier du Clergé*, I, 162.

par enquêtes aussitôt leur premier interrogatoire (1). » — « Qu'un conseil gratuit soit nommé aux accusés après le premier interrogatoire, chaque acte de la procédure communiqué à ce conseil, qui correspondra toujours librement avec les accusés, et fera valoir en leur faveur et sur papier libre leurs moyens justificatifs en tout état de cause (2). » — « Que l'accusé, constamment secondé de son conseil, puisse, dès le commencement jusqu'à la fin de la procédure, administrer toutes preuves justificatives, et qu'il soit défendu à tout juge de refuser de les admettre et d'y faire droit (3). »

Il faut restreindre les pouvoirs immenses du juge d'instruction qui, à lui seul, nous le savons, prononçait le règlement à l'extraordinaire et lançait les décrets, qui confrontait et récolait seul, rassemblant ainsi les pièces écrites sur lesquelles se décidait le procès : « Un juge qui entend les témoins en première instance et reçoit les dépositions est souvent un juge peu instruit, quelquefois prévenu ; l'arrêt de mort dès lors est déjà prononcé contre l'accusé, sans qu'il puisse espérer de s'y soustraire, puisque le tribunal d'appel ne juge que sur la procédure, et sur les dépositions reçues par le premier juge (4). » Aussi trouvons-nous beaucoup de Cahiers qui, soit pour procéder aux informations et interrogatoires, soit pour rendre les décrets, demandent l'assistance de deux ou trois juges, ou même l'intervention du siège tout entier (5). « Qu'il ne soit plus permis au juge de procéder aux interrogatoires et autres actes de l'instruction qu'assisté de deux autres juges, qu'il ne puisse rendre de décret de prise de corps et d'ajournement personnel, que de l'avis de deux juges (6). » — « Que les informations soient faites non par devant un juge seul, mais par devant deux juges et les interrogatoires par devant la compagnie tout entière qui doit juger (7). » —

(1) Saintes, *Cahier du Tiers*, III, p. 159.
(2) Vannes, *Cahier du Tiers*, III, p. 162.
(3) Dourdan, *Cahier de la Noblesse*, II, p. 146.
(4) Blois, *Cahier de la Noblesse*.
(5) Selon Prudhomme (II, 399), les Cahiers de la Noblesse sont unanimes pour demander qu'un juge ne puisse jamais seul rendre un décret de prise de corps.
(6) La Rochelle, *Cahier du Tiers*, III, p. 160.
(7) Toul, *Cahier du Tiers*, III, p. 160.

« Que l'information et le premier interrogatoire soient faits en présence de trois juges (1). » — « Qu'il ne puisse être lancé aucun décret en matière criminelle que par tous les juges de la juridiction assemblés (2). »

D'autres réformes sont réclamées qui ont déjà été opérées par l'Édit éphémère de 1788.

Les arrêts, même ceux des cours souveraines, devront être motivés d'une façon précise (3). La torture sera à tout jamais abolie et l'usage de la sellette définitivement supprimé (4).

On veut voir disparaître les juridictions d'exception : « Que la juridiction des prévôts soit abolie, afin que tout accusé puisse jouir du bénéfice des deux degrés de juridiction (5). » Les commissions extraordinaires ne pourront plus exister en matière criminelle.

La liberté individuelle sera efficacement protégée, l'interrogatoire du captif devra nécessairement avoir lieu dans les vingt-quatre heures (6). La mise en liberté sous caution sera accordée toutes les fois qu'il ne s'agira pas de crime grave : « Que l'élargissement provisoire soit toujours accordé après l'interrogatoire prêté, en fournissant caution, excepté dans les cas où le détenu seroit prévenu d'un délit qui mériteroit peine corporelle (7). »

Les praticiens qui rédigèrent souvent les Cahiers du Tiers-État n'oublièrent point la disposition de l'Ordonnance qui punissait comme faux témoin celui qui se rétractait à la confrontation. « On sollicitera aussi la liberté aux témoins de se rétracter à la confrontation sans danger d'encourir la peine de faux, à moins que la rétractation ne soit frauduleuse (8). »

(1) Lyon, *Cahier du Tiers*, III, p. 162.
(2) Nivernois, *Cahier du Tiers*, III, p. 163.
(3) Unanimité dans ce sens des Cahiers des trois ordres. *Clergé*, I, 351; cf. p. 153; *Noblesse*, II, p. 399; cf. p. 147; *Tiers-État*, III, 575; cf. p. 172.
(4) Unanimité des Cahiers : *Clergé*, I, 161; *Noblesse*, II, 149; *Tiers*, III, 165.
(5) Alençon, *Cahier de la Noblesse*, II, p. 154; dans ce sens, la Noblesse de 43 bailliages (II, p. 400).
(6) I, 122; 352.
(7) Alençon, Labour: *Cahiers de la Noblesse*, II, p. 145; dans ce sens, la Noblesse de 59 bailliages, II, p. 391.
(8) III, 159, et dans ce sens, le Tiers de 32 bailliages, III, p. 594.

Le Clergé seul, chose singulière en apparence, demande la suppression des monitoires, « si ce n'est dans les cas les plus graves (1). » Mais d'autre part, le Tiers-État demande que la justice ecclésiastique n'ait plus aucune place dans la procédure criminelle : « On sollicitera l'abolition de l'instruction jointe des officiaux et des lieutenants criminels, comme usage dangereux, propre à doubler les frais et multiplier les ouvertures de cassation ; en conséquence l'attribution aux juges royaux ordinaires de la connoissance des cas privilégiés, dont les ecclésiastiques pourroient être accusés, sans préjudice des poursuites séparées que pourront faire les promoteurs pour le maintien de la discipline ecclésiastique (2). » La bourgeoisie de 1789 réclamait ici exactement la même mesure qu'avaient proposée, en 1670, les commissaires de Louis XIV.

Toutes ces réformes, les publicistes les prêchaient depuis cinquante ans. Aujourd'hui on voulait les accomplir sans retard. Mais les Cahiers montrent que l'esprit public les avait dépassées : pour l'organisation de la justice criminelle comme pour la fondation de la liberté politique, c'était à l'Angleterre qu'on allait demander des modèles (3) ; il fallait d'abord supprimer les abus criants de l'ancien système, puis introduire chez nous la procédure orale et par jurés.

Le Tiers-État de 58 bailliages demande qu'on distingue les juges du fait et les juges du droit (4). « En matière criminelle le jugement du fait sera toujours séparé du jugement du droit. L'institution des jurés pour le jugement du fait paraissant plus favorable à la sûreté personnelle et à la liberté publique, les États-

---

(1) I, p. 154, et 168.

(2) III, p. 122, dans ce sens, l'unanimité des Cahiers du Tiers, III, p. 560.

(3) « Qu'il soit formé au commencement de la prochaine tenue des États-Généraux un conseil composé des personnes les plus éclairées, pour s'occuper d'un objet aussi important que la réforme du Code criminel. Ce conseil ne doit pas être seulement composé de magistrats et de jurisconsultes ; la vertu la plus éclairée n'est pas toujours à l'abri de la séduction du préjugé. Il est nécessaire d'y admettre des citoyens de tous les états, de tous les ordres, et de *ceux surtout qui ont été à portée d'étudier la jurisprudence criminelle de l'Angleterre.* » — Blois, *Cahier de la Noblesse*, II, 142.

(4) III, 574.

Généraux chercheront par quels moyens on pourroit adapter cette institution à notre législation (1). » Ailleurs, nous voyons indiquer les « douze pairs assermentés prononçant uniquement et exclusivement sur le fait, et dont l'unanimité est nécessaire pour entraîner la condamnation (2). » Ce sont les traits caractéristiques du jury anglais (3). Il est vrai que d'autres Cahiers se réfèrent aux vieilles coutumes françaises faussement interprétées. « Qu'il ne puisse être instruit aucun procès criminel contre quelque citoyen que ce soit que le juge ne soit assisté dans tous les actes de la procédure d'un ou de plusieurs citoyens de l'ordre de celui qui sera accusé, et que tous les citoyens jouissent du même droit et privilège que le clergé, conformément à l'ancien usage de France (4). »

Enfin les cahiers demandent qu'on supprime cette justice retenue, et cet exercice du pouvoir absolu, qui jetaient un si grand trouble dans l'administration de la justice. Les lettres de cachet seront abolies (5); elles ont été flétries par celui qui sera tout d'abord la grande voix de la Révolution. Quant aux *lettres de grâce*, elles ne pourront plus intervenir qu'après le jugement : « Il ne pourra être accordé des lettres de grâce qu'après le jugement définitif et en dernier ressort (6). » — « Le roi pourra commuer toutes les peines prononcées en une peine moins sévère, et faire grâce à son gré par lettres émanées de Sa Majesté et dûment en forme, à l'exception des crimes de lèse-majesté, de péculat et de concussion, mais dans aucun cas il ne pourra empêcher la prononciation des jugements (7). »

Nous avons là, exprimées dans leurs grandes lignes, les réformes que va opérer la Constituante.

(1) Ville de Paris, *Cahier du Tiers*, III, 163.
(2) II, 144.
(3) 94 Cahiers de la Noblesse demandent que « l'unanimité des pairs assermentés soit nécessaire pour opérer la conviction qui doit soumettre un accusé à la peine de mort. » II, 387.
(4) Vermandois, *Cahier de la Noblesse*, II, 144.
(5) Unanimité des Cahiers : *Clergé*, I, 352; *Tiers*, III, 576 et 58; pour la *Noblesse*, II, 56, ssq.
(6) Meaux, *Cahier du Tiers*, III, 174; dans ce sens le Tiers de 88 bailliages, III, 570.
(7) Tourraine, *Cahier de la Noblesse*, II, 152.

III.

L'Assemblée Constituante vota pour la procédure criminelle deux lois de la plus grande importance : celle des 8-9 octobre 1789, et celle des 16-29 septembre 1791. Il paraît étrange au premier abord que ces lois se soient succédé à un si court intervalle, et que l'Assemblée ait si vite cru nécessaire de retoucher son œuvre. Cela s'explique aisément. La première de ces deux lois opère cette réforme des abus les plus graves qu'on voulait immédiate, mais, comme l'indique son préambule, elle n'établit qu'un état de choses provisoire (1); la seconde réalise cette adaptation de la procédure par jurés, et d'une façon plus générale de la procédure anglaise, qu'on avait classée parmi les institutions définitives de la France

Le Décret de 1789 ne ruine point l'ordre de procéder usité jusque-là. C'est toujours l'Ordonnance de 1670 qui reste en vigueur : « L'Ordonnance de 1670 et les édits et réglements concernant la matière criminelle continueront d'être observés en tout ce qui n'est pas contraire au présent Décret, jusqu'à ce qu'il en ait été autrement ordonné (art. 28). » C'est toujours la procédure écrite et compliquée que nous connaissons. L'information, les décrets, l'interrogatoire, le réglement à l'extraordinaire, le récolement et la confrontation, le rapport du procès, le dernier interrogatoire, tout cela se retrouve à sa place dans le texte nouveau, (et à ce moment même rien n'est encore changé dans les juridictions). Mais un élément étranger s'est ajouté à l'œuvre ancienne; c'est la défense permise et assurée; c'est une large publicité; à cet égard la loi accorde des garanties qui disparaîtront plus tard. Cela étant connu, on comprendra mieux que lors de la rédaction du Code d'Instruction criminelle, certains

(1) « Si l'exécution de cette réforme entière exige la lenteur et la maturité des plus profondes méditations, il est cependant possible de faire jouir dès à présent la nation de l'avantage de plusieurs dispositions, qui, sans subvertir l'ordre de procéder actuellement suivi, rassureront l'innocence et faciliteront la justification des accusés. »

esprits aient voulu en revenir purement et simplement à cette première réforme opérée par la Révolution.

Les garanties que le décret de 1789 assure à l'accusé consistent surtout dans la publicité de la procédure et dans l'assistance d'un conseil. Cependant le législateur n'avait pas voulu introduire le plein jour dès les premiers actes de la poursuite et de l'instruction. Lorsqu'on cherche encore des preuves, qu'il peut être facile de dissimuler, il est opportun, presque nécessaire, de ne pas donner l'éveil à tous les intéressés. La plainte et la dénonciation se produiront en secret, « l'information qui précédera le décret continuera d'être faite secrètement (art. 6). » Mais pour remplacer la publicité, dangereuse dans ces premiers instants, on organise une autre garantie. On donne au juge des *adjoints*, qui sont des citoyens nommés par les municipalités ou par les communautés d'habitants. Leur assistance remplacera dans la mesure du possible le contrôle de l'opinion publique; et en même temps on évitera tout danger, car « ils prêteront serment à la commune entre les mains des officiers municipaux ou des syndics... de remplir fidèlement leurs fonctions, et surtout de garder un secret inviolable sur le contenu en la plainte et autres actes de la procédure (art. 2) (1). » Le public est en quelque sorte présent en leur personne, et ils remplacent aussi le conseil. Ce qui montre bien que tel est leur rôle, c'est que lorsque la publicité est établie et le conseil admis, ils se retirent et disparaissent; lorsque l'accusé aura comparu, « tous les actes de l'instruction seront faits contradictoirement avec lui, publiquement et les portes de la chambre d'instruction étant ouvertes; dès ce moment, l'assistance des adjoints cessera (art. 11). » Telle est l'idée générale qui inspire la loi; voyons rapidement le détail.

Dès le début de la procédure, lorsque le juge est saisi par

---

(1) Ces notables doivent avoir 25 ans et être choisis « parmi les citoyens de bonnes mœurs et de probité reconnue. » En cas d'urgence ou de flagrant délit, ils peuvent être remplacés par « deux des principaux habitants qui ne seront pas dans le cas d'être entendus comme témoins et qui prêteront sur-le-champ serment devant le juge d'instruction. » Art. 8. Dans une autre hypothèse (transport sur les lieux trop loin du chef-lieu de la juridiction,) ils peuvent être suppléés par des membres de la municipalité du lieu, choisis par le juge d'instruction. » Art. 5.

la partie privée ou par la partie publique, la loi se montre prévoyante. S'agit-il d'une *plainte*, « elle ne peut être présentée au juge qu'en présence de deux témoins, amenés par le plaignant... Il sera fait mention de leur présence et de leurs noms dans l'ordonnance qui sera rendue sur la plainte, et ils signeront avec le juge à peine de nullité (art. 3). » S'agit-il d'une poursuite d'office, les *adjoints* sont présents, la loi exige que le procureur du Roi déclare alors s'il a un dénonciateur et lequel, afin que ce dénonciateur « soit connu du juge et des adjoints à l'information, avant qu'elle soit commencée (art. 4). » Deux adjoints doivent aussi assister à la rédaction des procès-verbaux dressés sur les lieux pour constater le corps du délit; « ils pourront faire leurs observations dont sera fait mention, et signeront les procès-verbaux à peine de nullité (art. 5). » Deux adjoints assistent à l'information et entendent les témoins (art. 6). Ils sont « tenus, en leur âme et conscience, de faire au juge les observations tant à charge qu'à décharge qu'ils trouveront nécessaires pour l'explication des dires des témoins ou l'éclaircissement des faits déposés (art. 7). »

Dès lors, l'information est terminée, il s'agit de rendre le décret. Sur ce point la loi donne satisfaction aux réclamations de l'opinion publique, consignées dans les Cahiers : « Les décrets de prise de corps ne pourront plus être rendus contre des domiciliés, que s'il s'agit d'un crime pouvant entraîner peine corporelle, » et « les décrets d'ajournement personnel ou de prise de corps ne pourront plus être prononcés que par trois juges au moins ou par un juge et deux gradués (art. 9) (1). »

Si l'accusé obéit au décret ou est capturé, la procédure devient immédiatement publique, et dès le premier interrogatoire il aura l'assistance d'un conseil, que le juge lui nommera d'office à peine de nullité, s'il ne peut en avoir un par lui-même (art. 10 et 12). Lorsque l'accusé comparaît devant le juge, celui-ci commence par « lui faire lire la plainte, la déclaration du nom du dénonciateur, s'il y en a, les procès-verbaux et rapports et l'in-

---

(1) « Pourront néanmoins les juges faire arrêter sur-le-champ dans le cas de flagrant délit ou de rébellion à justice. »

formation (art. 12); » puis « il lui demandera s'il a choisi ou s'il entend choisir un conseil, ou s'il veut qu'il lui en soit nommé un d'office; en ce dernier cas, le juge nommera le conseil *et l'interrogatoire ne pourra être commencé que le jour suivant* (art. 13). » N'est-ce pas là une loi respectueuse, jusqu'à l'exagération, des droits de la défense? La loi anglaise, qui aujourd'hui ordonne au juge de paix ou au juge de police d'avertir le prévenu amené devant lui qu'il n'est point tenu de répondre, « qu'il ne doit obéir à aucune crainte ni céder à aucune espérance, » est en vérité moins libérale (1).

Bien entendu, dans cet interrogatoire, pour lequel l'accusé peut avoir presque un jour et une nuit de préparation, on n'exige de lui aucun serment. Il est cependant un cas où le prévenu devra encore prêter serment, c'est « lorsqu'il voudra alléguer des reproches contre les témoins (2). » Mais alors c'est une sorte de *juramentum calumniæ*.

Aussitôt après l'interrogatoire, « la copie de toutes les pièces de la procédure, signée du greffier, sera délivrée sans frais à l'accusé sur papier libre, s'il la requiert (3). » Le conseil pouvait en tout temps « voir les minutes (art. 14). » La procédure étant dès lors publique, la continuation ou les additions de l'information, s'il y avait lieu, étaient faites publiquement en présence de l'accusé (art. 15), qui pouvait après la déposition interpeller le témoin; » mais « les aveux, variations ou rétractations du témoin en ce premier instant ne le faisaient point réputer faux témoin (art. 16). »

L'information étant terminée, il y avait lieu, comme précédemment, au règlement à l'extraordinaire; mais il était dit : « Les procès criminels ne pourront plus être réglés à l'extraordinaire que par trois juges au moins (art. 17). » Venaient ensuite le récolement des témoins et la confrontation. Tout cela se passait en

---

(1) Stephen, *Commentaries on the laws of England*, t. IV, p. 347 (édit. 1873).

(2) Art. 12. « Pour cet interrogatoire et pour tous les autres, le serment ne sera plus exigé de l'accusé, et il ne le prêtera, pendant tout le cours de l'instruction, que dans le cas où il voudrait alléguer des reproches contre les témoins. »

(3) Art. 14. C'est là une disposition que reprendra le droit postérieur, mais en matière criminelle seulement, et le moment où la copie est délivrée sera reculé.

public, l'accusé était présent dès le récolement, et son conseil pouvait aussi y assister, mais « sans pouvoir parler au nom de l'accusé ni lui suggérer ce qu'il doit dire ou répondre, si ce n'est dans le cas d'une nouvelle visite ou rapport quelconque, lors desquels il pourra faire des observations, dont mention sera faite dans le procès-verbal (art. 18). »

La liberté de la défense était assurée : « Les reproches contre les témoins pourront être proposés et prouvés en tout état de cause, tant après qu'avant la connaissance des charges, et l'accusé sera admis à les prouver, si les juges les trouvent pertinents et admissibles (art. 17). » L'accusé pouvait aussi, comme le demandaient les Cahiers, « proposer en tout état de cause ses défenses et faits justificatifs ou d'atténuation, et la preuve sera reçue de tous ceux qui seront jugés pertinents, et même du fait de démence, quoiqu'ils n'aient point été articulés dans son interrogatoire et autres actes de la procédure. Les témoins que l'accusé voudra produire sans être tenu de les nommer sur-le-champ, seront entendus publiquement, et pourront l'être en même temps que ceux de l'accusateur, sur les continuations ou additions d'information (art. 19). » Ces témoins à décharge n'étaient plus nécessairement cités par le ministère public, l'accusé avait le choix « soit de les appeler à sa requête, soit de les indiquer au ministère public, pour qu'il les fasse assigner ; » mais il devait agir « dans les trois jours du jugement qui admettait la preuve (art. 20). »

Au reste, la procédure conservait, nous l'avons dit, son caractère de procédure écrite. Les divers actes que nous avons décrits s'étaient accomplis devant le juge d'instruction, ils avaient été consignés dans des pièces qui enflaient le sac du procès. Aussi lorsqu'on allait comparaître devant le tribunal pour obtenir jugement, la formalité du *rapport* était encore nécessaire : « Le rapport du procès sera fait par l'un des juges, les conclusions du ministère public données ensuite, et *motivées*, le dernier interrogatoire prêté, et le jugement prononcé le tout à l'audience publique (art. 21). » Sauf la publicité introduite, il semble que rien n'est changé dans le dernier acte du drame judiciaire; même « l'accusé ne comparaîtra à cette audience qu'au moment de l'interrogatoire, après lequel il sera reconduit, s'il est prisonnier (art. 21). »

Cependant une autre modification considérable avait été introduite; l'accusé, alors même qu'il était absent, était représenté par son défenseur toujours présent, qui pouvait élever la voix, et présenter la défense en face de l'accusation : « Le conseil pourra être présent pendant la séance entière et parler pour la défense après le rapport fini, les conclusions données et le dernier interrogatoire prêté. » Les plaidoyers au criminel vont de nouveau retentir dans les tribunaux, dont ils n'avaient pas troublé les échos depuis bien des années.

Les juges devaient alors se retirer à la chambre du conseil pour y délibérer; puis, ils reprenaient « incontinent leur séance publique pour la prononciation du jugement (art. 21). » Toute condamnation à peine afflictive ou infamante en première instance ou en dernier ressort devait être motivée (art. 22); aucune condamnation à une peine afflictive ou infamante ne pouvait être prononcée qu'aux deux tiers des voix, et les condamnations définitives à la peine de mort ne pouvaient l'être qu'aux quatre cinquièmes des voix (art. 25). On abolissait à tout jamais l'usage de la torture et celui de la sellette (art. 24).

Tels sont les nouveaux traits sous lesquels se présentait la vieille procédure, dans le décret de 1789. Cette loi, qui dans la pensée de ses auteurs ne devait avoir qu'une existence éphémère, était pourtant harmonieusement combinée. C'est qu'en réalité, elle était prête depuis longtemps; et les réformes qu'elle introduisait, réclamées maintes fois, avaient été pour ainsi dire rédigées par l'opinion publique. Pour la première partie du procès criminel, c'est-à-dire l'information, l'interrogatoire et le décret, elle se montrait plus libérale que ne le seront les lois postérieures. C'est que celles-ci établirent une garantie qui, aux yeux des contemporains, tient lieu de toutes les autres, cette double barrière qui protége les libertés anglaises, comme dit Blakstone, le jury d'accusation et le jury de jugement. Un point digne de remarque, c'est que le décret de 1789 est muet sur la théorie des preuves légales. Est-ce une omission volontaire? pensait-on que ce système, qui n'avait été imposé par aucune loi, mais seulement créé par la jurisprudence, n'avait pas besoin d'être abrogé par une loi ?

Outre ce décret et celui des 22-25 avril 1790, qui vint le commenter et le compléter, l'Assemblée Constituante édicta quelques autres dispositions provisoires avant d'édifier son œuvre définitive sur la procédure criminelle. Par un décret des 12-19 octobre 1790, elle chargea provisoirement les tribunaux de district de juger les causes criminelles. Elle avait précédemment suspendu les procédures et les jugements des cours prévôtales.

Au mois de septembre 1791 sera promulguée la loi qui organise sur des bases toutes nouvelles la procédure criminelle. L'Ordonnance de 1670 est dès lors abrogée; c'est l'heure de sa mort. Comme loi en vigueur elle avait vécu cent vingt ans; et si dès lors son texte n'appartient plus qu'à l'histoire, son influence, un instant complètement effacée, se fera plus tard énergiquement sentir sur les esprits.

CHAPITRE II.

Les Codes de l'époque intermédiaire.

I. La procédure par jurés. Loi des 16 et 29 septembre 1791 : système qu'elle organise. — II. Discussion du projet de loi à l'Assemblée Constituante ; lutte entre les anciens et les nouveaux principes. — III. Le Code des délits et des peines du 3 brumaire an IV.

I.

Les Cahiers de 1789 avaient réclamé le jugement par jurés en matière criminelle ; ils recommandaient qu'on étudiât les institutions anglaises. En France, depuis cinquante ans au moins, les yeux sont tournés vers l'Angleterre, vers ce pays où chaque accusé a pour juges douze de ses concitoyens. Ces vœux, l'Assemblée Constituante va les réaliser. C'est bien l'Angleterre qu'on imitera ; on s'avancera même tellement dans cette voie, qu'on sacrifiera, pour que l'imitation soit complète, quelques-unes des meilleures créations dues au génie français : l'institution du ministère public, *cette loi admirable*, que Montesquieu avait si bien mise en lumière, disparaîtra pour un temps de notre organisation judiciaire. Les lois anglaises apparaissent à chaque instant dans les discussions : « On s'apercevra facilement, dit M. Bergasse le 17 août 1789, qu'il n'est aucun des moyens dont nous parlons ici qui n'ait été fourni par la jurisprudence adoptée en Angleterre et dans l'Amérique libre, pour la poursuite et la punition des délits. C'est qu'en effet il n'y a que cette jurisprudence, autrefois en usage parmi nous, qui soit humaine ; c'est que nous n'avons rien de mieux à faire en ce genre que de l'adopter promptement en l'améliorant néanmoins dans quelques-uns de ses détails (1). » Et plus tard, dans la discussion de la loi de 1791, Thouret fera

(1) Buchez et Roux : *Hist. parlement.*, t. II, p. 257.

cette déclaration : « Nous avons eu l'avantage d'avoir des conférences avec plusieurs des premiers jurisconsultes de l'Angleterre, qui ont passé quelque temps dans cette capitale (1). »

Cependant c'était une tâche ardue que de transporter chez nous la procédure criminelle de l'Angleterre. Les deux législations étaient en opposition directe sur la plupart des points, même à cette heure où la publicité avait pénétré dans la procédure française, même à cette heure où les accusés avaient chez nous l'assistance d'un défenseur, bénéfice que la loi anglaise hésitait encore à leur accorder. En France, la poursuite était tout entière pour ainsi dire aux mains du ministère public, les parties privées ne pouvant agir qu'à fin de dommages-intérêts : en Angleterre, bien que tous les crimes (*felonies*) fussent présentés au grand jury au nom de la Couronne (*pleas of the crown*), la procédure, nécessairement accusatoire, ne connaissait en général que l'accusateur privé (*private prosecutor*); l'*attorney général* ne se portait que rarement accusateur. — En Angleterre l'instruction antérieure aux débats était fort peu de chose; presque entièrement confiée aux juges de paix, elle ne constituait qu'un élément insignifiant dans le débat définitif : en France, jusqu'ici l'instruction du procès par le juge d'instruction avait absorbé la plus grande partie de la procédure; c'étaient là le fondement et les œuvres vives de tout l'édifice. Par suite en Angleterre, la procédure était entièrement orale, et même la loi n'admettait pas qu'on lût des dépositions écrites au jury de jugement : en France l'écriture, même après les réformes opérées en 1789, jouait un rôle prépondérant; c'était avant tout sur les pièces écrites que se jugeait le procès. On le voit, et nous ne relevons que les points les plus saillants, l'antinomie était complète. Fallait-il introduire chez nous en bloc le système anglais; vivrait-il au milieu d'usages et de traditions bien différents de ceux qui avaient présidé à sa naissance et suivi sa lente élaboration? D'autre part, si l'on conservait en principe les anciennes institutions françaises, comment introduire au milieu d'elles le jury d'accusation et le jury de jugement, votés par acclamation dans

(1) Séance du 28 décembre 1790; *Moniteur* du 29.

la séance du 30 mars 1790, et qui devaient figurer au nombre des garanties essentielles assurées par la Constitution?

En réalité, il n'y eut guère d'hésitation dans la pensée des rédacteurs du nouveau projet; ils sacrifièrent les institutions traditionnelles aux principes de la procédure anglaise. — « Dès le premier moment vos comités ont senti que cette institution nouvelle (des jurés) ne pouvait s'accorder en rien avec nos Ordonnances et notre forme actuelle d'instruction; il leur a paru nécessaire de tout refondre pour pouvoir former un système complet où tout fût d'accord (1). » Les principes de la loi anglaise étaient en effet singulièrement d'accord avec l'esprit de la Révolution. Le pouvoir dominant du juge de paix au début de l'instance, la large initiative laissée aux citoyens dans la poursuite des délits devaient, aux yeux de la majorité des constituants, tenir en échec l'institution du ministère public. Bien entendu il ne pouvait être question de copier servilement la législation anglaise : il fallait la transformer sur bien des points pour l'acclimater parmi nous; c'est ce que fit le projet de loi qui devait devenir, presque sans subir de modifications, la loi du 16 septembre 1791.

Le parti qui représentait la tradition ne céda point sans lutter; une discussion longue et acharnée s'engagea, non point sur les détails du projet, mais sur deux ou trois principes fondamentaux. Nombre de membres dans l'Assemblée eussent voulu conserver l'ancienne procédure, débarrassée de ses vices et de ses duretés, avec ou sans le jury; ils protestaient contre des innovations hardies, dues à une importation étrangère. Ce parti de l'Ordonnance, s'il est permis de le désigner ainsi, fut alors complètement vaincu. La plupart de ses réclamations étaient du reste inspirées par un faux désir de conservation. Cependant il avait en partie raison : quelques-unes des institutions qu'il voulait alors sauver de la ruine, ne tarderont pas beaucoup à reparaître et à se reconstituer. Plus tard même, ce parti sera sur le point de prendre sa revanche complète lors de la rédaction du Code d'Instruction criminelle.

---

(1) M. Duport au nom des comités de Législation et de Jurisprudence criminelle. Séance du 26 déc. 1790; *Moniteur* du 27. — Déjà le 17 août 1789, M. Bergasse avait dit : « Il n'y aura d'autres juges que le juge de paix devant qui sera traduit le coupable. » (Buchez et Roux, *op. cit.*, tom. II, p. 294.)

C'est le 26 décembre 1790 que M. Duport, au nom des comités de Législation et de Justice criminelle, présenta à l'Assemblée le projet de loi sur la procédure par les jurés. Il est nécessaire d'en esquisser ici les principaux traits : instruction sommaire devant l'officier de police judiciaire, au canton ; — débat au district devant le jury d'accusation ; — débats définitifs et jugement devant le tribunal criminel du département, tels étaient les trois phases que parcourait la procédure.

Le juge de paix était le magistrat de sûreté par excellence (1). Il faisait comparaître devant lui les prévenus de crime ou de délit au moyen du *mandat d'amener*, analogue au *warrant* du *justice of peace*, exécutoire au besoin par la force publique (2). Il procédait aux premiers actes de l'information (3) ; c'est-à-dire entendait des témoins et dressait des procès-verbaux. Si après avoir interrogé l'inculpé, il pensait qu'il n'y avait pas lieu de le poursuivre criminellement, il le mettait en liberté ; sinon, il le faisait incarcérer en vertu d'un *mandat d'arrêt* (4).

Le juge de paix agissait ou d'office, ou sous l'impulsion des particuliers. Il agissait d'office en cas de flagrant délit (5), ou encore lorsqu'il avait connaissance d'une mort dont la cause était inconnue ou suspecte, auquel cas il devait se transporter sur les lieux (6). — Les particuliers le mettaient en mouvement au moyen de la plainte ou de la dénonciation civique. La plainte, c'était l'action de la partie lésée (7) ; sur ce point la terminologie de l'ancien droit était conservée ; mais l'action du particulier était bien plus énergique que jadis. Le juge de paix était forcé de recevoir la déposition des témoins produits par le plaignant (8), et de dresser, s'il y avait lieu, des procès-verbaux sur sa réquisition. Sans

---

(1) Tit. I, art. 1.
(2) Tit. I, art. 2-4.
(3) Tit. V, art. 8 ; tit. III et IV ; tit. IV, art. 3.
(4) Tit. VIII, art. 5-7.
(5) Tit. IV.
(6) Il était alors obligé de se faire assister « de deux citoyens actifs, » tit. III, art. 2 et 3. Il y a là un souvenir des « adjoints » du décret de 1789 ; il y a aussi un souvenir de la procédure suivie devant *Coroner* anglais.
(7) Tit. V, art. 1.
(8) Tit. V, art. 6.

doute il n'était pas obligé dans ce cas de délivrer le mandat d'arrêt, ni même celui d'amener; sans doute il pouvait refuser de citer l'inculpé ou le mettre en liberté s'il l'avait cité; mais la partie plaignante pouvait exiger de lui « un acte portant refus (1); » et elle avait alors le droit de soumettre directement l'affaire au jury d'accusation. La dénonciation par une personne non intéressée, étant un devoir du citoyen, porte le nom de *dénonciation civique*. Si le dénonciateur « signe sa dénonciation et l'affirme, » le juge de paix doit agir comme en cas de plainte et le dénonciateur a les mêmes recours que le plaignant (2); si le dénonciateur refuse de signer et d'affirmer la dénonciation, le juge de paix n'est tenu de rien faire, mais il peut poursuivre d'office s'il le trouve bon. — Les officiers de gendarmerie exercent les fonctions de police judiciaire en concurrence avec le juge de paix, sauf dans les villes où il y a plusieurs juges de paix (3).

Du canton la cause allait au district; là devait siéger le jury d'accusation, là était la maison d'arrêt, là était en permanence un magistrat appelé *directeur du jury*, pris à tour de rôle tous les six mois parmi les juges du tribunal de district. C'était lui qui prenait l'affaire en main. Il recevait les pièces de la procédure faite par le juge de paix, les examinait, et interrogeait même le prévenu dans la maison d'arrêt (4). S'il jugeait qu'il n'y avait pas lieu à accusation, il soumettait l'affaire dans les vingt-quatre heures au tribunal de district qui prononçait sur cette ques-

---

(1) Tit. V, art. 20.

(2) Tit. VI, art. 3.

(3) Tit. I.

(4) Voyez *Instruction du 21 octobre 1791* sur l'exécution du décret fixant la procédure par jurés : « Comme la formalité de l'audition du prévenu dans les vingt-quatre heures est de rigueur, et comme il est intéressant de connaître si elle a été remplie, le directeur du juré doit en dresser procès-verbal, qui contiendra les déclarations et réponses du prévenu, sans qu'il soit besoin d'observer les anciennes formules des interrogatoires, ni de prendre le serment du prévenu qu'il va dire vérité; le simple bon sens suffit pour convaincre de l'inutilité et de l'immoralité d'un tel serment, qui place le prévenu entre le parjure et la peine. Il répugne également à la raison de faire au prévenu cette question insignifiante, s'il entend prendre droit par les charges... Le directeur du juré ne doit se permettre aucune question captieuse, il doit entendre la déclaration libre du prévenu. »

tion après avoir entendu le commissaire du roi : s'il pensait qu'il y avait lieu à accusation, ou si contrairement à son avis le tribunal le décidait ainsi, le *directeur* devait rédiger l'acte d'accusation, qui serait présenté au jury, comme l'*indictment* de la procédure anglaise (1). En attendant il pouvait continuer l'instruction (2). Si la peine éventuelle était seulement infamante, et qu'une caution suffisante fût offerte, il devait mettre le prévenu en état de liberté provisoire (3).

S'il y avait au procès un dénonciateur civique ou un plaignant, ces règles étaient sensiblement modifiées ; pourvu que cette partie se présentât dans les deux jours, le directeur du jury ne conservait plus son entière liberté d'action. Pensait-il qu'il y avait lieu de suivre, il devait s'entendre avec la partie pour qu'ils rédigeassent de concert l'acte d'accusation ; en cas de désaccord, chacun dressait le sien de son côté, et le jury choisissait plus tard entre les deux. Si le directeur du jury pensait au contraire qu'il n'y avait pas lieu à accusation, il ne pouvait pas, comme précédemment, faire trancher la question par le tribunal de district ; la partie pouvait néanmoins dresser seule son acte d'accusation (4). Du reste, le plaignant et celui qui avait affirmé sa dénonciation pouvaient également, si le juge de paix avait refusé d'agir et « sur son refus constaté..., présenter directement leur accusation au jury d'accusation (5). » Mais tous les actes d'accusation devaient être soumis au commissaire du roi, qui y mettait son visa : « la loi autorise ; » ou son *veto* : « la loi défend ; » dans ce dernier

---

(1) IIe partie, tit. I.

(2) IIe partie, tit. I, art. 16. « Les témoins qui n'auront pas fait leur déclaration devant l'officier de police la feront devant le directeur du jury ; ces déclarations seront reçues par écrit avant que les témoins soient examinés de vive voix par le jury d'accusation. » Ici encore on prendra soin de déterminer que cette instruction a un tout autre caractère que celle connue jadis. — *Instruction sur les jurés du 21 octobre* : « S'il y avait de nouveaux témoins qui n'eussent pas encore été entendus, le directeur du juré recevra leurs dépositions secrètement, et elles seront écrites par le greffier du tribunal, non dans la forme qui s'observait sous l'ancien régime judiciaire pour les informations, mais comme simples déclarations destinées seulement à servir de renseignements. »

(3) IIe partie, tit. I, art. 30, 31.

(4) IIe partie, tit. I, art. 12.

(5) IIe partie, tit. I, art. 12.

cas, c'était le tribunal de district qui tranchait la difficulté (1).

Le jury d'accusation, composé de huit jurés (2), était présidé et instruit de ses devoirs par le *directeur du jury*; on lui remettait les pièces de la procédure, « à l'exception des déclarations écrites des témoins. » — « Les pièces seront lues d'abord, ensuite les témoins produits seront entendus de *vive voix*, ainsi que la partie plaignante ou dénonciatrice, si elle est présente (3). » Tout cela avait lieu à huis-clos. Puis les jurés, laissés seuls par le directeur du jury et ayant pour chef « le plus ancien d'âge, » délibéraient et décidaient à la majorité; le chef inscrivait alors au bas de l'acte d'accusation « oui, il y a lieu; » ou « non il n'y a pas lieu; » formules qui rappellent le *found or not found* anglais. Le jury admettait-il l'accusation, le directeur du jury rendait « sur-le-champ une ordonnance de prise de corps, contre l'accusé, d'après laquelle s'il n'est pas déjà arrêté, il sera saisi en quelque lieu qu'il soit trouvé et amené devant le tribunal criminel (4); » ou encore, s'il y avait lieu, à la mise en liberté sous caution, elle était accordée par le tribunal criminel, si elle ne l'avait pas été précédemment (5).

(1) IIe partie, tit. I, art. 13. L'examen du commissaire du roi portait seulement sur le point de savoir si le délit méritait peine afflictive ou infamante en le supposant prouvé. Voy. *Instruction sur les jurés du 21 octobre* : « Cette opposition du commissaire du roi arrêterait la présentation de l'acte d'accusation aux jurés, si d'ailleurs le directeur du juré avait été du même avis que le commissaire du roi; car dans ce cas la partie serait seule juge de la nature du délit; mais la loi permet alors de faire juger la question par le tribunal, auquel la partie, le commissaire du roi ou le directeur du juré en référera... Il prononce que le délit est ou n'est pas de nature à mériter peine afflictive ou infamante; » en cas d'une décision négative, « l'acte d'accusation est comme non-avenu, et le même jugement prononce la relaxation du prévenu. »

(2) Sur la manière de former le jury d'accusation, voy. IIe part., tit X. « Tous les trois mois le procureur syndic de chaque district dresse une liste de 30 citoyens pris parmi tous les citoyens du district qui ont les qualités requises pour être électeurs. Le directoire du district examine cette liste et l'arrête s'il l'approuve...... Huitaine avant le jour de l'Assemblée, le directeur du juré fait mettre dans un vase les noms des 30 citoyens inscrits sur la liste et au milieu de l'auditoire, en présence du public et du commissaire du roi, il fait tirer les noms de huit citoyens. » *Instruction sur les jurés*.

(3) IIe part., tit. I, art. 20.

(4) IIe part., tit. I, art. 29.

(5) En cas de réponse négative du jury d'accusation, il y avait lieu à la mise en liberté pure et simple de l'inculpé, s'il avait été arrêté.

L'affaire passait alors au tribunal criminel établi dans chaque département, composé de trois juges et d'un président qui devaient statuer sur la peine, tandis que des jurés trancheraient la question de fait. Auprès de ce tribunal se trouvaient aussi un accusateur public et un commissaire du roi. Le premier, fonctionnaire électif (1), était chargé de « poursuivre les délits sur les actes d'accusation admis par les premiers jurés (2). » Il produisait les témoins à charge (3) ; il exposait l'affaire et parlait pour l'accusation (4). C'était réellement une partie publique ; le plaignant avait du reste lui aussi le droit de faire entendre ses témoins et de soutenir l'accusation. — Le commissaire du roi était un magistrat chargé de veiller à l'exécution de la loi et d'en requérir l'application (5) ; c'était lui qui, en cas de verdict affirmatif, requérait l'application de la peine (6).

Le président du tribunal criminel interrogeait l'accusé dans les vingt-quatre heures de son arrivée à la maison de justice (7), en présence de l'accusateur public ; et note était prise de cet interrogatoire. Il pouvait d'ailleurs, d'une façon générale, continuer l'instruction, entendre des témoins nouveaux produits par l'accusateur public, par la partie privée et même par l'accusé (8). Mais il était bien entendu que ces dépositions écrites ne devaient servir que de simples renseignements ; elles ne seront point lues ni remises aux jurés (9).

Pour la formation du jury de jugement on n'avait point suivi la tradition anglaise. On avait imaginé un système assez peu

(1) IIe part., tit. II, art. 5.
(2) IIe part., tit. IV, art. 1.
(3) IIe part., tit. VI, art. 12 ; tit. VII, art. 3.
(4) IIe part., tit. VII, art. 3, 18.
(5) IIe part., tit. V, art. 1 : « Il sera tenu de prendre communication de toutes les pièces et actes et d'assister à l'examen et au jugement. » — Art. 2 : « Le commissaire du roi pourra toujours faire aux juges, au nom de la loi, toutes les réquisitions qu'il jugera convenables, desquelles il lui sera donné acte. »
(6) IIe part., tit. VIII, art. 5.
(7) IIe part., tit. VI, art. 10.
(8) IIe part., tit. VI, art. 12.
(9) IIe part., tit. VI, art. 11, 12 : « Ces nouvelles dépositions, ainsi que les anciennes, seront toutes remises au président, pour servir de renseignement seulement. »

satisfaisant. Tout citoyen, qui pouvait être électeur, devait se faire inscrire sur un registre tenu à cet effet par le secrétaire-greffier de chaque district (II⁰ part., tit. XI, art. 2). Ces inscriptions, envoyées au procureur-général-syndic du département, formaient une liste générale du jury, sur laquelle, tous les trois mois, le même magistrat choisissait deux cents noms, qui composaient les listes de session lorsque le choix avait été approuvé par le directoire du département (art. 6). Le premier de chaque mois, le président du tribunal criminel faisait former le tableau des jurys de jugement pour la session qui devait s'ouvrir le quinze. A cet effet, en présence du commissaire du roi et de deux officiers municipaux qui prêtaient serment de garder le secret, il présentait la liste des deux cents jurés à l'accusateur public, qui pouvait en exclure vingt sans donner de motifs. Les noms qui restaient étaient mis dans une urne ; et le sort donnait les douze jurés de jugement. Mais il avait bien fallu tenir compte aussi du droit de récusation de l'accusé. Pour cela on lui présentait le tableau des douze noms, et dans les vingt-quatre heures, il pouvait récuser ceux qui le composaient, lesquels étaient remplacés par le sort (art. 10). Il pouvait ainsi exercer vingt récusations péremptoires ; une fois ce droit épuisé, il pouvait récuser encore indéfiniment, mais en déduisant les causes de ses récusations, dont le tribunal criminel jugeait la validité. Ce système bizarre de récusations successives et *hors présence* fut sans aucun doute une des erreurs qui embarrassèrent au début le fonctionnement du jury.

L'accusé était enfin traduit devant le tribunal criminel, composé des magistrats que nous avons indiqués et de douze jurés. Là se déroulait une procédure orale et publique très-simple : elle est décrite dans les titres VI, VII et VIII de la deuxième partie de la loi de 1791, qui fixèrent d'une façon définitive les règles des débats devant le jury. Le *Code des délits et des peines* a développé et précisé ces règles, le *Code d'instruction criminelle* les a simplifiées, mais les grandes lignes sont restées telles qu'elles avaient été tracées en 1791. Nous n'insisterons pas sur les détails, on les trouvera dans les traités modernes sur la procédure criminelle ; mais ce qu'il nous importe de remarquer, c'est que le caractère oral de la procédure était relevé avec le plus grand soin et à plusieurs reprises : « L'examen des témoins sera toujours fait de vive voix et sans que leurs dépositions soient écrites (1). » Les jurés ne recevaient comme pièces que l'acte d'accusation et les procès-verbaux, s'il y en avait (2). — En même temps, le législateur déclarait formellement qu'il entendait répudier le système des preuves légales et ne s'en rapportait qu'à l'intime conviction des jurés. Cela était indiqué dans la formule du serment qui leur était imposé : « Vous jurez... de vous décider d'après les charges et les moyens de défense, et suivant votre conscience et votre intime conviction avec l'impartialité et la fermeté qui conviennent à un homme libre (3). » Ailleurs il était dit : « L'accusé pourra faire entendre des témoins pour attester qu'il est homme d'honneur et de probité et d'une conduite irréprochable; les jurés auront tel égard que de raison à ce témoignage (4). »

Sur un point important on s'était écarté de la tradition anglaise. En Angleterre, le juge, dont l'influence est si grande sur les jurés, ne leur donne jamais que des instructions orales, résumant à la fin du débat les questions en jeu et qu'il faut résoudre. Le législateur français ordonnait bien ce résumé (5); mais on fit plus, on établit en principe que les questions seraient

---

(1) IIe part., tit. VII, art. 5. Cf., tit. V, art. 16 : « Les témoins pourront néanmoins être entendus dans le débat, quoiqu'ils n'aient pas été assignés ni reçus à *déposer préalablement par écrit*. » — « Pendant l'examen, les jurés et les juges pourront prendre note de ce qui leur paraîtra important, pourvu que la discussion n'en soit pas interrompue. » Tit. VII, art. 16.

(2) *Instruction sur les jurés*. « Ils doivent examiner les pièces du procès, parmi lesquelles il ne faut pas comprendre les déclarations écrites des témoins, qui ne doivent pas être remises aux jurés, mais seulement l'acte d'accusation, les procès-verbaux et autres pièces semblables. »

(3) IIe part., tit. VII, art. 24.

(4) IIe part., tit. VII, art. 14.

(5) On donnait dès le début de sages conseils à cet égard. *Instruction sur les jurés* : « Le président du tribunal fait un résumé de l'affaire et la réduit à ses points les plus simples. Il fait remarquer aux jurés les principales preuves produites pour ou contre l'accusé. Ce résumé est destiné à éclairer le juré, à fixer son attention, à guider son jugement, mais il ne doit pas gêner sa liberté. Les jurés doivent au juge respect et déférence... mais ils ne lui doivent point le sacrifice de leur opinion dont ils ne sont comptables qu'à leur propre conscience. »

posées par écrit aux jurés, qui n'auraient qu'à répondre par *oui* ou par *non*. Ici l'idée était féconde ; il devait en résulter un mécanisme des plus ingénieux ; après de longs tâtonnements pour assurer le jeu de cet outil aussi délicat qu'il est sûr, on est arrivé à une heureuse précision qui se resserre encore tous les jours. En 1790, on posait les premiers principes ; surtout on suivait cette idée de Montesquieu : ne présenter aux jurés qu'un fait, un seul fait à la fois. D'ailleurs on ne voulait point suivre dans la position des questions uniquement l'acte d'accusation, qui peut être mal dressé ou « avoir changé par la défense de l'accusé et les preuves fournies par lui. » — « On reconnaîtra qu'il serait impossible, sans une injustice révoltante, d'astreindre les jurés à s'en tenir strictement au contenu en l'acte d'accusation : la loi leur ordonne donc, lorsqu'ils ont trouvé que le délit existait et que l'accusé était convaincu de l'avoir commis, de faire une troisième déclaration d'équité sur les circonstances particulières du fait, soit pour déterminer si le délit a été commis volontairement ou involontairement, avec ou sans dessein de nuire, soit pour prononcer en atténuation du même genre de délit (1). » Mais comment tenir compte de toutes ces nuances ? « Faut-il que dans tous les cas ils se proposent à eux-mêmes autant de questions qu'il y a de nuances admissibles entre l'assassinat et l'homicide légitime ? Il en résulterait une complication inutile et une absurdité dans la position des questions... Ce sera donc au juge qui conduit la procédure et qui préside et dirige le débat, de recueillir attentivement les différentes questions relatives à l'intention, auxquelles la nature du fait et des charges peut donner ouverture, pour les indiquer au juré et fixer sur cet objet sa délibération. Après avoir pris l'avis du tribunal sur la manière de poser les questions, il les posera en présence du public, de l'accusé, de ses conseils et des jurés, auxquels il les remettra par écrit, et arrangées dans l'ordre dans lequel ils devront en délibérer (2). »

On ne conservait point la règle traditionnelle en Angleterre d'après laquelle la décision d'un jury est prise à l'unanimité,

---

(1) *Instruction sur les jurés.*
(2) *Ibid. Loi.* IIe Part. tit. VII, art. 20 et 21.

« mais l'opinion de trois jurés devait toujours suffire en faveur de l'accusé, soit pour décider que le fait n'est pas constant, soit pour décider en sa faveur les questions relatives à l'intention posées par le président (1). » D'ailleurs l'esprit théâtral de l'époque se montrait bien dans la façon dont les jurés donnaient leur opinion. Dans la chambre du conseil se réunissaient l'un des juges délégué par le président, le commissaire du roi, et le chef du jury. Là, chaque juré successivement en commençant par le chef, « et les uns en l'absence des autres, » devait faire sa déclaration, « en mettant la main sur son cœur, » puis déposait comme moyen de contrôle, dans une boîte blanche ou noire, une boule de couleur semblable, pour chaque déclaration. En présence des jurés assemblés on ouvrait les boîtes, on faisait le calcul des voix, et le chef du jury rapportait le verdict en audience publique (2). Les juges statuaient alors sur l'application de la peine, ils devaient « donner leur avis à haute voix, en présence du public, en commençant par le plus jeune et finissant par le président. (3). »

La décision des jurés était sans appel. C'est là un trait qui paraît appartenir toujours au jury en matière criminelle. « La décision des jurés ne pourra jamais être soumise à l'appel. Si, néanmoins, le tribunal est unanimement convaincu que les jurés se sont trompés, il ordonnera que trois jurés seront adjoints aux douze premiers pour donner une déclaration aux quatre cinquièmes des voix (4). » Un pourvoi devant le tribunal de cassation était seulement possible, soit de la part du condamné, soit de la part du commissaire du roi au nom de la loi. Il devait être formé dans les trois jours ; en cas d'absolution, le commissaire n'avait même que vingt-quatre heures pour agir. Le pourvoi ne pouvait jamais être fondé que sur l'omission des formes prescrites à peine de nullité ou sur la fausse application de la loi ; s'il y avait cassation, un nouveau débat recommençait devant un nouveau tribunal criminel, sauf s'il y avait

(1) Partie IIe, tit. VII, art. 28.
(2) Art. 23, 29, 30, 32, 33.
(3) Tit. VII, art. 9.
(4) IIe part., tit. VIII, art. 27.

eu seulement erreur dans l'application de la loi ; le verdict du premier jury subsistait alors (1).

On le voit, rien ne restait pour ainsi dire des anciennes institutions. Un fait capital, c'est que l'organisation du ministère public était tout entière à bas. Non-seulement les fonctions remplies autrefois par le procureur du roi étaient inutilement réparties entre le commissaire du roi et l'accusateur public (2); mais ce dernier n'avait pas en réalité la poursuite des crimes. Sans doute, la loi lui donnait « la surveillance sur tous les officiers de police du département qu'il pouvait avertir en cas de négligence de leur part, ou même traduire disciplinairement devant le tribunal criminel (3); » mais il n'intervenait en personne que lorsque l'accusation était déjà décrétée, il n'apparaissait que comme un avocat, qu'on choisit lorsque le procès est déjà engagé. C'est seulement lorsqu'un officier de police judiciaire était coupable de prévarication que l'accusateur pouvait poursuivre (4); en dehors de ce cas, s'il recevait une dénonciation, il devait la transmettre au juge de paix (5). Du reste, M. Duport, le rapporteur du projet de loi, se félicitait de ce résultat : « Maintenant, c'est par la décision de ses concitoyens qu'il (le prévenu) est accusé. La société va remettre à un officier public la mission d'exercer ses droits et de le poursuivre en son nom. Cet officier, qui sera l'accusateur public, ne doit être aucun de ceux qui ont déjà agi..., un tel homme serait plus considéré, plus redoutable que la loi..., il aura

---

(1) IIe part., tit. VIII, art. 14, ssq.

(2) C'était d'ailleurs l'application d'un système général qui reposait sur une idée fausse : « En Angleterre, le roi est à lui seul le pouvoir exécutif. Les lois, une fois faites dans le Parlement, lui seul les fait exécuter, et, à cet effet, il nomme les agents d'exécution, les juges, les administrateurs, les officiers du fisc... En France, le roi n'est que le chef suprême du pouvoir exécutif ; il ne nomme pas les agents de l'exécution pour l'intérieur, il s'en sert seulement ; c'est le pays qui les lui désigne, qui les remet dans la main du roi pour être employés par lui... La maxime fondamentale de notre gouvernement, c'est que la force exécutive du monarque ne puisse jamais atteindre les individus que par l'intermédiaire nécessaire des agents élus par le peuple ; or, ce principe serait violé si les commissaires du roi pouvaient accuser les citoyens. » Duport, séance du 26 décembre 1790. *Moniteur* du 27.

(3) IIe part., tit. IV, art. 5.
(4) IIe part., tit. IV, art. 7.
(5) IIe part., tit. IV, art. 2.

la surveillance de tous les officiers de la police; mais jamais il ne pourra les suppléer dans l'exercice de leurs fonctions (1). »

Le droit de poursuite était en partie déféré aux simples particuliers; l'action des plaignants et des dénonciateurs civiques était incomparablement plus énergique que l'ancienne action civile : l'un et l'autre pouvaient contraindre le juge de paix sinon à lancer les mandats, du moins à commencer une instruction en recevant des dépositions; plus tard ils pouvaient de leur propre autorité saisir le jury d'accusation; dans tous les cas, ils participaient à la rédaction de l'acte d'accusation. D'autre part, la faculté qu'avait le juge de paix d'agir d'office, non-seulement en cas de flagrant délit ou de mort suspecte, mais même sur une simple dénonciation non affirmée, confondait dans sa personne deux qualités qu'il eût été nécessaire de séparer : celle de poursuivant et celle de magistrat instructeur.

L'instruction préparatoire, qui jadis absorbait presque tout le procès, était réduite à bien peu de chose : instruction sommaire par l'officier de police, audition possible de témoins par le directeur du jury, interrogatoire de l'accusé par le président du tribunal criminel, c'était tout. Cette information fragmentaire qui passait de main en main, ne pouvait être ni bien sérieuse, ni bien complète. Enfin le caractère d'*oralité* était absolu. Les dépositions étaient bien reçues par écrit devant les divers magistrats instructeurs, mais elles ne devaient servir que de simples renseignements; elles n'étaient remises ni au jury d'accusation, ni au jury de jugement; pour cette même raison, l'accusateur public en avait bien connaissance ainsi que le président du tribunal criminel, mais elles n'étaient communiquées ni à l'accusé ni au conseil qu'il avait choisi, ou que le président avait dû lui nommer d'office lors de l'interrogatoire. Les jurés ne jugeaient que d'après ce qui était dit devant eux, et rien de ce qui était dit là n'était fixé par l'écriture.

(1) Séance du 26 décembre 1790; *Moniteur* du 27. Il est certain, qu'ayant un caractère électif, l'accusateur public, maître de la poursuite, eût été une puissance redoutable : il y avait là comme un cercle vicieux.

II.

Cette révolution profonde dans la procédure criminelle ne s'accomplit point, nous l'avons dit, sans de vives résistances. L'analyse que nous avons faite de la loi montre par avance combien fut complète la défaite des opposants. Il n'en est pas moins intéressant de rappeler les principaux incidents de la discussion. On verra que si la plupart de ceux qui combattaient ces innovations étaient des magistrats imbus des principes de l'ancien droit, ils avaient parfois des auxiliaires qu'on est étonné de trouver à leurs côtés.

Parmi ceux qui combattirent le projet, il y avait d'abord les défenseurs ardents de la tradition, qui ne craignaient pas de présenter comme idéal l'ancienne procédure adoucie et l'Ordonnance de 1670, corrigée et réformée. « M. Duport, disait M. Mougin, a tout vu en philosophe et presque rien en magistrat. D'abord j'interroge tous ceux qui connaissent les principes de la législation criminelle ; je leur demande si l'Ordonnance de 1670, qui règle les formalités des accusations, des plaintes, ne présente pas, à quelques réformes près, un ensemble de vues, une netteté de principes, capables de rassurer la société entière pour la protection de l'innocence et la découverte des crimes? Et ces réformes que cette Ordonnance exigeait pour être perfectionnée, vous les avez opérées. Les amis de l'humanité ont vu avec attendrissement obtenir ce que sollicitaient la raison et la justice. On accorde un conseil que la loi civile n'a pas le droit de refuser, parce que c'est la loi naturelle qui l'accorde. Vous avez ordonné cette publicité tutélaire, qui ne peut être un malheur que pour l'ignorance et la mauvaise foi ; vous avez proscrit ce siége honteux, dont l'infamie osa disputer l'usage à la pitié qui le créa. Elle n'est plus aussi cette férocité des tortures, reste impie des siècles barbares. Ajoutez à toutes les réformes, commandées par la nature et par l'humanité, l'*établissement de quelques jurés*, suivant la mode qui était en usage chez les Romains, et vous aurez tout fait pour la justice et pour l'humanité (1). » M. Rey parla dans le même sens à la séance du 28 décembre 1790, et l'abbé Maury rappelait que l'Ordonnance de 1670 avait régi la France pendant plus d'un siècle et qu'il devait en rester des traces ineffaçables. Mais de semblables propositions étaient condamnées d'avance. La majorité de l'Assemblée comme la majorité du pays, voulait d'un désir ardent cette institution du jury, qui avait grandi avec les libertés anglaises. Les hommes d'alors sentaient d'une façon confuse que c'est là une institution qui véritablement distingue les pays libres.

Sur certains points de détail les opposants furent parfois mieux inspirés. Dans la séance du 28 décembre, M. Prugnon signala la disparition du ministère public et le vide immense qu'elle laissait après elle : « Y aura-t-il une partie publique chargée de rendre plainte et de poursuivre les crimes? Il me paraît de la première importance dans tous les systèmes, que vous fixiez vos regards sur l'utilité de cet officier, que votre comité supprime et qui jouait un rôle si essentiel dans l'ancienne procédure criminelle; car on ne prétendra pas, sans doute, qu'il est remplacé par l'accusateur public qui vous est proposé et qui serait chargé de fonctions presque inutiles. Vous avez à juger si, comme le propose votre comité, il faut appeler tous les hommes à dénoncer publiquement leurs concitoyens, leur en faire même une loi cruelle (2). »

Le choix des officiers de police fut aussi critiqué et de divers côtés; c'étaient, nous le savons, les juges de paix et les officiers de gendarmerie. M. Prugnon s'attaqua aux premiers ; il s'indignait « de voir confier à l'homme à qui on n'a pas voulu attribuer le jugement des affaires au-dessus de cinquante livres le droit d'arrêter un citoyen sans formalité préalable. » Il remarque que les juges de paix anglais, sur lesquels on a pris modèle, sont de tout autres personnages que ceux que possédera la France :

---

(1) Séance du 27 décembre 1790; *Moniteur* du 29. Voici ce que l'orateur entendait par les jurés de l'ancienne Rome : « Les jurés n'étaient pas élus pour chaque crime particulier; toutes les années on nommait dix ou douze citoyens qui devaient en remplir les fonctions jusqu'à l'année suivante. »

(2) *Moniteur* du 29 décembre 1790.

« En Angleterre les juges de paix ne ressemblent pas aux nôtres ; non-seulement ils ne sont pas salariés, non-seulement ils ont un territoire plus étendu, et sont choisis parmi les citoyens les plus éclairés, mais ils sont obligés d'avoir cent louis d'or de rente (1). » — Le même orateur prend aussi à partie les officiers de gendarmerie ; on veut « cumuler dans les mêmes mains, c'est-à-dire donner à un officier de maréchaussée les deux despotismes les plus terribles, le despotisme judiciaire, le despotisme militaire. » M. Mougin demande « si l'on croit qu'il soit prudent de confier à un cavalier de la maréchaussée, à un juge de paix le droit terrible de lancer un décret de prise de corps, ou, ce qui est la même chose, un mandat d'amener (2). » Robespierre enfin, proteste également : « Je cherche en vain, je l'avoue, en quoi l'ancien régime était plus vicieux que celui-là. Je ne sais pas même s'il ne pourrait pas nous faire regretter jusqu'à la juridiction prévôtale, moins odieuse sous beaucoup de rapports, et qui parut un monstre politique, précisément parce qu'elle mettait dans les mêmes mains une magistrature civile et le pouvoir militaire (3). » Malgré tout, la partie du projet consacrée à la police de sûreté fut maintenue. On avait d'abord réservé la question de savoir à qui ces fonctions seraient confiées ; plus tard ces articles furent eux aussi adoptés dans leur forme première.

Mais la lutte la plus vive s'engagea sur deux points dont l'importance était capitale en effet : la procédure écrite et le système des preuves légales. Ici les adversaires du projet semblèrent d'abord avoir le dessus. Par une combinaison en apparence excellente, ils voulaient aux avantages des anciennes pratiques joindre le bienfait des principes nouveaux. On continuerait à recueillir les dépositions par écrit, et ces pièces seraient remises aux jurés, qui entendraient cependant les témoins déposer de vive voix : à leurs souvenirs personnels, parfois fugitifs, viendraient ainsi en aide des documents certains. Ce procédé permettait une révision facile des procès criminels ; et l'abbé Maury,

---

(1) Séance du 28 décembre 1790.
(2) *Moniteur* du 29 décembre 1790.
(3) *Ibid.*

dans la discussion, s'écria, rappelant une cause bien célèbre : « Si l'on n'eût pas eu la procédure écrite, Calas n'eût pas pu être réhabilité (1). » M. Rey faisait observer, et c'est un fait incontestable, que la procédure écrite rend plus facile la tâche des défenseurs et leur secours plus efficace (2). — D'autre part, la loi déterminerait quelles preuves il faudrait réunir pour asseoir une condamnation ; mais jamais les juges, quelles que fussent les charges, ne devraient condamner un accusé contre leur intime conviction.

Ces idées et ces propositions furent brillamment développées par des orateurs venus des différents côtés de l'Assemblée. « Votre comité, disait M. Mougin, abdique les preuves écrites ; tout se fera verbalement ; le jugement seul sera écrit, les preuves ne le seront pas... c'est-à-dire qu'on jugera un accusé de confiance et sur un simple aperçu. Et si le juré et les juges se trompent, l'accusé sera sans espoir, comme sans moyens (3). » — « Confier les dépositions à la seule mémoire, c'est écrire sur de la neige... le comité veut nous reporter à la position dans laquelle nous étions avant l'invention de l'écriture... il faut que depuis l'Hopital tous les législateurs aient déliré. » — « S'il ne faut plus de preuves légales pour déclarer un accusé coupable, tout devient conjectural, et c'est au tribunal des conjectures que se portent la vie et l'honneur des citoyens... la preuve résidera dans la perception individuelle de chaque juré. » C'est M. Prugnon qui s'exprime ainsi dans la séance du 3 janvier 1791 (4). Dans le même sens parlent le lendemain M. Rey, M. Goupil, et Robespierre que nous retrouvons parmi les adversaires du projet : « La loi, dit ce dernier, a posé des règles pour l'examen et l'admission des preuves, règles sans l'observation desquelles les juges ne pourraient condamner, quelle que soit leur conviction... il faut constater qu'elles ont été remplies, le moyen de le constater c'est l'écriture... il faut réunir la confiance qui est due aux preuves légales et celle que mérite la conviction intime du juge. »

(1) Séance du 17 janvier 1791 ; *Moniteur* du 19.
(2) Séance du 28 décembre 1790 ; *Moniteur* du 29.
(3) Séance du 27 décembre 1790 ; *Moniteur* du 29.
(4) *Moniteur* du 4 janvier.

il fait la motion suivante : « 1° Les dépositions seront rédigées par écrit ; 2° l'accusé ne pourra être déclaré convaincu lorsque les preuves légales n'existeront pas; 3° l'accusé ne pourra être condamné sur les preuves légales, si elles sont contraires à la connaissance et à la conviction intime des juges (1). »

L'homme qui parla avec le plus d'autorité dans ce sens fut Thouret ; dans la séance du 5 janvier, sans s'expliquer d'ailleurs sur la théorie des preuves légales, il vint soutenir les avantages de la procédure écrite combinée avec la déposition orale des témoins ; il le fit avec une grande modération, citant parfois des anecdotes frappantes, et en terminant déposa un amendement ainsi conçu : « L'Assemblée décrète que l'instruction et la procédure criminelle sera faite publiquement, en présence des juges et des jurés, qu'elle sera écrite et ensuite remise aux jurés pour y avoir tel égard que de raison. » Ce discours fit une grande impression sur l'Assemblée qui en vota l'impression, et la discussion fut même renvoyée à plusieurs jours pour permettre aux représentants de réfléchir sur ces difficiles questions.

Comment les partisans du projet de loi pouvaient-ils repousser ces attaques? Comment refusaient-ils d'accepter la procédure écrite et le système des preuves légales, tels qu'on les leur présentait, c'est-à-dire désormais inoffensifs en apparence et uniquement bienfaisants? Une telle conduite paraissait inexplicable ; pourtant, il faut le reconnaître, ces hommes, s'ils avaient contre eux la logique des raisonnements, avaient pour eux la logique des choses. Il leur était parfois difficile de traduire leurs idées d'une façon démonstrative, mais ils sentaient très-nettement qu'il y avait incompatibilité entre l'ancienne méthode de juger et la nouvelle, que l'on ne pouvait point mélanger les deux systèmes, et que transporter dans le jugement par jurés les complications de l'écriture et la théorie savante des preuves légales, c'était gâter une institution excellente, sous couleur de l'améliorer : c'était là une greffe que l'arbre nouveau ne pouvait porter. C'est ce que soutinrent Duport, Chabroud (2), Bau-

---

(1) Séance du 4 janvier 1791 ; *Moniteur* du 5.
(2) Séance du 3 janvier ; *Moniteur* du 4.

metz (1), et Pétion (2). « Les jurés, disait Duport, sont une institution primitive qui sent encore les bois dont elle est sortie, et qui respire fortement la nature et l'instinct. On n'en parle qu'avec enthousiasme, on ne l'aime qu'avec passion : mais il faut une âme saine et forte pour en bien sentir toute la beauté, que sais-je? peut-être même pour l'employer... Ce qui plaît dans l'établissement des jurés, c'est que tout s'y décide par la droiture et la bonne foi, simplicité bien préférable à cet amas inutile et funeste de subtilités et de formes que l'on a jusqu'à ce jour appelé la justice (3). » Plus tard, dans une discussion plus précise, il montrait que la procédure écrite ne pouvait point se combiner avec la procédure orale. Ce serait allonger indéfiniment les débats que de vouloir recueillir toutes les dépositions par écrit; les jurés lassés se désintéresseraient d'un débat qu'ils ne pourraient plus suivre; rentrés dans la chambre de leurs délibérations, au lieu de rapporter une impression bien nette qui dicterait leur jugement, ils se perdraient à dépouiller une volumineuse procédure, tâche pour laquelle ils ne sont point faits : « Des hommes ont pensé que ce serait une chose bien avantageuse que de réunir la preuve écrite et la preuve orale, et d'avoir ainsi les avantages des deux systèmes; mais cela ne se peut pas... Arrivés dans leur chambre, les jurés liraient les dépositions, ils les pèseraient, ils les combineraient comme les juges de la Tournelle, et voilà, comme je l'ai dit, de mauvais juges au lieu d'excellents jurés (4). »

Les mêmes orateurs soutenaient qu'il y avait également incompatibilité entre l'institution du jury et le système des preuves légales, même tourné en faveur de l'accusé. Ici la chose était moins claire. Sans doute, si l'on parlait de la théorie si minutieuse et si complexe qu'avait élaborée l'ancienne jurisprudence, et qui n'avait jamais trouvé place dans la loi, il était évident que c'était un outil trop délicat pour la main des jurés; mais il n'en était pas de même, s'il s'agissait de certaines règles fort sim-

---

(1) Séance du 4 janvier; *Moniteur* du 5.
(2) Séance du 17 janvier; *Moniteur* du 19.
(3) Séance du 26 décembre; *Moniteur* du 27.
(4) Séance du 4 janvier; *Moniteur* du 5.

ples, telles que celle qui exigeait deux témoins oculaires pour une condamnation. Cette règle était, dans certains cas, observée en Angleterre dans la procédure par jurés ; et aujourd'hui encore la théorie des preuves joue un grand rôle devant le jury Anglais (1). Mais cependant on avait bien raison de repousser en bloc tout le système. En Angleterre, en effet, les règles sur les preuves en matière criminelle ne sont, en réalité, qu'une série de maximes assez élastiques établies par la jurisprudence, et dont le président des assises, par sa haute autorité, impose l'observation aux jurés. Fixer dans la loi les preuves nécessaires pour condamner eût été décréter une mesure illusoire ; le jury, ne motivant pas ses décisions, eût toujours pu s'y soustraire ; c'eût été surtout fournir aux jurés un prétexte commode pour des acquittements peu justifiés.

Lorsque le 17 janvier 1791 l'Assemblée reprit la discussion, une modification s'était déjà produite dans l'état des esprits. Sans doute, on entendit Maury défendre encore la procédure écrite dans un véhément discours. Attaquant l'anglomanie, il soutenait que si la procédure anglaise était orale, cela venait de ce qu'au IIIe siècle, quand le jury fut institué, disait-il, personne ne savait écrire. Mais Tronchet, qui représentait l'esprit de transaction, vint proposer un moyen terme, un système moins accentué que celui de Thouret. « La procédure serait orale, mais l'accusateur et l'accusé pourraient requérir un procès-verbal sommaire des débats. » Arrivée à ce point, on pouvait dire que la cause de Duport et de ses auxiliaires était gagnée ; la motion de Tronchet était en réalité sans portée, aussi fut-elle écartée et le projet de loi définitivement adopté, tel qu'il avait été présenté.

Telle fut l'œuvre de la Constituante pour la procédure en matière de crimes. Si l'on veut la juger, il faut, croyons-nous, faire deux parts. Pour ce qui est de la procédure devant le jury de jugement, les règles définitives avaient été posées. L'Assemblée avait doté pour toujours la France de cette magnifique institution, qui, depuis, s'est répandue sur l'Europe avec le régime

---

(1) Blakstone, liv. IV, chap. 27 ; *Voy.* Mittermaier, *Traité de la procédure criminelle en Angleterre,* traduct. Chauffard, § 20.

représentatif. C'est un des grands bienfaits dont il faut lui être éternellement reconnaissant. Mais pour ce qui est de la poursuite et de l'instruction préparatoire, toujours nécessaire en ces graves matières, l'Assemblée avait désorganisé les vieilles institutions dues au génie français, et les avait remplacées par un mécanisme compliqué et insuffisant, qui jamais ne pourra jouer d'une façon satisfaisante. Elle avait confondu l'action publique et l'action civile, renversant cette distinction si juste, longuement élaborée dans l'évolution de l'ancien droit. Après de longs tâtonnements, on reprendra l'institution de la *partie publique.* L'Assemblée avait laissé non résolu ce problème difficile : comment, à la procédure par jurés nécessairement orale, souder l'instruction préparatoire nécessairement écrite?

Avec la Loi de 1791 telle que nous l'avons décrite, il semble que rien ne subsiste plus de l'ancienne procédure; on peut cependant retrouver quelques traces laissées par l'Ordonnance de 1670. La réception des plaintes par l'officier de police (tit. V, art. 2-5) est dans les détails presque textuellement copiée sur le titre III de l'Ordonnance. Pour le titre IX, *des Contumaces*, on avait encore emprunté à l'Ordonnance une partie de ses dispositions, en particulier la procédure qui aboutissait à la déclaration de contumace et le caractère résoluble de la sentence (1). Mais là encore les jurés intervenaient; cependant la procédure n'était pas orale au vrai sens du mot : « les dépositions des témoins reçues par écrit seront lues aux jurés qui seront tirés au sort. » — Les dispositions sur le faux reflétaient celles de l'Ordonnance de d'Aguesseau. Enfin, dans son titre XIII, le Décret reprenait certaines prescriptions de l'Ordonnance de 1670 (2). Ce sont là de faibles vestiges, notons-les cependant; si nous n'avons plus ici que quelques anneaux brisés, nous trouverons plus loin des tronçons importants de la chaîne.

La Loi du 29 septembre n'est pas la seule que l'Assemblée Cons-

---

(1) Contrairement aux dispositions de l'Ordonnance, la loi, pour la première fois, assimilait dans la procédure par contumace le prisonnier évadé et le fugitif qu'on n'avait pas pu saisir. » (Art. 14.)

(2) Voyez tit. XIII de la Loi de 1791, art. 4, 5; et tit. XIII, Ord. 1670, art. 6, 25.

tituante ait consacrée à la procédure pénale; précédemment elle avait organisé la police municipale et correctionnelle, dans la Loi des 19-22 juillet 1791, adoptée presque sans discussion sur le rapport de Desmeuniers (1). Ici, à côté de l'initiative des citoyens, la loi organisait l'action d'une sorte de partie publique : « Art. 44 : La poursuite de ces délits sera faite soit par les citoyens lésés, soit par le procureur de la commune ou ses substituts s'il y en a, soit par des hommes de lois commis à cet effet par la municipalité. » Du reste, personne ne paraît avoir eu le droit de citation directe devant le tribunal correctionnel; les poursuivants devaient faire leur dénonciation au juge de paix qui, s'il y avait lieu, renvoyait devant le tribunal le prévenu, qu'il avait cité devant lui par un mandat d'amener (art. 45 et 57). L'instruction avait lieu à l'audience publique (art. 58); il restait du débat un procès-verbal sommaire dressé par le greffier; l'appel était ouvert devant le tribunal de district (2). En matière de police municipale, la poursuite avait lieu à la requête du procureur de la commune ou des particuliers, et le tribunal était saisi par une citation directe faite au nom de ces personnes (art. 35).

III.

La Loi de 1791 ne devait pas durer beaucoup plus longtemps que la Loi de 1789, qu'elle avait remplacée; elle devait céder la place au *Code des délits et des peines* du 3 brumaire an IV. Pendant le temps de son règne, elle ne fut point toujours respectée. Ce n'est pas ici le lieu de parler des tribunaux et des procédures révolutionnaires, qui vinrent créer à côté du droit commun une affreuse légalité d'exception; mais il est certain que même dans la procédure ordinaire se glissaient de nombreuses illégalités (3).

(1) *Moniteur* des 6, 7, 8, 9, 13, 14, 21 juillet 1791.
(2) Loi 16 août 1790, tit. XI, art. 2 et 6.
(3) Voyez la Loi du 22 vendémiaire an IV, qui défend à tous les officiers de police de traduire devant le directeur du jury aucun citoyen pour un fait non prévu et spécifié par les lois pénales; et déclare nuls tous actes d'accusation dressés pour des faits semblables. Cf. M. Taine, *Les origines de la France contemporaine*. La Révolution, tome II, p. 184, 251, 255, 329.

Mais les formes introduites par la Loi de 1791 n'en étaient pas moins considérées à cette époque comme une institution définitive, et ce ne fut point pour détruire le système, mais pour le perfectionner que la Convention reprit l'œuvre de la Constituante.

Le nouveau Code devait surtout se distinguer des lois antérieures en ce qu'il serait une œuvre synthétique et détaillée à la fois. Il comprendrait la procédure pour les délits et les contraventions aussi bien que pour les crimes. La Convention avait chargé, le 3 floréal an II, Cambacérès et Merlin de préparer un travail général sur l'ensemble de la législation : Merlin s'occupa surtout de la législation criminelle, et au bout de dix-huit mois il présenta à la Convention le *Code des délits et des peines*, inachevé mais comprenant cependant 646 articles dont les 598 premiers et le 646ᵉ étaient consacrés à la procédure criminelle. L'Assemblée, qui allait se séparer, le vota de confiance et sans discussion. Ici les travaux préparatoires ne sont rien ; ils se réduisent comme document à ce court rapport de Merlin : « Par un décret du 23 fructidor, vous avez chargé votre commission des onze de vous présenter un projet de *Code de police de sûreté et de police correctionnelle* adapté à la Constitution et propre à en faire marcher les parties correspondantes à l'ordre judiciaire. En s'occupant de l'exécution de ce décret, votre commission des onze a cru que, pour mieux remplir vos vues, elle devait étendre le cadre de son travail, et vous proposer une refonte générale de toutes les lois rendues depuis le commencement de la Révolution pour régler et diriger la poursuite et la punition des délits de toute espèce. Vous apercevez déjà les innombrables avantages qui doivent résulter d'un pareil travail. Maintenir la Constitution républicaine, que le peuple Français vient d'accepter, c'est votre vœu comme votre devoir. Pour atteindre ce but, ce qu'il y a de plus important à faire c'est de comprimer l'anarchie, d'établir enfin le règne de la loi, de garantir d'une manière véritablement efficace la sûreté des personnes et des propriétés; c'est, en d'autres termes, de donner à la police et à la justice toute l'activité, tout le ressort, toute la puissance possibles ; et c'est à quoi vous ne pouvez parvenir qu'en simplifiant, qu'en classant dans un ordre clair et méthodique les innombrables règlements qui doivent conduire les magistrats dans la recherche et dans la répression des délits.

« Il n'y a point d'état pire que celui d'un gouvernement dont les magistrats ne savent pas ou sont exposés à ne savoir qu'imparfaitement ce qu'ils ont à faire : or, tel est, par l'effet de la multitude et de la confusion de nos lois criminelles, la situation dans laquelle se trouvent forcément ceux de nos fonctionnaires publics qui sont chargés de la répression des délits. C'est là, n'en doutez point, un des plus grands obstacles au rétablissement de l'ordre ; mais cet obstacle, vous pouvez très-facilement le vaincre ; il ne s'agit que de donner à la nation un bon Code des délits et des peines, et c'est le projet de ce Code que nous venons offrir à votre examen.

« Commencé depuis dix-huit mois, en exécution du Décret qui avait ordonné la classification et la refonte de toutes les lois émanées des trois assemblées représentatives, ce projet a exigé beaucoup de recherches, de longues méditations, un travail pénible, et cependant il n'est pas encore aussi complet que son titre semble le promettre (1). »

Le Code de Brumaire an IV fut en réalité l'œuvre de Merlin, qui accomplit ainsi un travail prodigieux. Aussi présente-t-il un caractère bien conforme à son origine. Il est difficile de trouver une composition dont toutes les parties forment un tout plus systématique. On sent que le tâtonnement des commissions parlementaires n'a point passé par là et qu'un puissant jurisconsulte a fait jaillir de son cerveau cette loi tout armée. Il n'est pas de loi plus scrupuleuse et plus minutieuse ; elle multiplie les garanties de la défense, et trace pas à pas la marche qui doit être suivie ; mais en même temps elle multiplie outre mesure les formalités protectrices, et le magistrat n'ose s'avancer au milieu des nullités, prêtes à se dresser devant lui. Aucune loi n'a réglé d'une façon plus logique les questions à poser au jury, et cette partie du Code de Brumaire n'est pas moins ingénieuse que la délicate et savante composition des *Formules* romaines ; mais plus encore

---

(1) Séance du 30 vendémiaire (*Journal des Débats*, n° 1124, pp. 458-459).

que le magistrat dont nous venons de parler, les jurés devaient se trouver déconcertés devant cet appareil trop savant, devant ces simplifications, si compliquées en réalité (1). On sait que ce chef-d'œuvre de théorie se trouva fort défectueux dans la pratique ; ce mécanisme admirable avait été conçu sans qu'on tînt compte du frottement. Mais ce n'est pas à ce point de vue que nous voulons étudier le Code de Brumaire, il nous faut surtout rechercher s'il continuait absolument la tendance de la Loi de 1791, s'écartant autant qu'elle des règles de l'ancien droit français. Dans les grandes lignes rien n'était changé ; mais dans les détails, des modifications importantes s'étaient produites. Quelques-uns des principes affirmés à outrance dans la Loi de 1791, étaient quelque peu atténués, et, sur certains points, un retour partiel à l'ancienne tradition était reconnaissable.

Dès les premiers articles du Code de Brumaire nous trouvons une distinction, qui était l'un des axiomes fondamentaux de l'ancien droit, et que la Loi de 1791 avait effacée, la distinction de l'action publique et de l'action civile. — « Art. 5 : L'action publique a pour objet de punir les atteintes portées à l'ordre social. Elle appartient essentiellement au peuple. Elle est exercée en son nom par des fonctionnaires établis à cet effet. — Art. 6 : L'action civile a pour objet la réparation du dommage que le délit a causé. Elle appartient à ceux qui ont souffert du dommage. — Art. 8 : L'action civile peut être poursuivie en même temps et devant les mêmes juges que l'action publique ; elle peut aussi l'être séparément. » Ce sont là presque textuellement les articles 1 et 3 de notre Code d'Instruction criminelle, mais c'était aussi ce qu'on disait sous l'empire de l'Ordonnance, et dans l'*Idée de la justice criminelle*, par exemple, que Jousse a mise en tête de son Commentaire, nous trouvons la distinction exprimée presque dans les mêmes termes (2). Dès lors, à vrai

---

(1) Voy. art. 373-379. C'est, on sait, le système des *questions simples*, poussé jusqu'à ses dernières conséquences. En réalité, sur ce point, le Code de Brumaire innovait peu. Là, comme en d'autres endroits, on avait surtout fait passer dans la loi les prescriptions que les constituants avaient inscrites dans leur *Instruction sur les jurés* du 21 octobre 1791. Nous glissons sur ces détails, qui se trouvent dans tous les traités de procédure criminelle.

(2) P. XXIII : « Dans notre usage, deux sortes de personnes concourent à la

dire, disparaît cette sorte d'accusation populaire qu'avait instituée la Loi de 1791. Sans doute, les droits des particuliers dans la poursuite sont encore bien importants. La dénonciation civique subsiste dans le Code de Brumaire avec toute son efficacité (art. 87-93). Sans doute, les dénonciateurs et les plaignants participent toujours à la rédaction de l'acte d'accusation (art. 224-227) (1). Mais on sait maintenant que la partie privée n'agit plus qu'à fin de dommages-intérêts (art. 430); on a posé nettement ce grand principe que l'action à fins pénales n'appartient qu'au peuple et aux fonctionnaires qu'il choisit, principe qui, encore obscurci dans l'application, portera plus tard ses fruits et contient en germe la reconstitution du ministère public.

Le Code de Brumaire conserve les officiers de police judiciaire institués en 1791, les juges de paix et les officiers de gendarmerie; mais il ajoute à la liste, les commissaires de police, les gardes champêtres et forestiers. Pour la première fois, les directeurs du jury, qui, jusque-là, n'étaient que des juges d'instruction au second degré, pouvaient dans certains cas poursuivre les crimes et se saisir directement de leur connaissance (art. 21, 140 à 142). La loi établissait une certaine hiérarchie entre les officiers de police, reléguant dans un rang secondaire les commissaires de police et les gardes (art. 2, 5-47). Ils confondaient toujours entre leurs mains la poursuite et l'instruction; ils agissaient, « ou sur une dénonciation officielle, ou sur une dénonciation civique, ou d'après une plainte, ou d'office. » Le dénonciateur, qui signait sa dénonciation civique et affirmait qu'elle n'était dictée par aucun intérêt personnel, forçait par là même l'officier de police à décerner un mandat d'amener (art. 90), mais il ne pouvait point saisir directement le jury d'accusation. Quant à la plainte, elle obligeait bien le juge de paix à entendre les témoins produits, mais c'était tout et ce magistrat pouvait refuser d'aller

---

punition des crimes : 1° la partie civile qui demande la réparation de l'offense qui lui a été faite et ses dommages-intérêts; 2° la partie publique qui poursuit la punition du crime et la condamnation à la peine qu'il mérite. »

(1) Il semble pourtant, comme nous le dirons plus loin, que la partie privée ne peut plus saisir directement le jury d'accusation; elle doit s'adresser au directeur du jury.

plus avant. En cas de refus, le plaignant ne pouvait plus, comme jadis, saisir le jury d'accusation ; il ne pouvait en appeler qu'au directeur du jury (art. 98 et 147). C'était encore une disposition qui rappelait un principe de l'ancien droit, à savoir que la plainte ne lie pas le juge.

Le principal officier de police judiciaire était toujours le juge de paix. C'était lui qui faisait la partie la plus importante de l'instruction préparatoire ; car les résultats auxquels il arrivait s'imposaient plus tard au directeur du jury (1). La Loi de 1791 était fort brève sur cette instruction ; le Code des délits et des peines est au contraire fort détaillé. Les articles 102 à 131, consacrés à cet objet, sont rangés sous les rubriques des *procès-verbaux*, de l'*audition des témoins* et des *pièces de conviction* ; beaucoup d'entre eux passeront plus tard dans le Code d'Instruction criminelle avec de légères modifications. Les règles sur les procès verbaux et sur l'audition des témoins étaient une imitation singulièrement perfectionnée des titres IV, V et VI de l'Ordonnance de 1670. Les dépositions des témoins étaient rédigées par écrit sur un cahier séparé, comme jadis ; chaque témoin était entendu séparément, mais la loi nouvelle ordonnait que, si le prévenu était déjà arrêté, la déposition eût lieu en sa présence (art. 115) ; s'il n'était arrêté que postérieurement, le juge de paix, avant de l'interroger, devait lui donner lecture des dépositions reçues, mais sans lui en donner copie (art. 116). Ces précautions indiquent déjà que l'écriture va jouer dans la procédure un rôle plus important que par le passé.

Les *mandats* faisaient l'objet des articles 56 à 80. La Loi de 1791 n'en connaissait que deux, celui d'amener et celui d'arrêt ; elle n'admettait pas, en matière répressive, de citation pure et simple, analogue aux assignations de la procédure civile, et en cela elle se montrait plus sévère que l'Ordonnance qui, à côté du décret de prise de corps, plaçait non-seulement

---

(1) Art. 242 : « Le directeur du jury n'a pas le droit d'examiner si, dans une procédure faite par un officier de police judiciaire, relativement à un délit emportant par sa nature peine afflictive ou infamante, les circonstances ou les preuves sont ou non assez graves pour déterminer une accusation ; et il ne peut, sous ce prétexte, refuser de dresser l'acte d'accusation. »

l'ajournement personnel, mais le décret d'assigné pour être ouï. Le Code de Brumaire introduisit un nouveau mandat, qui avait le caractère d'une citation simple, celui de *comparution* ; mais l'usage en était bien restreint. On commençait toujours par le mandat d'amener, seulement quand l'inculpé avait obéi à ce mandat, si le délit reproché était de nature à n'être puni « que d'une amende au-dessus de la valeur de trois journées de travail, » le juge de paix « ordonnait au prévenu de comparaître à jour fixe devant le directeur du jury d'accusation. »

Du juge de paix l'affaire passait, comme jadis, au directeur du jury ; ce magistrat, pris tous les trois mois à tour de rôle parmi les juges du tribunal de district (art. 171, 211), était en même temps le président du tribunal de police correctionnelle. Il continuait, pour la compléter, l'instruction commencée ; il interrogeait le prévenu dans les vingt-quatre heures de son arrivée à la maison d'arrêt, et faisait tenir note de ses réponses. Il pouvait aussi entendre de nouveaux témoins, mais cette fois l'audition n'avait pas lieu en présence du prévenu. La loi déclarait que le directeur du jury « recevait leurs déclarations *secrètement* et les faisait écrire par le greffier (art. 225). » Cela fait, et après avoir constaté que la procédure était régulière, il rendait une ordonnance de renvoi, soit devant le tribunal de police correctionnelle, soit devant le jury d'accusation (art. 219, 220). Toutes ces ordonnances devaient être, à peine de nullité, précédées des conclusions du commissaire du pouvoir exécutif, et dans les trois jours un extrait devait en être donné à l'accusateur public. Nous le savons déjà, le directeur du jury ne peut rendre une ordonnance de non-lieu, fondée sur l'insuffisance des charges, lorsque la procédure lui a été transmise par un officier de police judiciaire (1). Pour le moment, aucun recours n'était possible contre ces ordonnances.

Le directeur du jury devait aussi statuer sur les demandes de mise en liberté provisoire. Selon les principes posés par la Loi

---

(1) Sans doute il pouvait décider qu'il n'y avait pas lieu à suivre, lorsqu'il était saisi par la partie plaignante, en appelant du refus d'agir opposé par le juge de paix (art. 98), ou lorsque, par exception, il avait pu spontanément entamer les poursuites.

de 1791, le Code de Brumaire décidait que la mise en liberté était de droit toutes les fois que la peine éventuelle était seulement infamante ou correctionnelle, elle était toujours subordonnée à l'engagement d'une caution solvable, qui devait consigner 3,000 livres (art. 222). S'il s'agissait d'un crime emportant peine afflictive, la liberté provisoire n'était jamais admise. Elle était de droit ou elle n'était pas. Les pouvoirs du directeur du jury étaient donc complétés et précisés par le Code des délits et des peines; le juge d'instruction, qui plus tard se dégagera du directeur du jury, est déjà ébauché. Quelques traits du nouveau plan sont empruntés à l'ancien droit : l'audition des témoins en secret, par exemple, et les conclusions du commissaire du gouvernement précédant les ordonnances.

Après l'ordonnance de renvoi devant le jury d'accusation, le directeur du jury dressait l'acte d'accusation, auquel participait la partie privée dans les mêmes conditions que précédemment (art. 226-230); il le communiquait ensuite au Commissaire du pouvoir exécutif, qui y mettait son visa (art. 230). La procédure devant le jury d'accusation, précisée par le Code, n'était pas modifiée. Le directeur du jury exposait aux jurés leurs devoirs et leur lisait une longue instruction, dont le texte a passé dans le Code d'Instruction criminelle; puis le commissaire du pouvoir exécutif lisait les pièces de la procédure, sauf les dépositions et les interrogatoires; les témoins et la partie plaignante étaient entendus.

Si le jury décidait qu'il y avait lieu à accusation, le directeur rendait contre l'accusé, à moins qu'il n'eût été reçu à caution (1), une ordonnance de prise de corps, en vertu de laquelle il était conduit dans la maison de justice. Là, l'ordonnance de prise de corps et l'acte d'accusation lui étaient notifiés (art. 259). Dès lors le procès était transporté devant le tribunal criminel.

La composition du tribunal criminel avait peu changé : « il est composé d'un président, d'un accusateur public, de quatre juges

---

(1) Dans ce cas, le directeur rendait une ordonnance enjoignant à l'accusé de se présenter devant le tribunal criminel pour tous les actes de la procédure, et d'élire domicile dans le lieu où siège le tribunal (art. 257). La mise en accusation ne faisait donc point cesser la liberté provisoire.

pris dans le tribunal civil, du commissaire du pouvoir exécutif, près le même tribunal, d'un substitut qui lui est spécialement donné par le directoire exécutif pour le service du tribunal criminel et d'un greffier (art. 226). » L'accusateur public n'intervenait, comme par le passé, qu'après la mise en accusation (art. 278); tout en ayant la surveillance des divers officiers de police judiciaire, il n'avait pas la poursuite directe (art. 283). Cependant, dorénavant il pouvait recevoir les dénonciations et les plaintes, non-seulement des diverses autorités, mais aussi des simples citoyens (art. 281); « il les transmet aux officiers de police judiciaire et veille à ce qu'elles soient suivies. » Était-ce un souvenir du système dans lequel le procureur du roi était spécialement chargé de recevoir les dénonciations? Le commissaire du pouvoir exécutif conservait toujours l'autre fonction du ministère public; il faisait les réquisitions en vertu de la loi (art. 293).

Le président du tribunal criminel interrogeait l'accusé dans les vingt-quatre heures de son arrivée à la maison de justice, et le procès-verbal de l'interrogatoire devait « être joint aux pièces (art. 315). » L'accusateur public, la partie privée et l'accusé pouvaient faire entendre devant lui de nouveaux témoins. C'est alors seulement, contrairement à la Loi de 1791, que l'on vérifiait solennellement la régularité de la procédure. Le commissaire inscrivait sur l'acte d'accusation la mention : « La loi autorise, » ou « la loi défend; » et le président devait convoquer le tribunal dans les vingt-quatre heures « pour prononcer à l'audience sur la légalité ou l'illégalité soit du mandat d'arrêt, soit de l'instruction (art. 326). » Si l'on découvrait une nullité, le tribunal ordonnait de reprendre les choses à partir du plus ancien acte nul.

Quant à la procédure devant le jury de jugement, le Code de Brumaire en traitait longuement et minutieusement; c'était le développement d'institutions inconnues à l'ancien droit, qui se précisaient et se régularisaient peu à peu, sans rien emprunter à une législation qui les avait toujours ignorées. Quelle place faisait le Code dans cette dernière période du procès à la procédure écrite? La Loi de 1791 avait poussé jusqu'à l'excès la crainte de voir l'écriture se glisser dans la procédure par jurés; tout en maintenant fermement le principe de l'*oralité*, la loi nouvelle était moins exclusive. Non-seulement l'instruction préparatoire et écrite avait augmenté d'importance ; mais on faisait aussi dans le débat une place pour la production de ces écritures. Jusque-là, ces pièces n'étaient communiquées qu'à l'accusateur public, qui seul y puisait des renseignements ; dorénavant, elles sont communiquées à l'accusé, qui, par ce moyen, avec l'aide de son défenseur, pourra rassembler à l'avance les éléments de sa défense ; il pourra y avoir un plan de défense comme il y a un plan d'attaque. Les textes sont formels. L'article 319 dit, en parlant des dépositions reçues par le président du tribunal criminel : « Elles seront communiquées à l'accusateur public et à l'accusé à peine de nullité de toutes procédures ultérieures. » Et l'article 320 ajoute : « L'accusé reçoit pareillement, et sous la même peine, après son interrogatoire, copie des autres pièces de la procédure. Cette copie lui est délivrée gratis par le greffier. » Quelques-unes des dépositions étaient déjà connues de l'inculpé ; celles reçues par le juge de paix lui avaient été lues ; mais il ignorait le contenu de celles que le directeur du jury avait recueillies secrètement. Cette procédure écrite, dans une certaine mesure, figurera aux débats. Les articles 365 et 366 déclarent en effet : « Article 365 : Il ne peut être lu aux jurés aucune déposition écrite de témoins non présents à l'audience. » Article 366 : « Quant aux déclarations écrites que les témoins présents ont faites et aux notes écrites des interrogatoires que l'accusé a subis devant l'officier de police, le directeur du jury et le président du tribunal criminel, il n'en peut être lu dans le cours des débats que ce qui est nécessaire pour faire observer soit aux témoins, soit à l'accusé, les variations, les contrariétés, les différences qui peuvent se trouver entre ce qu'ils disent devant les jurés et ce qu'ils ont dit précédemment. » Enfin, d'après l'article 382, le président remet aux jurés « toutes les pièces du procès, à l'exception des déclarations écrites des témoins et des interrogatoires écrits de l'accusé. » Telle était la combinaison qu'avait trouvée Merlin pour utiliser l'instruction préparatoire dans la procédure orale. Le tempérament était sage, et il s'est trouvé que ces règles ont été à peu près définitives ; ces dispositions, quelque peu modifiées, ont passé dans le Code d'Instruction criminelle.

La théorie des preuves morales était maintenue avec plus de fermeté que jamais ; une longue instruction, destinée surtout à la rappeler aux jurés, devait leur être lue par le président et affichée en gros caractères dans leur salle de délibérations. La manière de composer le jury de jugement, le système des récusations (art. 502-515), la majorité à laquelle le verdict était rendu et la façon dont les jurés donnaient leur déclaration, enfin le pourvoi en cassation, restaient, à peu de chose près, ce qu'ils étaient dans la Loi de 1791.

Dans la procédure de contumace, le Code des délits et des peines, comme la Loi de 1791, réflétait en partie les dispositions de l'ancien droit. Les jurés intervenaient, mais les témoins n'étaient point entendus, on lisait leurs dépositions écrites (art. 471). Pendant vingt ans, c'est-à-dire tant que la peine n'était pas prescrite, la représentation du condamné faisait tomber le jugement de plein droit, et il était procédé en la forme ordinaire ; cependant alors une exception était admise au principe qui défendait de lire devant le jury la déposition des témoins absents. « Art. 477. Les dépositions écrites des témoins décédés pendant son absence (du contumax) seront lues aux jurés, qui y auront tel égard que de raison, en observant toujours que les preuves écrites ne sont point la règle unique de leurs décisions et qu'elles ne leur servent que de renseignements. »

Le tribunal de police correctionnelle était composé, d'après le Code de Brumaire, « du directeur du jury, qui le présidait, et de deux juges de paix. » Il était saisi ou par l'ordonnance de renvoi du directeur du jury à la suite d'une instruction préparatoire, ou par la citation directe de la partie lésée, qui acquérait ainsi un droit nouveau ; la citation toutefois devait être préalablement visée par le directeur du jury qui s'assurait qu'il avait bien devant lui un délit correctionnel (art. 180-182). L'appel, toujours possible, était porté devant le tribunal criminel (art. 198), et la faculté d'appeler appartenait au condamné, à la partie civile, au commissaire du pouvoir exécutif et à l'accusateur public du département. La plupart de ces règles, ainsi que celles qui déterminaient la procédure soit en première instance, soit en appel, ont passé dans le Code d'Instruction criminelle. Pour la police municipale, le tribunal était composé du juge de paix et de deux assesseurs (art. 151); la poursuite avait lieu ou à la requête du commissaire du pouvoir exécutif près la commission municipale, ou à celle de la partie lésée. L'instruction avait toujours lieu à l'audience; l'appel n'était point organisé.

Le Code des délits et des peines avait en réalité assez peu modifié les règles posées par la Loi de 1791. Cependant on y saisissait une tendance incontestable à faire de l'instruction préparatoire, secrète et écrite, le préliminaire important des débats devant le jury. Bientôt on devait aller plus loin. La France, lasse et meurtrie, se désintéressait de la liberté, pour laquelle elle avait souffert; elle se reportait, par une violente réaction, vers le principe d'autorité. Elle tourna alors les yeux vers les institutions de l'ancienne monarchie; et peu s'en fallut que l'Ordonnance de 1670, telle à peu près que l'avaient réformée les législateurs de 1789, ne reprît sa place parmi nos lois.

CHAPITRE TROISIÈME.

Les lois de l'an IX.

I. Loi du 7 pluviôse an IX. Les magistrats de sûreté; reconstitution du ministère public; modifications dans l'instruction. — II. Le jury compromis, les passions politiques et le brigandage. — III. La loi du 18 pluviôse an IX. Les tribunaux spéciaux; résurrection des juridictions prévôtales.

La procédure criminelle, telle que l'avait organisée le Code de brumaire an IV, devait bientôt subir de profondes modifications. À l'user elle se montra insuffisante pour la répression. Cela tenait en partie à ce que la poursuite et l'instruction préparatoire avaient été énervées, cela tenait surtout au milieu dans lequel fonctionna d'abord l'institution du jury. Faussé par les passions politiques, impuissant en face du brigandage qui se développa sur toute une portion de la France, il faillit périr dans la crise terrible qui secouait alors le pays. Au désir du progrès succéda un immense besoin de repos, et les difficultés du présent faillirent donner la victoire au passé.

Une première modification aux règles de la procédure criminelle fut apportée par la Constitution du 22 frimaire an VIII. Elle réunissait les fonctions d'accusateur public à celles de commissaire du pouvoir exécutif près le tribunal criminel; et celui des deux fonctionnaires qui disparaissait était celui qui puisait son titre dans l'élection (1). L'ancien ministère public reparaissait dans son intégrité à l'audience des tribunaux criminels; mais il était plus important encore de le reconstituer à la base et de lui rendre la poursuite; ce fut l'œuvre de la loi du 7 pluviôse de l'an IX.

Cette loi fit plus; elle réorganisa en même temps l'instruction préparatoire, suivant un type qui se rapprochait singulièrement de

(1) Const. du 22 frimaire, art. 63. La loi du 27 ventôse an VIII, art. 35, permettait de donner un substitut à ce commissaire, dans les villes où le gouvernement le croirait utile.

l'ancienne procédure, et transforma profondément les débats devant le jury d'accusation : « L'idée qui domine dans le projet, disait Thiessé, rapporteur de la loi au Tribunat, c'est l'idée d'une partie publique poursuivante et d'un juge d'instruction, avec une distribution nette des fonctions (1). » Elle créait dans chaque arrondissement des substituts du commissaire du gouvernement, de véritables procureurs de la république, nommés par le premier consul et révocables à volonté (art. 24); ils étaient les substituts du commissaire, comme autrefois les procureurs du roi étaient les substituts du procureur général.

Ils étaient chargés non-seulement de la recherche, mais de la poursuite de tous les délits de police correctionnelle et de tous les crimes (art. 1). C'étaient eux qui, dorénavant, devaient recevoir les dénonciations et même les plaintes (art. 3). Les juges de paix et officiers de gendarmerie conservaient bien le droit de les recevoir aussi ; mais ils étaient placés sous les ordres des substituts et devenaient ainsi les simples auxiliaires du ministère public (art. 4); c'est un rôle qu'ils ont toujours gardé depuis lors.

Le droit d'arrestation était réglé à nouveau. Les juges de paix et officiers de gendarmerie pouvaient faire saisir le prévenu dans trois cas : lorsqu'il y avait flagrant délit ou accusation par la rumeur publique (art. 4), ou lorsqu'il s'agissait d'un délit emportant peine afflictive, et qu'il y avait des indices suffisants (2). Mais l'agent qui avait ordonné l'arrestation était tenu de faire conduire l'inculpé devant le substitut dans le plus bref délai possible. Le substitut décernait alors contre le prévenu un mandat dit de dépôt, et le faisait incarcérer dans la maison d'arrêt

---

(1) Séance du tribunat, du 27 ventôse an IX (*Archives parlementaires de 180.* à 1860, tome II, Ire partie, p. 94); cf. *Exposé des motifs* : « Le projet actuel constitue une véritable partie publique, qui, élevée au-dessus de toutes les influences et de toutes les considérations locales, peut déployer tout le zèle et toute l'activité que demandent ses fonctions... La distribution que nous avons faite en ce qui tient au jugement et ce qui tient à la poursuite s'étend à toutes les parties de la procédure criminelle et présente un double système régulier et complet de hiérarchie. »

(2) Dans les deux premiers cas, les maires, adjoints et commissaires de police avaient le même droit.

(art. 9). Il avait également reçu les plaintes et procès-verbaux, recueillies ou dressés par les officiers de police, ses auxiliaires.

C'était là une création nouvelle, et à vrai dire on donnait au ministère public un pouvoir qu'il n'avait jamais eu. La barrière, qu'on déclarait élever entre l'instruction et la poursuite, s'abaissait devant lui; toutes les pièces se concentraient entre ses mains et il ordonnait la détention préventive. Mais, comme correctif à ce pouvoir, la loi en limitait la durée. Dans les vingt-quatre heures, après avoir lancé le mandat de dépôt, il devait avertir le directeur du jury, lequel était tenu de « prendre connaissance de l'affaire et d'y procéder dans le plus court délai (art. 8). » Dès lors, l'instruction se déroulait à peu près selon les principes de l'ancienne jurisprudence. Le ministère public et le magistrat instructeur agissaient de concert, le premier requérant, le second décidant et instruisant (art. 12 et 13). Les témoins comme jadis étaient produits par la partie publique et par la partie civile (1). Chose plus importante, la procédure secrète reparaissait, les témoins devaient être entendus « séparément et hors la présence du prévenu. » C'était bouleverser les règles en vigueur depuis 1789. Les principes sur l'interrogatoire changeaient en même temps. Le juge ne donnait tout d'abord à l'inculpé aucune connaissance des charges produites contre lui. Cependant quelque chose subsistait de l'esprit libéral des lois antérieures; après l'interrogatoire, le directeur du jury devait donner lecture des dépositions au prévenu, et celui-ci pouvait demander à être interrogé de nouveau (art. 10).

L'instruction étant terminée, le directeur du jury la communiquait au substitut qui, dans les trois jours, devait donner ses conclusions par écrit (2), puis le magistrat instructeur rendait une ordonnance qui pouvait rappeler l'ancien règlement à l'extraordinaire. « Selon les différents cas, la nature et la gravité des preuves, » il mettait le prévenu en liberté (non lieu), ou le renvoyait devant le tribunal de simple police, ou de police cor-

---

(1) Art. 9 : « Les témoins indiqués par le substitut ou par la partie plaignante, seront appelés sur la citation du directeur du jury. » Cf. *Ordonnance de* 1670, tit. v, art. 1.

(2) Cf. *Ordonnance de* 1670, tit. xvi, art. 17 et ssq.

rectionnelle, ou devant le jury d'accusation (art. 15). En cas d'ordonnance de renvoi, il accordait la liberté provisoire, s'il y avait lieu d'après les anciennes règles, ou régularisait la détention préventive au moyen du mandat d'arrêt.

La décision du magistrat directeur pouvait être soumise à des recours multiples, mais ouverts seulement à la partie publique. Toutes les fois que l'ordonnance n'était pas conforme aux réquisitions du substitut, l'affaire allait nécessairement devant le tribunal d'arrondissement, qui statuait, le substitut et le directeur du jury entendus (art. 16). Le substitut pouvait ensuite, s'il le trouvait convenable, envoyer les pièces au commissaire près le tribunal criminel, qui saisissait ce tribunal en troisième instance (art. 17, 18) (1). Enfin, en dernier lieu, le commissaire, contre la décision du tribunal criminel, pouvait se pourvoir en cassation. D'un droit d'appeler appartenant au prévenu nulle part il n'était question.

La loi nouvelle, qui était un Code complet de l'instruction préparatoire, modifiait profondément la procédure devant le jury d'accusation : elle y substituait la procédure écrite à la procédure orale. « L'acte d'accusation, disait l'article 20, est dressé par le substitut du commissaire près le tribunal criminel, le directeur du jury en fait lecture aux jurés en sa présence, ainsi que de toutes les pièces qui y sont relatives. » — « La partie plaignante, ajoute l'article 21, ne sera pas entendue devant le jury d'accusation, les témoins n'y seront pas non plus appelés ; leurs dépositions lui seront remises avec les interrogatoires et toutes les pièces à l'appui de l'acte d'accusation. »

La loi du 7 pluviôse marquait, on le voit, un retour très-net vers le passé ; elle relevait toute l'instruction secrète et préparatoire que les lois de 1791 et de l'an IV avaient laissé tomber. Les réformes qu'elle opérait se ramenaient aux points suivants : 1° création d'un ministère public et d'un juge d'instruction ; 2° introduction du mandat de dépôt ; 3° audition des témoins hors de la présence du prévenu ; 4° substitution des preuves écrites aux

(1) Il pouvait réformer « non-seulement à raison de la compétence ou pour fausse application de la loi à la nature du délit, mais encore à raison des nullités qui pouvaient avoir été commises dans l'instruction et la procédure. » (Art. 18.)

débats oraux devant le jury d'accusation. Il est intéressant de voir comment fut apprécié chacun de ces chefs dans la discussion qui eut lieu devant le Tribunat.

La création d'une partie publique fut généralement approuvée. Costé (1), Boutteville (2), Goupil-Prefeln (3), Challan (4), Caillemer (5), Chabot de l'Allier (6), Gillet (7), vinrent successivement en proclamer la légitimité et la nécessité. Le système qu'avaient préféré les hommes de 1791, ne fut cependant pas abandonné sans discussion : il trouva dans Ganilh un défenseur énergique. Celui-ci, rappela le souvenir de la mémorable discussion de 1790 ; il évoqua l'image des orateurs fameux qui y avaient pris part, dont le nom avait encore grandi depuis lors, et dont plusieurs ajoutaient la gloire du martyre à l'éclat de la sagesse. Puis, réveillant les souvenirs de la Terreur, il montra les dangers de l'accusation publique mise aux mains des gouvernants (8). Mais les réponses ne manquèrent pas. La meilleure raison à donner, c'est qu'il était nécessaire de renforcer la poursuite : « La France a fait la fatale expérience des désordres inséparables, d'abord de l'absence de tout gouvernement, et ensuite d'une organisation sociale trop faible pour ne pas s'éteindre ou pour ne pas devenir usurpatrice (9). » Chabot, réfutant les théories subtiles empruntées à la Constituante, fit remarquer que toute l'organisation alors établie avait disparu : « Le gouvernement, tel qu'il est constitué en France, n'est-il pas à lui seul le pouvoir exécutif? Il résulte de ce que le gouvernement est seul chargé de faire exécuter les lois, que c'est à lui de rechercher et de faire poursuivre les crimes et les délits qui sont des violations des lois (10). » Enfin,

---

(1) 1ᵉʳ pluviôse, *Arch. parl., loc. cit.,* p. 119.
(2) 2 pluviôse, *Arch. parl.,* p. 141.
(3) 3 pluviôse, *Arch. parl.,* p. 145.
(4) 1ᵉʳ pluviôse, *Arch. parl.,* p. 123.
(5) 2 pluviôse, *Arch. parl.,* p. 139.
(6) 3 pluviôse, *Arch. parl.,* p. 149.
(7) 3 pluviôse, *ibid.*
(8) Séance du 2 pluviôse, *Arch. parl.,* p. 133-134.
(9) Goupil-Prefeln, 3 pluviôse, *Arch. parl.,* p. 145.
(10) Séance du 3 pluviôse, p. 146 ; Cf. Goupil-Prefeln, p. 145. « Je demande à quoi servirait au gouvernement le pouvoir de poursuivre l'accusation devant le

Gillet démontrait avec une grande force les dangers de l'accusation populaire qu'on avait voulu introduire dans notre droit : « on s'effraie à l'idée de confier à l'avenir l'action et la poursuite des délits à trois cents fonctionnaires et l'on ne s'effraie pas de songer que cette action existe à présent dans les mains de trois millions d'hommes. » Chose remarquable, deux orateurs mettaient la reconstitution du ministère public sous la protection du grand nom de Montesquieu. L'autorité de l'auteur de l'*Esprit des Lois*, affaiblie pendant la tourmente, était plus grande que jamais (1).

Le mandat de dépôt rencontra de plus fortes résistances. C'était une création nouvelle, c'était l'inconnu ; plusieurs orateurs ne le voyaient qu'avec défiance, et en vérité on doit reconnaître que leurs craintes étaient bien fondées, si l'on songe à la grande fortune qu'a eue ce dernier-né des mandats de la procédure criminelle. On demandait au moins que la loi définît exactement les formes de ce nouveau mandat (2). Gillet, il est vrai, défendit très-habilement le projet : « Le mandat de dépôt, dit-il, est un mot nouveau dans le Code criminel, mais la vérité c'est que la chose n'est pas nouvelle. L'instruction préparatoire, entre l'instant où l'inculpé est saisi et celui où le mandat d'arrêt est délivré, n'est pas toujours si simple et si facile qu'on y puisse vaquer sur-le-champ et tout d'une haleine... Or, pendant tout cet intervalle, il serait plus qu'imprudent de laisser l'inculpé en liberté... le même officier de police exerce donc dès à présent sur la personne de l'inculpé trois pouvoirs bien distincts : 1° il décerne le mandat d'amener ; 2° il ordonne que l'inculpé sera provisoirement retenu dans le cours de l'instruction dans le lieu qu'il

---

jury de jugement si la recherche et la poursuite devant les juges chargés de l'instruction, étaient dévolues à des fonctionnaires indépendants de lui. »

(1) Caillemer : séance du 2 pluviôse (p. 138). Gillet : séance du 3 pluviôse. Il est curieux d'observer que Chabot demande pour les juges le droit de se saisir directement, comme jadis : « J'ai annoncé une seconde observation générale sur l'ensemble du projet de loi, elle porte sur ce que le projet ne laisse pas au pouvoir judiciaire le droit de rechercher et de poursuivre les délits dans les cas où les agents du gouvernement négligent ou refusent de faire les recherches ou poursuites (p. 148). »

(2) Costé, 1er pluviôse, p. 120 ; Chabot, 3 pluviôse, p. 148.

indique, et c'est ce qu'on peut appeler mandat de dépôt; 3º il décerne le mandat d'arrêt. Ces officiers étant répandus dans une multitude de communes où il n'y a pas de maison d'arrêt, il arrive qu'ils font souvent déposer l'inculpé tantôt dans un corps de garde, tantôt dans une auberge, souvent dans l'ancienne prison seigneuriale, et quelquefois même jusque dans le clocher du village... Suivant l'article 7, le prévenu ne peut plus être déposé que dans la maison d'arrêt, et sous ce rapport, le mandat de dépôt attribué au ministère public, est déjà bien moins irrégulier et bien moins alarmant que ces ordonnances de retenue provisoire, qui émanent des juges de paix (1). » Ainsi le mandat de dépôt n'était, dans l'opinion des législateurs, qu'un moyen de régulariser une pratique jusque-là illégale, mais inévitable. C'était, dans tous les cas, une mesure nécessairement provisoire et de courte durée; et l'on pouvait s'expliquer que la loi, en le remettant aux mains du ministère public, n'exigeât pas qu'on y inscrivît, comme dans le mandat d'arrêt, le motif de l'arrestation (2).

Le secret introduit dans l'instruction préparatoire fut vivement contesté. On sentait qu'il y avait là une mesure grave; et, en effet, nous sommes encore sous le coup de la décision qui fut prise alors. C'est Ganilh qui fut l'opposant le plus énergique. Il montra, et c'était très-exact, qu'on abandonnait à cet égard, non-seulement les règles des Codes de 1791 et de l'an IV, mais encore celles de la loi de 1789 : « Aujourd'hui on vous propose, non-seulement de faire écrire les dépositions, mais de les faire écrire en secret, lors même que l'accusé est arrêté et peut être présent ; on vous propose de rétablir une partie de la procédure secrète, de cette procédure odieuse dont tous les Cahiers des bailliages demandèrent la suppression, et qui, avant l'institution du jury, nécessita l'adjonction de deux notables dans chaque information. On vous propose de baser sur cette procédure occulte et ténébreuse la décision du jury d'accusation, et d'infecter notre procédure criminelle, un des plus grands bienfaits de la Révolution, d'un des plus grands vices de la procédure criminelle de la Monarchie! Ce

(1) Séance du 3 pluviôse, p. 156-157.
(2) Selon Challan (séance du 1er pluviôse, p. 124), cette formalité eût cependant dû être remplie.

mélange impur ne peut pas se faire, un obstacle éternel s'y oppose : il ne peut y avoir d'alliance entre les formes oppressives de la Monarchie et les formes protectrices de la République, ces formes se repoussent naturellement et ne peuvent concourir au même but (1). » Ces paroles sont remarquables. C'était bien au système de l'Ordonnance qu'on revenait ici; on s'en séparait encore par un point important, la communication des charges au prévenu après son interrogatoire, mais cette différence allait disparaître au bout de peu d'années. Il est parfaitement sûr qu'on tendait vers un système composite, qui emprunterait à l'Ordonnance l'instruction préparatoire, et aux lois de l'époque intermédiaire la procédure devant les juridictions de jugement. Ce mélange était possible, quoiqu'en dît Ganilh, et l'expérience l'a bien prouvé.

Voici comment, le rapporteur Thiessé, justifiait la disposition nouvelle : « La méthode actuelle est plus généreuse sans doute, mais conduit-elle plus sûrement à la manifestation de la vérité? Votre commission ne l'a pas pensé. Dans les premiers moments la situation du témoin en présence de l'accusé est pénible; et il a besoin de calme et de confiance pour déposer ce qu'il sait dans le sein du magistrat; le moment du débat, qui n'est pas encore arrivé, viendra. Les témoins, l'accusé entreront alors dans toutes les explications nécessaires, soit à la conviction du crime, soit à la manifestation de l'innocence. Jusque-là les déclarations comme les interrogatoires peuvent être recueillis par le magistrat. L'innocence n'y peut perdre et la vérité peut y gagner. Les mêmes observations doivent avoir lieu sur l'article 10 qui oblige le prévenu de répondre avant de connaître les charges, et qui oblige à son tour le magistrat instructeur, non-seulement de les lui faire connaître après l'interrogatoire, mais encore de recevoir toutes les réponses qu'il voudra faire ensuite sur les charges. Le premier interrogatoire doit ainsi constituer la vérité, le second réparer les surprises (2). » Gillet présentait des observations analogues : « Ce qui arrive le plus fréquemment c'est que le prévenu

---

(1) Séance du 2 pluviôse, p. 137.
(2) Séance du 24 ventôse, p. 94.

n'est pas présent quand les témoins déposent devant l'officier de police, et de cela il y a une bonne raison, c'est que l'information doit précéder le mandat d'amener, et que quand les témoins viennent l'inculpé n'est pas encore venu. Si pourtant il arrive que l'inculpé soit présent, si dès ce premier instant, où les charges commencent à se produire, il a les yeux et les oreilles sur les témoins qui les développent, la vérité en souffre de grandes altérations. Le témoin s'intimide et s'explique avec moins de confiance et de franchise... Les réponses mensongères s'ajustent à mesure et avec facilité, suivant le besoin de chacune des charges qui viennent d'éclore... La marche (nouvelle) est franche puisqu'en la suivant l'inculpé a toujours et nécessairement connaissance des charges avant le mandat d'arrêt et que toute facilité lui est laissée pour les repousser (1). » Depuis 1789 le point de vue avait changé ; l'intérêt de la poursuite passait maintenant avant les droits de la défense.

De toutes les modifications qu'introduisait la loi nouvelle, la plus vivement discutée fut celle qui substituait la procédure écrite à la procédure orale devant le jury d'accusation. Cela peut surprendre d'abord, car elle nous paraît aujourd'hui la moins grave. Depuis lors, nous avons effacé de nos lois le jury d'accusation et personne n'en demande le rétablissement. En Angleterre même, son pays d'origine, il se maintient plus par la force de la tradition que par l'approbation publique. Mais on s'explique cette résistance, si l'on songe que c'était une première atteinte portée au système de preuves établi en 1791 : « Sans les dépositions orales des témoins, disait Chabot, et avec des pièces écrites, il n'y a pas réellement de jury d'accusation. On ose soutenir que les preuves écrites peuvent suffire aux jurés, mais c'est évidemment recommencer le procès entre les preuves légales et les preuves morales, c'est déjà mettre en problème, si la procédure par jurés est préférable à l'Ordonnance de 1670, si enfin la sublime institution du jury doit être conservée ou détruite. » Et le même orateur invoquait son expérience personnelle de magistrat : « Commissaire près d'un directeur du jury,

---

(1) Séance du 3 pluviôse, p. 158.

j'ai assisté pendant trois ans à des assemblées du jury d'accusation, et je certifie que souvent j'y suis entré sans avoir pu me former une opinion fixe sur le fond de l'affaire, et que s'il m'avait fallu, sur la simple lecture des pièces, remplir les fonctions de juré, j'aurais éprouvé des doutes cruels... il est rare que je ne sois pas sorti de ces assemblées plus instruit sur le fond de l'affaire que je ne l'étais auparavant (1). » — « Allez, disait un autre orateur, chez tous les peuples qui ont le jugement par jurés, c'est-à-dire chez tous les peuples libres, (car la liberté et cette institution sainte marchent invariablement ensemble,) interrogez les Anglais, les Américains, remontez jusqu'au temps où les Romains avaient encore des jurés, et demandez à tous ce qu'ils pensent d'une déposition écrite (2). »

Mais une considération fut d'un grand poids dans le sens du projet : c'est que devant le jury d'accusation l'accusé n'était pas présent. Supprimer les dépositions orales, c'était rendre la partie plus égale. C'est ce que firent ressortir Challan (3), Caillemer (4) et Gillet, qui ajouta d'autres observations d'une valeur pratique assez grande : « Il n'est pas bon que les dépositions qui sont à sa charge (de l'accusé) paraissent vivantes, comme on l'a dit, de toutes les sensations qui les rendent expressives, tandis que ce qui est à sa décharge ne paraît qu'avec l'expression de l'écriture... Il est dans le cœur humain une éternelle et incurable maladie qui fait qu'on veut toujours étendre son pouvoir hors de ses justes limites; c'est pourquoi il arrive souvent que malgré tous les soins du magistrat qui dirige les jurés, ceux-ci sont tentés à l'insu de leur propre conscience de se substituer à la place des jurés de jugement, et qu'en effet ils délibèrent avec les mêmes raisonnements, sur les mêmes motifs, que s'ils avaient le jugement à prononcer. La méthode proposée leur laissera une illusion de moins pour se méprendre... La fonction des témoins en matière criminelle devient dans l'état actuel une charge très-onéreuse, puisqu'elle exige trois déplacements au moins et jusqu'à cinq si l'acte

---

(1) Séance du 3 pluviôse, p. 152.
(2) Boutteville : séance du 2 pluviôse, p. 145.
(3) 1er pluviôse, p. 125.
(4) 2 pluviôse, p. 140.

d'accusation est annulé... l'on doit s'applaudir d'avoir à prononcer une suppression, qui soulage tout à la fois et le trésor public et les citoyens (1). »

Au Corps législatif, les orateurs du gouvernement et du Tribunat développèrent les mêmes considérations. La loi y fut adoptée par 226 boules blanches contre 48 noires. Nous avons beaucoup insisté sur cette loi du 7 pluviôse; cependant nous ne croyons pas avoir dépassé la juste mesure. Elle est en effet très-importante en ce qu'elle forme la transition naturelle et nécessaire entre les codes de l'époque intermédiaire et le Code d'instruction criminelle. Elle marque l'instant où le cours des idées communes change de direction. Avec elle rentrent dans notre législation quelques-uns des principes enregistrés dans l'Ordonnance de 1670 et qu'avait répudiés la Révolution. Cet élément ainsi introduit à nouveau, s'unira aux règles sur le débat oral et public à jamais consacré devant les juridictions de jugement ; et ce sera la loi moderne.

L'an IX vit paraître une autre loi, qui, pour ne contenir que des mesures transitoires, n'en était pas moins d'une très-grande importance. Elle répondait au besoin de sécurité qui alors passait avant tous les autres, et elle était empruntée en grande partie aux traditions de l'ancien droit. En terminant la discussion de la loi du 7 pluviôse devant le Tribunat, Thiessé faisait clairement allusion à cet autre projet; il déclarait que « c'est pour avoir négligé de donner à la recherche et à la poursuite des crimes toute l'activité nécessaire, qu'on a souvent recours à des institutions extraordinaires, toujours infiniment dangereuses. »

II.

La passion politique, le terrible courant qui saisissait tout alors, avait entraîné le jury à la dérive. Cela fut constaté de la façon la plus nette dans la discussion solennelle à laquelle donna lieu en l'an IX le projet de loi sur les tribunaux spéciaux : « Le jury, dit Jean Debry, était de la faction qui dominait; ses jugements en prenaient religieusement la couleur; ce n'étaient

---

(1) Séance du 3 pluviôse, p. 159.

point les faits, c'étaient les opinions des personnes qui parlaient à sa conscience égarée. Il faudra peut-être beaucoup de temps pour lui rendre ce caractère d'impartialité qui seul commande la vénération et rassure l'innocence (1). » — « Jusqu'ici, dit Chazal, on a pris le premier venu pour juré, les passions révolutionnaires ont envahi la fonction; jusqu'ici le jugement par jurés n'a été ni le jugement de Dieu, ni le jugement du peuple, ni le *palladium* de la liberté; il n'a été d'ordinaire que le jugement d'un groupe d'ignorants, et dans tous les temps de factions, l'iniquité scandaleuse des factieux acquittant sans pudeur leurs complices les plus scélérats, égorgeant sans remords leurs ennemis; c'est bien là ce que nous avons vu (2). » — « Les jurys temporaires de l'an II n'ont pas été moins féconds en égorgements que le jury perpétuel du tribunal révolutionnaire. Le jury septembriseur, qui prononça l'absolution de ses complices, était légalement constitué; les jurys de la réaction, sous la protection desquels on a longuement et impunément assassiné les républicains, étaient légalement constitués; les jurys des départements de l'Ouest et du Midi, qui absolvent tous les coupables, même pris en flagrant délit, sont encore légalement constitués.... Aussitôt que l'accusation et la défense prennent un caractère politique et s'adressent aux passions, le jury devient terrible à l'innocence, il est la sauvegarde des brigands (3). » Cette funeste influence des passions politiques sur le jury fut constatée de nouveau dans le conseil d'État de l'Empire, lors de la discussion du Code d'instruction criminelle (4); mais elle n'aurait pas suffi à elle seule à créer un état persistant d'insécurité (5); le jury aurait bientôt repris son assiette s'il ne s'était trouvé aux prises avec un fléau que, par sa nature même,

(1) Séance du 5 pluviôse, p. 190.
(2) Séance du 6 pluviôse, p. 204. Cf. 13 pluviôse, p. 277.
(3) Bérenger, 14 pluviôse, p. 301.
(4) Séance du 30 janvier 1808. (*Locré*, tome XXIV, p. 578-580). Séance du 8 brumaire an VII (*Locré*, tome XXIV, p. 439. *Voy.* aussi tome XXV, p. 580.)
(5) « Chez nous depuis la Révolution le jury n'a bien justifié les espérances qu'on en avait conçues que relativement à la répression des délits ordinaires, tels que le meurtre, le vol, l'incendie, etc.; chaque fois que ces crimes se présentent les jurés sont inexorables. » *Delpierre*, au Tribunat, 7 pluviôse, p. 216.

il était impuissant à combattre ; nous voulons parler du brigandage.

Les premiers germes en existaient déjà, et fort développés dans l'ancienne monarchie. Des travaux récents ont montré combien de misérables, braconniers, contrebandiers, vagabonds, étaient en lutte ouverte contre l'ordre social (1); et, pour certaines contrées du moins, des documents officiels de date postérieure montrent que le mal remontait fort loin. Voici ce que dit pour le Midi l'un des commissaires envoyés en l'an IX par le premier consul, pour faire une enquête générale sur l'état du pays : « Il serait injuste d'attribuer à la Révolution tous les crimes qui se sont commis depuis dix ans dans ces malheureux pays. On peut seulement dire qu'elle a trouvé des éléments plus favorables à tous les désordres, et que les divers interrègnes des gouvernements et l'absence ou la faiblesse de l'autorité publique ont laissé prendre un caractère plus général et plus étendu aux maux qui étaient autrefois plus rares et plus circonscrits (2). » Ces paroles sont d'une rare justesse. La destruction de l'ancienne organisation, les incertitudes et la faiblesse des nouveaux pouvoirs, l'anarchie, les passions ardentes, fournissaient un milieu merveilleusement propre au développement de ces germes funestes. Bientôt la guerre civile et la guerre étrangère vinrent fournir à la grande armée du brigandage de nouvelles et terribles recrues. Où les déserteurs pouvaient-ils trouver un meilleur refuge ? Et parmi ceux qui prenaient les armes au nom d'un principe politique, combien étaient aussi tentés par le pillage, et une fois la guerre civile terminée, continuaient pour leur propre compte à tenir la campagne ? « L'origine de ce brigandage (dans les Alpes-Maritimes) vient, dit-on, du licenciement de plusieurs compagnies militaires appelées compagnies de Barbets ; quant à l'accroissement du brigandage qui a eu lieu depuis la réunion, on peut l'attribuer à deux causes : un passage plus fréquent des voyageurs et surtout des Français allant en

---

(1) M. Taine, *Les origines de la France contemporaine*; I, *L'ancien régime*, p. 498, ssq.

(2) *Rapport de Français de Nantes, chargé de l'inspection de la 8ᵉ division militaire.* (F. Rocquain : *L'état de la France au 18 brumaire*, p. 4.)

Italie, et aux vexations essuyées par les habitants de la part des troupes, soit dans leurs personnes, soit dans leurs propriétés (1). » En Bretagne, « outre le parti Chouan, il y a des brigands qu'il n'est pas facile de distinguer d'eux; on voit dans les unes et les autres de ces bandes des Autrichiens, déserteurs de ce corps, où on les avait enrégimentés (2). » — « Quelques chefs d'anciens révoltés de la Vendée se sont mis à la tête de mauvais sujets de ces départements, de déserteurs, d'ouvriers sans occupation, et pillent les voitures sur les routes et dans les bois... C'est un reste des guerres civiles et des troubles intérieurs; c'est l'écume de la Révolution (3). » Dans le Centre, les causes du brigandage selon Lacuée sont : « la mauvaise organisation des maisons de correction, les déserteurs, les conscrits, le défaut de police sur les routes et dans les campagnes, le vagabondage, la mendicité, la facilité du port d'armes (4). » M. Thiers parle de « cette race de brigands qui s'était formée des débris des armées et des soldats licenciés des guerres civiles, » — « les Chouans, les Vendéens restés sans emploi depuis la fin de la guerre civile, et ayant contracté des goûts que la paix ne pouvait satisfaire, ravagèrent les grandes routes de Bretagne, de Normandie et des environs de Paris; les réfractaires, qui avaient voulu échapper à la conscription, quelques soldats de l'armée de Ligurie, que la misère avait poussés à déserter, commettaient les mêmes brigandages sur les routes du Centre et du Midi (5). » C'étaient les grandes compagnies qui menaçaient de se reformer. Enfin, l'extrême misère favorisait puissamment ces désordres : « La misère dans ces départements (il s'agit de la Bretagne, et c'est un des *missi* de l'an IX qui parle) est extrême, les marins y sont sans emploi ou sans salaire, les artisans, les ouvriers en toile ont cessé de

---

(1) *Rapport de Français de Nantes*. Félix Rocquain : *L'état de la France*, p. 14.
(2) *Rapport de Maillé-Marbois*, du 13 nivôse an IX, sur l'état de la 13e division militaire. — F. Rocquain, *op. cit.*, p. 121.
(3) *Rapport de Fourcroy*, du 13 nivôse an IX, sur l'état de la 12e division militaire. — F. Rocquain, *op. cit.*, p. 146.
(4) *Rapport sur la première division militaire*. — F. Rocquain, *op. cit.*, p. 253.
(5) *Histoire du Consulat et de l'Empire*, tom. II, p. 161.

travailler, faute de débouchés, ou parce que le prix excessif du pain et la disette du blé noir ne permettent plus d'employer des journaliers. Ces causes, qui subsisteront longtemps, offriront aux chefs des brigands des moyens assurés d'entretenir les forces de leur parti (1). »

Ce fléau, toujours grandissant, demandait des mesures exceptionnelles : les lois ordinaires ne sont point faites pour ces situations extrêmes, dans lesquelles recommence la lutte pour la vie. D'abord, la loi du 26 floréal an V vint punir de mort les vols prévus par les articles 2 et 3 (II° part., tit. II, sect. 2) du Code pénal de 1791, lorsqu'ils étaient accompagnés de l'une des circonstances suivantes : « 1° Si les coupables se sont introduits dans la maison par la force des armes; 2° s'ils ont fait usage de leurs armes dans la maison contre ceux qui s'y trouvaient; 3° si des violences exercées sur ceux qui se trouvaient dans la maison ont laissé des traces telles que blessures, brûlures ou contusions. » Ce qui avait provoqué cette loi, c'étaient les odieuses pratiques des *chauffeurs*, le Directoire exécutif l'avait déclaré en sollicitant cette mesure le 11 frimaire an V : « Des voleurs, signalés sous le nom de *chauffeurs*, se répandent dans plusieurs départements et désolent les villes et les campagnes. Ce ne sont pas des malfaiteurs isolés..., ce sont des brigands réunis par bandes, organisés sous des chefs, marchant d'après des instructions, formant enfin, au milieu de la société, une sorte de confédération armée, pour la détruire dans ses éléments (2). » Rousseau fut le rapporteur du projet au Conseil des anciens, et se donna beaucoup de mal pour justifier cette rigueur d'une évidente nécessité. Muraire fit même adopter l'ajournement du vote; le projet fut cependant voté le 26 floréal. Mais c'était une mesure complètement insuffisante; on allait voir se vérifier une fois de plus l'axiome de Montesquieu, que l'effet préventif est produit non par la rigueur, mais par la certitude de la peine.

Pour poursuivre et juger ces brigands, quels magistrats étaient désignés par la loi? des juges de paix et des jurés, des fonction-

---

(1) *Rapport de Barbé-Marbois.* — Rocquain, *op. cit.*, p. 122.
(2) *Journal des Débats*, n° 566.

naires timides et des citoyens craintifs. Entre le jury et le brigandage, la partie n'est pas égale; c'est une vérité que de nos jours a reconnue l'Italie. Citons quelques témoignages intéressants tirés des rapports et des discussions de l'an IX : « Dans le Midi, les juges de paix sont excessivement mauvais, on se plaint dans les quatre départements des jurys d'accusation et de jugement, ils sont détestables par leur ignorance (1). » — « Pouvez-vous vous dissimuler que si vous soumettez à la procédure ordinaire les brigands qui ne cessent d'attaquer les voitures publiques, de tuer les soldats et les citoyens, l'impunité leur est presque assurée, soit par les vices qui embarrassent encore l'institution du jury, soit par l'effet de la terreur qu'inspirent ces hordes errantes (2)? » — « Invoquez-vous les jurys, les tribunaux ordinaires? Eh bien! tribuns, parcourez avec moi ces tribunaux dans plusieurs départements de la République. Ici vous verrez d'un côté d'audacieux brigands, couverts de crimes, encore teints du sang de leurs victimes, insultant aux juges, menaçant les témoins, narguant le jury et bravant l'échafaud. Là des témoins dans la stupeur, muets, immobiles; plus loin des jurés plus occupés d'assurer les moyens de leur retour que d'entendre des débats insignifiants, placés entre la nécessité d'absoudre des coupables ou de se livrer aux vengeances de leurs complices. Passons dans un autre département. Ici le jury se compose uniquement entre les citoyens renfermés dans l'enceinte de la ville; il est impossible d'en réunir d'aucune autre partie du département. Les jurés, les témoins aiment bien mieux se laisser condamner à une amende pécuniaire, que de s'exposer sur les routes à des amendes bien autrement sérieuses, puisqu'elles sont imposées par le crime, non pas sur la fortune seulement, mais aussi sur la vie. Ajoutons d'autres faits résultant de la situation des choses. Sachez donc qu'elles sont telles, que des brigades de gendarmerie entières ont donné leur démission, parce qu'après s'être battues contre des brigands, après avoir dans ces actions hasardé leur vie, versé leur sang, rempli l'attente de la

---

(1) F. Rocquain, *op. cit.*, p. 25. *Rapport de Français de Nantes.*
(2) Trouvé, au Tribunat, 7 pluviôse an IX. *Arch. parlement.*, tom. II, 1re partie, p. 130.

patrie, des jurys impuissants ont renvoyé absous des brigands saisis les armes à la main (1). » Le 18 frimaire an IX, le ministre de la police générale écrit au premier Consul : « Si les vols de diligences n'ont pas encore cessé, si le pillage des fonds publics continue, la faute n'en peut être imputée au ministère de la police. Les prisons des départements sont toutes remplies de brigands, et il ne s'est guère commis un attentat qui n'ait été suivi de la mort ou de l'arrestation de quelques-uns de ses auteurs. Si ces désordres n'ont pas encore un terme, il faut le dire avec courage, c'est que beaucoup de tribunaux et les jurés ne remplissent pas leur devoir. Des scélérats pris les armes à la main ont été acquittés et mis en liberté par les tribunaux (2). »

Le besoin de tribunaux d'exception était incontestable, mais on procéda par mesures successives, généralement insuffisantes. Une loi du 30 prairial de l'an III avait attribué le jugement des Chouans, Barbets, *et autres*, aux tribunaux militaires. Une autre loi du 1er vendémiaire an IV décida que « les rebelles, ceux connus sous le nom de Chouans, ou sous toute autre désignation, et tous ceux désignés par l'article 3 de la loi du 30 prairial, seraient jugés par les conseils militaires établis par la loi du deuxième jour complémentaire (3); » c'est-à-dire par les conseils de guerre. Il s'agissait surtout des rebelles dans ces dispositions assez vagues, qui furent confirmées par le Code des délits et des peines (4).

En l'an VI on fit plus; on voulut organiser d'une façon complète des juridictions d'exception, déterminant nettement leur compétence et la procédure suivie devant elles. La loi nouvelle spécifiait les crimes par lesquels se réalisait le brigandage et les punissait de mort (art 1 à 6); puis elle décidait que pour ces faits, soumis en principe aux tribunaux ordinaires, s'ils avaient été commis par un rassemblement de plus de deux personnes,

---

(1) *Roujoux*, au Tribunat le 14 pluviôse, *Arch. parlem.*, p. 300; cf. *Carret*, 13 pluviôse, p. 277; *Garat*, 13 pluviôse, p. 296; *Delpierre*, p. 216.

(2) Discours d'Honoré Duveyrier, orateur du tribunat au Corps législatif. 17 pluviôse an IX, *Arch. parlem.*, p. 308.

(3) Voir le Rapport de Dubois-Dubay : *Journal des Débats*, vendémiaire an IV, n° 1093, p. 5.

(4) Art. 598.

les prévenus, complices, fauteurs et instigateurs seraient traduits devant les conseils de guerre. Le mandat d'amener pouvait alors être décerné par le directeur du jury, le juge de paix, le commissaire de police, l'agent municipal ou l'adjoint dans les communes au-dessous de cinq mille habitants, enfin par les officiers de gendarmerie, avec pleine concurrence entre tous ces fonctionnaires (art. 9) (1). Pour bien déterminer la compétence, il y avait un règlement analogue à celui pratiqué jadis dans les juridictions prévôtales, règlement fait par un magistrat civil, le directeur du jury. (Art. 11; cf. Art 12 à 16); ce magistrat procédait dans tous les cas à l'instruction préparatoire (2).

Le projet de loi fut présenté par Rœmers au conseil des Cinq-Cents, où plusieurs de ses dispositions furent attaquées. « Le nom seul de commission militaire fut une cause d'effroi, dit un orateur.... Craignez de confier la juridiction civile aux militaires, et de rappeler un régime abhorré, avec lequel il faut éviter la ressemblance (3). » La loi fut cependant votée par le conseil des Cinq-Cents le 19 ventôse an VI, et approuvée par les Anciens le 29 nivôse. Elle fut renouvelée en brumaire an VII, mais elle ne le fut pas en l'an VIII. Les commissions militaires, qui jugaient les brigands, ne disparurent point pour cela; elles subsistèrent, se fondant sur la loi du 30 prairial an III (4).

Mais cette juridiction même ne pouvait produire de bons effets que lorsqu'elle serait appuyée par la force matérielle; c'était réellement la guerre qu'il fallait faire aux brigands. Des expéditions exécutées par des colonnes mobiles étaient nécessaires. En attendant, les choses en étaient à ce point qu'il fallait armer les conducteurs de voitures publiques et les faire escorter par des soldats. On manquait de troupes : « Ces brigands avaient choisi pour se répandre le moment où les armées portées presque

---

(1) Voyez aussi l'art. 10.

(2) La mesure était d'ailleurs temporaire. « Art 22. Elle ne sera exécutée que pendant une année, à dater de sa promulgation par l'insertion au *Bulletin des lois;* après ce temps, elle sera abrogée de droit si elle n'est renouvelée par le Corps législatif. »

(3) *Journal des Débats*, floréal an VI, n° 240, p. 154.

(4) Savoye-Rollin au Tribunat, 13 pluviôse an IX. (*Arch. parlem.*, p. 284.)

toutes à la fois au dehors, avaient privé l'intérieur des forces nécessaires à la sécurité (1). » En l'an VIII, le mal était à son comble, et un document officiel le décrit de la façon la plus précise : « Des communes entières sont victimes de leurs dévastations (des brigands) et de leur cruauté... Tous ces départements sollicitent de prompts secours d'hommes, d'armes et de munitions. Ils leur ont été souvent promis, mais on ne leur en a accordé jusqu'ici que d'insuffisants (2). »

Le premier Consul voulut être ce destructeur de brigands que la France appelait depuis longtemps, que l'on invoquait alors, que l'on célébra plus tard en allusions mythologiques (3). De nombreuses colonnes parcoururent les pays infestés, et à leur suite des commissions militaires jugeaient les prisonniers : « le premier Consul avait institué des commissions militaires à la suite des colonnes mobiles qui poursuivaient le brigandage..... Ces commissions militaires avaient déjà produit en pluviôse an IX de salutaires effets. Les juges en habit de guerre, qui les composaient, ne craignaient pas les accusés; ils rassuraient les témoins chargés de déposer et souvent ces témoins n'étaient que les soldats eux-mêmes qui avaient arrêté les brigands et les avaient pris les armes à la main (4). »

Mais il faut reconnaître que cette répression avait été quelque peu irrégulière et singulièrement expéditive. Voici ce que constate Français de Nantes dans son rapport déjà cité : « Le résultat des commissions militaires depuis l'arrêté du 29 frimaire (qui les instituait dans le Var et les Bouches-du-Rhône) jusqu'au 30 germinal suivant, c'est-à-dire durant quatre mois, a consisté en vingt-trois brigands fusillés et pris les armes à la

---

(1) Thiers : *Le Consulat et l'Empire*, tom. III, p. 287.

(2) *Résumé des comptes rendus au Ministère de l'Intérieur par les commissaires du Directoire exécutif près les administrations centrales des départements*, publié par M. Rocquain, *op. cit.*, p. 377.

(3) « Les peuples de la Grèce élevaient des autels aux héros qui les délivraient des brigands. » (Discussion au Conseil des Anciens en l'an VI.) — « Il ne fallut rien moins que la main puissante de l'Hercule moderne, qui arriva à notre secours, pour exterminer les brigands et empêcher la ruine de l'édifice social. » (*Exposé des motifs du livre II, tit. II*, du Code d'instruction crimin., Locré, tom. XXVIII, p. 52.)

(4) Thiers : *Le Consulat et l'Empire*, tom. III, p. 339.

main ; cent soixante fusillés après instruction du procès et jugement; cinquante-huit mis en liberté; sept renvoyés devant les juges ordinaires ; un renvoyé au bagne de Toulon ; cinquante renvoyés comme très-suspects devant le général commandant de la division, lequel demande l'autorisation de les déporter. Il y a eu deux femmes recéleuses et complices des brigands qui ont été condamnées à mort (1). » Plus loin il déplore « la façon dont la force armée a été employée contre les brigands. Les colonnes des éclaireurs ne paraissaient point dans une commune sans y exercer quelque pillage. Les chefs qui les dirigeaient semblaient n'avoir d'autre but que de gagner de l'argent... Des individus, arrêtés comme Barbets, ont été fusillés sans être jugés, soit par haine personnelle, soit parce qu'ils n'ont pas donné la somme demandée... La plupart de ces faits sont notoires dans le département (2). » En Bretagne, Barbé-Marbois demande aussi qu'on mette « un frein à la trop grande facilité avec laquelle les gendarmes tirent sur les fuyards qu'ils poursuivent, et encore plus aux exécutions de ceux qu'ils ont atteints et arrêtés, fussent-ils notoirement coupables. Il y a des exemples de ces exécutions, mais on doit dire qu'ils sont rares. Il n'en faut plus souffrir une seule, et l'institution des tribunaux d'exception en fait cesser le prétexte (3). »

III.

Le Gouvernement allait en effet demander l'établissement de tribunaux d'exception. Ils étaient généralement réclamés par les préfets (4) ; et s'il fallait pour les brigands une juridiction exceptionnelle, il la fallait au moins régulière. La proposition semblait donc être faite dans des conditions très-favorables. L'état de la France, pour s'être amélioré, était loin d'être satisfaisant. Les quelques traits, par lesquels nous avons cherché à dépeindre le

---

(1) Rocquain, *op. cit.*, p. 69.
(2) *Ibid.*, p. 15; cf. pp. 5, 6.
(3) *Ibid.*, *op. cit.*, p. 126.
(4) *Ibid.*, p. 5, 19.

fléau du brigandage, sont empruntés, pour la plupart, aux rapports des conseillers d'État envoyés en mission en l'an IX, ou aux discussions qui eurent lieu au Tribunat la même année (1).

Le projet relatif à l'établissement d'un *tribunal criminel spécial*, fut présenté au Tribunat, avec un habile exposé des motifs rédigé par Portalis, le 17 nivôse an IX (2). D'après ce projet, le Gouvernement avait le droit d'établir, dans les départements où il le jugerait nécessaire, des tribunaux criminels spéciaux (art. 1). Ces juridictions étaient composées du Président et des deux juges du tribunal criminel, de trois militaires ayant au moins le grade de capitaine, et de deux citoyens ayant les qualités requises pour être juges. Ces cinq dernières personnes étaient nommées par le premier Consul (art. 2). On croit voir revivre les prévôts des maréchaux et leurs assesseurs. La compétence des tribunaux spéciaux rappelait de plus près encore celle des anciennes cours prévôtales. Nous trouvons dans la loi de l'an IX tous les faits que visait la Déclaration du 5 février 1731 ; d'abord les *cas prévôtaux par la qualité des accusés*, c'est-à-dire les crimes commis par les vagabonds et gens sans aveu, ou par les repris de justice non réhabilités (art. 6 et 7) ; le vagabondage, proprement dit, et l'évasion des détenus (art. 7) ; — puis les *cas prévôtaux par la nature du crime* : les vols sur les grandes routes ou avec violences, voies de fait et autres circonstances aggravantes du délit (art. 8); les vols dans la campagne et dans les habitations et bâtiments de campagne, lorsqu'il y aura effraction... ou lorsque le crime aura été accompli avec port d'armes ou par une réunion de deux personnes au moins (art. 9); la fausse monnaie (art. 11); les rassemblements séditieux, lorsque les personnes auront été surprises en flagrant délit dans lesdits rassemblements (art. 12); les assassinats préparés par des rassemblements armés, le crime d'embauchage et de machinations pratiquées hors l'armée et par des individus non militaires, pour corrompre les gens de guerre, les réquisitionnaires ou les cons-

---

(1) Voyez aussi : Rocquain, *op. cit.*, pp. 5, 69-70, 146-147, 170, 252-253, 262-263; et la discussion de la loi de pluviôse (*Arch. parlement., loc. cit.,* pp. 308-309; 105-106; 222; 299).

(2) *Arch. parlement.*, II, Ire partie, p. 70.

crits (art. 11). A cette liste presque textuellement empruntée à la Déclaration, on avait ajouté certains faits dont la répression sévère était demandée par le nouvel état de choses : l'incendie et les menaces, excès et voies de fait exercés contre des acquéreurs de biens nationaux, à raison de leurs acquisitions (art. 11); enfin, les tribunaux spéciaux connaissaient aussi des assassinats prémédités, mais en concurrence avec les tribunaux ordinaires (art. 10) (1).

Ces crimes et délits étaient d'office, et sans qu'il y eût de partie plaignante, poursuivis par le commissaire du Gouvernement (art. 3 et 15). Tous officiers de gendarmerie et tous officiers de police pouvaient lancer le mandat d'amener (art. 17); les détails sur les procès-verbaux à dresser, les inventaires, l'interrogatoire et l'audition des témoins dans l'instruction préparatoire, étaient empruntés à l'Ordonnance et à la Déclaration.

Le tribunal spécial saisi, sur le vu de la plainte, des pièces jointes, des interrogatoires et réponses, et des informations, et le commissaire du Gouvernement entendu, devait tout d'abord juger sa compétence, et cela sans appel (art. 24). C'était encore un souvenir du passé; les prévôts faisaient juger leur compétence par les présidiaux, et ceux-ci jugeaient leur propre compétence lorsqu'ils connaissaient des cas prévôtaux (2). Ce jugement, signifié dans les vingt-quatre heures à l'accusé, devait être, dans le même délai, adressé au ministre de la justice pour être soumis à la Cour de Cassation, qui devait nécessairement en prendre connaissance et statuer toutes affaires cessantes (art. 25, 26). Ce recours, qui, du reste, ne suspendait ni l'instruction ni le jugement, mais seulement l'exécution (art. 27), était emprunté

---

(1) Si une fois l'instruction entamée à raison d'un de ces faits, l'accusé était inculpé à raison de délits communs, « le tribunal spécial, était-il dit, instruira et jugera, quelle que soit la nature de ces faits (art. 13). » Le sens naturel de cette phrase était que le tribunal spécial devenait incidemment compétent; c'était ce que décidaient les anciennes lois (*Ord. de* 1670, tit. II, art. 23; *Déclarat. de* 1731, art. 18). Le rapporteur Thiessé donne une autre interprétation : « C'est-à-dire que le tribunal spécial ne sera distrait de l'instruction et du jugement des crimes dont la loi le saisit, par aucun fait étranger à sa compétence (*Arch. parl., loc. cit.*, p. 112); » mais voyez la réplique de Benjamin Constant (p. 324).

(2) Ord. 1670, tit. II, art. 15; tit. I, art. 17. Voyez *Chazal*, au Tribunat (*Arch. parl., loc. cit.*, p. 208).

à la loi du 29 nivôse an VI. Enfin, le trait le plus dur des juridictions prévôtales, à savoir que leurs décisions au fond n'étaient susceptibles d'aucun recours, caractérisait aussi le tribunal spécial : ni appel, ni pourvoi en cassation n'étaient permis (art. 29).

Mais, à d'autres points de vue, la loi de l'an IX différait profondément des dispositions de l'Ordonnance. Conformément aux principes du droit nouveau, elle assurait la publicité de l'audience, les avantages du débat oral et des preuves morales, l'assistance d'un défenseur ; il y avait encore un acte d'accusation, dressé par le commissaire du Gouvernement et dont il était donné lecture (art. 28). Enfin, l'article dernier déclarait « que le tribunal spécial demeurerait révoqué, de plein droit, deux ans après la paix (art. 31) (1). »

Il semble qu'à cette époque troublée le projet eût dû être accepté sans difficulté ; les lois de l'an III et de l'an VI n'avaient soulevé que peu d'objections, et le projet apportait plutôt des garanties que des sévérités nouvelles. Pourtant il souleva une opposition des plus vives ; au Tribunat il donna lieu à de longs débats, qui durèrent du 17 nivôse au 16 pluviôse ; plus de vingt orateurs furent entendus, et parmi les adversaires de la proposition, nous trouvons Benjamin Constant, Daunou, Isnard, Chazal et Chénier.

D'où venait cette résistance? D'abord on déclarait que le projet était inconstitutionnel. La Constitution de l'an VIII, comme celles qui l'avaient précédée, garantissait (art. 62), pour tous les faits qualifiés crimes, le jugement par jurés. Mais on répondait qu'un autre article de la Constitution, l'article 92, décidait qu'en cas de révolte à main armée ou de troubles menaçant la sûreté

---

(1) Voici un tableau comparatif qui montre combien le projet était calqué sur les dispositions des anciennes lois concernant les cours prévôtales.

Loi de Pluviôse.	Déclaration de 1731.	Loi de Pluviôse.	Ordonnance de 1670, tit. II.
Art. { 6. 7.	— Art. { 1. 2.	Art. 14.	— Art. 23.
		Art. 21.	— Art. 9.
Art. { 8. 9. 10.	— Art. { 2. 5.	Art. 22.	— Art. 10.
		Art. 23.	— Art. 12.
		Art. 24.	— Art. 25.
Art. 3 *in fine*.	— Art. 2.		

intérieure de l'État, la loi pouvait suspendre, dans les temps et pour les lieux qu'elle déterminait, l'empire de la Constitution. Or, disait-on, ici on ne va même pas si loin, on n'en suspend l'empire que partiellement. D'ailleurs, la même difficulté constitutionnelle existait en l'an VI, plus grave encore, et on ne l'avait point soulevée (1); le motif vrai de la résistance devait se trouver ailleurs.

On sentait qu'on avait affaire non à une mesure transitoire, mais à un système qui tendait à devenir permanent. On voulait établir deux justices; l'une de droit commun, l'autre d'exception; pour quelques-uns le jury, pour d'autres les tribunaux spéciaux. Duveyrier, le rapporteur, ne le cachait point : « Voulez-vous garantir les restes faibles et précieux du jury? Dérobez-le dès à présent à l'usage qui l'affaiblit et le dénature tous les jours. Qu'il serve à marquer l'extrême différence entre ces forfaits, qui menacent l'ordre social dans un temps agité, et ces rares écarts, qui le troublent dans un temps plus calme; qu'il soit pour ainsi dire la prérogative de ces hommes qu'un moment égare, mais qui ne vivent pas pour le crime et par le crime, qui blessent mais qui ne combattent pas le régime établi; qu'un procès jugé par le jury, s'il n'est pas une présomption d'innocence, porte au moins le caractère d'une faute qui n'a point démérité cette institution bienveillante; qu'elle existe enfin pour ceux à qui elle appartient, imparfaite mais toujours susceptibles du perfectionnement que la sagesse et l'expérience lui préparent (2). »

Ce dualisme n'était présenté que comme un expédient; mais la vérité était que ce provisoire devait se transformer en un état de choses définitif. Le Gouvernement ne l'avouait point alors, mais il le déclarera ouvertement plus tard dans l'*Exposé des motifs* du titre VI, livre II, du Code d'instruction criminelle, qui

---

(1) « Ni l'établissement de ces commissions (militaires), ni le détail de leurs attributions, ni la loi du 29 nivôse, que j'ai proposée moi-même, n'ont excité soit parmi les représentants des deux conseils, soit parmi les citoyens, les inquiétudes que l'on voudrait concevoir aujourd'hui. » Jean Debry au Tribunat, 5 pluviôse, Arch. parl., loc. cit., p. 190.

(2) Séance du 29 nivôse, Arch. parl., loc. cit., p. 107. Delpierre, le 7 pluviôse, p. 219 : « Il faut en convenir de bonne foi, l'établissement des tribunaux criminels spéciaux est, à peu de chose près, la suspension de la procédure par jurés. »

maintenait comme institution permanente les tribunaux spéciaux. M. Réal y disait : « Il a été bientôt reconnu que la loi devait être permanente et universelle. La même expérience qui avait prononcé sur la nécessité de son existence avait aussi prononcé sur la nécessité de sa permanence et de son universalité; et les célèbres Ordonnances, les Ordonnances vraiment populaires et nationales d'Orléans, de Moulins et de Blois avaient décrété cette institution spéciale pour tous les temps et pour tous les lieux. Les commissaires, qui rédigèrent l'Ordonnance de 1670, avaient eu le bon esprit de placer l'exception à côté de la règle commune... Douze années d'abus avaient dépravé l'opinion à ce point qu'au moment même où l'on revenait aux principes, un gouvernement instruit et fort, mais modéré et prudent, et qui ne voulait rien obtenir que de l'expérience et de la conviction, fut obligé de transiger avec cette opinion, et la loi du 18 pluviôse an IX reçut, non dans son universalité, puisque le Gouvernement pouvait l'appliquer à tous les départements, mais dans sa durée, une limitation, puisqu'elle devait cesser d'exister deux ans après la paix. Mais s'il était de la sagesse d'un gouvernement réparateur de n'arriver à la permanence de l'institution qu'après avoir passé par l'épreuve de l'établissement momentané, le Gouvernement devrait être accusé d'imprévoyance et de cruauté si aujourd'hui... il indiquait, en ne présentant qu'une institution passagère, une époque de malheurs et de désolation, où la sécurité publique serait encore une fois livrée à la merci de tous les brigands (1). » En l'an IX les esprits clairvoyants ne s'y trompaient point. Le système devait passer dans le Code d'instruction criminelle; les tribunaux spéciaux seront ensuite, en 1815, remplacés par « les cours prévôtales, » institution transitoire, il est vrai (2), mais dont seul l'article 54 de la Charte de 1830 devait rendre le retour impossible à tout jamais.

Ce qu'on ressuscitait ainsi, c'était l'une des plus odieuses institutions de l'ancien régime. Le rapport de Réal le dira nettement plus tard, et il reconstituera tous les anneaux de la chaîne.

---

(1) *Locré*, tome XXVIII, p. 54-55.
(2) Loi du 20 décembre 1815.

En l'an IX on ne l'avouait point, mais la chose était trop claire pour qu'elle pût échapper à tous les yeux : « Si la loi proposée, disait Benjamin Constant, n'était pas infiniment plus vague et les attributions qu'elle donne aux tribunaux spéciaux beaucoup plus étendues que ce qu'on appelait sous l'ancien régime les jugements prévôtaux, je n'aurais pas rompu le silence (1). » Desrenaudes évoque « l'idée de ces commissions effrayantes contre lesquelles se sont élevés, que dis-je? se sont soulevés depuis un siècle tous les hommes qui ont honoré l'humanité, et l'on se demande à l'instant si les belles conceptions de Montesquieu, de Beccaria, de Rousseau, de Dupaty, de Servan et de tant d'autres vont se perdre en un jour, ou se trouver reléguées dans le cercle étroit de quelques cas obscurs et de quelques délits vulgaires (2)? » — « L'orateur du Gouvernement, dit Garat, retrouvera ces principes dans l'Ordonnance de 1670; mais ce ne sont pas ces exemples que nous devons suivre et qu'on peut nous proposer (3). » L'orateur qui apporta la démonstration la plus complète fut Chazal: « Le Gouvernement, dit-il en commençant, vous demande d'établir des tribunaux d'exception, qu'il a conçus sur le modèle des anciens tribunaux prévôtaux organisés par l'Ordonnance de 1670 (4). » Puis, prenant une à une d'un côté les diverses dispositions du projet et celles de l'Ordonnance et de la Déclaration de 1731 d'autre part, il en montra l'identité; il faisait voir qu'on avait parfois renchéri sur les rigueurs de l'ancien droit; il regrettait pour l'accusé de ne pas trouver dans le projet la faculté de se faire entendre lors du jugement de compétence, et le jugement qui réglait à l'extraordinaire, et l'ancienne confrontation formaliste.

Cela était si clair d'ailleurs que, dans la suite, les orateurs, qui soutenaient le projet, ne purent méconnaître la parenté, et qu'ils durent, pour faire oublier la comparaison, insister sur le caractère transitoire de la loi nouvelle; « il n'est pas possible d'établir de comparaison entre un système essentiellement tem-

---

(1) Au Tribunat, 5 pluviôse, *Arch. parl., loc cit.*, p. 187.
(2) 6 pluviôse, *Arch. parl., loc. cit.*, p. 193.
(3) 13 pluviôse, *Arch. parl.*, p. 294.
(4) 6 pluviôse *Arch. parl.*, p. 204 et ssq.

poraire dans notre système politique et une classe de tribunaux inhérents à la monarchie et coordonnés dans les vues générales de sa législation criminelle (1). » Portalis vint dire au Corps législatif, parlant au nom du Tribunat : « Comme le tribunal spécial, les prévôtés de l'ancien régime sont nées des troubles et du brigandage. Ce n'est pas Louis XIV qui les a instituées; elles remontent à des temps plus reculés ; elles ont été consacrées par les délibérations des États-Généraux. Mais les prévôtés ont été permanentes, le tribunal spécial n'est que passager (2). » Quelques-uns essayaient même une timide réhabilitation des juridictions prévôtales : « On a pris, dit Siméon, ce que les juridictions prévôtales avaient de bon et de compatible avec le régime présent et on l'a fondu avec la loi du 29 nivôse, qui de cette manière s'est trouvée adoucie ; on a cru lancer un trait mortel contre le projet en disant qu'il était calqué sur l'un des établissements les plus despotiques de Louis XIV. Louis XIV n'avait point inventé les juridictions prévôtales ; elles remontent à des temps beaucoup plus anciens, à ceux où, comme aujourd'hui, la France, désolée par des bandes audacieuses, avait besoin d'une justice armée qui leur fît la guerre. Les juridictions prévôtales n'étaient pas essentiellement mauvaises, elles n'avaient que les vices attachés à notre ancienne procédure criminelle, et qu'on ne retrouve pas dans le projet. La procédure n'y est pas secrète ; l'accusé se défend en public. Les débats sont ouverts comme dans les tribunaux ordinaires. La compétence, que les prévôts faisaient juger en appelant les premiers gradués qu'ils avaient sous les mains, est vérifiée d'une manière beaucoup plus rassurante (3). »

La loi fut votée, mais elle ne passa au Tribunat qu'à la majorité de 49 voix contre 41 ; au Corps législatif, le projet obtint 192 voix contre 88. C'était une partie de l'Ordonnance de 1670, qui rentrait dans nos lois ; et c'est pourquoi nous avons insisté un peu longuement sur cette page curieuse de notre histoire parlementaire. Beaucoup d'orateurs avaient déclaré qu'en votant l'établis-

---

(1) Laussat : séance du 12 pluviôse, *Arch. parlem., loc. cit.*, p. 258 ; cf. Trouvé, p. 231 ; Carret, p. 279.

(2) 1 pluviôse, p. 332.

(3) 17 pluviôse, *Arch. parlem., loc. cit.*, p. 316.

sement des tribunaux spéciaux, ils pensaient sauver l'institution du jury, que la preuve prolongée de son impuissance aurait perdue à tout jamais. Il est utile d'enregistrer ces témoignages, que nous utiliserons un peu plus tard. En voici quelques-uns. C'est d'abord Duveyrier, le rapporteur de la loi au Tribunat : « L'institution du jury, bienfait et garant de la liberté chez tous les peuples libres, est parmi nous, de tous les dons de la Révolution, celui qu'un prodige seul pouvait sauver au milieu des tempêtes révolutionnaires. Mais nous convenons tous qu'imparfait dans son origine, faible et inexact dans sa nouveauté, il fut encore déshonoré dans l'opinion populaire par l'usage barbare auquel le condamna pour un temps la plus atroce tyrannie; embarrassé depuis par une complication, de formes abstraites et de combinaisons métaphysiques; et qu'aujourd'hui il se traîne, marquant à chaque pas son insuffisance contre l'excès du mal et laissant à peine entrevoir le bien qu'il pourra faire un jour. — Voulez-vous accélérer et consommer sa ruine? Voulez-vous le rendre pour toujours inhabile à ses fonctions naturelles? Laissez-le se débattre contre des obstacles qu'il ne peut surmonter... écrasez-le sous les preuves journalières de sa nullité et de son impuissance, jusqu'à ce qu'il ne soit plus aux yeux même de ses plus zélés partisans qu'une belle conception morale, mais impossible à pratiquer, et au moins inapplicable à notre siècle et à notre société. Voulez-vous au contraire, garantir ses restes faibles et précieux? Dérobez-les dès à présent à l'usage qui l'affaiblit encore et le dénature tous les jours (1). » — *Trouvé* : « Il est affligeant sans doute de renoncer même pour un intervalle très-limité au bienfait de la plus sublime des institutions, de jeter pour ainsi dire un voile sur ce *palladium* de la liberté civile; mais si ce voile est un moyen de conservation pour lui ; si cette suspension momentanée est indispensable à la sûreté de l'État (2) ! » — *Caillemer* : « Le perfectionnement de l'institution du jury ! comme si ce perfectionnement n'exigeait pas des modifications profondes, par conséquent lentes; comme si d'ailleurs ce

---

(1) 29 nivôse, *Arch. parlem.*, *loc. cit.*, p. 107.
(2) 7 pluviôse, p. 230.

perfectionnement pouvait produire l'effet que l'on en attend avant l'extinction de toutes les passions révolutionnaires, et l'entier rétablissement de la morale (1). » — *Roujoux* : « Dix ans de calme peut-être ne suffiront pas pour ramener les esprits au sentiment de la sublimité de l'institution du jury. On se souviendra longtemps de la mesure qu'elle donne de sa nullité. Sauvez donc, tribuns, sauvez cette institution de l'outrage des circonstances, si vous voulez en conserver le bienfait (2). » — *Bérenger* : « Les jurys des départements de l'Ouest et du Midi absolvent tous les coupables même pris en flagrant délit..., ce ne sont pas les formes de cette institution qui la rendent tutélaire, c'est l'impartialité des jurés, qui subsiste pour les cas ordinaires, même en révolution, les rend capables de juger un prévenu de vol ou d'assassinat, quand ces délits sont isolés. Mais aussitôt que l'accusation ou la défense prennent un caractère politique et s'adressent aux passions, le jury devient terrible à l'innocence, il est la sauvegarde des brigands. Réservons-le pour les temps et les lieux qui lui sont favorables et ne le forçons pas à soutenir une comparaison qui le rendrait odieux. Calmons l'opinion publique, que tant de maux prolongés et tant de crimes impunis soulèvent contre lui ; sauvons cette institution libérale des débris de la Révolution en adoptant le projet de loi (3). »

Tous étaient d'accord pour constater que le jury n'avait pas donné les résultats attendus, et dans son organisation, de l'aveu de ses partisans les plus convaincus, il fallait apporter des modifications profondes. « A mon avis, disait Daunou, (le jury) n'est pas plus une prérogative qu'une forme accidentelle, c'est tout simplement une partie essentielle de notre système judiciaire, partie dont l'organisation est sans doute bien faible encore, mais qu'il serait plus utile d'améliorer que de suspendre. La Constitution, qui se borne à en consacrer l'existence, n'en peut gêner le perfectionnement, et ce travail, préparé du moins par les tentatives et les observations de dix années, serait plus digne des hommes éclairés, qui rédigent aujourd'hui nos lois,

---

(1) 8 pluviôse, *Arch. parlem., loc. cit.*, p. 243.
(2) 14 pluviôse, *Arch. parlem.*, p. 300.
(3) 16 pluviôse, *Arch. parlem.*, p. 301, 302 ; cf. Delpierre, 7 pluviôse, p. 216.

plus dignes de leurs talents et de la sagesse des principes qu'ils ont professés, que ces longs et malheureux décrets d'exception et de circonstances qu'ils nous proposent (1). »

(1) 7 pluviôse, *Arch. parl.*, *loc. cit.*, p. 224; cf. *Chazal*, p. 204; *Garat*, p. 296.

TITRE DEUXIÈME.

LE CODE D'INSTRUCTION CRIMINELLE.

CHAPITRE PREMIER.

Le projet de Code criminel.

I. Le projet de Code criminel ; le jury et l'Ordonnance de 1670. — II. Les observations de la Cour suprême et des cours d'appel. — III. Les observations des tribunaux criminels. — IV. Le jury et les publicistes.

I.

L'Empire, en se substituant au Consulat, n'apporta aucun changement dans les institutions que nous avons décrites. Certaines dénominations seulement furent remplacées par d'autres ; les tribunaux criminels prirent le nom de « Cours de justice criminelle ; » les commissaires du gouvernement près les cours d'appel se nommèrent « procureurs généraux, » les commissaires près les autres tribunaux, « procureurs impériaux. » Le ministère public reprenait ses anciens titres (1). Une seule création nouvelle eut lieu, celle de la Haute-Cour impériale, instituée par le sénatus-consulte du 28 floréal an XII (art. 101-133). Mais dès ce moment une refonte des lois criminelles était préparée. Elle était nécessaire et devait figurer parmi les nouveaux codes alors promis à la France. Le Code pénal n'avait pas été remanié depuis 1791, et la pratique en avait signalé les nombreuses imperfections. D'autre part, la procédure criminelle avait été profondément mo-

---

(1) Cependant les substituts créés par la loi du 7 pluviôse an IX, s'appellent encore *magistrats de sûreté* dans le projet de Code criminel.

difiée par les lois de l'an IX ; le Code des délits et des peines devait être complètement remanié. Enfin et surtout, les règles sur la composition du jury devaient être retouchées et améliorées (1).

Les travaux préparatoires avaient commencé dès l'an IX : un arrêté des consuls du 7 germinal de cette année, nomma une commission composée de MM. Vieillard, Target, Oudart, Treilhard et Blondel, qui devait rédiger un projet de Code criminel, et se réunir chez le grand-juge ministre de la justice ; le travail devait être prêt en messidor de la même année.

Cette commission rédigea, en effet, un vaste projet qui comprenait à la fois le droit pénal et la procédure criminelle, et contenait 1169 articles. Dans la seconde partie, consacrée à la procédure criminelle et qui seule nous intéresse, les commissaires, sauf de très-nombreuses modifications de détail, avaient conservé les institutions existantes et les formes alors en vigueur. On était bien loin de songer à supprimer le jugement par jurés : « La loi du 16 septembre 1791, qui a introduit parmi nous l'instruction par jurés, serait l'une des plus belles productions du xviii° siècle, si le législateur n'avait pas été entraîné en sens contraire tantôt par la force révolutionnaire, tantôt par la force des anciennes habitudes. L'instruction par jurés, remise à la partie des citoyens la plus utile et la plus plus éclairée, ne peut jamais être ni oppressive ni anarchique. » Ainsi s'exprimait M. Oudart, dans les observations qui précédaient la seconde partie du projet (2).

On proposait la création de magistrats appelés *préteurs*, qui devaient tenir les assises successivement dans plusieurs départements (3). Ils devaient composer le tribunal criminel, assistés

(1) Cette composition avait d'ailleurs beaucoup varié pendant la Révolution. La liste générale du jury instituée par la loi de 1791, comprenant tous les électeurs, avait subi le contre-coup de tous les changements apportés dans les lois électorales ; elle avait été remaniée successivement par les lois du 2 nivôse an II, et du 6 germinal an VIII, et par le sénatus-consulte du 16 thermidor an X.

(2) *Projet de Code criminel*, p. xxxiv.

(3) Une loi du 9 ventôse an VIII avait précédemment réglé ce point : « Depuis cette loi, le premier Consul choisit dans les tribunaux d'appel autant de juges qu'il y a de départements, et les envoie présider pendant une année les tribunaux criminels. » *Observations* de M. Oudart, p. xxxviii.

seulement d'un autre magistrat ou *propréteur*, « faisant régner partout la même justice et soumettant les passions à l'empire des mêmes lois. » C'était un retour à l'imitation des institutions anglaises ; le préteur n'était autre chose que le grand-juge anglais, et l'on voulait donner aux sessions du jury quelque chose de la solennité des assises de l'Angleterre. Les propréteurs prenaient les fonctions remplies jusque-là par les directeurs du jury. « Sous l'empire de la loi actuelle, le directeur du jury exerce des fonctions criminelles pendant trois ou six mois, et les quitte précisément lorsqu'il est un peu plus en état de les remplir ; ensuite l'ordre du tableau y appelle à son tour celui des juges qui s'y trouve le moins propre. Dans notre projet, le *propréteur* est nommé à vie comme tout autre juge, et comme l'étaient les lieutenants et assesseurs criminels (1). »

Des modifications importantes étaient introduites quant au mode de désignation des jurés : « Depuis le mois de nivôse an II, disait M. Oudart, la liste des jurés spéciaux de jugement doit être de trente et la liste des jurés ordinaires doit contenir autant de citoyens qu'il y a de milliers d'habitants... D'après cette disposition on fait tous les trois mois à Paris une liste de 665 jurés, ce qui fait par an deux mille sept à huit cents jurés ordinaires et spéciaux de jugement. Dès que la loi veut que l'on appelle à la fois un si grand nombre de citoyens, on est obligé de faire beaucoup plus de mauvais choix que de bons, et le gouvernement ne peut demander compte à personne d'un acte essentiellement vicieux. Aussi le soin de former ces listes est-il presque partout laissé à des commis, qui, sans plus de façon copient les feuilles de sommier de la population. On y a pointé des voleurs de profession, des hommes morts, des hommes qui depuis longtemps ne demeuraient plus dans le pays, des hommes affligés d'infirmités invétérées ; des hommes qui ne savaient ni lire ni écrire. » On tâchait donc d'obtenir de meilleurs choix, surtout en exigeant un certain *cens* des jurés.

Les récusations devaient se faire dorénavant sur une liste quadruple et *en présence* : « Nous pouvons, dit M. Oudart, resti-

---

(1) *Observations*, **Locré**, tome XXV, p. 17.

tuer enfin aux parties le droit inappréciable de récuser en présence, formalité qui s'observe religieusement en Angleterre (1). » On avait cherché à simplifier le système des questions posées au jury, mais dans ce but les articles 869 et 870 admettaient des discussions des jurés entre eux et des conférences des jurés avec les juges, qui présentaient de sérieux inconvénients. Enfin on proposait pour les décisions du jury de jugement la règle de l'unanimité comme en Angleterre. Ce système illogique en soi, et difficile à faire accepter par l'esprit français, n'avait chez nous jamais été admis pour l'absolution ; pour la condamnation les lois de 1791 et de l'an IV avaient exigé 10 voix sur 12 ; les lois du 19 fructidor an V et du 18 frimaire an VI exigeaient en principe l'unanimité, mais au bout de vingt-quatre heures épuisées en vains efforts pour l'obtenir, le partage des voix profitait à l'accusé, et la majorité simple suffisait pour le faire condamner. Le projet (art. 864) exigeait l'unanimité des voix pour absoudre comme pour condamner, et il ne fixait aucun terme à la lutte des opinions (2). Nous aurons dans la suite à relever encore plusieurs traits importants de ce projet primitif. Nous avons analysé ces quelques dispositions pour montrer que les commissaires avaient emprunté le principe des réformes qu'ils proposaient plutôt à l'Angleterre qu'à l'ancienne législation française.

Cependant un courant existait ramenant vers le passé, trèspuissant et s'élargissant toujours. La nation se désintéressait alors des libertés publiques, et les corps dirigeants, les magistrats surtout, tournaient les yeux avec regret vers la procédure criminelle de l'Ordonnance. Le jury leur paraissait une institution barbare et dangereuse. Ils ne comprenaient pas qu'on pût préférer la parole qui passe à l'écriture qui demeure, l'ignorance à la science, l'irrésolution à l'expérience et au sentiment professionnel du devoir. Et à cette heure les faits semblaient leur donner raison. Ne fallait-il pas juger l'arbre par ses fruits, et revenir à l'ancienne procédure, non pas sans doute telle que l'Ordonnance de 1670 l'avait fixée, secrète et impitoyable, mais telle que les

---

(1) *Locré*, tome XXV, p. 25.
(2) Voy. M. Oudart. (*Locré*, tome XXV. pp. 41-42.)

premières réformes de 1789 l'avaient épurée? Un grand parti se prononça dans ce sens, et peu s'en fallut qu'il n'eût gain de cause. Ce fut lui qui éleva le plus haut la voix dans la grande enquête qu'on avait ouverte sur le projet de Code criminel.

II.

Une vaste information fut en effet ordonnée pour recueillir les observations de la magistrature sur le travail des commissaires. La Cour de cassation et le grand-juge, la cour d'appel et les tribunaux criminels prirent la parole tour à tour.

La Cour suprême et le grand-juge eurent à manifester leur opinion dans une occasion solennelle. En vertu d'un arrêté du 5 ventôse an X (1), chaque année en fructidor, la Cour de cassation devait envoyer une députation de douze de ses membres pour faire connaître aux consuls, en conseil d'État et les ministres présents, les vices de la législation qu'avait signalés l'expérience de l'année, les modifications et les perfectionnements qu'il était bon d'apporter aux lois. Dans la même séance, le ministre de la justice devait rendre compte des observations qu'il avait recueillies sur le même sujet. Or, le troisième jour complémentaire de l'an XI, obéissant à l'arrêté précité, le premier président, M. Muraire (2), s'exprimait à l'endroit du jury en des termes qui condamnaient l'institution : « Le triste résultat de l'impunité des plus grands crimes, offensant la morale publique, effrayant la société, a presque conduit à douter si l'institution des jurés, si belle en théorie, n'a pas été jusqu'aujourd'hui plus nuisible qu'utile dans ses effets. Et bientôt, ce premier doute conduisant à un second, peut-être faudrait-il examiner aujourd'hui d'après l'expérience ce qui ne le fut par l'Assemblée constituante qu'en spéculation ; peut-être serait-il à examiner encore, si dans un pays où il n'y a plus ni distinction, ni féodalité,

---

(1) Sirey, *Lois annotées*, I, p. 572.
(2) Avec M. Muraire la députation comprenait MM. Maleville, Cochard, Lasaussade, Bailly, Zangiacomi, Cassaigne, Brillat-Savarin, Baris, Schwendt, Mitier, Lachèse, et M. Merlin, commissaire du gouvernement.

ni privilège, l'institution des jurés offre des avantages bien réels; si l'institution s'adapte parfaitement au caractère national; si elle peut bien s'allier avec ce sentiment trop ordinaire de générosité et d'indulgence dans les uns, de timidité et d'insouciance dans les autres, qui portera toujours à la commisération l'homme qui ne s'est pas fortifié dans l'habitude de juger, et qui ne voit devant lui que l'homme qu'il va frapper, la société n'étant à ses yeux qu'un être abstrait et invisible (1)? »

Le grand-juge disait de son côté : « Effrayés du résultat de ces essais, et considérant d'après les rapports exacts, que la complication des faits, la subtilité des discussions, l'ignorance et la lassitude embarrassaient toujours et souvent accablaient le jury de jugement, composé d'hommes étrangers à ce genre d'application, beaucoup de bons esprits, nombre de magistrats éclairés, ont pensé qu'il serait préférable peut-être de ne conserver que le seul jury d'accusation, encore en s'appliquant à constituer le mode nécessaire pour arriver à de meilleurs choix. Dans ce système on défère aux tribunaux l'instruction de la procédure ainsi que le jugement à l'égard des individus qui auraient été déclarés accusables; on maintient la publicité de l'instruction, aussi bien que la communication des pièces tant à l'accusé qu'à son défenseur, et on leur laisse à tous deux toute la latitude nécessaire pour faire valoir les faits et les moyens justificatifs. L'inégalité des conditions ayant été abolie, a-t-on dit, on n'a plus à redouter ni les préjugés ni l'oppression d'une caste ou d'un ordre. Les juges sont, comme les jurés, les vrais pairs des accusés, et ils ont par-dessus les jurés, l'étude, l'instruction et l'expérience des affaires (2). » Cependant il n'osait pas proposer l'abolition du jury : « Malgré la triste expérience que nous avons faite, les partisans de la procédure par le jury sont bien loin de concevoir, comme le croient beaucoup d'autres, que cette institution ne puisse s'acclimater en France; ils soutiennent, quoiqu'on en puisse dire, que cette institution est très-compatible avec le génie et le caractère de la nation; que si jusqu'à présent elle a rencon-

---

(1) *Projet de Code criminel*, p. 192; *Locré*, tome I, p. 207.
(2) *Projet de Code criminel*, p. 212.

tré des obstacles, il faut les attribuer principalement aux nombreuses divisions que la Révolution a fait naître, et que ces divisions, usées par le temps, devant nécessairement bientôt disparaître, la marche et le succès de l'institution ne seront plus retardés que par de légers empêchements, dont il ne sera pas difficile de triompher. Eh bien! ne refusons pas une nouvelle épreuve et qu'une troisième expérience décide entre eux et leurs contradicteurs (1). »

Les observations des cours d'appels sont très-intéressantes (2). Douze cours : Aix, Amiens, Bourges, Colmar, Douai, Metz, Nancy, Nîmes, Orléans, Pau, Riom et Turin se prononcèrent contre la procédure par jurés; cinq seulement demandèrent son maintien, à savoir : Agen, Angers, Caen, Rennes et Toulouse; cinq ne se prononcèrent pas sur cette grave question : les cours de Bordeaux, Bruxelles et Trèves ne fournirent sur le projet que des observations de détail, Ajaccio et Montpellier présentèrent une louange vague (3).

Les cours d'appel hostiles à l'institution du jury, plus hardies que la Cour suprême et le grand-juge, en demandent formellement la suppression; quelques-unes cependant n'expriment leur avis qu'avec des ménagements : « Dans l'incertitude des opinions, le grand-juge propose une troisième épreuve de l'institution du jury. Le parti est bon sans doute, mais la cour y voit un grand inconvénient, celui de prolonger les abus du jury et de retarder la réformation définitive de la procédure criminelle (4). » Metz ne demande instamment que l'abolition du jury d'accusation : « Les jurés d'accusation sont encore plus que ceux de jugement exposés à la sollicitation, à la séduction, parce qu'ils sont plus rapprochés des parties (5). » Orléans désire qu'on supprime le jury de jugement, mais n'ose point re-

---

(1) Le grand-juge dit « troisième expérience, » parce que le jury avait été organisé déjà deux fois, par la loi de 1791 et le Code de brumaire an IV.
(2) *Observations des cours d'appel sur le projet de Code criminel,* Paris, an XIII, 2 volumes. Imprimerie impériale.
(3) *Ajaccio, Observ.,* p. 1; *Montpellier,* p. 2.
(4) *Amiens, Observ.,* p. 2.
(5) *Metz, Observ.,* p. 21.

noncer absolument à une institution « dont le vice n'est pas encore assez généralement démontré et surtout assez généralement reconnu (1). » Mais la plupart sont tout à fait affirmatives : « Tous les hommes qui réunissent les lumières à l'expérience ont prononcé contre le jury. A quoi bon un nouvel essai? Rien ne déconsidère les autorités comme les essais inutiles et dangereux (2). » — « Un cri presque général s'élève contre l'institution du jury, et la majorité du tribunal partage en ce point l'opinion publique (3). » — « Les vices de l'institution des jurés étant généralement sentis, universellement reconnus, la meilleure forme de procédure en matière criminelle serait de conférer ce pouvoir aux tribunaux réguliers (4). » — « L'institution du jury ne convient point à la France, il serait dangereux d'en faire un nouvel essai (5). » — « L'expérience a prouvé que la procédure par jury offrait des chances trop favorables au crime (6). » — « Ce qui dans les premiers temps était une spéculation si belle et si séduisante n'a plus offert dans la pratique que les plus mauvais résultats (7). » — « Il nous a paru que le moment n'était pas venu de tenter la nouvelle expérience que l'on propose et qu'il faut la réserver à l'époque heureuse où nos neveux ne verront plus dans les différentes révolutions de la France que des faits historiques (8). » Du reste, les reproches que ces cours adressaient au jury étaient ceux que nous avons vus produits dans la discussion de 1791, ceux qui seront toujours reproduits quand recommencera la querelle : l'ignorance et l'inexpérience des jurés, leurs craintes, leurs hésitations, leurs passions; la répugnance des citoyens à venir siéger et la difficulté de composer les listes; les qualités supérieures de la procédure écrite, incompatible avec le jury, et dont on faisait ressortir les avan-

---

(1) *Orléans*, p. 16; cf. *Aix*, p. 2; *Colmar*, p. 4.
(2) *Bourges*, p. 3.
(3) *Douai*, p. 22.
(4) *Nancy*, p. 6.
(5) *Nîmes*, p. 9.
(6) *Pau*, p. 16.
(7) *Riom*, p. 11.
(8) *Turin*, p. 3.

tages même pour la défense ; voilà ce qu'on mettait en avant. On relevait encore un des caractères du jury, qui naturellement doit répugner aux magistrats : c'est l'impossibilité d'établir des traditions et une jurisprudence fixe avec un corps constamment renouvelé et changeant (1).

C'était l'exemple des Anglais qui avait jadis popularisé en France l'institution du jury ; c'était la procédure anglaise qui avait servi de modèle aux rédacteurs de la loi de 1791, et les rédacteurs du nouveau projet lui avaient encore emprunté leurs principales réformes. Les Cours, dont nous venons de citer les paroles, s'appliquent à démontrer qu'il n'y a là qu'une fâcheuse manie d'imitation ; et cette démonstration pouvait alors être bien accueillie. L'Angleterre était devenue l'ennemie acharnée de la France, et depuis 1789 bien du sang avait coulé. « N'envions pas aux Anglais leurs goûts, leurs habitudes, leur enthousiasme pour leurs lois ; opposons à ces déclamations l'expérience et l'opinion d'un des plus grands magistrats de nos jours (2), à laquelle nous pourrions en joindre une infinité d'autres (3). » — « Il y a un jury en Angleterre, il en faut un en France ; de grandes assises en Angleterre, il en faut en France. Mais ce peuple est-il donc plus sage, mieux gouverné, plus heureux que nous? Si ces institutions y subsistent, c'est par suite de leur antiquité (4). » — Que le peuple anglais se repaisse d'illusions sous un gouvernement qui l'opprime ; le peuple français veut des institutions franches, et qui atteignent leur but ; il est convaincu, par une trop longue suite d'expériences, qu'aucune des institutions anglaises qu'on a voulu transporter en France n'y prospère, pas même celle des justices de paix (5). » — « On a transplanté d'Angleterre en France le jugement par jurés ; mais il est bien démontré que le caractère français ne convient pas à

---

(1) *Bourges*, p. 4 : « Le plus grand vice des jurys c'est d'être toujours composés d'hommes nouveaux ; quel est donc cet étrange système d'écarter ici les lumières de l'expérience ? »

(2) Séguier, dans son réquisitoire de 1786 plus haut analysé.

(3) *Aix*, pp. 10, 11.

(4) *Bourges*, p. 5.

(5) *Douai*, p. 25.

cette institution, et que nos mœurs ne la comportent pas... Laissons donc les Anglais vivre à leur mode, et vivons à la nôtre (1). »
— « Le tableau journalier des crimes de cette nation, qui met en usage l'assassinat et la peste pour repousser un ennemi qu'elle a provoqué en rompant un traité solennel à peine signé, ne doit pas nous porter à adopter son système dans la procédure criminelle. Le jury n'a pas rendu ce peuple meilleur; et si nous nous en rapportons à ce que nous apprennent les voyageurs, est-il un pays en Europe où le vol, surtout sur les grandes routes, soit plus fréquent, et mieux organisé que dans cette île (2)? »

Si l'on a fait fausse route en suivant l'exemple des Anglais, il faut reprendre la tradition nationale; il faut revenir au point où elle fut abandonnée. C'est vers l'Ordonnance de 1670, à peu près telle qu'elle avait été réformée en 1789, que les cours d'appel portent leurs regards : « Nous n'hésitons pas à penser que l'Ordonnance de 1670, modifiée par les décrets de 1789, offre plus de garanties et des motifs plus réels de sécurité... Avec le secours des conseils aux accusés et la publicité des débats, l'Ordonnance de 1670 modifiée, serait peut-être, nous ne saurions trop le répéter, ce qui approcherait le plus de la perfection (3). »
— « On a trop décrié les tribunaux criminels, et cependant ils ont fait moins de mal pendant les cent vingt années qui ont suivi l'Ordonnance de 1670, que le jury dans le court espace de temps qui a suivi son établissement (4). » — « Les principaux reproches, faits à la procédure établie par l'Ordonnance de 1670, sont le défaut de publicité et l'impuissance dans laquelle était l'accusé de faire entendre sa défense. L'expérience de quelques années a montré combien il était facile de faire disparaître ces inconvénients, quelque graves qu'on les suppose. La Constituante avait appelé la réforme de ces abus : on pourrait ajouter à ce qu'elle avait prescrit la faculté à accorder à l'accusé de récuser péremptoirement un ou deux juges... Pourquoi chercher chez nos voisins une perfection fugitive qui échappe toujours au moment où on

---

(1) *Nancy*, p. 5.
(2) *Nîmes*, p. 7.
(3) *Aix*, pp. 2 et 12.
(4) *Bourges*, p. 3.

croit la saisir, tandis qu'il est si facile de donner une bonification précieuse à nos lois, déjà les meilleures de toutes celles qui ont existé jusqu'alors (1). » — « Sans doute on ne peut nier que l'Ordonnance de 1670, fruit des réflexions des plus fameux jurisconsultes du siècle de Louis XIV, n'eût atteint, en beaucoup de parties, la perfection de la législation criminelle, et que, si on peut lui reprocher quelques vices, c'est qu'il est de l'essence de tous les ouvrages des hommes de payer, par quelque endroit, un tribut à l'humanité (2). » — « La procédure établie par l'Ordonnance de 1670, fut justement censurée pour deux raisons principales; la première, que l'instruction était secrète; la seconde, que l'accusé était sans conseil. Au lieu de changer cet ordre vicieux, l'esprit de système de la Révolution adopta une institution étrangère à nos usages (3). »

Enfin la cour de Nancy dessinait les grandes lignes de cette procédure française. Les tribunaux d'arrondissement avec cinq juges au moins connaîtraient en première instance de tous les délits emportant peine afflictive et infamante; les magistrats de sûreté restaient tels que la loi de pluviôse les avait établis. Un commissaire pris dans le sein de chaque tribunal criminel ferait les fonctions attribuées autrefois au lieutenant criminel, il entendrait le prévenu et les témoins et ferait écrire les réponses, mais avec l'assistance d'un suppléant du même tribunal; puis viendraient les réquisitions du ministère public, et l'examen de la procédure par le siége entier pour décider s'il y a lieu à accusation : « les témoins qui auraient été entendus par écrit seraient récolés et confrontés par une seule et même opération, en la chambre du conseil, par le ministère du juge faisant fonctions de lieutenant criminel, en présence du suppléant qui l'aurait assisté dans l'information, de l'accusé qui se ferait assister d'un défenseur et du magistrat de sûreté... Le public ne serait pas admis à cet acte d'instruction de la procédure. A l'audience, les témoins seraient dispensés de comparaître au moyen de la confrontation faite précédemment... le magistrat de sûreté y ferait les fonctions

---

(1) *Metz*, p. 17.
(2) *Orléans*, p. 16.
(3) *Pau*, p. 107.

d'accusateur public ; il y aurait un rapporteur nommé à l'effet de lire toutes les pièces, l'accusé s'y ferait représenter par son défenseur officieux, à qui on aurait remis préalablement copie de toutes les pièces de la procédure. Le rapport et le jugement seraient publics ; l'appel serait de droit (1). » C'était la résurrection de la procédure écrite. Cependant quelques-unes des cours qui condamnaient le jury demandaient le maintien de la procédure orale et publique : « Que la procédure de l'examen et du jugement reste publique et orale ; qu'un président conduise les débats, que les juges délibèrent secrètement en jury de jugement à l'exclusion du président..... Que les juges prononcent publiquement *en jury*, sans être astreints à aucune autre preuve que leur intime conviction, qu'ils se réunissent ensuite à leur président pour délibérer *en tribunal* sur la peine à infliger au coupable (2). »

ent les cours qui étaient favorables au maintien de la procédure par jurés ? Elles rappelaient l'enthousiasme des premiers jours et les bienfaits réels de l'institution ; elles montraient que l'insuccès momentané tenait seulement aux circonstances et aux vices d'organisation : « Qu'on n'infecte pas la législation générale de ce qui ne peut être utile que dans quelques circonstances et pour quelques hommes... Et n'a-t-on pas atteint ce but en créant des tribunaux spéciaux ! Ceux-là suffisent pour les cas extraordinaires dont nous parlons ; qu'on les laisse subsister tant que l'intérêt de la société le réclamera, et fasse le Ciel que ce remède violent soit bientôt inutile ! et laissons dans toute sa pureté l'institution ordinaire sur laquelle repose notre bonheur et celui de la postérité (3). » — « Cette institution améliorée, et indépendamment des abus qu'on lui a reprochés, suite des temps de trouble et des orages politiques, peut néanmoins convenir à nos mœurs actuelles, et prendre de profondes racines à mesure que les esprits se calment et se félicitent d'être bien gouvernés (4). » — « L'institution du jury, longtemps attendue par l'humanité, avait signalé les premiers travaux de nos modernes

---

(1) *Nancy*, pp. 10 et 11.
(2) *Colmar*, p. 5.
(3) *Agen*, p. 4.
(4) *Angers*, p. 7.

législateurs, alors il n'existait en France qu'un seul esprit, qu'un seul vœu, celui de bonnes institutions et de bonnes lois : aussi ce nouveau système de jurisprudence criminelle fut-il universellement approuvé et ses bienfaits furent généralement sentis. Mais bientôt se troubla cette heureuse harmonie des esprits qui donnait aux choses leur véritable point de vue; l'esprit de parti s'empara des têtes; on ne tarda pas à trouver mauvais ce qui avait d'abord paru bon; on fit plus, on chercha à en abuser, et l'on employa même tous les moyens pour décrier cette institution. La véritable cause du discrédit de la procédure par jurés se trouve dans l'esprit de parti, dans un système suivi de détruire les meilleures institutions que la Révolution a produites (1). » Il y avait pour les magistrats un certain courage à écrire alors d'aussi fermes paroles.

III.

Les observations fournies par soixante-quinze tribunaux criminels furent également publiées par ordre du gouvernement (2), et voici comment nous croyons pouvoir les classer. Un assez grand nombre, vingt-trois, ne présentent que des remarques de détail, et ne se prononcent point explicitement pour le jury, maintenu dans le projet de Code, mais ne se prononcent pas non plus contre lui (3); vingt-six se prononcent contre l'institution du jury (4), quelques-uns il est vrai assez faiblement; vingt-six en demandent le maintien (5).

(1) *Caen*, p. 2; cf. *Toulouse*, p. 3.
(2) *Observations des tribunaux criminels sur le projet de Code criminel*, 6 vol. Imprim. impériale, an XII.
(3) Tribunaux criminels des départements suivants : Aisne, Basses-Alpes, Hautes-Alpes, Alpes-Maritimes, Aube, Charente-Inférieure, Corrèze, Gers, Gironde, Léman, Jemmapes, Indre-et-Loire, Loire-Inférieure, Meuse, Montblanc, Morbihan, Oise, Pas-de-Calais, Pô-et-Doire, Rhin-et-Moselle, Sarthe, Yonne.
(4) Ain, Allier, Ardèche, Ariège, Aude, Aveyron, Bouches-du-Rhône, Dyle, Doubs, Dordogne, Haute-Garonne, Forêts, Eure-et-Loir, Hérault, Isère, Lot, Meurthe, Lys, Lozère, Nord, Orne, Basses-Pyrénées, Var, Vaucluse, Haute-Vienne.
(5) Cantal, Escaut, Gard, Indre, Indre-et-Loire (seulement le procureur général), Haute-Loire, Loire, Marne, Manche, Maine-et-Loire, Lot-et-Garonne,

Ici encore un grand nombre de voix demandaient le retour à la procédure écrite sans le concours des jurés : les raisons invoquées étaient celles que nous avons trouvées dans les observations des cours d'appel, présentées parfois avec une exagération plus grande. C'est surtout au caractère national qu'on s'attache : « L'expérience est sans doute le plus sûr de tous les guides, mais quand les peuples qu'on veut régir sont dans la maturité, c'est la leur propre et non celle des nations étrangères qu'il faut consulter principalement; et l'expérience personnelle nous dit que l'Ordonnance de 1670 offrirait au bon ordre une garantie plus sûre et des motifs plus réels de sécurité, que l'institution des jurys et des prétoreries (1). » — « Quelle différence entre nos mœurs, nos usages, notre caractère national et ceux de la nation anglaise! Sans entrer à ce sujet dans des détails et des longueurs... il suffit d'indiquer la comparaison des pièces de théâtre de Shakespeare et autres tragédiens anglais avec celles de Corneille, de Racine et de Voltaire... En un mot, la triste expérience que l'on a faite de l'institution des jurés, nonobstant les divers changements qu'on lui a fait subir, prouve qu'elle est inconciliable avec les mœurs et le caractère national, avec les sentiments d'indulgence et de pitié naturels au Français, qui inclinent son cœur à la commisération (2). » — « L'Anglais n'aime au théâtre que les spectres, les insensés, les criminels épouvantables, les meurtres longuement exécutés; il court aux combats d'animaux, il regrette peut-être ceux de gladiateurs ; qui sait s'il ne recherche pas les fonctions de juré pour se procurer ce plaisir de contempler un criminel aux prises avec sa conscience, avec la mort qui l'attend? le Français au contraire est délicat dans tous ses goûts; il fuit avec empressement tout spectacle qui peut émouvoir désagréablement sa sensibilité; pourrait-il se faire un plaisir de manier le glaive sanglant de la justice (3)? » — « L'Em-

---

Moselle, Nièvre, Puy-de-Dôme, Hautes-Pyrénées, Pyrénées-Orientales, Bas-Rhin, Haut-Rhin, Roer, Saône-et-Loire, Sarre, Seine-et-Oise, Stura-et-Tanaro, Vosges.

(1) *Ariège*, p. 1, tom. I.
(2) *Aveyron*, pp. 15, 16, tom. I.
(3) *Doubs*, pp. 7, 8, tome II.

pire Français est au centre de l'Europe, et l'Europe n'a que des tribunaux sans jurés. La Révolution n'a fait que développer et fortifier le caractère national, elle ne l'a point changé. Les Français ne cesseront jamais d'être ce qu'ils ont toujours été, galants, belliqueux, spirituels et légers. Que l'institution des jurés soit analogue à la constitution de l'Angleterre cela doit être, parce qu'ils l'ont fondée sur leur constitution même. Elle est le contrepoids essentiel de la prérogative royale, des distinctions d'ordre, de privilèges et de la féodalité qu'ils ont voulu conserver. Par là même les jurés, qui eussent été nécessaires en France avant l'abolition des trois ordres et de la féodalité, y sont peut-être devenus inutiles depuis que les citoyens sont devenus égaux devant la loi (1). » — « Nous nous réunissons au vœu général qui en demande l'abolition, et nous disons au génie qui a sauvé la France et à tous les citoyens généreux et éclairés qu'il a consultés, qu'il fut un temps où la liberté civile a dû donner l'être parmi nous à l'institution du jury, mais que nous sommes arrivés à celui où l'intérêt de cette même liberté exige sa destruction (2). » — « Nous pensons que l'institution du jury est le présent le plus funeste que nous ait fait l'Angleterre et qu'elle a contre elle non-seulement le résultat d'une malheureuse expérience, mais encore les principes d'une saine philosophie (3). »

Les tribunaux qui demandent le maintien du jury parlent en général un langage moins ferme; ils s'emparent le plus souvent de l'idée émise par le grand-juge, qu'il fallait faire une nouvelle épreuve (4). Pourtant quelques-uns élèvent haut la voix : « L'instruction par jurés au milieu de toutes les taches qui l'obscurcissent, de toutes les imperfections qui la défigurent, nous a toujours paru la plus belle et la plus libérale des institutions que le peuple français ait retirés de sa régénération

---

(1) *Bouches-du-Rhône*, p. 75, tome I; cf. *Dordogne*, p. 25, tome II; *Eure-et-Loir*, pp. 9, 10, tome II; *Haute-Garonne*, p. 41, tome II.

(2) *Nord*, pp. 6, 7, tome V.

(3) *Vaucluse*, p. 9, tome VI.

(4) Il n'est pas rare de trouver des phrases comme celle-ci : « Nous nous joignons aux magistrats aussi respectables qu'éclairés qui ont déjà manifesté leur opinion pour la conservation des jurés. » (*Sarre*, p. 6, tom VI.)

politique (1). » — « L'institution du jury a encore des détracteurs. Ceux-ci ne jugent des institutions en général que par les abus qui peuvent particulièrement en résulter et non par la masse du bien qu'elles produisent. Au contraire, il faut juger les institutions par les avantages qui en naissent pour tous et non par quelques inconvénients. Que l'on parcoure les fastes judiciaires depuis l'institution des jurés, on ne trouvera pas un seul innocent condamné. Il est vrai que des coupables ont souvent échappé, mais ne vaut-il pas mieux que cent coupables parviennent à se soustraire au glaive de la loi que de voir un innocent y succomber? Que l'on parcoure d'un autre côté les fastes de l'ancienne législation criminelle; combien est grand le nombre des victimes innocentes qui ont péri au nom de la loi dans les supplices! Combien est plus grand encore le nombre des coupables qui n'ont pas été punis! Ce parallèle suffit pour rendre hommage à la sagesse de l'institution du jury et pour être convaincu de la nécessité de la conserver. Le tribunal criminel de Maine-et-Loire réunit les deux tribunaux spéciaux du 18 pluviôse an IX et 25 floréal an X; il lui a été, il lui est encore facile d'apprécier lequel des deux modes est préférable ou l'institution du jury ou les tribunaux jugeant seuls le fait et le droit. Il ne balance pas à adopter la rédaction du projet de Code et à maintenir l'institution des jurés (2). » — « A-t-on conçu qu'il faille qu'un peuple soit composé de philosophes et de docteurs et veut-on qu'une assemblée de jurés égale en sagesse l'Aréopage? Jamais aucun peuple ne sera mûr assez au gré de ceux qui sont si exigeants. Il y a partout quelques philosophes, beaucoup de canaille. Entre ces deux extrémités se trouve la masse de la population qui est composée d'hommes simples, honnêtes et de bon sens.... Nous ne valons pas les anciens, dit-on, nous ne valons pas même les Anglais; je n'en sais rien.... Ce n'est pas ce qui décide la question. La fonction d'un juré est de déclarer si un accusé est coupable du fait qu'on lui impute. Or, quelles qualités sont requises pour bien

---

(1) *Loire*, p. 2, tom. III.
(2) *Maine-et-Loire*, p. 22-23, tom. IV.

résoudre cette question? Il faut de l'attention aux preuves, l'intelligence suffisante pour les saisir et assez de probité pour déclarer de bonne foi l'impression qu'on en a reçue. Dire que les Français ne sont pas dignes de jouir de l'institution du jury, c'est proclamer qu'ils ne sont pas capables d'attention ou qu'ils n'ont pas une certaine mesure d'intelligence et de probité (1). » — « Nous ne finirons pas sans manifester notre vœu bien prononcé en faveur du jugement par jurés. Nous sommes intimement persuadés qu'il est le palladium de la liberté civile... nous ne sommes pas moins vivement pénétrés de la nécessité de conserver à l'innocence accusée la plus sûre des sauvegardes. Tout le mal vient non de l'institution elle-même, mais de l'organisation vicieuse du jury (2). » — « Qu'on abolisse le jury, qu'on impose de nouveau et pour toujours à quelques jurisconsultes, que je suppose même choisis parmi les plus intègres et les plus éclairés, le devoir de prononcer sur l'honneur et la vie des prévenus, et bientôt ils regarderont comme fautive la conviction, l'expression de ce sens intérieur dont la voix est pourtant si claire et si puissante. Ils auront recours (nous sommes fondés à le croire, car un grand nombre d'avocats, beaucoup de juges même pensent encore ainsi), ils auront recours aux anciennes règles de droit en matière de preuves... Et sans le vouloir, ils seront égarés bien plus souvent que ne peuvent l'être les jurés et d'une manière bien plus funeste (3). »

Il faut remarquer que dans un sens comme dans l'autre les opinions n'étaient pas toujours absolues. Les uns en insistant pour qu'on maintînt le jury de jugement, demandaient la suppression du jury d'accusation; d'autres, à l'inverse, voulaient seulement conserver ce dernier. « L'expérience a montré que le jury d'accusation était la partie la plus importante de l'institution du jury... c'est la porte du sanctuaire criminel; et si elle est toujours obstruée, telle qu'elle l'a été jusqu'à ce jour, il faut la fermer tout-à-fait et renoncer à une institution qui offre plus

---

(1) *Manche*, p. 56, 57, tome IV.
(2) *Pyrénées-Orientales*, p. 13, tom. IV.
(3) *Sambre-et-Meuse*, p. 18, 19, tome VI.

d'inconvénients que d'avantages (1). » — « Il est démontré que les citoyens privés appelés à ces fonctions augustes ne sont jamais bien pénétrés du but de cette institution. Il est impossible de leur faire entendre qu'ils ne sont pas juges du délit même, mais que d'autres jurés sont chargés de ce soin (2). » — « Je pense que l'institution du jury d'accusation est inutile et même qu'elle a de mauvais effets. Qu'on ne m'accuse pas de vouloir innover en attaquant un établissement consacré, j'ose dire que nos législateurs constituants, en voulant créer parmi nous un système nouveau de procédure criminelle, n'ont pas été assez en garde contre l'esprit d'imitation qui leur a fait introduire dans leur plan des pièces bien adaptées au système anglais, et qui sont déplacées dans le leur (3). » — « Le jury d'accusation ne sera point l'objet de nos observations. L'institution en cette partie manque de son principal élément. Les jurés ne jugent plus sur des dépositions orales; ils deviennent en quelque sorte juges de procès par écrit (4). »

Voici maintenant des opinions en sens inverse : « Les membres du tribunal criminel du département du Lot estiment que, moyennant un meilleur choix qu'on se propose de faire des jurés, on ne devrait conserver que le jury d'accusation, et que le surplus de l'instruction et le jugement doivent être confiés aux tribunaux (5). » — « Nous regardons que le jury d'accusation ne présente pas pour la société, à beaucoup près, les mêmes dangers que le jury de jugement. L'expérience a prouvé que les jurés se déterminent plus volontiers à accuser qu'à condamner... en adoptant ce parti, on prendrait le juste milieu entre l'opinion de ceux qui voudraient conserver l'institution des jurés et celle de ceux qui pensent qu'on doit la rejeter en entier (6). » — « Le grand-juge par son compte-rendu, dans la partie où il discute l'organisation du jury, semble pareillement tendre à l'anéantir.

---

(1) *Aisne*, p. 8, tom. I.
(2) *Loir-et-Cher*, p. 24, tom. III.
(3) *Manche*, p. 13, tom. IV.
(4) *Eure-et-Loir*, p. 8, tom. II.
(5) *Lot*, p. 12, tom. IV.
(6) *Orne*, pp. 8, 9, tom. V.

C'est surtout ce qui devient plus saillant aux pages 214 et 215, relativement à l'opinion qui ne conserverait que le seul jury d'accusation, idée lumineuse et qui, sagement ménagée, deviendrait peut-être le meilleur terme de conciliation de tous les systèmes en cette partie (1). » On se demande si ceux, qui ne voulaient garder que le jury d'accusation, croyaient véritablement que cette institution pût subsister longtemps détachée de son support naturel. Il était, croyons-nous, intéressant d'enregistrer les données principales de l'enquête ; il est curieux de consigner les prophéties alors émises de part et d'autre, aujourd'hui que le temps a donné la solution (2).

IV.

En dehors de l'enquête officielle, il s'en était ouvert une autre à laquelle tous étaient appelés ; elle se faisait spontanément dans les livres et dans les brochures. La grosse question du jury préoccupait tous les esprits ; et les académies mettaient comme jadis au concours le problème de la législation criminelle (3). Les brochures pour ou contre le jury se multipliaient (4). C'était, avec beaucoup moins d'éclat et d'élan, quelque chose qui rappelait de bien loin le mouvement d'idées qui avait précédé les réformes de la Révolution. On était arrivé au moment des illu-

---

(1) *Basses-Pyrénées*, tom. V, p. 15.

(2) On peut dire que la majorité des tribunaux criminels était favorable au maintien du jury. On peut même regarder comme acquis à cette opinion les tribunaux qui ne prononcent point, étant donné le mot d'ordre qui semblait partir du grand-juge et de la Cour de cassation.

(3) *Mémoire qui a remporté le prix en l'an X sur cette question proposée par l'Institut national : Quels sont les moyens de perfectionner en France l'institution du jury*, par Bourguignon. Paris, an X. — *Moyens de perfectionner le jury*, par F. Canard, ouvrage couronné (Moulins, 1802).

(4) Voy. Bourguignon : *Deuxième et troisième mémoire sur le jury*. — *De l'excellence de l'institution du jury et du système des lois pénales adoptées par l'Assemblée constituante*, par Porcher (Orléans, 1804). — *Des vices de l'institution du jury en France*, par M. Gach. Paris, 1804 ; — *Résultat de l'expérience contre le jury français*, par M***. Paris, 1808. — Cf. *Développement des lois criminelles par la comparaison de plusieurs législations ancienncs et modernes*, par Scipion Bexon. Paris, an X.

sions perdues; l'esprit de scepticisme remplaçait la générosité des premiers jours; ce que l'on invoquait dans un camp comme dans l'autre ce n'était plus la « voix de la nature, » mais les leçons de l'expérience. Disons un mot de MM. Bourguignon et Gach, dont les ouvrages fixèrent alors l'attention.

En l'an X, l'Institut avait mis au concours cette question : « Quels sont les moyens de perfectionner en France l'institution du jury ? » C'était clairement indiquer que le maintien de la procédure par jurés n'était pas mis en doute, et c'est ce que fait remarquer en tête de son mémoire M. Bourguignon, qui remporta le prix. « L'importance du sujet atteste tout à la fois la haute sagesse des savants qui l'ont proposé et les intentions généreuses et libérales du gouvernement, qui manifeste la volonté la plus constante d'améliorer cette institution (1). »

Ce mémoire est un chaleureux plaidoyer en faveur du jury. Il débute par une comparaison rapide du jury tel qu'il existe en France avec celui des Athéniens, des Romains et des Anglais : « Les leçons de l'expérience valent mieux que les théories abstraites (2). » Étudiant alors les principes qui doivent déterminer la formation des listes de jurés, l'auteur demande qu'on n'y porte que des citoyens ayant une certaine fortune et qu'ils soient *choisis* et non tirés au sort; de plus, dit-il, « l'expérience a prouvé qu'il y a plus d'inconvénient à confier la formation de cette liste aux administrateurs que de danger de l'attribuer aux magistrats... on pourra cependant faire concourir les autorités administratives et judiciaires au choix des jurés (3). » Il demande qu'on change le mode de récusation (4), et que la simple majorité des voix suffise pour la condamnation : « Il est vrai, observe-t-il, que suivant nos anciennes lois criminelles, l'avis le plus sévère ne prévalait que lorsqu'il obtenait une majorité de deux voix. Cette étrange disposition n'avait sans doute été adoptée que pour servir de cor-

---

(1) *Op. cit.*, p. 2. L'auteur ajoute en note : « Une commission composée de magistrats du plus grand mérite s'occupe sans relâche, par ordre du gouvernement, de préparer un projet de loi sur cet important objet. »

(2) *Op. cit.*, p. 7.

(3) *Ibid.*, p. 34.

(4) *Ibid.*, p. 42.

rectif ou de palliatif aux formes barbares dont ce Code était infecté; mais ce n'est pas dans cette source que l'on doit puiser les moyens de perfectionner le jury (1). » Il présente sur la rédaction des questions à poser au jury des observations très-sages, dont quelques-unes pourraient être encore utiles aujourd'hui (2). Toutes ces idées, et bien d'autres contenues dans l'ouvrage, étaient parfaitement judicieuses et pouvaient offrir au législateur un intéressant sujet de méditations.

L'ouvrage de M. Gach semble avoir produit sur l'esprit des contemporains une impression assez vive ; il fut assez souvent cité dans les discussions au conseil d'État. C'était une attaque violente contre l'institution du jury, « cette fille aînée de la Révolution française, la conquête illustre du dix-huitième siècle sur la sagesse des siècles qui l'ont précédé (3); » mais cet écrit ne contenait en réalité rien de neuf, il reprenait tous les griefs que nous avons vu soulever tant de fois, que nous verrons soulever encore : la futilité du caractère national, l'ignorance des jurés, etc. « Considérée en elle-même, disait M. Gach, cette institution est une des plus belles conceptions de l'esprit humain, mais comme l'expérience nous a appris à nous défier des plus brillantes théories en matière de législations civiles et politiques, je prends l'engagement d'établir que l'institution du jury n'est qu'un beau rêve de la philosophie impossible à réaliser parmi nous. Le sol français, d'ailleurs si fécond en hommes célèbres ou estimables dans tous les genres de talents et de mérite, ne produira jamais de bons jurés; l'obstacle est dans le caractère, les mœurs, les vices et jusque dans les vertus de la nation. Quel avantage prétendez-vous tirer de l'exemple des peuples anciens et modernes? Existe-t-il quelque rapport entre les tribunaux de

---

(1) *Op. cit.*, p. 90.

(2) Pp. 50 à 96 : « Le premier moyen consiste à publier une instruction législative sur le Code pénal, qui contiendra la définition exacte et précise de chaque délit, à insérer dans chaque acte d'accusation la définition légale du délit et à charger le magistrat qui doit résumer les débats, de faire des observations pour expliquer au jury comment les caractères du délit peuvent s'appliquer au fait... Et je ne puis me dispenser d'observer à cette occasion que ce défaut de définition légale des délits forme une lacune importante dans notre Code pénal (P. 79). »

(3) Gach, *Des vices du jury en France*.

Rome, d'Athènes et le jury français? Qu'ont de commun avec nous les Grecs et les Romains, leurs mœurs avec nos mœurs, le temps où ils ont vécu et celui où nous vivons? L'exemple du peuple anglais ne peut être d'un grand poids, aucun peuple de l'Europe, excepté nous, ne les a encore imités sur ce point; et il n'est pas raisonnable de penser que les Anglais aient seuls sur ce point, mieux vu que les autres peuples de l'Europe. » Et ailleurs : « La masse des jurés étant composée de citoyens de toutes les classes, les fonctionnaires exceptés, de tels jurés ne peuvent que manquer en général d'instruction. Il faut oser le dire, le peuple de l'Europe le plus spirituel, le plus poli, le plus aimable est peut-être un des peuples les moins instruits... Il n'y a pas de pays où la masse de citoyens croupisse dans une plus profonde ignorance de tout ce qui a rapport aux lois et à l'administration publique; peu curieux d'apprendre, trop peu instruit même pour sentir la nécessité et le prix de l'instruction, le Français, en général, ne lit point, n'observe point, ne réfléchit point. » Cette thèse était d'ailleurs relevée par des observations exactes sur le fonctionnement du jury, tel qu'il était alors organisé. Cependant Bourguignon reprit la plume et publia encore deux mémoires sur le jury. Dans son deuxième mémoire (1) il a pour but de répondre aux attaques contre le jugement par jurés, qui se produisent en général dans le corps de la magistrature : « J'ai entendu des jurisconsultes et des magistrats du plus grand mérite révoquer en doute la supériorité de cette procédure..., le peu de succès, disent-ils, qu'elle a obtenu en France depuis qu'elle y est observée, prouve jusqu'à l'évidence que, fût-elle bonne, elle ne peut convenir à nos mœurs (2). » Dans son troisième Mémoire, il a surtout à cœur de réfuter l'ouvrage de M. Gach, dans lequel, dit-il, les objections qu'on reproduit sans cesse, ont été rassemblées et développées avec beaucoup de force par un écrivain plein de talent (3). Dans ces deux ouvrages, le

---

(1) *Deuxième mémoire sur l'institution du jury,* lu dans la séance générale de l'Académie de législation du 1er nivôse an XIII.

(2) *Ibid.*, p. 3.

(3) *Troisième mémoire sur le jury,* par M. Bourguignon, l'un des magistrats du parquet de la haute cour impériale, juge en la cour de justice criminelle de Paris. Paris, 1808, p. 52.

courageux et généreux magistrat n'apportait point de nouveaux éléments au débat, mais il reprenait avec chaleur et lucidité les bonnes raisons qui combattaient pour le maintien du jury. Cependant il fournissait quelques données de statistique assez précieuses. Dans le second mémoire, il comparaît les résultats obtenus à Paris par le moyen du jury d'un côté et par celui du tribunal spécial d'autre part en l'an X et en l'an XI. Devant le jury avaient comparu 788 accusés; 519 avaient été condamnés et 209 acquittés. Devant le tribunal spécial avaient été traduits 193 accusés ; 127 avaient été condamnés et 66 acquittés (1). Dans le troisième mémoire il reprend et complète ces indications : « Durant les années IX et X il a été acquitté seulement un quart des accusés soumis à l'épreuve du jury, tandis que la même cour a renvoyé absous plus d'un tiers de ceux qu'elle a jugés spécialement et sans jurés. Le relevé comparatif des arrêts rendus par la même cour pendant les années XI, XII, XIII, XIV, et suivantes, m'a donné à peu près le même résultat (2). »

Mais on sentait bien dès lors que la solution de ce grand problème dépendait de l'homme, aux mains duquel la France, lasse et meurtrie, avait remis ses destinées. Bourguignon dans son deuxième mémoire s'adresse à lui sans le nommer, lorsque, dans une énumération assez singulière, il cite les hommes célèbres qui ont été les partisans du jury et ceux qui en ont été les adversaires. Parmi les premiers il compte : Solon, Périclès, Aristote, Démosthène, Lysias, les fils de Cornélie, Servilius Cœpio, Plautius, Silvanus, Marius, Sylla, Cicéron, Pompée, César; en Angleterre le grand Alfred, Jean I, Henri III, Edouard I ; — parmi les seconds, les Trente Tyrans, et en Angleterre Henri IV, Henri VII, Henri VIII, Jacques I, Charles II (3). » Il termine par une évocation d'Auguste, allusion transparente, qui ne manque ni de courage, ni de grandeur : « Auguste employa cette toute-puissance à pacifier l'univers et à procurer aux Romains le calme et la sécurité; mais malheureusement il la transmit tout

---

(1) *Deuxième mémoire*, pp. 70, 71.
(2) *Troisième mémoire*, p. 92.
(3) *Deuxième mémoire*, p. 59, 60.

entière à ses successeurs qui en ont abusé de la manière la plus funeste. La postérité ne serait-elle pas en droit de lui adresser ces reproches : César, tu as été investi du pouvoir absolu, tu as détruit nos institutions, renversé la constitution de nos ancêtres : qu'as-tu substitué à ces bases de la grandeur romaine ? La *loi regia*, c'est-à-dire le despotisme absolu et l'arbitraire... César ton imprévoyance l'a rendu le fauteur de tous les actes de tyrannie dont ils (tes successeurs) ont souillé les annales de l'Empire (1). »
En finissant la préface de son troisième mémoire, c'est une prière qu'il adresse au Maître tout-puissant : « La discussion polémique qui s'est engagée sur le jury, sera bientôt terminée... Persuadé que les avantages résultant de cette institution perfectionnée n'échapperont pas au génie vaste et profond qui préside aux destinées de l'Empire, je croirais ce dernier écrit absolument inutile, s'il ne devait servir à détruire les préventions semées dans les diverses classes de la société contre une procédure trop peu connue (2). »

(1) *Deuxième mémoire*, p. 60.
(2) *Troisième mémoire,* Préface, p. 2.

CHAPITRE DEUXIÈME.

La question du jury devant le Conseil d'État.

I. Première discussion du projet de Code criminel devant le Conseil d'État en l'an XII et en l'an XIII ; projets sur la réunion de la justice civile et de la justice criminelle ; interruption des travaux. — II. Reprise des travaux en 1808 ; encore la question du jury : suppression du jury d'accusation ; maintien du jury de jugement.

Le projet de Code criminel avait été envoyé, avec les résultats de l'enquête, à la section de Législation du Conseil d'État, alors présidée par M. Bigot-Préameneu, et composée de MM. Berlier, Galli, Réal, Siméon et Treilhard (1). La discussion au Conseil d'État, qui devait être pour le Code, comme jadis pour l'Ordonnance de 1670, la phase principale des travaux préparatoires, commença seulement le 2 prairial an XII (22 mai 1804). Le procès-verbal de cette première séance est très-court : « Sa Majesté qui préside la séance, charge la section de Législation de présenter dans le délai de quinze jours les questions fondamentales du projet de Code criminel (2). » Le 9 prairial, Napoléon renouvelle cette invitation ; il déclare du reste, et ceci est très-important, que les décisions prises sur ce point ne seront pas définitives, « le Conseil demeurant libre de revenir sur ses premières résolutions (3). » Il fut aussi décidé que les commissaires, qui avaient préparé le projet, assisteraient aux séances du Conseil d'État, mais non point à celles de la section de Législation, où ils auraient formé la majorité. Dès lors tout est prêt ; le travail va commencer et il se poursuivra jusqu'au 29 frimaire an XIII. Puis

---

(1) *Locré*, tome I, p. 205. Les observations des cours d'appel ne furent réunies que dans le courant de l'an XII ; elles sont en général datées des mois de germinal, floréal, messidor et thermidor de cette année.
(2) *Locré*, tome XXIV, p. 8.
(3) *Locré*, tome XXIV, p. 9.

vient une longue interruption, et c'est seulement le 23 janvier 1808 que la discussion reprendra, pour aboutir cette fois à la présentation et au vote par le Corps législatif du Code d'instruction criminelle.

Une question arrêta longtemps le Conseil d'Etat; c'est celle que nous avons toujours rencontrée depuis 1789, toutes les fois qu'on a discuté la législation criminelle : Conserverait-on la procédure par jurés ou reviendrait-on aux traditions de l'ancienne procédure française? La police judiciaire, la poursuite et l'instruction préparatoire feront aussi quelque difficulté; mais sur ce point la loi de pluviôse avait déblayé le terrain. Quant à la procédure devant les juridictions de jugement, les grandes lignes, nous l'avons dit, avaient été définitivement fixées par les lois de l'époque intermédiaire.

Sur la liste des questions de principe, rédigée par ordre de l'Empereur et présentée dans la séance du 16 prairial an XII, les huit premières concernaient le jury (1). Immédiatement la discussion s'engagea sur ce point. Si le jury avait de nombreux adversaires il comptait aussi des partisans, et M. Regnaud de Saint-Jean d'Angély proposa même, entre eux, une sorte de combat en champ clos par la création de deux commissions rivales (2).

On entendit tour à tour MM. Siméon, Dupuy, Portalis, Bigot-Préameneu, pour ne citer que les principaux orateurs, demander le retour aux anciennes formes de procédure, modifiées et adoucies. Leurs arguments nous sont déjà connus, ce sont

---

(1) Voici la liste entière :

« I. L'institution du jury sera-t-elle conservée ?

» II. Y aura-t-il un jury d'accusation et un jury de jugement?

» III. Comment seront nommés les jurés ; dans quelle classe seront-ils nommés; qui les nommera?

» IV. Comment s'exercera la récusation ?

» V. L'instruction sera-t-elle purement orale ou partie orale et partie écrite?

» VI. Présentera-t-on plusieurs questions au jury ou n'en présentera-t-on qu'une? — L'accusé est-il coupable ?

» VII. La déclaration du jury sera-t-elle rendue à l'unanimité ou à un certain nombre de voix?

» VIII. Y aura-t-il des magistrats qui pourront tenir des assises dans plusieurs tribunaux criminels de département ? » *Locré*, tome XXIV, pp. 11, 12.

(2) *Locré*, tome XXIV, p. 22.

ceux que nous avons trouvés dans les observations des cours d'appel et des tribunaux criminels : « Au commencement de la Révolution on fit des réformes utiles dans la procédure criminelle, en introduisant dans l'information des adjoints qui surveillaient le juge instructeur, en rendant la confrontation publique, en donnant à l'accusé des défenseurs et en lui donnant communication de toutes les pièces. Le désir du mieux, qui nous a fait tant de mal dans la Révolution, fit ensuite proposer les jurés (1). » — « La publicité de la procédure et les débats voilà les véritables garants de la liberté individuelle. Avec cette publicité, on sera mieux et plus sûrement jugé par des hommes en ayant charge et en faisant étude et profession que par les premiers venus (2). » — « On pourrait juger des résultats du jury par ce qui se passe chez les Anglais, il n'est point de pays où il y ait une plus mauvaise police et moins de sûreté pour les individus (3). » — « M. Portalis pense que le jury doit être supprimé... les meilleurs jurisconsultes (Anglais) n'ont pas une opinion favorable au jury. En Angleterre le jury est cause de beaucoup de désordres (4). » — « Le seul article des nouvelles institutions qui ait obtenu l'assentiment général, c'est la publicité de l'instruction... ni l'accusé, ni la société ne trouvent une garantie suffisante dans le jury (5). »

Voilà des affirmations bien catégoriques et assez étranges ; d'autres opinions vont à la même conclusion, mais par un chemin moins direct. « L'institution des jurés a plus d'inconvénients que d'avantages, mais il ne conviendrait peut-être pas de la supprimer brusquement aujourd'hui qu'on y est accoutumé (6). » Sans repousser absolument le jury, l'Archichancelier défend la procédure écrite : « Il est extrêmement bizarre de faire des dépenses énormes pour une procédure dont il ne reste aucune trace... il n'est pas moins étonnant que la loi attache si peu d'effet à l'instruction faite par le magistrat de sûreté et par le directeur

---

(1) M. Siméon, *Locré*, tome XXIV, p. 3, 14.
(2) M. Siméon, *Locré*, tome XXIV, p. 21.
(3) M. Dupuy, *Locré*, tome XXIV, p. 29.
(4) *Locré*, tome XXIV, pp. 34, 35, 36.
(5) M. Bigot-Préameneu, *Locré*, t. XXIV, p. 40.
(6) M. Boulay, *Locré*, tome XXXIV, p. 22.

du jury d'accusation, qu'on ne puisse pas s'en servir même pour éclairer le jury. Voici, au surplus, comment on pourrait établir la procédure par écrit. L'instruction faite par le magistrat de sûreté ferait charge contre l'accusé, sauf l'épreuve des débats. Les débats ne seraient pas écrits, mais les aveux de l'accusé et les variations des témoins seraient consignés dans le procès-verbal signé par eux (1). » Au reste, Cambacérès est partisan de l'Ordonnance de 1670 : « On ne doit pas craindre de prendre quelques dispositions de l'Ordonnance de 1670... la privation de conseils et de défenseurs, l'interrogatoire sur la sellette, ne doivent certainement pas être rétablis, mais il n'en est pas de même du récolement dans lequel un témoin peut se corriger, de la confrontation où il est permis à l'accusé de reprocher les témoins et de discuter leurs dépositions. Avec quelques modifications, les articles de l'Ordonnance de 1670 sur ce sujet peuvent être utilement employés dans notre législation nouvelle (2). »

Mais tous protestent contre la théorie des preuves légales. Les magistrats qui remplaceraient les jurés formeraient leur conviction « non sur des preuves appelées légales, mais avec les mêmes moyens, les mêmes éléments que le jury et d'après les débats (3). » Portalis veut même démontrer qu'autrefois la théorie des preuves légales n'existait que dans le sens favorable aux accusés : « on se trompe dans l'idée qu'on se forme de cette doctrine, lorsqu'on suppose qu'elle forçait le juge de condamner dès que deux témoins étaient unanimes sur le même fait, elle se bornait à empêcher le juge de condamner quand il n'y avait pas au moins deux témoins (4). »

Cependant dans le Conseil il y avait des hommes qui n'abandonnaient pas les principes de cette Révolution, qui les avait tirés parfois de l'obscurité et des derniers rangs du peuple pour les porter aux honneurs et à la puissance. Le jury trouva d'habiles et éloquents défenseurs : MM. Berlier, Treilhard, Defer-

---

(1) *Locré*, tome XXXIV, p. 27.
(2) *Ibid.*, p. 28.
(3) M. Siméon, *ibid.*, p. 19.
(4) *Ibid.*, p. 53.

mon, Cretet, Bérenger, Frochot, enfin le prince connétable et M. Regnaud de Saint-Jean d'Angély se prononcèrent pour son maintien. Ils invoquaient le caractère équitable et protecteur de la procédure par jurés; ils montraient surtout qu'elle n'avait point encore fonctionné en France dans des conditions normales : « Peut-être si nous vivions sous l'empire de la loi de 1789 la prudence, ennemie des innovations et des essais, conseillerait-elle d'y rester; mais le pas a été franchi et la même prudence nous défend de renoncer à une amélioration fort chèrement acquise (1). » — « Pourquoi les Anglais en sont-ils encore si jaloux (du jury)? Il y a lieu de croire que c'est parce que rien n'est plus terrible que de donner à quelques hommes le droit perpétuel de vie et de mort sur tous les autres (2). » — « Aujourd'hui que le législateur peut suivre les conseils de la sagesse et rétablir le jury dans toute sa pureté, la nation verrait peut-être avec quelque surprise une institution aussi libérale effacée du Code de ses lois, sous un chef qu'elle sait être fortement attaché aux sentiments libéraux (3). » — « Ce qui attache la nation à l'institution du jury, c'est que, quoiqu'elle ait pu être l'occasion de quelques absolutions scandaleuses, du moins elle a l'avantage de ne jamais mettre l'accusé à la discrétion des passions particulières (4). » — « Tant que l'institution du jury n'a pas été viciée, elle n'a eu que des résultats avantageux (5). » — Le prince connétable déclare « qu'il a toujours entendu parler du jury comme d'un des principaux avantages que les Français aient tiré de la Révolution, comme d'une des plus sûres garanties de la liberté (6). » — M. Regnaud de Saint-Jean d'Angély affirme « qu'on tomberait dans des inconvénients graves si on le supprimait... Depuis 1789 jusqu'en 1791, on a essayé d'apporter à la forme de procéder, introduite par l'Ordonnance de 1670, les seules modifications dont elle fut sus-

(1) M. Berlier, *Locré*, tome XXIV, p. 25.
(2) M. Cretet, *ibid.*, p. 30.
(3) M. Treilhard, *ibid.*, p. 33.
(4) M. Frochot, *Locré*, tome XXIV, p. 44.
(5) M. Defermon, *ibid.*, p. 37.
(6) *Ibid.*, p. 44.

ceptible. Cette épreuve n'a pas été heureuse; alors on a établi le jury et cette institution a obtenu l'assentiment général (1). »

Les défenseurs du jury triomphaient surtout quand ils démontraient que lui seul était compatible avec cette théorie des preuves morales, que tout le monde voulait respecter : « Nulle loi n'enjoignait aux juges criminels de se dépouiller de leur conviction *morale* pour s'en rapporter aux *preuves légales*, cependant les preuves légales prévalurent souvent (2). » — « Ce serait armer les juges de profession d'un pouvoir trop redoutable que de les appeler à statuer sur le fait, et de leur permettre de n'alléguer d'autres motifs de leur jugement que leur conviction intime, que leur conscience. On ne peut donc leur confier le jugement du fait sans rétablir la théorie des preuves légales; mais puisqu'on reconnaît que ce système est pernicieux, il en résulte qu'il ne faut pas constituer des jurés permanents et qu'il faut en revenir au jury (3). » — « Ne peut-il pas arriver que chaque tribunal se crée des principes et se fasse un corps de doctrine sur le choix des circonstances qui doivent entraîner l'absolution ou la condamnation (4)? »

D'ailleurs les partisans du jury acceptaient, soit comme mesure transitoire, soit comme institution permanente, les tribunaux spéciaux pour les criminels les plus dangereux : « Si l'on peut faire la part aux circonstances par des restrictions momentanées, pourquoi détruire le principe et priver nos neveux du bénéfice de l'institution (5)? » — « Le droit d'être jugé par des jurés est un droit de cité; dès lors les vagabonds et les gens sans aveu ne peuvent le réclamer. Rien ne s'oppose à ce qu'on établisse pour eux une justice prévôtale, pourvu qu'elle soit mieux organisée et moins rapide que l'ancienne. Le crime de faux devrait aussi être renvoyé à ces tribunaux (6). »

Cependant dans cette discussion importante, et qui en réalité

---

(1) M. Defermon, *Locré;* tome XXIV, p. 38.
(2) M. Berlier, *ibid.*, p. 25.
(3) M. Bérenger, *Locré*, tome XXIV, p. 43.
(4) M. Cretet, *ibid.*, p. 31.
(5) M. Berlier, *ibid.*, p. 24.
(6) M. Regnaud, *ibid.*, p. 39.

devait être décisive bien qu'on la recommençât dans la suite, tous les yeux étaient tournés vers le maître qui la présidait. Napoléon était intervenu plusieurs fois; il parut vivement frappé du système exposé par M. Siméon : « Sa Majesté dit qu'on n'a point répondu à ce qu'a avancé M. Siméon, que les juges, n'étant point forcés de se prononcer d'après les preuves légales, ne sont plus que des jurés, mais ont cet avantage sur les jurés ordinaires, qu'ils sont plus exercés et mieux choisis; que ce serait de tels citoyens qu'il faudrait prendre pour jurés, s'ils n'étaient point revêtus du caractère de juges (1). » Mais la discussion prenait de plus en plus une tournure favorable au maintien du jury; M. Berlier en fit la remarque : « M. Berlier dit que plus la discussion avance, plus il se vérifie que l'institution du jury est bonne et susceptible seulement de quelques améliorations (2). » Alors l'Empereur trouva utile de clore les débats; mais il a soin d'observer : « Qu'il ne regarde pas le Conseil comme engagé par la détermination qui va être prise, et que, si en organisant le système on rencontre des obstacles imprévus, le Conseil pourra revenir sur sa première opinion (3). » Cependant il tint à donner son avis : « De part et d'autre on a allégué des raisons très-fortes pour et contre l'institution des jurés, mais on ne peut se dissimuler qu'un gouvernement tyrannique aurait beaucoup plus d'avantages avec des jurés qu'avec des juges qui sont moins à sa disposition, et qui toujours lui opposeront plus de résistance. Aussi les tribunaux les plus terribles avaient-ils des jurés? S'ils eussent été composés de magistrats, les habitudes et les formes auraient été un rempart contre les condamnations injustes et arbitraires. La dureté que peut donner l'exercice continuel de ces fonctions est peu à craindre, lorsque la procédure est publique, qu'il y a des défenseurs et des débats. Cependant Sa Majesté admet le jury s'il est possible de parvenir à le bien composer... Il serait nécessaire aussi d'organiser des tribunaux d'exception pour connaître des délits commis par des individus

---

(1) *Locré*, XXIV, p. 33.
(2) *Ibid.*, p. 45.
(3) *Ibid.*, p. 46.

non domiciliés ou réunis en bande (1). » Dès lors, pour cette fois du moins, la question était tranchée : « Le Conseil adopte en principe que l'institution du jury sera conservée (2). » Immédiatement après, la seconde question : « Y aura-t-il un jury d'accusation et un jury de jugement? » fut résolue dans le sens de l'affirmative, sur de très-brèves observations de MM. Treilhard et Bigot-Préameneu (3).

On passa ensuite au choix des jurés : ce point, quelque intéressant qu'il soit, ne doit point nous préoccuper, mais incidemment se présenta un débat qui ramena sur le tapis les anciennes idées. Napoléon demanda si l'avis du Conseil était de ne pas admettre pour défenseurs des hommes de loi (4); et des opinions peu favorables à la liberté de la défense se firent jour. « M. Miot dit qu'en Angleterre, les accusés n'ont pas de plein droit la faculté de se choisir des défenseurs. Dans tous les cas on n'admet pas à ce ministère les avocats, parce qu'on craint qu'ils n'obscurcissent les faits. Les conseils s'asseyent près de l'accusé et l'aident de leurs avis, mais ils ne plaident que lorsqu'ils en ont obtenu la permission (5). » M. Regnaud de Saint-Jean d'Angély alla plus loin : « Dans les tribunaux civils, le ministère des avocats est toujours nécessaire ; parce que là les contestations présentent des questions de droit qui ne peuvent être discutées que par des hommes versés dans la connaissance des lois ; mais il n'en est pas de même dans les tribunaux criminels, où il ne s'agit que de découvrir la vérité d'un fait. Là, l'accusé peut, par les éclaircissements qu'il donne, repousser lui-même les inculpations ; il n'est donc pas nécessaire qu'il ait un défenseur. A la vérité, il est des hommes que l'ignorance ou la timidité empêchent de s'expliquer, il faut faire pour eux une exception. Le président du tribunal déciderait s'il y a lieu ou non d'admettre cette excep-

---

(1) *Locré*, tome XXIV, p. 47.
(2) *Ibid.*, p. 48.
(3) *Ibid.*, p. 48.
(4) Peu d'instants auparavant il avait dit : « Il importe de n'admettre pour défenseurs des accusés que des hommes étrangers aux habitudes du barreau. » *Ibid*, p. 52.
(5) *Locré*, tome XXIV, p. 52.

tion et d'accorder un défenseur. » En réalité on ne parlait pas autrement autrefois quand on voulait justifier l'Ordonnance.

Mais cette proposition, que jadis Lamoignon avait vainement combattue, souleva des protestations : « M. Bérenger dit qu'on ne parviendra jamais à trouver une organisation et des formes assez parfaites pour qu'elles donnent au juge la certitude qu'il n'a jamais condamné un innocent. Quelquefois les apparences sont contre l'accusé, et parce que le trouble et la crainte l'empêchent de les détruire, il paraît coupable. Il a donc toujours besoin d'être assisté d'un défenseur. On ne pourrait d'ailleurs refuser ce secours sans rappeler une loi trop fameuse et avec laquelle notre procédure criminelle ne doit avoir aucun rapport. M. Treilhard dit que l'accusé auquel on refuserait un défenseur se persuaderait qu'on veut le perdre. La règle que M. Miot a dit exister en Angleterre est dans le droit, mais dans le fait on ne refuse jamais à l'accusé la permission d'avoir un conseil (1). » On n'eut pas de peine à montrer que la disposition qui exclurait les hommes de loi serait illusoire et que, du reste, leur aide était légitime et souvent nécessaire (2). « Il est préférable de donner au président un pouvoir discrétionnaire, de l'autoriser à fermer la bouche de tout avocat qui ne se renferme pas dans les bornes d'une légitime défense, et même d'interdire cet avocat avec le concours du tribunal, lorsque les circonstances le demandent (3). »

Dans la même séance, le Conseil se prononça sur la question de la procédure écrite. A cet égard, les tendances réformatrices semblèrent triompher. Cambacérès développa la proposition dont nous avons parlé plus haut : « Dans l'état actuel des choses, l'instruction est tout orale; car ce qui a été écrit ne sert que de renseignements pour diriger les débats... La première information

---

(1) *Locré*, tome XXIV, pp. 53, 54.

(2) « M. Siméon dit que le règlement qui exclurait les avocats serait éludé; ce serait eux qui composeraient le plaidoyer du défenseur (cela fait songer aux *logographes* d'Athènes). D'ailleurs on verrait se réunir près des tribunaux criminels, comme autrefois près des consuls, des hommes non gradués qui exerceraient le ministère de défenseur et bientôt posséderaient aussi bien que les gens de loi, l'art de circonscrire la justice. » P. 52.

(3) M. Bérenger, *Ibid.*, p. 54.

continuerait à être faite par le magistrat de sûreté... Cette procédure serait transmise au directeur du jury, lequel ferait le récolement des témoins... Toutes ces procédures seraient renvoyées à la cour de justice criminelle avec l'accusé, auquel il serait permis de faire venir un conseil dans sa prison. Les débats s'ouvriraient par la lecture de la procédure faite tant par le magistrat de sûreté que par le directeur du jury. Des témoins seraient appelés; l'accusé assisté d'un conseil assis près de lui pourrait proposer des reproches et réfuter leurs dépositions. Le procès-verbal ne contiendrait pas en détail les débats, mais le procureur général et l'accusé auraient le droit de faire constater les résultats. Le tout serait mis sous les yeux du jury. — *Sa Majesté* adopte l'idée de mettre sous les yeux des jurés copie de l'information. Néanmoins Elle pense que celle qui a été faite par la police ne doit pas leur être communiquée; car la police instruit surtout dans la vue de découvrir tous les coupables et toutes les circonstances du crime; par cette raison elle doit être insidieuse. Le juge instructeur, au contraire, n'a d'autre vue que d'arriver à la vérité des faits. » — « Les propositions de S. A. S. le prince archichancelier sont adoptées avec la modification de ne pas communiquer l'instruction faite par la police (1). » C'était là une décision très-grave; c'était faire ce mélange de la procédure écrite et de la procédure par jurés, qu'avait repoussé la sagesse de l'Assemblée constituante. C'eût été probablement ruiner l'institution dont on avait décidé le maintien; heureusement cette idée, on le sait, ne fut pas ramenée à effet.

La discussion continua dans les séances des 23 et 30 prairial; on résolut les autres questions de principe, dont la plupart intéressaient le droit pénal proprement dit. L'institution des *Préteurs*, contre laquelle s'était prononcée la majorité des cours d'appel et des tribunaux criminels, fut vivement combattue; on décida même que les cours de justice criminelle seraient sédentaires (2). Puis on passa à la discussion des articles que présentait la sec-

---

(1) *Locré*, tome XXIV, p. 56-57.
(2) *Locré*, tome XXIV, p. 99.

tion de Législation (c'était la partie concernant la procédure criminelle qui venait la première), et cela occupa les séances des 17, 21, 24, 28 fructidor an XII; 3, 10, 14, 17, 21, 24 vendémiaire an XIII (1).

Tout paraissait aller sans encombre, quand tout à coup le jury fut de nouveau mis en question. Dans la séance du 1ᵉʳ brumaire an XIII, présidée par Napoléon, M. Bigot-Préameneu rendit compte d'une délibération qui avait eu lieu dans la section de Législation « sur la réunion de la justice criminelle à la justice civile. » L'idée de la Révolution avait été au contraire de séparer complètement les deux justices, et d'avoir des tribunaux répressifs distincts des tribunaux civils. Mais la nouvelle proposition paraissait apporter une grande simplification et un accroissement de dignité pour la magistrature. L'union avait été déjà réalisée pour la police correctionnelle par la loi du 27 ventôse an IV; les jugements étaient dorénavant rendus en cette matière par les tribunaux de première instance : il devait bientôt en être de même pour les tribunaux de simple police, sauf une légère exception qui a disparu de nos jours.

En matière criminelle voici comment on voulait procéder (2) : le prévenu devait être traduit par le juge d'instruction devant le tribunal de première instance, qui remplirait les fonctions de jury d'accusation, jugeant au nombre de six juges, plus le juge d'instruction. Les cours de justice criminelle étaient réunies aux cours d'appel et porteraient le nom de cours impériales. Dans ces cours était formée une section, renouvelée tous les ans comme la *Tournelle* des anciens Parlements, et devant elle étaient portés non-seulement les appels de police correctionnelle, mais encore les procès criminels pour lesquels la mise en accusation aurait été décidée. Dans le projet, le jury était conservé, art. 19 : « Les jugements en matière criminelle seront rendus sur la déclaration d'un jury. »

C'était une révolution considérable, qu'on apportait par là dans le fonctionnement du jury. Jusque-là, la réunion des jurés dans

---

(1) *Locré*, tome XXIV, pp. 108-419.

(2) Un projet fut présenté en ce sens dans la séance du 8 brumaire an XIII (*Locré*, tome XXIV, p. 428, ssq.).

chaque département avait toujours été un principe, et elle était passée dans les mœurs. Vouloir porter au chef-lieu de la cour toutes les affaires criminelles du ressort, c'était rendre impossible le service du jury, déjà obtenu à grand'peine. C'était aussi dans un avenir prochain la substitution de la procédure écrite à la procédure orale, le transport des témoins au chef-lieu de la cour devenant trop difficile et trop coûteux. C'était par un moyen détourné charger la pratique de rétablir à elle seule l'ancienne procédure.

Tout cela on le vit bien dès le premier moment; les adversaires comme les partisans du jury le reconnurent. « Il est vrai, dit M. Boulay, que la réunion des tribunaux criminels et civils fera dans la suite tomber le jury. Il est certain que quand le public verra d'un côté des magistrats éclairés et de l'autre des jurés sans connaissance et sans expérience, le parallèle ne sera pas avantageux à ces derniers; il semble donc qu'il conviendrait si l'on prononce la réunion de prononcer en même temps la suppression du jury (1). » M. Treilhard avec une nouvelle ardeur prit la défense de l'institution menacée. « Le jury, dit-il, marche beaucoup mieux que par le passé; il marchera encore mieux par la suite... Comment transportera-t-on sans des frais énormes et sans faire languir les affaires, les accusés, les témoins, les jurés de sept ou huit départements aux chefs-lieux des cours d'appel?... Se dispensera-t-on d'entendre les témoins absents? Ce serait égorger l'accusé. » Enfin, il adressa à l'Empereur un argument personnel, qui contenait à la fois une flatterie et une ironie, mais qui était d'une vérité profonde : « L'institution du jury, lui dit-il, réussira, si l'on est bien persuadé qu'elle est dans les vues de Votre Majesté (2). » Napoléon voulut atténuer l'effet produit par le projet et en masquer les conséquences : « Il ne s'agit point, dit-il dans une interruption, de l'institution du jury (3), » et plus loin il ajouta : « Que si l'on voulait revenir sur la question du maintien du jury, on l'aborderait avec franchise,

---

(1) *Locré*, tome XXIV, p. 416.
(2) *Ibid.*, p. 420, 421, 422.
(3) *Ibid*, p 420.

mais cette question est décidée et Sa Majesté a partagé l'opinion de ceux qui pensent que le jury doit être maintenu. Ce mode de procédure paraît être le meilleur; et d'ailleurs il a suffi pour l'adopter à Sa Majesté qu'il ne fût pas rejeté par une opinion unanime (1). » Bientôt, dans un discours assez long, il s'efforcera de réfuter les objections de M. Treilhard. Mais la vérité ne tarda pas à reparaître. L'archichancelier fit cette déclaration : « On objectera que ce système est incompatible avec la procédure par jurés; S. A. S. ne tient pas à cette institution et elle pense que l'opinion publique ne lui est pas favorable (2). »

Dans la séance suivante, la question fut directement abordée. On proposait de supprimer le jury d'accusation. M. Treilhard montra que c'était là une motion inconstitutionnelle; la Constitution de l'an VIII garantissait le double jury. On essaya de subtiliser, disant que le jury d'accusation n'était pas réellement supprimé, qu'on proposait seulement de « convertir les juges en jurés (3). » Mais Napoléon lui-même déclara que « la Constitution décide trop impérativement que l'accusation sera admise par des jurés pour qu'on puisse transporter ce pouvoir à des juges sans un sénatus-consulte (4). »

Au fond, cette question n'avait pas une très-grande importance. MM. Treilhard et Berlier ramenèrent le débat sur le point capital, c'est-à-dire le jury de jugement, dont le projet assurait la destruction prochaine; car « maintenir une institution sur le papier, ce n'est rien faire quand on y place le germe de son anéantissement (5). » Ils demandèrent avec instance que la question fût définitivement vidée, et ils eurent aisément gain

---

(1) *Locré*, tome XXIV, p. 422, 423.

(2) *Ibid*, p. 439. — Napoléon émit aussi l'idée qu'il voulait de grands corps judiciaires, « parce qu'il faut que si le ministère public néglige ses devoirs, la cour criminelle puisse le mander et lui ordonner de poursuivre. » M. Treilhard répondit que « dans tous les temps on a distingué le ministère de celui qui poursuit du ministère de celui qui juge, parce qu'il serait contre la justice de rendre le même individu juge et partie. » — « Sa Majesté dit qu'il n'entre point dans ses idées de permettre aux tribunaux de poursuivre directement les crimes, mais qu'elle voudrait que les tribunaux pussent en ordonner la poursuite. » P. 418, 419.

(3) M. Siméon, *ibid.*, p. 437.

(4) *Ibid.*, p. 439.

(5) *Ibid.*, p. 443.

de cause. « Sa Majesté permet de discuter de nouveau la question de savoir si le jury sera maintenu. » La discussion fut courte. MM. Fourcroy et Montalivet parlèrent pour le jury, et le « Conseil maintint la délibération qu'il a prise dans la séance du 16 prairial pour la conservation du jury. » Presque sans lutte la feinte avait été déjouée. Mais la bataille n'était pas encore définitivement gagnée : l'organisation des cours criminelles était toujours menaçante.

Alors M. Berlier eut une idée féconde. Adoptant le principe de la réunion des deux justices, il trouva le moyen de le concilier avec le fonctionnement normal du jury : « On commencerait par réunir tous les juges de l'une et de l'autre juridiction, ils ne formeraient qu'un corps dans lequel on prendrait successivement les juges qui iraient tenir, pour les matières criminelles, des assises périodiques au chef-lieu de chaque département, et qui, rentrés à la cour d'appel, y prononceraient sur les contestations civiles de leurs concitoyens (1). » C'était, on le voit, le système qui devait triompher et que l'expérience a consacré, système bien préférable, il faut le dire, à celui de la Constituante, le président des assises devant être un magistrat élevé en dignité et choisi avec soin. Aussi M. Treilhard s'y rallia franchement. Cette proposition, cependant, fut combattue par l'archichancelier; il déclare « que s'il admet le jury c'est par condescendance pour quelques bons esprits, mais il est persuadé que ce sera en formant de grands corps, bien plus qu'avec cette institution, qu'on arrivera à établir une justice rigoureuse et imposante (2). » En définitive, le Conseil décide en principe « que la justice civile et criminelle sera rendue par les mêmes tribunaux; que ces tribunaux seront sédentaires; néanmoins que, dans les cas de nécessité, la section criminelle pourra aller tenir ses assises hors du lieu où siège le tribunal (3). » On ne faisait à l'idée de M. Berlier qu'une concession illusoire en apparence; mais le germe déposé grandira et finira par tout envahir.

(1) *Locré*, tome XXIV, p. 445.
(2) *Ibid.*, p. 447.
(3) *Ibid.*, p. 452.

Dans la séance du 15 brumaire an XIII, les partisans du jury remportèrent un nouvel avantage, mais qui ne pouvait être durable : « le Conseil adopte en principe que la déclaration qu'il y a lieu ou non à accusation continuera d'être donnée par des jurés (1). »

La discussion du projet de loi sur la réunion des deux justices se poursuivit dans les séances des 22 et 29 brumaire, et 20 frimaire an XIII. Trois nouvelles rédactions furent proposées et discutées. Tout à coup un incident se produisit. On venait « rendre compte à Sa Majesté des observations présentées par les magistrats qui ont été appelés au couronnement. » Le grand-juge déclare que, consultés sur la réunion des deux justices, « les présidents et procureurs généraux des cours criminelles n'ont pas attaqué le système en soi, mais on paraît craindre généralement qu'il ne puisse se concilier avec l'appel des jurés et des témoins. Cependant les magistrats assurent que l'instruction par jurés a pris depuis quelque temps une meilleure direction. Les crimes sont beaucoup moins multipliés (2). » Le prince archichancelier « a trouvé plus de magistrats qu'il ne pensait dans l'opinion que l'instruction par jurés peut être conservée, mais avec des modifications. Cette opinion est partagée, même par ceux qui s'étaient plaints le plus vivement de la direction que le jury avait prise dans quelques circonstances particulières ; ils conviennent que les choses se sont améliorées et qu'il y a moins d'abus. A l'égard de la réunion le système leur paraît bon, mais d'une exécution difficile en le considérant sous le rapport du jury. » — « On est unanime, dit M. Treilhard, sur l'impossibilité de conserver le jury, si la justice criminelle et la justice civile sont réunies (3). » M. Berlier affirme que « selon plusieurs magistrats avec lesquels il a eu l'occasion de parler, l'abolition du jury sera la suite nécessaire et très-prochaine

---

(1) *Locré*, tome XXIV, p. 454.

(2) *Ibid.*, p. 509 ; plus loin il ajoute « qu'avant d'avoir entendu les observations des magistrats il était persuadé que l'institution du jury pouvait se concilier avec la réunion des deux justices ; maintenant il en conçoit l'impossibilité. » P. 516.

(3) *Ibid.*, p. 510.

du projet de réunion arrêté dans les dernières séances. Mais ce n'est pas là le seul danger que ce projet nous fasse courir; il compromet aussi l'instruction orale et le débat public. Or, si les opinions sont divisées sur l'institution du jury, du moins tout le monde s'accorde à penser que l'abolition de l'instruction orale et du débat serait une calamité publique; cependant cela ne tarderait pas à arriver si le projet était maintenu... Comme personne n'ose proposer qu'on se contente de l'envoi de simples copies de dépositions ainsi que cela se pratiquait dans l'ancien régime, il faut maintenir les tribunaux actuels, seule espèce d'organisation à laquelle puisse s'adapter l'institution bienfaisante de la publicité des débats (1). » — « M. Defermon dit qu'on est généralement persuadé que la réunion détruirait le jury, du moins par la suite. Mais ce qui est surtout important, c'est de savoir si on peut abandonner cette institution sans abandonner en même temps les débats publics, qui sont la garantie de l'accusé (2). »

L'Empereur demanda alors si les tribunaux avaient « émis une opinion *positive* sur l'institution du jury (3). » Les réponses furent très-nettes : « La majorité, dit le grand-juge, se prononce contre toute institution avec laquelle le jury ne pourrait pas se concilier (4); » et l'archichancelier « a trouvé l'opinion des magistrats plus favorable qu'il ne pensait au jury. »

L'opinion publique était clairement exprimée; aussi Napoléon, découvrant sa véritable pensée, déclare que « l'opinion sur l'institution du jury paraît trop douteuse pour qu'en supprimant cette institution on n'excite pas des regrets (5). » Le Conseil « arrête que la justice civile et la justice criminelle continueront d'être administrées par des tribunaux différents. »

Dès lors tout semblait terminé sur ce point; il ne restait plus qu'à discuter les articles du projet du Code criminel. Effectivement cette discussion fut reprise, et dans les trois séances du

---

(1) *Locré*, tome XXIV, p. 510.
(2) *Ibid.*, p. 512.
(3) *Ibid.*, p. 516.
(4) *Ibid.*, p. 517.
(5) *Ibid.*, p. 519.

22, 27 et 29 frimaire an XIII on examina une nouvelle rédaction des quatre-vingt-dix premiers articles, puis brusquement on s'arrêta, et ce n'est qu'au bout de trois ans, en 1808, que les travaux seront repris. Comment expliquer ce fait (1)? Ne serait-ce pas que dans la pensée de l'Empereur la suppression du jury était décidée; mais le moment n'était pas favorable, il fallait attendre; peut-être quelques années suffiraient-elles pour effacer les sympathies que cette institution conservait encore? L'ouvrage restait donc inachevé et la menace suspendue : *Pendent opera interrupta minæque!*

II.

Aussi lorqu'en 1808 on reprend les travaux, le grand débat s'engage-t-il de nouveau. La première séance (23 janvier 1808) s'ouvre par un rapport de M. Treilhard : « Il rend compte de la marche de la discussion qui a eu lieu en l'an XII, et ajoute qu'on s'était réduit à présenter diverses questions, dont la solution devait fixer les bases du projet; que plusieurs ont été décidées, que d'autres sont demeurées indécises. » Il fit la lecture de ces questions, dont la première était : « L'institution du jury sera-t-elle conservée? » Le gros problème se posait encore, mêlé à celui de la réunion des deux justices, à laquelle tenait surtout Napoléon. Dans cette première séance l'attaque et la défense de l'institution menacée se produisirent à peu près dans les mêmes conditions qu'en l'an XII et en l'an XIII. L'Empereur par trois fois demanda comment le jury marchait depuis trois ans; le grand-juge répondit en termes assez vagues « qu'en général, les jurés remplissent leurs fonctions avec beaucoup de faiblesse, qu'ils encouragent le crime par l'impunité (2). » Mais M. Treilhard, tout en reconnaissant qu'il ne peut pas parler d'une manière per-

(1) Précédemment, Napoléon avait déclaré qu'il fallait se hâter, « il n'y a aucun avantage à différer la rédaction du Code criminel; on se trouverait l'année prochaine dans le même état qu'aujourd'hui. Le temps seul ne ramènerait pas à l'unité d'opinion, il ne lèverait pas les doutes et ne formerait pas les idées. » *Locré*, tome XXIV, p. 440.

(2) *Locré*, t. XXIV, p. 579.

tinente sur la marche actuelle du jury, déclare « qu'après tout le nombre des délits est diminué. A la vérité, les tribunaux spéciaux ont beaucoup contribué à faire cesser les désordres; cependant beaucoup de crimes sont encore jugés par jurés (1). » M. Bérenger « remarque deux faits : l'un qui est de notoriété, c'est que les délits diminuent; l'autre que personne ne conteste, c'est qu'on n'a pas l'exemple d'une condamnation injuste (2). » La conclusion était forcée; cependant la discussion se prolongea encore assez longtemps. Cambacérès affirme de nouveau que le jury « n'est pas dans le caractère de la nation (3), » et M. Jaubert « que la plus grande partie de la France repousse l'institution du jury. » Mais surtout Napoléon donna de sa personne avec une grande énergie; il y eut une sorte d'argumentation suivie entre lui et M. Treilhard : « M. Treilhard dit que le projet a l'inconvénient de ruiner au moins en fait la publicité des débats qui est la plus grande des garanties et qu'une instruction par écrit ne saurait suppléer : rien de plus désastreux que la procédure secrète. — Sa Majesté dit qu'il ne s'agit pas de rétablir la procédure secrète. — M. Treilhard observe qu'on y arrivera infailliblement et par la force des choses. — Sa Majesté demande si la réunion des deux justices ne présente aucun avantage. — M. Treilhard répond qu'elle formera de grands corps, mais qu'il ne voit pas que ce soit là le moyen de concilier plus de respect à la magistrature. — Sa Majesté dit qu'il en résultera encore la facilité de convertir les procès civils en procès criminels, quand il y aura lieu. — M. Treilhard représente que cette conversion est très-rare (4). — Sa Majesté dit qu'il serait fort bizarre que, pour le plus mince intérêt civil, un citoyen eût la ressource d'être jugé successivement par deux tribunaux, et que lorsqu'il s'agit de son honneur et de sa vie on ne lui laissât qu'un seul degré de juridiction. — M. Treilhard dit qu'au criminel il y a aussi deux degrés, puisque le prévenu est examiné par le jury d'accusation et par le jury de jugement. — Sa Majesté dit que ce ne sont pas là

---

(1) *Locré*, tome XXIV, p. 581.
(2) *Ibid.*, p. 591.
(3) *Ibid.*, p. 591.
(4) *Ibid.*, p. 587.

deux degrés (1). » Enfin le Conseil, encore une fois, « décide en principe que le jury sera conservé, mais que la connaissance de certains délits sera réservée à des tribunaux particuliers. »

On croirait que la question est irrévocablement résolue; qu'elle ne reparaîtra plus. Erreur; elle est reprise dans la séance suivante le 2 février 1808. Le premier orateur est M. Jaubert, l'un des adversaires les plus décidés de la procédure par jurés, et ses premières paroles éclairent la situation : « Il ne se dissimule pas que dans le Conseil l'opinion paraît formée, qu'on est décidé à maintenir le jury et qu'il ne reste de contre-poids à ces suffrages imposants *que le génie et la puissance de Sa Majesté* (2). » Le réquisitoire violent de M. Jaubert, où il soutient « que les anciennes institutions avaient des avantages formels sur cette institution moderne, » conclut « à la suppression du jury, à la formation de grands corps qui exercent à la fois les deux sortes de justice; à l'organisation d'une procédure, qui conserve la publicité des débats et l'usage des défenseurs (3). »

Là-dessus la discussion repart de plus belle. Le ministre des cultes conteste la possibilité de séparer le droit du fait, il affirme qu'en Angleterre le jury est regardé « comme une institution funeste (4), » et que « quoique l'Europe ait fait depuis quelques siècles de grands progrès dans la civilisation, aucune nation n'a cependant adopté le jugement par le jury. » M. Berlier vient une fois de plus défendre la noble cause qu'il a jusque-là si énergiquement soutenue, « l'institution du jury est tout essayée; telle qu'elle est elle a rendu de grands services à la société, telle qu'elle sera elle lui en rendra de plus grands encore (5). » L'Empereur lui-même parut cette fois décidé : « Sa Majesté dit qu'elle préférait l'ancienne législation à un système où les mêmes juges prononceraient toujours comme jurés; l'habitude les endurcirait, et néanmoins l'accusé n'aurait plus les mêmes garanties qu'autrefois. Il faut que les fonctions de juré ne soient remplies que rare-

---

(1) *Locré*, tome XXIV, p. 588.
(2) *Ibid.*, p. 603.
(3) *Ibid.*, p. 607.
(4) *Ibid.*, p. 613.
(5) *Ibid.*, p. 618.

ment par la même personne. » Le Conseil « adopte de nouveau le jugement par jurés. »

C'était la quatrième fois que cette décision était prise ; désormais on n'y reviendra plus. Cependant l'institution ne sortit pas entière de ces difficultés ; le jury d'accusation y périt. M. Jaubert déclara « qu'avec le jury d'accusation la société n'a plus de garanties ; » et Napoléon, dans un exposé très-bien fait, démontra que ce jury était forcément impropre à la tâche qu'il devait remplir. « Le Conseil décide que le jury d'accusation sera supprimé (1). »

Restait la grosse question de l'organisation des cours criminelles et de la réunion des deux justices. Un projet avait été apporté par Napoléon à la séance du 23 janvier (2). Dans celle du 2 février, il en communiqua un nouveau (3). La section de Législation se mit à travailler sur ces données, et dans la séance du 6 février, Treilhard présenta une autre rédaction (4) ; il déclara que la section avait fondu les deux projets en suivant surtout le second : « au surplus elle ne présente que des bases, afin que Sa Majesté et son conseil puissent fixer leurs idées. » Une discussion s'engagea alors, et d'après ses résultats, la section de Législation prépara sept nouveaux articles, qui furent discutés dans la séance du 16 février (5). Une cinquième, sixième et septième rédaction furent successivement proposées. Enfin, après tous ces tâtonnements, il fut décidé, ainsi que l'avait jadis proposé M. Berlier, que la justice criminelle serait réunie à la civile, mais que pourtant les jurés de chaque département s'assembleraient au chef-lieu du département. On conciliait les deux principes en substituant au tribunal criminel permanent des assises présidées par des membres de la cour d'appel, siégeant avec des assesseurs pris soit parmi les membres de la cour, soit parmi ceux des tribunaux de première instance. La solution du problème était trouvée.

(1) *Locré*, tome XXIV, p. 622.
(2) *Ibid.*, p. 582.
(3) *Ibid.*, p. 591, ssq.
(4) *Ibid.*, p. 601.
(5) *Ibid.*, p. 624, ssq.

Quant à la mise en accusation, il y eut aussi des hésitations : « Le Conseil, dit M. Treilhard, a placé d'abord l'accusation dans les tribunaux de première instance ; ensuite on l'a déléguée aux cours impériales, et la section pour écarter ce système, qu'elle croit dangereux, a imaginé de faire statuer par le procureur impérial et le juge d'instruction (1). » Si ces deux magistrats étaient d'accord, le prévenu devait être traduit devant les assises ; s'ils étaient d'avis opposés, on en référait à la cour. C'était là quelque chose d'anormal ; aussi une nouvelle rédaction, celle du 7 février 1808, vint ici encore donner la solution. Elle créait la chambre du conseil, composée de trois juges, dont le juge d'instruction, qui devait statuer, sur les conclusions du ministère public, dans toutes les affaires dont l'instruction était complète. Une seule voix, s'il s'agissait d'un crime, suffisait pour que les pièces fussent renvoyées à la cour, dont la section criminelle décidait définitivement la mise en accusation, sauf recours à la Cour de cassation. L'acte d'accusation alors seulement était dressé par le procureur général.

La chambre du conseil décidant, c'était l'ancien *règlement à l'extraordinaire*, avec cette modification, réclamée par les cahiers de 1789, que trois juges intervenaient et non un seul : « Autrefois, dit M. Regnaud, le décret qui constituait en état d'accusation était rendu par un seul juge criminel : on peut se rappeler les applaudissements qu'excita le décret de l'Assemblée Constituante, qui donna des assesseurs à ce juge jusque-là isolé. C'est parce que le conseil a compté sur le maintien de cet ordre de choses, qu'il a voté la suppression du jury d'accusation (2). » La chambre de la cour d'appel qui statuait en dernier lieu, c'était le jury d'accusation, dont les fonctions étaient transportées à des magistrats. Le système nouveau avait donc réuni et fondu ensemble les principes de l'ancienne jurisprudence et les règles des lois récentes.

Pour sanctionner ces modifications profondes dans l'organisation de la procédure par jurés, on pensa d'abord qu'un sénatus-

---

(1) *Locré*, tome XXIV, p. 656.
(2) *Ibid.*, p. 666.

consulte était nécessaire, et un projet de sénatus-consulte fut même présenté dans la séance du 5 mars 1808 (1). Mais M. Treilhard qui, jusque-là, avait vu dans toute atteinte portée au jury une atteinte à la Constitution, maintenant que le jury de jugement était définitivement sauvé, vint soutenir l'opinion contraire : « Les constitutions, dit-il, ordonnent qu'il y aura un jury d'accusation, mais elles ne défendent pas de le placer dans un tribunal (2) ; » et l'on passa outre.

(1) *Locré*, tome XXIV, p. 667, ssq.
(2) *Ibid.*, p. 692.

CHAPITRE TROISIÈME.

L'Ordonnance de 1670 et les lois de la Révolution dans le Code d'instruction criminelle.

I. La division des pouvoirs entre le ministère public et le juge d'instruction. — II. Les actes et les formes de l'instruction préparatoire. — III. La procédure devant les juridictions de jugement : ce qui reste de la procédure écrite ; les preuves morales. — IV. La chose jugée ; la justice retenue ; la réhabilitation et la révision.

Dans la grande lutte qui durait depuis si longtemps entre la procédure par jurés et l'Ordonnance de 1670, la première venait de remporter une victoire décisive. La postérité doit être reconnaissante aux hommes qui, dans le conseil d'Etat de l'Empire, surent résister à la volonté peu déguisée de l'Empereur, et dont les courageux efforts firent maintenir le jury dans nos lois. Mais le système de l'ancienne procédure, repoussé définitivement sur ce point, laissa des traces profondes dans d'autres parties de la loi, où il parvint à dominer : l'instruction préparatoire fut surtout marquée de sa dure empreinte.

I.

Lorsqu'en fructidor an XII et en vendémiaire an XIII les articles du projet de Code criminel furent discutés devant le conseil d'État pour la première fois (1), ils présentaient pour l'instruction préparatoire un système assez curieux. Le projet maintenait dans chaque arrondissement un magistrat de sûreté et un juge d'instruction ; mais leurs fonctions étaient fort différentes de ce qu'elles furent en définitive. Les magistrats de sûreté ne poursuivaient pas seulement ; ils instruisaient, et à cet égard on avait renchéri sur la

---

(1) *Locré*, tome XXIV, pp. 408-409.

loi de l'an IX (1). Ils recevaient les dénonciations et les plaintes (art. 39-42 ; 44-52) ; c'étaient eux qui normalement entendaient les témoins ; et les articles 64 à 79, placés sous la rubrique de l'audition des témoins et qui plus tard passèrent presque intégralement dans le Code d'instruction criminelle, étaient copiés sur l'Ordonnance de 1670 ; dans la discussion on s'y référa d'ailleurs avec empressement (2). C'était le magistrat de sûreté qui faisait les visites domiciliaires et opérait les saisies (art. 80 à 86 : *Des preuves par écrit et des pièces de conviction*) ; lui enfin qui lançait les mandats d'amener, de comparution et de dépôt, et interrogeait l'inculpé (art. 87 à 92). Il faut remarquer que le mandat de dépôt était défini l'ordre, d'après lequel « le prévenu était maintenu provisoirement en état d'arrestation (3), » et que le magistrat de sûreté devait « remettre dans les vingt-quatre heures, à compter du jour, soit du mandat de dépôt, ou de comparution, soit de tout autre dernier acte de son ministère, toutes les pièces au greffe du tribunal correctionnel, après les avoir cotées, et en avertir le juge d'instruction. » Le juge d'instruction n'intervenait qu'à ce moment (art. 103-106) (4) ; il complétait, refaisait même au besoin la procédure, la communiquant constamment au magistrat de sûreté. Il devait interroger à nouveau le prévenu, et conformément à la loi de l'an IX, ce dernier alors avait connaissance des charges (5), alors le juge d'instruction décernait, s'il y avait

(1) *Projet primitif*, art. 480 : « Les magistrats de sûreté, considérés comme officiers de police judiciaire, sont chargés 1° de recevoir les dénonciations et les plaintes..., 2° de constater par des procès-verbaux les traces des délits ; 3° de recueillir les indices et les preuves qui existent contre les prévenus ; 4° de les traduire devant les propréteurs. »

(2) L'article 72 portait que les enfants au-dessous de quinze ans pourraient être entendus par forme de déclaration et sans prestation de serment. L'archichancelier demande « que pour ne laisser aucun doute sur l'usage que la justice pourra faire des déclarations dont parle cet article, on ajoute ces mots, qui se trouvent dans les ordonnances, « sauf à y avoir tel égard que de raison. » M. Target dit que ces expressions de l'Ordonnance ont paru trop vagues. » *Locré*, tome XXIV, p. 167-168.

(3) Article 80.

(4) Art. 103 : « Il est chargé de compléter l'instruction commencée par le magistrat de sûreté, ou même de la refaire en tout ou en partie, quand il le jugera convenable. »

(5) « Le juge d'instruction interrogera le prévenu avant que celui-ci ait eu

lieu, le mandat d'arrêt. Il rendait enfin des ordonnances de *renvoi* ou de *non-lieu*, mais toutes les fois qu'il n'avait pas adopté les réquisitions du ministère public, « les questions tant de fait que de droit étaient soumises à la Cour de justice criminelle dans la chambre du conseil; la décision prise pouvait être dans les vingt-quatre heures attaquée devant la Cour de cassation par le procureur général. »

La première fois que les articles vinrent en discussion ils passèrent sans encombre; mais lorsqu'ils revinrent dans les séances des 22, 27, 29 frimaire an XIII, il y eut quelques protestations. Dans la rédaction nouvelle on proposait de donner aux procureurs impériaux, et, à leur défaut, à leurs substituts les fonctions d'officier de sûreté (point sur lequel on ne s'entendit pas alors) mais ces fonctions restaient telles que nous venons de les décrire. L'archichancelier remarque « qu'on a transféré à la partie publique les fonctions qui appartenaient autrefois exclusivement au juge. On rentre, il est vrai, dans le système actuel où le magistrat de sûreté cumule la double fonction de partie publique et d'instructeur; mais l'ancien système avait l'avantage de mettre deux magistrats en mouvement, de manière que l'inaction d'un seul homme ne suffisait point pour paralyser la justice. *M. Defermon* dit que l'ancien système donnait aussi plus de garanties aux prévenus : la partie publique requérait, le juge prononçait; ainsi l'autorité n'était pas concentrée dans une seule main. On ne verrait pas sans effroi le même magistrat recevoir la plainte ou la dénonciation, entendre les témoins et disposer de la liberté de la personne inculpée (1). » Mais on objecta la nécessité d'une procédure rapide, le caractère provisoire des mesures prises par le magistrat de sûreté; la question d'ailleurs se perdit dans une autre plus vaste posée par Napoléon : quels seraient les rapports des magistrats de sûreté et des préfets?

En 1808, quand la discussion fut reprise, la bataille s'engagea;

---

communication des charges. Il en sera fait lecture au prévenu après son interrogatoire, et, s'il le demande, il sera de suite interrogé à nouveau. » Cette communication par une simple lecture rappelait assez les procédés de l'Ordonnance.

(1) *Locré*, tome XXIV, p. 552.

elle dura pendant les séances des 4, 7 et 11 juin 1808 (1). Cette fois encore les partisans des anciennes formes se trouvèrent en face de ceux qui tenaient pour les procédés suivis dans les lois de l'époque intermédiaire, mais ici ils avaient pleinement raison, et ils obtinrent gain de cause. Le ministre des cultes et l'archichancelier furent très-énergiques : « Par son institution le ministère public est partie ; à ce titre il lui appartient de poursuivre, mais par cela même il serait contre la justice de le laisser faire des actes d'instruction (2). » — « Le procureur impérial serait un petit tyran qui ferait trembler la cité... Tous les citoyens trembleraient s'ils voyaient dans le même homme le pouvoir de les accuser et celui de recueillir ce qui peut justifier son accusation (3). » Et M. Jaubert ajoute « qu'on prenne garde que le projet ferme pendant un temps bien considérable l'accès de la justice au malheureux prévenu. Le procureur impérial rédige le procès-verbal et il le rédige seul... il entend les témoins, il s'empare même des personnes, et tant qu'elles sont sous sa main il leur est impossible d'implorer le secours d'aucune autorité. A qui propose-t-on de confier un pouvoir aussi redoutable ? A un officier révocable et aux ordres du procureur général... il s'en faut de beaucoup que cette ancienne législation, contre laquelle on a poussé tant de clameurs, compromît à ce point la sûreté des Français (4). »

La tradition, on le voit, parlait contre le projet : « Quand on lit le projet de Code, on s'aperçoit que beaucoup de ses dispositions sont empruntées à l'Ordonnance de 1670. Telle est entre autre celle qui concerne le règlement à l'extraordinaire. Il faut donc aussi se rappeler que, dans le système de cette Ordonnance, les deux fonctions étaient séparées, que toujours on a vu du danger à les cumuler (5). » — « Autrefois le procureur général avait, sous le rapport des poursuites, le pouvoir le plus étendu; les cours ne pouvaient l'empêcher d'en user... mais les Ordonnances maintenaient constamment le procureur général dans l'at-

---

(1) *Locré*, tome XXV, p. 123, ssq
(2) *Ibid.*, p. 124.
(3) *Ibid.*, pp. 129-131.
(4) *Ibid.*, p. 136.
(5) Cambacérès, *ibid.*, p. 130.

titude de partie poursuivante. C'est là ce qu'il importe de conserver (1). »

Cependant, MM. Treilhard, Merlin, Regnaud de Saint-Jean d'Angély, soutenaient le projet : il fallait disaient-ils, que le procureur, pour poursuivre, pût être instruit des faits ; c'était d'ailleurs le système inauguré par la loi de pluviôse. Ils soutenaient que les anciens principes ne pouvaient plus être appliqués aujourd'hui ; ils faisaient remarquer que, dès qu'il avait procédé aux premières constatations, le ministère public devait dans les vingt-quatre heures remettre l'affaire au juge d'instruction. Mais leur argument le plus spécieux était qu'il fallait aller vite, et que forcer le procureur à réquérir le juge, entraînait une lenteur dangereuse. L'archichancelier fit tomber cette objection, en lui faisant une juste part : il admit qu'en cas de flagrant délit, s'il s'agissait d'un crime, le procureur impérial serait autorisé à faire les actes d'instruction urgents : « Dans le cas de flagrant délit, peu importe par qui le fait est constaté. Il n'y a nul inconvénient, par exemple, à ce que le procureur impérial constate qu'on a trouvé un cadavre, mais il serait très-dangereux de lui accorder le même pouvoir hors le cas de flagrant délit... qui ne tremblerait de voir tomber chez soi un seul homme revêtu d'un pouvoir aussi inquisitorial (2)? » Cela était satisfaisant, et il fallait reconnaître « que la distinction entre les délits flagrants et non flagrants paraît avoir un fondement fort raisonnable, pour différencier les attributions qu'on discute ; en l'admettant, la garantie publique n'en éprouve point un notable relâchement (3). »

M. Berlier demanda aussi, si on ne pourrait pas, « sur la réclamation du maître ou de chef de maison, admettre la même forme de poursuite ou d'instruction, que pour les flagrants délits. »

Ainsi la division des fonctions entre le juge et le procureur, la distinction entre la poursuite et l'instruction, furent admises avec ces tempéraments. Voilà comment il se fait que le flagrant délit a repris dans le Code d'instruction criminelle une place importante, qu'il n'occupe d'ordinaire que dans les législations

---

(1) Cambacérès, *Locré*, tome XXV, p. 146.

(2) *Locré*, tome XXV, pp. 147-148.

(3) M. Berlier, *ibid.*, pp. 130-131.

primitives. Voilà aussi comment il se fait que la loi, à côté du flagrant délit proprement dit, énumère un certain nombre de cas, qui y sont assimilés. — Dans les séances des 18 et 21 juin 1808, on présenta une nouvelle rédaction des chapitres IV et V. L'audition des témoins, la recherche des preuves par écrit, la délivrance des mandats, étaient rendus au juge d'instruction. Cependant quelques traces de la rédaction primitive ont subsisté. C'est dans la section qui traite « du mode de procéder des procureurs dans l'exercice de leurs fonctions, » que se trouvent les règles sur la confection des procès-verbaux d'instruction, et cela à propos du flagrant délit. — Conformément à la logique et aux traditions de l'ancien droit, les *plaintes* qui saisissent la justice, doivent être en principe adressées au juge d'instruction (art. 63), les dénonciations étant adressées au procureur (art. 31); mais les plaintes peuvent aussi être adressées au procureur, qui les transmet alors avec ses réquisitions au juge d'instruction (art. 64).

Quant à la division des fonctions entre les deux magistrats, les principes traditionnels de l'ancien droit avaient donc triomphé et l'on ne peut que s'en féliciter : mais en même temps ils allaient reparaître sur d'autres points et donner à l'instruction préparatoire ces formes rigoureuses et ces règles peu libérales, qu'elle a pour la plupart conservées jusqu'à nos jours.

II.

L'instruction préparatoire, nécessaire quand il s'agit d'un crime, facultative quand il s'agit d'un délit, sera une procédure secrète et écrite; elle ne sera point contradictoire, et la détention préventive y formera une règle susceptible d'un fort petit nombre d'exceptions. L'instruction préparatoire du Code d'instruction criminelle c'est la procédure de l'Ordonnance de 1670, jusqu'au règlement à l'extraordinaire.

D'abord, l'audition des témoins a lieu secrètement; le prévenu ne peut y assister, fût-il détenu lorsqu'elle a lieu; chaque témoin dépose séparément en présence du juge seul et de son greffier. Les articles 71 à 86, qui épuisent la matière, reproduisent presque textuellement le titre vi de l'Ordonnance. Une différence assez importante est pourtant à signaler. L'Ordonnance (tit. VI, art. 1) déclarait que « les témoins sont administrés par nos procureurs ou ceux des seigneurs, comme aussi par les parties civiles. » Cela interdisait absolument au juge d'entendre les témoins que l'inculpé voudrait produire; le Code d'instruction criminelle décide que « le juge d'instruction fera citer devant lui les personnes qui auront été indiquées par la dénonciation, par la plainte *ou autrement.* » L'addition de ce dernier mot permet au juge d'entendre les témoins que le prévenu désignerait, mais c'est pour lui purement une faculté; l'inculpé ne saurait faire citer directement ses témoins et forcer le juge à les entendre.

Ces articles furent adoptés cependant presque sans discussion (1); et sur ce point les observations de la commission du Corps législatif furent insignifiantes (2). La loi de pluviôse avait préparé les esprits à accepter ces principes. L'Exposé des motifs, par M. Treilhard, est fort laconique : « Vous trouverez, Messieurs, dans le chapitre des juges d'instruction, des règles très-détaillées sur les plaintes, sur la manière de se rendre partie civile, sur celle dont les témoins doivent être entendus, sur le serment qu'ils doivent prêter, sur l'obligation de comparaître quand ils sont cités, sur les voies de coaction quand ils font défaut et sur le transport du juge pour les entendre quand ils sont hors d'état de se présenter. J'indique seulement ces dispositions qui ne peuvent être susceptibles d'aucune difficulté, et qui d'ailleurs ne sont point nouvelles (3). »

Pour les perquisitions et les saisies, quelques garanties sont inscrites dans la loi; elles devront avoir lieu en présence du prévenu s'il a été arrêté (art. 39 et 89), et celui-ci pourra fournir des explications, reconnaîtra les objets saisis et paraphera les scellés. Ces dispositions étaient empruntées, non à l'Ordonnance, mais au Code des délits et des peines (art. 125-131).

Quant aux *expertises* médico-légales ou autres, aucune contra-

---

(1) Séances du 21 juin 1808, *Locré*, tome XXV, p. 168, ssq.; 26 août, *ibid.*, p. 192, ssq.; 4 octobre, *ibid.*, p. 214.

(2) *Locré*, tome XXV, p. 215, ssq.

(3) *Ibid.*, p. 243.

diction n'est ouverte au prévenu ; l'article 46, sur ce point si important, ne détermine que le serment à prêter par les experts. La défense ne peut point contester le choix que le juge a fait d'un expert; ni, à plus forte raison, faire procéder officiellement à une contre-expertise. A cet égard, il faut le dire, le Code des délits et des peines avait été moins libéral encore que l'Ordonnance (Code de brumaire an IV, art. 103; Ord. 1670, tit. v).

Restent les points les plus graves peut-être de l'instruction préparatoire : la comparution du prévenu et son interrogatoire, la détention préventive et la possibilité d'une mise en liberté provisoire. Ici, c'est l'ancien droit qui reparaît, quoique la plupart des termes soient empruntés aux lois de l'époque intermédiaire.

Les quatre *mandats*, créés successivement par les lois de 1791, de l'an IV et de l'an IX, sont tous conservés et gardent en général leur ancien caractère. Les mandats de comparution et d'arrêt ne peuvent être lancés que par le juge d'instruction; il en est de même en principe du mandat d'amener; cependant, en cas de crime flagrant, il peut être délivré par le procureur (art. 40). En règle générale, la procédure s'ouvrait par le mandat d'amener; au cas seulement où l'inculpé était domicilié et où il s'agissait d'un simple délit, le juge pouvait se contenter de lancer d'abord un mandat de comparution (art. 91). Cette fonction nouvelle du mandat de comparution fut introduite sur la demande de la commission du Corps législatif : « L'expérience, disait-elle, a prouvé qu'il pouvait y avoir de graves inconvénients à faire arrêter et conduire scandaleusement par la gendarmerie un domicilié, prévenu d'avoir commis dans une rixe des excès, qui, s'ils sont prouvés, n'entraînent que quinze jours ou un mois de prison... Ces réflexions conduisent à regarder comme avantageux de laisser à la prudence du juge d'instruction de décerner contre l'inculpé de délits de police correctionnelle de simples mandats de comparution. On ferait renaître ainsi la sagesse de l'article du titre x de l'Ordonnance de 1670, où il est dit : « Selon la qualité des crimes, des preuves et des personnes, il sera ordonné que la partie sera assignée pour être ouïe, ajournée à comparoir ou prise de corps (1). » Le mandat d'arrêt était celui qui devait établir la détention préventive ; il exigeait les conclusions préalables du ministère public, et énonçait le fait, objet de la poursuite, et la loi qui le qualifiait comme crime ou comme délit (art. 96). Le mandat de dépôt était maintenu, mais avec son caractère provisoire ; il était délivré par le procureur impérial, lorsqu'un mandat d'amener étant lancé, le prévenu était trouvé, à plus de deux jours de sa date, hors de l'arrondissement de l'officier qui avait décerné ce mandat et à plus de cinq myriamètres du domicile de cet officier (art. 100) (2). Le mandat de dépôt n'avait, dans le Code de 1808, que deux autres cas d'application, se référant à des hypothèses exceptionnelles (3).

Le Code d'instruction criminelle ne s'occupe des interrogatoires que pour fixer le délai, dans lequel le premier interrogatoire doit avoir lieu (art. 93) ; mais par là même, l'observation de ce délai est la seule garantie qu'il assure en cette matière au prévenu. L'interrogatoire aura lieu en secret, cela a toujours été la règle ; le prévenu, seul en face du juge, ne connaîtra de ce qui a été fait jusque-là contre lui, que ce que le juge voudra bien lui communiquer. Toutes les garanties que depuis 1789 on avait données à la défense ont disparu peu à peu. En 1789, on faisait lire à l'inculpé, avant de l'interroger, la plainte et tous les documents qu'avait déjà recueillis le juge ; il avait dès lors un conseil avec lequel on voulait qu'il pût conférer avant de répondre. La loi de 1791 voulait que, si l'inculpé avait été ar-

---

(1) *Locré*, tome XXV, p. 228-229. Le rapport de M. Dhaubersart indique aussi le mandat de comparution comme une résurrection du décret d'assigné pour être ouï. *Ibid.*, p. 255.

(2) Dans cette hypothèse, le Code de brumaire an IV décidait (art. 74) que le prévenu pouvait se « faire garder à vue ou mettre en arrestation provisoire. »

(3) 1º Art. 193 : il s'agissait d'une poursuite intentée à faux en police correctionnelle, le fait étant de nature à entraîner une peine afflictive ou infamante ; alors « le tribunal pourra décerner de suite le mandat de dépôt ou d'arrêt, et il renverra le prévenu devant le juge d'instruction compétent. » 2º En cas d'appel d'un jugement de police correctionnelle (art. 214) : « Si le jugement est annulé parce que le délit est de nature à mériter une peine afflictive ou infamante, la cour ou le tribunal décernera, s'il y a lieu, le mandat de dépôt ou même le mandat d'arrêt. »

rêté, il fût présent à l'audition des témoins (tit. v, art. 15). Le Code des délits et des peines contenait la même disposition (art. 115), et il décidait encore que, si l'on avait entendu des témoins avant la comparution du prévenu ou son arrestation, leurs déclarations devaient tout d'abord lui être lues, sans que toutefois il pût en obtenir copie (art. 116). La loi de l'an IX avait été moins libérale; elle voulait que l'inculpé fût entendu et interrogé sans avoir communication des charges, mais on devait ensuite les lui faire connaître et il pouvait y répondre. Cette ressource n'existe même plus sous l'empire du nouveau Code. Pendant toute la durée de l'instruction, le prévenu pourra rester dans l'ignorance complète de la procédure; aucun acte ne lui sera notifié, car le Code de 1808 ne lui ouvre le droit d'opposition contre la décision du juge que dans un seul cas, lorsqu'il a contesté la compétence du juge d'instruction et que celui-ci n'a pas admis son déclinatoire (art. 539). Sans doute le juge peut communiquer oralement les charges aux prévenus, confronter ceux-ci entre eux ou avec les témoins, mais ce n'est pour lui qu'une simple faculté. On est revenu aux règles de l'Ordonnance de 1670. Avec quelques formalités en moins dans les écritures un lieutenant criminel de l'ancien régime retrouverait les choses telles qu'il les pratiquait jadis.

La mise en liberté sous caution était une des conquêtes de la Révolution. L'ancien droit ne la connaissait pour ainsi dire plus, car il ne l'admettait pas toutes les fois qu'il s'agissait d'une affaire réglée à l'extraordinaire. Le Code de brumaire an IV avait établi un système très-simple, excluant tout arbitraire. Il ne connaissait que deux situations : ou la liberté provisoire était un droit pour le prévenu, ou elle ne pouvait être accordée; on se trouvait dans le premier cas lorsque la peine éventuelle était correctionnelle ou simplement infamante; dans le second, lorsqu'elle était afflictive (art. 222). Le projet de Code criminel reproduisait cette distinction, mais en y attachant d'autres conséquences; il déclarait la mise en liberté impossible lorsqu'il pouvait échoir peine afflictive, mais elle était simplement facultative pour le juge si la peine n'était qu'infamante ou correctionnelle; c'était une modification profonde de la législation antérieure. Il semble qu'on eût perdu le souvenir des lois en vigueur, car M. Treilhard déclara que « la section avait suivi le système de l'Assemblée constituante (1). » On trouva même que le projet était trop indulgent, et MM. Cambacérès, Jaubert, Regnaud de Saint-Jean d'Angély ainsi que le grand-juge, demandèrent qu'on restreignît la liberté facultative au cas d'un procès en police correctionnelle (2); ils obtinrent gain de cause. M. Berlier tenta au moins dans cette mesure de faire reconnaître un droit absolu pour la défense, observant que « puisque la mise en liberté sous caution ne s'applique plus qu'à des délits de police correctionnelle, les juges ne peuvent avoir de bonnes raisons pour refuser ce bénéfice aux prévenus qui remplissent les conditions de la loi... — *S. A. S. l'archichancelier de l'Empire* dit que les délits de police correctionnelle pouvant entraîner l'emprisonnement, on ne peut pas relâcher indistinctement sans caution ceux qui sont prévenus; il suffit de laisser cette faculté au juge (3). »

Le Code d'instruction criminelle ne considéra donc jamais la mise en liberté provisoire comme un droit du prévenu; il la prohibait absolument lorsqu'il s'agissait d'un crime (art. 113) et en matière correctionnelle lorsque le prévenu était un vagabond ou repris de justice (art. 115) : toujours un cautionnement d'au moins 500 fr. était exigé. C'était la chambre du conseil qui statuait sur les demandes de mise en liberté, et ses décisions pouvaient être attaquées par le procureur impérial et la partie civile, mais non par le prévenu (art. 135).

Toutes les dispositions que nous venons d'analyser, sauf celles sur la liberté provisoire, passèrent au Conseil d'État presque sans discussion. Le texte qui occupa le plus longtemps l'attention fut l'article 10, qui confère au préfet des attributions de police judiciaire et que Napoléon soutint en personne (4).

(1) *Locré*, tome XXV, p. 184.

(2) L'institution fut même radicalement attaquée : « M. Regnaud, dit que l'Assemblée constituante n'a établi le système de la liberté provisoire que par imitation des Anglais, qui relâchent sous caution, même lorsqu'il s'agit des peines les plus graves. Mais c'est une question que de savoir si cette théorie convient à nos mœurs. » *Ibid.*, p. 186.

(3) *Locré*, tom. XXV, p. 191. — (4) *Ibid.*, p. 205, ssq.

Ainsi se déroulait l'instruction dont le juge allait soumettre les résultats à la chambre du conseil, pour que celle-ci décidât quelle suite serait donnée à l'affaire. En matière criminelle, ce contrôle était plutôt nominal que réel, car il suffisait d'une seule voix, celle du juge d'instruction, pour que les pièces fussent transmises au procureur général et que la chambre des mises en accusation fût saisie (1).

La procédure devant la chambre des mises en accusation est secrète, comme la première information : « les juges ne voient ni le prévenu, ni la partie civile, ni les témoins de l'un et de l'autre. Aussitôt après la lecture des pièces, le procureur général se retire en laissant sur le bureau sa déclaration écrite et signée. — Le plus grand secret doit présider aux délibérations de la Cour impériale dans toutes les affaires criminelles qui lui sont soumises (2). » Depuis la loi du 7 pluviôse an IX, il en était de même devant le jury d'accusation. La loi nouvelle ne faisait en général que transférer à la chambre d'accusation les pouvoirs du jury, et une portion des articles qui règlent ses fonctions ont été copiés dans le Code de brumaire an IV; parfois même l'adaptation a été hâtive et le raccord mal fait (3). Cependant sur un point la nouvelle juridiction acquit un pouvoir qui manquait à l'ancienne. Le jury d'accusation n'avait pas le droit « d'examiner si le fait porté dans l'acte d'accusation mérite peine afflictive ou infamante » (Code de brumaire, art. 241). La chambre d'accusation examine au contraire la qualification à donner au fait (Inst. cr., art. 231); cela est logique, les juges connaissent de la question de droit, interdite aux jurés.

Si la chambre d'accusation rend un arrêt de renvoi devant la cour d'assises, il y a lieu pour le procureur général de dresser l'acte d'accusation, qui précédait jadis la mise en accusation et

---

(1) *Exposé des motifs*, par Treilhard. *Locré*, tome XXV, pp. 246-247.

(2) *Exposé des motifs*, par M. Faure. *Ibid.*, p. 566.

(3) Par exemple, art. 225 : « Les juges délibéreront entre eux sans désemparer et sans communiquer avec personne. » C'était le dernier alinéa de l'article 238 du Code de brumaire; mais très-bien fait pour des jurés, il n'avait guère de portée appliqué à des magistrats; on en fit l'observation au Conseil d'État (*Locré*, tom. XXV, pp. 431-432).

dont il était la base (1). Dans l'Exposé des motifs par M. Faure, dans le Rapport de M. Riboud (2), on se félicite vivement de ce changement; mais en réalité, par là même, l'acte d'accusation ne fait que reproduire, avec quelques détails en plus, l'arrêt de renvoi; sans doute il doit, ainsi que ce dernier, être lu aux jurés, mais il n'y a là qu'une pure formalité. C'est dans la pratique une lecture rapide, à laquelle le jury ne prête qu'une oreille distraite : il va entendre les témoins et l'accusé; il va voir le drame vivant se dérouler sous ses yeux.

III.

Si, après la procédure devant les juridictions d'instruction, on considère les débats devant les juridictions de jugement, le contraste est complet. On passe de l'obscurité au plein jour. La procédure était secrète, écrite, tournée tout entière du côté de l'accusation et ne laissant même pas à la défense le droit de contradiction : ici tout est publicité, débats oraux, libre défense et pleine discussion. D'un côté, ce sont les traditions de l'Ordonnance de 1670; d'autre part, les principes proclamés par l'Assemblée constituante et mis en œuvre dans les lois de l'époque intermédiaire (3). Quel que soit le tribunal devant lequel on comparaisse, l'instruction est publique à peine de nullité (art. 153, 190, 309); partout les droits de la défense sont les mêmes que

---

(1) *Locré*, tome XXIV, p. 507.
(2) *Ibid.*, p. 589.
(3) Récemment cette vérité était reconnue dans un document officiel : « Les rédacteurs du Code de 1808 adoptèrent un système de conciliation : ils s'efforcèrent de satisfaire les deux intérêts en présence et de combiner les divers éléments que leur offraient les différentes périodes de notre histoire. A l'époque féodale (?) ils empruntèrent la publicité des audiences, le jury, les épreuves orales, le droit d'appel; au régime monarchique ils prirent l'institution du ministère public, la permanence des juges, l'usage des procédures rédigées par écrit. Ils se flattaient d'avoir assez fait pour le prévenu en lui assurant des juges impartiaux, l'assistance d'un défenseur, et la publicité des débats, au moment où, l'instruction étant finie, il va pouvoir faire éclater son innocence, si elle a été méconnue. » *Projet de loi tendant à réformer le Code d'instruction criminelle*, présenté au nom de M. Jules Grévy, président de la République française. *Journal off.* du 14 janvier 1880, p. 302, col. 2 et 3.

ceux de l'accusation ; elle peut produire ses témoins, et ce sont même les derniers entendus, comme le défenseur et l'accusé ont la parole en dernier lieu. Toujours le prévenu peut être assisté d'un défenseur ; la loi d'office en donne aux accusés.

Mais entre ces deux états extrêmes et opposés, n'y a-t-il point une période intermédiaire, dans laquelle la défense puisse commencer à s'organiser et prenne connaissance de la procédure écrite, où jusqu'à présent toutes les preuves ont été concentrées, et où l'accusation, à qui elle a été constamment ouverte, puise les armes qu'elle prépare?

En matière criminelle, où une instruction préparatoire forcément a eu lieu, le législateur a établi cette phase intermédiaire, cette période de transition. D'abord quand l'arrêt de renvoi a été rendu et l'acte d'accusation dressé, ces pièces ont été signifiées à l'accusé (art. 242), qui, dans les vingt-quatre heures, a dû être transféré dans la maison de justice. Vingt-quatre heures encore après son arrivée dans ce lieu, l'accusé doit être interrogé par le président de la cour d'assises ou par le magistrat qui le remplace (art. 294). Par là même il a l'occasion de faire entendre ses plaintes à un magistrat d'un rang élevé ; ce n'est pas tout, le président doit l'avertir qu'il a le droit d'attaquer l'arrêt de renvoi devant la Cour de cassation, lui demander s'il a fait choix d'un défenseur, et, au besoin, lui en nommer un d'office (art. 294). C'est là une des plus nobles dispositions de la loi française ; les réformateurs de la Révolution la puisèrent dans la générosité du caractère national ; ce ne fut pas un emprunt fait à l'Angleterre, qui ne connaissait pas cette loi généreuse.

Dès lors le conseil peut librement communiquer avec l'accusé, prendre connaissance de toutes les pièces de la procédure (art. 302), et en faire prendre copie (art. 305). Une copie des procès-verbaux et des déclarations écrites des témoins est même délivrée gratuitement à l'accusé. Cette disposition était contenue dans le Code des délits et des peines (art. 320) ; c'était même alors la copie de toutes les pièces de la procédure qui était délivrée, tandis que la formule employée par le Code d'instruction criminelle exclut de la copie gratuite les interrogatoires de l'accusé. Mais ces dispositions équitables ne sont édictées que pour les matières criminelles ; la loi ne s'est pas occupée du cas où l'instruction préparatoire était faite en vue d'un délit correctionnel. Alors il n'y a point d'avocat nommé d'office, point de communication de pièces. La communication à l'avocat a souvent lieu dans la pratique ; mais ce n'est qu'une concession gracieuse de la part des parquets. Pour les procès importants en police correctionnelle, il y a là une lacune regrettable.

On devine que les textes réglant la procédure devant les juridictions de jugement, furent empruntés au Code des délits et des peines, qu'il s'agît du tribunal de simple police ou de police correctionnelle, ou de la cour d'assises. Pour s'en assurer, il suffit de jeter un coup d'œil sur l'un et l'autre Code. On avait apporté au fonctionnement du jury les retouches, dont l'expérience avait démontré la nécessité. La composition des listes de jurés était profondément modifiée. L'article 382 indiquait limitativement les catégories de personnes qui devaient les fournir. C'étaient d'abord les membres des collèges électoraux, tels que les composait le sénatus-consulte du 16 thermidor an X (art. 14, 15, 18, 19), c'est-à-dire des électeurs du second degré (1), et les trois cents plus imposés : puis venaient quatre alinéas, qui réalisaient pour le jury ce qu'on appellera plus tard l'adjonction des capacités. Enfin, l'article 387 permettait aux personnes qui n'appartenaient à aucune de ces classes, de solliciter « l'honneur d'être admis aux fonctions de juré ; » le préfet pouvait les comprendre dans la liste s'il avait obtenu sur elles « des renseignements avantageux, » et si le ministre de l'intérieur accordait son autorisation. Les préfets dressaient les listes de session « composées de soixante citoyens. » Art. 387 : « Les préfets formeront sous leur responsabilité une liste de jurés, toutes les fois qu'ils en seront requis par les présidents des cours d'assises. Cette réquisition sera faite quinze jours au moins avant l'ouverture de la session. »

On le voit, le choix des jurés, si mal fait pendant la période

---

(1) Ils étaient nommés par l'assemblée de canton « composée de tous les citoyens domiciliés dans le canton et qui y sont inscrits sur la liste communale d'arrondissement. » Ils étaient deux cents au plus et cent vingt au moins pour le collège électoral d'arrondissement ; trois cents au plus et deux cents au moins pour le collège électoral de département. Ils étaient nommés à vie.

révolutionnaire, était restreint dans d'étroites limites. On avait même réagi à l'excès contre le relâchement des règles anciennes. La composition du jury était entièrement aux mains des préfets, puisqu'ils choisissaient à leur gré les listes de session et à cela à une époque très-rapprochée de l'ouverture des sessions d'assises. Le tirage au sort ne jouait un rôle que dans la composition du jury de jugement. La récusation *en présence* était organisée, il ne pouvait plus y avoir de récusations motivées (art. 399) (1).

Le système des questions posées au jury était simplifié. Ici même on avait été trop loin, et d'un excès on était tombé dans un autre. Une seule question, dont la formule très-simple visait à la fois l'élément matériel et l'élément moral du délit, comprenait tout le contenu de l'acte d'accusation; c'est-à-dire non-seulement le fait principal, mais aussi les circonstances aggravantes qui pouvaient y être relevées (art. 338). C'était obliger éventuellement les jurés à opérer des distinctions, et à poursuivre une analyse (art. 365), que les lois antérieures avaient sagement voulu leur éviter. On n'avait point encore trouvé la solution du problème. Sur un autre point on avait été mieux inspiré. L'article 387 déclarait « que la décision du jury se formera pour ou contre l'accusé à la majorité, à peine de nullité. En cas d'égalité de voix, l'avis favorable à l'accusé prévaudra. » Repoussant le principe anglais de l'unanimité et les tâtonnements de l'époque intermédiaire, le Code d'instruction criminelle adoptait cette loi si logique et si raisonnable de la simple majorité, qu'on devait pourtant repousser encore dans la suite, pour y revenir enfin de nos jours.

Mais le législateur de 1808 n'avait pas osé proclamer ce principe d'une manière absolue; il l'avait accompagné d'une restriction illusoire en réalité. Organisant un système bizarre et compliqué, il voulait que, si la décision avait été prise contre l'accusé à la simple majorité d'une voix, les jurés en fissent la déclaration

---

(1) On avait cru nécessaire d'édicter les moyens de contrainte énergiques pour obliger les citoyens désignés au service du jury. Non-seulement des amendes étaient prononcées, comme aujourd'hui, contre les défaillants, mais de plus l'article 392 déclarait inadmissibles aux places judiciaires et administratives ceux qui négligeaient, sans juste cause, de satisfaire aux réquisitions à eux adressées pour le service du jury.

(art. 341). On appelait alors la cour elle-même, composée de cinq membres, à délibérer sur la question de culpabilité ; et voici comment on combinait ce vote avec celui des jurés : art. 351 « si l'avis de la minorité des jurés est adopté par la majorité des juges, de telle sorte qu'en réunissant le nombre de voix ce nombre excède celui de la majorité des jurés et de la minorité des juges, l'avis favorable à l'accusé prévaudra. »

Comment le Code tranchait-il deux points importants, sur lesquels différaient profondément l'ancienne jurisprudence et le droit de la Révolution : le procès écrit ou le débat oral, et la théorie des preuves ? D'abord le caractère oral du débat est maintenu ; mais le Code d'instruction criminelle se défie moins de l'écriture que ne l'avaient fait les lois antérieures. Dans la procédure devant le jury, le Code de brumaire avait indiqué d'une façon fort étroite l'usage qui pouvait être fait de l'information, et aucune trace des débats n'était fixée par l'écriture. « Art. 365 : Il ne peut être lu aux jurés aucune déposition écrite de témoins non présents à l'auditoire. — Art. 366 : Quant aux déclarations écrites que les témoins présents ont faites et aux notes écrites des interrogatoires que l'accusé a subis devant l'officier de police, le directeur du jury et le président du tribunal criminel, il n'en peut être lu dans le cours des débats que ce qui est nécessaire pour faire observer soit aux témoins, soit à l'accusé les variations, les contradictions et les différences qui peuvent se trouver entre ce qu'ils disent devant les jurés et ce qu'ils ont dit précédemment. — Art. 382 : Il (le Président) remet aussi aux jurés, toutes les pièces du procès, à l'exception des déclarations écrites des témoins et des interrogatoires écrits de l'accusé. » De ces trois articles, le premier a disparu ; et c'est un fait important, car, bien que les rédacteurs du Code n'aient point eu l'idée de déroger sur ce point au droit antérieur (1), nous verrons quel parti la jurisprudence a tiré de

---

(1) Cela résulte d'un article du titre des *Contumaces;* l'article 477 prévoyant le débat contradictoire qui intervient quand une contumace est purgée, s'exprime ainsi : « Dans le cas prévu par l'article précédent, si pour quelque cause que ce soit, des témoins ne peuvent être produits aux débats, leurs dépositions écrites et les réponses écrites des autres accusés du même délit seront lues à l'audience ; il en sera de même de toutes les autres pièces, qui seront jugées par le président

cette lacune. Quant aux deux autres dispositions, elles furont reprises, mais sous une forme qui élargissait quelque peu la fonction des pièces écrites. Art. 318 (Inst. crim.) : « Le président fera tenir note par le greffier des additions, changements, ou variations qui pourraient exister entre la déposition d'un témoin et ses précédentes déclarations. Le procureur général et l'accusé pourront requérir le président de faire tenir les notes de ces changements, additions et variations (1). — Art. 341 : Le président remet les questions écrites aux jurés en la personne du chef du jury ; il y joint l'acte d'accusation, les procès-verbaux qui constatent les délits et les pièces du procès autres que les dépositions écrites des témoins. » Dorénavant les pièces remises contiennent les interrogatoires des accusés.

Sur un point, la procédure écrite fit nettement un pas en avant. En cas de contumace, le Code de brumaire voulait que le jury intervînt, comme dans la procédure contradictoire (art. 462 à 482). Le Code d'instruction criminelle décida au contraire que le jury n'interviendrait point ; la cour statuerait elle-même sur le fond, après avoir constaté la régularité de la procédure (art. 470). Cela était logique, en effet, et cette réforme était utile, comme le montre fort bien l'Exposé des motifs fait par M. Berlier : « Puisque tout se réduit à la lecture des pièces, à l'examen d'une procédure écrite, et à une froide analyse de circonstances plus ou moins bien établies au procès, c'était déplacer toutes les idées que de ne pas laisser aux juges le soin d'y statuer. Les rétablir dans ce droit, c'est d'ailleurs dégager l'instruction de la contumace d'éléments qui la compliquent sans utilité et sans intérêt pour le contumax (2). » Dans un pareil procès, il n'y a point de défense, pas de débat oral ; c'est l'affaire des magistrats plutôt que des jurés. Les règles de la procédure par contumace,

---

être de nature à répandre de la lumière sur le délit et les coupables. » Si cela eût été possible d'après le droit commun, l'article ne se comprendrait pas.

(1) Cf. art. 372 : « Le greffier dressera un procès-verbal de la séance afin de constater que les formalités prescrites ont été observées. Il ne sera fait mention au procès-verbal ni des réponses des accusés, ni du contenu aux dépositions, sans préjudice toutefois de l'application de l'article 318. »

(2) *Locré*, tome XXVII, p. 159 ; cf. Rapport de M. Cholet, *ibid.*, p. 72.

que les lois précédentes avaient empruntées en grande partie à l'ancien droit français, furent d'ailleurs maintenues dans le Code d'instruction criminelle.

En police correctionnelle, il ne pouvait être question d'interdire aux juges de consulter l'information, quand il en avait été faite une; et nécessairement elle influera sur leur décision, bien que le débat oral et public doive toujours être leur principal élément d'appréciation. Devant les tribunaux de police correctionnelle, comme en simple police, le Code d'instruction criminelle, après celui de Brumaire, veut que, sinon le débat entier, au moins ses principaux points soient fixés par l'écriture (1). Pour les tribunaux de police, l'article 155 (que l'article 189 rend applicable aux tribunaux de police correctionnelle) déclare « que les témoins feront à l'audience serment de dire toute la vérité, rien que la vérité, et le greffier en tiendra note ainsi que de leurs nom, prénoms, âge, profession et demeure et de leurs *principales déclarations.* » On voulait rendre par là moins coûteuse la procédure en appel; c'est un germe qui se développera dans la suite.

Le législateur nouveau maintenait le système des preuves morales, l'une des réformes pour lesquelles avait combattu le plus ardemment le XVIIIe siècle, et qui constituait une conquête définitive. Devant le jury cette théorie conservait son empire absolu : quelle que soit la preuve fournie, les jurés peuvent toujours acquitter, de même qu'un verdict affirmatif peut être rendu, quelle que soit la faiblesse des preuves. Comme le Code de brumaire, le Code d'instruction criminelle met sous les yeux des jurés un long avertissement où cette théorie est rappelée : « Art. 342 : La loi ne demande pas compte aux jurés des moyens par lesquels ils se sont convaincus. Elle ne leur prescrit point de règles, desquelles ils doivent faire particulièrement dépendre la plénitude et la suffisance d'une preuve. Elle leur prescrit de s'interroger eux-mêmes dans le silence et le recueillement, et de chercher dans la sincérité de leur conscience quelle impression ont faite sur leur raison les preuves rapportées contre l'accusé

---

(1) Code de brumaire, art. 155 : « Leurs nom (des témoins), âge et profession sont insérés dans le jugement; — le greffier tient note sommaire de leurs principales déclarations ainsi que des principaux moyens de défense des prévenus. »

et les moyens de sa défense. La loi ne leur dit point : « Vous tiendrez pour vrai tel fait attesté par tel ou tel nombre de témoins; » elle ne leur dit pas non plus : « Vous ne regarderez pas comme suffisamment établie toute preuve qui ne sera pas formée de tel procès-verbal, de telle pièce, de tant d'indices; » elle ne leur fait que cette seule question qui renferme toute la mesure de leurs devoirs : « Avez-vous une intime conviction? »

Devant les autres juridictions, le même principe prévaut encore; mais il admet quelques restrictions. Parfois, bien que très-rarement, le juge ne peut pas se déterminer d'après toute preuve; la loi en a choisi spécialement quelques-unes. Il en est ainsi pour le délit d'adultère (art. 338, C. P.); de même certaines contraventions, fugitives et difficilement saisissables, ne peuvent être prouvées que par un procès-verbal régulier; c'est du moins ainsi que la jurisprudence interprète les lois du 17 brumaire an VI sur les matières d'or et d'argent, et du 9 floréal an VII sur les douanes, et le décret du 1er germinal an XII sur les douanes (art. 34). En sens inverse, dans certains cas la décision, quelle que soit la conviction du juge, sera emportée par la production d'une certaine preuve; cela est vrai des procès-verbaux, quant aux faits matériels qu'ils constatent (art. 154, Inst. crim.) : les uns font foi jusqu'à inscription de faux, et tant que l'inscription de faux n'a pas été intentée avec succès, ils lient le juge; les autres ne font foi que jusqu'à preuve contraire, mais il faut offrir et administrer cette preuve pour les dépouiller de leur autorité.

Le Code d'instruction criminelle introduisit peu de modifications dans le système des voies de recours. L'appel était maintenu et toujours admis en matière correctionnelle; pour les matières de simple police il était ouvert dans une mesure suffisante. Le pourvoi en cassation, sauf des modifications de détail était réglé comme dans les Codes de l'époque intermédiaire.

IV.

Mais ce n'était là que la procédure de droit commun; il y avait aussi une procédure d'exception en matière criminelle. Elle se déroulait devant les *Cours spéciales* (art. 583-599. Inst. crim.). Ces cours étaient les héritières, mais à titre définitif, des tribunaux spéciaux organisés par les lois du 18 pluviôse an IX et du 22 floréal an X. Elles se composaient des cinq magistrats qui siégeaient à la cour d'assises, et de trois militaires ayant au moins le grade de capitaine (art. 556). Elles connaissaient de tous les crimes commis par des vagabonds ou gens sans aveu ou par des condamnés à des peines afflictives ou infamantes, ainsi que des crimes de rébellion à la force armée, de contrebande armée, de fausse monnaie et d'assassinat préparé par des attroupements armés (art. 553, 554). Toute l'instruction préparatoire était la même que pour une affaire portée devant le jury, et elle était soumise à la chambre d'accusation, qui ordonnait, s'il y avait lieu, le renvoi devant la cour spéciale (art. 566, 567). Cet arrêt de renvoi, déterminant la compétence, était d'office soumis à la chambre criminelle de la Cour de cassation (art. 568, 570). Devant la cour spéciale le débat était oral et public, et la défense libre, comme devant la cour d'assises (art. 573, 579). Le jugement était rendu à la majorité des voix, le partage seul profitant à l'accusé (art. 582); il était en dernier ressort et ne pouvait être attaqué par le pourvoi en cassation (art. 597).

Ces articles, comparés à la loi du 18 pluviôse, présentaient des adoucissements assez sensibles; les affaires soustraites au jury étaient moins nombreuses, on le fit ressortir dans la discussion au Conseil d'État (1). En réalité, il y avait aggravation, en ce sens que le système devenait définitif; on n'avait plus devant soi une mesure de circonstance, mais une institution régulière et durable. L'esprit qui régnait ici était celui qui, dans l'ancien droit, avait créé et développé les juridictions prévôtales, et sur

---

(1) Séance du 9 août 1808, *Locré*, t. XXVII, p. 19.

ce point l'Ordonnance de 1670 triomphait. On le reconnaissait ouvertement ; nous avons plus haut cité des passages très-explicites de l'Exposé des motifs fait par M. Réal. On répudiait seulement la procédure secrète de l'ancien régime. « Jadis c'était l'instruction déjà bien sévère de l'Ordonnance de 1670 confiée au prévôt et à son assesseur. Ainsi le juge extraordinaire, le juge militaire seul saisissait d'abord le prévenu et ne le quittait point pendant l'instruction ; l'assesseur était le rapporteur du procès... Qu'on ajoute à cette procédure tout extraordinaire la sévérité des formes, les deux questions, le perpétuel secret qu'elle empruntait à la procédure ordinaire de 1670... Dans la loi que nous vous présentons, le juge ordinaire instruit dans les formes ordinaires contre le crime ou le prévenu qui seront de la compétence de la cour spéciale, parce que cette première instruction secrète et rapide suffit dans les deux cas... Il faut ajouter que le jugement de compétence n'est plus prononcé par un tribunal inférieur, comme dans le système de 1670, ni par le directeur du jury, comme le permettait une loi postérieure, ni par le tribunal spécial lui-même, comme le veut la loi de pluviôse an IX, mais par la cour impériale composée des magistrats les plus expérimentés, les plus éclairés (1). » On déclarait aussi que l'instruction était « sous tous les rapports supérieure aux juridictions prévôtales de l'ancien régime ; » mais c'était bien la vieille tradition qu'on reprenait. A cet égard, le très-habile Exposé des motifs par M. Réal est des plus curieux. Il contient une histoire rapide des cours prévôtales. Il commence par rappeler que cette institution « fut reconnue, réclamée par les États-généraux » du xvie siècle, et que « l'Ordonnance de 1670 ne fit que recueillir et rapprocher les dispositions anciennes éparses dans les ordonnances. » Il rappelle ensuite que ces tribunaux ne furent point touchés par les premières réformes de 1789, et que les prévôts des maréchaux continuèrent d'exister jusqu'aux premiers mois de 1790. « Mais le 6 mars dans une séance du soir, à l'occasion d'une plainte rendue à la barre de l'Assemblée par la municipalité de Paris contre un

---

(1) *Locré,* t. XXVII, pp. 68, 70.

prévôt de la maréchaussée du Limousin, un membre de l'Assemblée, par une motion incidente, demanda que les juridictions prévôtales fussent dès à présent supprimées. Il est vrai que cette suppression fut ajournée, mais il fut à l'instant décrété provisoirement que toutes les procédures commencées par les prévôts seraient suspendues. Ce singulier décret provisoire décidait la question du fond, et équivalait par ses résultats à la suppression définitive des juridictions prévôtales, dont on n'a plus entendu parler... Chose étrange! il semblait que les vagabonds fussent alors moins à craindre que les prévôts; il semblait que les juridictions prévôtales fussent au nombre de ces privilèges anéantis dans la nuit mémorable du 4 août 1789, et que la nation entière dût en conséquence renoncer à l'*honorable privilège*, qui la séparait des méchants (1). » Il n'est pas moins curieux de voir comment l'orateur explique qu'on n'ait point fait place aux juridictions d'exception dans les Codes de l'époque intermédiaire : « Au moment où s'élaborait le nouveau Code criminel, les idées de ce style sévère et simple, que les grands talents avaient introduit dans les Beaux-Arts, s'étaient emparées de tous les esprits; au même moment les principes de l'égalité marchaient avec quelque rapidité vers l'exagération; les législateurs ne purent entièrement se soustraire à l'influence de cette double impulsion, et dans la construction du système criminel ils sacrifièrent quelquefois la solidité à la régularité. Dans la réparation de cet ancien édifice, la colonne qui en soutenait une partie essentielle, cette juridiction spéciale, dont on ne devinait ni la force ni l'importance, fut supprimée, parce qu'elle contrariait peut-être un peu la symétrie des détails et l'unité du plan (2). » Il semble vraiment que David et son école étaient cause que Merlin n'avait pas admis les cours prévôtales dans le Code des délits et des peines!

M. Réal, il est vrai, présentait de plus sérieux arguments. Il rappelait l'ardeur inconsidérée, le besoin de changement, la défiance à l'égard du pouvoir qui caractérisaient l'époque révolutionnaire, mettant en regard la tradition constante, qui privait

---

(1) *Locré*, tome XXVIII, pp. 48, 49.
(2) *Locré*, tome XXVIII, p. 49.

les repris de justice du bénéfice du droit commun. « Eh! c'était précisément au moment où un Code plus approprié aux mœurs, aux besoins, aux opinions de la nation et du siècle, et par conséquent plus doux, plus humain, allait remplacer le Code de 1670, qu'il fallait surtout conserver une juridiction exceptionnelle quelle qu'elle fût, qui devait comprimer les brigands. Comment, en effet, ne venait-il pas à la pensée de ces législateurs, que ce qui aurait été simplement utile sous le régime de 1670, devenait de nécessité absolue, indispensable, sous le régime plus doux, plus humain qui allait le remplacer (1)? » L'orateur rappelait enfin le brigandage qui avait dévasté la France, la loi de l'an IX et ses heureux effets : « Il a été bientôt reconnu que la loi devait être permanente et universelle..., les lois de circonstance, les lois provisoires ne conviennent plus à la nation; elles conviennent encore moins à ce génie qui n'enfante que des projets séculaires, au héros qui fonde des empires et des dynasties, qui, après avoir longtemps mûri ses vastes conceptions, les grave sur le bronze et leur donne ce caractère déterminé, que les fondateurs de Rome avaient seuls jusqu'à ce jour imprimé à leurs lois comme à leurs impérissables constructions (2). » Le rapport de M. Louvet, beaucoup plus pâle, ne fait que répéter quelques-unes de ces considérations; l'orateur n'était peut-être pas complètement pénétré de ce qu'il donnait comme des vérités sûres, car il déclare « qu'il faut laisser au temps le soin de modifier ou même de faire cesser cette institution, si les améliorations qui pourront survenir dans l'état des mœurs de la nation en font un jour sentir la nécessité (3). »

Au Conseil d'État il n'y avait eu aucune résistance contre le projet de loi; il est même intéressant de constater avec quelle simplicité certains orateurs relèvent les conséquences exorbitantes de quelques dispositions (4). Dans la discussion du projet

---

(1) *Locré*, tome XXVIII, p. 51.
(2) *Ibid.*, pp. 55, 56.
(3) *Ibid.*, p. 78.
(4) On discute l'article 372 du projet ainsi conçu : Le jugement de la cour se formera à la majorité à peine de nullité. « M. le comte *Muraire* dit que la nullité serait illusoire, puisque le jugement n'est pas sujet à recours. Il suffit donc de

primitif de Code criminel, en l'an XII, il s'était encore manifesté quelques scrupules, vite apaisés, il faut le dire. Notons ces paroles de M. Treilhard dans la séance du 30 prairial an XII : « M. Treilhard dit que la section s'est préoccupée de l'organisation des tribunaux d'exception ; qu'en soi cette institution lui a paru dangereuse en ce qu'on trouvait toujours quelques circonstances dont on pourrait abuser pour rendre indistinctement tous les citoyens justiciables des tribunaux d'exception. On n'évitera cet abus qu'en donnant juridiction à ces tribunaux non à raison de la nature du crime, mais à raison de la qualité de la personne : on pourrait par exemple leur renvoyer les individus coupables de récidive. Au reste cette institution existe déjà dans les tribunaux spéciaux, qui jugent des crimes qu'on ne propose pas de soumettre aux tribunaux d'exception. — Les tribunaux spéciaux doivent subsister jusque deux ans après la paix. La section a donc pensé que si d'ici à ce terme le jury remplissait les espérances qu'on a conçues, on pourrait se passer de ces tribunaux ; que si au contraire la nouvelle épreuve qu'on va faire du jury n'était pas satisfaisante, on pourrait les proroger (1). » Mais cela ne répondait point à la pensée de Napoléon : « Sa Majesté dit que la plupart de ceux qui ont voté le maintien du jury, n'ont été déterminés que par la certitude qu'il existerait des tribunaux d'exception... Sa Majesté voudrait qu'on fît juger par eux les attentats contre la gendarmerie, les délits des individus en récidive et aussi les crimes commis par des malfaiteurs en bande (2). » Cambacérès appuya ces observations par un raisonnement assez singulier : « Il ne faut pas croire que l'établissement des tribunaux d'exception ne doive pas *atténuer le jury*, mais il s'agit de ne renvoyer devant ces tribunaux que les hommes qui n'ont pas

---

poser le principe que le jugement se formera à la majorité. — M. le comte *Berlier* dit que, comme l'a observé M. Muraire, la loi qui n'admet pas de recours, ne doit pas parler de nullités dont on ne saurait obtenir le redressement. Ainsi les derniers mots de l'article sont à retrancher ; mais si la règle de la majorité des voix n'était pas suivie dans l'arrêt (hypothèse presque imaginaire!) une faute si grave, si elle était bien constatée, ne saurait manquer de donner lieu à la prise à partie. »

(1) *Locré*, tome XXIV, p. 106.
(2) *Ibid.*, p. 106-107.

le droit de réclamer le jugement par jurés. En effet, être jugé par les jurés c'est être jugé par ses pairs; donc si on accordait ce privilège aux vagabonds et aux brigands, on devrait les faire juger par d'autres vagabonds ou d'autres brigands (1). » Désormais, c'était une chose décidée; la question reviendra plusieurs fois devant le Conseil, mais elle ne soulèvera plus aucune objection (2). Si l'on rapproche ces diverses délibérations, dans leurs dégradations successives, de la grande discussion qui précéda le vote de la loi du 18 pluviôse an IX, on verra quels changements s'étaient faits dans les esprits.

Encore quelques observations sur deux points importants, et nous en aurons fini avec la rédaction du Code d'Instruction criminelle.

V.

On se rappelle le peu de respect que l'ancienne jurisprudence avait pour la chose jugée. Alors que le jugement était favorable à l'accusé, bien rarement l'absolution était prononcée, et, lorsque les preuves manquaient, le plus amplement informé était la règle. C'est un des points contre lesquels protesta le plus hautement la conscience publique, et l'effet libératoire et définitif de l'acquittement par le jury fut inscrit dans la Constitution de 1791. Le Code de brumaire an IV en faisait deux fois l'application : lorsqu'il s'agissait du jury d'accusation et lorsqu'il s'agissait du jury de jugement. Deux systèmes bien opposés s'étaient donc encore ici trouvés en présence.

Allait-on revenir en arrière et reprendre la tradition de l'ancien droit? Pendant un instant on put le craindre. Dans la séance du Conseil d'État du 30 prairial an XII, l'archichancelier de l'Empire prononça ces paroles : « Aujourd'hui le chef d'une

(1) *Locré*, p. 107. M. Treilhard ayant demandé si avant de rédiger un projet dans ce sens il ne fallait pas attendre « l'arrivée des observations qu'on a demandées aux tribunaux... Sa Majesté dit que la section peut, en attendant, s'occuper de ce travail et qu'on pèsera les observations des tribunaux lors de la discussion. »

(2) Voyez spécialement les séances du 23 janvier 1808 (*Locré*, t. XXIV, p. 591) et du 6 février (*Ibid.*, p. 613).

cour criminelle n'est pas armé de moyens suffisants pour contenir les accusés, les défenseurs, le public. Il n'a pas même le droit d'envoyer à l'instant dans les prisons ceux qui troublent l'audience. Veut-on qu'il agisse avec la fermeté convenable? qu'on l'investisse d'un pouvoir discrétionnaire; que le tribunal puisse casser le juré qui prévarique, qu'il ne soit point réduit à prononcer l'absolution pure et simple de l'accusé à qui la déclaration du jury est favorable, mais qu'il puisse le mettre dans les liens *d'un plus amplement informé*, et sous la surveillance de la police (1). » Précédemment, dans la séance du 9 prairial, il avait dit déjà : « Il est encore une modification non moins importante : que l'absolution d'un accusé ne soit pas toujours pour lui un triomphe complet, mais que les juges trouvent dans la loi le pouvoir de le mettre sous un plus ample informé, et de le placer sous la surveillance de la police (2). » Mais cette opinion ne trouva aucune faveur, et dans le cours de la discussion, il n'en fut plus question : les articles du Code d'instruction criminelle qui reproduisent les deux textes du Code de brumaire an IV, dont nous avons parlé plus haut, passèrent sans discussion toutes les fois qu'ils vinrent sous les yeux du Conseil. L'effet libératoire de l'acquittement fut même renforcé encore. Désormais le pourvoi en cassation ne peut être formé que dans l'intérêt de la loi contre un acquittement prononcé en cour d'assises, et contre la procédure qui l'a précédé. La cour d'assises a bien aussi, dans un cas, le pouvoir de paralyser la décision du jury, mais c'est quand le verdict étant affirmatif, elle pense que la bonne foi des jurés a été surprise ou égarée et que la condamnation serait injuste.

On n'a point oublié quel rôle important jouaient dans l'ancienne procédure criminelle les lettres de justice et de grâce. Ces lettres disparurent même avant la royauté. C'étaient des applications de la justice retenue, et dès 1789 on admet que toute justice émane non du roi, mais de la nation. Pour quelques-unes de ces lettres, celles qui tendaient à entraver le cours de la jus-

---

(1) *Locré*, tome XXIV, p. 98.
(2) *Ibid.*, p. 28.

tice, arrêtant les poursuites ou imposant aux juges une absolution commandée, la suppression devait être définitive. Si le chef de l'Etat, lorsque la forme de gouvernement était la Monarchie ou l'Empire, a reçu depuis lors le droit d'accorder des amnisties, ce n'était en aucune façon un retour aux anciennes lettres, tout individuelles. Quant aux lettres de rémission et de pardon qui servaient jadis à innocenter les homicides commis en vertu de la légitime défense, elles constituaient un système bizarre qui n'avait plus de raison d'être (1). Mais il en était d'autres qui répondaient à des besoins réels : les lettres de grâce, de réhabilitation, de révision. Pendant l'époque intermédiaire, parfois on chercha à donner satisfaction à ces besoins au moyen d'institutions nouvelles; parfois on ne trouva pas qu'ils fussent légitimes et méritassent d'occuper le législateur.

Pour ce qui est d'abord du droit de grâce, l'Assemblée constituante l'avait jugé incompatible avec les principes nouveaux (2). On y voyait une sorte d'attentat contre les décisions de la justice, et jadis Montesquieu avait proclamé que ce droit n'était admissible que dans le pur état monarchique. D'autre part les sentences rendues sur le verdict d'un jury paraissaient présenter une telle sûreté que toute retouche était inutile. Cependant la grâce répond à un besoin qui est le même sous tous les gouvernements et dans tous les pays : adoucir les condamnations trop sévères, réparer les erreurs judiciaires, récompenser les efforts des condamnés vers le bien. Aussi le droit de grâce reparut sous le Consulat: le sénatus-consulte organique du 16 messidor an X l'accorda au Premier consul (3). Sous l'Empire le droit d'accorder des lettres de grâce, droit absolu aux mains de l'Empereur, pouvait s'expliquer par un retour aux anciens principes : d'après le sénatus-consulte du 28 floréal an XII la justice se rendait au nom de l'Empereur.

La réhabilitation n'avait point été, comme la grâce, effacée de

---

(1) Voyez l'Exposé des motifs du titre VII, livre II du Code d'instruction criminelle (*Locré,* tome XXVIII, p. 164).

(2) Voyez Code pénal de 1791, Ire partie, tit. vii, art. 13.

(3) Art. 86 : « Le Premier consul a droit de faire grâce. Il exerce ce droit après avoir entendu dans un conseil privé le grand-juge, deux ministres, deux sénateurs, deux conseillers d'Etat et deux juges du tribunal de cassation. »

nos lois pendant la Révolution. Elle était même devenue un droit pour ceux des condamnés qui, après avoir subi leur peine, revenaient au bien; mais conformément aux idées nouvelles, elle ne pouvait émaner du pouvoir exécutif. L'esprit du temps se reconnaît et dans le choix de l'autorité chargée d'apprécier l'amendement du condamné, et dans les formes théâtrales dont on entoura la réhabilitation (1). L'autorité qui statue, c'est le conseil général de la commune (art. 3-5) (2). Si le vote, qui a lieu après une attente d'un mois, est favorable, « deux officiers municipaux revêtus de leur écharpe... conduiront le condamné devant le tribunal criminel du département dans le territoire auquel il est actuellement domicilié... ils y paraîtront avec lui dans l'auditoire en présence des juges et du public. Après avoir fait lecture du jugement prononcé contre le condamné, ils diront à haute voix : « Un tel a expié son crime en faisant sa peine, maintenant sa conduite est irréprochable; nous demandons au nom de son pays que la tache de son crime soit effacée (art. 6). » Le président du tribunal intervient alors, mais seulement pour enregistrer la décision et prononcer une formule (art. 7). « Le président du tribunal, sans délibération prononcera ces mots : « Sur l'attestation et la demande de votre pays, la loi et le tribunal effacent la tache de votre crime. »

La réhabilitation était chose peu pratique, sous cette forme qui mettait dans une vive lumière le crime, dont on voulait effacer les traces. L'institution était fort peu populaire, au moment où l'on discuta le projet de Code criminel (3). La question de savoir si on la maintiendrait fut un des points qu'on détacha au début comme devant être préalablement résolus. L'opinion qui domina fut que l'institution ne devait pas être rayée de nos lois, mais on penchait à revenir purement et simplement aux lettres

---

(1) Voyez Code pénal de 1791 (Ire partie, tit. vii).

(2) Il faut qu'il se soit écoulé dix ans depuis l'expiration de la peine et que le libéré ait résidé pendant deux ans de suite dans la même commune (art. 1 et 2).

(3) Séance du 30 prairial an XII : « M. Regnaud dit que dans l'ancienne législation la réhabilitation s'opérait par lettres du roi; que l'Assemblée constituante a adopté un mode différent, mais que les circonstances n'ont pas permis de l'employer. Ce mode au surplus avait l'inconvénient de remettre indistinctement dans la société ceux qui avaient subi leur peine. » (*Locré*, tome XXIV, p. 104.)

de réhabilitation de l'ancien régime. « L'archichancelier observe que l'Assemblée constituante a décrété la réhabilitation dans des circonstances beaucoup moins favorables que celles où l'on se trouve : alors les lettres de grâce étaient supprimées, et le souverain ne pouvait plus intervenir pour dispenser la réhabilitation ou la modifier, on l'a accordée à tous les condamnés et on l'a fait prononcer par les administrations locales indistinctement et sans examen. Maintenant on peut adopter un mode différent, et qui fera de la réhabilitation une institution utile. Il faut ne la confier ni aux conseils généraux, ni aux administrations locales, mais ne l'accorder que par lettres du prince qui seront délivrées en connaissance de cause et avec les modifications convenables (1). » Cependant cette idée, qui était le retour pur et simple aux traditions de l'ancien régime, ne fut pas suivie. On adopta un système mixte, portant l'empreinte des législations qui avaient régné tour à tour. Le condamné non récidiviste, au bout du temps d'épreuve fixé par la loi, devra adresser sa demande à la cour d'appel avec les attestations des conseils municipaux des communes où il aura successivement habité. La cour pourra arrêter la demande ou au contraire l'admettre : si elle l'admet tout n'est pas fini; la réhabilitation ne résultera que des *lettres* du chef du pouvoir exécutif, que celui-ci est libre de refuser. « La réhabilitation, dit l'archichancelier, ne doit être opérée que par arrêt de la cour rendu en connaissance de cause, sur la demande du condamné, appuyée de l'attestation de la municipalité et sur les conclusions du ministère public. La cour doit avoir le droit d'ajourner et l'arrêt ne devenir exécutoire qu'en vertu des lettres du prince (2). » Ce système composite ne passa pas sans être combattu en faveur de l'ancienne théorie. M. Regnaud déclare « qu'il préférerait qu'on obtînt d'abord des lettres du prince et qu'ensuite on les fît entériner (3). » Mais M. Berlier répondit que « l'acte du souverain se trouverait ainsi à la merci des cours, et que sans doute on ne voudra pas res-

---

(1) *Locré*, tome XXIV, p. 105.
(2) *Locré*, tome XXVIII, p. 123.
(3) *Ibid.*, p. 124.

suciter cette ancienne et dangereuse prérogative des Parlements. » En réalité, il y avait dans la combinaison nouvelle plus qu'une interversion dans l'ordre des opérations anciennement suivies. M. Réal le fit ressortir dans l'*Exposé des motifs* : « Puisque, dit-il, il n'est plus question du droit de grâce et de son application pure et simple, puisqu'il s'agissait de la reconnaissance d'un droit acquis, les tribunaux ne pouvaient rester étrangers à l'instruction qui doit précéder le jugement : il a donc fallu, dans cette matière mixte, admettre le concours des tribunaux en ouvrant le recours au prince (1). »

La révision a toujours eu pour but de réparer les erreurs judiciaires. L'Assemblée constituante ne l'avait pas admise, pensant que c'était assez faire que d'octroyer aux accusés la libre défense et le jugement par le pays : c'était là encore une réaction contre les pratiques de l'ancien régime où les lettres de révision étaient fréquentes. La Convention cependant introduisit la révision, mais dans une seule hypothèse, celle de deux condamnations inconciliables, et elle en fit une voie de recours devant la Cour suprême. Le Code d'instruction criminelle l'admit avec le même caractère, et il l'ouvrit dans trois cas en faveur des condamnés à des peines criminelles. Sur ce point, le système de l'Ordonnance ne reparaissait point.

Des lettres de cachet, en droit du moins, il ne pouvait être question. Cependant dans la discussion au Conseil d'État, il y fut fait allusion. Le projet de Code criminel contenait une étrange institution. C'était un *jury de famille* : il devait juger les simples délits ou contraventions commis « par un fils de famille non marié ou non établi, ou par une femme mariée non séparée de corps de son mari, » lorsqu'il n'y avait point de complices étrangers, et que des étrangers ne pouvaient élever aucune réclamation à fin de réparations civiles. La décision de ce jury, qui statuait sur la culpabilité et sur la peine sous la présidence du juge de paix, ne devenait exécutoire que par la confirmation du président de la cour d'appel, qui pouvait modérer la peine. Ce projet, qui répondait assez bien aux idées sentimentales du XVIIIe siècle, fut d'abord

---

(1) *Locré*, tome XXVIII, p. 163.

favorablement accueilli; quelques tribunaux criminels l'exaltèrent même dans leurs observations (1). Mais quand il fut discuté en 1808, l'esprit pratique avait pris le dessus, et la proposition fut repoussée au Conseil d'Etat. Cependant il y eut encore une discussion assez sérieuse, car on se rappelait que les lettres de cachet avaient jadis rempli souvent une fonction analogue à celle qu'on avait voulu attribuer à ce jury de famille. « M. le comte Regnaud de Saint-Jean d'Angély craint que cette institution n'introduise l'arbitraire. Il avoue qu'autrefois, et lorsque les lettres de cachet étaient en usage, il y en avait encore plus; mais on délivrait peu de lettres de cachet (2). » Dans la séance du 23 août 1808, M. Treilhard soutenait encore le jury de famille : « Il dit qu'il ne prétend pas que cette institution soit nécessaire, mais qu'il est persuadé qu'elle aura de bons effets, n'eût-elle que celui d'empêcher le retour des lettres de cachet : les hommes puissants et en crédit ne manqueraient pas d'invoquer l'autorité du souverain, si la loi ne leur donne pas un moyen de réprimer les désordres intérieurs de leur famille (3). » Mais l'institution n'était pas viable; on ne la laissa pas venir au jour, et les lettres de cachet n'ont pas reparu.

(1) Tribunal de Loir-et-Cher, p. 36 (*Obs.*, tom. III); tribunal de l'Hérault, p. 66 (*Ibid.*).
(2) *Locré*, tome XXVIII, p. 107.
(3) *Ibid.*, p. 142.

CHAPITRE QUATRIÈME.

La procédure criminelle depuis le Code de 1808.

I. La législation et la jurisprudence. — II. Modifications apportées à la procédure devant les juridictions de jugement. — III. Modifications apportées à l'instruction préparatoire : loi de 1856, 1863, 1865. — IV. Projets de réforme, le projet de 1879.

I.

Notre tâche semble terminée. Nous avons commencé notre étude en nous plaçant à l'époque où les premières traces de la procédure inquisitoire et secrète se montrent dans nos lois. Puis, suivant le cours des temps, nous avons vu cette procédure grandir, s'imposer, se préciser et se fixer enfin dans les lignes inflexibles de la grande Ordonnance. Dans la seconde moitié du xviiie siècle, un esprit nouveau remet en question la procédure criminelle, comme toutes les institutions de la vieille société française; et bientôt un grand souffle de liberté passe sur la France. Les lois de la Révolution, copiées sur des lois anglaises, établissent parmi nous le jury, la procédure orale et publique, la libre défense des accusés. Mais on a sacrifié sans nécessité quelques-unes des plus sages institutions de l'ancien droit : au milieu des circonstances terribles qui l'enserrent, la nouvelle procédure se montre inefficace; peu s'en faut qu'un puissant mouvement de réaction ne fasse revivre l'Ordonnance de 1670. Cependant l'institution du jury est sauvée après bien des discussions et des luttes, et nous avons assisté à l'élaboration pénible du Code d'instruction criminelle, œuvre composite et de transaction, qui emprunte aux lois de la Révolution presque toutes les règles des débats et des jugements, à l'Ordonnance de 1670 presque toutes celles de l'instruction préparatoire. Il semble que notre exposition soit terminée, car le Code d'instruction criminelle nous régit encore aujourd'hui. Il nous reste cependant un dernier chapitre à écrire. Le Code d'instruction criminelle est aujourd'hui déjà une loi ancienne ; il est plus que septuagénaire, et depuis sa promulgation il a subi de nombreuses modifications, quelques-unes très-profondes bien que portant sur des points de détail. La lutte a continué entre les deux tendances, entre lesquelles les législateurs de 1808 avaient voulu établir une transaction durable et un équilibre définitif. Si pour la procédure du passé il ne pouvait être question de nouvelles conquêtes, si le terrain cédé par elle était définitivement perdu, l'esprit de libre défense devait tendre à envahir les points où il n'avait pas pu pénétrer en 1808. Le débat a continué en effet, dans la presse et au Parlement, dans les livres et dans les discours. Cette fois, contrairement à ce qui se passa au xviiie siècle, souvent ce sont les criminalistes qui ont conduit l'attaque ; c'est leur voix qui a parlé le plus haut en faveur de l'humanité et de la liberté sage. Il suffit de citer les noms célèbres et respectés de Faustin Hélie et d'Ortolan.

Cependant il faut le dire, sauf certaines réformes intimement unies au souvenir des causes célèbres, telles que la réhabilitation en faveur des morts, ces réclamations n'ont point passionné l'opinion publique. Les gouvernements qui ont fait proposer et adopter des adoucissements et des réformes se sont inclinés devant les conclusions de la science plutôt qu'ils n'ont cédé aux exigences de l'opinion. Il est facile, croyons-nous, d'expliquer ce calme des esprits, qui n'est point de l'indifférence. Nous avons le jugement par jurés pour les infractions les plus graves ; pour toutes, la procédure est publique et orale et la défense complètement libre : en droit et en fait devant les juridictions de jugement on est donc certain qu'en fin de compte l'innocence pourra aisément triompher. Quelle que soit la rigueur de l'instruction, elle ne peut faire disparaître le sentiment de sécurité que donne la procédure définitive.

Nous ne décrirons point le mouvement des esprits tel qu'il apparaît dans les discussions parlementaires, dans la presse et dans les livres ; c'est le milieu même dans lequel nous vivons ;

mais nous indiquerons d'une façon rapide ce qu'a fait le législateur depuis 1808 jusqu'à nos jours. Nous noterons aussi les tendances et les résultats de la jurisprudence, là où ils auront été inspirés par une vue d'ensemble plutôt que par l'interprétation minutieuse des textes ; la jurisprudence est partout et toujours l'un des agents les plus puissants parmi ceux qui contribuent au développement du droit chez un peuple.

II.

Deux parties bien distinctes composent, nous l'avons vu, le Code d'instruction criminelle : les règles qui concernent le jugement et celles qui régissent l'instruction. Les premières devaient être plus stables que les secondes ; elles avaient repris peu de chose aux institutions du passé.

Cependant, un emprunt avait été fait aux plus funestes inspirations de l'ancien régime. Les cours spéciales, héritières des anciennes juridictions prévôtales, marquaient d'une tache sinistre le Code d'instruction criminelle. Elles ne disparurent point avec l'Empire. La charte constitutionnelle du 14 juin 1814 les maintenait comme institution normale. Art. 62 : « Nul ne peut être distrait de ses juges naturels. » Art. 63 : « Il ne pourra en conséquence être créé de commissions et de tribunaux extraordinaires. Ne sont pas comprises sous cette dénomination les juridictions prévôtales si leur rétablissement est jugé nécessaire. » Effectivement, une loi du 20 décembre 1815 organisa des cours prévôtales composées d'un président et de quatre juges, choisis parmi les membres du tribunal d'arrondissement, et d'un prévôt pris parmi les officiers de terre ou de mer ayant le grade de colonel et âgés de trente ans (art. 2, 3, 4). Elles connaissaient de tous les crimes déférés par le Code aux cours spéciales ; mais de plus, leur compétence embrassait un grand nombre de délits politiques (art. 8 à 14), et cette compétence nouvelle était la véritable raison d'être de l'institution (1). Les jugements rendus par ces cours prévôtales n'étaient susceptibles d'aucun recours ;

---

(1) Sirey, *Lois annotées*, I, p. 931.

la question de compétence était soumise à la chambre des mises en accusation qui statuait définitivement sans qu'un pourvoi en cassation fût possible (art. 45 et 39). Par là même les cours spéciales du Code d'instruction criminelle cessaient d'exister, et les nouvelles cours prévôtales ne devaient pas avoir une longue existence. L'article 55 et dernier de la loi de 1815 décidait « que la présente loi cesserait d'avoir son effet, si elle n'a été renouvelée dans le courant de ladite session. » Or, elle ne fut pas renouvelée : à l'ouverture même de la session, le 5 novembre 1817, Louis XVIII avait annoncé qu'il ne considérait pas comme nécessaire la conservation des cours prévôtales pendant un temps plus long. La charte de 1830 prohiba à tout jamais leur rétablissement. Art. 53 : « Nul ne pourra être distrait de ses juges naturels. » Art. 54 : « Il ne pourra être créé de commissions extraordinaires ou de tribunaux d'exception à quelque titre et sous quelque dénomination que ce puisse être. » Sur ce point encore, l'Ordonnance de 1670 rentrait définitivement dans le passé ; dorénavant les juridictions prévôtales n'appartiennent plus qu'à l'histoire. Restaient les juridictions de droit commun : cours d'assises, tribunal de police correctionnelle, tribunal de simple police.

Pour la procédure devant la cour d'assises, en 1808, pas plus qu'en 1791 et qu'en l'an IV, on n'avait atteint la perfection. Les modifications apportées plus tard ne devaient être, il est vrai, que des perfectionnements dans les détails ; mais plusieurs points très-importants furent retouchés. Les règles, sur la position des questions au jury furent changées : sans revenir aux simplifications si compliquées du Code des délits et des peines, on a décidé que l'on décomposerait en ses éléments nécessaires la question unique qui, d'après le Code d'instruction criminelle, devait purger l'acte d'accusation (1). Ici la pratique des présidents de cours d'assises précéda la loi et inspira le législateur.

Une autre réforme assura dans leurs votes l'indépendance des jurés. Nous avons dit plus haut comment, d'après la loi de 1791 et le Code de brumaire, les jurés venaient un à un énon-

---

(1) Loi du 9 septembre 1835 (nouvel article 345 du Code d'instruction criminelle); loi du 13 mai 1836.

cer de vive voix leur opinion. Le Code d'instruction criminelle n'avait point conservé ces formes un peu théâtrales, mais il maintenait le principe de la déclaration orale; il n'isolait même point, comme on le faisait précédemment, les jurés les uns des autres. Lorsqu'ils étaient retirés dans leur salle des délibérations et que la discussion était close, le chef du jury les interrogeait les uns après les autres et enregistrait leur réponse (art. 345). Cette méthode devait souvent gêner les esprits timides et fausser bien des votes. Elle fut changée par la loi du 9 septembre 1835 qui établit le vote au scrutin secret. « On s'est demandé, disait le garde-des-sceaux dans l'Exposé des motifs, pourquoi, lorsque tout se fait chez nous au scrutin secret, on n'admettait pas pour les cours d'assises, c'est-à-dire pour exprimer ce que la conscience a de plus intime, le procédé mis en usage pour les élections à tous les degrés et pour la confection des lois. » Ce nouveau mode de scrutin fut confirmé et précisé par la loi du 13 mai 1836.

En 1832, le jury acquit un pouvoir nouveau, celui de reconnaître des circonstances atténuantes en faveur des accusés (art. 341). Cette réforme d'une importance capitale touche plus au droit pénal qu'à la procédure criminelle. Cependant nous devons remarquer que c'était abaisser en partie cette barrière qu'on avait voulu élever entre le fait, abandonné au jury, et la question de la peine réservée aux magistrats. Pour accorder les circonstances atténuantes le jury devait souvent se déterminer par la rigueur de la peine : c'est une tendance qu'on ne pouvait empêcher d'aboutir; d'ailleurs, le garde-des-sceaux présentant l'Exposé des motifs reconnaissait dans une certaine mesure la légitimité de semblables verdicts. « Sans doute, disait-il, l'opinion du jury se trouvera entraînée quelquefois par la considération de la rigueur de la peine; mais l'influence de cette considération ne saurait être absolument évitée; il faut mieux lui faire une juste part que d'exposer à l'impunité et que de laisser accréditer la doctrine dangereuse de l'omnipotence (1). » La force des choses déjouait les idées préconçues inscrites d'abord dans la loi.

---

(1) Sirey, *Lois annotées*, II, p. 126.

Sur deux points, des changements multiples se sont produits, le législateur oscillant entre des tendances opposées. Il s'agit de la composition du jury et de la majorité à laquelle il doit rendre son verdict de condamnation.

Chaque fois, pour ainsi dire, qu'un changement notable s'est produit dans le gouvernement, une loi nouvelle est venue modifier la composition du jury. Ainsi se sont succédé la loi du 2 mai 1827, le décret du 7 août 1848, la loi du 4 juin 1853, le décret du 14 octobre 1870 (1) et la loi du 21 novembre 1872. Ces modifications fréquentes, contre-coups des courants politiques et des révolutions, ne sont point faites pour nous étonner. L'histoire romaine présente le même spectacle au temps des *quæstiones perpetuæ* : les sénateurs et les chevaliers se disputent le droit de siéger au jury criminel; les changements apportés dans le choix des jurés sont un triomphe pour l'un des partis, et les lois se succèdent à court intervalle toutes empreintes d'un caractère politique (2). Nous n'entrerons point ici dans les détails. Disons seulement que depuis la loi de 1827 il y a un terme de plus dans les opérations qui doivent donner comme résultante le jury de jugement. Cette loi, en effet, a créé une *liste annuelle* du jury, sur laquelle les listes de session sont, non plus choisies, mais tirées au sort, quinze jours avant l'ouverture des assises. C'était là une heureuse création, qui a toujours subsisté depuis lors, et qui même, dans les lois les plus récentes, a fait mettre de côté la liste générale, désormais inutile; ce qui a varié, ce qui variera sans doute encore, c'est le choix des autorités chargées tous les ans de dresser cette liste.

Le législateur de 1808 avait adopté pour les décisions du jury le principe de la simple majorité, mais il ne l'avait point franchement proclamé, et avait constitué un système illogique et compliqué, qui ne pouvait durer. La loi du 4 mars 1831 fit disparaître cette anomalie; elle ne voulait plus « que les juges du droit participassent à la déclaration du fait; » mais elle décida que la

---

(1) Il abrogeait la loi de 1853 et remettait en vigueur le décret de 1848.
(2) Voy. : Geib, *Geschichte des römischen Criminalprocesses*, p. 195, ssq. — Zumpt : *Das criminalrecht der römischen Republik;* Zweiter Band : *Die Schwurgerichte.*

décision du jury ne se formerait contre l'accusé qu'à la majorité de plus de sept voix. C'était revenir, en partie, aux principes des lois de 1791 et de l'an IV; c'était accorder aux accusés une faveur dangereuse. Aussi bientôt une réaction se produisit, et la loi du 9 mars 1835 rétablit la règle de la simple majorité : « On s'est demandé, disait le garde-des-sceaux, pourquoi, dans un gouvernement de majorité, c'était à la minorité qu'on laissait le droit de décider de l'honneur, de la vie et de la fortune des citoyens (1). » En 1848 une nouvelle oscillation se produit en sens contraire; il y a même deux lois rendues sur ce point dans la même année. Un premier décret du 6 mars 1848, destiné à abroger les fameuses lois de septembre 1835, décida dans son article 4 : « La condamnation aura lieu à la majorité de neuf voix; la décision du jury portera ces mots : Oui, l'accusé est coupable à la majorité de plus de huit voix, à peine de nullité. » Le préambule déclarait « que la condamnation par le jury à la simple majorité est une disposition que réprouvent à la fois la philosophie et l'humanité, et qui est en opposition complète avec tous les principes proclamés par nos diverses Assemblées nationales. » Mais le 18 octobre un autre décret, voté par l'Assemblée constituante sur le rapport de M. Crémieux, réduisit à huit voix la majorité nécessaire pour la condamnation. Enfin, la loi du 10 juin 1853, modifiant encore l'article 347 du Code d'instruction criminelle, rétablit le principe de la simple majorité, permettant à la cour, dans l'article 352, « de renvoyer à des assises subséquentes une affaire où elle aurait la conviction d'une erreur judiciaire commise par le jury (2). » Il n'est pas probable qu'on abandonne

(1) Cependant la loi de 1835 apportait encore une restriction, bien faible il est vrai. Modifiant l'art. 352, Inst. crim., qui, en cas de verdict affirmatif, permettait aux juges, s'ils étaient unanimement convaincus que les jurés se sont trompés sur le fond, de renvoyer l'affaire à une autre session, elle ajoutait : « Lorsque l'accusé n'aura été déclaré coupable qu'à la simple majorité (ce que les jurés devaient déclarer), il suffira que la majorité des juges soit d'avis de surseoir au jugement et de renvoyer l'affaire à la session suivante, pour que cette mesure soit ordonnée par la cour. »

(2) L'Exposé des motifs, disait : « Cette innovation n'en est pas une en réalité. Depuis soixante ans que le jury existe dans notre pays, il n'a fonctionné avec des majorités exagérées pour les déclarations de culpabilité que pendant quatorze ans; il a fonctionné pendant quarante-six ans avec la simple majorité. » Sirey, *Lois annotées*, 1853, p. 67.

dorénavant une règle si sage, qui maintient la balance égale entre l'accusé et la société qui l'accuse ; une longue expérience l'a maintenant consacrée, et l'on peut dire qu'elle a passé dans les mœurs.

Pour en finir avec les modifications législatives qu'a subies l'organisation du jury, disons qu'une loi récente du 19 juin 1881 (1) a supprimé le résumé que le président de la cour d'assises devait prononcer après avoir clos les débats. C'est une réforme en faveur de laquelle il s'était formé depuis longtemps un courant puissant dans l'opinion publique. Ce résumé, qui devait présenter un tableau fidèle des débats, ne reflétait pas toujours également l'accusation et la défense. Par inconscient esprit de corps, par ce sentiment professionnel qui rendait jadis les juges de la Tournelle peu favorables à la défense, le président, quel que fût son désir de se montrer impartial, devenait trop souvent l'auxiliaire de l'avocat général. Quant au réquisitoire du ministère public, le résumé était parfois une amplification. Peut-être entre l'accusation et la défense la partie n'était plus vraiment égale, quand, au moment où dans l'esprit des jurés se produisent ces oscillations qui précèdent les décisions difficiles, le président jetait dans la balance le poids de sa haute autorité. En sens inverse, d'ailleurs, on peut dire que souvent les jurés, maintenant rompus à leurs fonctions, avaient leur opinion faite à la clôture des débats, et qu'ils écoutaient avec impatience un résumé, qui prolongeait leur séance et retardait le moment décisif où le verdict allait être rendu et proclamé.

Si maintenant on se demande comment la jurisprudence a appliqué les règles de la procédure devant les cours d'assises, on trouve d'abord qu'elle a maintenu avec la plus grande rigueur le formalisme nécessaire dans la procédure par jurés : les formes sont ici une des principales garanties. La cour suprême, élargissant dans un esprit de justice le cadre des nullités, déclare *irritante* l'omission de toute formalité qui est vraiment substantielle pour la défense, alors même que la loi ne l'aurait pas

---

(1) Nouvel article 346. Inst. crim. : « Le président, après la clôture des débats, ne pourra, à peine de nullité, résumer les moyens de l'accusation et de la défense. » En Belgique, ce résumé avait été supprimé par un décret du 4 juillet 1831.

prescrite à peine de nullité. Mais d'autre part, la jurisprudence a introduit dans une assez large mesure l'usage des dépositions écrites devant les cours d'assises.

Nous avons vu avec quel soin le législateur de 1791 et de l'an IV avait éloigné des yeux des jurés les dépositions écrites reçues dans l'instruction préparatoire; non-seulement il était défendu de leur remettre ces pièces, mais encore, sauf quelques exceptions, de leur en donner lecture. Le Code de 1808, tout en étant moins net et moins strict, n'avait pas répudié cette tradition, nous l'avons montré plus haut. La jurisprudence a décidé au contraire, que le président, en vertu de son pouvoir discrétionnaire, peut toujours faire donner lecture aux jurés des dépositions écrites. Cette jurisprudence, qui s'est établie de bonne heure (1), s'est maintenue d'une façon constante. D'abord les termes des arrêts semblaient la restreindre au cas où le témoin n'avait pu être cité ou comparaître par suite d'une force majeure, mais on en arriva à appliquer le même principe au cas où le témoin aurait peut-être cité et ne l'avait pas été : que le témoin soit présent ou absent, le président peut faire lire sa déposition (2). C'est là une pratique aujourd'hui bien établie et qui ne soulève point de protestations : elle fournit des ressources à la défense comme à l'accusation. D'ailleurs, si jadis l'emploi des pièces écrites avait été prohibé avec tant de soin devant le jury, c'était dans la crainte que par là la théorie des preuves légales ne se reformât d'elle-même. On s'est aperçu bien vite que cette crainte était vaine. Le système des preuves morales est imposé par l'esprit public plus encore que par la loi.

Dans la procédure devant les juridictions de police correctionnelle, l'écriture a gagné beaucoup plus de terrain, et cela même en vertu d'une loi formelle. L'organisation de la juridiction d'appel en matière correctionnelle avait été en 1808 illogique et

---

(1) Voy. Cass., 10 janvier 1817 ; Cass., 9 avril 1818 (Sirey : *Collect. nouv.*, Vᵉ vol. I, p. 463).

(2) Cependant la jurisprudence maintient le principe d'après lequel l'oralité est le caractère dominant; ainsi lorsqu'un témoin comparaît et dépose devant les jurés, on ne saurait *faire précéder* sa déposition orale de la lecture de sa déposition écrite. Cass., 12 septembre 1867 (Sir. 68, 1, 319).

bizarre; elle ne pouvait se justifier que par la difficulté des communications à cette époque. Quelques appels seulement (ceux du département où la cour avait son siège) étaient portés devant la cour d'appel; les autres étaient portés devant le tribunal du chef-lieu du département; quelques-uns au tribunal du chef-lieu d'un département voisin. Il n'y avait ni harmonie, ni hiérarchie véritable, et en histoire comme en bonne logique une hiérarchie sagement construite apparaît comme l'une des conditions naturelles de l'appel. La loi du 13 juin 1856 vint faire disparaître ces anomalies. D'après le nouvel article 201 du Code d'instruction criminelle, toujours l'appel doit être porté à la cour. Mais, malgré le grand développement qu'avaient pris les voies de communication, c'était rendre assez difficile et très-coûteuse la comparution des témoins devant la juridiction d'appel. Déjà dans l'ancien état de choses, le plus souvent ils ne comparaissaient qu'en première instance, et les juges d'appel statuaient d'après les notes d'audience, prises par le greffier conformément aux articles 156 et 189 du Code d'instruction criminelle. En 1856, ce fait fut constaté au Corps législatif par le rapporteur de la loi, M. Nogent Saint-Laurent : « En première instance, les témoins sont toujours entendus; devant les magistrats chargés de l'appel leur audition est toujours une exception dans la pratique (1). » Dorénavant cette pratique ne pouvait que s'affirmer davantage. Que fallait-il faire? accepter la nécessité et le fait accompli, et puisque les conseillers jugeraient le plus souvent sur les notes d'audience, faire en sorte qu'elles fussent complètes et fidèles. Cela était assez difficile à obtenir, la tâche étant pénible pour les greffiers. « Comment feraient-ils pour avoir des notes suffisantes et complètes? Il n'y a que la sténographie qui puisse courir avec la parole sans rester honteusement en arrière. Entrez à l'audience, voyez le greffier; il est attentif, absorbé; son œil va du témoin qui dépose au papier étalé sur son pupitre. A peine la parole a-t-elle touché son oreille, qu'il écrit vite, très-vite... Cependant le débat marche, nul ne se préoccupe du greffier, nul ne lui vient en aide. Il a beau faire... quand l'audience est finie

---

(1) Sirey, *Lois annotées*, 1856, p. 58.

les notes sommaires sont sillonnées par des lacunes, des solutions de continuité, des raccourcissements. Les notes sommaires devraient au moins présenter tous les côtés saillants des dépositions orales, rarement elles arrivent à ce résultat. Et cependant avec le projet les dépositions orales, déjà si rares devant la cour, vont devenir plus rares encore. La conséquence de ceci est évidente; les notes d'audience vont acquérir une importance plus grande; il faut les améliorer (1). » Voici ce qu'on fit pour cela. L'article 189 modifié contient les dépositions suivantes : « Le greffier tiendra note des déclarations des témoins et des réponses du prévenu. Les notes du greffier seront visées par le président dans les trois jours de la prononciation du jugement. » Ce n'étaient donc plus seulement les *principales* déclarations (art. 155), mais toutes les déclarations des témoins, et de plus celles du prévenu, que le greffier devait noter, et le visa du président garantit la fidélité de ces notes. Un amendement fut présenté par M. Picard, demandant que les notes fussent communiquées à la défense et que celle-ci pût les contrôler et élever au besoin des réclamations, mais il ne fut pas pris en considération par le Conseil d'État.

Une loi antérieure, celle du 30 janvier 1851 sur l'assistance judiciaire, avait rendu la défense devant le tribunal de police correctionnelle plus facile aux prévenus. D'après l'article 29, « les présidents des tribunaux correctionnels désigneront un défenseur d'office aux prévenus poursuivis à la requête du ministère public, ou détenus préventivement, lorsqu'ils en feront la demande, et que leur indigence sera constatée soit par les pièces désignées dans l'article 10, soit par tous autres documents. » Cette même loi dans l'article suivant donnait aussi la possibilité aux accusés et prévenus indigents de faire citer des témoins à décharge, bien qu'ils ne pussent pas faire les frais de la citation. Jusque-là l'accusé indigent n'avait qu'une ressource, c'était de demander au ministère public de vouloir bien faire citer à sa requête les témoins qu'il lui désignerait (art. 321) (2).

---

(1) Rapport de M. Nogent Saint-Laurent; Sirey, *Lois annotées*, 1856, p. 59.
(2) « Les présidents des cours d'assises et les présidents des tribunaux cor-

Deux voies de recours en matière criminelle et correctionnelle ont été élargies ou rendues plus faciles. La loi du 29 juin 1868, modifiant les articles 443 et suivants du Code d'instruction criminelle, a décidé que le pourvoi en révision, dans les trois cas où le Code l'admet, pourrait être intenté après le décès du condamné, et pour réhabiliter sa mémoire ; elle ouvre aux condamnés à des peines correctionnelles cette voie de recours, lorsque la peine est « l'emprisonnement ou la privation totale ou partielle des droits civiques, civils et de famille. » Tout récemment, une loi des 28 et 30 juin 1877, modifiant les articles 420 et 421 du Code d'instruction criminelle, dispense de *la mise en état* le condamné à une peine privative de liberté qui forme un pourvoi en cassation, lorsque la durée de la peine ne dépasse pas six mois; elle dispense également, dans la même hypothèse, de la consignation de l'amende tout « condamné à une peine correctionnelle ou de police emportant privation de la liberté. » Cette nécessité toujours imposée (1) de la mise en état était une tradition de l'ancien droit.

Nous avons vu plus haut que le Code de 1808 avait maintenu de la façon la plus nette le principe de la chose jugée et l'effet libératoire de l'acquittement prononcé en cour d'assises ; il est utile d'indiquer comment la jurisprudence a interprété l'article 360 du Code d'instruction criminelle. Sous l'empire du Code de

---

rectionnels pourront, même avant le jour fixé, pour l'audience, ordonner l'assignation des témoins qui leur seront indiqués par l'accusé ou le prévenu indigent, dans le cas où la déclaration de ces témoins serait jugée utile pour la découverte de la vérité ; pourront être également ordonnées d'offices toutes productions et vérifications de pièces. »

(1) Toutes les fois au moins que la peine emportait privation de la liberté pour quelque laps de temps que ce fût (ancien article 421). — A côté de ces lois libérales on pourrait en citer une qui paraît dure : c'est celle du 9 septembre 1835, qui permet d'expulser de l'audience les prévenus ou accusés qui, « par des clameurs ou tout autre moyen propre à causer du tumulte, mettraient obstacle au libre cours de la justice, » et cependant déclare qu'ils seront jugés contradictoirement ainsi que ceux qui refuseraient de comparaître. Cela fait songer tout d'abord aux procès faits dans l'ancien droit aux *muets volontaires*, mais l'esprit repousse vite cette comparaison. La loi de 1835 ne s'applique qu'aux accusés ou prévenus qui sont en état de rébellion ouverte et violente contre la justice et elle multiplie les notifications et les précautions pour les mettre à même de suivre de loin le procès.

brumaire, on décidait que par l'effet de l'acquittement étaient purgées d'un seul coup toutes les qualifications pénales dont le fait était susceptible, même celles qui l'auraient transformé en un simple délit, par l'élimination ou la modification de quelques-uns de ses éléments. Il est vrai que, d'autre part, le Code des délits et des peines ordonnait au président de poser aux jurés les questions résultant des débats qui pouvaient modifier la gravité de l'incrimination (1). Allait-on sous l'empire du Code d'instruction criminelle suivre cette tradition, ou décider au contraire qu'après l'acquittement en cour d'assises on pourrait poursuivre l'accusé devant le tribunal de police correctionnelle pour le même fait, autrement qualifié et transformé en délit? La question ne tarda pas à se poser devant la cour suprême. Le 27 août 1812, la cour de Toulouse rendit un arrêt qui maintenait la jurisprudence antérieure « considérant que le nouveau Code d'instruction criminelle n'a fait à cet égard aucun changement sur la maxime : *Non bis in idem*; il n'a fait que substituer une chambre d'accusation au jury d'accusation, et rien n'empêche que le président des assises ne pose des questions qui naissent des débats (2). » Mais cette doctrine fut vivement combattue par Merlin, dans la séance de la Chambre criminelle du 29 octobre 1812, et conformément à ses conclusions la théorie contraire fut adoptée par l'arrêt du 29 octobre 1812 : « attendu que d'après les articles 374 et 379 du Code des délits et des peines, les questions qui étaient soumises au jury de jugement devaient nécessairement porter non-seulement sur le fait qui était l'objet de l'acte d'accusation, mais encore sur toutes les circonstances qui, d'après les débats ou la défense de l'accusé, pouvaient modifier la gravité du fait, quand même elles en auraient changé le caractère; qu'ainsi sous l'empire de cette législation l'acquittement prononcé en faveur d'un accusé devait sans doute l'affranchir de toutes les poursuites tant sur le fait de l'accusation que sur toutes les modifications et d'après tous les caractères de criminalité dont il pouvait être susceptible; mais que le Code d'instruction criminelle, en établissant

---

(1) Voyez Cass., 5 février 1808; Sirey, *Collect. nouv.*, II, p. 484.
(2) Merlin, *Répertoire*, additions. V° *Nobis in idem*. n° V bis.

d'autres règles, a nécessairement restreint ce principe (1). » Cet arrêt a fixé la jurisprudence, qui depuis n'a pas varié. Cette solution est peut-être regrettable et difficilement conciliable avec les termes larges et absolus de l'article 360 ; mais il faut reconnaître qu'elle repose sur un raisonnement juridique très-fort (2) ; et si jamais une loi vient l'écarter (3), pour faire une œuvre logique, elle devra en même temps imposer au président l'obligation de poser aux jurés les *questions subsidiaires* résultant des débats.

III.

L'instruction préparatoire était la partie la plus critiquable du Code d'instruction criminelle ; aussi d'importantes réformes ont-elles été déjà réalisées en cette matière et il s'en prépare de plus importantes encore. Mais avant d'aborder le récit de ces réformes et l'examen de ces plans, voyons si la jurisprudence avait modifié quelque peu le régime établi par le législateur de 1808.

La jurisprudence n'aurait pu faire qu'une seule chose : ouvrir au prévenu le recours devant la chambre d'accusation contre les ordonnances de la chambre du conseil ou contre celles du juge d'instruction, dans le cas où la loi ne le lui accordait pas formellement, mais ne lui refusait pas non plus. En effet, elle fit quelque chose de semblable en faveur de la partie publique. Le Code n'avait ouvert au ministère public et à la partie civile l'opposition contre l'ordonnance de la chambre du conseil que dans un seul cas : lorsque cette ordonnance mettait le prévenu en liberté (4). Mais la jurisprudence n'hésita pas à élargir cette disposition, et à donner toujours au ministère public le droit d'op-

---

(1) Merlin, *Répert.*, *loc. cit.*

(2) « Si le président de la cour d'assises, disait Merlin, n'a pas dû interroger le jury sur ce point, il est bien clair que l'accusé ne peut pas être censé avoir été mis en jugement sur ce point devant le jury. »

(3) Un projet de loi dans ce sens a été soumis à la Chambre des députés dans la dernière législature.

(4) Ancien article 135 : « Lorsque la mise en liberté des prévenus sera ordonnée conformément aux articles 128, 129 et 131 ci-dessus, le procureur impérial ou la partie civile pourra s'opposer à son élargissement. »

position (1); elle s'appuya sur ce principe qu'en matière criminelle, l'appel est de droit. « Faut-il, disait Merlin dans ses conclusions, que cette ordonnance soit expressément rangée par le Code d'instruction criminelle dans la classe de celles qui sont susceptibles d'opposition? Non sans doute, il suffit qu'elle n'en soit pas exceptée, et pourquoi? Parce que cette faculté d'attaquer tous les actes de la chambre du conseil du tribunal de première instance est de droit commun. » Il avait dit plus haut : « Ce n'est pas une opposition proprement dite, c'est une voie introduite aux mêmes fins que l'appel (2). » Mais s'il en était ainsi, ne devait-on pas donner le même droit d'opposition au prévenu? « On peut dire pour l'affirmative, déclarait Merlin dans une autre affaire où cette question se présenta, que s'il n'y a aucun article du Code d'instruction criminelle qui permette au prévenu de réclamer auprès du juge contre une ordonnance de cette nature, il n'y en a pas non plus aucun qui lui défende, qui lui interdise cette voie, tandis qu'elle est ouverte à ses adversaires, que c'est rompre tout équilibre entre ses adversaires et lui… que d'ailleurs le recours au juge supérieur contre les ordonnances des premiers juges est de droit commun, et c'est sur ce principe que vous vous êtes fondés dans l'arrêt que vous avez rendu le 29 octobre dernier pour juger, nonobstant le silence de l'article 135, que les ordonnances qui renvoient à la police correctionnelle dans le cas prévu par l'article 130 sont passibles d'opposition. » Cependant l'éminent jurisconsulte trouve une raison, pour refuser au prévenu le droit de former opposition : « Le droit commun, continue-t-il, est que les jugements préparatoires ne sont pas susceptibles d'appel. C'est donc se conformer au droit commun, que de refuser au prévenu la faculté de réclamer contre l'ordonnance qui le renvoie à la police correctionnelle (3). » Peut-être en bonne logique eût-on pu par le

---

(1) Voyez Cass., 25 octobre 1811 (Sirey, *Collect. nouv.*, III, 1, p. 414); Cass., 20 juin 1812 (*Collect. nouv.*, IV, 1, p. 128); Cass., 19 mars 1813 (*Collect. nouv.*, IV, 1, p. 308); Cass., 29 octobre 1813 (*Collect. nouv.*, IV, 1, p. 454).

(2) Merlin : *Répert. addit.* V° Opposition à une Ordonnance de la chambre du conseil, n° II.

(3) Merlin : *Répert. addit.* V° Opposition à une Ordonnance de la chambre du conseil, n° IX.

même raisonnement arrêter le recours du ministère public ; mais quoi qu'il en soit, l'argumentation de Merlin triompha et la Cour suprême décida que « la voie de l'opposition n'est pas ouverte au prévenu contre l'ordonnance qui le renvoie devant le tribunal correctionnel, que ce droit n'appartient qu'au ministère public et à la partie civile (1). » A plus forte raison jugea-t-on que les ordonnances du juge d'instruction n'étaient pas susceptibles, si ce n'est pour cause d'incompétence, d'être attaquées par la voie de l'appel de la part des prévenus (2).

La révision de nos codes criminels en 1832, si féconde sur d'autres points, ne produisit rien de nouveau en ces matières. Mais sous le second Empire, nous trouvons une série de réformes très-importantes, bien que portant toutes sur des points isolés.

La loi du 17 juillet 1856 supprima l'une des institutions qui paraissaient les plus heureuses aux rédacteurs du Code d'instruction criminelle, celle de la chambre du conseil. Elle en transférait les attributions au juge d'instruction seul ; c'était lui qui dorénavant devait rendre l'ordonnance définitive, qui clôt l'instruction et décide quelle suite lui sera donnée (art. 127, ssq.). Aux yeux des législateurs de 1808, cela eût paru très-grave ; cela leur eût rappelé le règlement à l'extraordinaire prononcé par un seul juge, abus contre lequel les Cahiers de 1789 avaient énergiquement protesté. Mais la pratique avait montré que le juge d'instruction avait dans la Chambre du conseil une influence prépondérante. En droit, s'il s'agissait d'un crime, en fait dans tous les cas, il lui était facile d'obtenir une ordonnance de renvoi ; lui seul connaissait à fond la procédure et pouvait la présenter sous des couleurs favorables à son opinion. En lui donnant le droit de statuer seul, on simplifiait la procédure dont la marche devenait plus rapide ; on imposait aux yeux de tous la responsabilité de la décision à celui qui la dictait d'ordinaire. Voilà ce qu'on dit en 1856 pour justifier la loi nouvelle, et il faut reconnaître que ces observations étaient justes. Il faut remarquer, d'autre part, que

---

(1) Cassat., 20 déc. 1813 (Sirey, *Collect. nouv.*, IV, I, p. 497) ; — Cass., 7 novembre 1816 (Sir., *Collect. nouv.*, V, I, p. 244) ; — Grenoble, 29 mars 1834 (Sir., 34, 2, 441) ; — Lyon, 31 janvier 1834 (Sir., 34, 2, 381).

(2) Paris, 17 avril 1833 (Sir., 33, 2, 289).

les nations qui nous ont emprunté notre Code d'instruction criminelle, la Belgique et l'Italie par exemple, ont conservé la chambre du conseil; et en lui donnant des attributions nouvelles elles ont fait un rouage des plus utiles dans le mécanisme général; nous verrons aussi qu'on propose de la reconstituer chez nous sur ce modèle. La loi du 17 juillet 1856 réglait encore cette question de l'opposition aux ordonnances d'instruction, que nous avons tout à l'heure vu trancher par la jurisprudence; et elle adoptait la plupart des solutions admises par la Cour suprême. Le nouvel article 135 déclare, en effet, que « le procureur impérial pourra former opposition dans tous les cas aux ordonnances du juge d'instruction. La partie civile pourra former opposition aux ordonnances rendues dans les cas prévus dans les articles 114, 128, 129, 131 et 539 du présent Code, et à toute ordonnance faisant grief à ses intérêts civils. » Quant au prévenu, on allait un peu plus loin dans son intérêt que n'était allée la jurisprudence. Il pourra former opposition, non-seulement « dans le cas de l'article 539, » c'est-à-dire lorsqu'il a décliné la compétence du juge et que celui-ci s'est déclaré compétent (ce qui n'avait jamais été contesté), mais encore « aux ordonnances rendues en vertu de l'article 114. » L'article 114 vise l'ordonnance du juge qui statue sur la demande de mise en liberté provisoire. Mais en même temps l'article 135, par sa rédaction très-nette, autant que par suite des explications qui furent fournies devant le Corps législatif, arrêtait d'avance toute jurisprudence qui voudrait élargir le droit d'opposition du prévenu.

Cette question de la détention préventive, et de la liberté provisoire, que nous venons de rencontrer dans les articles 135 et 114, fut en matière d'instruction préparatoire la principale préoccupation des législateurs du second Empire. En 1855, ils y touchèrent une première fois. D'après l'ancien article 94, le juge d'instruction, après l'interrogatoire, décernait un mandat d'arrêt lorsque le fait emportait peine afflictive ou infamante ou emprisonnement correctionnel; mais par là même il engageait l'avenir et aucun texte ne l'autorisait dans la suite à donner spontanément main-levée de ce mandat. La loi du 4 avril 1855, modifiant l'article 94, décida qu'après l'interrogatoire le juge pourra ne décerner qu'un mandat de dépôt, et que « dans le cours de l'instruction il pourrait, sur les conclusions conformes du procureur impérial, et quelle que fût la nature de l'inculpation, donner mainlevée de tout mandat de dépôt, à la charge par l'inculpé de se représenter à tous les actes de la procédure, et pour l'exécution de jugement aussitôt qu'il en serait requis. » C'était conserver au mandat de dépôt le caractère de mesure provisoire qui l'avait toujours distingué, et bien qu'ici la mesure provisoire pût très-aisément devenir définitive, cette extension présentait plus d'avantages que d'inconvénients; elle permettait même de tourner la règle que défendait la mise en liberté provisoire toutes les fois qu'il s'agissait d'un crime. Mais ce fut le point de départ d'un abus assez grave. Plus tard une loi du 14 juillet 1865, modifiant de nouveau l'article 94, vint permettre au juge de donner mainlevée du mandat d'arrêt, comme du mandat de dépôt; mais elle ne lui permit pas moins de décerner à son choix, après l'interrogatoire, ou un mandat de dépôt ou un mandat d'arrêt; elle autorisa par là la pratique, aujourd'hui bien établie, qui considère les deux mandats comme identiques dans leurs fonctions ainsi que dans leurs effets, quoique le mandat de dépôt soit loin de présenter pour le prévenu les mêmes garanties que le mandat d'arrêt (1).

La loi du 14 juillet 1865 remania complètement la matière de l'arrestation de la détention préventive et de la mise en liberté provisoire. Conçue dans un esprit vraiment libéral, elle permettait au juge, quelle que fût la gravité du fait, de ne délivrer en premier lieu contre l'inculpé qu'un simple mandat de comparution; d'après l'ancien article 91, le mandat d'amener était de règle quand il s'agissait d'un crime. Puis, levant toutes les barrières et prohibitions précédemment existantes, elle décide (art. 113 nouveau) qu' « en toute matière, le juge d'instruction pourra, sur la demande de l'inculpé et sur les conclusions du procureur impérial, ordonner que l'inculpé sera mis provisoirement en liberté, à charge pour lui de prendre l'engagement de se représenter à tous les actes de la procédure et pour l'exécution du jugement aussi-

---

(1) Voy. art. 61 et 96, *Inst. crim.*

tôt qu'il en sera requis. » C'était la première fois depuis 1789 qu'en matière criminelle la liberté provisoire était admise. D'autre part, le juge peut toujours dispenser l'inculpé de fournir un cautionnement (art. 114); cette disposition avait, il est vrai, moins d'importance qu'on le pourrait croire : un décret des 23-24 mars 1848 avait supprimé le *minimum* du cautionnement à fournir. Ces articles permettent au juge de faire beaucoup pour la liberté; ils lui donnent de grands pouvoirs, mais ne l'obligent pas à en user.

Cependant la loi de 1865 est allée plus loin; elle décide que dans certains cas la mise en liberté provisoire sera de droit, sans être aussi large à cet égard que la loi de 1791 et le Code des délits et des peines. Art. 113 (nouveau) : « En matière correctionnelle la mise en liberté sera de droit, cinq jours après l'interrogatoire, en faveur du domicilié, quand le maximum de la peine prononcée par la loi sera inférieur à deux ans d'emprisonnement. La disposition qui précède ne s'appliquera ni aux détenus déjà condamnés pour crime, ni à ceux déjà condamnés à un emprisonnement de plus d'une année. » Par une dernière faveur, dans ce cas le juge ne peut pas exiger un cautionnement du prévenu. Art. 114 : « La mise en liberté provisoire pourra, *dans tous les cas où elle n'est pas de droit,* être subordonnée à l'obligation de fournir un cautionnement (1). » Nous savons que le prévenu peut soumettre à la chambre des mises en accusation l'ordonnance par laquelle le juge d'instruction statue sur sa demande (art. 135, 115, 117; cf. art. 119).

La loi du 14 juillet 1865 s'est occupée de la détention préventive à un autre point de vue; elle a limité ou plutôt réglementé la faculté qu'a le juge d'instruction de prononcer la *mise au secret* ou *interdiction de communiquer* contre l'inculpé. Un certain nombre de faits graves avaient attiré sur l'abus de cette pratique l'at-

---

(1) Les articles de 113 à 126, rédigés à nouveau par la loi du 14 juillet 1865, contiennent sur la mise en liberté provisoire et sur le cautionnement beaucoup de détails intéressants que nous devons passer. Disons seulement que ce n'est pas seulement pendant l'instruction préparatoire que la liberté provisoire peut être demandée. Art. 116 : « La mise en liberté provisoire peut être demandée en tout cas de cause. » Cependant la jurisprudence dominante, par une interprétation peut-être un peu étroite de l'article 126, décide que la liberté ne peut pas être demandée devant la cour d'assises.

tention du public. L'article 613, rédigé à nouveau en 1865, décide que « lorsque le juge d'instruction croira devoir prescrire à l'égard d'un inculpé une interdiction de communiquer, il ne pourra le faire que par une ordonnance qui sera transcrite sur le registre de la prison. Cette interdiction ne pourra s'étendre au delà de dix jours, elle pourra toutefois être renouvelée. Il sera rendu compte au procureur général (1). »

La loi du 14 juillet 1865, quelle que soit d'ailleurs son importance, n'avait touché qu'à un point de l'instruction préparatoire, telle que le Code l'avait organisée. Une autre loi, un peu antérieure, celle des 20 mai-1er juin 1863, avait supprimé cette instruction pour toute une classe d'infractions. Il s'agit des *flagrants délits correctionnels*. Cette loi, dans quelques-unes de ses dispositions, touchait, elle aussi, à la question de la détention préventive. Jusque-là, la détention préventive et l'instruction préparatoire étaient deux choses indissolublement unies, le juge d'instruction pouvant seul décerner les mandats de dépôt ou d'arrêt (2). Cela présentait parfois de grands inconvénients. Lorsqu'un individu était pris sur le fait, commettant une infraction punie seulement de peines correctionnelles (chose très-fréquente, surtout dans les grandes villes) et amené par les agents qui l'avaient arrêté devant le procureur impérial, celui-ci n'avait que deux partis à prendre, tous les deux peu satisfaisants. S'il ne voulait pas laisser le coupable en liberté et le faire citer directement devant le tribunal de police correctionnelle (art. 182, 184, I. crim.), ce qui eût été absurde, — pour le faire incarcérer régulièrement, il devait requérir le juge d'instruction de lancer le mandat de dépôt ou d'arrêt; — mais par là même s'ouvrait une instruction qui nécessitait forcément un certain nombre d'actes et entraînait d'inévitables lenteurs. Cette instruction, que la loi n'imposait pas d'ailleurs, était complètement inutile pour un fait aussi simple. Les preuves étaient toutes réunies; les témoins étaient connus, et la plupart du temps c'étaient les agents qui

(1) Depuis 1875, l'interdiction de communiquer ne peut plus avoir pour but que d'empêcher les communications avec le dehors, les détenus préventivement devant être soumis au régime de la séparation individuelle.

(2) Nous laissons de côté, bien entendu, l'hypothèse tout exceptionnelle de l'article 100 (Inst. crim.).

avaient opéré l'arrestation. Aussi l'article premier de la nouvelle loi, pour éviter ces difficultés, donne-t-il dans cette hypothèse au procureur impérial le droit de décerner le mandat de dépôt : « Tout inculpé arrêté en état de flagrant délit, pour un fait puni de peines correctionnelles, est immédiatement conduit devant le procureur impérial qui l'interroge... Dans ce cas, le procureur impérial peut mettre l'inculpé sous mandat de dépôt. » Ce mandat a d'ailleurs ici un caractère essentiellement provisoire.

La loi de 1865, en effet, ne s'était pas contentée de supprimer l'instruction préparatoire pour les délits flagrants; elle a singulièrement accéléré et simplifié le jugement. Si le jour même de l'arrestation il y a audience du tribunal de police correctionnelle, le procureur impérial y traduit sur-le-champ le prévenu (art. 1). Les témoins sont alors « verbalement requis par tout officier de police judiciaire ou agent de la force publique. Ils sont tenus de comparaître sous les peines portées par l'article 157 du Code d'instruction criminelle (art. 3). » Ce procès si simple est ainsi vidé sans délai et presque sans formalités. Cette procédure était imitée par le législateur de 1863 de celle qui se pratiquait devant les cours de police établies à Londres, et dont le succès avait été si grand. — Si le jour même de l'arrestation il n'y a pas audience du tribunal correctionnel, « le procureur impérial est tenu de faire citer le prévenu pour l'audience du lendemain. Le tribunal est, au besoin, spécialement convoqué (art. 2). » D'autre part, le prévenu peut repousser ou plutôt retarder cette procédure expéditive. Art. 4 : « Si l'inculpé le demande, le tribunal lui accorde un délai de trois jours au moins pour préparer sa défense. » La loi de 1863 a produit d'excellents effets, bien que dans la pratique ses dispositions ne soient complètement observées que dans les grandes villes, résultat que, du reste, prévoyait le rapporteur devant le Corps législatif. Dans les petits tribunaux, une seule audience par semaine est consacrée aux affaires de police correctionnelle, et l'on ne convoque point spécialement le tribunal le lendemain de l'arrestation, comme le voudrait l'article 2 : l'individu surpris en état de flagrant délit peut donc rester pendant une semaine presque entière sous le coup du mandat de dépôt délivré par le procureur.

IV.

Toutes les réformes que nous venons de passer en revue n'avaient porté que sur des points spéciaux de l'instruction préparatoire; mais on sent que le jour approche où le système entier sera révisé. C'est ce qu'ont fait déjà plusieurs législations étrangères imitées de la nôtre. « On a comparé les dispositions du Code de 1808 avec celles qui, chez la plupart de nos voisins, régissent la procédure préparatoire, et l'on s'est aperçu qu'après avoir imprimé, vers le début de ce siècle, à toutes les lois de l'Europe une direction libérale, qui sera l'éternel honneur de la Révolution française, nous nous étions laissé peu à peu dépasser par les progrès successifs des nations étrangères, et que notre Code ne répondait plus aux principes admis et formulés par les criminalistes les plus sages et les plus éclairés de l'Europe contemporaine.

« Le gouvernement ne pouvait rester indifférent en présence d'une pareille constatation. Déjà en 1870, une commission extraparlementaire avait été chargée d'examiner les réformes à introduire dans l'œuvre de 1808. Les funestes événements qui survinrent bientôt ne lui permirent pas d'accomplir sa mission. Mais au mois d'octobre 1878, sur l'initiative de l'honorable M. Dufaure, garde-des-sceaux, une commission composée de jurisconsultes et de criminalistes éminents, auxquels ont été adjoints plusieurs membres du Parlement, fut réunie sous la présidence du ministre de la justice dans le but d'étudier et d'introduire dans nos lois les améliorations réclamées par la théorie et l'expérience. Grâce à l'activité déployée par ses membres, cette commission a pu, dans l'espace de quelques mois, préparer un premier projet de loi contenant les matières du premier livre du Code d'instruction criminelle (1). » Ce projet a été présenté au Sénat, dans la séance du 27 novembre 1879, et il est fort important. Il remanie tout le premier livre du Code et comprend un

---

(1) Projet de loi tendant à réformer le Code d'instruction criminelle. *Exposé des Motifs. Journal officiel* du 14 janvier 1880, p. 301, col. 3; 302, col. 1.

grand nombre d'articles (art. 8 à 221), introduisant un ordre méthodique là où il n'en existait pas ; mais ce que nous devons relever, ce sont les modifications profondes qu'il apporte dans l'instruction préparatoire. C'est un esprit tout nouveau qui pénètre dans la loi, entraînant un changement de système ; l'*Exposé des motifs* le fait ressortir à chaque page.

On indique d'abord d'où vient cette instruction préparatoire organisée en 1808 : « Le système du Code d'instruction criminelle n'est autre que celui de l'Ordonnance de 1670 avec des formes moins dures (1); » et il doit faire place à des combinaisons nouvelles. Cependant on ne songe point à supprimer l'instruction préparatoire, pour établir un système purement accusatoire imité de la procédure anglaise. L'institution du ministère public est louée hautement, et l'on signale avec énergie les dangers que présente l'*accusation populaire* (2). Non-seulement on conserve l'instruction préparatoire, mais elle continuera à être *secrète* : « Notre esprit ne répugne pas moins au régime de la publicité; sans parler des difficultés qui peuvent en résulter pour la recherche des coupables et notamment des complices restés en liberté, informés par les progrès de l'instruction du moment où il faut fuir ou faire disparaître le corps du délit, croit-on qu'il serait facile de recueillir des déclarations positives des témoins, exposés aux questions captieuses qui ont rendu célèbre l'habileté des avocats anglais dans leur *cross-examination?*

» En France, ce n'est pas sans peine que l'on obtient des témoins à l'audience la reproduction de leurs dépositions écrites. Croit-on que les habitants de nos campagnes, si craintifs quand il s'agit d'accuser un voisin, dont ils redoutent la rancune, oseraient parler en toute sincérité devant l'inculpé, devant ses parents et ses amis, quand ils seraient en outre exposés à la critique plus ou moins malveillante de l'avocat?

» Ajoutons qu'avec la nature de notre esprit, l'instruction, ainsi poursuivie publiquement, aurait le plus souvent pour effet de fixer l'opinion dans un sens favorable ou contraire à l'accusé

---

(1) *Journal officiel* du 14 janvier 1880, p. 302, col. 3.
(2) *Journal officiel* du 14 janvier, p. 303, col. 1.

et de dicter à l'avance le jugement du tribunal ou du jury (1). »

Mais ce qu'on veut et qu'on croit pouvoir réaliser, c'est rendre la procédure *contradictoire* dans cette première phase du procès, c'est organiser largement la défense : « Tout en écartant le système anglais comme impraticable, il est permis de se demander s'il n'est pas possible d'en dégager et d'en retenir un élément important, celui de la *contradiction* organisée entre la poursuite et la défense (2). »

Les mesures que le projet nouveau combine en vue de ce résultat, nous paraissent se grouper logiquement autour des trois points suivants : 1° Le prévenu aura à côté de lui un défenseur, et il recevra communication de tous les actes de la procédure. 2° La défense n'aura pas un rôle purement passif, elle pourra provoquer de la part du juge ou faire opérer directement les actes qui lui paraissent importants pour la découverte de la vérité. 3° Une série de voies de recours est ouverte à la défense contre les principales décisions du juge d'instruction.

I. « Il devient nécessaire de placer à côté de l'inculpé, souvent ignorant et illettré, dès les premiers pas de l'information, le secours d'un défenseur, qui n'est admis dans le système actuel qu'à la veille des débats publics (3). » (Voy. article 127 du projet) (4). En principe, le conseil doit être présent aux interrogatoires. « Art. 119 : Hors le cas d'urgence, si l'inculpé est pourvu d'un conseil, le juge ne peut l'interroger qu'en présence du défenseur ou celui-ci dûment appelé. » Aussi le premier interrogatoire de l'inculpé se borne-t-il à fort peu de chose ; « le juge d'instruction constate l'identité de l'inculpé, lui fait connaître les faits qui lui sont imputés, et reçoit ses déclarations, après l'avoir averti qu'il est libre de ne pas répondre aux questions qui lui sont posées (5). » — « Le juge d'instruction donne avis à l'inculpé qu'il a le droit de choisir un conseil, et à défaut de choix, le juge, s'il le demande, lui en désigne un. » Cette disposition

---

(1) *Journal officiel* du 14 janvier 1880, p. 303, col. 1.
(2) *Ibidem.*
(3) *Ibid.*, col. 2.
(4) *Journ. off.* du 15 janvier 1880, p. 333.
(5) Art. 85. On croit entendre ici parler la loi anglaise.

rappelle, on l'a sans doute déjà remarqué, les prescriptions de la loi de 1789. Il est vrai que l'article suivant ajoute : « Néanmoins le juge d'instruction peut procéder à un interrogatoire immédiat et à des confrontations si l'urgence résulte soit de l'état d'un témoin en danger de mort, soit de l'existence d'indices sur le point de disparaître (1). »

Dès que l'inculpé a déclaré soit au juge, soit à son greffier, soit au gardien-chef de la maison d'arrêt (art. 127), qu'il a choisi un défenseur, « sauf le cas d'urgence, chaque fois que l'inculpé doit être interrogé ou confronté, le juge d'instruction est tenu de convoquer en même temps le conseil, vingt-quatre heures à l'avance, par lettre chargée ou par toute autre forme d'avertissement qui sera fixée par un règlement d'administration publique (2). » — « Le conseil peut entrer dans le cabinet du juge d'instruction avec l'inculpé détenu ou libre chaque fois que celui-ci y est appelé. Il lui est interdit de prendre la parole, sans l'avoir obtenue du juge d'instruction. Si le juge lui refuse la parole, mention de l'incident est faite au procès-verbal (3). » — « Le procureur de la République et le conseil de la partie civile ont également le droit d'assister aux interrogatoires (4). » — « Le ministère public doit assister à l'instruction au même titre et dans les mêmes circonstances que le défenseur. Entre eux, le juge d'instruction décide (5). »

Quant à la libre communication entre l'inculpé détenu et son conseil, voici comment elle est organisée : « Art. 130. Si l'inculpé est détenu, il peut, aussitôt après la première comparution, communiquer librement avec son conseil. » — « Art. 131. Néanmoins, le juge peut, s'il le croit nécessaire, interdire la communication de l'inculpé avec son conseil... l'interdiction ne peut s'étendre au delà du dixième jour à partir de la première comparution. — Toutefois, lorsque les nécessités de l'information le commandent, la *chambre du conseil* peut, sur le rapport du juge d'ins-

---

(1) Art. 86.
(2) Art. 128.
(3) Art. 129.
(4) Art. 119.
(5) *Exposé des motifs.*

truction, prolonger l'interdiction pendant une seconde période qui ne s'étend pas au delà du vingtième jour à partir de la première comparution. » L'avocat dorénavant va intervenir à chaque instant dans la procédure. C'est par lui que la défense aura connaissance des actes les plus importants.

Les témoins sont entendus en secret, nous le savons ; il n'est même pas ordonné que l'inculpé ou le conseil soient présents à cette audition. Le juge peut seulement les y admettre ainsi que le représentant du ministère public ; mais il n'y a là qu'une faculté dont les juges d'instruction ne feraint probablement pas grand usage ; aussi le projet ordonne-t-il de communiquer les dépositions écrites à l'inculpé ou au conseil. « Art. 64. Les témoins peuvent être entendus soit en présence du ministère public, de la partie civile, de l'inculpé, et de leurs conseils, soit en dehors de leur présence. Dans ce dernier cas, le juge doit, aussitôt que possible, et au plus tard avant la fin de l'instruction, donner à l'inculpé ou au conseil communication des dépositions reçues en leur absence. » De plus, d'après l'article 133, pendant le cours de l'instruction, « le conseil de l'inculpé peut prendre connaissance (de la procédure) si le juge d'instruction estime que cette communication est *compatible* avec les nécessités de l'instruction (1). — En tous cas, il doit lui être immédiatement donné communication, s'il le réclame, de toute ordonnance du juge susceptible de recours. » Enfin, en cas de *constat*, le conseil est averti et peut assister à la visite. Art. 47 : « Dans tous les cas où le transport lui paraît nécessaire, le juge d'instruction se rend sur les lieux, après en avoir donné avis au procureur de la République et *au conseil*, pour dresser les procès-verbaux à l'effet de constater le corps du délit, l'état des lieux, et pour recevoir les déclarations des témoins. »

II. La défense, avons-nous dit, ne joue pas un rôle purement passif, et elle peut parfois prendre l'initiative. A cet égard, le projet contient une disposition générale. Art. 37 : « Le ministère public, la partie civile et l'*inculpé* peuvent requérir le juge d'instruction de prendre toutes les mesures qu'ils croient utiles à la

---

(1) Le ministère public lui peut *requérir* communication de la procédure à toutes les époques de l'information. Art. 132.

découverte de la vérité. » Ce texte, pour la première fois, donne d'une façon nette à l'inculpé le droit de faire entendre des témoins. Plusieurs articles contiennent l'application de ce principe. Les articles 124 et suivants s'occupent de la *confrontation*, et voici ce qu'ils décident. Art. 124 : « L'inculpé peut requérir qu'il soit procédé à une confrontation entre lui et les témoins entendus par le juge d'instruction hors de sa présence. Le juge peut, suivant les cas, ordonner ou refuser la confrontation. » — Art. 125 : « Si la confrontation requise a été refusée, il n'est fait, *à peine de nullité*, aucun usage de la déposition reçue à moins que l'inculpé ne la requière par une déclaration expresse. La présente prohibition n'a pas lieu si le témoin est décédé. » — Art. 126 : « Dans tous les cas, avant la clôture de l'instruction, l'inculpé, s'il le requiert, doit être confronté avec ses co-inculpés. » Ces dispositions sont bien curieuses; elles reprennent de vieilles dispositions de l'Ordonnance de 1670. L'ancienne confrontation formaliste était tombée en même temps que s'était introduit le débat oral et public devant les juridictions de jugement. Aujourd'hui on propose de revenir aux règles oubliées; le témoin non confronté, comme jadis, pourra bien être invoqué par l'accusé, mais ne fera *pas charge* contre lui. C'est un signe certain que, comme nous l'avons dit, la procédure écrite regagne du terrain : puisque souvent on utilise les dépositions écrites devant les juridictions de jugement, on veut les entourer de nouveau des garanties qui autrefois leur permettaient de faire preuve.

Dans une hypothèse particulière, la défense peut même directement faire exécuter un certain acte. Il s'agit des expertises. Le juge d'instruction *choisit* l'expert sur une liste « dressée chaque année pour l'année suivante par les cours d'appel, sur l'avis des Facultés, corps savants, tribunaux, chambres de commerce (1). » Mais, d'après l'article 49, « le ministère public, la partie civile et l'inculpé peuvent choisir sur ladite liste un expert, qui a le droit d'assister à toutes les opérations, d'adresser toutes réquisitions aux experts désignés par le juge d'instruction, et qui est

(1) Art. 54 : « Toutefois, ajoute l'article, la chambre du conseil peut, lorsque les circonstances l'exigent, autoriser la désignation d'experts qui ne figurent pas sur les listes annuelles. »

tenu de consigner ses observations soit au pied du procès-verbal, soit à la suite du rapport. » — Art. 51 : « Le juge d'instruction statue, sauf recours à la chambre du conseil, sur tous les incidents qui s'élèvent au cours de l'expertise. » Et « les rapports d'experts doivent être tenus à la *disposition des parties* quarante-huit heures après leur dépôt (1). » Ce n'est pas tout : « Si l'expertise a été achevée avant la mise en cause ou l'arrestation de l'inculpé, celui-ci a le droit, après la communication du rapport, de choisir sur la liste annuelle un expert, qui examine le travail de l'expert commis et présente ses observations. »

III. Le juge d'instruction conserve, d'après le projet, de très-larges pouvoirs ; s'il peut accorder beaucoup à la défense, il peut aussi beaucoup lui refuser. Il était nécessaire de ne point lui permettre de trancher en dernier ressort toutes ces délicates questions, et de placer au-dessus de lui une juridiction à qui l'inculpé pût en appeler. C'est ce que fait le projet et dans ce but il ressuscite la chambre du conseil. Art. 136 : « La chambre du conseil d'instruction est composée de trois juges et du greffier. *Le juge qui a instruit l'affaire ne peut jamais prendre part à la délibération.* » Elle n'a point pour fonction, comme jadis, de statuer sur la suite à donner à l'instruction, lorsque celle-ci est close; le juge d'instruction conserve le droit de rendre l'ordonnance de clôture. Elle est chargée de statuer sur les principales décisions prises par le juge au cours de l'information, lorsqu'elles sont contestées par les parties. « Dès l'instant qu'il a des décisions contentieuses à prendre, il ne peut rester juge en dernier ressort des questions soulevées devant lui ; il est donc nécessaire de placer au-dessus de lui une juridiction supérieure chargée de décider souverainement la marche à suivre dans tous les cas où un désaccord s'élèvera, et de statuer sur certaines questions qui engageraient d'une manière trop grave la responsabilité du juge d'instruction. C'est dans ce but que le projet rétablit la chambre du conseil, supprimée par la loi de 1856 comme un rouage inutile, et qui trouvera dans l'organisation actuelle un rôle différent et nécessaire (2). » L'article 137 indique par qui et dans quels cas la chambre du

---

(1) Art. 52.
(2) Exposé des motifs. *Journ. Officiel* du 14 janvier 1880, p. 303, col. 3.

conseil peut être saisie (1) ; mais ce qui nous intéresse surtout, ce sont les recours ouverts à l'inculpé. L'article 37 lui ouvre l'opposition dans une très-large mesure. Ce texte, nous l'avons dit, donne à l'inculpé comme aux autres parties en cause le droit « de requérir le juge d'instruction de prendre toutes mesures qu'il croit utiles à la découverte de la vérité ; » et, « sur son refus il a le droit de saisir la chambre du conseil dans les cas prévus par la loi. » Divers articles font l'application de ce principe : lorsque l'inculpé demande à être confronté avec des témoins, l'ordonnance portant refus de la confrontation est motivée ; elle est susceptible de recours devant la chambre du conseil (2). « Le juge d'instruction statue, *sauf recours à la chambre du conseil*, sur tous les incidents qui s'élèvent au cours de l'expertise (3). » C'est, nous le savons, la chambre du conseil qui statue sur l'interdiction de communiquer avec le défenseur, lorsqu'elle s'étend au delà de dix jours (art. 133) ; et l'interdiction de communiquer avec les autres personnes, que le juge ne peut prononcer que pour dix jours, peut être attaquée même dans cette mesure devant la chambre du conseil (art. 104). Enfin, « dans le cas où le juge d'instruction n'a pas accordé la mise en liberté provisoire elle peut être accordée sur requête adressée à la chambre du conseil (art. 107). » En principe, les ordonnances de la chambre du conseil sont inattaquables. Art. 142 : « Aucun jugement de la chambre du conseil n'est susceptible d'appel, sauf en ce qui concerne la demande en liberté provisoire ; il ne peut être formé de recours en cassation contre aucun de ces jugements. »

S'il s'agit maintenant des ordonnances par lesquelles le juge clôt l'instruction, l'appel est ouvert à l'inculpé dans un certain nombre de cas devant la chambre des mises en accusation : « Art.

---

(1) Art. 137 : « La chambre du conseil est saisie au cours de l'information dans les cas prévus par la loi, soit par le juge d'instruction (art. 99, 104, 131), soit par le ministère public (54, 107), soit par la partie civile ou l'inculpé (104, 107, 124, 153). Elle peut l'être par toute personne dans le cas prévu par l'article 44 (il s'agit des réclamations formées en cas de saisie par les personnes qui prétendent des droits sur les objets) et par les témoins condamnés à l'amende dans le cas prévu par l'article 56. »

(2) Art. 124.

(3) Art. 51.

152. L'inculpé peut interjeter appel des ordonnances prévues par l'article 539 ancien et dans les cas suivants : 1° pour cause d'incompétence ; 2° si le fait n'est pas prévu et puni par la loi ; 3° si l'action publique est éteinte ; 4° si une nullité a été commise au cours d'instruction. »

Le projet contient aussi d'importantes dispositions sur la détention préventive. Quant à la mise en liberté provisoire, il conserve en général les règles établies en 1865 (1) ; mais il modifie profondément le système des *mandats*. Il remplace le mandat de comparution par une assignation à comparaître (Art. 73 à 75) ; quant aux trois autres, qu'il maintient, il les munit d'une garantie que jusque-là le mandat d'arrêt présentait seul : « Art. 77. Tout mandat contient l'énonciation du fait et la citation de la loi qui déclare que ce fait est un crime ou un délit. » Le mandat de dépôt reprend son véritable caractère ; et les traits qui le distinguent justifient bien l'épithète de *provisoire*, qui lui est donnée : « Art. 93. Le mandat de dépôt provisoire est l'ordre en vertu duquel le juge d'instruction peut, après la première comparution, faire détenir l'inculpé dans une maison d'arrêt pendant cinq jours. — Art. 94. Le mandat de dépôt ne peut être renouvelé. — Art. 95. Vingt-quatre heures avant l'expiration du mandat de dépôt le gardien chef est tenu d'avertir le magistrat signataire du jour où le détenu doit être mis en liberté. L'inculpé sera mis en liberté au commencement du sixième jour. »

Le projet a pris soin également de limiter la durée du mandat d'arrêt qui peut succéder au mandat de dépôt. Sans doute ici il sera encore possible à l'expiration du délai de prolonger la détention préventive, il le faut bien ; mais pour cela une décision de la chambre du conseil sera nécessaire : « Art. 96. Le mandat d'arrêt est l'ordre en vertu duquel le juge d'instruction peut faire détenir l'inculpé dans une maison d'arrêt *pendant trente jours*. — Il ne peut être délivré contre l'inculpé présent qu'à l'expiration du mandat de dépôt. — Le mandat d'arrêt peut être également décerné contre un inculpé en fuite... — Art. 99. Si le juge estime que le délai de trente jours prévu par l'article 96 doit être pro-

---

(1) L'article 107 permet formellement à la cour d'assises d'accorder la mise en liberté provisoire.

longé, il saisit la chambre du conseil qui peut ordonner, sur son rapport, que le mandat sera maintenu en vigueur pendant une nouvelle période de trente jours. — Cette décision peut être renouvelée dans la même forme. »

Quel sera le sort de ces propositions? On ne saurait le prédire. Mais on peut croire que, dans un temps qui n'est pas éloigné, ce projet, ou tout autre animé du même esprit, prendra sa place parmi nos lois (1). Ce jour-là la paix sera définitivement établie entre les deux tendances, dont nous suivons la lutte depuis tant de siècles, chacune d'elles ayant reçu une légitime satisfaction; les deux courants rivaux s'uniront en un cours paisible et bienfaisant, et nous dirons alors, comme jadis Muyart de Vouglans, mais avec plus de raison que lui : « On peut dire à l'honneur de notre France, que la jurisprudence y a été portée à un degré de perfection qui lui fait tenir un rang distingué parmi les nations policées. »

(1) Pendant la durée de la dernière législature, une commission nommée par le Sénat a consacré de nombreuses séances à l'examen de ce projet de loi.

FIN.

ADDITIONS ET CORRECTIONS.

1. Aux textes cités à la page 53, pour montrer que l'enquête ne pouvait procéder que si elle était acceptée par l'inculpé, il faut ajouter le suivant : *Coutume de Bourgogne* (1270-1360), Art. 135 : « Enqueste faicte contre aucun, en cas de crime, ne vault, se il ne sest mis en enqueste. » (Ch. Giraud : *Essai sur l'histoire du droit français au Moyen-âge*, II, p. 291.)

2. A la page 96, nous disons que le *Livre de Jostice et de Plet* ne reproduit aucune disposition du titre du Digeste *de quæstionibus* dans son livre XIX (1). Cela est vrai, mais au livre XVIII, tit. 24, § 1, nous trouvons une sage maxime qui paraît bien s'appliquer à la question : « Cil juige qui martirent aucun à tort, li martyres de celui qui est livrez à martyre est tost passez; mès li martyres de celui qui le martyre dure tozjorz. »

3. A la page 133, nous disons que « l'accusation de partie formée s'éteint au xvie siècle, sans qu'aucune loi l'ait supprimée. » Nous devons enregistrer divers articles de coutumes qui la règlementent, mais en constatant son déclin. Ce sont d'abord les *Anciennes coutumes de Bourges*, commentées par Boyer (2) : *Rubrique II, des coustumes concernant les juges et leur juridiction*, Art. 13 : « Par la coustume ung chascun peut et doit estre receu par mondit seigneur le bailly de Berry ou prevost de Bourges, ou par leurs lieutenans, à soy faire et constituer partie formée pour injure réelle à lui faicte, s'il y a grande effusion de sang ou énorme macheure (contusion), ou pour autre cas de crime qui requière détention de personne, contre celluy qui luy a faicte la dicte injure ou le dict cas de crime. » — Art. 14 : « Et à cause de ladicte partie formée, tant celluy qui la faict que celluy contre qui elle est faicte, doivent estre constitués prisonniers et mis en seure garde, s'ils ne baillent prestement bonne et suffisante caution de payer le jugé, si caution y échet *arbitrio judicis*, jusques à ce qu'ilz ayant baillé ladicte caution. »

---

(1) A cette même page 96, ligne 17, *au lieu de* livre XX, *il faut lire* livre XIX.
(2) Sur ces coutumes et sur le commentaire de Boyer, qui parut au commencement du xvie siècle, voyez La Thaumassière : *Coutume de Berry*, Avertissement.

Mais Boerius fait la remarque suivante sur l'article 13 : « Hæc est consuetudo generalis in toto regno Franciæ, tamen debent fieri informationes secundum formam juris et ordinationes regias, nisi timeretur de fuga... vel etiam si esset in flagranti crimine. » D'autre part, l'article 16 montre que les conséquences de la partie formée ne sont plus aussi graves que jadis : « Pour raison de ladicte partie formée, se celluy qui l'a faicte succombe et enchet de sa cause, il doit seulement soixante sols parisis pour l'amende de justice; et se celluy contre qui elle est faicte succombe, il est amendable au roy arbitrairement. »

La *Coustume du pays de Bordeaux et Bourdeloys*, rédigée en 1520, dans son chapitre VI, *de jurisdiction*, contient une disposition curieuse. Art. 79 : « Par la coustume aucun ne sera receu à faire partie formée, sinon que soit pour crime ou délit, et qu'il y eust crainte de la fuite du délinquant. Aussi, en matière civile, quand il y auroit obligé portant soubzmission expresse a prinse de corps, ou bien s'il estoit estranger hors de la seneschaussée de Guyenne, au dit cas s'il n'a biens immeubles valans la dette, sera tenu bailler pleges ou bien tenir prison, et si autrement est fait, celuy contre qui sera faicte ladite partie formée sera relaxé des prisons avec despens, dommages et intérests et réparation de l'injure... Et es cas esquels est permis faire partie formée, sera nécessaire avoir permission de juge et bailler caution, excepté en crainte de fuite (1). »

4. A la page 227, note 2, une faute d'impression nous fait citer l' « Idée de la justice et de l'humanité. » — C'est : « *Prix de la justice et de l'humanité*, » qu'il faut lire.

5. Aux pages 272 et suivantes, il est traité de l'aveu et de sa force décroissante comme moyen de preuve. A cet égard, voici quelques passages intéressants de la *Pratique* de Masuer : « Celuy qui volontairement confesse le crime est tenu pour condamné, et partant l'on ne prononce jamais sentence en cas de mort ou mutilation de membre en pays coustumier. Toutesfois il est requis que le prisonnier persiste à sa confession à tout le moins judiciairement (2). » — « Que s'il advenoit que l'accusé volontairement et sans être mis à la question confessât avoir commis le délit,

---

(1) Bourdot de Richebourg, IV, 2, p. 898.

(2) *La pratique de Masuer*, mise en françois par Antoine Fontanon. Nouvelle édition par Pierre Guenois. Paris 1606, tit. XXI, p. 305.

il ne le faut pour cela incontinent condamner, mesmement si le crime n'estoit de soy notoire et qu'on cogneut en luy une pusillanimité et simplicité : ains faut, s'il est possible, s'enquérir au vray par qui le crime a esté commis et des circonstances d'iceluy et voir si elles s'accordent avec sa confession. Et pourra derechef estre interrogé, afin qu'il apparoisse s'il persiste en sa confession ou s'il y veut changer quelque chose. Et finablement sera amené en jugement, et là devant le juge et les assistans luy doit estre faicte lecture de sa confession, en laquelle il faut qu'il persiste et qu'il confesse icelle estre véritable, et ce faict doit estre ramené en prison. Et finablement le juge, par l'advis et conseil des assistans le délivre ou faict délivrer à l'exécuteur de la haute justice, luy déclarant ce qu'il a à faire de luy, sans autrement prononcer aucune sentence (1). » Mais voici ce que note sur ces passages le traducteur Fontanon : « Quant à ce que l'auteur dit que celuy qui a confessé l'homicide doit estre publiquement délivré à l'exécuteur de la haute justice, sans aucune forme de sentence, cela est aujourd'hui abrogé et hors d'usage, car en toutes peines de mort et mutilation de membres et autres peines corporelles, il faut qu'il y ait sentence du juge, qui soit prononcée à l'accusé, afin d'en appeler si bon luy semble (2). » Cela nous paraît un document curieux et qui confirme bien le développement de la théorie, tel que nous l'avons présenté. En terminant, citons un autre passage de Masuer, qui montre combien il se défie de la torture : « Finablement en toutes ces considérations et autres il y faut bien prendre garde ; pour ce que plusieurs sont contraints par la force et violence des tourmens dire et confesser quelque chose faulse et contre vérité. Et doit le juge assembler le conseil et procéder selon l'advis et opinion d'iceluy (3). »

(1) *La pratique de Masuer*, tit. xxxvi, p. 588, 589.
(2) *Ibid.*, p. 592.
(3) *Pratique*, p. 588.

TABLE DES MATIÈRES.

PREMIÈRE PARTIE.

La Procédure criminelle en France du XIIIe au XVIIe siècle.

TITRE PREMIER.

Les juridictions... p. 3 à 42

CHAPITRE I.

Les juridictions répressives au XIIIe siècle..................... p. 3

I. Juridictions seigneuriales; — les gentilshommes et le jugement par les pairs; les hommes *de poeste* et les serfs, p. 3. — II. Juridictions royales : les prevôts, les baillis, le parlement, p. 9. — III. Juridictions municipales; villes de commune et d'échevinage; les villes du Midi, p. 15. — IV. Juridictions ecclésiastiques, p. 18.

CHAPITRE II.

Progrès des juridictions royales; leur état aux XVIIe et XVIIIe siècles.. p. 21

I. Comment les juridictions royales étendirent leur compétence : — les cas royaux; — la prévention; — l'appel; — le flagrant délit; — les cas privilégiés, p. 22. — Composition des sièges royaux, prévôts, baillis, lieutenants criminels, conseillers; les parlements. Les tribunaux extraordinaires. p. 33

TITRE DEUXIÈME.

La procédure.. p. 43 à 174

CHAPITRE I.

La procédure accusatoire des cours féodales..................... p. 43

I. L'accusation, p. 43. — II. La théorie des preuves, p. 46. — III. Le flagrant délit, p. 49. — IV. La prise pour soupçon, p. 51. — V. L'enquête du pays, p. 52. — VI. La prison préventive et la mise en liberté provisoire, p. 55. — VII. La procédure par contumace, p. 60.

CHAPITRE II.

Origine et progrès de la procédure inquisitoire du XIIIᵉ au XVᵉ siècle... p. 66

I. La procédure criminelle de l'Eglise, p. 67. — II. L'aprise ou enquête d'office, son apparition au xiiiᵉ siècle; résistance des nobles; — la dénonciation et l'accusation après la suppression du duel judiciaire, p. 78. — III. Introduction de la torture, p. 93. — IV. Le ministère public, p. 100. — V. La procédure criminelle aux xivᵉ et xvᵉ siècles; procédure ordinaire et extraordinaire; dernières transformations, p. 108.

CHAPITRE III.

La procédure criminelle d'après les Ordonnances des XVᵉ et XVIᵉ siècles... p. 135

I. Les Ordonnances de 1498 et de 1539; le procès criminel au xviᵉ siècle, p. 138. — II. Protestations contre l'Ordonnance de 1539 : Constantin, Dumoulin, Pierre Ayrault, p. 158. — III. La procédure criminelle et les Etats-Généraux du xviᵉ siècle, p. 168.

DEUXIÈME PARTIE.

L'Ordonnance de 1670.

TITRE PREMIER.

L'Ordonnance de 1670.............................. p. 177 à 328

CHAPITRE I.

La rédaction de l'Ordonnance....................... p. 177

I. L'idée d'une codification se produit : Colbert, Pussort et Louis XIV, p. 177. — II. Mémoires demandés par le roi à divers membres du Conseil d'Etat, p. 180. — III. Plan de Colbert; le Conseil de Justice et ses premiers travaux, p. 192. — IV. Entrée en scène des Parlementaires, p. 202. — V. Discussion de l'Ordonnance de 1670 : Lamoignon et Pussort, p. 206.

CHAPITRE II.

La procédure d'après l'Ordonnance de 1670................ p. 212

I. Les règles de compétence, p. 212. — II. La procédure, p. 221. — III. La justice retenue et les lettres royaux, p. 253.

CHAPITRE III.

La théorie des preuves légales........................ p. 260

I. Les preuves du vieux droit coutumier; les présomptions; changement dans la théorie : le droit romain et les docteurs, p. 261. — II. La théorie des preuves légales; le corps du délit; la culpabilité. La preuve complète : témoins, écritures, aveu, présomptions. Les indices prochains ou « semi-preuves; » la torture, p. 266.

CHAPITRE IV.

La procédure criminelle à l'étranger..................... p. 284

I. L'Italie, p. 285. — II. L'Espagne, p. 293. — III. L'Allemagne, les Pays-Bas, p. 300. — IV. L'Angleterre, p. 315.

TITRE DEUXIÈME.

L'Ordonnance de 1670 appliquée.................... p. 329 à 396

CHAPITRE I.

Influence de l'Ordonnance de 1670 sur l'administration de la justice... p. 329

I. La procédure régularisée et précisée par l'Ordonnance, p. 330. — II. Comment l'Ordonnance était observée, p. 333. — III. Vices persistants dans l'administration de la justice : la question d'argent ; la procédure écrite, p. 338. — IV. Le crédit et l'argent faisant céder les dispositions rigoureuses de l'Ordonnance, p. 341. — V. L'Ordonnance et ses commentateurs, p. 346.

CHAPITRE II.

La procédure criminelle et l'esprit public aux XVII° et XVIII° siècles... p. 348

I. Comment la procédure criminelle est appréciée au xvii° siècle : La Bruyère, Augustin Nicolas, Despeisses, p. 348. — II. Le mouvement philosophique du xviii° siècle, p. 357. — III. Montesquieu et Beccaria. La législation criminelle dans les œuvres de Voltaire, p. 362. — IV. La procédure criminelle appréciée par les juristes du xviii° siècle, p. 371. — V. Les réformes de d'Aguesseau, p. 384. — VI. Progrès de l'esprit de réforme : les discours de rentrée des magistrats ; Servan ; — les concours ouverts par les sociétés savantes ; Brissot de Warville ; — mémoires pour d'innocents condamnés ; le barreau et la magistrature, p. 386.

TROISIÈME PARTIE.

Les lois de l'époque intermédiaire et le Code d'instruction criminelle.

TITRE PREMIER.

Les lois de la Révolution............................. p. 399 à 480

CHAPITRE I.

L'Ordonnance de 1670 réformée............................ p. 399

I. L'édit de 1788, p. 399. — II. Les cahiers de 1789 et la procédure criminelle, p. 404. — III. Premières réformes opérées par l'Assemblée Constituante, le décret des 8-9 octobre-3 novembre 1789, p. 410.

CHAPITRE II.

Les codes de l'époque intermédiaire........................ p. 417

I. La procédure par jurés : loi des 16-29 septembre 1791 ; système qu'elle organise, p. 417. — II. Discussion du projet de loi à l'Assemblée Constituante ; lutte entre les anciens et les nouveaux principes, p. 431. — III. Le Code des délits et des peines du 3 brumaire an IV, p. 439.

CHAPITRE III.

Les lois de l'an IX... p. 451

I. Loi du 7 pluviôse an IX; les magistrats de sûreté; reconstitution du ministère public; modifications dans l'instruction, p. 451. — II. Le jury compromis : les passions politiques et le brigandage, p. 461. — III. La loi du 18 pluviôse, les tribunaux spéciaux : résurrection des juridictions prévôtales, p. 470.

TITRE DEUXIÈME.

Le Code d'Instruction criminelle...................... p. 481 à 589

CHAPITRE I.

Le projet de Code criminel................................. p. 481

I. Le projet de Code criminel : le jury et l'Ordonnance de 1670, p. 481. — II. Les observations de la Cour suprême et des Cours d'appel, p. 485. — III. Les observations des tribunaux criminels, p. 493. — IV. Le jury et les publicistes, p. 499.

CHAPITRE II.

La question du jury devant le Conseil d'État............... p. 505

I. Première discussion du projet de Code criminel devant le Conseil d'Etat en l'an XII et en l'an XIII; projets sur la réunion de la justice civile et de la justice criminelle; interruption des travaux, p. 505. — II. Reprise des travaux en 1808; encore la question du jury; suppression du jury d'accusation, maintien du jury de jugement, p. 521.

CHAPITRE III.

L'Ordonnance de 1670 et les lois de la Révolution dans le Code d'Instruction criminelle... p. 527

I. La division des pouvoirs entre le ministère public et le juge d'instruction, p. 527. — II. Les actes et les formes de l'instruction préparatoire, p. 532. — III. La procédure devant les juridictions de jugement; ce qui reste de la procédure écrite; les preuves morales, p. 539. — IV. Les Cours spéciales, p. 547. — V. La chose jugée; la justice retenue; la réhabilitation et la révision, p. 552.

CHAPITRE IV.

La procédure criminelle depuis le Code de 1808................ p. 559

I. La législation et la jurisprudence, p. 559. — II. Modifications apportées à la procédure devant les juridictions de jugement, p. 561. — III. Modifications apportées à l'instruction préparatoire : lois de 1856, 1863, 1865, p. 572. — IV. Projets de réforme; le projet de 1879, p. 580.

Additions et corrections... p. 590

FIN DE LA TABLE DES MATIÈRES.

BAR-LE DUC. IMPRIMERIE CONTANT-LAGUERRE

www.ingramcontent.com/pod-product-compliance
Lightning Source LLC
Chambersburg PA
CBHW051326230426
43668CB00010B/1165